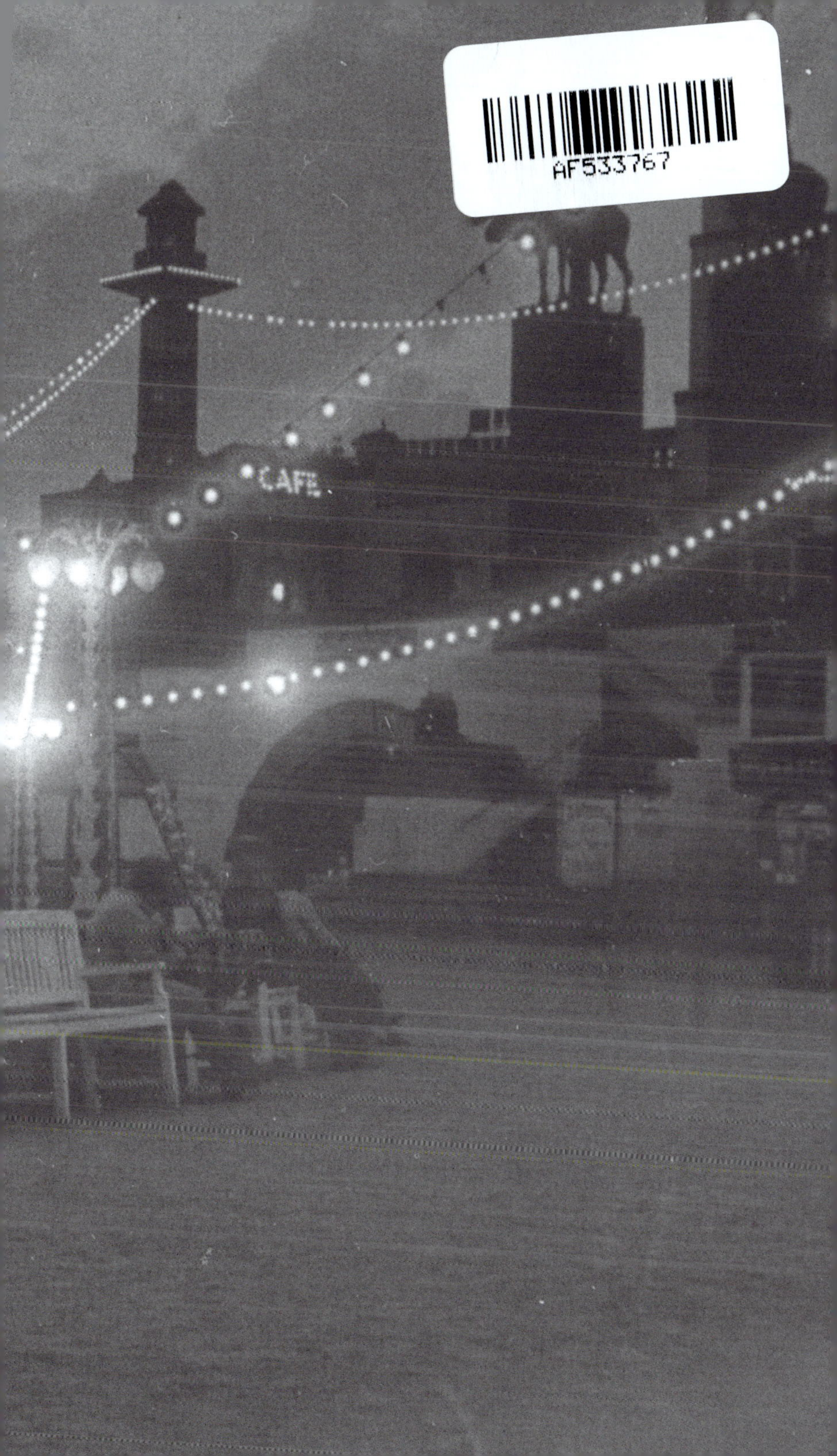
CAFE

„Was verlangt man denn schon vom Geschick?
Bisschen Liebe, bisschen Glück!
Bisschen Rausch und Vergessen, bisschen Gefühl,
lieber Gott, sag doch selbst, ist das denn so viel?
Wir brauchen so wenig zum Glück!
Bisschen Wein und ein bisschen Musik!
Und ein Herz, dem ein und alles man ist,
bis man sich und die Welt ringsum vergisst.“

Aus der Operette *Mit dir allein auf einer einsamen Insel*
von Ralph Benatzky, ab Mai 1930 am *Metropol-Theater*

Berlin-Mitte, Friedrichstraße, um 1926

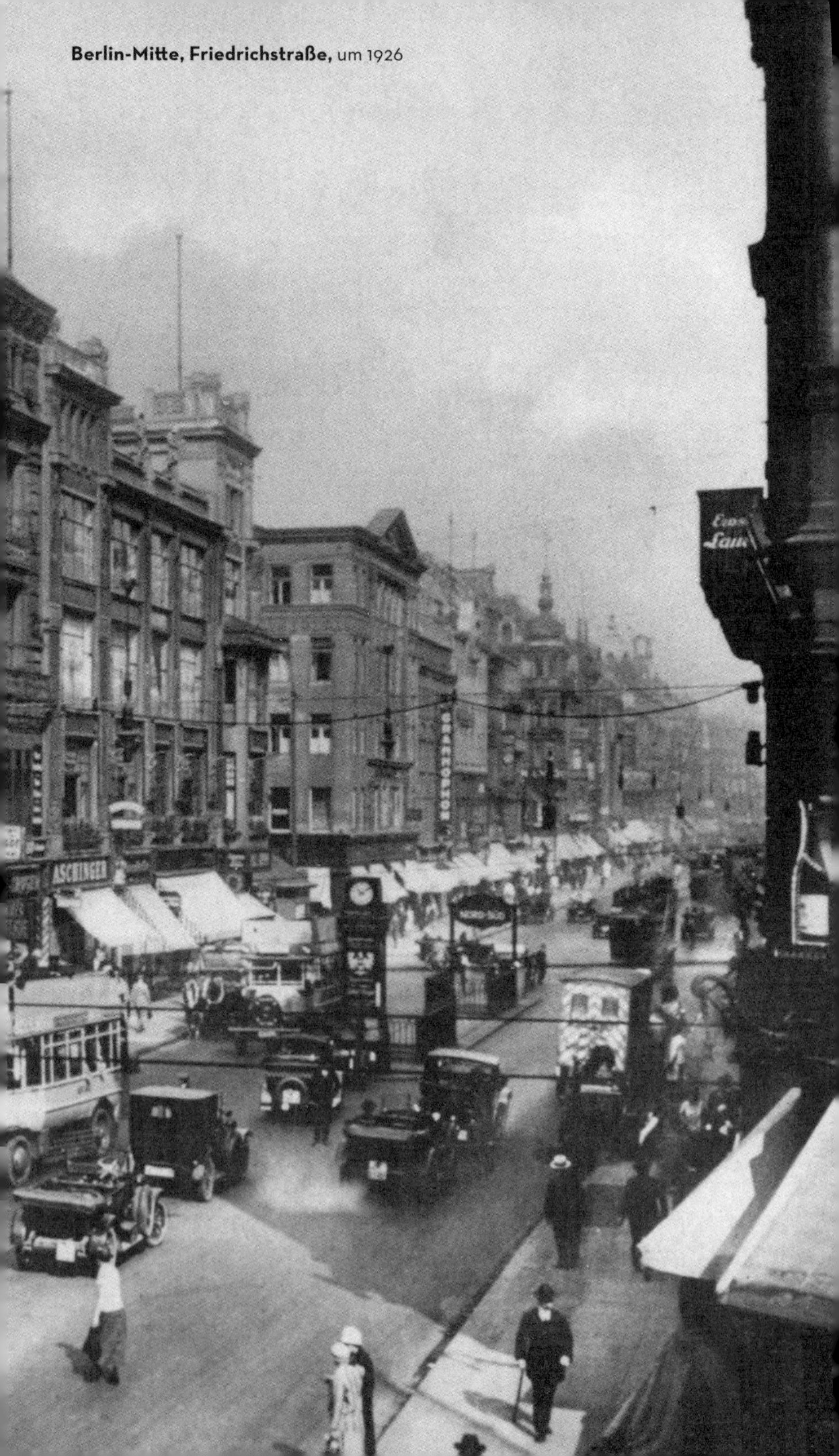

Peter Kamber

FRITZ *und* ALFRED ROTTER

Ein Leben zwischen Theaterglanz und Tod im Exil

Henschel

INHALT

VORSPIEL

AKT I

AKT II

AKT III

AKT IV

AKT V

ANHANG

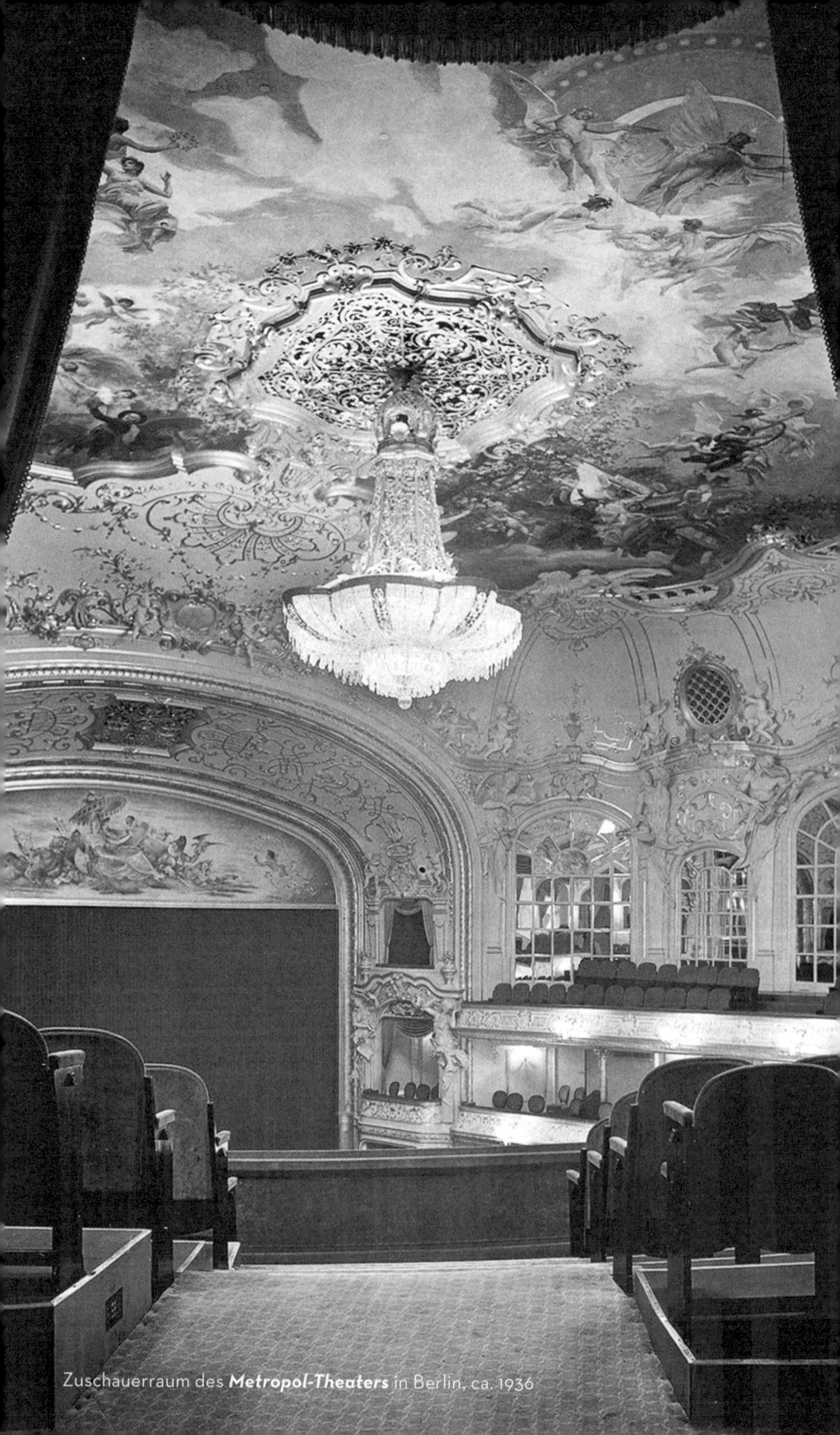

Zuschauerraum des ***Metropol-Theaters*** in Berlin, ca. 1936

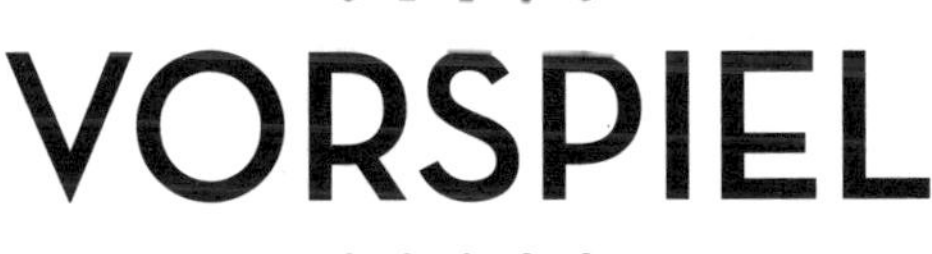

HERZHAFT WEINEN

Wer im Garten lauscht, hört als Klavierklangwolke, was Monate später auf den Operettenbühnen der Brüder Rotter Beifallsstürme entfesselt und selbst in Amerika wahrgenommen wird. Die gemietete Villa an der Kunz-Buntschuh-Straße 16–18 („die eisernen Tore“ sind „mit vergoldetem R geziert“)[1] in Grunewald halten Kritiker wie der Berliner Journalist Stefan Großmann für „pompös“[2] – sie ist für Fritz und Alfred Rotter Mittelpunkt des Lebens. Auch wenn sie mit den Zahlungen im Rückstand sind: Die rauschenden Premierenfeiern hier müssen weitergehen. Es geht „bis mittags gewöhnlich leise zu“, denn „ein Theaterdirektor kann erst um 2 Uhr anfangen“, zitiert Alfred Rotter sein Vorbild und ersten Förderer, den Regisseur Otto Brahm[3]. „Von zwei Uhr an war dieses vielräumige Haus in allen Zimmern besetzt und mit Geschäften und Mahlzeiten, Projekten und Konferenzen, mit Musik und Debatten angefüllt.“[4]

In der Villa erklingt auch zum ersten Mal ein langsamer Tangorhythmus.

Irgendwie, irgendwo, irgendwann, trat auch an mich der Augenblick heran, wo ich die Freiheit des Herzens verspielt und wo beklommen ich gefühlt: Ich bin verliebt ... irgendwo, irgendwann, irgendwie, fliegt durch die Luft ein Fünkchen Sympathie, sucht ein fremdes Herz, wo es zündelt und brennt, bis man, schon halb verbrannt, erkennt: Ich bin verliebt ...

Der Ohrwurm *Ich bin verliebt* stammt aus der Operette *Mit dir allein auf einer einsamen Insel* des Komponisten Ralph Benatzky. Im Dezember 1929 haben die Brüder Rotter die Aufführung in Dresden am *Residenz-Theater* getestet, ehe sie sie nach Berlin in ihr *Metropol-Theater* bringen – in jenes Haus, das nach dem Krieg als *Komische Oper* wiedererstehen wird.

Als Stefan Großmann, der die Rotter-Villa von innen und außen kennt, seine oben zitierte Rückschau im Januar 1933 veröffentlicht, trennen Berlin nur noch zwei Tage vom Beginn der Diktatur. Zu diesem Zeitpunkt sind die Rotters seit gut zwei Wochen insolvent und bereits außer Landes, aber scheinbar noch nicht am Ende ihrer Karriere: „Die Brüder Rotter stellen einen Typus dar, auf den Berlin nicht leicht verzichten kann, sie sind die letzten Theaterunternehmer“[5], so Großmann. „Jeder, der seit fünf Jahren in Berlin als freier Unternehmer Theater betreiben wollte, ist mehr oder weniger schnell zusammengebrochen“, währenddessen „blieben die Rotters quicklebendig, sie hatten Schulden, aber immer wieder kam ein ungewöhnlicher Publikumserfolg, der sie rettete“.[6]

Die Erfolgsoperetten der untergehenden Weimarer Republik sind melancholisch, geheimnisvoll, wehmütig und fröhlich zugleich, berückend im Glücksversprechen, furios euphorisch und frivol, schmerzhaft sehnsuchtsvoll, mit schmachtenden Schlagern. *O Mädchen, mein Mädchen, wie lieb ich dich! Wie leuchtet dein Auge, wie liebst du mich!*, stimmt Richard Tauber 1928 in Franz Lehárs Goethe-Singspiel *Friederike*[7] an. Der Tenor ist jahrelang der größte Star der Rotterbühnen, und diese Lehár-Operette, unter der „Direktion“ von Fritz und Alfred Rotter, bricht alle Rekorde: „Und so ist denn das Wunder zustandegekommen: in diesem Haus, in dem sich das getrüffeltste Publikum von Berlin [...] zu versammeln pflegte, wird in die Taschentücher geschluchzt ...“[8]

Auch der *New York Times* fällt die spezielle Wehmut der Rotter-Produktionen auf: Die Zeitung zitiert Alfred Rotter, den älteren der beiden Brüder, mit den Worten, das Publikum komme in eine Operette, um herzhaft zu weinen.[9]

Und doch: Am 25. Dezember 1931 wechseln die Brüder mit *Morgen geht's uns gut!* von Ralph Benatzky das Genre zur jazzbetonten *Musical-Komödie*, als ob die Weltwirtschaftskrise schon fast vorüber wäre und ihnen das Wasser nicht selbst bis zum Hals stünde. Sie spüren, dass das Publikum nach Neuem verlangt, und sind sich sicher, auf der richtigen Fährte zu sein. Im Schlussgesang heißt es:

> *Ja, morgen geht's uns gut, ich weiß das, morgen geht's uns gut, was heißt das, noch ein bisschen Mut, und auf einmal blitzt auf ein Sonnenstrahl! Wie schwer's jetzt auch ist, ich bin und bleib' Optimist, und rufe: Morgen geht's uns gut, das Glück, es ist uns nah! Hurrah! Hurrah!*

„MORGEN GEHT'S UNS GUT!“

Ein halbes Jahr nach der Premiere von *Morgen geht's uns gut!*, im Sommer 1932, sind Fritz und sein Bruder Alfred vierundvierzig und sechsundvierzig Jahre alt. Sie beide und, wie anzunehmen ist, auch eine Anzahl ihrer Angestellten folgen einem Gerichtsvollzieher namens Schablin, der das Verzeichnis der gepfändeten Gegenstände diktiert. Schauplatz ist immer noch die Villa in Berlin-Grunewald. Der Blick durch die Fenster auf das Grün kann in Anwesenheit des Pfändungsbeamten nicht beruhigen.

Das *8 Uhr-Blatt* in Nürnberg, dem Fritz Rotter im folgenden Jahr im liechtensteinischen Exil das längste Interview seines Lebens geben wird, bezeichnet ihn, den Jüngeren, als „Pfiffikus, wie er im Buche steht“, als „eigentliche Triebfeder der Rotter'schen Unternehmungen“.[10] Er ist der stillere, aber wenn er redet, der gewandtere der Brüder.

Alfred hingegen, einen Kopf größer, stets auf etwas unsichere Weise um Dominanz bemüht, gilt als heftiger. Vielleicht geht also der ältere Bruder neben Schablin her und macht lautstark Einwände geltend. In einem Brief betont er nur wenige Wochen später: „Wir haben die größte Mühe, trotz der großen äußeren Erfolge die täglichen Betriebskosten einschließlich der für die Premiere gemachten Vorspesen zu decken. Es ist ja auch ganz selbstverständlich, dass heute selbst ein erfolgreich arbeitendes Unternehmen nicht noch Rücklagen machen kann, denn dann hätten wir ja keine Wirtschaftsmisere."[11]

Sie lassen das Speisezimmer hinter sich – den großen runden Tisch, um den herum vierundzwanzig Personen Platz finden, aber lediglich achtzehn Sessel mit Arm- und Rückenlehne verteilt sind. An der Unterseite tragen diese bereits den Pfändungs-„Kuckuck", wie es in Berlin heißt. Auch die drei Ölbilder – zwei mit goldenem, eines mit schwarzem Rahmen, so der Beamte lapidar – sind auf diese Weise markiert, ebenso der über sieben Meter lange Orientteppich und der Wandgobelin, letzterer drei mal fünf Meter groß.

Viel Platz ist in der seit der Inflationszeit angemieteten Villa mit sechzehn Zimmern, die dem Kunstmaler Richard Mette und seiner Frau gehört und am westlichen Ende des Kurfürstendamms unweit des Halensees liegt. Fritz und Alfred Rotter müssen sich unter den Augen des Gerichtsvollziehers nicht eigens verständigen. Niemals wird von Außenstehenden auch nur ein Anzeichen einer Uneinigkeit zwischen ihnen wahrgenommen, so verschieden sie als Charaktere sein mögen. Alfred inszeniert an den Rotterbühnen und vertritt sie nach außen, die Verhandlungen führt meist Fritz. Beide wissen, es wird diesmal eng.

Der Gerichtsvollzieher schätzt auch in der Diele die breiten Teppiche, den 24-flammigen Kronleuchter, die elf Ölgemälde und die Gruppe mit Ledersofa, sechs Armlehnsesseln und rundem Tisch – und gibt einen lächerlich geringen Preis an. Während Fritz sich vermutlich zurückhält, wird Alfred, womöglich auch persönlich gekränkt, weiter auf den Mann einreden. Der wird ihm antworten, dass bei Zwangsversteigerungen – sollte es dazu kommen – nur wenig reinzuholen ist. Wer macht schon nicht Konkurs dieser Tage? Alfred Rotter mag erwidern, dass sie mehrere Theaterhäuser bespielen, hunderten von Menschen auf und hinter der Bühne Arbeit verschaffen. Doch ein Gerichtsvollzieher ist Menschen im Ausnahmezustand gewöhnt und wird sich weder einfühlend noch abweisend verhalten. Möglicherweise sagt er:

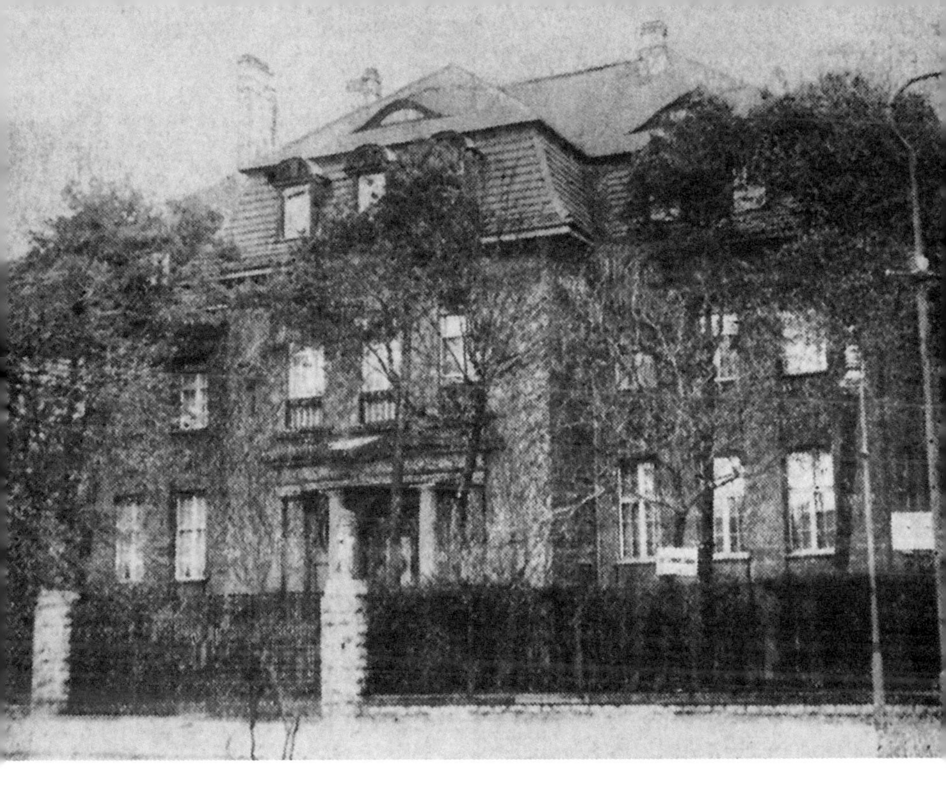

Die **Villa** in der Kunz-Buntschuh-Straße 16–18 in Berlin-Grunewald
(einzig erhaltene Fotografie von 1933)

Ich bin hierherbestellt worden, der Rest ist Sache der Klagenden, die ihre Ansprüche verteidigen. Zwei Leuchter zu sieben Flammen auf dem Kamin: 60 Reichsmark.[12]

Sicher macht sich auch Alfreds Frau, Gertrud Rotter-Leers, bemerkbar. Sie stammt aus Hannover, ist am 25. Dezember 1894 geboren[13] und hat vermutlich selbst einmal auf Theaterbühnen gestanden – von ihrem verschollenen Tagebuch sind nur zwei Eintragungen überliefert. Trude, wie alle sie nennen, ist nicht nur öfter bei den Proben dabei, sondern auch in die Finanzverwaltung eingebunden – täglich rechnet sie mit den Kassiererinnen an den Theatern ab. Sie habe sich „zuerst in Fritz verliebt", dann aber Alfred geheiratet,[14] noch im Krieg, am 10. Juli 1917.

Die siebenunddreißigjährige Trude also fängt vielleicht einen verzweifelten Blick ihrer Zofe Klara Walter auf, weil auch ihre Worte den Gerichtsvollzieher nicht umstimmen können. Die andere Hausbedienstete, Marta Juraschewski, wird sich im

Hintergrund halten, genauso wie Fritz Rotters Friseur und Diener August Wittmoser, genannt Archibald, der von sich sagt, er sei „als Faktotum“ für alles Mögliche angestellt. Archibalds besonderes Merkmal, nämlich dass er nicht größer als ein Meter vierzig und „bucklig“ ist, kümmert hier niemanden. Die bei der Tageskasse anfallenden Münzbeträge und kleinen Scheine bringt er jeweils zur Bank und kehrt mit großen Scheinen zurück.

Nicht gefehlt haben dürfte auch der Oberbuchhalter der Rotterbühnen, Conrad Wolff, der mehr weiß, als er sagen kann oder darf. Seine Räume hat er im obersten Stockwerk der Villa, sämtliche Geschäftsbücher der einzelnen Gesellschaften werden dort geführt und aufbewahrt. Es ist nicht seine Schuld, dass sich die Bücher in einem „haarsträubenden Zustand“[15] befinden.

Sie schreiten ins sogenannte Herrenzimmer. Neun Ölbilder. Gleiche Geschichte. Eine Bibliothek, Eiche geschnitzt: 200 Reichsmark. Als Nächstes das Musikzimmer: Der Flügel von der Firma Grotrian-Steinweg ist zum Glück nur gemietet, seit Dezember 1929. Der Buchhalter wird den Vertrag zur Hand haben, 35 Reichsmark monatlich. Fünf Bilder. Alles wird taxiert und mit den blaugefärbten Reichsadlern als Pfandsache markiert. Zum Schluss geht es in den Salon: acht Bilder für 1340 Reichsmark. – Es ist einfach nur zum Weinen.

Alfred Rotter verweigert die Unterschrift. Schablin, der Gerichtsvollzieher, wird dessen Bruder Fritz Rotter gar nicht erst auffordern und erklärt den Vorgang trotzdem für „geschlossen“: 31 290 Reichsmark, in Gänze. Bis zur Versteigerung bleibe genügend Zeit.

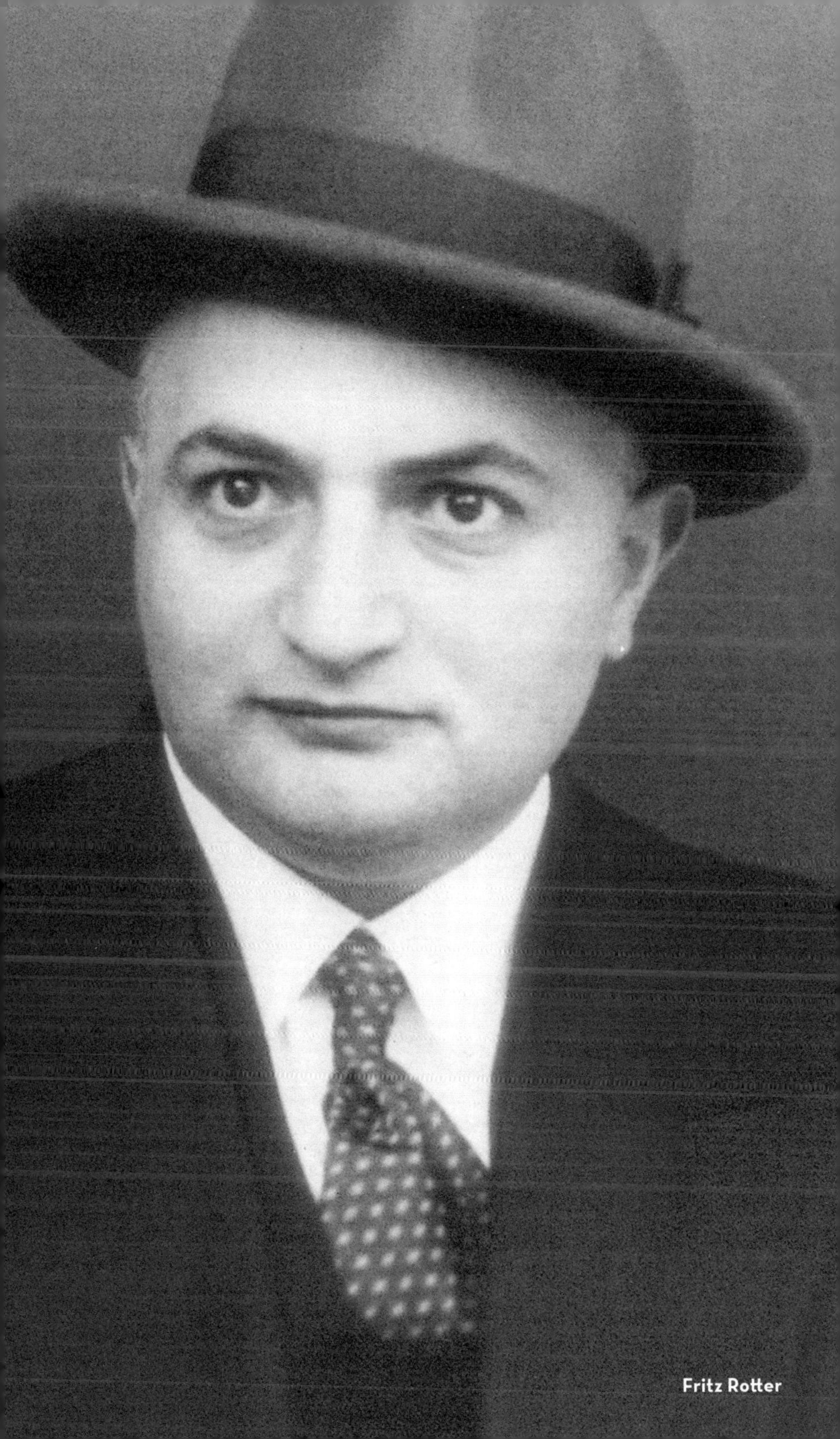

Fritz Rotter

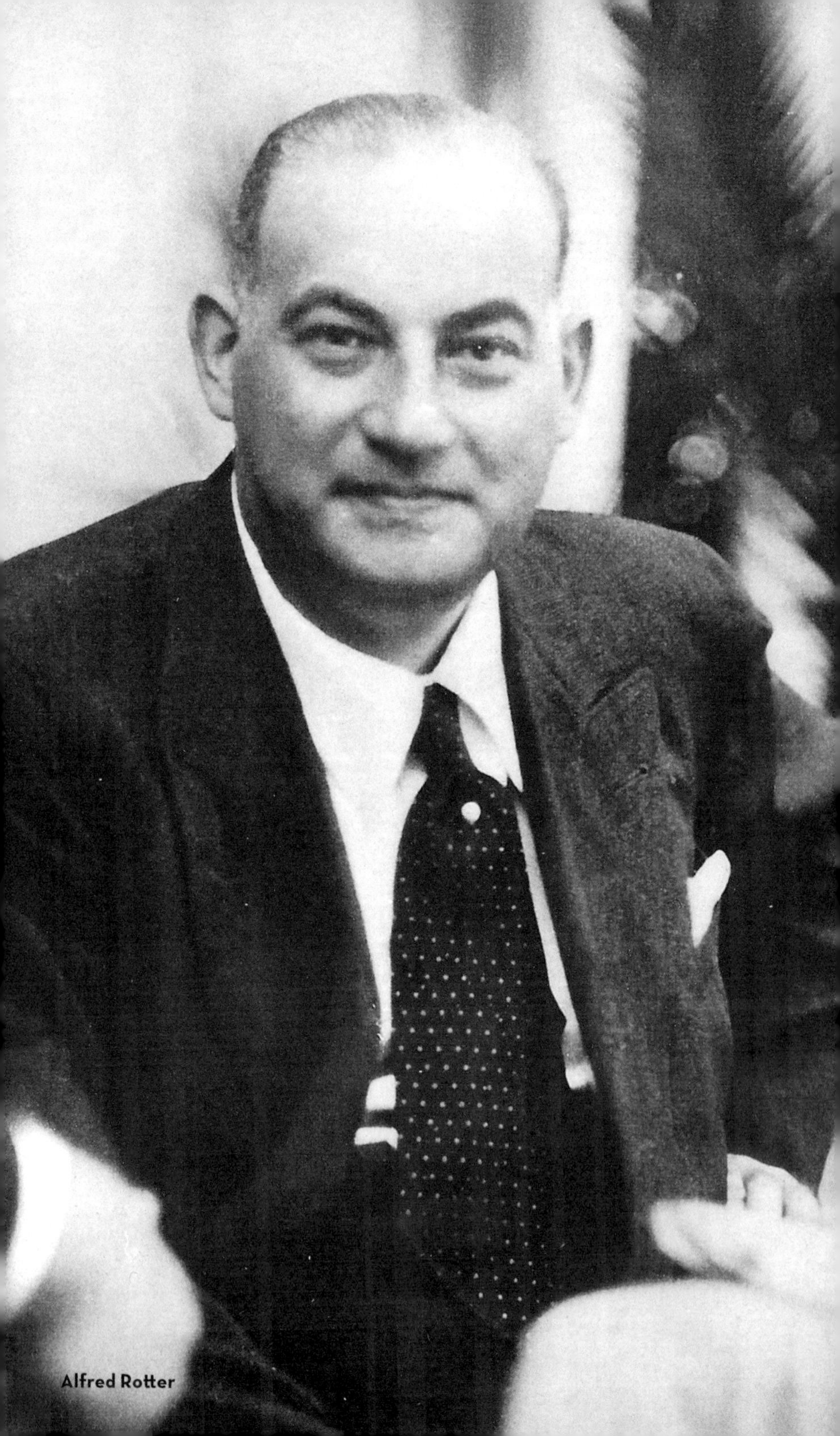

Alfred Rotter

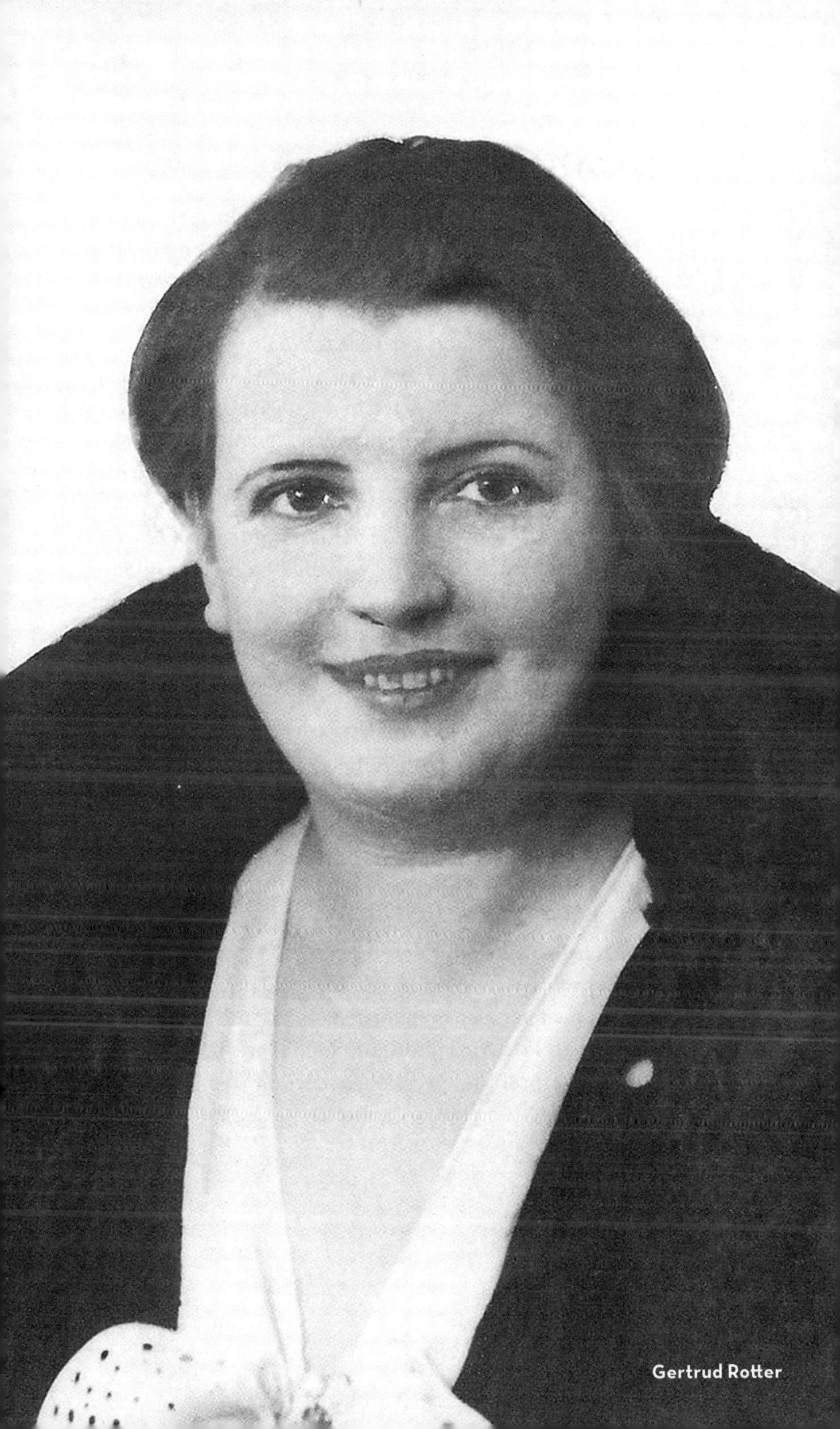

Gertrud Rotter

• • • • •

DIE ROTTERBÜHNEN

Von den beiden Brüdern bespielt werden im Frühjahr 1932 folgende Bühnen: *Metropol-Theater, Theater des Westens, Lessing-Theater, Admiralspalast, Lustspielhaus, Zentraltheater* Berlin, *Zentraltheater* Dresden, *Albertheater* Dresden, *Mellini-Theater* Hannover.[16] 1931 haben sie in Breslau für kurze Zeit auch das *Stadttheater* gemietet.

Doch man muss ein Theater wie etwa das ***Metropol*** nicht besitzen, um darin zu spielen. Mitten in der Wirtschaftskrise ist es nicht schwer, Pachtverträge zu bekommen. Und nach den großen Theaterpleiten 1930 und 1931 geht kaum noch jemand dieses Risiko ein – viele Bühnen stehen leer.

Mit Grundstück und Gebäude gehören ihnen das ***Lessing-Theater*** auf dem Boden des heutigen Ministeriums für Bildung und Forschung am Kapelle-Ufer in unmittelbarer Nähe des Hauptbahnhofs, zweitens das öfter mal leerstehende ***Lustspielhaus*** am unteren Ende der Friedrichstraße sowie drittens das ***Zentraltheater*** an der Alten Jakobstraße in Berlin, beide in Kreuzberg. Jede einzelne Liegenschaft ist mit Hypotheken schwer belastet.

Für Dramen und Komödien nehmen die Rotters noch das ***Deutsche Künstlertheater*** und das ***Theater in der Stresemannstraße*** (heutiges *Hebbel am Ufer*) hinzu.

Seit 1931 bespielen sie von Fall zu Fall auch das ***Theater im Admiralspalast*** schräg gegenüber des Bahnhofs Friedrichstraße und teilen sich mit dem Verpächter die Kasseneinnahmen – das Risiko tragen die Brüder Rotter selbst.

In Dauerpacht halten sie hingegen seit Frühjahr 1931 die ***Plaza***, das Varieté-Theater in der alten umgebauten Halle des verlegten Ostbahnhofs in Friedrichshain mit 3000 Plätzen, wo im vierzehntägigen Wechsel „Billigversionen jener im Westen der Stadt erfolgreich inszenierten Rotter-Operetten“ gezeigt werden.[17]

• • • • •

• • • • •

Eine Anekdote über die Rotters in der *Plaza* erzählt der Direktor des *Theaters am Schiffbauerdamm*, Ernst Josef Aufricht, in seinen Erinnerungen[18]: Als er selbst nach dem großen künstlerischen Erfolg des Revolutionsstücks von Ernst Toller über den Matrosenaufstand in Kiel 1918, *Feuer aus den Kesseln* (31.8.1930), zu seiner Enttäuschung am Schiffbauerdamm auf den Eintrittskarten sitzenbleibt, genauso wie schon mit Bertolt Brechts *Happy End* (2.9.1929) – bezahlt gemacht hat sich nur die *Dreigroschenoper* (31.8.1928) –, verschickt er „tausende von Freikarten an Gewerkschaften und Arbeiterorganisationen, um das Theater wenigstens einen Monat zu füllen". Aber die Leute sind nicht in das Toller-Stück zu bringen. Aufricht:

> „Die Freikarten wurden nicht angenommen. ‚Wollen Sie wissen, was die Arbeiter und die Arbeitslosen sich ansehen?', fragte mich jemand. ‚Gehen Sie in die *Plaza*!' Eine als Theater umgebaute ehemalige Bahnhofshalle war am Nachmittag ausverkauft. Man spielte drei Vorstellungen am Tag. Ein billiger Platz kostete 30 Pfennig. Die Brüder Rotter brachten ihre abgespielten Operetten in die *Plaza* und hatten im Vertrag mit der Direktion des Hauses, nur drittrangige Kräfte zu engagieren, um das Publikum nicht zu verwöhnen und anspruchslos zu halten. Als der *Graf von Luxemburg* [Operette von Franz Lehár] sich seine Zigarette mit einem Hundertmarkschein anzündete, vergaßen die Zuschauer ihre graue Misere und applaudierten begeistert."

• • • • •

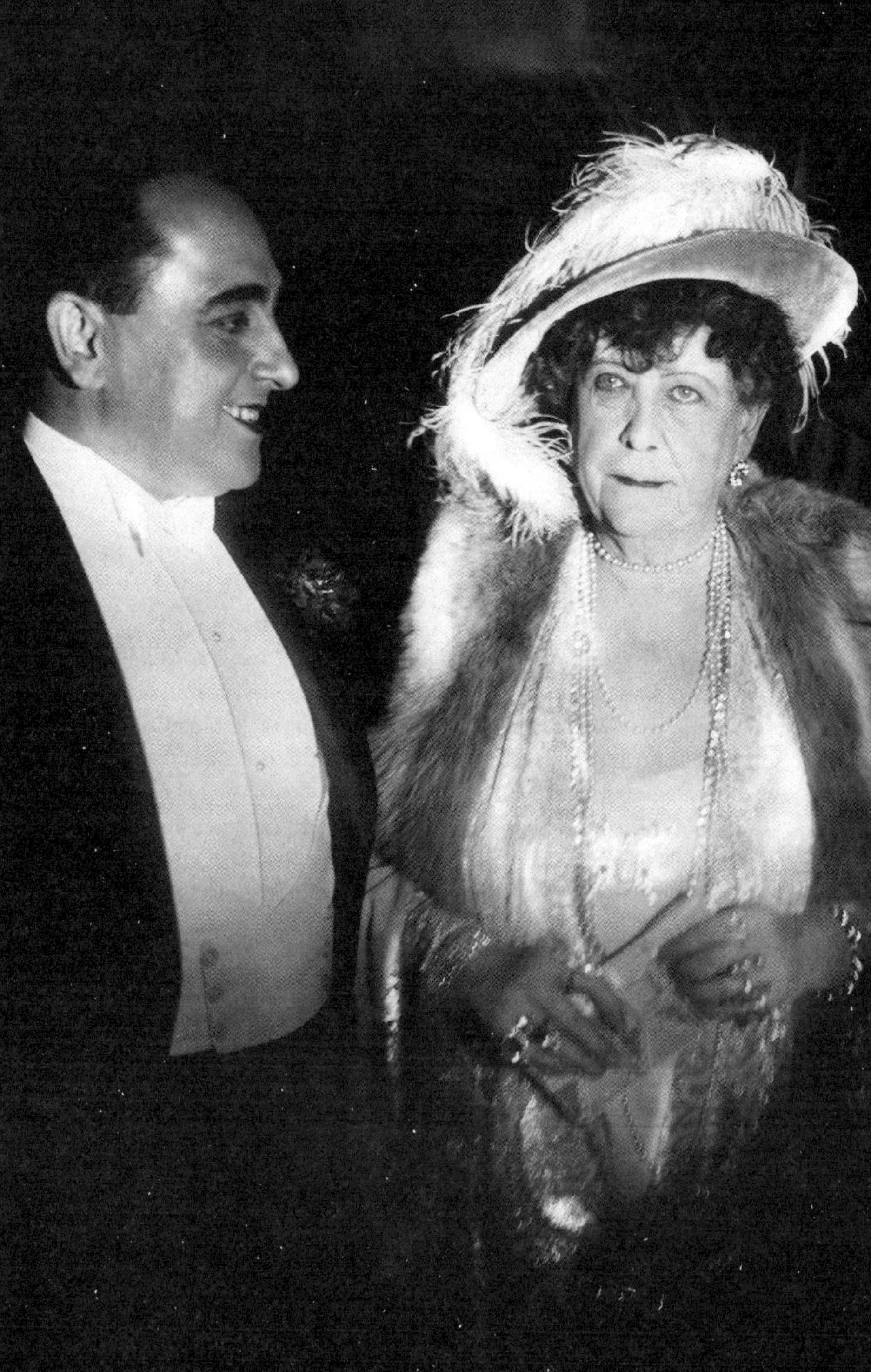

Hubert Marischka und Adele Sandrock in ***Der Graf von Luxemburg***, 1928

Im Mai 1932 schon haben die Rotters kurz geglaubt, alle ihre Theater schließen zu müssen. Die nationalsozialistische Zeitung *Der Angriff* höhnt: „[...] aber es wird sicher allgemein interessieren, dass die Theaterdirektoren Rotter (mit jüdischem Namen Scheye) am 2. Mai den Offenbarungseid geleistet haben.“[19] Das ist in mehrerer Hinsicht falsch: Erstens heißen sie richtig *Schaie* mit *ai* (der Name leitet sich vom hebräischen Namen des Propheten Jesaja ab), zweitens haben sie, wie es der Theaterkritiker der *Vossischen Zeitung* Monty Jacobs richtigstellt, „das Recht, auf dem Theater einen falschen Namen anzulegen“[20], und drittens: Es geht weiter! Der Dresdner Bank allein schulden die Rotters zwar über eine Million, sie bieten aber auch Sicherheiten, und die Bank hält still. Andere Gläubiger stimmen einer Umschuldung und Teilzahlungen aus der täglichen Theaterkasse zu.

Den Gerichtsvollzieher im Nacken, beginnen sie Ende August und Anfang September 1932 die neue Saison wieder mit drei Produktionen. Ihr Überleben hängt von Fritzi Massary ab, dem Star von *Eine Frau, die weiß, was sie will.*[21]

Am Abend des 1. September 1932 steht alles auf dem Spiel – im *Metropol-Theater.* Seit Ende 1927 haben die Rotters es für 15 000 Reichsmark monatlich gepachtet, zuzüglich Nebenabgaben. Mit wie viel sie im Rückstand sind, darf jetzt nicht das Thema sein. Den Antrag auf Konkurseröffnung haben sie gerade noch abwenden können, indem sie für das *Metropol* tägliche Ratenzahlungen leisten.

Der *Montag Morgen* berichtet, Alfred sei derjenige, der an den Rotterbühnen die Stücke „auswählt, umdichtet und inszeniert“.[22] Doch das trifft nur bedingt zu. Bis zuletzt hat auch Fritz die Neufassung der Stücke besorgt und ist als Autor wichtiger als Alfred. Heinz Hentschke von der *Gesellschaft der Funkfreunde* sagt später: „Im übrigen hatte Alfred die Zahlen in groben Zügen ohnehin immer im Kopf.“ Ihr Vetter dagegen, Werner Guthmann, der seit 1918 bei ihnen Bühnenleiter ist, hält ihnen vor, dass „die Bücher nicht in Ordnung“ seien: „Seit Jahren haben wir eine Unmenge Zahlungsbefehle gehabt und ebenso viele Prozesse geführt. Freiwillig wurden überhaupt fast keine Rechnungen bezahlt“ – so wird er es 1933 dem Staatsanwalt schildern.

Die Brüder beschäftigen zudem ihren Schwager Ludwig Apel

als Verwaltungsdirektor, der ihnen trotz der familiären Bindung nicht gewogen ist. Er ist der Ehemann von Marianne Leers, der Schwester von Alfred Rotters Ehefrau Gertrud. Apel bedauert, dass er wegen seiner jüdischen Frau die Mitgliedschaft in der NSDAP verloren hat. Aus deutlicher Missgunst gegen die Rotter-Brüder wird er 1933 ein hartes Bild von ihnen zeichnen und eine Chronologie ihrer Verschuldung den Behörden übergeben – die beiden hätten sich 1927/28 „über den Winter hin durchgewurstelt", dann in *Friederike* die „Hauptrollen Tauber und Käthe Dorsch zu bisher noch nicht gekannten Rekordgagen herausgestellt": „Man spielte eben *va banque*, und das mit vollem Bewusstsein."

Aber ist diese behauptete größte Schwäche der Rotters – ihr spielerischer, zu jedem Risiko bereiter Wagemut – nicht insgeheim ihre größte Stärke?

Apel sieht das anders: „Hätte *Friederike* versagt, so wären die Rotters schon damals erledigt gewesen", meint er, „denn die Hauptdarsteller hatten ihre langfristigen Verträge, die erfüllt werden mussten, in der Tasche". Apel in missmutigem Ton weiter: „Im nächsten Winter 29/30 gab es im Metro[pol] Lehárs *Land des Lächelns*, eine Operette, die vor Jahren unter der Bezeichnung *Die gelbe Jacke* in Wien nicht angesprochen hatte. Lehár hatte alles zur Restaurierung dieses Werkes getan und besonders für Tauber den großen Schlager *Dein ist mein ganzes Herz* eingefügt. Vera Schwarz glänzte mit ihrer großen Kunst, und so war ein zweiter bedeutender Erfolg gezeitigt, wenn auch nicht in dem Ausmaße wie der von *Friederike*. Die Rotters waren in dieser Zeit auf ihrer höchsten Höhe. Die Schuldenlast war erträglich, die Gläubiger, besonders die Banken, die noch alte Forderungen hatten, drängten nicht nennenswert, aber trotz allem begann damals schon die Theaterkonjunktur, ebenso wie die der gesamten Wirtschaft, abzuflauen."[23]

Fritz Rotter hat ein sehr künstlerisches Verhältnis zum Geld – für ihn ist es der Stoff, der die Wirklichkeit mit der Welt der Fiktion verbindet und am Ende selbst ein Stück Fiktion wird, reine Phantasie: Haben nicht Krieg, Inflation, Deflation und nun die Große Depression gezeigt, dass Geld die Wandelhaftigkeit selbst ist? Ein Ausdruck von Irrealität – und gerade deswegen Spielmittel und Bühne aller Spiele?

HOFFEN AUF FRITZI MASSARY

Zurück ins *Metropol-Theater* im September 1932.

Mit mir ist nicht zu spaßen ... Ich werde das Kind schon schaukeln ... nehme die Sache selbst in die Hand, ich rette das Vaterland, singt Massary. *Die Sache, die man Liebe nennt, ob einst, ob jetzt ... wird überschätzt. Die ganze große Leidenschaft – la grande passion –, wenn's auch mitunter Freuden schafft, was hat man schon davon?*

Operetten wie *Eine Frau, die weiß, was sie will* brauchen ein Chanson, das der Hauptfigur auf den Leib geschrieben ist und dem Publikum noch Tage und Wochen im Kopf nachklingt. Fritzi Massary singt:

Was so die Gesellschaft redet zwischen Lunch und Dinner nachmittags bei Five o'clock von Madame X und Madame U. Am besten ist's, man hörte den Leuten gar nicht zu! ‚Die hat ihren Mann betrogen, die ist dem Chauffeur gewogen.' Und man urteilt ganz en bloc: ‚Mit Mister Z ist sie intim, er hat mit ihr etwas und sie hat was mit ihm.' Warum soll eine Frau kein Verhältnis haben, kein Verhältnis haben, kein Verhältnis haben? Ist sie hübsch, wird man sagen: ‚Na die muss doch eins haben, 's wär zu dumm!' Na, und wenn man schon so redet und sie hat keins, na dann ist es doch viel besser gleich, sie hat eins! Warum soll eine Frau kein Verhältnis haben? Können Sie mir sagen: Warum? Man lacht diskret und maliziös, und so entsteht die ganze Chronique scandaleuse!

Scheinbar eine Luxus-Sorge in der Metropole der schreienden Gegensätze, aber überall nachgesungen in Berlin. Obwohl die für Herbst 1932 angekündigte Mode extrem lange und eng geschnittene Damenmäntel mit Pelzbesatz am Hals und kleinem Hütchen vorsieht, preisen die Zeitungen Mittel *gegen* Magerkeit an. „Von den Männern bewundert – weil sie schön ist. Vor kurzem war sie noch mager, zeigte zu viel Knochen statt gesunden glatten Fleisches und war noch blass dazu. Sie nahm ‚Eta-Tragol-Bonbons'." Mit denen lasse sich „das Körpergewicht in einigen Wochen um 10 bis 30 Pfund erhöhen": „Die unschönen Knochenvorsprünge an Wangen und Schultern schwinden."[24] Als Schönheitsideal gilt ein absichtlich sehr schmal geschminkter Mund, vielleicht weil dies die Augen größer erscheinen lässt.

Das werden Fritz und Alfred kaum noch wahrnehmen, bei ihnen geht es ums Ganze. Mit Pfändungen und Schulden sind sie mittlerweile so übel dran, dass ein Großerfolg allein nicht reicht – sie brauchen pro Spielzeit deren drei.

Zwei haben sie in diesem bitteren Sommer bereits.

Am 19. August 1932 hatte im *Theater des Westens* das Singspiel *Dreimäderlhaus* (1916) über den Komponisten Franz Schubert Premiere. „Ein umjubelter Sänger wie Richard Tauber tritt in der Maske des Meisters auf, stellt ihn respektvoll dar, der Operettenform überlegen. Taubers Beliebtheit, seine bemerkenswerte Leistung holen die Verbrauchtheit des *Dreimäderlhauses* auf. Bei einem Höchstgrad sommerlicher Temperatur musste der Künstler jede Gesangsnummer, jedes Duett wiederholen.“[25] „Gitta Alpár warf aus der Direktions-Loge, in der übrigens Fritz Rotter fehlte, dem großen Kollegen Blumen zu“[26], das *Dreimäderlhaus* „trägt der Direktion Rotter und den Sängern den erhofften Erfolg ein“.[27]

Den zweiten Erfolg haben sie drei Tage später errungen, am 22. August 1932, mit Gitta Alpár im *Admiralspalast* in der Uraufführung von *Katharina. Eine russische Ballade* unter Alfreds Regie. „Eine Premiere mit Siedetemperatur des Beifalls“[28], „das Publikum ist hingerissen“ – „so bedeutet die *Katharina* die völlige Abkehr von einem Operettenschema, das schon zur Landplage geworden war“.[29]

In der linken Rangloge zeigten sich beide, Fritz und Alfred Rotter, vor Aufführungsbeginn, und zwar mit den Schauspielstars Grete Mosheim und Oskar Homolka, „und grüßen die Abgesandten der Filmindustrie“, die „Platz genommen haben“.[30]

> „Trotz Hitze nahm der Jubel unbeschreibliche Formen an. Wer war da? Ist das noch Gegenwart? Sind wir nicht am Ende um ein Jahrzehnt zurückverschlagen? Eine Welt stürzt zusammen, eine Zeit gebiert unter Qualen eine neue Welt – und in der Friedrichstraße, im Berlin von 1932, findet eine Premiere mit einem Gepränge statt, das man nicht fassen kann. Verstopft ist die breite Passage in den Theaterhof von neugierigen Menschen, blockiert ist der ganze Stadtteil bis Unter den Lin-

den von Autos. In der Pause eilt alles aus der Hitze des Parketts auf den luftigen Hof; es ist ein Kommen und Sich-Begegnen, einer riesigen Familie gleich. Groß angezogene Frauen stoßen auf hemdsärmelige Gestalten. In der ersten Reihe der General von Schleicher neben dem Reichskanzler von Papen, der sicherlich beschließt, auch die nächsten vier Alpár-Premieren als Kanzler erleben zu wollen."[31]

Wer das liest, kann nicht ahnen, dass vier Monate später, am 17. November 1932, Papen zum Rücktritt gezwungen und Schleicher die Kanzlerschaft übernehmen wird. Doch auch Schleicher entgeht dem Sturz nicht. „Papen wollte seine Rache an Schleicher nehmen, was ihm unter den obwaltenden Verhältnissen nur mit Hitler gelingen konnte."[32] Die vor Intrigen strotzende Operette *Katharina* sieht sich von der Gegenwart schon bald überholt.

Deutliche Vorbehalte gegenüber der Aufführung äußert Herbert Jhering, der den Rotter-Brüdern kaum etwas durchgehen lässt. Lob hat er nur für den Star dieses Abends übrig: „Gitta Alpár hat in ihrer Stimme jenes erregende Fluidum, das Menschen hinreißt, jenen sinnlichen Glanz, der Tausende berauscht. Sie tritt auf und beherrscht Bühne und Zuschauerraum. […] Niemand kann der Direktion Rotter nachsagen, dass sie das Publikum nicht kenne, dass sie vom Erfolg nichts verstände. Diesmal hat sie sich geirrt. Selbst wenn man sich ganz auf das Genre einstellt, das im Admiralspalast gepflegt wird, war die Operette schlecht."[33]

Nun hängt alles am dritten Wurf, somit an Fritzi Massary im *Metropol-Theater*. Massary ist gerade fünfzig geworden, lässt aber das Publikum über ihr Alter rätseln. Verheiratet ist sie mit dem ihr an Ruhm und Wirkung in nichts nachstehenden Schauspieler Max Pallenberg. Ihr Erfolg würde den Bestand der Rotterbühnen für die kommenden Monate sichern – wenigstens bis Dezember 1932. Dann müssten drei weitere Reißer her – so steht, mitten in der Weltwirtschaftskrise, die Wette.

Am Morgen nach der Uraufführung von *Eine Frau, die weiß, was sie will* heißt es: „Fritzi Massary spielt wieder Operette, spielt wieder eine Frau von Format, die weiß, was sie will, die kann, was sie will. Energiegeladen steht sie auf der Szene. Man hört die

Funken knistern. Achtung, Hochspannung, Lebensgefahr!"[34] Von „zärtlichen und witzigen Chansons" ist die Rede, an denen Massary „ihre noch immer unerreichte Vortragskunst bekunden" kann. Diese Chansons „sind die Höhepunkte des Abends, von denen das Publikum nicht herunterwill. Man hört jedes einzelne zwei-, drei-, viermal und hat noch immer nicht genug."[35]

Die *Frau, die weiß, was sie will* wird Massary noch vier Monate lang en suite bis Ende Dezember geben. Selbst Herbert Jhering, hartnäckigster Kritiker der Brüder Rotter, weil er zeitkritische Gegenwartsschauspiele bevorzugt und in den Rotterbühnen nur ein Merkmal der „Geschäftsbetriebsamkeit" sieht, urteilt beinahe enthusiastisch: Fritzi Massary vertrete „einen Typus, den es in Deutschland nur selten gegeben hat: den Typus der großen Dame, der großen Primadonna". „Ihre Kunst ist absolute Schauspielkunst, die auf den Tonfall an sich, auf die Geste als solche gestellt ist. Fritzi Massary ist die große Ausnahme, die die Regel bestätigt. Sie kann mondäne Rollen spielen in einer Zeit, in der das alte Gesellschaftsstück sich erledigt."[36]

Früher hat die Presse die Rotters wegen der Claqueure verspottet, die mit ihrem übertriebenen Applaus Begeisterung vorgetäuscht haben. Nun brauchen sie das nicht mehr: Der „Jubel", „der die Massary umtost [...], ist keine Claque; das ist die Stimme des Volkes, das einer Darstellerin huldigt, die in ihrer Art nicht ihresgleichen hat."[37] Und es heißt: „Gemäß dem faustischen Grundsatz ‚Ihr müsst es dreimal sagen' hat die Direktion Rotter nach dem Tauber- und Alpár-Theater nun auch die Massary-Bühne und damit zum dritten (und unwiderruflich letzten) Male die neue Operettensaison eröffnet."[38] Die Hoffnung erfüllt sich, die beiden Brüder können sich im Sommer 1932 noch einmal retten, bekommen Luft.

„Die kleinere, dickere Hälfte heißt Fritz, die andere Alfred", scherzt die Zeitschrift *Querschnitt* einmal über sie. „Beide zusammengelegt, ergeben einen Leib und eine Seele."[39]

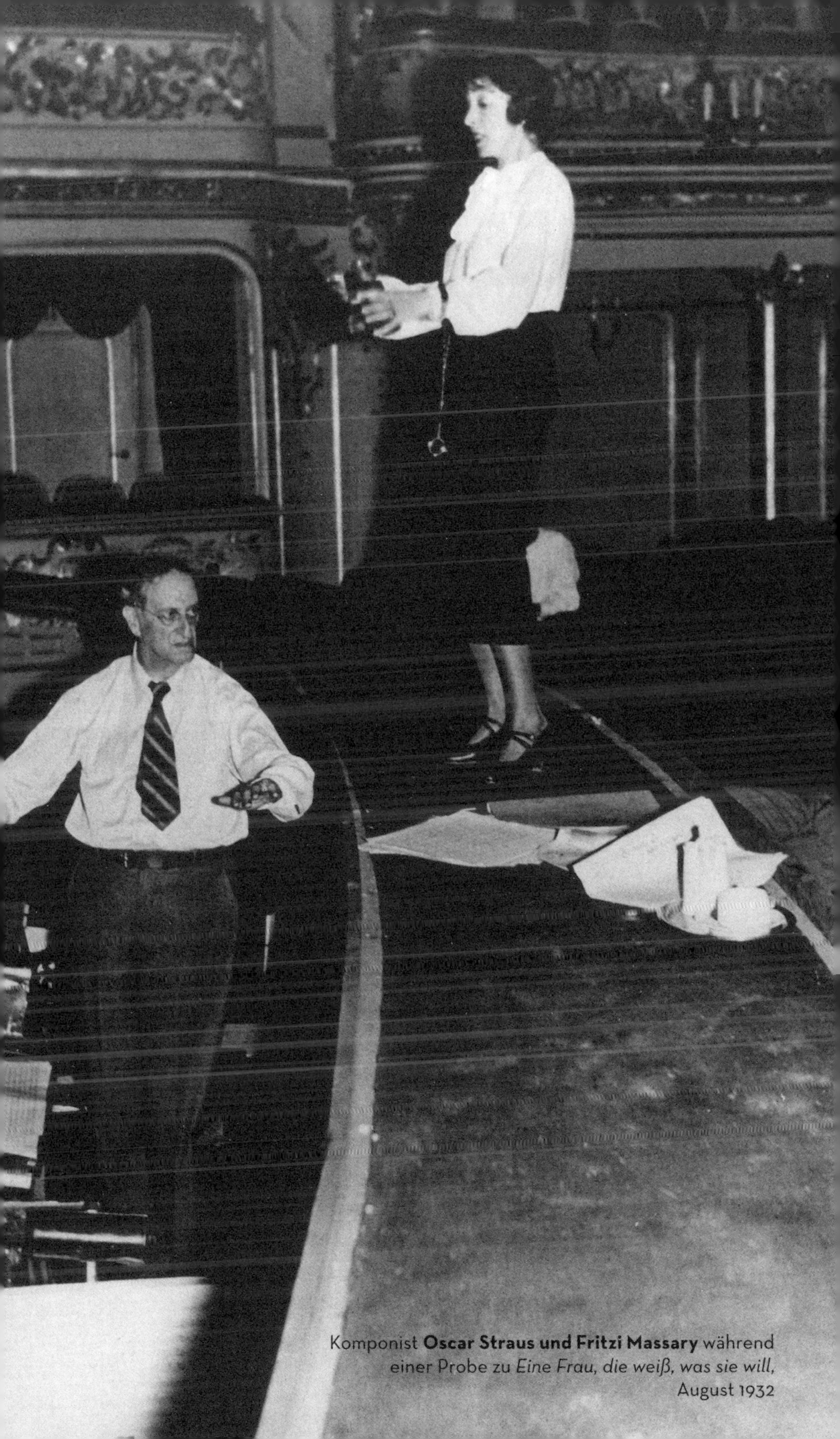

Komponist **Oscar Straus und Fritzi Massary** während einer Probe zu *Eine Frau, die weiß, was sie will*, August 1932

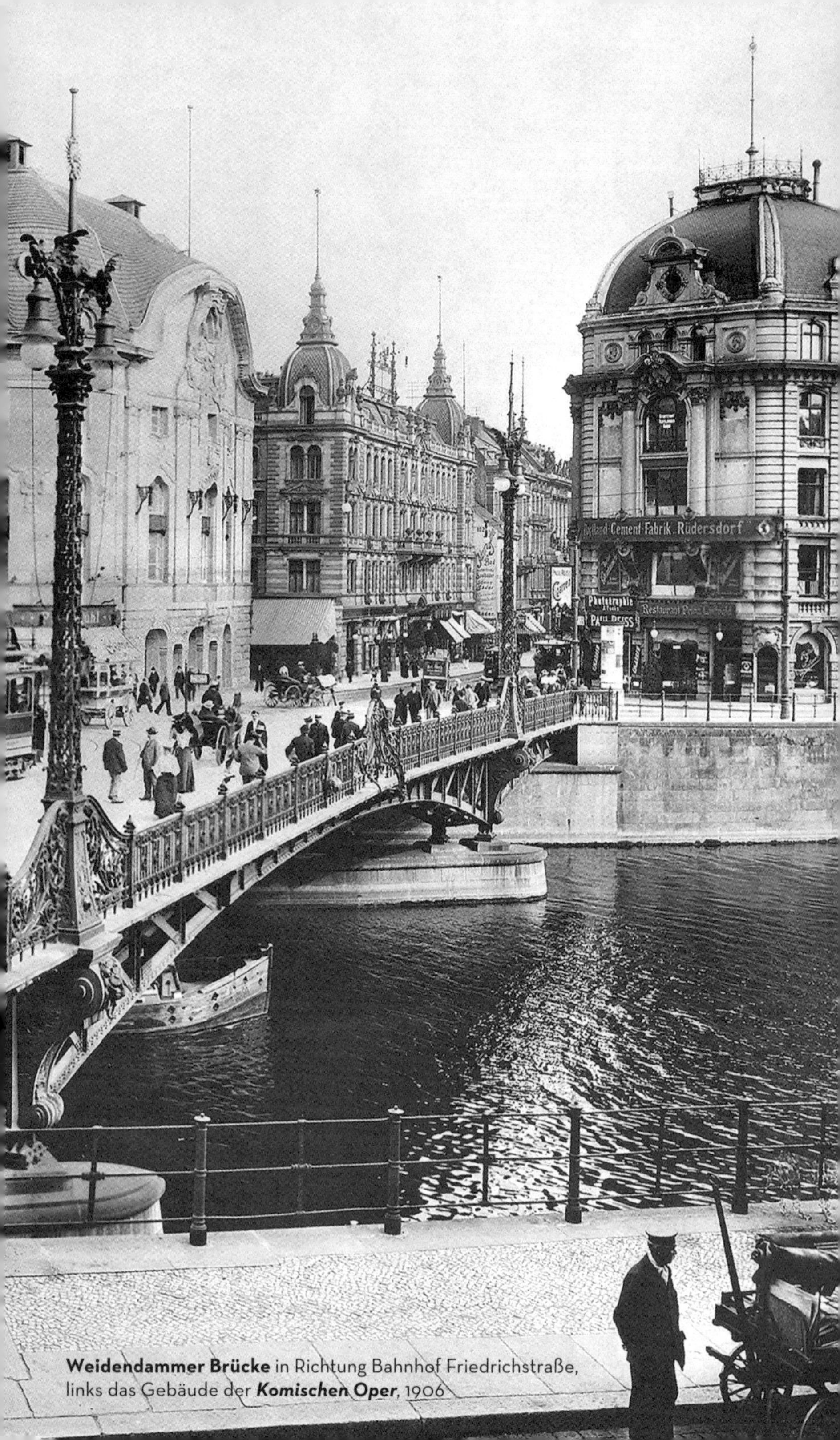

Weidendammer Brücke in Richtung Bahnhof Friedrichstraße, links das Gebäude der ***Komischen Oper***, 1906

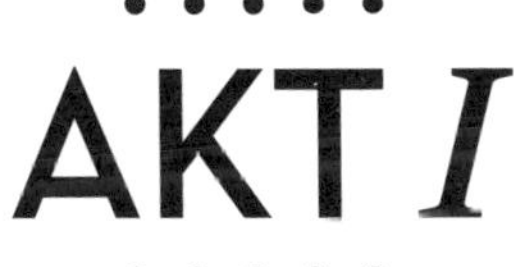

„SCHAIE & SIMONSON, HERREN- UND KNABEN-KONFEKTION"

Das Todesdatum der Mutter von Alfred und Fritz ist nicht bekannt, doch sie ist schon nicht mehr am Leben, als am 20. September 1923 auch der Vater, Hermann (Heymann genannt) Schaie, stirbt. Sein Grab liegt auf dem Jüdischen Friedhof Berlin-Weißensee. Er hinterlässt ihnen sowie den zwei jüngeren Schwestern Lucie und Ella ein beachtliches Vermögen.

Heymann Schaie wird am 12. März 1856 in Inowracław geboren; das einstige „a" der mittleren Silbe wandelt sich später zu einem „o". Das heute polnische Inowrocław gehört damals, nach der durch nichts zu rechtfertigenden Aufteilung Polens von 1795, zur preußischen Provinz Posen, Regierungsbezirk Bromberg. Es ist eine stark jüdisch geprägte Stadt, von ihren Bewohnern wird sie auf Jiddisch Lesla oder auch Leslau genannt. 1805 werden 996 „jüdische Seelen" und 1011 christliche gezählt. Ab 1904 heißt die Stadt Hohensalza.

1884 wird ein Schriftstück in eine Kugel gelegt und auf der Synagoge der Stadt angebracht. Der Inhalt: Die jüdische Gemeinde hier sei „eine uralte, die nach Jahrhunderten zählt" – so schildern es 1907 die Autoren Aron Heppner und Isaac Herzberg. „Auch bei den Juden in Hohensalza hatte seit etwa 1774 deutsche Sitte und deutsche Bildung immer mehr Geltung erlangt, so dass bald darauf die polnische fast ganz verdrängt wurde"[1] – das sei ihnen von polnischen Aufständischen, die die Herrschaft Preußens ablehnten, übelgenommen worden.

Die Kaufleute der Stadt, darunter auch der junge und noch ledige Heymann, fahren zur Messe in Frankfurt am Main und nach Leipzig. Vor allem Michael Levy (1807–1879) hat die Stadt viel zu verdanken: Durch Bohrungen auf eigene Rechnung entdeckt er in Inowracław ein mächtiges Steinsalzlager – das wird „seiner Vaterstadt eine Quelle reichen Segens". „Als die Regierung ihn für seine Bemühungen und Ausgaben entschädigen wollte, lehnte er jede Vergütung, jede Dankesbezeugung ab. Die Straße aber, in der das Steinsalzlager in den Tiefen der Erde ruht, erhielt auf Beschluss der Stadtverwaltung für ewige Zeiten den Namen *Michael-Levy-Straße*."[2] Doch die Geschichte kennt keine Ewigkeiten. Die Erinnerung an diese einst blühende Zeit und an diese Straße wird während der deutschen Besatzung ausgelöscht.

Heymann Schaie übersiedelt noch als lediger Mann im November 1879 nach Leipzig – gewiss hat er in seiner alten Heimat vorher noch am 30. Januar 1879 den verstorbenen Salzentdecker Michael Levy mit zu Grabe getragen.

Leipzig hat sich lange Zeit gegenüber Juden sehr feindlich gezeigt. Sie wurden nur zur Leipziger Messe zugelassen, ansonsten hat sich die lokale Wirtschaftselite gegen die Ansiedlung jüdischer Familien gesperrt. Doch eine neue Zeit bricht an, die Türen werden etwas weiter aufgestoßen. Sein *Herren-Garderobe-Geschäft en gros* (Herrenmode-Großhandel) in der Reichsstraße 41 ermöglicht Heymann am 9. November 1885 die Heirat mit Emilie Simonson. Da alle Familienalben verloren sind, wissen wir nur ihr Geburtsdatum: 7. Juni 1866. Sie arbeitet sicherlich im Geschäft mit. Unter dem Namen *Heymann Schaie* steht die Firma seit 1880 im Handelsregister. Und sie floriert offenbar. Am 14. November 1886 kommt Alfred und am 3. September 1888 Fritz zur Welt.

Mit den ein- und dreijährigen Söhnen zieht die Familie Schaie schließlich 1889 von Leipzig nach Berlin, wo die beiden Töchter Lucie (1892) und Ella (1894) geboren werden. *Schaie & Simonson, Herren- und Knaben-Konfektion, en gros* – unter diesem Namen findet die Firma zuerst Räumlichkeiten im ersten Stock des Gebäudes Kaiser-Wilhelm-Straße 27. Gewohnt wird direkt eine Etage darüber. Siegmund Simonson, Bruder von Emilie und Onkel von Fritz und Alfred, ist Mitinhaber. Ab 1896 sind Firma und Wohnung getrennt, was auch die Geschichte eines Aufstiegs dokumentiert: Das Geschäft befindet sich in der Poststraße 29, im ersten Stock, und die Familie zieht zunächst in die Claudiusstraße 11, dann 1898 in die Burgstraße 31, 1910 schließlich in die Mommsenstraße 48, unweit des Kurfürstendamms. Im Jahr 1921 ist der fünfundsechzigjährige Vater als „Rentier" im Berliner Adressbuch verzeichnet.

ZERFETZTE RECLAMHEFTE UNTER DER SCHULBANK

Über Kindheit und erste Schulzeit der beiden Brüder in Berlin ist nur wenig bekannt. Mindestens Fritz lernt eine Zeit lang Klavier. Er wird als „hilfsbereit und gütig" beschrieben.[3] In einem Lebenslauf von 1917 erwähnt Fritz Rotter, dass er das Sophien-Gymnasium[4] besucht hat – es befindet sich in Berlin-Mitte, an der Weinmeisterstraße 15. Aus diesem Gymnasium sei schon „mancher besessene Theatermann" hervorgegangen, „man braucht dabei nur den Namen Ernst Lubitsch zu nennen"[5] – vier Jahre jünger als Fritz. Die Backsteinfassade der Schule zieren Rundbögen. Passend zu den goldenen Antikengestalten unter dem tempelartigen Dachvorsprung gibt es zehn Wochenstunden Latein und sechs Stunden Griechisch, aber nur etwa drei Stunden Rechnen oder Mathematik. Im Fach Deutsch wird auswendig gelernt – Poetisches und Prosaisches – und mit Aufsätzen das Erzählen und Beschreiben geübt. Immerhin steht auch Französisch auf dem Lehrplan. Die Decke im Durchgang von der Straße zum Hof besteht aus gekachelten, spitz zulaufenden Gewölben. An den Wänden sind Terrakotta-Reliefs eingelassen, auf denen sich Jünglinge als Maler und Bildhauer betätigen und Nacktheit zeigen. Nackt stellen sich auch abgebildete Engel dar, und es gibt Liebesszenen

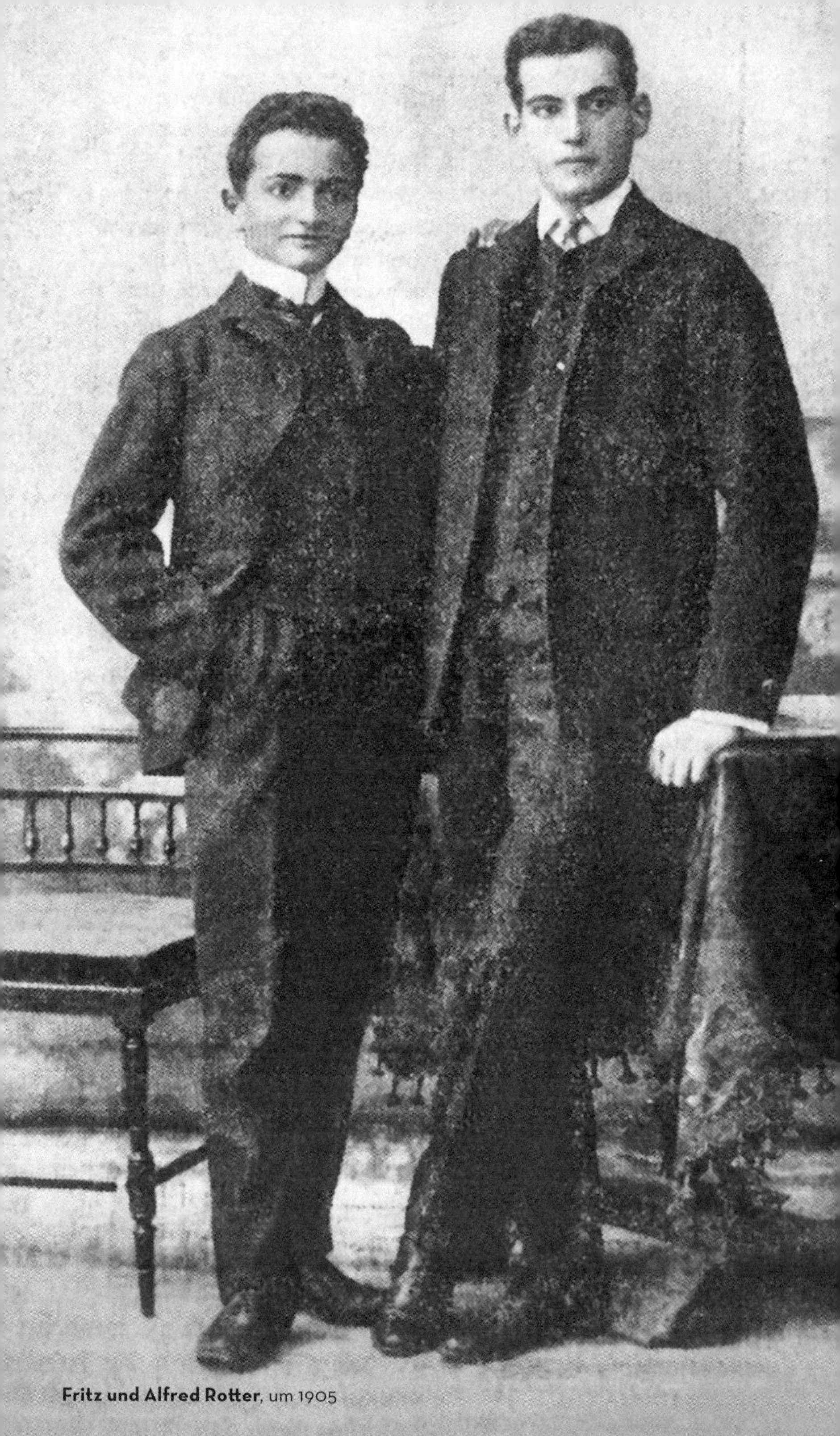

Fritz und Alfred Rotter, um 1905

unter jungen Männern. Ein Junge ist in Ekstase dargestellt, als könne er fliegen. Das lässt offenbar den Jüngeren, Fritz, nicht ganz gleichgültig, wie sich zeigen wird.

Über die Brüder heißt es: „Noch als sie vor sich auf dem Tisch Caesars *Bellum gallicum* übersetzten, hatten sie unter der Bank kleine zerfetzte Reclamhefte liegen. Der Theaterteufel hatte sie schon in frühester Jugend gepackt. Sie waren es, die ihre Mitschüler zu Theateraufführungen zusammenzutrommeln versuchten, die auf die große Autogrammjagd gingen und zum ersten Mal das Autogrammfieber in ihrer Schule ‚inszenierten'." Als „Statisten" haben sie mitgewirkt und „sich die Dramen aus den Kulissen" angesehen.[6] Diese gemeinsame Liebe zum Theater habe diese brüderliche Beziehung „vertieft und gefestigt".[7]

Später, im liechtensteinischen Exil, wird Fritz Rotter erzählen, er habe mit achtzehn Jahren sein erstes Theater gegründet.[8] Welches meint er? 1908 sind Fritz und Alfred zwanzig und zweiundzwanzig Jahre alt. Sie rufen den Verein *Akademie Bühne an der Universität Berlin* ins Leben, „gemeinsam mit gleichgesinnten Kommilitonen".[9] Aus dieser Zeit stammt wohl auch die früheste Fotografie von Fritz und Alfred: beide noch sehr schlank, in perfekt sitzendem Anzug mit Bügelfalten – nicht weiter erstaunlich, wenn der Vater in der Modebranche tätig war. Fritz, mit weißem Stehkragen und dunkler Halsbinde, wirkt leicht verunsichert – möglicherweise aufgrund seiner Körpergröße: Er misst einen Meter sechsundsechzig. Doch stolz legt er seinem älteren Bruder, der ein moderneres Hemd mit heller Krawatte trägt, die linke Hand auf die Schulter. Er muss Alfred bewundert haben, dessen Blick völlig gelöst, beinahe meditativ wirkt. Damals werden Porträtierte angehalten, nicht in das Objektiv der Kamera zu blicken. Alfred ist besser aussehend, Fritz, der Jüngere, erscheint etwas kindlich-überdreht, als wolle er über die Foto-Inszenierung gleich loslachen; später beweist er unbestreitbar ein komödiantisches Gespür.

Im Winter 1908/1909 pochen sie als „blutjunge Studenten der Berliner Universität an der Tür des gefürchteten Lessingtheater-Direktors Otto Brahm", wird später im *Neuen Wiener Journal* berichtet. „Der Große hört sie an […]. Hört, dass für das große Drama von den Berliner Bühnen noch zu wenig geschehe. Dass deshalb ein neuer Verein *Akademische Bühne* gegründet worden sei, der dem Berliner Publikum diejenigen theatralischen Erlebnisse schenken wolle, die ihnen die Impotenz der Direktoren bisher vorenthalten habe. Ob er dafür das Lessing-Theater zu gelegentlichen Sonderaufführungen zu Verfügung stellen wolle? Otto Brahm sagt Ja."[10]

Dass der berühmte Otto Brahm überhaupt zuhört, haben die Brüder dem Germanistikprofessor und Goethe-Kenner Erich Schmidt zu verdanken, der sogar literarischer Beirat der *Akademischen Bühne* wird[11] und mit Brahm befreundet ist. Weitere Gönner finden sich. Ihr wohlhabender Vater indes, der ihre Theaterleidenschaft „milde belächelt", unterstützt sie zunächst nicht.[12]

Bei der allerersten Aufführung der *Akademischen Bühne* am 8. Januar 1909 im *Lessing-Theater* führen sie auch noch nicht selbst Regie. Gegeben wird *Der letzte Streich der Königin von Navarra*, ein Trauerspiel von Johannes Raff von 1907. Das Urteil ist vernichtend: Von einem „literarischen Durchfall mit Donnerhall" ist die Rede, und davon, dass das „hoffentlich auch der letzte Streich der neuen Unternehmer" ist.[13] Doch Brahm nimmt ihnen den „Durchfall" nicht übel. Im Gegenteil: Er bedauert, dass der „zweite Abend [mit *Die junge Welt* von Wedekind] nicht in seinem Hause, sondern im Hebbel-Theater stattfinden soll". Er möchte, dass der dritte Abend wieder in seinem Theater gespielt wird – und die Brüder „genießen in der Folge sein dauerndes Wohlwollen."[14]

Schauspieler und Regisseur Rudolf Frank erzählt später in seiner Autobiografie[15], eine Agentur habe ihn „zu einem Brüderpaar" geschickt, „das unweit der Börse wohnte und das Lessing-Theater für eine Nacht gepachtet hatte". „Bei der Aufführung des letzten und ersten Streiches stand ich als Hofherr in einer Höflingsgruppe, sprach, wie es in meiner Rolle stand: ‚Man lacht wohl über uns –', und aus dem bereits unruhigen Zuschauerraum scholl ein lautes: ‚Hahahaah! Und ob man lacht!!'"

Danach wenden sie sich den Stücken von August Strindberg zu. Wenn Otto Brahm „die Gebrüder Rotter gemeldet werden, sagt er mit dem Augenzwinkern, das alles oder nichts bedeuten kann: ‚Aha, da kommen die Herren in Sachen Strindbergs.'"[16] Auch Herbert Jhering, fast gleich alt wie Fritz, sitzt einmal im Publikum.

Trotz seiner Kritik an ihrem späteren Theaterstil erinnert er sich 1933 in der *Weltbühne*: „So begannen sie [die Rotter-Brüder] mit einem Autor, den Otto Brahm nicht gespielt hatte, mit Strindberg, aber sie spielten ihn in der Weise Otto Brahms, ohne Aufwand, menschlich, taktvoll [...]. Es war eine gute Vorstellung, auffallend durch die Begabung Helene Ritschers, die damals zum ersten Male mit einer Rolle in Berlin durchschlug."[17]

Regie führt Fritz, der Agilere; er übernimmt auch den Vorsitz der *Literarischen Gesellschaft*, die sich aus der *Akademischen Bühne* heraus entwickelt. Die General-Intendantur der *Königlichen Schauspiele* wird auf ihn aufmerksam und überlässt ihm 1910, da ist er gerade 22 Jahre alt, die Leitung des *Neuen Königlichen Opern-Theaters*, der sogenannten *Kroll-Oper*. Theaterdirektor Adolf Lantz bestätigt, dass Fritz und Alfred „bei Kroll ein gemeinsames gutgehendes Unternehmen" haben. Für die Pacht der *Kroll-Oper* ist Direktor Fritz Helmer verantwortlich. Fritz Rotter erzählt acht Jahre später, dass „dieses Institut, welches für die General-Intendantur stets ein Sorgenkind gewesen war", unter seiner Leitung „ausgezeichnet reüssierte": unter anderem mit den von ihm eingeführten und stets ausverkauften Klassiker-Vorstellungen zu „volkstümlichen Preisen" sowie Gastspielen des russischen Balletts mit „Nijinsky, der Karsawina und der Pawlowa". Sogar der Kaiser kommt.

In einer späteren biografischen Notiz heißt es: „Bis zum Kriege veranstalteten sie in verschiedenen Städten Deutschlands, hauptsächlich in Hannover, Düsseldorf, Köln und Nürnberg, Gastspiele, in denen Opern- und Operettenabende gegeben oder Stücke von Ibsen oder Strindberg aufgeführt wurden. Auf einer Gastspielreise lernte Alfred Rotter 1909 in [Bad] Pyrmont seine jetzige Frau Trude [Gertrud] geb. Leers kennen."[18]

DER GUTE RUF

Erfolg und jäher Absturz sind nur durch einen Wimpernschlag getrennt. Das erleben die beiden Brüder schon in der Frühzeit ihrer Karriere. Zu Beginn der Theaterspielzeit 1912 lassen sie sich, zusätzlich zum Engagement in der *Kroll-Oper*, auf ein neues Wagnis ein: Sie übernehmen wichtige Funktionen in der *Komischen*

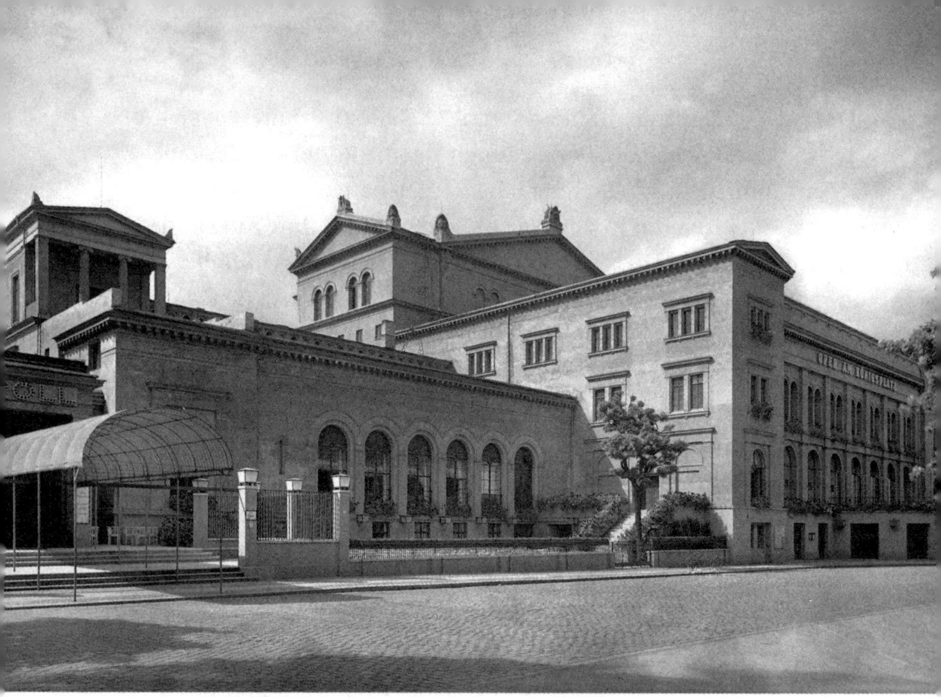

Die ***Kroll-Oper*** um 1924

Das zerstörte Gebäude, 1946

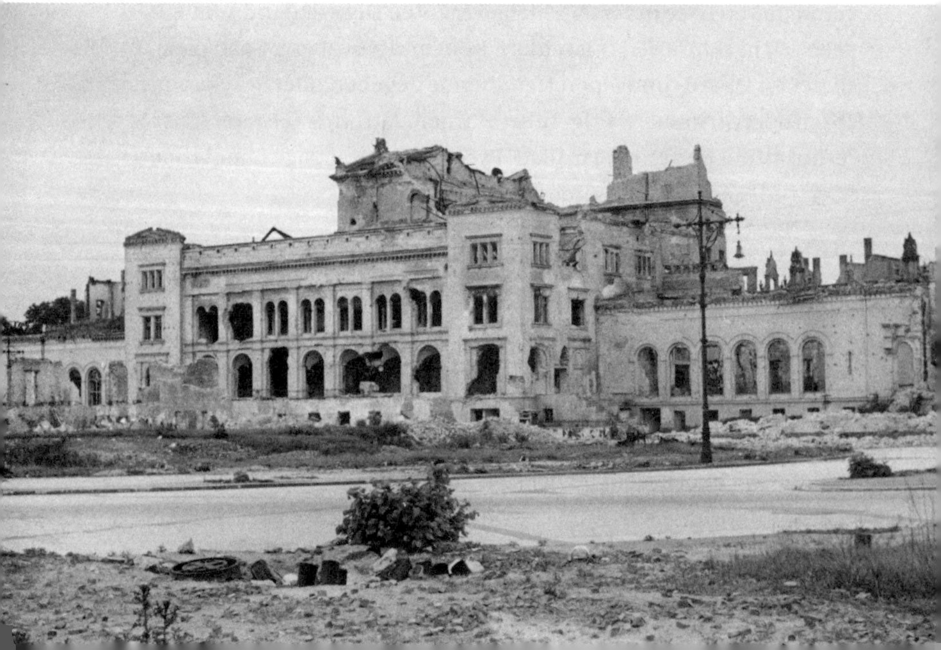

Oper – damals an der Friedrichstraße 104 gelegen, direkt an der Weidendammer-Brücke über der Spree. Direktor Adolf Lantz ist der Pächter, er sowie Fritz und Alfred benennen das Theater – durchaus programmatisch – in *Deutsches Schauspielhaus* um.

Sie kennen Lantz gut: An der *Akademischen Bühne* wie im *Neuen Königlichen Operntheater* – eben der *Kroll-Oper* – hat er als Regisseur gearbeitet. An einmal gefestigten, engen persönlichen Arbeitsbeziehungen halten Fritz und Alfred nach Möglichkeit fest – dieser Zug kennzeichnet ihre ganze Theaterlaufbahn.

Nun, von September 1912 bis Ende August 1913 im *Deutschen Schauspielhaus*, arbeiten beide *für* Adolf Lantz. An dem 1905 erbauten Theater, das 1150 Personen Platz bietet, wird Fritz Erster Regisseur und Alfred Chefdramaturg. Erstmals hilft ihr Vater mit einer nicht unbedeutenden Summe. Alfred entscheidet sich für den Künstlernamen *Alfred Hansemann* und verpflichtet sich per Vertrag, drei Jahre lang jährlich 60 000 Mark in vierteljährlichen Raten an Lantz als Darlehen zu zahlen. Fritz wählt den Vornamen des Vaters Hermann – was auf eine tiefere Identifikation mit ihm hinweist – und dazu erstmals den Namen Rotter: Im Neuen Bühnen-Almanach des Jahres 1913 erscheint er unter *Hermann Rotter*.

Ein halbes Jahr lang geht am *Deutschen Schauspielhaus* alles gut. Lantz nimmt später die Brüder ausdrücklich in Schutz: „Wie ich das Unternehmen des *Deutschen Schauspielhauses* ins Werk setzte, habe ich mich der Beihilfe der beiden Herren versichert. Ich würde ohne sie […] das Unternehmen überhaupt nicht begonnen haben. […] Mit den Gebrüdern Schaie war ich vollständig einig über die künstlerische Auffassung, insbesondere auch über die Auswahl der zu spielenden Stücke, und hatte an ihnen […] eine wertvolle Unterstützung und Hilfe.“[19]

Fritz inszeniert Goethes *Egmont*, von Strindberg die Stücke *Gläubiger*, *Mit dem Feuer spielen* und *Ostern* sowie vom aus Ungarn stammenden Schriftsteller Gabriel [ungarisch: Gábor] Drégely die Lustspiele *Der König* und *Der gutsitzende Frack*. Im Januar 1913 besorgen sie Hermann Sudermanns Schauspiel *Der gute Ruf*. Die Rotters haben sich auch die Rechte an den Stücken Strindbergs gesichert und sind mit Lantz überzeugt, „dass die Strindberg'schen Stücke neben ihrer künstlerischen Wirkung auch große Einnahmen bringen müssten“.[20]

Doch nach hoffnungsvollen ersten Monaten kommt es im *Deutschen Schauspielhaus* zu einer Intrige: Oskar Groteck, Schauspieler und Stellvertreter des Direktors, sowie ein später hinzugekommener Regisseur fühlen sich durch die Brüder „beengt". Groteck bietet Lantz an, „die damals bestehende Schuldenlast hinwegzusanieren [...], wenn die Gebrüder Schaie ihre überragende Stellung verlören".[21] In der Folge gibt Groteck dem Direktor 100 000 Mark.

Fritz und Alfred verlassen daraufhin das Theater und verabschieden sich mit einem „sehr bitteren Brief" an Lantz. Alfred stellt die an sein Verbleiben geknüpfte Gewährung weiterer Darlehen ein. Die neue Theaterleitung ändert den Stückplan – statt Strindberg gibt es zunächst eine „Posse". Neun Monate später, Ende Januar 1914, kommt der Konkurs. Ein Gerichtsurteil bescheinigt Alfred, dass ihn keine Schuld trifft und er zu keinen weiteren Darlehen verpflichtet ist.[22]

Zutage tritt allerdings die damals schon buchhalterische Nachlässigkeit des Bruderpaars. Die werden sie auch später nicht mehr los. Direktor Lantz als der eigentlich Verantwortliche für die Bilanzen hat sich nicht um die Buchführung gekümmert, Fritz und Alfred offenbar ebenfalls nicht – sie waren aber dazu auch nicht verpflichtet. 1913, nach dem frühzeitigen Ausscheiden des Brüderpaars, kann sich der hinzugezogene Bücherrevisor Bachmann in den Büchern „nicht zurechtfinden" und hält fest, dass „die Bücher sehr unordentlich geführt" sind. Lantz erklärt, „dass Schaies sich beliebige Gelder aus der Kasse genommen hätten" – laut Vertrag gehören ihnen jedoch auch „35 Pfennig für jedes Billet"[23].

Genau an diesem Punkt werden nur wenige Jahre später, 1917 und 1918, andere Gegenspieler ansetzen. Theaterzensor Curt von Glasenapp greift gegen Ende des Ersten Weltkriegs diese Affäre wieder auf, in blinder Entschlossenheit, das Bruderpaar zur Strecke zu bringen. Sein Hauptmotiv: 1914 haben sich Fritz und Alfred nicht eben vorgedrängt, um an die Front zu kommen. Nun unternimmt Glasenapp alles, was in seiner Macht steht, um sie als angebliche „Fahnenflüchtige" zu überführen und ihnen nachträglich – wenn nicht die Schuld an der Niederlage des Kaiserreichs – eine Mitschuld am Zusammenbruch des *Deutschen Schauspielhauses* anzuhängen.

DER MISSLUNGENE VERSUCH, DAS THEATER STATT DAS DEUTSCHE REICH ZU RETTEN

Die dazugehörige Geschichte ist die folgende: Anscheinend lassen sich Fritz und Alfred bereits kurz vor Ausbruch des Krieges vom Wehrdienst zurückstellen, vermutlich mit Hinweis auf das – wegen ihrer Theaterarbeit – unabgeschlossene Studium. Beide sind als Jurastudenten eingeschrieben. Diese Genehmigung würde durch einen Kriegsausbruch ungültig, das wissen sie.

Später, bei seiner Festnahme 1915 in Dresden, versucht Fritz im Verhör klarzumachen, dass er lediglich noch nicht gemustert worden sei. Er habe sich am 2. August 1914 in der Polizeidirektion Charlottenburg in die „Kriegsstammrolle" eintragen lassen, einen Tag nach der Verkündigung der allgemeinen Mobilmachung, sei aber „bei verschiedenen Regimentern in Berlin und Spandau nicht angenommen worden", obwohl er „von einem Generalarzt für tauglich befunden" wurde.[24]

Fritz Rotter meldet sich danach als Kriegsfreiwilliger in Leipzig bei der dortigen Train-Abteilung 19. „Train" ist der Truppenteil, der für Nachschub sorgt und nicht an Kampfhandlungen teilnimmt. Warum in Leipzig? Schon vorher haben sie – als in Leipzig Geborene – erneut ihre sächsische Staatsbürgerschaft beantragt. Fritz hat die preußische erst am 28. November 1913 bekommen; die neue sächsische Aufnahmeurkunde erhält er am 4. Juli 1914.

Sie melden sich zum „Notexamen" auch nicht in Berlin an, sondern in Naumburg – für den 4. September 1914. Jura studieren sie ohnehin „so nebenher", wie sie später dem *Neuen Wiener Journal* erzählen – „mit dem Erfolg, dass der Bruder Fritz, am Vorabend seines Referendarexamens von Alfred über die Grundbegriffe des römischen Rechts befragt, nur mit tragischem Schweigen antworten kann. Zähneklappernd steht Fritz Rotter am anderen Morgen vor dem examinierenden alten Staatsrechtler Loehning im Prüfungssaal des Naumburger Oberlandesgerichts. Aber der fragt nicht nach römischem Recht, sondern redet den Kandidaten an: ‚Nehmen Sie einmal an, Sie wären Theaterdirektor und ich kaufe an Ihrer Kasse einen Parkettplatz. Welches juristische Verhältnis entsteht da?' Da ist Fritz Rotter gleich im Bilde. Er besteht das Examen mit Prädikat. Hinterher fragt er den Professor, ob er denn gewusst habe, was für ein Theaterhase er sei? Dass er gerade diese Frage gegen ihn gezückt habe? Der Alte schüttelt den Kopf, die Frage sei reiner Zufall gewesen. Aber dieser Zufall ist ebenso schicksalsbestimmend wie einst das unerwartete Wohlwollen Otto Brahms."[25] Auch Alfred besteht.

Wegen des Examens sind sie bis zum 1. Oktober 1914 vom Militärdienst befreit. Dann gewährt man ihnen einen weiteren Aufschub, weil sie sich entschließen, so Fritz später, „zunächst unsere Doktor-Arbeit zu machen und nicht sofort bei einem Gericht als Referendar einzutreten". Als sie eine Aufforderung erhalten, sich in Charlottenburg zur Musterung einzufinden, verweisen sie darauf, dass sie bereits in Sachsen, genauer in Leipzig, als Kriegsfreiwillige angenommen worden seien.

Bis 1915 bleiben sie unbehelligt. Sie wohnen bis Ende Dezember 1914 in der *Germania Pension* in Leipzig „unter unserem richtigen Namen Schaie", wie Fritz später angibt. Die Leipziger Polizei hat sie zwar vorgeladen und ihre Militärpapiere sehen wollen – doch sie weisen Bescheinigungen vor, wonach Alfred bei einem Regiment in Dresden bis Oktober 1915 als „überzählig" zurückgestellt und Fritz in Berlin in der Stammrolle eingetragen sei.

Dann ziehen sie um in die Leipziger *Pension Müller* in der Gottschedstraße 22, wo sie bis Juni 1915 unter ihrem Familiennamen gemeldet sind. Die Miete wird durch Eilboten geschickt, „der Bote aber gibt keine Auskunft", wo sie sich aufhalten. Die Inhaberin der Pension, Martha Glöck: „Die ersten 3 Monate sind sie immer spät nachts in die Wohnung gekommen und haben dann bis Mittag geschlafen. Sie sind dann stets ausgegangen. Was sie da getrieben haben, weiß ich nicht."[26] Nur für einen Monat, im Juli 1915, wechseln sie in die *Pension Waldenberger.* Der Inhaberin teilen sie mit, sie würden täglich „ihre Einberufung erwarten"[27]. Und sie wollen nicht polizeilich angemeldet werden. Darauf lässt sich die Wirtin nicht ein, sie gibt zu Protokoll: „Später haben sie in Hannover im *Hotel Herzog Ernst* und in Harzburg im *Hotel Continental* gewohnt, wohin ich ihnen die Postsachen nachgesandt habe."[28]

Fritz Rotter beteuert später im Verhör: „Von den Kontrollversammlungen im April und Oktober 1915 haben wir keine Kenntnis gehabt. Wir haben die Anschläge nicht gelesen, auch nicht gesehen.“ Es wird ihm vorgehalten, dass das wenig glaubhaft sei, aber Fritz bleibt dabei: „Ich habe sehr viel zu tun gehabt und mich nicht viel auf den Straßen aufgehalten.“[29]

In Dresden werden Akten angelegt. Darin heißt es unter anderem: „Fritz Schaie wird dauernd gesucht“ und „Die Schaie sollen große Gauner sein“.[30] Fritz wird am Morgen des 19. Oktober 1915 im Dresdener *Hotel Exzelsior* von einem Kriminalbeamten verhaftet und sein Bruder Alfred auf die Liste derjenigen gesetzt, über die es heißt: „Entziehen sich ihrer Militärpflicht. Dem nächsten Bezirkskommando zur Musterung als Heeresunsichere zuzuführen.“[31] Nach eigener Aussage wird Fritz zuerst zur Polizei gebracht, dann militärisch eingezogen. Am 20. Oktober 1915 kommt er als „ungedienter Landsturmmann“ zum „12. Train-Ersatz-Bat. 2. Abt. 2. Eskadron, Dresden“. Er bleibt auf freiem Fuß, wird aber in Uniform gesteckt und kaserniert. Eine kriegsgerichtliche Untersuchung beginnt.

Ein knappes Jahr zuvor sind sie stille Teilhaber des *Lessing-Verlags* geworden, den ihr Geschäftsfreund Dr. Julius Blumenthal[32] im November 1914 in Leipzig gründet. Für diese neue Tätigkeit haben sie sich den Namen *Langenfeld* zugelegt. Sie sollen auch mit Musiknoten gehandelt haben – einem späteren Gegner zufolge „mit den Noten von Kriegsliedern“. Das Dienstmädchen der Familie Blumenthal kennt nur ihr Pseudonym: „Wie ich ab und zu sah, arbeiteten sie Programme aus zu einem zu veranstaltenden Künstlerkonzert. Zwei derartige Konzerte haben sie auch im städtischen Kaufhaus und im Zentraltheater gegeben. Mir waren die Gebrüder Schaie nur unter diesem Namen bekannt. Es kamen aber öfters Leute, bevor die Konzerte gegeben wurden, und frugen [fragten] nach Gebrüder *Langenfeld*. In der ersten Zeit schickte ich die betreffenden Leute wieder fort, weil mir die Gebrüder Langenfeld nicht bekannt waren. Später erfuhr ich aber, dass die Gebrüder Schaie den Künstlernamen Langenfeld führten.“[33]

Fritz und Alfred Schaie besitzen eine „schriftliche Generalvollmacht“ und die Befugnis, die Firma zu vertreten. Doch der zweiundzwanzigjährige Blumenthal betrachtet sich als „alleinigen Inhaber“ des nach Lessing benannten Verlages, was später zu einem Gerichtsstreit führt.

Statt ihre Doktorarbeit voranzutreiben, haben sie auch wieder zu inszenieren begonnen. Im Frühjahr 1915 – ein halbes Jahr vor der Verhaftung im Oktober – bringen die Brüder *Elektra* von Sophokles auf die Bühne. Zwar gewinnen sie eine erstklassige Schauspielerin, doch es zeigt sich, dass Fritz und Alfred eigentlich auf der Flucht und die Aufführungen nur Tarnung sind: Sie pfuschen, reisen mit fast leeren Händen an. Blumenthal im Rückblick, 1918, lange nach dem Bruch: „Schaie haben in Frankfurt am Main ein Ensemblegastspiel mit Adele Sandrock in *Elektra* angezeigt. Unter Ensemble versteht man eine zusammen eingespielte Gemeinschaft von Künstlern. Das ‚Ensemble' wurde zum Teil erst in Frankfurt in letzter Minute zusammengestellt. Ergebnis: mäßige Kritik in der Frankfurter Zeitung. Bei der Abrechnung Differenzen mit Direktor Seeth. Noch heute Prozess." Zudem haben sich Fritz und Alfred nicht um Aufführungsrechte für die verwendete Übersetzung bemüht. Blumenthal: „Nur meine Beziehungen zur Vertriebsstelle haben eine Verfolgung wegen dieser Verletzung vermieden."[34]

Das Stück wird am 20. Juni 1915 auch in der Stadthalle von Hannover gezeigt, aber erst, nachdem es Blumenthal gelingt, einen Streit mit dem Stadtmagistrat zu schlichten – zwischen letzterem sowie Fritz und Alfred kommt es fast zu einer „handgreiflichen Auseinandersetzung"[35], als dieser den Mietvertrag für die eigentlich am 9. Mai 1915 geplante Aufführung wieder rückgängig macht. Auch Blumenthal kritisiert den „Widerstand der Behörde", merkt aber an: „Es wären indessen meines Erachtens keinerlei Schwierigkeiten entstanden, wenn sich nicht Schaie von Anfang an dort unbeliebt gemacht hätten. [...] Der Hannoversche Kurier schrieb eine sehr schlechte Kritik. Auch von Seiten des Publikums sind – soweit ich mich erinnern kann – Klagen gekommen."[36]

Zu dieser Zeit sind die Brüder auch „als Alfred und Fritz Langenfeld bei der Direktion des Deutschen Theaters in Hannover tätig", und zwar bis 15. August 1915.[37] Aus Hannover geht die erste anonyme Anzeige ein, mit denen die Leipziger Akten über Fritz und Alfred Schaie am 12. August 1915 beginnen. Darin heißt es, „dass sie sich unter dem Namen Dr. Langenfeld im Deutschen Theater in Hannover aufhalten, um sich der Einberufung zum Heeresdienst zu entziehen; sie hätten sich ebenso wie Dr. Blumenthal im August vorigen Jahres freiwillig gemeldet, seien auch angenommen worden, aber teils infolge der Führung falscher Namen, des stetigen Wechsel ihres Wohnsitzes und durch die Bestechung der Feldwebel von der Einberufung verschont geblieben."[38]

Besser läuft es beim Sommergastspiel 1915 am *Intimen Theater* in Nürnberg, für das Blumenthal selbst die Federführung übernimmt – und sich über „restlos ungemeine Erfolge" freut. Die Rotters setzen auf den jungen Schauspieler Hans Albers – der ihnen zunächst wenig Beifall einbringt, nach dem Krieg aber wieder bei ihnen auftreten wird. Auch Fritz behält jenen Sommer 1915 in starker Erinnerung, wie 1933 in einem Interview mit dem *8 Uhr-Blatt Nürnberg* deutlich wird. „Fritz Rotter", so schreibt der Reporter, „hat heute noch in seinem Archiv eine Kritik über Hans Albers verwahrt, der damals mit Rotter in Nürnberg weilte und ganz jämmerlich verrissen wurde".[39]

Im Oktober 1915, erneut in Frankfurt am Main, folgt ein Wagner-Abend. Aber die angezeigten Ernst Kraus und Eva von der Osten sagen ab. Auf den „erst ganz kurz vor Beginn zum Verkauf" gebrachten Programmen werden zwar die „Namen der als Ersatz engagierten Künstler" gedruckt, aber die Presse ist nicht informiert, und weder in der Zeitung noch „an der Tages- und Abendkasse" wird die veränderte Besetzung angezeigt. Es gibt „polizeiliche Rückfragen, ob Kraus und Osten überhaupt verpflichtet gewesen waren" – das trifft zu. Dennoch: „Starker Angriff der Frankfurter Zeitung. Flut von Zuschriften aus dem Publikum mit Verlangen zur Rückzahlung des Eintrittsgeldes", so Blumenthal. Ihr Ruf ist dahin.

Derselbe Wagner-Abend geht in Hamburg ohne Hindernisse über die Bühne. Die Rotters wohnen im Hotel *Vier Jahreszeiten*. Sie bleiben ungefähr vierzehn Tage, dann soll die kleine Tournee nach Dresden weiterziehen. Dort wird Fritz, von Alfred am 19. Oktober 1915 vorausgesandt, schließlich verhaftet und ins Militäruntersuchungsgefängnis gesteckt.

Anfänglich sind Fritz und Alfred mit Julius Blumenthal gut befreundet, er weiß viel über sie und gilt ebenfalls als „unsicherer Heerespflichtiger"[40]. Später, nach der Trennung, gibt er sie preis. Unter Befragung des Berliner Theaterzensors Glasenapp, vermutlich im Februar 1918, sagt er aus: „Ungefähr folgendes Verfahren haben

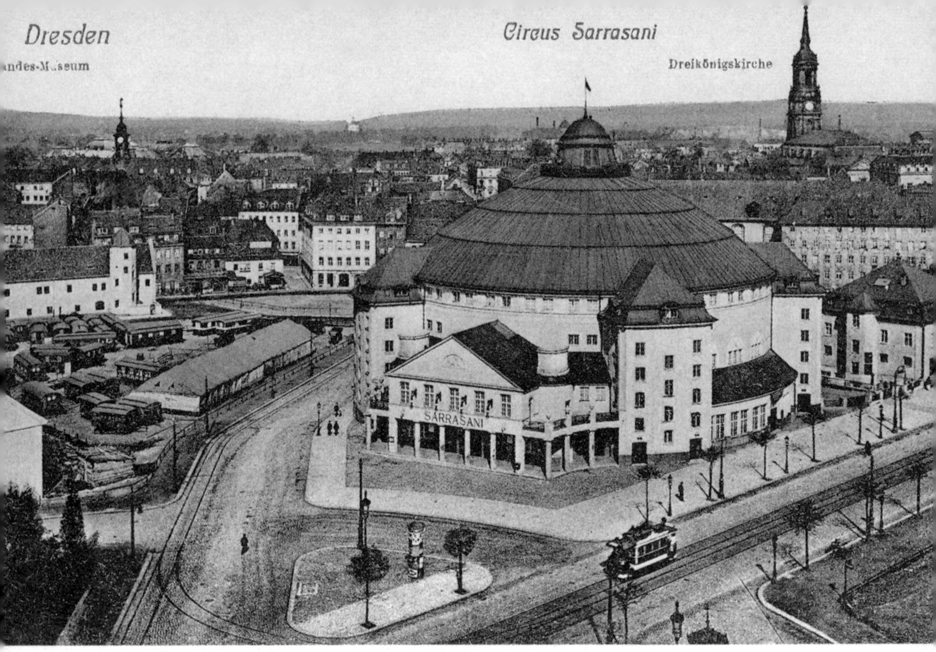

Zirkus Sarrasani in Dresden, Postkarte von 1916

Schaie angewandt, um nicht einberufen zu werden. Sie wechselten häufig ihren Aufenthalt, nachdem sie sich wohl zuvor von Berlin abgemeldet hatten. Sobald sie im Begriff waren, abzureisen, melde- ten sie sich auf dem Bezirkskommando an. Ihre Post ließen sie sich dann irgendwohin nachsenden. Dort aber – so äußerten sie – möge sie liegen. Sie sagen einfach, sie haben [den] Gestellungsbefehl nicht bekommen. So erhielt ich eines Tages einen Gestellungsbe- fehl für Schaie ins Feld hinausgesandt, weil sie meine Feldadresse als Nachsendungsort für ihre Post angegeben hatten.“[41]

In den Tagen unmittelbar vor und auch nach der Festnahme und militärischen Kasernierung von Fritz arbeiten sie noch ein- vernehmlich zu dritt – Julius Blumenthal selbst ist bis dahin der Einberufung entgangen.

Für das „sogenannte Wagnerkonzert“ soll Fritz vor Ort in Dres- den mit dem Verwalter des *Zirkus Sarrasani*-Gebäudes verhan- deln, Johannes Winkler, Baumeister von Beruf, neununddreißig Jahre alt. Der überlässt dem Trio Schaie-Blumenthal gegen eine Pachtsumme von 1200 Mark am 31. Oktober 1915 das Gebäude des *Zirkus Sarrasani* für einen Abend. Gewisse Dinge machen den Verwalter aber stutzig. Sowohl Blumenthal als auch Alfred Schaie, beide kurzfristig aus Hamburg hergekommen, hätten sich für die beim Telefonamt bestellten Ferngespräche nur mit „Bl." für Blumenthal oder „L." für Langenfeld – dem damaligen Theaternamen der Brüder Schaie – angemeldet.

In seiner Kaserne hat Fritz offensichtlich Ausgang bekommen. Verwalter Winkler: „Am 31.10. wohl schon vormittags waren Blumental und die beiden Schaie da, zuerst kam Fritz, dem ein Trainsoldat einen Karton nachtrug; Fritz Schaie sagte mir selbst, es seien seine Zivilsachen drin. Fritz übernahm die Kasse, verhing die vier Kassenfenster alle so, dass nur eine Öffnung von etwa 30 zu 20 zum Durchreichen der Billette übrig blieb; er blieb auch dabei, obwohl ich dagegen protestierte. Außerdem stand er noch auf einer Kiste, so dass man seine Brust und seinen Kopf nicht sehen konnte. Er wollte sich offenbar unsichtbar machen."[42] Winkler wird misstrauisch: „Nach meiner Überzeugung haben sie alles mögliche getan, um ihren wahren Namen zu verschleiern [...]." Weiter: „Während des Konzertes, und während sich Fritz Schaie in der Kasse befand, ging ich mit Blumenthal und Alfred Schaie im sogenannten Reitergang, der hinter dem Zuschauerraum liegt, auf und ab, und dabei frugen sie mich, ob ich wohl geneigt oder in der Lage wäre, ihnen den Zirkus auf eine längere Zeit, wohl auch bis zu einem Jahr zu fortgesetzten Aufführungen zu verpachten [...]." Mit einem solchen Pachtvertrag hätten sie allenfalls vom militärischen Dienst freigestellt werden können. „Ich antwortete ihnen, dass das vielleicht nicht ganz unmöglich sein würde, um den Angestellten Brot zu schaffen, habe aber auch gleich hinzugesetzt, dass von einem ganzen Jahr dabei keine Rede sein könne." Sie einigten sich auf eine vorerst sehr viel kürzere Pachtdauer: „als Endtermin war anfangs der 28.11., bei den späteren Verhandlungen der 31.12. [...] in Aussicht genommen"[43] worden.

Da die musikalische Vorführung ausreichend Publikum anzieht, verhandelt Winkler weiter mit Alfred Schaie, der am 8. und 14. November 1915 erneut anreist und unter dem Namen „Rechtsanwalt Dr. Fränkel aus Hamburg" in „Schillers Hotel" absteigt,[44] zusammen mit einer Frau. Vermutlich ist das schon seine spätere Gattin Gertrud, die Hochzeit findet knapp zwei Jahre später am 10. Juli 1917 statt. Währenddessen erlebt Fritz den Drill der militärischen Grundausbildung.

Alfred spricht mit Winkler über Theateraufführungen, aber auch über den Plan „eines Lichtspielprogramms im Zirkus Sarrasani" – er will Kino machen. Winkler fällt aber an Alfred unangenehm auf, dass „er mir stets seine Wohnung verheimlichte und mir auf meine Frage nach seinem Militärverhältnis stets ausweichende Antwort gab".[45] Wie Fritz zuvor gibt sich auch Alfred dem Verwalter gegenüber nur unter dem Bühnennamen *Langenfeld* zu erkennen.

Im November 1915 bröckelt die Fassade des *Lessing-Verlags*. Blumenthal kann die Einberufung nicht länger vermeiden und muss sich am 13. November 1915 in Leipzig stellen. Alfred in Dresden versucht noch am Vorabend das Unmögliche – den Verwalter Winkler vom *Zirkus Sarrasani* dazu zu bewegen, beim verantwortlichen Major Schwannike zu intervenieren, das heißt die Freistellung von Blumenthal zu verlangen. „Als Begründung sollte ich anführen, sie hätten für die Aufführung das ganze Personal schon engagiert und ohne die Anwesenheit und Mitwirkung Dr. Blumenthals könnten die Aufführungen nicht stattfinden."[46] Der Pachtvertrag „für theatralische Aufführungen" war abgeschlossen, aber vorerst bis 28. November 1915 befristet. Das Brüderpaar hätte sich eine „längere Dauer" gewünscht, aber darauf geht Winkler nicht ein. Zwar verwendet er sich für Blumenthal, doch vergeblich.[47]

Alfred und Fritz scheinen Winklers wachsendes Misstrauen zu spüren. Sie wissen, dass er von Beruf Baumeister ist. „Mich frugen sie, was ein großes Theater in Berlin zu bauen koste, womit sie mich beauftragen wollten." Doch Winkler wendet sich innerlich von ihnen ab. Alfred indes ist bereits damit beschäftigt, Verträge für den Kartenvorverkauf im Zirkus abzuschließen, und zwar mit dem Kaufhaus Herzfeld in Dresden. Er und Fritz machen einem Kassierer mit Namen Liebe das Angebot, „ihn als Geschäftsführer mit einem ganz bedeutenden Gehalt und Gewinnanteil zu engagieren".[48] Sie sehen durchaus die Möglichkeit, das leerstehende Zirkusgebäude den ganzen Winter über zu bespielen. Es sind keine leeren Worte – nach dem Krieg stellen die Rotters regelmäßig genau auf diese Weise frühere Partner ein. Nur ein Theater in Berlin werden sie sich nie bauen lassen.

In eben diesem Kaufhaus Herzfeld in Dresden wird Alfred am 24. November 1915 verhaftet – fünf Wochen nach Fritz. Er hat Winkler noch erklärt, er werde „voraussichtlich in den Nachmittagsstunden an der Vorverkaufskasse von Herzfeld anzutreffen" sein. Winkler erscheint inzwischen die „Heimlichtuerei" von Alfred „in hohem Grade verdächtig": „trotz wiederholter und dringlicher Fragen nach seiner Wohnung" verweigert Alfred „deren Angabe [...] mit allerhand Ausflüchten". Zu den letzten Verhandlungen nimmt er sogar eigens seinen Bruder mit: „Fritz Schaie war in Uniform dabei. Ich konnte mich des Verdachts nicht erwehren, dass eine Hinterziehung der Militärpflicht vorliegen würde, weil Blumenthal und Alfred Schaie doch wiederholt von Reklamation vom Militär" – erbetener Freistellung – „gesprochen hatten. [...] Ich nahm deshalb die Hilfe der Polizei in Anspruch [...]".[49]

Die Denunziation nimmt der Dresdener Polizeiinspektor Fischer entgegen. Nach der Verhaftung wird Alfred von „Kriminalgendarm Töpfer" verhört; diesem „soll er sein ganzes Geld angeboten haben, was er bei sich habe, wenn er ihn laufen ließe"[50], will Winkler danach erfahren haben. Unter den Wertsachen, die Alfred „im Untersuchungsgefängnis abgenommen" wurden, befinden sich 670 Mark – Betriebskapital des *Lessing-Verlags*, das die Bespielung des Zirkusgebäudes hätte sichern sollen. Erst nachträglich bekennt Fritz dem Verwalter Winkler in dessen Wohnung entschuldigend, „Langenfeld sei nur" der „Künstlername, sie könnten doch ihres Berufes" – als Juristen – „und der Familie wegen beim Theater nicht unter ihrem wirklichen Namen auftreten".[51] Damals sind solche Künstlernamen weit verbreitet.

Der Krieg fordert auch unter Theaterleuten seine ersten Opfer. Im *Deutschen Bühnen-Jahrbuch* 1915 werden auf einer „Ehrentafel" die Namen von „Bühnen-Angehörigen" genannt, die „auf dem Felde der Ehre" fielen: es sind 42; weitere 113 sind verwundet und 77 „mit dem Eisernen Kreuz" ausgezeichnet worden – von insgesamt 900, die „unter der Fahne stehen". Ein Jahr später sind es schon 96 Gefallene, 181 Verwundete sowie 160 mit dem Eisernen Kreuz Geehrte unter den 1600 eingezogenen „Bühnen-Angehörigen". Auch der spätere Ehemann der jüngsten Schwester Ella Schaie, Albert Ullmann, wird 1916 in Frankreich als Arzt im Krieg schwer

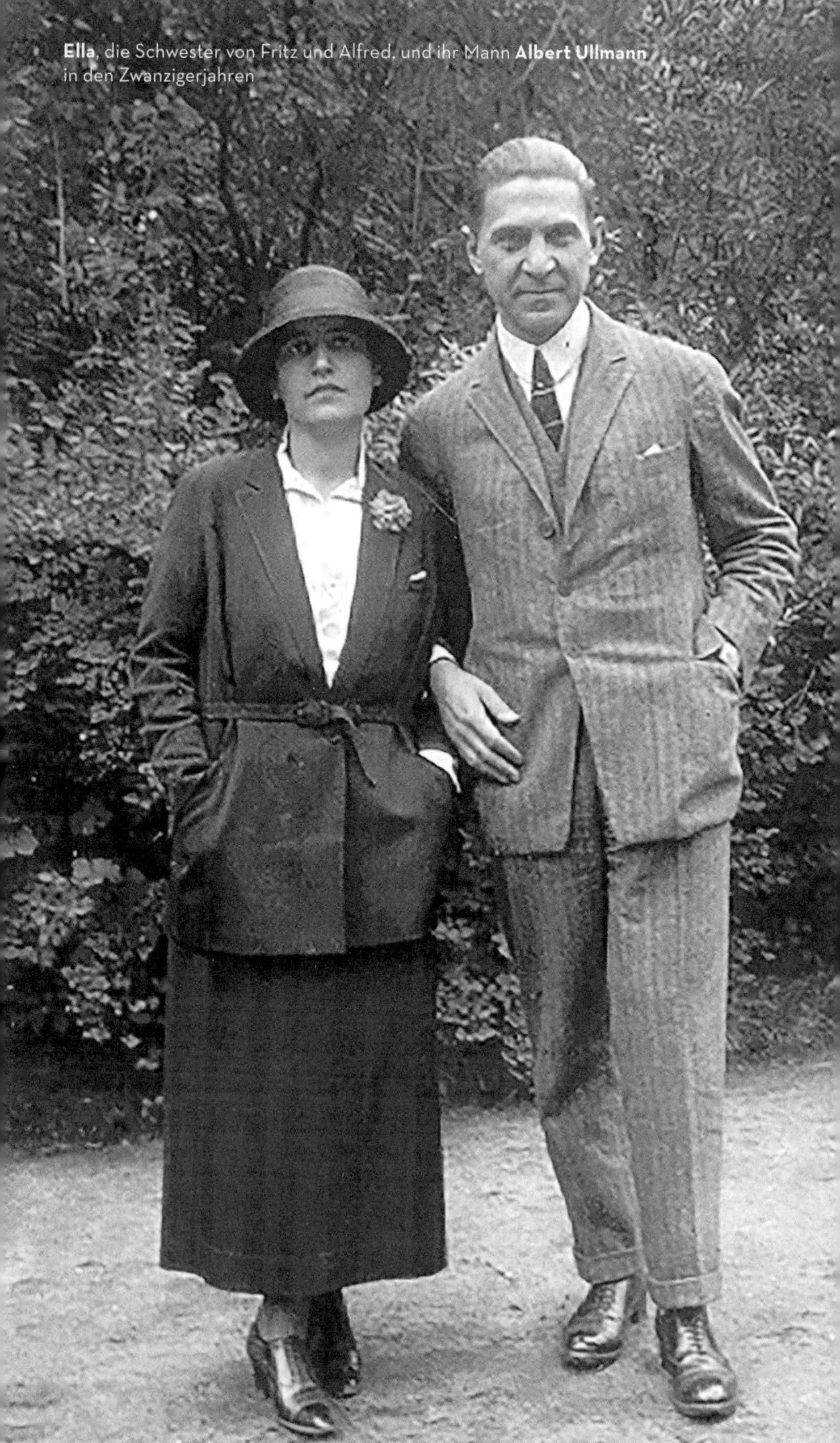

Ella, die Schwester von Fritz und Alfred, und ihr Mann **Albert Ullmann** in den Zwanzigerjahren

verwundet und erhält dafür das Eiserne Kreuz. Später wird er Theaterarzt an den Rotterbühnen.

Fritz und Alfred spielen in den Folgejahren oft und gern den irischen Autor George Bernard Shaw, der im November 1914 schreibt: „Und ich sehe, wie Junker und Militärpartei in England und in Deutschland die Gelegenheit, auf die sie viele Jahre vergeblich gewartet haben, wahrnehmen, einander zu vernichten und ihre eigene Oligarchie als die beherrschende Militärmacht der Welt aufzurichten. Das heldenhafteste Mittel gegen dieses tragische Missverständnis wäre zweifellos gewesen, wenn beide Armeen ihre Offiziere niedergeschossen hätten und heimgegangen wären, um in den Dörfern die Ernte einzubringen und in den Städten Revolution zu machen."[52]

Am 25. November 1915 wird Alfred „eröffnet, dass er beschuldigt werde, nach eingetretener Mobilmachung einer Einberufung zum Dienste keine Folge geleistet zu haben" – ein „Vergehen gegen § 68 Militärstrafgesetzbuch". Es wird Haftbefehl erlassen. Alfred, der sich inzwischen wieder gefasst hat, legt „Rechtsbeschwerde" ein. Kriegsgerichtsrat Wagner lässt den Hilfs-Gerichtsschreiber wörtlich mitschreiben, nach „Diktat des Beschuldigten":[53] „Ich erhebe deshalb Beschwerde, weil ich der Überzeugung bin, dass [...] ein Irrtum" vorliegt, da der Haftbefehl von einem „ungedienten Landsturmmann" spreche. „Im Gegensatz" dazu „bin ich aber *Rekrut* [...]." Alfred, nun Jurist in eigener Sache, fährt fort: Als er in Berlin eine Vorladung „zur Musterung" erhalten hat, habe er „geantwortet [...], dass ich in Leipzig beim Train als Kriegsfreiwilliger angenommen sei". Auch aus Leipzig habe er „Gestellungsbefehle" erhalten, zwei sogar, „denen ich beiden Folge leistete": „Beide Male wurde ich als überzählig zurückgeschickt." Im „Geschäftszimmer" des Train-Regiments 19 in Leipzig sei ihm beschieden worden, „es würde vom Regiment nach Berlin geschrieben werden, dass ich in Leipzig noch nicht eingetreten sei, ich würde nun entweder vom Bezirkskommando in Berlin eingezogen werden oder vom Train-Bataillon in Leipzig". Und Alfred versichert: „Ich habe bis zum heutigen Tage weder vom Train-Bataillon noch vom Bezirkskommando Berlin eine Zustellung erhalten."

Während Alfred in Haft bleibt, erhält der dienstverpflichtete Fritz Schaie wenigstens ab und zu Ausgang. So spricht er eines Tages bei Direktor Adolf Edgar Licho vom *Albert-Theater* in Dresden vor. Der damals neununddreißigjährige Licho sagt am 11. Dezember 1915 vor dem Kriegsgericht aus, er

> „kenne die Brüder Schaie unter ihrem wirklichen Namen schon seit mehreren Jahren [...]. Sie veranstalteten damals literarische Vorstellungen, hatten auch, und zwar unter einem fremden Namen, ein Theater gepachtet und müssen über Geld verfügen, was höchstwahrscheinlich der Vater hat. [...] Vor mehreren Wochen erschien unerwartet der kleinere von ihnen [Fritz] in Uniform des Train-Bataillons und frug mich direkt, ob ich ihn wohl reklamieren würde. Ich frug ihn ganz verwundert, was er damit meine. Er [Fritz] sprach sich weiter dahin aus, ich möchte ihn etwas inszenieren lassen, ihn als Regisseur einstellen und dabei beklagte er sich unter offensichtlicher Abspannung über die Anstrengung des Dienstes. Ich habe ihm das rundherweg abgeschlagen und er ist gegangen. Etwa 14 Tage später darauf kam er wieder in Uniform und bat mich, ich möchte unter meiner Direktion im Zirkus Sarrasani ein Gastspiel der [Adele] Sandrock stattfinden lassen. Ich frug ihn darüber natürlich aus und da ergab sich, dass das ein ganz schwindelhaftes Unternehmen war. Es war 4 Tage vor der durch die Zeitung in großen Annoncen und durch große Plakate an den Litfaßsäulen angekündigten Vorstellung, und dabei hatte Schaie weder eine Bühne noch Konzession noch Schauspieler. Er bat mich, dass meine Schauspieler auftreten sollten, als ich aber von ihm eine Kaution von 20 000 Mark verlangte, lehnte er ab und dabei [damit] war für mich die Sache erledigt. Seitdem habe ich ihn nicht mehr gesehen.“[54]

BEOBACHTUNG DES GEISTESZUSTANDS

1916 werden sie beide, Fritz und Alfred Schaie, „durch Gerichtsbeschluss außer Verfolgung gesetzt“, weil sie „nicht gemustert“ und „noch nicht als Soldaten anzusehen waren, also auch nicht als fahnenflüchtig im Sinne des Gesetzes“.[55] Zuvor, im Februar 1916, ist Alfred an einem „Nierenleiden“ erkrankt. Er wird nach

Berlin entlassen – und einen Monat später „im März 1916 zur Beobachtung seines Geisteszustandes von der Truppe dem Lazarett überwiesen". Beides bezeichnet Kriegsgerichtsrat Wagner, der die Untersuchung führt, „als auffällig" und ist der Ansicht, die Brüder hätten „während ihrer langen Untersuchungshaft eine ganz besondere Schärfe ihrer Intelligenz entwickelt".[56] „Simulation", vermutet denn auch Oberregierungsrat Curt von Glasenapp, der als Leiter („Dirigent", so die offizielle Bezeichnung) dieser Theaterabteilung kurz vor Kriegsende die Affäre nochmals eigenmächtig aufrollt. Fritz, der inzwischen wieder den Bühnennamen Rotter trägt, wagt es nämlich, im Dezember 1917 als Fritz Schaie-Rotter in Berlin ein Gesuch für eine offizielle Theaterkonzession einzureichen. Der Historiker Tobias Becker nennt es für jene Zeit „geradezu verpflichtend", sich einen Künstlernamen zuzulegen, der die „Religionszugehörigkeit" nicht gleich „öffentlich" macht.[57]

Das besondere Augenmerk Glasenapps richtet sich auf den scheinbar absoluten Tiefpunkt der Karriere der Brüder, als sie 1916 in Nürnberg gastieren: Den *Lessing-Verlag* gibt es zu diesem Zeitpunkt noch, obwohl Inhaber Julius Blumenthal im Felde ist. Dieser schreibt später, die Rotters hätten „die schlechteste Presse" bekommen und „andauernd neue Stücke angezeigt [...], ohne sie einzustudieren." Dann heiße es „abends an der Kasse", so erfährt Blumenthal, „jedes Mal", es werde „wegen technischen Schwierigkeiten" stattdessen *Die Hochzeitsreise* von Roderich Benedix gegeben. Mit „diesem Manöver" sollen sie „stets neue Besucher angelockt haben und ihnen dann, wenn sie einmal da waren, stets das gleiche Stück vorgespielt haben".[58]

Als Julius Blumenthal, der Inhaber des gemeinsamen *Lessing-Verlags*, auf Militärurlaub nach Nürnberg kommt, sind Fritz und Alfred schon „abgereist", „angeblich hatten sie meine Nachricht der Ankunft zu spät erhalten". Blumenthal bricht mit den einstigen Freunden: „Meine Versuche, mit Schaie abzurechnen, laufen seit September 1916! [...] Aufgrund der schlechten Erfahrungen kündigte ich dann fristlos den Vertrag und entzog Fritz Schaie die Vollmacht."

Die Aufführungen des Sommers 1916 in Nürnberg spielen auch eine Rolle in einer späteren anonymen Denunziation „mehrerer Schauspieler“[59] an die Theaterabteilung des Königlichen Polizeipräsidiums zu Berlin am 4. Februar 1918 – mit einem seltsamen Unterton:

„Er [Fritz] hat keine Ahnung von der Inszenierung der Stücke. Alle seine diesbezüglichen Angaben sind leere, großsprecherische, unwahre Redereien, und seine eingebrachten Empfehlungen sind nur seiner Konfession und den damit verbundenen Beziehungen zu jüdischen Pressekreisen zu erklären. [...] Am *Intimen Theater* in Nürnberg kam es des öfteren vor, dass sie des Abends kein Stück vorbereitet hatten. Sie kamen deshalb mit ihrem Personal vor der Vorstellung zusammen und berieten sich, was sie sagen wollten. Darauf spielten sie abends eine buchstäbliche Stegreifkomödie. Die Vorstellungen waren derart unkünstlerisch und skandalös, dass das Publikum unter Protest und Schimpfen das Theater verließ und [Fritz] Schaie sich nicht mehr dort sehen lassen darf.“

Der langjährige Theatermeister am *Intimen Theater* in Nürnberg, Fritz Lehmeyer, sagt im Rückblick vom Februar 1918, es soll „einige Male vorgekommen sein, dass die Direktoren [Fritz und Alfred] samt dem übrigen Personal kurz vor Beginn der Vorstellung sich über das Stück noch nicht einig waren und dass sie einmal tatsächlich beabsichtigten, die nicht einstudierten Rollen bei der Vorstellung abzulesen. Aus diesem Anlass soll das Publikum mit großer Unzufriedenheit das Theater verlassen haben.“

Unverkennbar haben Fritz und Alfred 1916 für die von Propaganda und Kriegsgeschrei verwüstete Kulturlandschaft mit Sommertheater etwas Harmloses gesucht. So verpatzt und improvisiert sie auch waren – gänzlich ohne Pointen dürften die Aufführungen der Brüder aber nicht gewesen sein.

Die Hochzeitsreise aus dem Jahr 1859 ist ein Spiel um latente Homosexualität, und insofern für Fritz Rotter, der damals inszenierte, keine unwichtige Wahl: Diese Komödie von Roderich Benedix macht sich über einen Professor lustig, der Frauen nur aus seinen misogynen Büchern kennt. Erst eine Erbschaft – die daran gebunden ist, dass er sich verheiratet – bringt ihn an die Seite einer Frau, die in einem Monolog klarmacht:

„Je nun, er kennt mich ja noch nicht, er kennt überhaupt keine Frauen, er meint ganz unbefangen: Wir müssten so behandelt werden [...]. Es gilt, ihn über das Falsche seiner Meinung zu belehren, ihm begreiflich zu machen, was eine Frau ist [...].“

Diese an Menander und Plautus anknüpfende Geschlechterkomödie attackiert mit viel Situationswitz das damalige bürgerliche Männerbild frontal. – „Du wagst es, Femininum!“, repliziert er hilflos und fügt hinzu: „Ich habe mich im Kreise von Frauen niemals wohl befunden.“ – Sie sagt: „Sieh, du kennst weder mein Geschlecht noch die Art, mit uns umzugehen, und deshalb bin ich nachsichtig gegen dich.“ Und setzt nicht nur ihren Wunsch nach einer Hochzeitsreise, sondern auch ihre Philosophie durch: „Zwei Menschen, die sich für das Leben miteinander verbinden, [...] müssen ihre Seelen austauschen in unbegrenztem Vertrauen, in gegenseitiger Liebe.“[60]

Vom 7. August bis 2. September 1916 sind die Rotters polizeilich korrekt unter ihrer Berufsbezeichnung „Juristen“ angemeldet.[61] Die erwähnte feindselige Denunziation „mehrerer Schauspieler“, die nur von einer Person handschriftlich und in der ersten Person verfasst ist,[62] behauptet jedoch das Gegenteil: Es „*schienen* die beiden Brüder Alfred und Fritz Schaie, die sämtliche Veranstaltungen gemeinsam machten, Ursache zu haben, das Licht der Polizei zu scheuen. [...] Niemand durfte wissen, wo sie wohnten, und im Hotel hatten sie falsche Namen angenommen. Zeitweilig gaben sie sich auch dort als Offiziere aus. [...] Ungefähr der gleichen Sachen machte sich Herr Fritz Schaie in Wiesbaden schuldig. Dort schmierte er in der gleichen hilflosen Art und Weise [...].“[63]

„Schmiere“ auf der Bühne hat der Theaterkritiker Richard Wilde Jahre später wie folgt definiert: „Schmiere: das heißt Dienst an der Kunst mit untauglichen Mitteln. Heißt: Personalmangel, Kostümmangel, Dekorationsmangel, Requisitenmangel. Heißt: Unbekümmertheit um Stilfragen, aber geniale Erfindungskraft, die auch die verzweifeltsten Schwierigkeiten zu überwinden weiß. Für jeden Mangel ein Ersatz, er sei so lächerlich wie er mag: Schmiere.“[64]

Den Denunzianten geht es – noch ist Krieg – auch nicht um edlere oder unedlere Formen des Theaters, sondern darum, Fritz daran zu hindern, 1917/1918 am *Trianon-Theater* Berlin, wo er endlich wieder mit Erfolg und ganz seriös arbeitet, seine erste eigene Theaterkonzession zu bekommen. Nur deshalb wühlen sie und andere anonyme Gegenspieler bei der Berliner Theaterpolizei die alten Geschichten nochmals auf und werfen Fritz Rotter „Drückebergerei" vor:[65] „[...] um seiner militärischen Dienstpflicht zu entgehen, hielt er sich angeblich in einem dortigen Sanatorium auf. Während die Militärbehörde dahingehend getäuscht wurde, Fritz Schaie befinde sich leidend im Sanatorium, machte derselbe Reisen nach Dresden, Hannover, Berlin und ganz Deutschland. Fritz Schaie ist ein durch und durch gewissenloser, haltloser Mensch mit ausschließlich homosexuellen Neigungen, der gänzlich unter dem Einfluss seines Bruders Alfred Schaie steht." Er sei „ein vollständig willenloser Mensch und nur das ausführende Werkzeug seines Bruders [...]." Im Denunziationsbrief wird zudem Alfred verdächtigt, er sei „ein großer Schieber, der auch schon ein halbes Jahr wegen Wechselfälschungen verbüßt hat" – wofür es in den Akten nicht den geringsten Hinweis gibt; es ist eine aus der Luft gegriffene Vermutung, die in Unkenntnis der wirklichen Zusammenhänge lediglich die tatsächlich ausgestandene Untersuchungshaft des „unsicheren Heerespflichtigen" als Fama fortspinnt. Niemals nämlich würde Alfred mit einer Vorstrafe später eine Theaterkonzession erhalten haben, der „Dirigent" der Theaterpolizei Curt von Glasenapp hätte in diesem Fall von vornherein jedes Gesuch abgelehnt.

Fritz, 1916 als Soldat ins Train-Bataillon eingeteilt, legt im März 1916, um ins Lazarett zu kommen – und das ist der tatsächliche Kasus, der danach viele Gerüchte befeuert –, „ein von Dr. Mansfeld in Berlin ausgestelltes ärztliches Zeugnis" vor, wonach er „seit den Entwicklungsjahren an einer fetischistischen Triebstörung" leide, „die sich auf die weibliche Haarfrisur erstreckt": „Der Zustand trete periodisch auf [...]." Vorgeblich geht es um eine Theaterperücke und einen Toilettenspiegel, die er sich als Theaterrequisiten ausgeliehen und zurückzugeben versäumt hat. Er geht anscheinend gelegentlich als Frau gekleidet aus. Jedenfalls erreicht er die Aufnahme in eine Klinik. Der Denunziationsbrief wirft ihm dagegen „Fahnenflucht und Drückebergerei" vor und dass er sich nur „angeblich" in einem „Sanatorium" aufhalte. Doch in der Kuranstalt Dietenmühle in Wiesbaden ist er tatsächlich, einem

Zeugnis zufolge „seit November 1916 mit Unterbrechungen" – er darf sich offenbar entfernen, und tut dies auch stets, wenn die Bühnenarbeit, auf die er nicht verzichten will, dies erfordert. Fritz Rotters Leben im Ersten Weltkrieg ist eine deutsche Schwejkiade: Es sei ihm sogar gelungen, kurzfristig als Pächter wieder das Zirkus-Gebäude in Dresden zu übernehmen – während eines „Lazarett-Aufenthalts" in der Stadt. Eine Zeitung berichtet jedenfalls anekdotenhaft, „sämtliche Sanitätsfeldwebel, Sanitätsunteroffiziere wirkten abends im Zirkus Sarrasani als Claqueure mit, wo der Lazarettkranke Sophokles-Aufführungen veranstaltete."[66]

Schon am 6. Juni 1916 wird er als „Landsturmmann" entlassen.[67] Sein Berliner Arzt ist der Ansicht, Fritz leide „seit längerer Zeit an allgemeinen, funktionell-nervösen, neurasthenischen Beschwerden, namentlich auch einer hartnäckigen Neuralgie im Gebiete der linken Oberaugenhöhlennerven (‚Neuralgia supraorbitalis')".[68]

Der ältere der beiden Brüder, Alfred Rotter, erkrankt im Februar 1916 wie berichtet an einem Nierenleiden; das führt schließlich zur Dienstbefreiung.[69] Er ist in den späteren Erfolgsjahren öfter kränklich und leidet an chronischer Gastritis.

„DER LEBENSSCHÜLER"

Vom Militär vorläufig dispensiert, wagen sie schließlich die Rückkehr nach Berlin. Fritz Rotter wird 1917 Mitinhaber des *Trianon-Theaters*.[70] Es befindet sich an der Georgenstraße 9, unter dem S-Bahn-Bogen am Bahnhof Friedrichstraße, ist 1902 eröffnet worden und bietet Platz für 600 Personen. Vor Kriegsausbruch bevorzugt diese Bühne „französischen Schwank und Sittendrama"[71]. Nun, „unter neuer, literaturbeflissener Leitung", wird es, wie die um Neutralität bemühte *Neue Zürcher Zeitung* ironisch feststellt, „entgallisiert".[72] Fritz Rotter erklärt Ende 1917 in einem Lebenslauf, er wolle am *Trianon-Theater* „aus einer Bühne, die seit Jahren den leichtesten französischen und deutschen Schwänken diente, eine Stätte ernster Kunst [...] machen".[73]

Eine enge künstlerische Beziehung verbindet Fritz und Alfred Rotter mit der damals vierundfünfzigjährigen, in den Niederlanden geborenen Starschauspielerin Adele Sandrock. Eine Zeitung schreibt später[74]:

„Sie hatten inzwischen schon gelernt, dass man mit Berliner Gastspielen in der Provinz Geld machen kann, sie schleppten Adele Sandrock als *Antigone* [richtig: *Elektra*] durch halb Deutschland. In Hamburg stand auf dem Zettel: ‚An der Orgel: Edwin Fischer'. In Wahrheit tippte Fritz Rotter auf den schwarzen Tasten disharmonische Kadenzen. Im Eisenbahnzug zwischen Hamburg und Berlin kaufte Fritz Rotter dem gerade an der Alster durchgefallenen Ludwig Fulda [1862–1939] alle Aufführungsrechte seines *Lebensschülers* ab; er [Fritz] dichtete den Schluss um, brachte das Stück im *Trianon-Theater* heraus – es ging 375-mal. Weil nämlich die Brüder Rotter jeden Sonntag die letzte Seite des ‚Weltspiegel' gekauft hatten, auf der sie die Bilder ihrer Stars und die wohlwollendsten Kritiken ihrer Aufführungen inserierten."

In der Hamburger Fassung des *Lebensschülers*, die am 18. Januar 1916 uraufgeführt wird, soll am Tag der Mobilmachung 1914 aus dem neuen Jahrhundert ein sogenanntes „männliches" werden. Fritz Rotter aber scheint an Fuldas Stoff genau das nicht zu interessieren, weshalb er den letzten Akt anders ausgehen lässt. Ein „starker Erfolg mit vielen Hervorrufen", berichtet das *Berliner Tageblatt* von der Berliner Premiere am 20. September 1917 im *Trianon-Theater*.[75] Ludwig Fulda ist persönlich anwesend. Mit Sicherheit inszeniert Fritz Rotter; pro forma aber ist ein junger Schauspieler der Regisseur, der neu vom *Deutschen Schauspielhaus* in Hamburg nach Berlin gekommen ist: Kurt von Moellendorff. Im Stück spielt er die männliche Unschuld vom Lande, den jungen Dichter Gert aus dem Ferienort Leutra. Der wird von seiner Schwester nach Berlin geschleppt, worauf der heimliche Verehrer der Schwester, ein Rechtsanwalt, den jungen Mann „in die Schule des Lebens schicken" will und an seine Ex-Geliebte Hella verkuppelt – eine „muntere, von keiner Moral schlaflos gemachte, schillernde Dame", die der Dichter Fulda „sehr gut gesehen, sehr gewandt mit neunundneunzig reizenden Lastern und einem einzigen Sehnsuchtsblick nach Reinheit ausgestattet hat".[76] Hella nimmt es mit der Wahrheit über ihr eigenes Leben nicht so genau und belügt Gert über die eigene Biografie. Später im Stück sagt Hella: *„Ich bin, was man aus mir macht. Ein Engel oder ein Teufel,* *je nachdem. […] Du bist meine Kreatur, ein Jüngelchen, das ich zum Mann werden ließ. […] Keine, der nicht zu meinem Sklaven würde, falls ich ihn dazu haben wollte.“*[77]

Just an dieser Stelle hat Ludwig Fulda in der Originalfassung mit der Mobilmachung 1914 eine Deus-ex-Machina-Lösung gesucht. Diesen pathetischen Schluss lässt Fritz Rotter weg. Keine Soldatenlieder, die vom Sammlungsplatz in Leutra dringen, keine Phrasen über den „Grabgesang einer alten Zeit, das Wiegenlied der neuen“, keine Ankündigung: „Der Tag des Weibes ist zu Ende; der Tag des Mannes steigt herauf.“ Und Gert antwortet auch nicht: „Krieg! So weiß man wenigstens, wie man mit Anstand sterben kann.“ Gestrichen die letzte Regieanweisung: „Gert vernimmt in sich selber den großen Appell. Eine merkwürdige Veränderung geht mit ihm vor. Seine Züge werden stählern; seine Glieder straffen sich.“

Der neue Schluss Fritz Rotters lässt den Ausgang des Spiels zwischen Hella und Gerd bewusst offen. Das *Berliner Tageblatt* fragt sich: „Lockt Hella, die Sirene, den reinen Jüngling Gert in sein Verderben? Oder ‚wird er sich wiederfinden‘, wie jetzt das Schlusswort des Schauspiels lautet? Genau erfahren wir es nicht.“[78] Die *Neue Zürcher Zeitung* berichtet: „In einer früheren Fassung sollte der Krieg die Erziehung des Unerfahrenen zur Männlichkeit durchführen; jetzt wird ihm das Los aufgebürdet, sich in den Lauf der Welt zu finden.“[79]

Fritz Rotter entzieht sich geschickt jeder Kriegspropaganda, und bezeichnenderweise kommen die beiden Brüder ausgerechnet mit diesem Fulda-Stück in der Schlussphase des Kriegs wieder hoch. Wenn das Stück in der abgeänderten Fassung in Berlin zum Zugstück wird, nachdem es in Hamburg untergegangen ist, dann wesentlich deshalb, weil am *Trianon-Theater* die Geschlechterbalance und der Eros in seiner weiblichen Form eine Rettung finden. Das wird, nach den Lehrjahren mit Strindberg und der unverwüstlichen Benedix-*Hochzeitsreise*, zum Rotter'schen Erfolgsrezept für Berlin.

ZEITEN DER RUHE, ZEITEN DES STURMS

Alles bisher Geschilderte wäre vielleicht, so gesehen, nur ein Blick zurück, eine traumartige Schlaufe der Gedanken, wie sie Fritz Rotter 1932, zurückgelehnt, gleichsam bei angehaltenem Atem, durch den Kopf gegangen sein könnten, während sein kleingewachsener Friseur, das Faktotum Archibald, ihn am späteren Morgen in der Villa in Grunewald – etwa nach einer langen Probenacht mit Fritzi Massary für *Eine Frau, die weiß, was sie will* – mit scharfem Messer nass rasiert ...

Wer Haare schneiden und mit der langen Klinge rasieren kann, versteht sich auf Psychologie, reagiert auf den feinsten Wink. Archibald, der diskret bleibt, weiß mit Sicherheit mehr als die Presse, kennt auch die Gespräche der beiden Brüder untereinander – das „Man würde ja gern, man könnte auch, wenn man nicht müsste, sondern dürfte" –, je nachdem, in welcher Stimmung Menschen gern oder ungern einen ereignisreichen neuen Tag beginnen.

Wenn hingegen Uraufführungen bevorstehen, geht der Blick in den Rasierspiegel und nicht selten in die eigene Vergangenheit. Und möglicherweise wird der belesene Fritz Rotter bei Archibald dann und wann auch an die Bemerkung eines „Buckligen" im Roman *Modeste Mignon* von Honoré de Balzac gedacht haben: „Ach, was Sie für meinen Buckel halten, ist das Futteral meiner Flügel."[80]

In solchen stillen Momenten im Haus hält Gertrud Rotter, wie zu vermuten ist, in ihrem Tagebuch die laufende Chronik fest. Nur zwei Einträge sind überhaupt erhalten. Am Sonntag, 24. April 1932, schreibt sie über eine Nachmittagsprobe mit ihrem Mann: „[...] Alfred alles geändert. 5 Uhr zuhause. Tauber mitgegangen. [...]. Tauber dabei bis 7 Uhr." Und zum Ablauf des Montags, 9. Mai 1932, notiert sie: „Zu Tisch allein. Zum Café Dénes, Barsony, Bernhardy und verschiedene Leute zum Vorsingen. Ab 6 Uhr [18 Uhr] *Lessing-Theater* Generalprobe, klappte noch gar nicht. Bis [0]3 Uhr geprobt. Zu Hause noch viel geredet bis [0]4 Uhr."[81]

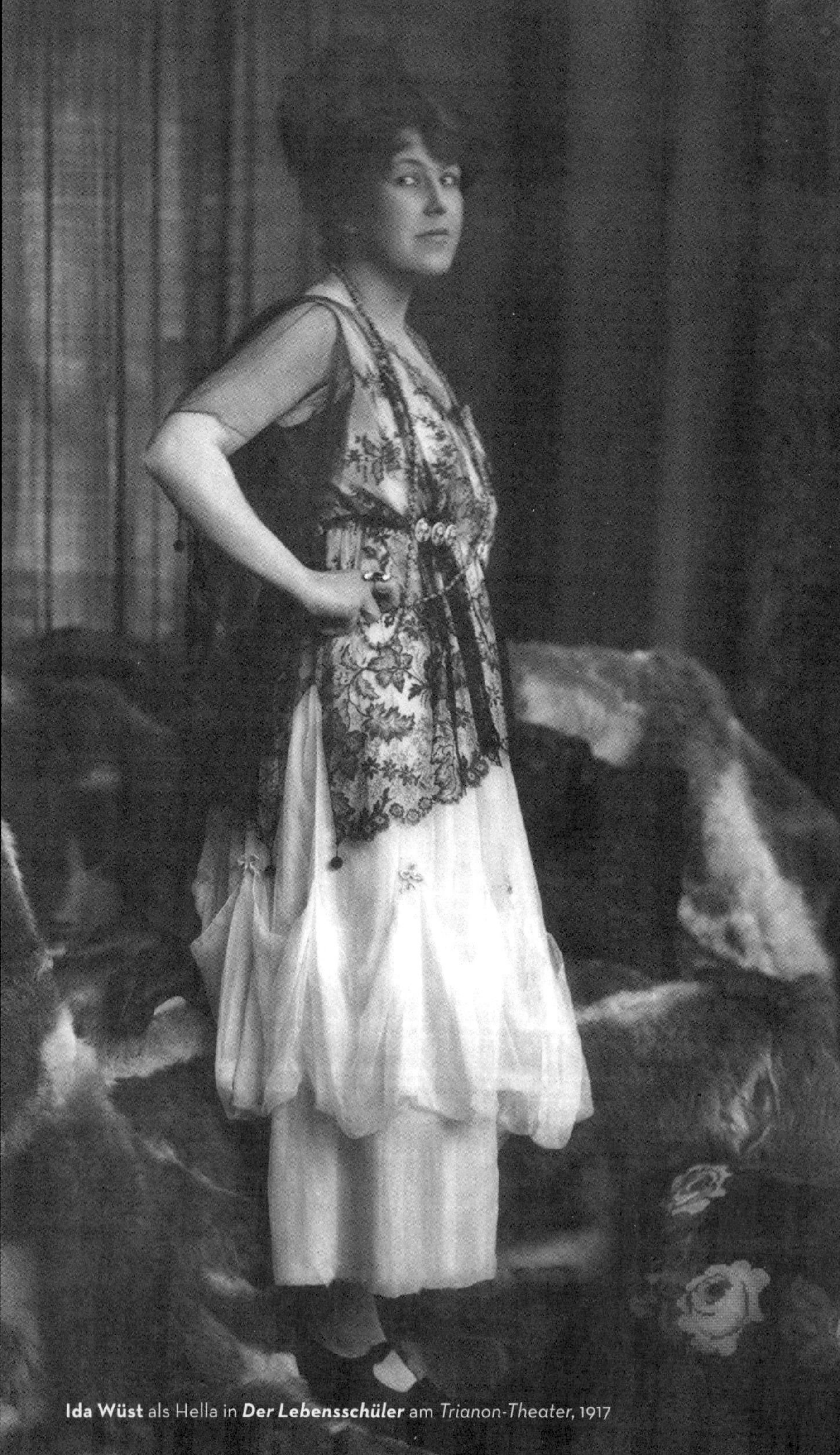
Ida Wüst als Hella in ***Der Lebensschüler*** am *Trianon-Theater*, 1917

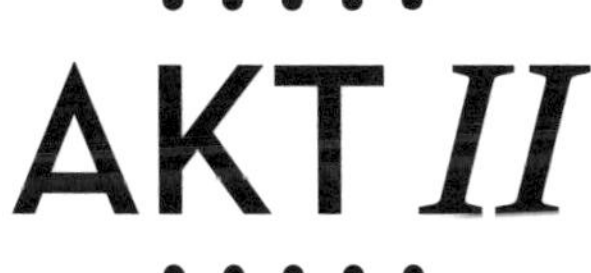

VERLORENE JAHRE – UND DIE VERWEIGERTE THEATERKONZESSION

Die Wohnung haben die Brüder Rotter um die Wende 1917/18 noch immer bei ihrem Vater am Kurfürstendamm 42. Fritz, der Jüngere, der als Regisseur im Rampenlicht steht, zeigt sich von überschäumendem Optimismus. Der Erfolg im Berliner *Trianon-Theater* ermöglicht ihm nicht nur eine Beteiligung an diesem Bühnenhaus, sondern auch gleich den Abschluss eines Pachtvertrags. Er braucht nur noch die Theaterkonzession, um die er sich offiziell im Polizeipräsidium bewirbt. Im Lebenslauf vom 14. Dezember 1917 schreibt er: „Trotz der großen Skepsis, mit welcher meinem Plan in Theaterkreisen begegnet wurde, ist mir in Gemeinschaft mit Herrn Direktor [Hans] Arnim die Ausführung meines Vorhabens in kurzer Zeit gelungen. Dank meiner persönlichen Beziehungen sind erste Künstler und Autoren für die Bühne gewonnen worden." Er selbst „halte dem Theaterunternehmen ein beträchtliches Kapital zur Verfügung, welches aber dank der ausgezeichneten Einnahmen nicht gebraucht wird und nur als Reserve dient".[1]

Als erste Schwierigkeiten auftauchen, reicht er am 2. Januar 1918 ein abgeändertes Gesuch ein. Es wirkt schon wie ein verzweifelter Appell: „Ich bitte hiermit ganz ergebenst, mir die Konzession für das Trianon-Theater zu erteilen." Sein „Eintritt in das Trianon-Theater" bilde „den vorläufigen Abschluss meiner fast 10-jährigen Bühnentätigkeit": „Werke erster Autoren wie: Strindberg, Hermann Bahr, Hans Müller, Eduard Stucken, Henrik Ibsen, Hermann Sudermann und Ludwig Fulda wurden zu diesem Zwecke erworben, Schauspieler von Rang wie: Ida Wüst, Erich Kaiser-Tietz usw. verpflichtet. Meine Bemühungen waren nicht erfolglos. Ludwig Fuldas *Lebensschüler* verschaffte dem Theater einen großen künstlerischen und wirtschaftlichen Erfolg."

Zu diesem Zeitpunkt wirkt Fritz längst auch als künstlerischer Direktor. Der Konzessionsinhaber des *Trianon-Theaters*, Hans Arnim, hat den „Beteiligungsvertrag" mit ihm schon fast ein Jahr zuvor, am 6. Februar 1917, abgeschlossen. Das Schriftstück ist zwar von einem Rechtsanwalt „beurkundet", erweist sich aber als „unzulässig", da Fritz eine eigene Konzession als „Schauspielunternehmer" noch fehle: Eine „Verfügung" der Theaterabteilung im Polizeipräsidium schließt für ihn „leitende Befugnisse" kategorisch aus. Deshalb sieht er sich gezwungen, selbst um eine Konzession „gemäß den Bestimmungen der Reichsgewerbeordnung (§ 32)" zu „ersuchen". Er legt kurze Empfehlungsschreiben bei, unter anderem ein undatiertes von Alfred Kerr, das sich offensichtlich auf die Vorkriegszeit bezieht: „Herr Fritz Schaie-Rotter hat als Bühnenleiter und Regisseur wertvolle dramatische Werke der Öffentlichkeit in ausgezeichneter Wiedergabe vermittelt. Von ihm ist an ersten Theater[n] Berlins ernste künstlerische Arbeit geleistet worden."[2] Auch eine Bestätigung des berühmten Altphilologen Ulrich von Wilamowitz-Moellendorff fügt Fritz Rotter dem Gesuch hinzu: „Herrn Oberregisseur Sch[aie] Rotter bestätige ich auf seinen Wunsch, dass die Aufführung meiner Übersetzung von Euripides-Hippolytes, die vor einigen Jahren hier großen Beifall fand, gerade nach der Seite der Inszenierung meiner Ansicht nach von großem künstlerischem Verständnis und Geschick zeugte."[3]

Die Theaterabteilung des Berliner Polizeipräsidiums zögert die Entscheidung hinaus und fordert – obwohl es sich nur um eine Konzessionsangelegenheit handelt – von Leipzig, Dresden und überallher Akten an und beginnt, Leute über Fritz und Alfred Rotter zu verhören. Rückblickend urteilt der *Montag Morgen* 1932, dass die „Erfolge“ der Brüder vor allem „einen ärgerten“: den „damalige[n] Chef der Theaterpolizei, Herr[n] von Glasenapp, der ja auch Max Reinhardt die Konzession hatte verweigern wollen, weil der in wilder Ehe mit einer Schauspielerin lebte. Er ließ die Militärverhältnisse der Brüder Rotter in Dresden durchforschen [...].“[4] Glasenapp schaffte es auch, die Bühnengenossenschaft gegen die Rotters auszuspielen. Die Nachforschungen über das Brüderpaar fasste die Theaterpolizei wie eine Anklage zusammen – und reichte sie am 20. Juni 1918 beim Königlichen Bezirkskommando V in Berlin ein, um doch noch eine Bestrafung der beiden zu erreichen. Und dies, obwohl Fritz und Alfred auch nach Eingeständnis der Theaterpolizei 1916 „durch Gerichtsbeschluss außer Verfolgung gesetzt und aus der Untersuchungshaft entlassen“ worden sind.[5] Die Beschuldigungen von Glasenapp gegen Fritz finden sich auch in einem zweiundzwanzigseitigen „Beschluss“ vom Juni 1918 zur Ablehnung seines Gesuchs („Der Antragsteller hat sich als unzuverlässig im Sinne des § 32 der Reichs-Gewerbeverordnung erwiesen“), das aber nie verschickt wurde – weil Fritz Rotter das Gesuch selbst zurückzog.[6]

Unter der Ägide der Theaterabteilung von Glasenapps wurde plötzlich jede mögliche Instanz – Staatsanwaltschaft, Militärgericht – gegen die „Gebrüder Schaie“ mobilisiert, alles nur, weil sich die Theaterabteilung „mit der Frage der Zuverlässigkeit der beiden Brüder Fritz und Alfred Schaie amtlich zu befassen“ hatte.[7]

In den Büros des Polizeipräsidiums am Alexanderplatz verfasst Regierungsrat Klotz als Dezernent von Glasenapps die Berichte: „Das ganze Verhalten des Fritz Schaie ist als ein arglistiges anzusehen und lässt erkennen, dass er die Gesetze nicht achtet [...].“ Er habe sich bereits 1917/18 am *Trianon Theater*, wo er „Teilhaber“ ist, „unter seinem sogenannten Künstlernamen Rotter als ‚Direktor‘ bezeichnet“.

Der Konzessionsantrag wird abgelehnt. Daran ist auch ein Denunziationsschreiben vom 4. Februar 1918 nicht unschuldig. Hetzerisch fordert der mit „mehrere Schauspieler“ gezeichnete Brief: „Es wäre ein Akt wider die guten Sitten, wenn sich Fritz Schaie durch jüdische Manipulationen in ein gutes Licht setzte, die Behörden täuschte und somit die Konzession doch bekommen würde." Die anonymen Bühnenkollegen erreichen beinahe, dass Fritz Rotter im Sommer 1918 noch einmal verhaftet wird, hätte ihn nicht, ganz ohne Simulation, die spanische Grippe mit lebensgefährlicher doppelseitiger Lungen- und Rippenfellentzündung für lange Wochen ans Bett gefesselt – „mit Bewusstseinstrübungen und Herzschwäche". Erst im August 1918 ist er über den Berg. Sein Arzt verordnet ihm „zur Wiederherstellung seiner Kräfte" eine „mehrmonatige Sanatoriumsbehandlung in Wiesbaden". Noch am 11. Oktober 1918 hat „ein Schutzmann" Fritz Schaie „wegen angeblicher Kontrollentziehung festnehmen" wollen. Ohne die Novemberrevolution 1918 wäre sein Fall sogar vor die „Ersatzbehörde" gekommen. So gehören auf ihre Weise auch Fritz und Alfred, obwohl ihnen die Front erspart geblieben ist, zur *verlorenen Generation.* Abschütteln lässt sich keines der Kriegsjahre.

NOVEMBERREVOLUTION 1918 UND IHR ENDE: EIN GANZ PERSÖNLICHER KAMPF MIT DER THEATERPOLIZEI

Biografien sind nie gänzlich festgelegt: Im Frühsommer 1918, kurz nach dem Scheitern der Bemühungen um eine eigene Spielerlaubnis, verblüffen die Brüder Rotter die Öffentlichkeit mit der Meldung, sie wollen vom Theater weg zum Film. Absichten für Kinovorführungen bekundet Alfred schon 1915 in Dresden. Im Juni 1918 berichtet eine Zeitung, dass sich unter „dem Namen Trianonfilm-Gesellschaft [...] ein neuer Filmkonzern gebildet [hat], an dessen Spitze Herr Alfred Schaie-Rotter als Generaldirektor steht. Der Konzern wird eine Filmfabrik, ein Film-Verleih-Institut und den Betrieb mehrerer Kinotheater umfassen."[8]

Dieser Ausweg bietet sich geradezu an. Offenbar ist ihr Vater bereit, den künstlerisch und unternehmerisch gleich stark beseelten Söhnen aufs Neue unter die Arme zu greifen. Doch die schwere Erkrankung Fritz Rotters und die Wirren der nachfolgenden Revolutionsmonate verhindern die Umsetzung der Pläne. Darin steckt eine Tragik: Der Film, der in hohem Maße international ist, hätte ihnen nach 1933 eine Zukunft auch außerhalb Deutschlands eröffnet, anders als das Theater.

Der Kaiser dankt ab, die Republik wird ausgerufen. Am 9. November 1918 wird Friedrich Ebert Reichskanzler, am 11. Februar 1919 Reichspräsident. Die Novemberrevolution 1918 ändert den Ton. „Arbeit ist die Religion des Sozialismus“, erklärt Ebert in einer Ansprache am 10. Dezember 1918. Der Schriftsteller Eduard Bernstein von den abgespaltenen Unabhängigen Sozialdemokraten hält an einem Samstag, am 28. Dezember 1918, im Großen Saal der Philharmonie einen Vortrag *Was ist Sozialismus?*, und die *Vossische Zeitung* resümiert ihn sogleich in der Sonntagsausgabe: „Man könne das Wesen des Sozialismus am besten mit dem Begriff ‚Solidarität‘ zusammenfassen. Die Hauptforderung der Arbeiterschaft sei die Aufhebung jeder Klassenvorrechte und die Beseitigung der kapitalistischen Monopole zugunsten der Steigerung der Bedürfnisse von Staat und Gemeinde, ein Ziel, welches die Sozialisten aller Länder schon vor dem Kriege angestrebt hätten. Der Krieg habe nun den Weg zu einer organischen Umbildung der alten Verhältnisse geebnet.“

Der Spartakusbund um Karl Liebknecht und Rosa Luxemburg fordert ein Rätesystem und schreitet am 30. Dezember 1918 zur Gründung der KPD. Die Deutsche Demokratische Partei demonstriert schon tags davor gegen solche Pläne – „an der Siegessäule“, die noch auf dem Königsplatz vor dem Reichstag steht.[9]

Unter diesen radikal neuen, verwirrenden Verhältnissen werden Fritz und Alfred Rotter in der Entscheidung zwischen Film und Theater wieder schwankend. Denn die ersehnte Schauspielkonzession scheint Fritz in der günstigen Stunde der Novemberrevolution doch wieder möglich. Sie schicken ihren Anwalt Fritz Grünspach vor den „Vollzugsrat des Arbeiter- und Soldatenrates Berlin“. Dieser Vollzugsrat beschafft sich in der Theaterabteilung des Polizeipräsidiums Einblick in die Akten und stellt über Fritz Rotter klar: „Ein völlig unbescholtener Mann, der […] die […] für einen Theaterleiter erforderliche Zuverlässigkeit, Sachkenntnis und materielle Grundlage in hohem Maße besitzt, wurde völlig grundlos durch offenbare Rechtsbeugung in der Ausübung seines Berufes gehindert; Spitzelwesen und Denunziantentum trieben dabei ihr bekanntes Spiel. Der vorliegende Einzelfall zeigt das Polizeisystem des gestürzten Regimes von seiner verwerflichsten Seite.“ Unterzeichnet ist diese Stellungnahme vom November

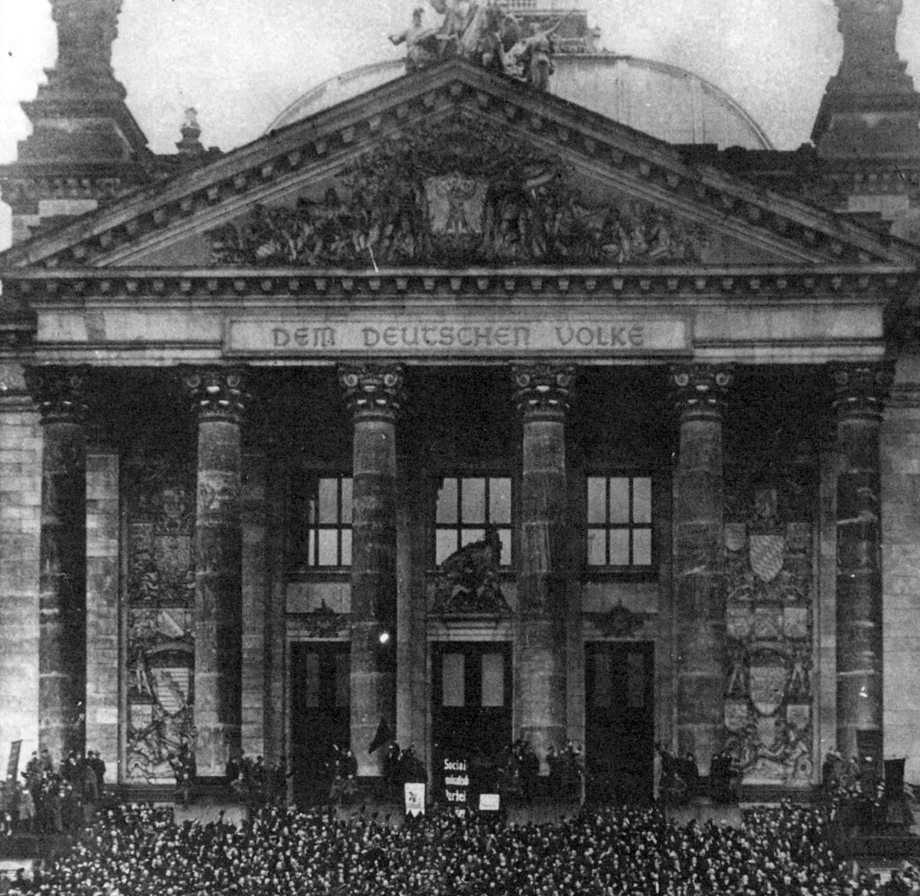

Ende des Kaiserreichs: Demonstration der SPD,
Menschenmenge vor dem Reichstagsgebäude in Berlin, Dezember 1918

1918 von Oskar Kanehl: Er ist Lyriker der Zeitschrift *Die Aktion*; dem Vollzugsrat gehört er als Vertreter des Spartakusbundes an; Franz Pfemfert zufolge wird Kanehl dem „Genossen Liebknecht in die Gruft“ nachrufen: „Du lebst. Denn deine Proletarier leben!“ Kanehl ist ein trotzkistisch eingestellter Kommunist.

Mitten in der Revolution 1918/19 stellt nun Fritz bei der Ministerial-Baukommission auch den Antrag, „ihm das ehemalige Königliche Operntheater (Kroll) am Königsplatz auf mehrere Jahre pachtweise zu überlassen“: „Er beabsichtigt, dort volkstümliche Vorstellungen zu geben und den minderbemittelten Kreisen gute Aufführungen gegen mäßige Preise zu bieten.“ Die Rückkehr zu den Anfängen scheint möglich. Der *Berliner Börsen Courier* berichtet, dass die Brüder Rotter „neuerdings auch stark am Residenztheater beteiligt sind“ und planen, „das ehemalige Neue Operntheater (Kroll), auf dessen Bühne sie schon früher heimisch waren, nach den erforderlichen baulichen Wiederherstellungsarbeiten zu übernehmen“.[10] Die *BZ am Mittag* sieht darin ein Wagnis: „Das Theater wieder benutzungsfähig zu machen, würde aber nicht leicht sein, da es im Innern schon vollständig für den Abriss hergerichtet ist.“ Auf diesem Grundstück – heute die Wiese neben dem Kanzleramt – hätte, ohne den Ersten Weltkrieg, „die neue Königliche Oper gebaut werden“ sollen.[11]

Fritz Rotter begeht den Fehler, ganz auf den Sieg der Revolution zu setzen. Mit der Bescheinigung des Vollzugsrats in der Tasche wagt sich sein Anwalt Grünspach am 26. November 1918 politisch weit nach vorn: Im Gesuch an den neuen Polizeipräsidenten werden die Verantwortlichen der Theaterpolizei, von Glasenapp und sein „Hilfsarbeiter“ Regierungsrat Klotz, schonungslos charakterisiert: Sie hätten „sich wie erbitterte Feinde dem Rechtsuchenden gegenüber benommen, ihn mit Denunziationen verfolgt [...], versucht, eine Verhaftung des Gesuchstellers und seines Bruders herbeizuführen“ und „Scheingründe“ angeführt, um Fritz „die Konzession zu verweigern“. „Ein solches Verfahren ist nur in dem gestürzten Obrigkeitsstaate möglich gewesen.“

Im revolutionären Eifer fordert auch Oskar Kanehl, „einen neuen Fachbeamten *unserer* Gesinnung neben oder besser noch an die Stelle des bisherigen Dezernenten der Theaterabteilung und seines Mitarbeiters Klotz zu setzen, um diesen typischen Vertretern polizeilicher Willkür endlich die so oft von ihnen missbrauchte Macht aus den Händen zu nehmen".[12] Doch der SPD-Mann Eugen Ernst, der im Januar 1919 für gut ein Jahr neuer Polizeipräsident von Berlin wird[13], rührt die Theaterabteilung nicht an. Sofort klagt Glasenapps Untergebener, Regierungsrat Klotz, gegen Fritz Rotter wegen „Irreführung" des Vollzugsrats.

Auch die *Genossenschaft Deutscher Bühnen-Angehöriger* – durch Curt von Glasenapp insgeheim mit Akten über Fritz Rotter beliefert – meldet „Bedenken" an und spricht Fritz Rotter die „finanzielle und moralische Zuverlässigkeit" ab.[14]

Mit dem Ende der Revolution im Januar 1919 schlägt auch in der Theaterpolitik das Pendel voll zurück. Der mächtige alte Gegner Curt von Glasenapp ist wieder unangefochtener Herr der Theaterpolizei und lässt sich selbst mit der untertänigen Anrede „Euer Hochwohlgeboren" nicht mehr besänftigen: Der „Antrag des Theaterunternehmers Fritz Schaie, Bühnenname Rotter" um eine Spielerlaubnis wird am 1. Februar 1919 von den neuen alten Leuten in der Theaterabteilung des Polizeipräsidium abermals „wegen Unzuverlässigkeit zurückgewiesen".

Der Lyriker Oskar Kanehl aber wird danach über lange Jahre Regisseur der Rotters. 1922 veröffentlicht Kanehl im Band *Die Schande* eine Auswahl seiner nach 1914 entstandenen Dichtung. „Was jubelt ihr und schwenkt bunte Tücher? Und brüllt den Krieg?", lautet die erste und letzte Zeile des Gedichts *Krieg*. Auch in mehreren anderen Gedichten werden die Schrecken des Krieges und seine Folgen direkt, aufrüttelnd und berührend in Sprache gefasst:

„[...] Dünne Haut zittert über Skeletten.
Gähnen und Keuchen. Winseln
und schauriges Wiehern.
Und alle sind heiß, wo man sie anfasst;
und riechen abscheulich. [...]
Ein Gaul ist krepiert.
Ich werde die Nacht mit ihm schlafen."
(*Wache im Krankenstall*)

„Bespannt von grauem Leichentuche ist der Himmel.
Das Land schneeüberweht.

Eiswind peitscht splittriges Glas in unser Fleisch.
Kein Wetter hemmt den Befehl zum Vormarsch.
Und kein Opfer.
Auf gefrorenem Boden hallt unser Schritt hohl,
als gingen wir auf Sargdeckeln riesiger Massengräber. [...]
Wegweiser zeigen mit schwarzer Hand
in unbekannte Tode.“
(*Vormarsch im Winter*)

Die Wochenschrift *Die Aktion*, für die Kanehl seine Gedichte schreibt, ist radikal gegen den Krieg. Schon drei Wochen vor Ausbruch des Ersten Weltkriegs erkennt Herausgeber und Kanehl-Freund Franz Pfemfert den Nationalismus als Ursache von Kriegen: „Solange das Volk patriotisch bleibt, solange es an der sentimentalen Vorliebe für das Land, in dem der Zufall es geboren werden ließ, festhält, solange wird es auch glauben, dass sein Land viel mehr wert sei, als das danebenliegende; dass es ehrend sei, dafür zu sterben – solange wird es unmöglich sein, den internationalen Kriegen ein Ende zu bereiten.“[15]

SALONKOMÖDIEN – DAS SPIEL GEHT WEITER

Von jetzt an nennen sich Fritz und Alfred nur noch Rotter, nicht mehr Schaie, behalten aber in Oberregierungsrat von Glasenapp ihren unversöhnlichsten Gegner. Möglicherweise gibt diese ernüchternde Begegnung mit der Sphäre der Macht den Ausschlag dafür, dass die beiden Brüder sich fortan nicht mehr politisch äußern.

Aber sie spielen weiter. Nunmehr auch im *Residenz-Theater*, Blumenstraße 9, am Bahnhof Jannowitzbrücke, östlich vom Alexanderplatz. Am 18. März 1919 inszeniert Alfred Rotter dort *Das höhere Leben*, eine neue Komödie von Hermann Sudermann in vier Akten. Lola, die Hauptfigur, ist Pianistin; einst hat sie auf die Liebe eines bekannten Geigers verzichtet; nun lebt sie in Ehe mit einem eifersüchtigen Architekten, der glaubt, seine zwei Freunde hätten sich der Angetrauten „mit Liebesanträgen genähert“: „Ihr Männer“, sagt Lola im Schlussdialog, „seid wirklich nur im Plural zu gebrauchen – [...] dazu da, die nötige Reibung abzugeben, damit unsere Persönlichkeit sich ihrer bewusst wird. Dann haben sie gelegentlich Blitzableiter zu sein für unsere seelischen – und auch unsere körperlichen Spannungen [...]. Wir Weiber sind jahrtausendelang das Spielzeug des Mannes gewesen – sind genommen, betrogen und verlassen worden, wie's jedem Narren und jedem Taugenichts beliebte. Jetzt haben wir gelernt, Rache an euch zu nehmen, indem wir den Spieß umdrehen. Jetzt nehmen, betrügen und verlassen wir euch – ganz wie's uns nützlich scheint oder Spaß macht." Sudermanns *Das höhere Leben* steht unübersehbar unter dem Einfluss von Nietzsche und erscheint wie ein in die Komödie gewendeter Ibsen oder Strindberg. Ihrem Mann, der zu tragischen Gefühlen neigt, sagt Lola im zweiten Akt: „Ach, es ist so traurig. Was für Hoffnungen hab ich auf dich gesetzt! Was sollte das für ein Leben werden an deiner Seite! Ein Rausch – ein Empor zu den Gipfeln! ... Und nun diese Plattheit des Alltags!"

Fritz bleibt seit der Grippe-Erkrankung als Regisseur zunächst im Hintergrund. Für ein formelles Konzessionsgesuch bemüht er sich im Frühjahr 1919 noch um zwei ärztliche Zeugnisse – wegen der alten Lazarett-Geschichte 1916/17. Das eine Gutachten ist kulturgeschichtlich bedeutsam, da es von Magnus Hirschfeld stammt, „Spezialarzt für nervöse und psychische Leiden, Berlin-Moabit, In den Zelten 191": „Die vorübergehende Triebstörung, an der Herr Fritz Schaie im März 1916 litt, beruhte auf einer durch die militärischen Verhältnisse bedingten seelischen Depression und war im übrigen in keiner Weise geeignet, eine Person in geistiger oder gar sittlicher Beziehung herabzusetzen. Das damalige Leiden ist jedenfalls jetzt völlig behoben."[16]

Der ältere Bruder Alfred leitet unterdessen die Bühnenarbeit. Sowohl im *Trianon-* wie neu auch im *Residenz-Theater* ist Direktor Arnim den finanziell beteiligten Rotters weiterhin gewogen. Doch das scheint wenig zu nützen. Einmal mehr greift von Glasenapp zu einem Manöver und droht Direktor Arnim den Entzug seiner Spielkonzession an, wenn es nicht zur „Gründung einer Gesellschaft mit beschränkter Haftung zum Zwecke des Theaterbetriebes" komme. So jedenfalls halten die Rotters den Sachverhalt in ihrer Klageschrift an den Polizeipräsidenten vom 15. April 1919 fest: Glasenapp habe verlangt, dass „wir mit unserem Namen weder in dem Gründungsvertrage noch sonst in die Erscheinung treten".

„Es wurde also von uns ein juristisches Scheinmanöver verlangt", „mit Ausschluss unseres Namens", obwohl sie „die Pächter des Theaters seien". Die Brüder beteuern, ein „behördlicher Eingriff" sei nicht „erforderlich", das beweise „der ausgezeichnete Gang derjenigen Theater, an denen wir künstlerisch und wirtschaftlich interessiert sind, nämlich des *Trianon-Theaters* und des *Residenz-Theaters*".

Den Rotters wird später die undurchsichtige Schachtelkonstruktion ihrer Bühnen stets angekreidet – diese ist aber, das zeigen die Akten, „auf Verlangen des Herrn Dezernenten der Theaterabteilung erfolgt".[17] Oberregierungsrat von Glasenapp beruft sich auf andauernde, möglicherweise auch nur vorgeschobene Klagen der Bühnengenossenschaft und droht am 11. April 1919, vier Tage vor der Einreichung der Klageschrift durch die Rotters, bereits mit der zwangsweisen Schließung des *Trianon-Theaters*.

Der SPD-Polizeipräsident unterschreibt daraufhin nicht nur brav, dass die Bühne zum 28. April 1919 den Betrieb einzustellen habe, sondern verfügt auch: „Das Polizeirevier ist angewiesen, von diesem Datum an den Verkauf von Theaterbilletts und den Besuch des Theaters durch das Publikum zu verhindern." Ein beispielloser Akt für die Theaterstadt Berlin – nur wenige Wochen nach dem Ende der Revolution. Von Glasenapp hat dem Polizeipräsidenten erfolgreich eingeflüstert, dies geschehe „mit Rücksicht auf das Gemeinwohl, welches die Duldung eines ungesetzlichen Zustandes unzulässig erscheinen lässt", deshalb werde „die Verfügung [...] auch dann zur Ausführung gebracht"[18], falls sie von den Rotters angefochten werde – und von Glasenapp bekommt auch für diesen Passus die Unterschrift des Polizeipräsidenten. Da aber meldet sich das von Arbeitslosigkeit bedrohte Ensemble zu Wort. In einem überraschenden Umschwung wird dem *Trianon*-Ensemble eine „Notkonzession" für einen „von ihm präsentierten Vertrauensmann" erteilt. Und das Ensemble wählt „als Vertrauensmann des Personals" – Alfred Rotter.

Der jüngere Fritz verschwindet in dieser Zeit von der Bildfläche, Alfred nimmt nach außen den Platz des anscheinend nicht mehr durchsetzbaren jüngeren Bruders ein. Beide aber wissen, dass die Zukunft noch vor ihnen liegt – und sie denken in weiten Zeiträumen: Im Juni 1919, eigentlich auf dem Tiefpunkt, schließen sie für das Jahr 1924 einen Pachtvertrag mit dem Besitzer des *Lessing-Theaters*, Victor Freiherr von Hartogensis. Bis dahin hat dort Direktor Victor Barnowsky „Hausrecht".[19] Diese Nachricht erreicht sogar das ferne Wien: „1924 ziehen Rotters ins *Lessing-Theater* ein – der Kreis ihrer Karriere schließt sich dort, wo er 1908 begonnen hat."[20]

Alfred Rotter führt am 1. Oktober 1919 im *Trianon-Theater* das Stück *Maskerade* von Ludwig Fulda auf. 1904 als „Schauspiel" entstanden, wird es nun als Komödie gegeben – mit Käthe Dorsch, die „von der Operette zum Schauspiel übergesprungen ist". „Man erhält viel zu lachen und einiges zu weinen. Tränen der Rührung wechseln mit Schmunzeln und Ausbrüchen der Heiterkeit [...]."[21] Käthe Dorsch wird von den Rotters als Schauspielerin entdeckt und mit dieser Aufführung groß gemacht. „Unverändert gesellschaftskritisch" sei der Titel des Stücks, „der die Heuchelei" meine – „in sexuellen Dingen", fügt die *BZ am Mittag* in Klammern hinzu.[22]

Mit einer Unterschriftensammlung vom 27. Oktober 1919 erzwingt das Ensemble des *Trianon-Theaters* die Umwandlung der Notkonzession Alfred Rotters in eine dauerhafte Spielerlaubnis. Auch Käthe Dorsch und Oskar Kanehl unterzeichnen. Der Deutsche Bühnen-Verein unter dem geschäftsführenden Direktor Baron zu Putlitz stimmt drei Tage später der Erteilung einer „Vollkonzession" zu. Die Bühnengewerkschaft, die Genossenschaft deutscher Bühnenangehöriger unter Gustav Rickelt, unterschreibt ebenfalls. Rickelt gilt als sozialdemokratisch, hat aber unter dem Einfluss des Sperrfeuers von Glasenapps bislang gegen die Rotters Stellung bezogen. Nun die Kehrtwende: „[...] seit ca. 6 Monaten ist Nachteiliges über die Geschäftsführung des Alfred Rotter nicht bekannt geworden", bescheinigen die Präsidenten beider Bühnen-Organisationen.

Mit neuer Zuversicht sichern sich Alfred und der in den Hintergrund getretene Fritz im November 1919 bei Frau Baronin Tilly von Hartogensis, der Witwe des inzwischen verstorbenen *Lessing-Theater*-Besitzers, sogar ein Vorkaufsrecht auf dieses ins Auge gefasste Prestigeobjekt. Ihre Zeit, das spüren sie, hat eben erst begonnen.

Wie sehr jeder der beiden als Person ein eigenes Profil entwickelt und sie beide sich doch als Bruderpaar ergänzen, hat der ehemalige Direktor des *Deutschen Schauspielhauses*, Alfred Lantz, gegenüber der Theaterabteilung im März 1918 so umschrieben: Er könne „nicht sagen, dass einer der beiden Brüder stark unter dem Einfluss des anderen gestanden hätte".

„SICH AMÜSIEREN" – THEATER WIE IM KINO

Das Publikum strömt in hellen Scharen zum *Trianon-* und zum *Residenz-Theater* der Rotters – diese wählen ihre Stoffe wie für den Film, und nichts scheint rückwirkend so bedauerlich wie die Tatsache, dass sie den Sprung zum Kino nicht geschafft haben. „Sie [...] bringen die amerikanische Note in das Direktoren-Konzert hinein. Man gibt ihnen gern noch Unterhaltungstheater, weil sie die einzigen sind, die für die großen Preise im Nehmen und Geben Verständnis haben."[23]

Wie sehr sich die Stimmung in Berlin wandelt, zeigt auch ein Kabaretttext aus dem Jahre 1921, den der Schauspieler Curt Bois, glänzender Vertreter des komischen Rollenfachs, in seinem Buch *Zu wahr, um schön zu sein* zitiert: „Das ist ein Abend, was? Friedliche Zeiten. Der Krieg kommt so schnell nicht wieder. Die Revolution hat keinem geschadet – außer den Revolutionären. Jeder will sich amüsieren. Wer klug ist, steckt sein Geld in die Vergnügungsindustrie."[24]

Als Fritz Rotter nach längerer Pause wieder als Regisseur auftritt, mit Käthe Dorsch in der Hauptrolle, wählt er das Sturm-und-Drang-Stück *Evchen Humbrecht* von Leopold Wagner, das im Original *Die Kindermörderin* heißt. Die Premiere findet am 29. November 1919 unter gespannter Erwartung der Kritik im *Residenz-Theater* statt.[25]

Der früh verstorbene Straßburger Goethe-Zeitgenosse Heinrich Leopold Wagner (1747–1779) hat sein Stück 1776 als ein Trauerspiel verfasst, das im Bordell beginnt und mit der Tötung des unehelichen Kindes durch Evchen endet. Dann schrieb er es um – die Bordell-Szene strich er und ersetzte den Kindsmord durch die Reue des Verführers und eine Hochzeit. Fritz Rotter verknüpft beide Fassungen und behält trotz der Verführungsszene – Evchen wird ins Bordell gelockt – das Happy End. Das *Berliner Tageblatt* meint ironisch, „die Regie" mache „wunderliche Dinge:

eine Ausstattung, die höchst elegant und höchst undenkbar ist; eine freche Kellnerin [gespielt von Olga Limburg] mit dem lieben Namen Mariannel wird in eine Kostümballkokotte verkleidet, natürlich halbnackt. [...] Kät[h]e Dorsch, das arme Evchen, gibt dem brüchigen Abend den Zusammenhalt. [...] Der Beifall, zuerst nur von der Claque besorgt, wurde dann stark."[26]

Jedenfalls bringt die Aufführung Käthe Dorsch den Durchbruch als Schauspielerin. Vorher ist sie in Operetten aufgetreten. Auch im Porträt von Käthe Dorsch aus dem Jahr 1949 im Magazin *Der Spiegel* heißt es: „Ihr Schauspiel-Debüt als tragisches Evchen Humbrecht wurde ein Riesenerfolg".[27]

Zunächst aber läuft ein Teil der damaligen Presse Sturm. Teils wegen Olga Limburg in ihrer Kellnerinnen-Rolle – vielleicht das früheste Beispiel für die Übertragung von Varieté und Cabaret aufs Theater in Berlin –, teils weil inzwischen bekannt ist, dass die Rotters anstreben, mit dem *Lessing-Theater* ein drittes Haus zu bespielen. Die *Vossische Zeitung* gibt sich entrüstet:

> „Schlimm ist, was die Regie ihrem Dichter raubt. Unerhört aber, was sie hinzufügt. Denn zur Aufmunterung lässt der Trust Rotter Brothers an pikanten Stellen ganze Dialoge im Berliner Schieberjargon einfügen! [...] Eine Direktion, die nur mit dem Scheckbuch Regie zu führen weiß, kann gewiss gute Kräfte engagieren: [...] Kät[h]e Dorsch als ein anmutiges Evchen ohne falsche Töne. [...] Die Reklamepauke knallt über Berlin hin [...]. Bereits das dritte Theater ist vom Trust bedroht. Die Brandgefahr ist ernst. So lasst uns zur Feuerspritze greifen!"[28]

Die zwei Versionen von Wagner „vermanschen" zu wollen, beschert den Rotters auch in der *Weltbühne* bitteren Spott. Herausgeber Siegfried Jacobsohn schreibt: „Heinrich Leopold Wagner wird von den beiden Bindelbands [den Rotters] auf ihr Residenz-Theater gebracht. Die erste Fassung seiner *Kindermörderin* beginnt in einem Bordell, die zweite endet vergnüglich. Wie gut muss erst Rollmops mit Schokoladensauce sein!"[29]

Die Rotters schicken die Aufführung später auf eine monatelange Tournee, auch nach Hannover, wo sie im *Mellini-Theater* gastiert.[30]

Es sei die „brutale Geschichte von einem jungen, verliebten Bürgerkinde, das [...] nach einem Ball von einem gewissenlosen Elegant ins Bordell verschleppt wird, ein Kind empfängt", heißt es in der hannoverschen Kritik. Fritz Rotter habe unter dem Pseudonym *Eugen Rinteln* das Stück bearbeitet, der Name Rinteln sei auf dem Theaterzettel „dicker gedruckt" als der von Leopold Wagner: „Ihr Klassiker, merkt's euch! Rette sich, wer kann!", setzt man in Klammern hinzu.[31]

Am 28. Januar 1920 inszeniert Fritz Rotter im *Trianon-Theater* das Stück *Femina. Ein psychoanalytisches Lustspiel* von den zwei niederländischen Autoren C. P. van Rossem und J. F. Soesman. Wenig bereit, sich auf *Femina* und herrschende Geschlechtermuster einzulassen, zeigt sich das *Berliner Tageblatt*. „Die Geschichte ist von A bis Z unwahr, und jede Szene ist ein Schlag mit gepuderter Hand ins Gesicht der Wirklichkeit. Es sind nur die alten Rollenkleiderstöcke, mit neuem, scheinbar neuem Flitter behängt. Der schüchterne Liebhaber: ein Professor; der Bonvivant: ein zuletzt enttäuschter Lebemann; zwischen beiden, äußerst aktiv, die Salondame, die höchst promenadenlustspielhaft, d. h. höchst unmöglicherweise den Tölpel von Professor liebt."[32] Eine andere Zeitung spricht von einer „höchst harmlosen Verspottung, die weder Freud noch seinen Schülern schlaflose Nächte bereiten wird!".[33] Nur die *BZ am Mittag* lobt diese Komödie über eine „Simulantin": „der Dialog" fließe „so natürlich dahin, gibt soviel lustige, nicht allzu scharf gespickte Pointen, verbreitet eine so gesunde Behaglichkeit, dass man ihn sich höchstens im letzten Akt gelegentlich kürzer wünscht".

Der Kritiker des *Berliner Börsen-Couriers*, Herbert Jhering, der sich fortan an den Rotters festbeißt, weil er ein strenges zeitgenössisches Theater fordert (und später Bertolt Brecht unterstützt), spricht erstmals vom umgehenden „Rottergeist". „Den Situationswitz bestreitet ein Nervenarzt, der die Frau wissenschaftlich, aber nicht praktisch kennt", so Jhering.

Die Differenz in der Wahrnehmung von Frauen und Männern erscheint als das ständig wiederkehrende Thema Fritz Rotters. Doch Jhering sieht in dem Stück nur ein Beispiel für „feixenden, satten, trägen Humor": „Fritz Rotter erweckte als Regisseur dieselbe Sehnsucht nach Alfred, die man nach Fritz hat, wenn Alfred

Regie führt. Die Aufführung schmeckte nach saccharinsüßem Leim. Frl. Arnstädt macht Grüßchen und Mündchen. Sie schlug Lachroller und flötete. Sie warf Äugelchen und Händchen. (Man erwartete immer, dass Babychen das Fingerchen in den Mund stecken würde.) Auch Eugen Burg ist schon verrottert. Seine Sätze sind geölt, seine Bewegungen geschmiert.[34]

Dann ist Alfred wieder am Zug. Im *Residenz-Theater* inszeniert er am 4. März 1920 *Die Raschoffs* von Hermann Sudermann, ein Stück, das erst am 18. Oktober 1919 in Königsberg uraufgeführt worden ist. „Rotters lieben nicht die tragischen Ausklänge“, schrieb der Theaterkritiker der *BZ* nach der Premiere. Auf ihre dringende Bitte hin hat der Autor das blutige Ende des Vater-Sohn-Konflikts weggelassen – stattdessen zieht sich die von beiden geliebte Frau zurück, um die sich der Streit drehte und über die es in jener Kritik heißt: „Trägt sündhaft elegante Toiletten; zeigt die Beine, ist überhaupt das personifizierte Berliner Sündenbabel [...]“. „Es war eine Glanzpremiere; direkt ‚gesellschaftlich‘; Parkett 1a; Ministerloge [...]. Beifallsstürme. Was sag' ich, Stürme? Orkane.“ So derselbe Kritiker.

Der *Börsen-Courier* bemerkt mit vergiftetem Lob, es lasse sich „immerhin bewundern“, „wie so ein Nudelteig, der jede Sekunde abzureißen droht, sich trotzdem in die Länge ziehen lässt“.[35] Jhering kommt Monate später nochmals auf die Inszenierung zurück und moniert, „mit welch knalliger Aufdringlichkeit“ Olga Limburg in Sudermanns *Raschoffs* „eine Dirne spielte“.[36]

In der Regie von Fritz Rotter folgt im *Trianon-Theater* ein weiteres Stück über schwierige Liebe: das aus dem Jahr 1906 stammende Drama *Myrrha* von Eduard Stucken – über eine Frau, die in eine „Nervenanstalt“ kommt und in dieser Zeit von ihrem Ehemann betrogen wird; bei ihrer Rückkehr lebt er mit seiner Cousine, die von Käthe Dorsch gespielt wird, und die beiden haben ein Kind.[37] Das Schauspiel ist Fritz vertraut, er hat es bereits als Student auf der *Akademischen Bühne* gegeben.[38]

Herbert Jhering geißelt das Stück. Es „beginnt als bürgerliches Ehedrama, wird dann zum symbolisch gesteigerten Mysterium und endet als Kolportageroman“: der Dramatiker Eduard Stucken habe „mit jeder Person ein neues Drama“ begonnen,

„er wechselt auch die Ebenen, auf denen sich die Konflikte austragen". „Ein anderer Regisseur als Fritz Rotter hätte hier versagen müssen. Dieser beherrschte den Zuschauerraum (…)." Das ist ein ironisches Lob bei Jhering, wegen der Claquetruppe für den Applaus bei den Rotter-Premieren. Doch Käthe Dorsch „überzeugte", findet er.[39]

Auch andere Zeitungen heben Käthe Dorsch hervor: „Kät[h]e Dorsch wird morgen wieder Operette trällern. Hier, als Cousine, ist sie von ernstester Bescheidenheit, theaterfern, kunstnah, von dem heiligen Wesen schlichter Gestaltung erfüllt. Eine Zukunft, wenn sie selbst sie nicht zerstört."[40] Und der *Lokal-Anzeiger* lobt: „Über diesem Abend schwebte – wundersam es zu melden – der Geist Otto Brahms. In vergangene, vom heutigen raschlebigen Geschlecht wohl zum Teil bereits entschwundene Zeiten durfte man sich manchmal zurückversetzt wähnen. Leise, gedämpfte Stimmungen, verhaltene Töne, in zartem Grau verfließende Schattierungen, nur im letzten Akt gab es, sorglich vorbereitet, und in weisen Steigerungen herbeigeführt, einen furchtbaren Ausbruch menschlicher Gefühlsverirrung, eine tief ins Herz treffende Katastrophe."[41]

Am 1. Mai 1920 wird Alfred Rotter als Regisseur ins *Metropol-Theater* an der Behrenstraße geholt. Dessen Direktor Fritz Friedmann-Frederich beauftragt ihn, für eine Benefizgala das 1897 uraufgeführte Lustspiel *Im Weißen Rößl* von Oskar Blumenthal und Gustav Kadelburg neu zu inszenieren. Erst 1930 machte Erik Charell daraus im *Großen Schauspielhaus* eine Operette, zur Musik von Ralph Benatzky. Doch auch Alfred lässt 1920 bereits singen, und zwar die Wirtin, mit einem „Schnadahüpferl".[42]

Kurt Tucholsky ist in der Premiere und vermisst im Stück „Charaktere", „ethische Wahrheiten", „Witz" und „Humor" – „aber Rollen hat es. Rollen, dass den Komikern das Wasser im Munde zusammenlief. Rollen mit Abgängen und Auftritten und richtigen Knallwitzen. […] Wenn alles gut geht: die erste Fehlspekulation der beiden Bindelbands."[43] Tucholsky dichtet später in der *Weltbühne*: „Und die Nacht, wenn bei Rotters sie toben, / dem Claqueur der Handschuh zerplatzt –/ […]."[44] Auch Herbert Jhering liefert Sarkastisches über die Claqueure:

„Meisterhaft, mit wie sicherem Instinkt der Regisseur den neuen Entfernungen Rechnung getragen hatte. Außerordentlich, wie die Mitglieder der Claque oben, auf den Rängen, hinten im Parkett verteilt waren, wie der Beifall von dort nach den Seiten lief, konzentrisch gegen die Mitte vorstieß, sie umschloss und zur Kapitulation zwang. Nur eins möchte ich Herrn Rotter zu bedenken geben: die am weitesten zurücksitzenden Mitglieder seines Claqueensembles, denen das Stichwort zum Klatschen anvertraut ist, müssen bei großen Entfernungen zur Bühne mit Operngläsern und Hörrohren versehen sein. Ohr- und Augennervositäten, hervorgerufen durch die Anstrengung des Hinsehens und Hinhorchens, ließen den Beifall schon lospoltern, bevor die in die Hose gestopften Frackschöße des Herrn [Alexander] Ekert [des Zahlkellners] sich ganz dem Publikum zukehren konnten [...]. Im Ernst: hier liegt eine schwere Gefahr für das Rotter'sche Claqueensemble. Auch der Claqueur muss psychologisch behandelt, d.h. ihm muss die Arbeitsatmosphäre geschaffen werden", sonst gehe „die Präzision des klatschenden Zusammenspiels, geht die Leichtigkeit des Handschlags verloren."[45]

„Beifall und Beifall ist ja nicht dasselbe", meint auch Fritz Engel im *Berliner Tageblatt* bei allem Lob: „Es gibt einen Freundesbeifall, vom Claquenbeifall gar nicht zu reden, denn die Herren Rotter hassen nichts so sehr wie ihn, und dieser Beifall ist oft nur der Trommelschlag, der bei einer Hinrichtung erklingt." Das *Weiße Rößl* sei „immer ein Gewinnlos gewesen", „vom Theater aus gesehen", „und wenn nicht alles mehr darin ‚stimmt', wenn manches heute noch clichéhafter als ehedem" erscheine, „so blickt durch die Hülle von Staub die gute alte Zeit, die wir jetzt nachträglich zärtlich lieben und aus der Welt des Vergangenen nicht minder gern heraufführen möchten. [...] Fast klang es wie Stöhnen und Heimweh aus dem Beifall heraus. Damit war die Spekulation erst recht geglückt, und det Jeschäft war richtiger denn je."

Von einer unerfüllt bleibenden lesbischen Liebe handelt *Die Freundin* von Hermann Sudermann[46] – ein bemerkenswertes und doch für die Rotterbühnen der frühen Zwanzigerjahre typisches Schauspiel. Uraufführung ist am 2. September 1920 im *Residenz-*

Theater, unter der Regie von Alfred Rotter. Die junge Witwe Alice von Hilgenfeld erhält Besuch von ihrer unverheiratet gebliebenen Jugendfreundin Juliane. Wie eine Jean-Genet-Figur dringt sie in die an Tschechow erinnernde Landgutlethargie. Das weitere Personal besteht aus einem scheu in die Herrin verliebten Hauslehrer, einer ebenso unerfüllt-hoffnungslos von diesem Hauslehrer träumenden Buchhalterin sowie dem Onkel von Alice, der zugleich Pastor ist. Als Einziger weiß er, dass der verstorbene Mann von Alice sich selbst getötet hat. Das Geheimnis vertraut er der neuangekommenen Juliane an, die zwar als Nihilistin auftritt, aber den Eindruck erweckt, als könnte sie Alice zurück ins Leben führen, was am Schluss des Stücks auch tatsächlich der Fall ist – wenn gleich völlig anders als erwartet und mit einem weiteren Toten.

Der Rezensent Emil Faktor gesteht im *Börsen-Courier*: „Jedenfalls komme ich mir durch die Aufführung viel verdorbener vor. Ich schaue nunmehr in Abgründe der Menschenseele, hinter denen alle bleichen Gräfinnen der Jugendschundlektüre weit zurückbleiben. [...] Tilla Durieux gab jene ruchlose Juliane, die nicht bloß Frauen zu verführen, sondern auch Sätze zu sprechen hat wie jenen von der Menschheit, die ein ‚bösartiges Gewimmel von Herren- und Sklaventieren ist'. [...] So gnadenlos gefährlich hat sich der Dichter das Mannsweib vielleicht selber nicht gedacht."[47] Norbert Falk in der *BZ am Mittag* bemerkt mit gleichem Sarkasmus: „Rotters, oder vielmehr Alfred Rotter, der sich seinen Sudermann nicht nehmen lässt, hat sich für die Teufelin Juliane Frau Tilla Durieux geholt. Mit kurzem Haar, in enganschließender knallroter Joppe betritt sie, halb Mephisto halb Dompteuse, das Rittergut im Osten. [...] Die außerordentliche Sicherheit dieser geistig schärfsten Schauspielerin Berlins führt das Stück über die kitzlichsten Punkte; nur wenn die Luft gar zu schwül wird, rührt sich doch im Parkett ein leises Kichern."[48] Und mit angemessenem zeitlichem Abstand würdigt Elsa Herzog in ihrer Kolumne „Die Mode auf der Bühne" nochmals die Juliane im „Musentempel der Gebrüder Rotter": „Bei einem Gartenfest erscheint sie in einer weißen Spitzentoilette – Spitzen sind die Lieblinge der Mode [...] – mit Türkenrock, über den Spitzenzipfel fallen. Als farbigen Akzent [...] hat sie sich einen breiten giftgrünen Bajaderengürtel um die Hüften geschlungen. Von starkem Farbenreiz ist später ein absinthfarbiges Kreppgeorgettekleid mit einem drolligen Zipfelrock, der kobaltblau abgegürtet ist. Dazu ein blaues Lapislazuligehänge."[49]

Auch wenn die Rotters nicht selbst inszenieren, meint die Kritik sie – etwa bei der Aufführung *Roman einer Frau* von Lothar Schmidt im *Trianon-Theater*[50] in einer Inszenierung des Regisseurs Eugen Burg. Das Stück wird als „Ehebruchsfarce" bezeichnet: „Man spielt dergleichen bei den Rotters natürlich sehr gut."[51] Bei einem weiteren Lustspiel im *Trianon-Theater*[52], *Kammermusik* von Heinrich Jlgenstein, ist ebenfalls Eugen Burg für die Regie verantwortlich, doch der Rezensent Norbert Falk lässt sich zum Ausruf verleiten: „Rotters haben es wieder geschafft: sie geben eine Komödie mit ‚pikanten' Unterstreichungen und mittendrin noch ein Konzert. Amerika in der Georgenstraße."[53] Auch Hans Albers spielt mit, den sie schon 1915, noch mitten im Weltkrieg, für sich entdeckt haben.

Zu *Lady Windermeres Fächer* von Oscar Wilde im *Residenz-Theater*[54], wieder in der Regie von Alfred Rotter, meint Alfred Kerr im *Berliner Tageblatt* über die Rotters, ironisch in Klammern gesetzt: „Sie werden sagen: ‚Kitsch? – immerhin von Wilde!' Gott, lass ihnen die Ausred'!"[55]

Das *Residenz-Theater* haben die beiden Brüder inzwischen erwerben können. Es hat nur etwas über 600 Plätze – und sie verkaufen es später weiter. 1938 wird es abgerissen, da es wegen Baufälligkeit lange leer steht.[56]

Fritz und Alfred zielen nun Ende 1920 auch auf das *Kleine Theater*, eine in der Tat nicht sehr große Bühne: Sie bietet nur 380 Personen Platz, befindet sich aber in prominenter Lage, in der ersten Etage Unter den Linden 44. Direktor und Konzessionsinhaber ist Georg Altmann. Er bleibt Direktor und wird einer der wichtigsten Regisseure der Rotter-Brüder.

Ihr Vormarsch als Direktoren und ihre Salonstücke werden von der Kritik weiter angefochten. Siegfried Jacobsohn, Herausgeber der *Weltbühne*, deutet an, dass Fritz und Alfred Rotter das *Kleine Theater* nur an sich gebracht hätten, „indem sie die Anteile oder Aktien" aufkauften. Altmann habe, so Jacobsohns hartes Urteil, „seine unscharfe geistige Physiognomie und sein bisschen künstlerisches Gewissen" an die Rotters „verhökert". Jacobsohn behaup-

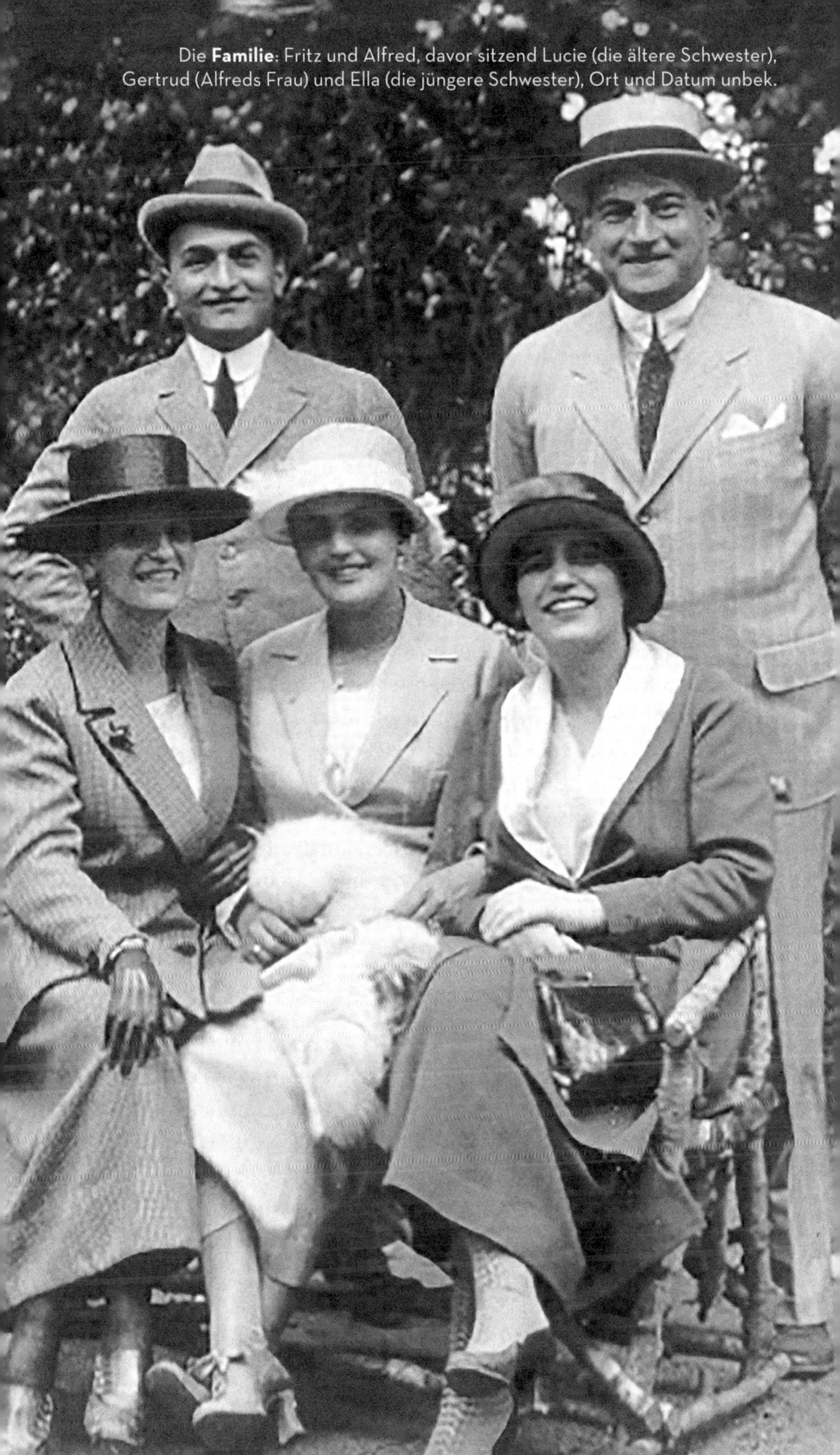

Die **Familie**: Fritz und Alfred, davor sitzend Lucie (die ältere Schwester), Gertrud (Alfreds Frau) und Ella (die jüngere Schwester), Ort und Datum unbek.

tet weiter: „Wie Schwamm und Schimmel breiten die beiden Bindelbands [Rotters] sich über die Bühnen Berlins." Und er fordert, das Staatstheater müsse sich der „Charakterlosigkeit" entgegenstellen – „sonst ist der Siegeszug der Rotterei unaufhaltsam".[57]

Jacobsohn kämpft seit frühesten Jahren gegen die Brüder Rotter. Als Jacobsohn ungefähr zwei Jahre vor Ausbruch des Ersten Weltkriegs über eine *Egmont*-Inszenierung Fritz Rotters im kurzlebigen *Deutschen Schauspielhaus* an der Friedrichstraße einen Verriss geschrieben hat, hätten ihm die Rotters „das Haus verboten", wie die *Weltbühne* über zwei Jahrzehnte später, am 24. Januar 1933, berichtet: „Mit allen Mitteln der Beeinflussung versuchten die Rotters, sich durchzusetzen."

Die *Vossische Zeitung* sieht den Expansionsvorgang weniger dramatisch und erklärt unter dem Titel *Die Pläne der Gebrüder Rotter*: „Danach tritt Dr. Georg Altmann, der Direktor und Konzessionär des *Kleinen Theaters*, in die Firma ‚Gebr. Rotter' als gleichberechtigter Teilhaber ein. Herr Altmann wehrt sich im übrigen gegen die an anderer Stelle ausgesprochene Vermutung, als werde er zu den Brüdern Rotter in ein ähnliches Abhängigkeitsverhältnis treten, wie es seinerzeit Herrn Dr. [Eugen] Robert, dem nominellen Leiter des *Residenztheaters*, aufgezwungen worden ist. Die in Gang gebrachte *Verschmelzung* werde seine (Altmanns) Rechte eher erweitern als schmälern." Gerüchte schließlich über einen „wiederholt behaupteten Verkauf des *Theaters des Westens* an den Rotter-Konzern", so die Zeitung, würden vom langjährigen Pächter dementiert.[58]

DIE BEIDEN BINDELBANDS

1921 bis 1923 sind paradoxerweise günstige Jahre für die Theater, trotz verbreiteter Arbeitslosigkeit und Armut – gerade wegen der Geldentwertung, die seit Sommer 1921 zu immer neuen Teuerungswellen und im Sommer/Herbst 1923 zur Hyperinflation mit Billiarden-Mark-Scheinen führt: „Das Geld, das man heute in der Hand hatte, besaß morgen keinen Wert mehr", erinnert sich Rotter-Regisseur Georg Altmann 1931. „Und so beeilte man sich, es heute noch auszugeben, um möglichst viele Genüsse dafür einzutauschen. Man fand diese Genüsse in den Theatern."[59]

Georg Altmann, der nunmehr das *Kleine Theater* Unter den Linden für die Rotters führt, verlässt Deutschland 1933. An Goethes Todestag, dem 22. März 1933, wird er zum letzten Mal ein Stück inszenieren: *Iphigenie* in Hannover.

„Am nächsten Morgen teilten die Nazis dem Oberbürgermeister von Hannover [Dr. Arthur Menge] mit, dass sein Theaterdirektor Altmann des Abends im Gefängnis sein würde. Dr. Menge tat erstaunt. Warum? Was haben Sie gegen ihn? – Nichts! Wir kennen ihn ja gar nicht, wir wollen nur seine Stelle. – Dann genügt es doch, wenn ich ihn beurlaube! – Stimmt! Dann existiert er für uns nicht mehr. Am Mittag des Tages wurde diese Beurlaubung ausgesprochen, wobei ich den mir immer wohlwollenden Oberbürgermeister bedauerte, der gegen seinen Willen und wider besseres Wissen handeln musste."[60]

Altmann emigriert nur wenige Tage später mit seiner Familie nach Brüssel, später nach Nizza und von dort 1938 nach San Francisco, wo er ab 1939 im *Green Street Theatre* Schauspielunterricht geben kann und als Erster überhaupt in den USA Brecht aufführt: *Die Gewehre von Frau Carrar* (1937) und den Einakter *Der Spitzel* (aus der später *Furcht und Elend des Dritten Reiches* genannten Sammlung). Altmann hat in Oxford studiert und kommt mit dem Sprachwechsel gut zurecht. Im Alter von achtundsiebzig Jahren stirbt er 1962 in Los Angeles.

Die Rotters gelten schnell als *die* Theatermacher der Inflationszeit. Zum einen wegen der Komödien und Lustspiele, die sie geben, sowie wegen der glänzenden Ausstattung der Stücke – die Lieferfirmen dürfen im Theaterprogramm für sich werben. Zum anderen liegt es an der Zusammensetzung ihres Publikums. Die Theaterkritiken der Zeit wirken wie Kulturspiegel – und am auffallendsten ist, wie sehr das Bruderpaar auf seinen Bühnen der Großstadt bereits jene Freizügigkeit vorführt, die danach erst zum weltbekannten Erkennungszeichen Berlins wird. Herbert Jhering jedoch attackiert diesen neuen Komödienstil als „Hoftheater für Revolutionsgewinnler":

„Der Schauspieler als Exponent einer Schneiderfirma – er fehlte noch als Kunsterlebnis. Wenn in Wien früher der Darsteller

> (durch seine Haltung) die Mode schuf, so schafft die Mode in Berlin heute den Darsteller. Er steht bei den Rotters fettgedruckt auf dem Zettel. Aber da das Publikum durch denselben Zettel angehalten wird, ihn nach dem Modeatelier zu beurteilen, das ihm die Anzüge liefert, tritt an die Stelle des künstlerischen Ehrgeizes die Konkurrenz der Kleiderlieferanten. Die Kritik der Bügelfalte ersetzt die Kritik der Leistung. Der Schauspieler, scheinbar bei den Rotters zur höchsten Selbstständigkeit gekommen, wird in Wahrheit zum Ausstellungsgegenstand herabgesetzt."[61]

Über die „Riesenpreise" für einen Platz in einem der Theater der Brüder ärgert sich ausgerechnet der *Berliner Börsen-Courier*[62], der die tieferen Ursachen für die Inflation doch bestens kennen müsste. Der Kollege Jherings beim *Börsen-Courier*, Theaterkritiker Emil Faktor, beobachtet im *Kleinen Theater*, dass „150 Mark für den Parkettsitz hingelegt wurden": „Diese Preishochkonjunktur ist charakteristisch für die Momentanentwicklung der Theaterdinge – zurzeit eines der gefährlichsten Krankheitssymptome. Und wenn das neue Berlin eines Tages gesunden sollte, dann wird es auch wieder die Kraft gewinnen, die falschen Tempelhüter davonzujagen. So viel vorläufig über die Rotters."[63]

Kurt Tucholsky rechtfertigt in der *Weltbühne*, dass Siegfried Jacobsohn in seinem Buch *Jahr der Bühne* die Rotters völlig übergeht: „Die Rotters: Nein. (Die Gebrüder Rotter sind kein Name, sondern ein Begriff.)"[64] Noch deutlicher wird er in der Satire *Rotters erste Reihe*, die im Februar 1921 erscheint. Tucholsky, der ein Jahrzehnt später selbst zu Korpulenz neigt, zeichnet – ausgehungert und zornig – das Theaterpublikum der Rotters wie Gestalten in den Gemälden von Otto Dix:

> „In den roten Sanftfotölchen schwimmen ungeheure Fettmassen; vorne oben schimmert matt etwas, das man allenfalls Gesicht nennen kann. [...] Die Münder schlürfen den Brei, der da oben serviert wird. [...] Ich achte gar nicht auf das, was da oben vorgeht: ich sehe immer nur die erste Reihe. Und die Gesichter fangen an, zu sprechen. Sie sagen: Wenn wir nur verdienen! Sie sagen: Jetzt sind wir dran. Sie sagen: Niederlage, militärische

und geistige Katastrophen [...] – wir sind der neue Kaufmannsstand. Alles, was wir je erträumt, ist robuste Wirklichkeit. Sie sagen: Na, haben wir nicht recht gehabt? [...] Ist nicht alles gerechtfertigt, was wir je taten und träumten? Gottseidank: der Mensch ist schlecht. Und wir sitzen in der ersten Reihe. [...] Die Herren, denen feiste Backen weit, weit über den Kragen auf das Smokinghemd hängen, rot durchblutete, gut rasierte Backen – die Herren atmen schwer, angestrengt eingesunken und ein wenig müde."[65]

Zuvor schon, 1919, in einem anderen heftigen Text über die Rotters unter dem Titel *Die beiden Bindelbands* urteilt Tucholsky:

„Der Künstler ringt. [...] Endlich ist die Zeit der sieben mageren Jahre um. Die fetten folgen. Fett für wen – ? Fett für die anderen. Fett für das Kino. Fett für die Bindelbands. [...] Den, der jahre- und jahrelang bei seinem Entdecker und Förderer geschuftet hat in harter geistiger Arbeit [...] – den nehmen sich die Bindelbänder und zeigen ihn dem erstaunten Publikum vor. Seht–! Da ist er –! Unser Wegener! Unser Moissi! Unser ... Ihrer wars nicht. Es ist ein erpumpter Ruhm. [...]. Wir erleben täglich, wie sich die ganze Rotte der Rotters vergeblich bemüht, auch nur ein Mal einen solchen Mann aus ihren Reihen erstehen zu lassen. Das kann man nicht, wenn man ins Publikum schielt."[66]

„Fett" ist damals ein Synonym für reich. Das war die früheste Kritik am Starsystem der Rotters, aber Kurt Tucholsky tut ihnen auch unrecht. Mit Hans Albers und Käthe Dorsch entdecken sie durchaus auch selbst große Talente. Das gesteht ihnen sogar Jhering zu: „Sie entdeckten tatsächlich Käthe Dorsch, und sofort war sie ihr Star".[67]

Immerhin behält Tucholsky, anders als Jhering, eine kleine Zuneigung zu den Rotters, und die Bezeichnung „die beiden Bindelbands" ist nie herzlos gemeint – nicht nur weil er sie für ebenso austauschbar wie unzertrennlich hält, sondern weil Tucholsky weiß, wie sehr sie vom populären jüdischen Theater in Berlin des *Herrnfeld-Theaters* an der Kommandantenstraße 57 beeinflusst sind (wie er selbst auch) – denn von jenem Brüderpaar Anton und Donat Herrnfeld, geboren 1866 und 1867 in Ungarn, stammt die legendär gewordene Verwechslungskomödie *Die beiden Bindelbands* aus dem Jahr 1908, auf die sich Tucholsky bezieht und deren Text als Zensurexemplar samt Gutachten im Landesarchiv Berlin erhalten geblieben ist.

Die beiden Bindelbands ist eine Burleske. Selbstverulkung ist bei den Brüdern Herrnfeld Programm. Im Gutachten, das die Theaterabteilung des Polizeipräsidiums Berlin jeweils bei externen Leuten bestellt, steht über das Stück: „Alwin Bomberger und sein Schwiegersohn Bondi Bindelband haben die gleiche Geliebte, und zwar die Barfußtänzerin Milli, die Braut des Verwandlungskünstlers Ganivet. Dieser tritt in der Maske seiner beiden Nebenbuhler auf, bringt diese dadurch in die größte Verlegenheit und ruft hierdurch allerhand komische Situationen hervor, bis sich schließlich alles in Wohlgefallen auflöst."[68] Mit ihren zwei jüngeren Schwestern Käthe und Ella treten die Herrnfeld-Brüder selbst in den Hauptrollen auf. Und sie sehen sich ähnlich genug, um sich als „Bindelbands" zu doubeln. Der Zweiakter ist ein typisches Verwirrspiel mit vielen Türen im Bühnenbild, durch das die Figuren andauernd auf- und abtreten; alle schwindeln einander etwas vor; kaum jemand sagt in dem Schwank je die Wahrheit; dass die Geschichte dennoch aufgeht, ist sozusagen höhere Psychologie.

Tucholsky („Ich hatte mich im damaligen Herrnfeld-Theater krank und wieder gesund gelacht ...") ist insofern ein „Herrnfeld-Schüler", als er 1913 in der Siegfried-Jacobsohn-Zeitschrift *Schaubühne*, später *Weltbühne* genannt, seinen ersten namentlich gezeichneten Text ausgerechnet über die Brüder Herrnfeld schreibt.

> „Und alles, was sie – vielleicht ungewollt, nur im Hinblick auf die Kassenrapporte und das Lachen eines vollen Hauses – geben, ist dies Sicheinbohren und das Nie-auf-den-Grund-Kommen und das wundervolle Aneinanderreihen der Haupt- und Nebensachen. Alles andere ist unwesentlich [...]. Ihre wahre Größe entfalten sie in den Konversationen. [...] Sie spielen etwas, was es überhaupt nicht gibt. So bewegt sich niemand, so spricht kein Mensch, so etwas existiert nicht. [...] Hier und da empfindet man wohl so etwas, schämt sich und steckt es weg. Diese sprechen es aus. [...] Man brüllt. Über deplatzierte Wahrheiten."[69]

Auch in Tucholskys bitterer Satire von 1920 *Mitbürger/ Der Löw' ist los! Wer ist daran schuld? Die Juden! Wählt die Deutsche Volkspartei!* tauchen die Rotters als Bindelbands auf. Er schreibt unter dem Pseudonym Peter Panter:

> „Das Leben in der Stadt war völlig umgekrempelt. Niemand wagte sich mehr aus dem Hause. [...] Die Berliner Theaterdirektoren Bindelbands suchten verzweifelt den Löwen. Sie wollten ihn für den Shaw'schen *Androklus* engagieren. Sie fuhren von Straße zu Straße – kein Löwe. Feuerwehrautos klingelten durch die Gegend – kein Löwe. Der Löwe war fottefliegt. Der Löwe war gar nicht fort. Er war, des Wartens müde, aufgestanden, schlenderte nun durch die Straßen [...]. Also das war Berlin! Dieser traurige Haufe von Steinkästen und schnurgeraden Straßen, die alle ein bisschen unsauber aussahen – das war das Weltdorf Berlin! Der Löwe schüttelte das Haupt. Da hatten ihm die Spatzen im Käfig wer weiß was erzählt [...].“[70]

Tatsächlich inszenieren die Rotters damals, 1920, von George Bernard Shaw *Androklus und der Löwe. Ein Märchen in drei Akten.* Darin geht es um einen Dorn, den Androklus – bei Shaw ein christlicher Schneider – einem Löwen aus der schmerzenden Pfote entfernt, der ihn dafür zum Dank in der römischen Arena nicht frisst. Es rankt sich auch eine Anekdote um diese Inszenierung, die der Schauspieler Hubert von Meyerinck dem legendären Regisseur Max Reinhardt erzählt, als der 1924, eben zurück aus Amerika, Gast bei der Schauspielerin Else Eckersberg ist.[71] Am Tisch werden Geschichten zum Besten gegeben, aber Hubert von Meyerinck will zunächst nichts einfallen. Da ruft Eckersberg ihm das Stichwort „Rotters!“ zu. Doch noch immer ist er unschlüssig. „Rotters?“, herrscht Reinhardt ihn daraufhin „fast böse“ an. „Sie wollen mir eine Geschichte von den Brüdern Rotter vorenthalten? Das ist doch wohl nicht Ihr Ernst.“ Da erst legt Hubert von Meyerinck los und erzählt, dass bei der Generalprobe von *Androklus und der Löwe* das Stück „glatt und ohne Unterbrechung heruntergespielt“ worden ist, bis man „plötzlich“ die Stimme von Alfred Rotter „vernahm“. (Der Hauptdarsteller, so meint Else Eckersberg in ihren Memoiren, sei Bassermann gewesen, aber es ist – bei jenen Proben – Karl Ettlinger, der, anders als Meyerinck es berichtet, hierauf sofort kündigt.) Alfred Rotter sagt angeblich: „,Herr Bassermann, entschuldigen Sie, dass ich Sie unterbreche. Sie machten da soeben eine Bemerkung gegen die Schneider. Das geht nicht – es gibt so viele Schneider in Berlin. Sagen Sie lieber Sattler. Sattler sind nicht so zahlreich. Die Schneider könnten uns das übelnehmen. Bitte weiter.'" Gefragt, wie Bassermann darauf „reagierte", fährt Hubert von Meyerinck fort: „Ach, der beachtete den genialen Hinweis seines Regisseurs gar nicht. Aber völlig aus der Stimmung gerissen, stampfte er ein paarmal mit dem Fuß auf und verhedderte sich mit seinem Text. Am Premierenabend saß ich dann in der hintersten Reihe direkt neben den Rotters. Sie waren so glücklich über die Stimmung im Hause, dass sie gar nicht bemerkten, wie Bassermann bei seinen Schneidern blieb. Und als am Schluss der Beifall einsetzte, riefen sie sich vor Begeisterung selber auf die Bühne." – „Was taten sie?", fragt Reinhardt. – „Ja, sie klatschten wie wild in die Hände und schrien laut: ,Bravo, Rotter – bravo Rotter!', und immer wieder: ,Rotter!' Das Publikum verlangte natürlich nur nach Bassermann, aber Alfred Rotter war nach hinten gelaufen und erschien tatsächlich neben dem Hauptdarsteller auf der Bühne. Der ließ ihn dann allein hinausgehen. Doch Fritz Rotter brüllte wie besessen immer weiter: ,Rotter! Rotter!', bis ich schließlich völlig hysterisch mit einstimmte und auch ,Rotter' schrie." So weit die Legende.

In der Version einer summarischen Klage des Präsidiums der Genossenschaft Deutscher Bühnen-Angehöriger vom 17. Juli 1924, die alle vermeintlichen Sünden der Rotter-Brüder auflistet, habe Fritz und nicht Alfred jene Hauptprobe unterbrochen. Er soll erst „zum dritten Akt" auf die Probe gekommen sein „und hörte, wie aus den Wolken gefallen, einen Satz ,Das geht gegen meine Ehre als Schneider' oder so ähnlich. – Draufhin Fritz Rotter: ,Wieso Schneider?' – Antwort: ,Androklus ist Schneider.' – Rotter: ,Ach, sagen Sie doch statt Schneider Christ, die Schneider könnten sich sonst beleidigt fühlen.'" Dieser Version widerspricht der Anwalt der Rotters, Wolfgang Heine, am 20. Juli 1924 aufs Entschiedenste:

> „Die Behauptung [...] ist von Anfang bis zu Ende unwahr und mit unerhörter Leichtfertigkeit aufgestellt. Zunächst ist es falsch, dass der Vorfall Herrn Fritz Rotter beträfe. Dieser war überhaupt nicht im Theater. Lächerlich wirkt die Unterstel-

lung, dass einer der beiden Herren das Stück nicht gekannt hätte. Beide haben sich seit Jahr und Tag mit der Absicht der Aufführung des Stücks getragen, und Herr Alfred Rotter hat es mit größtem Ernste studiert und sich mit der Inszenierungsart beschäftigt. Selbstverständlich wusste er auch, dass Androklus als Schneider bezeichnet ist. Er lernte das Stück keineswegs erst auf der Hauptprobe kennen. Herr Direktor [Alfred] Rotter wurde durch leitende Persönlichkeiten darauf aufmerksam gemacht, dass die Art, wie Karl Ettlinger bei den letzten Proben seine Rolle auffasste, eine Gefahr für das Stück wäre. Darauf sah sich Alfred Rotter die Probe an und fand nun, dass Karl Ettlinger die Rolle in einer aufdringlichen, altmodischen Wiener Possenhaftigkeit spielte, den Androklus in der traditionellen Schneidermaske und Manier mit Hopserei usw. geben wollte und das Stück dadurch für das künstlerische Gefühl des Herrn Rotter herabzog. Gerade aus künstlerischer Gewissenhaftigkeit hatte Herr Direktor Rotter dagegen Einspruch erhoben. Als Karl Ettlinger nun darauf hinwies, dass Androklus im Buche als ‚Schneider' bezeichnet würde, hatte Herr Alfred Rotter die sehr zutreffende Bemerkung gemacht: ‚Ach was, Schneider, ein Schneider ist auch Mensch.' Darüber gab es einen Zusammenstoß mit Ettlinger. Der erklärte, in einer anderen Auffassung nicht spielen zu wollen."

Der Anwalt fügt hinzu:

„Geradzu komisch muss auf jeden Kenner des Theaters die pathetische Entrüstung darüber wirken, dass sich Herr Direktor Rotter erlaubt habe, die Änderung *eines Wortes* in einem Stücke von Shaw vorzuschlagen. Wenn das ein Argument gegen die künstlerische Eignung zur Leitung eines Theaters sein soll, dann besaßen Goethe und Schiller sie nicht, die Shakespeares Macbeth bis zur Unkenntlichkeit klassifiziert haben, dann geht sie Herrn Prof. Max Reinhardt ab, der wie jemand witzig bemerkte, vom Don Carlos einen ‚interessanten Auszug' spielen ließ [...]."

Fritz und Alfred sind so oft Gegenstand von Gerüchten, dass noch jede Geschichte den Anschein der Wahrheit bekommt. Umgekehrt machen die beiden die Leichtgläubigkeit zum Thema auf der Bühne. Als ihr ‚Revolutionsengel' Oskar Kanehl am 21. Januar 1921 im *Trianon-Theater* Ludwig Fuldas *Das Wundermittel* zur Aufführung bringt, ist das durchaus Gegenwartskritik. Die verwickelte Handlung resümiert eine Zeitung so:

> „Ein Wundermittel, von einem stellungslosen Chemiker erfunden, eigentlich nur ein ganz harmloses Beruhigungsmittel, aber von einem gerissenen Unternehmer lanciert, erobert die Welt, sogar die Wissenschaft [...]. Ein parodistisch gemeintes, aus Wut über die allerneuesten Richtungen von einem enttäuschten Maler gekleckstes Bild wird ernst genommen, erobert Berlin, den Kunsthandel, sogar die Kenner. Zwei Parallelfälle. Zwei Freunde, die beiden unfreiwillig Bluffenden. Sie sind arme Teufel und erliegen der Versuchung, sich von gewissenlosen Kunst- und Wissenschaftshäuptern ausbeuten und managen zu lassen."[72]

Das Mittel im Stück heißt „Mirakulin", der neue Kunststil „Kompressionismus". Die Zeitungskritik wendet Fuldas Spott über das „Unwesen der Reklame" und die „Kritiklosigkeit, mit der das Publikum irgendeinem gut inszenierten Bluff erliegt", aber sofort gegen die Rotters selbst: Der Autor Ludwig Fulda habe „vielleicht kaum bedacht", dass „die Direktion den freundlichen Erfolg seines Lustspiels gewisslich mit ihrem bewährten System binnen kurzem zu einem sensationellen hinaufloben wird [...], als er sein Stück schrieb und es einer von den Gebrüdern Rotter geleiteten Bühne überließ."

Die Rotters halten Fulda die Treue. Emil Faktor vom *Börsen-Courier* meint hingegen nur herablassend: „Schade um Ludwig Fulda! Ich bin sein Feind nicht. [...] Ich kenne außerdem ziemlich viele Stücke von ihm und begegne ihm nicht selten in der Untergrundbahn. Wenn ich dann sein stets verdrossenes Gesicht sehe, will mir bedünken, dass die Welt an ihm viel gesündigt hat, indem sie ihm eine Zeit lang Dichtertum einredete."[73] Inspirierter über *Das Wundermittel* äußerte sich der Stilist der damaligen Kritiker-Zunft, Alfred Kerr: „Doch wenigstens die Luft ist reinlich – es riecht nicht schlecht. [...] Das Stück ist harmlos; nicht ganz echt. Doch wie gesagt, es riecht nicht schlecht."[74]

FRIVOLES BERLIN: DIE ROTTERS ALS „PUBLIKUMSBAROMETER"

Auch Eduard Stucken wird Hausautor der Rotters. Nach *Myrrha* inszeniert Fritz von ihm *Die Gesellschaft des Abbé Chateauneuf.*[75] Uraufführung ist am 10. Februar 1921. Es ist die Geschichte einer Frau, die „auch noch nach ihrem Tode durch die Hand vieler Männer gegangen ist, die dann Romane, Dramen und sogar Opern mit ihr zeugten": „Als sie lebte, hatte sie mit einem Marquis einen Sohn [...]. Dieser junge Mann verliebte sich, wie man weiß, in die unbekannte Mutter. Er kam nicht, wie Ödipus, dazu, sie zu heiraten. Als er erfuhr, dass es das Fräulein Mama war, das er anbetete, erschoss er sich. [...] Ihr verliebtes Söhnchen war Hans Brockmann. Es ist eine zuckerige Rolle; der Schauspieler ließ sich tenorsäuselnd nicht entgehen, sie noch in Schmalz zu backen und Saccharin darüberzustreuen. Festessen für kleine Mädchen", so das *Berliner Tageblatt.*[76] „Welch wunderlicher Mensch und Poet, dieser junge Eduard Stucken!", ruft Franz Servaes im *Lokal-Anzeiger* nicht ohne Bewunderung. „Mit jedem Stoffe, den er aufgreift, scheint er selbst sich zu verwandeln." Andere Zeitungen spotten: „Rotters sind zum Kostüm übergegangen" – „Barock. Ringellocken. Spitzenkragen; galante Abbés, frivole Chevaliers, geistvolle Marquisen; roter Samt, matte Seide, und immerzu Esprit".[77] Auch Herbert Jhering ist unerbittlich: „In der Tat reichen die ungeprägten Weisheiten, die hier [...] ausgetauscht werden, für zehn Rotter-Inszenierungen. In der Tat reichen die unformulierten Witze, die sich hier als Esprit ausgeben, für das Residenz-, das Trianon- und das Kleine Theater zusammen. In der Tat genügt die süßliche Tragik für das Sentimentalitätsbedürfnis einer ganzen Saison."[78]

Danach arbeitet Fritz Rotter nie wieder als Regisseur.

Doch anders, als die Theaterkritik es wahrnimmt, sind diese frivolen Salonstücke um Frauen, die den gesellschaftlichen Konventionen den Rücken kehren, nicht lediglich ein Merkmal für das starke Zerstreuungsbedürfnis der unruhigen, schwierigen Zeit nach Ende des Ersten Weltkrieges und während der Inflation, sondern spiegeln die Suche nach einem neuen Selbstbild von Frau und Mann.

Die neuen Komödien der Inflationszeit sind gesellschaftliches Traummaterial und offenbaren – so wie später das Operettenfieber in den Jahren der Weltwirtschaftskrise – tiefere Sehnsüchte. In beiden tragischen Phasen der Weimarer Republik geben die Rotterbühnen kulturell mit den Ton an. Die Rotters enthüllen ein Stück Berliner Befindlichkeit. In ihrem Leben und in ihren Aufführungen verkörpert sich ein besonderes Zeitbild der deutschen Hauptstadt zwischen den beiden Weltkriegen.

Allerdings ist es nur eines neben anderen Bildern. Trude Hesterberg erinnert sich:

> „Wenn man an die Zeit der Inflation nach dem Ersten Weltkrieg zurückdenkt, so kann man sie nur mit einem höllischen Spuk vergleichen. Alles fiel auseinander, was früher Gültigkeit besaß. An jeder Ecke standen die Opfer des verlorenen Krieges. Zerlumpt und auf Krücken oder ohne Beine auf der Erde hockend, hielten sie ihre alten, zerschlissenen Soldatenmützen auf. Was sollte man hineintun? Fünfhundert, tausend, eine Million? Am Tag darauf war das so viel wert wie ein Pfennig! Bettelnd standen diese Menschen mit ihren ausgehungerten Kindern an den Ausgängen der Bars und der Tanzdielen, die wie giftige Pilze aus dem Boden schossen. Alles wurde kürzer, die Haare, die Kleider, die Liebe, der Schlaf! Das Leben spielte sich ab, wenn es dunkel wurde. Der bunte Flittermantel der Nacht deckte die grausamen Blößen des Tages zu.“[79]

Wie ein Sinnbild für diese Zeit steht die Aufführung des bereits älteren Lustspiels *Nur ein Traum* von Lothar Schmidt, das Eugen Burg am 22. April 1921 für die Rotters am *Kleinen Theater* Unter den Linden neu inszeniert und in dem eine Frau ihre Nacht mit einem anderen Mann nachträglich dem eigenen Gatten „so darstellt, als wäre sie wirklich nur ein Traum gewesen“. Der *Börsen-Courier* beobachtet, dass die „Flut der ‚feineren Lustspiele‘ steigt. Vielleicht wird sie uns, über Jahr und Tag, *verschlungen* haben. Der Bedarf meldet sich allerorten.[80]

Alfred Kerr schreibt dazu im Rätselstil scherzend und in Klammern gesetzt: „Ein Berliner würde sagten: die Möchte ist heut noch stärker als die Kannste.“[81]

Zugkräftige Stücke schicken die Rotters wie schon in den Tingeltangel-Jahren während des Ersten Weltkriegs gleich auf Gastspieltournee. So erreichen sie ein Publikum in der ganzen Republik. Als sie im Oktober 1921 in Hannover Arthur Schnitzlers *Reigen* im dortigen *Residenz-Theater* zeigen, kommt es jedoch zum Skandal. Das Stück „erregt allgemein Anstoß“: „Es werden Protestkundgebungen vor dem Opernhause und in der Marktstr[aße] vor dem Theatergebäude veranstaltet, der Verband der Bürger-Vereine protestiert gegen die Verschmutzung des hannover[schen] Theaters durch derartige unsittliche Stücke. 37 andere Vereine, Verbände und Ausschüsse verlangen polizeiliches Einschreiten.“ Der Direktor des *Residenz-Theaters* in Hannover beugt sich dem Druck und löst „bald hernach die geschäftliche Verbindung mit der Rotter-Bühne.“[82]

Fritz und Alfred Rotter einigen sich hierauf mit dem Eigentümer des etwas kleineren *Deutschen Theaters* Hannover und zeigen von nun an ihre laufenden Neuheiten dort, zuletzt 1924 sogar unter dem Direktionsnamen *Vereinigte Rotterbühnen Berlin-Hannover*. Da Gertrud Rotter, genannt Trude, die Gattin von Alfred, aus Hannover ist, fühlen sie sich dieser Stadt verbunden.

So stark der Zustrom des Publikums, so heftig bleibt die Ablehnung der gehobenen Berliner Theaterkritik gegen die Rotters. Die Abwehr ihrer psychologischen Stücke, welche durchgängig die Geschlechterrollen thematisieren, ist direkt auffällig und richtet sich indirekt gegen Wien. Herbert Jhering ist überzeugt, aus Wien hätten „die Rotters den Gemütsspeck auch nach Berlin geschmuggelt“. In Wien erfolge die „Auflösung szenischer Widerstände durch seelische Prostitution“ und das „Gefühl selbst“ werde „Trick und Kulisse“. In Berlin aber gelte es, „Effekt und Kunst zu scheiden“: „Dass man in Wien die Gemütsstimmung, in die das Publikum durch das Sensationsstück geraten will, gleich mitspielt, ist der Unterschied gegen Berlin.“[83] Gewiss, Jhering schätzt den Wiener Arthur Schnitzler, insbesondere dessen *Reigen*, weil da die „Dialoge aus diesem erotischen Nervengefühl geboren sind, das nur noch um einen Grad sublimiert zu werden brauchte, um Klang und Ton zu werden“ – dieses Drama werde „in der deutschen erotischen Literatur, die arm ist, bleiben“.[84]

Jhering meint in einem Rundfunkvortrag von 1931 zugespitzt, Schnitzlers Stücke geben aber „das Weltbild der Vorkriegszeit" wieder, und „nach dem Zusammenbruch einer ganzen Welt" könne „an dieses Bild nicht wieder angeknüpft werden", es gebe kein Zurück zu diesen „psychologischen Stücken oder vielmehr zu der von ihnen geforderten psychologischen Darstellungsweise".[85]

Wie viel verdrängte Vorkriegszeit in den Zwanzigerjahren noch immer vorhanden war, übersieht Jhering nicht, doch an die Kunst „in unserer glücklosen, zerrissenen, im schweren Endkampf einer Machtauseinandersetzung stehenden Zeit" stellt er andere Anforderungen, jenseits der „psychologischen Individualcharakteristik". Brechts neues Stück *Die heilige Johanna der Schlachthöfe*, das Jhering bereits kennt, sei „in diesem Stil" geschrieben. Das „moderne Drama" könne „nicht an den großen sozialen Gegensätzen, an dem Endkampf der Weltsysteme vorbeigehen", ist er überzeugt.

Doch gerade diesem Kampf versuchen sich die Rotters nach den Erfahrungen mit der Novemberrevolution 1918 zu entziehen, das erkennt Jhering wohl richtig. Wie geschickt sie diese Verweigerung betreiben und stattdessen einen kunstvollen, aber nicht konfrontativen Weg zwischen den Fronten einschlagen, versteht er jedoch nicht zu würdigen. Deshalb blickt Jhering so ungnädig auf das Rotter-Theater der Zeit nach 1918. Im Rotter'schen Rollenspiel und in ihren Versuchen zur Auflösung des starren Geschlechterschemas erblickte er nicht die Zukunft der Kultur, sondern nur abwertend das rein Geschlechtliche und den vermeintlich reaktionären Zucker für das Publikum. In *Die Getarnte Reaktion* schreibt er 1930:

> „Als nach dem Kriege alles drunter und drüber ging, als die Armeen zurückfluteten und die aufgeschreckten Spießer zwischen Angst vor dem Bolschewismus und der auftrumpfenden Freude über einen entfesselten Amüsierbetrieb hin und her gerissen wurden, als die Mark ins Bodenlose sank und die heimlichen Spielklubs blühten, da wussten die Rotters am besten, was sie einem verschüchterten und aus sich herausgetriebenen, einem aufgescheuchten und sensationsgierigen Publikum zu bieten hatten. Sie beruhigten das erschreckte Gefühl durch Minnigkeit auf der Bühne, sie bezahlten den Anspruch des in Unordnung geratenen Geistes mit billigen Sentenzen und kitzelten den Sexus durch Zoten und Entkleidungskünste.

Die zwinkernde geschlechtliche Anspielung ging in den innigen Augenaufschlag über, zuckrige Diskretion stand neben gepfefferter Eindeutigkeit. Auf diesen Nenner führten sie gewaltsam, aber instinktsicher alle ihre Stücke, alle ihre Schauspieler zurück. Wer erinnert sich noch an die Aufführungen von Oscar Wilde bis Sudermann, von Fulda bis Schnitzler? Da wurde gehimmelt und entkleidet, da wurde Seele gehaucht und in Zynismus gemacht, da wurde zur Andacht und zur Anekdote kommandiert. Immer hatten die Rotters einen Instinkt für das Durchschnittspublikum, einen Instinkt für das Geschmacksbedürfnis einer geistig uninteressierten, von nichts als der Zeit und der Mode geprägten und beeinflussten Schicht. Die Rotters sind Publikumsbarometer."[86]

Indem Jhering den Zusammenhang zwischen „Sexus" und Kultur als überwunden und als lediglich „psychologisch" hinstellt, unterschätzt er jene ganze andere Revolution der Auffassungen und der Verhaltensmuster – jene im Verhältnis der Geschlechter, welche Fritz und Alfred Rotter auf ihren Theatern unablässig ansprechen.

Als 1922 in Frankreich der Roman *Garçonne* von Victor Margueritte erscheint und zu einem Welterfolg wird, liegt das auch daran, dass nach diesem französischen Wort der Haarschnitt genannt wird, der in Deutschland „Bubikopf" heißt. Autor Margueritte beruft sich nicht nur auf das Buch *Über Liebe und Ehe* (1902) der schwedischen Frauenrechtlerin Ellen Key, sondern auch explizit auf den französischen Psychiater Édouard Toulouse, der seinem Werk *La question sexuelle de la femme* (1918) die These voranstellt: „Die sexuelle Frage ist für uns noch, was die religiöse Frage in den vergangenen Jahrhunderten war. Es ist leicht, zum Häretiker zu werden, im Urteil der geläufigen Moral."[87] Unter seinem literarischen Pseudonym Peter Panter beschreibt Kurt Tucholsky in einer Reportage einen Besuch bei Victor Margueritte und dessen Ehefrau an der Côte d'Azur – und kalauert: „Eine gute alte Freundin von mir hat einmal das Gebot geprägt: ‚Du sollst nicht alles mit der Sexu-Elle messen –!' Die Menschen scheinen anders zu messen, denn sonst wäre ein Welterfolg wie der der *Garçonne* [...] nicht zu erklären. [...] Victor Margueritte hat den Bubenkopf in die Literatur eingeführt."[88]

Worin liegt also die Provokation der Rotters und ihrer Theaterarbeit? Ikonen der Berliner Zwanzigerjahre werden sie erst im Nachhinein. Nicht das Publikum ist es, das sie so nachhaltig ausgegrenzt. „Hierzulande muss man müssen, sonst darf man nicht", schreibt Franz Hessel.[89]

IM SPIEL BLEIBEN – KULTUR DER HYPERINFLATION

Zu Beginn der Spielzeit 1921/22 arbeitet auch Alfred Rotter eine Weile nicht mehr selbst als Regisseur, als ob er sich aus der Schusslinie nehmen möchte. Doch die Theaterkritik zielt nach wie vor direkt auf sie beide, auch wenn sie nur die Leitung ausüben. Als der Schauspieler und Regisseur Paul Wegener am 22. August 1921 im *Residenz-Theater* den *Totentanz* von Strindberg zur Aufführung bringt, heißt es in einer Kritik: „Man ahnte schon längst, dass die Rotters Pessimisten sind und sich eines Tages zu einer Weltanschauung, die der Grieche mit *amphimelas*, ‚ringsumschwarz', bezeichnete, bekennen würden. So nahm es nicht Wunder, dass sie mit diesem ‚Totentanz' [...] auch ihrerseits einen Beitrag zu der allgemeinen Verdüsterung des Weltalls leisten wollten. [...] Der Russe Tschechow hat gezeigt, dass man bereits lächeln kann, wo Strindberg noch errötet [...]."[90]

Ein kleines Lob gibt es von Herbert Jhering für Georg Altmann, als der am 9. September 1921 mit *Fräulein Josette – meine Frau* die Saison am *Kleinen Theater* eröffnet: „In ihrem Bemühen, die Kritik mattzusetzen, verfielen die Rotters jetzt auf das gefährlichste Mittel: eine bessere Aufführung zu geben." Jhering fährt fort: „Wenn dieses Niveau festgehalten wird, ist das *Kleine Theater* wenigstens keine Gefahr mehr."[91] Fritz Engel sekundiert im *Berliner Tageblatt*: „Wie gut geht's uns, dass wir so totchick [sic] auftreten können."[92] Im Stück spielt wieder Hans Albers mit.

Der Immer-noch-Revolutionär Oskar Kanehl folgt im Residenz-Theater mit *Der König* – und trifft wider Erwarten eine Ader bei Jhering, der im Stück eine „hinreißende Mischung von politischer Satire und erotischem Schwank" sieht. „Dieses einzige Beispiel einer Operette ohne Musik, die wirkt, als ob Offenbach komponiert hätte. [...] Im ganzen: die französischen Stücke bekommen den Rotters besser als die deutschen. Oder haben sie es nur noch nicht heraus, wie sie sie völlig verkitschen können?"[93]

Elsa Herzog, die Spezialistin für „Mode auf der Bühne" beim *Berliner Lokal-Anzeiger*, nimmt diese Aufführung zum Anlass, um eine Verbindung zwischen der Ausstattung „bei den Rotters" und der Inflation herzustellen:

> „Unsere modischen Kostümdichterinnen haben in dieser Saison schon recht viel zu tun bekommen. [...] [D]enn das Publikum, das diese Theater mit den unerhörten Eintrittspreisen besucht, hat ja auch ein Anrecht, für sein Geld etwas zu verlangen. Augenblicklich macht dort Flers-Caillavets *König* antimonarchische Propaganda. [...] Da ist zunächst Olga Limburgs Ausstattung. Eine Bourgeoise [...]. Sie stellt sich uns zunächst in einem blau-roten Mantelkleid in den französischen Farben aus Wollvelours vor, das über die drollige Mode dieses Winters aufklärt. [...] Von besonderer Eleganz ist ihre ‚Courtoilette', in der sie beim König von Cerdanien vorgestellt wird. Sie ist aus zitronengelbem Chiffonsamt mit reich paillettierten Silberspitzen [...]. Der Rock ist lang, weit und reifengestützt; die Stoffüberbleibsel sind für das Leibchen verwendet. Aber allzu viel ist leider nicht übriggeblieben [...]."[94]

Das Rotter'sche Theater erreicht die Gesellschaftsspalten und macht, wenn nicht Kunst, so doch Mode zum Gespräch. Es wird für die Brüder Rotter die bis dahin vielleicht erfolgreichste Spielzeit. Anerkennung gibt es auch für Altmanns „satirisch überpuderten, leicht karikaturistisch eingefärbten" *Kammersänger* von Frank Wedekind im *Trianon-Theater*, obwohl – oder gerade weil – an einer Stelle das Saallicht angeht – „Regieteinheit" – und die Titelfigur an der Rampe ins Publikum spricht: „Wir Künstler sind ein Luxusartikel der Bourgeoisie."[95] Ergänzend wird im Programm des Abends noch *Tod und Teufel* desselben Autors gespielt.

Das weite Land von Arthur Schnitzler im *Residenz-Theater*[96] lassen die Rotters, zumindest auf dem Papier, Arnold Korff inszenieren, der selber den Friedrich Hofreiter spielt. Es ist, als wollen sie der Kritik keinerlei Angriffsfläche mehr bieten. Und Alfred Kerr schreibt: „Der Rotter wächst mit seinen größeren Zwecken." Er spricht von einer „hoffnungsvolle[n] Wiederaufnahme des vor einem Jahrzehnt erschienenen Werks", um zum Schluss zu kommen, dass es heute, zehn Jahre später, „noch immer seinen Wert" hat.[97]

Die hoffnungsvollen Frauengestalten in *Das weite Land* – Friedrich Hofreiters Frau Genia und dessen letzte flüchtige Geliebte – merken zu spät, das die Befreiung von Konventionen sie nicht davor schützt, getäuscht zu werden. „Man gleitet. Man gleitet immer weiter, wer weiß wohin. [...] Ich lüge, ich heuchle. Vor allen Leuten spiel ich Komödie", sagt die betrogene Genia. „Der Freiheit, die sich hier brüstet, der fehlt es am Glauben an sich selbst", heißt es im Stück.

Fritz und Alfred Rotter setzen zwar deutlich weniger auf Lustspiele, doch als sie im Januar 1922 durch Georg Altmann *Elga* von Gerhart Hauptmann inszenieren lassen,[98] spürt Emil Faktor vom *Berliner Börsen-Courier* auch dahinter eine Absicht und nutzt das für eine Generalabrechnung: „Bedenklicher ist das Rottertum an und für sich geworden, das auch in anderen Bühnenhäusern Berlins herumspekuliert [...]. Die schlauen Rotters wissen [...] Bescheid, und mag sein, dass sie sich sogar eines Tages entschließen, ihr ganzes Denken und Wollen nur der puren Kunst zu verschreiben. Es kann allmählich wieder das beste Geschäft werden. Vorläufig freilich sind sie nicht so weit."[99]

Zielstrebig bringen die beiden Brüder auch 1922 weiterhin Stücke mit unkonventionellen Frauenrollen, als hätten sie sich den Satz aus Ludwigs Fuldas *Der Lebensschüler* (1915) ganz zu eigen gemacht: „Sprich vom Mann, und dir antwortet ein Gähnen; sprich vom Weib, und die ganze Welt horcht auf. Ja, glaube mir, Gert, dies ist ein weiblich gewordenes Jahrhundert."[100]

Oscar Wildes bereits ältere Komödie *Eine Frau ohne Bedeutung*[101] charakterisiert Emil Faktor als „Roman vom schuftigen Lord und seiner verlassenen Geliebten" – doch es „riss das Publikum unaufhaltsam hin". Ironisch fügt der Kritiker hinzu: „Man verging vor Spannung und Wonne. [...] Die Regie des Herrn Kanehl, der als Lyriker ein Radikalinski ist, war pflaumenweich."[102]

Im *Kleinen Theater* führt Altmann *Das Weib auf dem Tiere auf*[103], ein neues Drama von Bruno Frank, in dem eine „vielbegehrte, dem Mittelstand entstammende Stadtkokotte eines Tages den Geliebten" erschießt. „Das für alle anderen Männer käufliche Weib fühlte sich von dem einen, dem zuliebe sie Geld zusammenraffte, schmählich hintergangen. [...] Der Hinrichtung entzieht sie sich durch Gift [...].“[104]

In der Nachwirkung bedeutsam ist *Das kleine Schokoladenmädchen* von Paul Gavault[105], wiederum ist Oskar Kanehl der Regisseur. Ralph Benatzky macht aus dem Stück 1932/33 für die Rotters eine Operette, *Bezauberndes Fräulein*, die dann aber – der noch zu schildernden Ereignisse wegen – nicht mehr aufgeführt wird: Die Uraufführung wird am 24. Mai 1933 in Wien sein, am *Deutschen Volkstheater*. Zu dem Zeitpunkt haben die Rotters keine Bühne mehr; Alfred ist tot und Fritz inkognito im Exil in Frankreich.

Über *Das kleine Schokoladenmädchen* schreibt die *Vossische Zeitung*, sie sei „die Tochter des Schokoladenkönigs, Millionenerbin, launisch, verwöhnt“. Hans Albers tritt in der Rolle eines armen Malers auf, „der mit allen Prachtgewändern der Rotter'schen Kleiderschränke garniert“ ist. Dass er sich „neckisch mit Lieblingsallüren vor seinem Publikum aufgebläht“ habe, missfällt dem Kritiker. „Wie er versucht, durch Exzentrikbeine Laune zu erzwingen, das ist schon nicht mehr Auflösung des Ensembles. Das ist schon mehr Untergang des Abendlandes.“[106] Jhering dagegen ist milder gestimmt und versteht auch die Komik des Schauspielers Albers besser, die er vom Film beeinflusst sieht: „Und Hans Albers? Die Reklame hat ihn zum deutschen Chaplin gemacht. Man sieht bei jeder Bewegung, wie der Regisseur ihm auf den Proben zugerufen hat: ‚Mehr Chaplin! [...] Sie müssen an Chaplin denken.‘“[107] Jhering weiter:

> „Also gegen die Rotters ist diesmal nichts zu sagen, nur gegen die allgemeine Berliner Theatersituation. Die Rotters haben eine gewisse Geschlossenheit des (kitschigen) Repertoires. Aber soll es an den anderen Theatern auf diesem Wege weitergehen? [...] man ruiniert sich die Zukunft. Nicht nur dadurch, dass man mit der Jagd nach dem Erfolge die Zugkraft der Reißer erschöpft und sich der Gefahr aussetzt, plötzlich vor dem Nichts zu stehen [...]. Das Repertoire der Berliner Bühnen beschäftigt im Übermaß den Konversationsschauspieler, den Pointenbringer, den Nuancenjäger und legt den großen heroischen Schauspieler lahm. [...] Ich weiß, dass die Theater schwer zu kämpfen haben. [...] Heute aber, wo das Theater nur auf den Erfolg gestellt wird,

reißt es in den Taumel auch die Künstler hinein, die in sich den Drang zum Kampf und zur Kompromisslosigkeit tragen."

Ist es das, was den Rotters vorgeworfen wird: die Abwesenheit heroischer Stoffe auf ihren Bühnen? Angekreidet werden kann ihnen vieles – doch nicht, dass sie keine Gegenwartsthemen aufgreifen würden. Noch bevor es Tonfilm oder gar das Fernsehen gibt, sind sie auf Breitenwirksamkeit bedacht. Nicht zum Film zu gehen, sondern mit filmischen Mitteln Theater zu machen, das ist im Grunde der Kernvorwurf, den Jhering ihnen macht, und es ist ein Paradox, dass erst Brecht das von Jhering vermisste *heroische* Theater erneuert, im Spiel der Brechungen und der Distanzierung. Die Rotters stehen für Antiheroismus, der ganz rechts verpönt war, und auch ganz links – trotz Kanehl, der über seine Bühnenarbeit gesagt haben soll, er gehe „wie ein Fabriksklave in den Betrieb", „um das nackte Leben zu fristen", „seinen revolutionären Geist" verkaufe er nicht mit, und er stelle „sein ganzes Denken in den Dienst der sozialen Revolution".[108]

In der Spielzeit 1922/23, als die Inflation in die Hyperinflation übergeht und es auch im übertragenen Sinn nur noch wenig gibt, das wertbeständig ist, wagen die Rotters noch mehr. Gleich zum Auftakt erregen sie größeres Aufsehen mit der Erstaufführung von *Lissi* des Autors Siegfried Geyer,[109] wieder mit Hans Albers.

Selbst der sonst zu Lob gern bereite *Berliner Lokal-Anzeiger* wettert: „[...] eine widerliche Häufung von Zoten, und die Erinnerung müsste schon in die schlüpfrigen Niederungen der Linienstraße herabsteigen, um im Berliner Theaterspielplan letzter Jahre ein Stück ähnlich starken Kalibers zu finden. Also verbietet es sich von selbst, auf den Inhalt näher einzugehen. Es genügt, dass besagte Lissi eine ‚Dame' ist, die in mehr oder weniger unbekleidetem Zustand allerlei dufte Abenteuer erlebt, und der Neid muss es Herrn Siegfried Geyer lassen, dass er die Welt, in der sich solche ‚Damen' bewegen, recht intim zu kennen scheint: [...] Ein Schritt weiter, und die Bühne wird ... na, lassen wir das!"[110] „Es war ein platter Abend, ausgezeichnet durch Eindeutigkeit, veredelt durch darstellerischen Schmiss – die Qualität lag in der Durchsichtigkeit der Seidengewebe. [...] Lissi ist eine Kokotte, die unglücklich liebt [...].

Erika Gläßner gab jene Lissi, mauzend, mit Weibchentönen, mit Quatschtönen, mit Hüftenspiel und kallipygischem [schön geformten] Überschlag über das Messingbettchen. [...] Hans Albers war Jonny, ein Frackmann mit moralischem Kater und schlaksigen Bewegungen. Beide gut im Zusammenspiel."[111]

Die Rotters sind nicht die Einzigen, die solche Stücke auf die Bühne bringen – im *Lustspielhaus*, das ihnen erst ab 1929 gehört, wird am 1. September 1922 *Die Schule der Kokotten* von Paul Armont und Marcel Gerbidon gegeben. Die Figur der Kokotte, das heißt einer Dame der Halbwelt, die sich selbst in ganz bürgerlichem und zugleich ganz unbürgerlichem Sinn als Kapital einsetzt – ist die Obsession einer Gesellschaft, die noch nicht wirklich von ihren Konventionen lassen will und den Frauen die berufliche Gleichstellung überwiegend verweigert. Zur selben Zeit beschreibt Proust in *Auf der Suche nach der verlorenen Zeit* den Aufstieg von Odette, die trotz oder vielleicht wegen einer solchen Vergangenheit als stets auf große Selbstständigkeit bedachte Frau von Monsieur Swann einen liberalen Salon erhält und nach Swanns Tod durch erneute Heirat zu einem Adelstitel kommt.

Doch die Rotterbühnen geben auch immer noch Hermann Sudermann. Sein Stück *Es lebe das Leben*[112] aus dem Jahre 1902 um „Parteipolitik und Gesellschaft"[113] wird von Oskar Kanehl im Januar 1923 inszeniert. Es geht um zwei alte kompromittierende Briefe einer Gräfin, die einem Baron mit Reichstagsmandat gefährlich werden könnten. Dieser hält im Parlament eine begeistert aufgenommene Rede „über die Unverletzlichkeit der Ehe", während sein Sekretär aufgrund der Briefe zu der Erkenntnis gelangt, „dass in der Politik eine völlig weiße Weste unmöglich ist".[114]

Die Theaterkritiken zu dieser Aufführung zeigen auf verblüffende Art, wie weit Berlin sich innerlich schon von der Kaiserzeit entfernt wähnt – eine schwerwiegende Selbsttäuschung, wie spätestens mit der Wahl Hindenburgs 1925 als Reichskanzler deutlich wird, und der in gewisser Weise auch die *Morgenpost* unterliegt: „Derweilen ist einiges vorgegangen in der Weltgeschichte, und es hat sich vielleicht in den Proben ergeben, dass man diesen Stützen der konservativen Gesellschaft, diesen Prinzen, Baronen und Landjunkern [...], kein neues Leben einzuhauchen vermag.

Sie zeigten die Symptome der Leichenstarre schon zu Lebzeiten; heute sind sie ein Stück Mittelalter auf dem Eis; Petrefakten [Versteinerungen], Stalaktiten aus dem wilhelminischen Zeitalter."[115]

Der Regisseur Kanehl wird dafür getadelt, lediglich „das alles in eine schrecklich feines, echt gräfliches Milieu mit goldenen Möbeln" gesetzt zu haben.[116] Es gibt aber auch Stimmen, die „dieses Drama aus der deutschkonservativen Reichstagsfraktion" von Hermann Sudermann verteidigen, da „niemand mehr in gleichem Grade Spannendes geschrieben hat, Effektvolles, Pointiertes."[117] Herbert Jhering spricht jedoch vom „Museumsstil":

> „Soll man gegen Sudermann schreiben? Die Sprache hat sich auf andere Erlebnisse eingestellt [...]. Vorbei, vorbei. Man hört eine Sprache, man sieht Dinge, die in der Ferne der Zeit versinken. Man sieht Zuschauer, die dem Gespenst ihrer selbst applaudieren. Und hat nur die Hoffnung für die Berliner Theater, dass, selbst wenn sie alle den Rotters überliefert werden sollten, es gar nicht so viele Schauspieler gibt, die in diesem Museumsstil spielen können, dass dann die Zeit gekommen sein wird, wo die Rotters zwar die Bühnenhäuser besitzen, die besten Schauspieler und jungen Dramatiker aber längst in Vorstadtsälen und Bötzowbrauereien *ihre* Kunst machen."[118]

Wenig später führt derselbe Kanehl am 27. Februar 1923 im *Residenz-Theater* die aus der Vorkriegszeit stammende ernste Komödie *Professor Bernardi* (1912) Arthur Schnitzlers auf. Die *BZ am Mittag* erkennt die Aktualität: „Das Jahrzehnt hat genügt, dieses Drama historisch werden zu lassen. [...] Und doch: diese Komödie ist noch immer lebendig."[119] Und Alfred Kerr befindet sogar: „Es wird noch immer nicht ganz schlecht Komödie bei uns gespielt."[120] Vier Wochen später inszeniert Kanehl *Die Wildente* von Henrik Ibsen.[121] „Mit dem launig untermalten Resignationsstück gegen die Lebenslüge" werde „der Rotter'sche Ibsen-Zyklus fortgesetzt", kommentiert Emil Faktor im *Börsen-Courier*.[122] Der Vielarbeiter Kanehl ist für Fritz und Alfred Rotter unersetzlich geworden.

Als Ende August 1923 die nächste Spielzeit beginnt, scheint „eine politische Explosion bevorzustehen"[123]. Zwar erklärt die Regierung, die das Inflationsdesaster so lange ignoriert hat, am 12. August 1923 ihren Rücktritt, und Gustav Stresemann wird am folgenden Tag neuer Reichskanzler. Doch das Ende des Währungsspuks kommt erst am 15. November 1923 durch die Einführung der Rentenmark.

Vorher müssen die Kassiererinnen der Rotters gleich frühmorgens, mit Koffern voller Geld, zur Bank eilen, um die Abendeinnahmen rasch in Aktien oder Goldanleihen zu wechseln, ehe die dicken Bündel von Geldscheinen am Mittag bei Ausrufung der neuen Kurse schon wieder an Wert verlieren. Im August 1923 kostet eine Theaterkarte noch Hunderttausende, bald schon Millionen und im November 1923 Milliarden – für die besten Plätze wird vermutlich eine Billion gezahlt, wenn die *Vossische Zeitung* zuletzt, bei Drucklegung Stunden vor dem Währungsschnitt, schon 50 Milliarden gekostet hat.[124]

Es ist eine fiebrige Zeit in jeder Hinsicht. Nichts ist, im Abstand betrachtet, so typisch für diese frühen Zwanzigerjahre wie die Rotter-Produktionen. Noch bevor der Tonfilm Ähnliches wagt, ist auf den Bühnen der Rotters alles schon zu sehen – in Farbe. Dem Publikum gefällt es, ein Teil der Presse giftet, doch insgesamt werden die Kritiken besser.

Die Nerven blank aber legt schließlich *Joujou*, ein Stück von Max Kempner-Hochstaedt und Franz Cornelius, mit Erika Gläßner als Hauptdarstellerin. Regie führt wieder einmal Oskar Kanehl, Premiere ist am 17. Oktober 1923 im *Trianon-Theater*. „Zweideutigkeiten werden als überflüssig vermieden. Missverständnisse sind ausgeschlossen“[125], heißt es in einer Zeitung, und Alfred Kerr dichtet: „Kanehls Regie [...] tut, was man bei den Rotters soll [...] ‚O' krabble nicht da vorn!‘ [...] So sieht der Mensch im Zeitenstrom / ein liebliches Kultursymptom.“[126] In der *Vossischen Zeitung* erinnert man daran, dass „Rotters Regisseur“ Oskar Kanehl „immer noch Verfasser kommunistischer Streitgesänge für das kämpfende Proletariat“ sei. Lissi, die Kokotte, werde von Erika Gläßner gespielt, die „ihren Text im Tonfall jener freundlichen Puppen“ spreche, „die Papa und Mama sagen, wenn man auf ihren Bauch drückt. [...] Deutsche Schwankmacher, spielt meinetwegen mit Tod und Teufel Kegel, seid frivol, seid toll und trunken! Aber wenn euch nichts einfällt als die zotige Eindeutigkeit, als Späße ohne Laune und ohne Witz, dann ist's an der Zeit, mit den Kohlen des

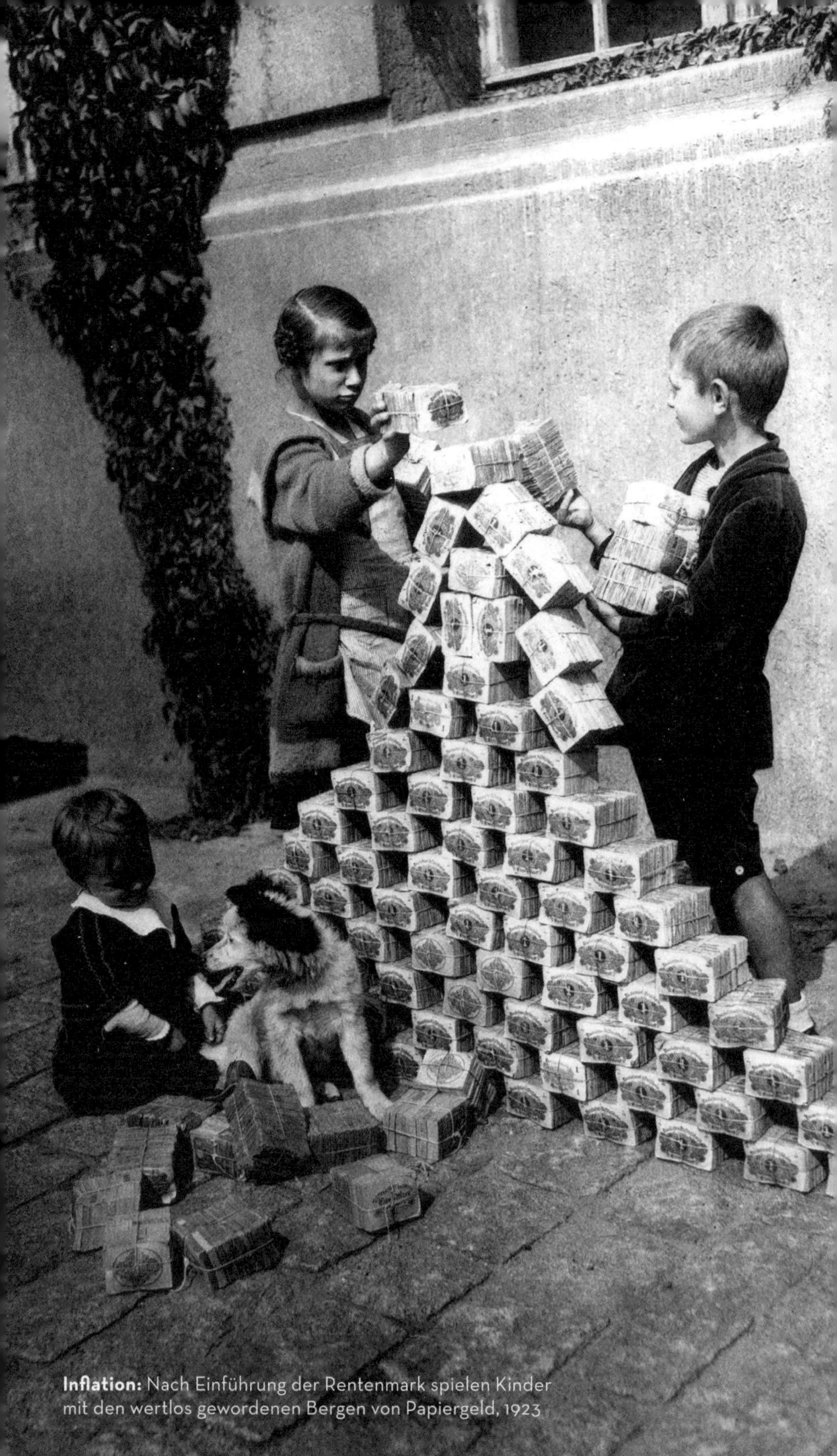

Inflation: Nach Einführung der Rentenmark spielen Kinder mit den wertlos gewordenen Bergen von Papiergeld, 1923

Trianontheaters die Heimstätten verarmter Kulturmenschen zu heizen."[127] Die *BZ am Mittag* spottet: „Die Gläßner [...] liegt [...] im Bett unter dem Baldachin. Als Scheintote. [...] Ein paar Momente, wo sie noch ein bisschen drollig ist. Wenn sie huschelt und nuschelt mit ihrem flinken Berliner Sprechapparat. Doch ach, das graziöse Püppchen ist eine deftige Puppe geworden. Adieu, Rokoko-Nippesfigur!"[128] Die *Berliner Morgenpost* sieht es ähnlich: „Dieser Schlussakt hat Situationswitz und versöhnt ein wenig mit den plumpen Eindeutigkeiten wie mit den [...] gehäuften Albernheiten. [...] Wenn die trauernden Hinterbliebenen die ‚Leiche' aus dem Bett schleppen, um Wiederbelebungsversuche mit ihr anzustellen, das ist von grotesker Komik [...]."[129]

Die rechtsnationale Presse läuft beinahe Amok. Die Zeitung *Der Deutsche* schreibt: „Der äußere Erfolg – ein gewisses Publikum wieherte bei jeder Zote und kam infolgedessen aus dem Wiehern den ganzen Abend nicht heraus – soll nicht darüber hinwegtäuschen, dass mit dieser *Joujou* Rotters ihrem Ruf als Leiter literarischer Bühnen den Todesstoß versetzt haben. Und der letzte Akt, der besagte Joujou als witzelnde ‚Leiche' zeigt, mit Kränzen, Bratenröcken und Trauerfloren arbeitet, ist mit seiner Verhöhnung alles dessen, was empfindsame Menschen an einem Totenbett schon erlebt haben, geradezu ein öffentlicher Skandal!"[130] Die Zeitung *Germania*, geht noch weiter: Das Stück sei „von Anfang bis Ende eine widrige Cochonnerie, oder besser auf deutsch eine große Schweinerei": „Wie weit die Geschmacksverirrung geht, mag der letzte Akt dartun, in dem eine Kokotte eine Leiche im Bett mimt und Wiederbelebungsversuche mit sich anstellen lässt. [...] Die Kunst ist hier bordellisiert, das Theater zum Amüsierbetrieb geworden. In einer Zeit, wo Tausende von Volksgenossen nicht wissen, woher sie die Kohlen und Brot nehmen, findet sich im Bogen an der Friedrichstraße ein Publikum ein, das durch Meckern und Wiehern seine pöbelhafte Lust an diesen Pfeffrigkeiten zu erkennen gibt. [...] Kann gegen diese ganz zweifellose Bordellkunst nicht einmal gemeinsam Attacke geritten werden? Soll wirklich nichts geschehen? Im Interesse deutscher Kultur und deutscher Kunst müssen diese Darbietungen auf irgendeine Weise unmöglich gemacht werden."[131]

Drei Wochen später, zwei Tage vor dem Hitler-Putsch in München, wird am 6. November 1923 bei den Rotters *Eine galante Nacht* von Hans Bachwitz[132] aufgeführt – Kanehl inszeniert. Ein Attentäter, der auf einen russischen Minister geschossen hat und verhaftet werden soll, entführt als falscher Onkel die Tochter des Ministers. Doch „die Sensationslust einer sorglich Behüteten findet Geschmack an dem Abenteuer. Die Zurückhaltung des Gentleman-Anarchisten, die ihr unerlässliche Bedingung schien, wird ihr zur Qual. Am Morgen des dritten Aktes ist sie beleidigt [...], weil er die ganze Nacht hindurch auf- und abgegangen ist. Und als die große Liebe gerade zum Durchbruch kommt, da fällt nebenan ein Schuss. Die Tür wird aufgerissen. Ein Schupo will verhaften."[133] In der ausführlichen Besprechung bezeichnet das *Berliner Tageblatt* die männliche Hauptfigur als *Nihilisten.* Doch er erweise sich als „nur scheinbar dämonisch", „ein Oberlehrer mit Hemmungen": „Er will flüchten, nicht lieben."[134]

Das hört sich an wie ein guter Film – und in der Tat bringt der Film später unbekümmert das, was schon die Rotters auf der Bühne gemacht haben. In der Theatergeschichtsschreibung jedoch fallen die Rotters durch. Wie viel Ernst Lubitsch und Billy Wilder in ihnen ist, wie stark sie vom *Herrnfeld-Theater* geprägt sind, wird einfach übersehen. *Lissi oder Joujou* auf Zelluloid wären mittlerweile Kult.

„FILIGRAN AUS LUFT, LUST, LÄCHELN"

Übelwollende Zeitgenossen, allen voran ihr nationalsozialistisch gesinnter, mit Gertrud Rotter verschwägerter Verwaltungsdirektor Ludwig Apel, werden ihnen später nachsagen: „Sie kauften noch während der Inflation das *Zentraltheater* für ein Ei und ein Butterbrot sowie später das *Lessing-Theater* für billiges Geld [...]."[135] Apel, der das 1933 niederschreibt, hätte klarstellen müssen, dass inzwischen dafür noch „Aufwertungsbeträge" fällig wurden.

Als bekannt wird, dass die Rotters das damalige *Zentraltheater* an der Alten Jakobstraße 30-32 in Berlin-Kreuzberg, das heute nicht mehr existiert, im Dezember 1922 erworben haben, entringt dies Siegfried Jacobsohn in der *Weltbühne* den verzweifelten Ausruf: „Das *Zentraltheater* ist pleite und wird eine Nummer des

Konzerns Rotter, dem in anderthalb Jahren halb Berlin gehören wird."[136] Der Eintrag im Grundbuch erfolgt im November 1923 unter dem Namen *Deutsche Schauspiel Betriebs AG*, die ihnen gehört. Seit 1. September 1922 halten Fritz und Alfred bzw. ihre AG dieses *Zentraltheater* bereits in Pacht. Es hat 1000 Plätze.

Direktor in Unterpacht ist in jener Spielzeit der avantgardistische Theatermann Erwin Piscator. Ob Oskar Kanehl vermittelt hat? Piscator inszeniert dort *Die Kleinbürger* von Maxim Gorki[137], von Romain Rolland *Die Zeit wird kommen*[138] und von Tolstoi *Die Macht der Finsternis*[139]. Mit Wirkung vom 1. September 1923 wird Erwin Piscator im *Deutschen Bühnen-Jahrbuch* 1924 als einer der Direktoren der Rotterbühnen genannt, mit Sitz im Vorstand, zusammen mit Georg Altmann als vormaliger alleiniger Direktor des *Kleinen Theaters*. Piscator tritt aber von da an nicht mehr als Regisseur in Erscheinung, und als die Brüder Rotter im April 1924 das *Zentraltheater* weiterverpachten, weil ihnen die Spielerlaubnis verweigert wird, wechselt Piscator im Mai 1924 zur *Volksbühne*, ehe er zwischen 1927 und 1929 seine eigene Bühne im *Theater am Nollendorfplatz* bekommt.

Dennoch beobachtet Erwin Piscator in der kurzen Zeit die Rotters genau – auch bei den Proben – und stößt offenbar auf eines ihrer Geheimnisse. In einem Gespräch 1959 (mit Gerd Semmer) betont er: „Zu einer Aufführung gehört eine Stimmung, und diese Stimmung ist ein Filigran, aus Luft, Lust, Lächeln gebaut. [...] Die Rotters lachten schon, bevor der Komiker, der natürlich teuer bezahlt war, überhaupt nur den Mund öffnete. Aber sie wussten warum, sie waren Theaterleute."[140] Als solche erkennt Piscator sie auch an, während sie für die meisten anderen Linksintellektuellen in der Weimarer Republik die Personifikation des sogenannten Geschäftstheaters bleiben.

Piscator kämpft für ein anderes Theater – und aus diesem Blickwinkel kommt auch seine Kritik an den Rotters. Er fordert auf der Bühne „statt des Privaten das *Allgemeine*, statt des Besonderen das *Typische*, statt des Zufälligen das *Kausale* [...], statt des Dekorativen das *Konstruktive*, *Bauende*, statt des allein Emotionellen, Gefühlsmäßigen das *Rationelle*, *Vernunftgemäße*, statt des Sensuellen das *Pädagogische* und anstelle des Phantastischen die *Wirklichkeit*, das *Dokument*".

Aber Piscator verleugnet die Rotters nie, verweigert ihnen als Theaterleuten nicht den Respekt – und erinnert an sie als einer der wenigen nach dem Zweiten Weltkrieg. In einem Gespräch im *Nationaltheater Mannheim* 1954 urteilt er: „Es gibt zwei Formen des Theaters: das moralisch-fordernde und das der Unterhaltung. Beide sind berechtigt […].“ Und ergänzt, die deutschen Theater der letzten Jahre gäben „offener zu, für Unterhaltung zu sein, als in den Zwanzigerjahren selbst die Rotters zuzugestehen bereit gewesen wären“.[141]

1923 stirbt ihr Vater. Mit dem Erbe, das sie mit den Schwestern Lucie und Ella teilen, können Fritz und Alfred das *Lessing-Theater* kaufen – ein lange gehegter Wunsch, obwohl sie noch gar nicht darin spielen dürfen. 1887/88 erbaut, wird es später, 1945, im Luftkrieg zerstört werden: ein freistehendes Gebäude am damaligen Friedrich-Karl-Ufer 1 (heute Kapelle-Ufer, direkt bei der Kronprinzenbrücke über die Spree). Es bietet 1140 Personen Platz.

Bereits im Juni 1919 haben die Brüder die Weichen dafür gestellt, spätestens ab 1924 die Zukunft dieses Theaters bestimmen zu können. Direktor und Regisseur Victor Barnowsky, der seit 1913 im Haus gewirkt und auf unbestritten hohem Niveau Theaterkunst betrieben hat, hat zwar noch einen gültigen Pachtvertrag, verfügt aber nicht über genügend eigene Mittel, um den Bühnenbetrieb weiterzuführen.

Der formelle Vertragsabschluss erfolgt am 24. März 1923. Der Dollarkurs an diesem Tag beträgt 21 000 Papiermark, und zur inflationsbedingten hohen Kaufsumme von 150 Millionen Mark kommt ab Januar 1925 noch eine „lebenslängliche Leibrente“ an die Baronin von jährlich 18 000 Reichsmark hinzu. Außerdem müssen die Rotters alle auf dem Haus liegenden Hypotheken übernehmen.

Das *Lessing-Theater* ist ein Privattheater ohne jede öffentliche Unterstützung. In der Theaterlandschaft der Hauptstadt nimmt es seit der Direktion von Otto Brahm hinter den staatlichen Häusern und den Reinhardt-Bühnen vielleicht den wichtigsten Platz ein.

Expansion verläuft bei Fritz und Alfred bis dahin immer über die Integration jener Person, die das betreffende Theater als Regisseur bzw. Direktor geprägt hat. Das ist ihr Erfolgsprinzip: 1919

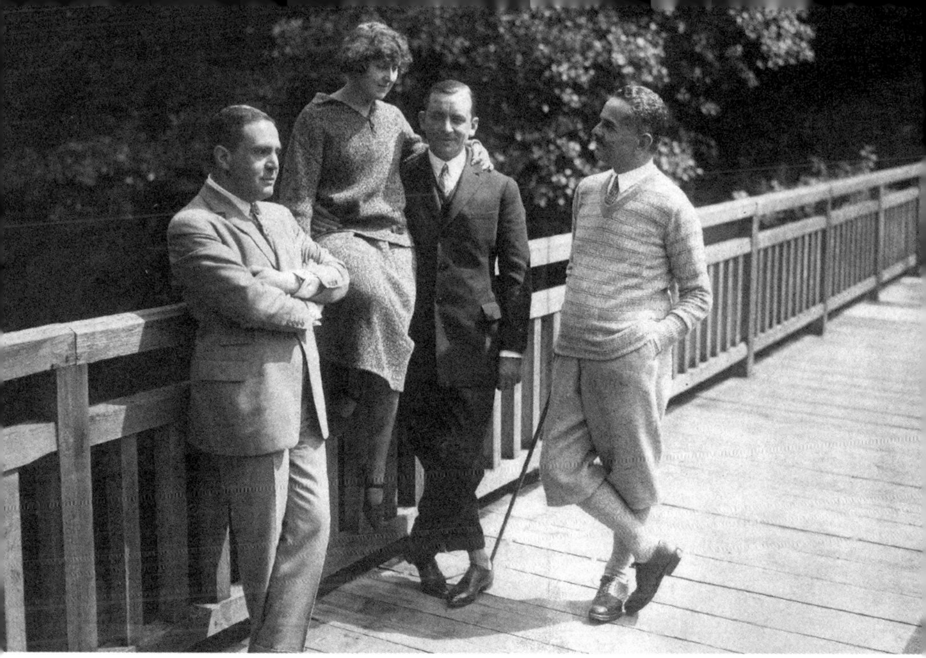

Theaterdirektor Victor Barnowsky (links) und Valérie von Martens mit Ehemann Curt Goetz (3.v.l.) in Karlsbad, 1924

bei Eugen Robert im *Residenz-Theater*, 1920 beim *Kleinen Theater* Unter den Linden mit Georg Altmann, später ab 1927/28 am *Metropol* an der Behrenstraße mit Fritz Friedmann-Frederich. Damit beweisen sie eine glückliche Hand. Von diesem Rezept weichen sie nun 1924 beim *Lessing-Theater* ein erstes und einziges Mal ab – zu ihrem Schaden.

Mit Victor Barnowsky finden sie nicht zusammen, was zweifellos eine der Ursachen für die nachfolgende Kampagne gegen sie ist, obwohl sie ihrem Direktorenkollegen und -Rivalen entsprechende Angebote unterbreitet haben. Nach Bekanntwerden des formellen Verkaufsakts im Frühling 1923, als die einsetzende Hyperinflation ohnehin alles verkompliziert, kündigt Barnowsky sogar an, das Haus schon ein Jahr früher zu verlassen, im Sommer, „mit Ablauf dieser Spielzeit“, worüber die *Vossische Zeitung* berichtet: „In den letzten Tagen hat ein Gerücht festere Form angenommen, dass Direktor Barnowsky beabsichtige, in den Rotter-Konzern, der ja das *Lessing-Theater* im Sommer übernimmt, einzutreten. Wie wir hierzu erfahren, hätte Barnowsky allerdings gern die künstlerische Leitung des *Lessing-Theaters* in seinen Händen behalten, und er hat mit den Gebrüdern Rotter Verhandlungen wegen einer Pachtung des *Lessing-Theaters* geführt. Aber die Bedingungen, die die neuen Herren des *Lessing-Theaters* an Barnowsky stellten, waren derart, dass er sie nicht annehmen konnte. Die Verhandlungen sind infolgedessen ergebnislos abgebrochen worden."[142]

Victor Barnowsky ist vermutlich den Rotters zu ähnlich, auch er macht Geschäftstheater ohne staatliche Subventionen, auch er betreibt mehr als ein Haus: neben dem *Lessing-Theater* „für literarische Stücke"[143] seit Anfang 1915 noch das *Deutsche Künstlertheater*, wo er wie die Rotters ebenfalls „in erster Linie" Lustspiele geben lässt. Mit Max Reinhardt und Eugen Robert hat er einst die Theaterkarten-Vertriebsorganisation *Reibaro* gegründet, aber zum finanziell ganz großen Erfolg reicht es nie. Barnowsky – ein paar Jahre älter als die Rotters – hat sich anders als sie in den Kriegsjahren nicht verstecken müssen, sondern regulär am *Kleinen Theater* (das nun Fritz und Alfred betreiben) inszenieren und Erfahrungen sammeln dürfen. Jüdisch ist auch er, was aber in dem Streit keine Rolle spielt. Er verzichtet danach auf die Fortsetzung seiner Tätigkeit am *Deutschen Künstlertheater* und übernimmt 1925 das *Theater an der Königgrätzer Straße*, das 1930 in *Theater an der Stresemannstraße* umbenannt wird, das gegenwärtige *Hebbel am Ufer*. Er emigriert 1933. Ab 1937 lebt und arbeitet Barnowsky in den USA, 1952 stirbt er in New York City.

Eine Frage bleibt: Haben die viel beschworenen Inflationsgewinne Fritz und Alfred als Theaterunternehmer reich gemacht oder macht das abrupte Ende der Inflation sie als reiche Erben arm, so dass ihnen nur noch die Theater bleiben? Nach langen Prozessen mit rechtskräftigem Urteil vom Januar 1931 bekommen die Rotters, als sie schon selbst tief in den roten Zahlen stecken, für das *Lessing-Theater* einen sogenannten „Aufwertungsbetrag" von 270 000 Reichsmark aufgehalst, müssen diese Schuld verzinsen, womit sie dann aber – wie mit fast allem sonst schon – 1931/32 sofort in Rückstand geraten.

Im September 1923, als die Hyperinflation immer neue Rekorde bricht, führen die Rotters im *Zentraltheater* an der Alten Jakobstraße ihre erste Operette auf: *Die Polnische Wirtschaft* (1910) von

Jean Gilbert – eine Posse mit vielen Missverständnissen und einem Geschlechterwechsel. Spüren sie schon, dass sie erst in der Operette zu ihrem ganz eigenen, wirkungsvollen Bühnenstil finden werden und Operette am besten *können*?

Eine Fortsetzung des Versuchs bleibt ihnen untersagt. „Im *Zentraltheater* wird seit mehreren Monaten ohne Konzession Theater gespielt“, erklärt der Polizeipräsident drohend Alfred Rotter am 8. Dezember 1923; er habe „aus Rücksicht auf die schwierige Lage im Theaterwesen diesen Zustand einstweilen geduldet“, sehe sich aber „genötigt“, ihm, Direktor Rotter, „mitzuteilen, dass ich nach dem Dezember des Jahres öffentliche Aufführungen im *Zentraltheater* nicht mehr dulden werde“ – wenn bis dahin keine Konzession vorliege.[144]

Zuversichtlich, diese Konzession zu erhalten, schließen Fritz und Alfred schon am 25. Dezember 1923 erste unbefristete Verträge mit Schauspielern ab – für die geplante nächste Operette *Der fidele Bauer* (1907) des Komponisten Leo Fall und „für alle darauffolgenden Operetten“. Doch die Konzession am *Zentraltheater* wird ihnen verwehrt.

„REKLAME MACHT NICHT DEN ERFOLG“

1924, als sie inzwischen bewiesen zu haben glauben, etwas vom Fach zu verstehen, stellen sie bei der Theaterabteilung des Polizeipräsidiums das Gesuch, Alfred Rotters Spielerlaubnis – die Theaterkonzession – vom *Residenz-* auf das im Jahr zuvor von ihnen gekaufte *Lessing-Theater* zu übertragen. Eine Formalität?

Nein, wie schon beim Konzessionsgesuch 1917/18 kommt es zu einer regelrechten Empörungswelle gegen sie als Theaterdirektoren. Die Kampagne gegen die Rotters nimmt ihren Ausgangspunkt im Barnowsky-Lager. Einer der Lustspiel-Regisseure Barnowskys am *Künstlertheater*, Emil Lind, sitzt 1924 im Vorstand der Bühnengenossenschaft. Der Versuch der Bühnengenossenschaft, die Erteilung der Konzession an Alfred Rotter zu verhindern, ist ein letzter, verbittert geführter Versuch, Barnowsky am *Lessing-Theater* zu halten.

Barnowskys Verdienste stehen über jedem Zweifel. Der Schauspieler Paul Hörbiger sagt über ihn, er sei „ein Theaterbesessener“[145], Fritz Kortner weiß um Barnowskys „besondere Beziehung zum Schauspieler. Er liebt ihn, ja er ist in ihn verliebt, wenn er ihn nicht gerade hasst.“[146] Seine „Liebenswürdigkeit“ wird als „ein so sichtbarer Grundzug in der Erscheinung und dem Wesen Barnowskys“ hervorgehoben,[147] der Schriftsteller Carl Zuckmayer bezeichnet ihn als „immer soignierten und auf seine Haltung bedachten Bühnenleiter“.[148]

Unschön ist, dass die Bühnengenossenschaft noch einmal ihre alten Klagen vorbringt. „Es wäre eine Pflichtvergessenheit unsererseits, wollten wir nicht alles aufbieten, um zu verhindern, dass Künstler einer solchen frivolen Kunstauffassung ausgeliefert werden“ – gemeint war: wie jener der Rotters. „Was wir dem Antragssteller [Alfred Rotter] vom Standpunkt der berufenen Schützerin der künstlerischen Interessen ganz besonders vorzuwerfen haben, ist, dass Herr Rotter in unvornehmer Weise den Betrieb seiner Theater nicht nach künstlerisch ethischen Gesichtspunkten handhabt, sondern dabei Methoden verfolgt, die dem Betriebe eines Warenhauses um ein Haar ähneln. Für die Herren Rotter kommt es in allererster Linie darauf an, um jeden Preis mit den Leistungen der von ihnen verpflichteten Bühnenkünstler Geschäfte zu machen.“ Das war für eine Bühnengewerkschaft ein seltsamer Zungenschlag.

Es beginnt ein eigentlicher Aufstand gegen Alfred Rotter, an dem sich die Theaterkritiker beteiligen. Die Bühnengenossenschaft schreibt alle einzeln an und beliefert sie mit den sattsam bekannten Akten über die Rotters aus dem Krieg. Daraufhin gehen die Kritiker, egal ob für linke, konservative oder extrem rechte Blätter schreibend, eine seltsame Allianz ein. Die Gewerkschaft glaubt einen linken Kampf zu führen, wenn sie den Streit darauf reduziert, „deutsche Theaterkunst“ werde „dem rein profitmäßig eingestellten Managertum ausgeliefert“. Präsident Gustav Rickelt formuliert sozusagen als Startschuss des Feldzugs gegen die Rotters: „Kurz vor Beendigung des Krieges machten sich im Berliner Theaterleben, ohne dass sie sichtbar in die Erscheinung traten, zwei Persönlichkeiten bemerkbar, die sich in skrupelloser Weise an die Theater herandrängten. [...] und heute sind die Herren teils Besitzer, teils Pächter von 6 hervorragenden Berliner Bühnen.“[149]

In der Tat: Das *Trianon-Theater* haben die Rotters am 17. November 1919 übernommen; schrittweise auch das *Residenz-Theater* –

mit einer Spielerlaubnis seit dem 30. Dezember 1920; das *Zentraltheater* gehört seit 1922/23 ihnen. Das *Lessing-Theater*, das 1923 an sie übergeht, bildet nunmehr ökonomisch ihren wichtigsten Besitz. Lediglich gepachtet hingegen sind das *Kleine Theater,* wo Georg Altmann für sie inszeniert, sowie das *Theater des Westens*, und dies auch erst ab September 1924. Jenes bespielen sie noch nicht, tun dies erst später mit Operetten, sondern – und das ist ein weiterer Anlass für Kritik – verpachten es einstweilen weiter. Rickelt weiter: „Gleich bei ihrem ersten Auftreten warnte man vor diesen Herren, sie verstanden es aber mit allen Mitteln, sich immer mehr durchzusetzen. [...] Nun kann man dem Grundsatz huldigen: ‚Geschäft ist Geschäft', und es kann niemandem verübelt werden, wenn er ein großes und gutes Geschäft machen kann." Doch dann wirft Rickelt ihnen vor, sie wollen „eine allgemeine Vertrustung der Theater [...] nach amerikanischem Muster" herbeiführen, und ruft eine Spur zu schrill nach Maßnahmen gegen das „Geschäftsgebaren dieses Parasitentums im deutschen Theaterleben": „Leider bieten die bestehenden Gesetze und Verordnungen keine Handhabe, diesem Verderben bringenden Unwesen ein Ende zu machen."

Selbst Curt von Glasenapp, einst wilhelminischer Theaterzensor und nun im Ruhestand, meldet sich als Oberregierungsrat a.D. nochmals zu Wort, doch ihm fällt, vermutlich aus altem Reflex heraus, nur die Forderung nach schärferen Theatergesetzen ein – „ein durchgreifendes Konzessionserneuerungsverfahren, das gesetzlich vorgeschrieben werden müsste".[150]

Der sozialdemokratische *Vorwärts* ruft sogar nach Enteignung: Es müsse „ein Weg gefunden werden, den Herren Rotter diejenigen Theater, die sie gekauft oder aufgepachtet [sic] haben, nicht, um selbst darin zu spielen, sondern nur: um damit Geschäfte zu machen, glattweg zu enteignen." [151] Einige Tage später bestärkt der *Vorwärts* nahezu alarmistisch die Bühnengenossenschaft noch einmal in ihrem „Kampf gegen das kulturschädliche Geschäftstheater [...], wie es der Rottertrust betreibt" – die Genossenschaft sei „berufen [...], die Theaterkunst vor der ihr drohenden Barbarei zu schützen".[152]

Der Anwalt der Brüder, Wolfgang Heine, bemüht sich um Sachlichkeit: In einer umfassenden Stellungnahme vom 20. Juli 1924 charakterisiert er die „Entwicklung" an den Theatern, die

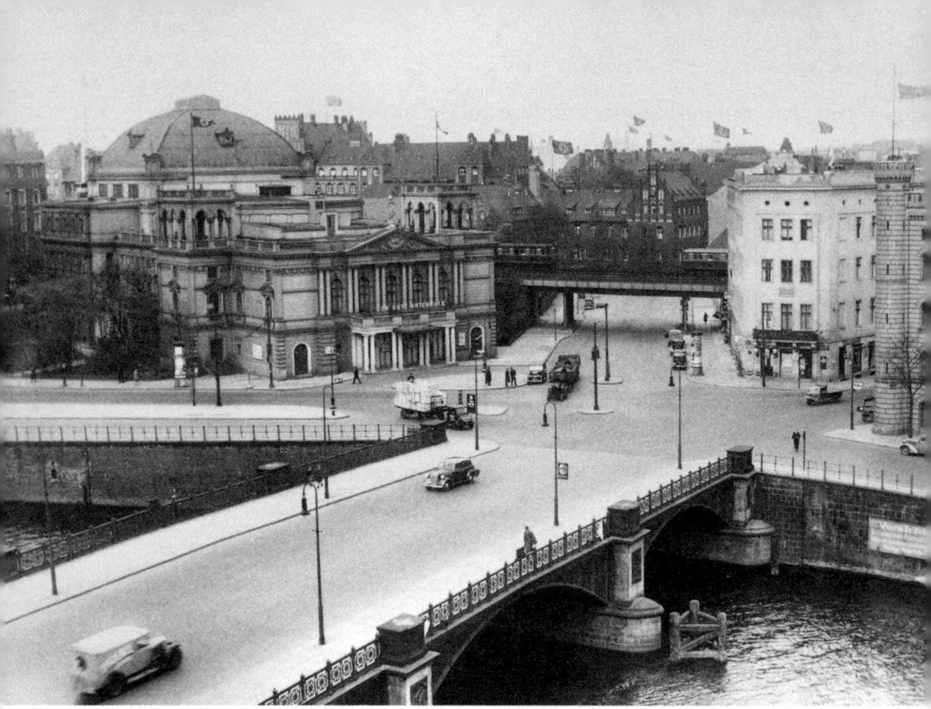

Kronprinzenbrücke über die Spree mit dem ***Lessing-Theater*** links oben im Bild, Dreißigerjahre

Das zerstörte *Lessing-Theater*, 1946

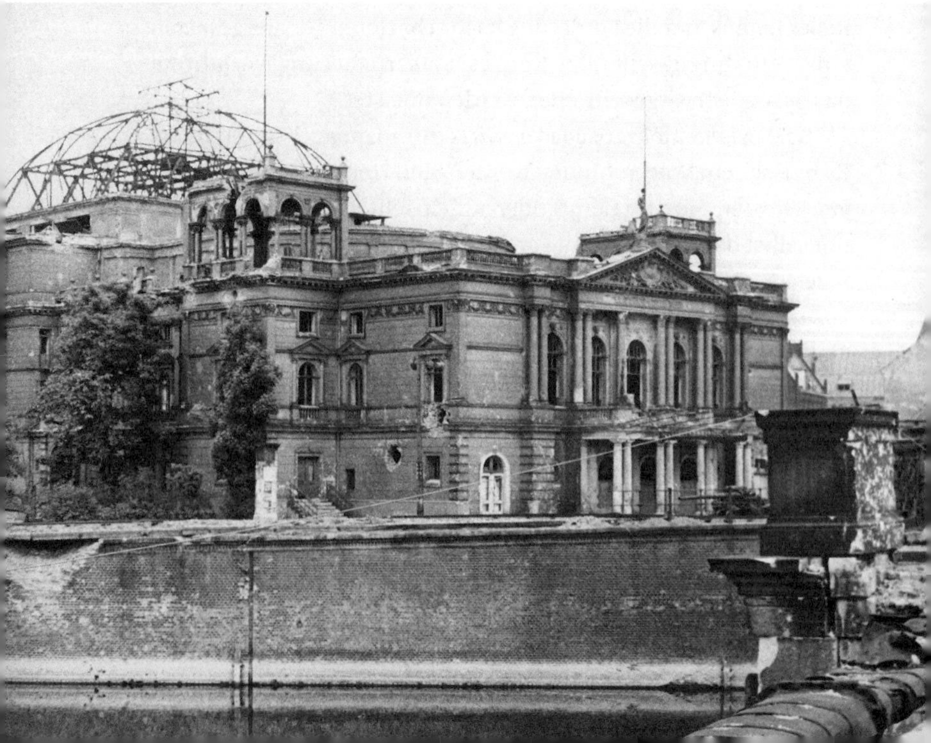

mit der Bezeichnung „Vertrustung“ in „ganz maliziöser und ganz unzutreffender Weise“ bezeichnet werde, als „in gewissem Maße unaufhaltsam“: „Sie ist aber keineswegs durch die Herren Rotter herbeigeführt worden. Vor ihnen hatte bereits [Viktor] Barnowsky zwei Bühnen, [Carl] Meinard & [Rudolf] Bernauer beherrschten drei, die Reinhardt-Bühnen bildeten schon seit 1914 einen Konzern von 3 Theatern [...]. Das hat innere und vor allem auch künstlerische Gründe. Nicht nur in Berlin zeigt sich dies, sondern in Wien und anderen großen Theaterstädten. [...] Es mag sein, dass das Lessing-Theater durch den Übergang an Herrn Direktor Alfred Rotter eine gewisse Veränderung erfährt. [...] Niemand wird auch die Verdienste des Herrn Victor Barnowsky unterschätzen, und auch der Unterzeichnete kann das Bedauern nicht unterdrücken, dass es diesem hervorragenden und sympathischen Künstler zurzeit nicht geglückt ist, eine Bühne in Berlin zu seiner Verfügung zu haben. Dies kann aber nicht dazu führen, das Recht des Herrn Alfred Rotter zu bestreiten, dem nun einmal Frau von Hartogensis das Lessing-Theater verkauft hat, und der in seinem Haus Theater spielen will.“ Für die kommende Spielzeit seien, so wird jetzt bekannt, Stücke von Hauptmann, Ibsen, Schnitzler, Fulda und Shaw geplant.

Gerade wegen seiner Heftigkeit ermöglicht der Streit ums *Lessing-Theater* tiefe Einblicke in die damalige Bühnenwelt. „Die Sammelreklame an den Litfaßsäulen gibt es seit 1 ½ Jahren“, heißt es etwa im Protokoll der Sitzung des Berliner Bezirksverbandes der Bühnengenossenschaft am 28. Juli 1924. Vorgeworfen wird den Rotters nämlich, Umbesetzungen in der Presse nicht anzukündigen, wie offenbar geschehen, obwohl sie „noch besondere Reklame an den Säulen gemacht“ hätten und „sehr wohl in der Lage gewesen“ wären, „Berichtigungen anzubringen“ oder diese wenigstens vor der Vorstellung selbst gebührend bekannt zu geben. Die Theaterabteilung im Polizeipräsidium erhebt ebenfalls den „Vorwurf der falschen Anzeigen von Stars auf den Theaterzetteln, Litfaßsäulen und in den Zeitungsannoncen“. So etwa sei der Rotter-Schauspieler Kaiser-Titz, der einen fünfjährigen Vertrag hat, während einer Beurlaubung für Filmaufnahmen immer noch auf den Theaterzetteln erschienen.

In einem anderen solchen Fall verteidigt Anwalt Heine die Rotters mit dem Verweis auf das Chaos der Hyperinflation in den Milliarden-Tagen des Novembers 1923: „Dass Frau Toelle vor der Premiere von *Eine galante Nacht* Anfang November 1923 angekündigt wurde, war selbstverständlich, denn sie hatte die Rolle übernommen und geprobt." Sie trat im Übrigen auch auf. Aber, so Anwalt Heine weiter: „Infolge der fortschreitenden Geldentwertung kam es dann zu dem Prozess, weil die Beteiligten sich nicht über die Höhe der Gage einigen konnten und Frau Toelle sich weigerte, zu spielen. [...] Die Ankündigung der Frau Toelle wurde fortgesetzt, weil man annahm, dass dies nötig wäre, um ihre Kontraktbrüchigkeit und den Schaden festzustellen [...]. Eine Täuschung des Publikums war nicht beabsichtigt. Fast täglich stand in den Zeitungen, dass Frau Toelle *nicht* spielte. Im Kassenraum war ein entsprechender Anschlag. Die Billetts wurden selbstverständlich anstandslos zurückgenommen." Um solches Klein-Klein geht es.

Anwalt Wolfgang Heine darf sich dazu sogar im *Berliner-Tageblatt* äußern: „In der nervösen Inflationszeit hat es manche Prozesse von Mitgliedern gegeben; auch etliche mit Autoren. Bei welchem Theater ist das nicht vorgekommen? – Dafür ist ja das Schiedsgericht geschaffen. Die meisten Streitfälle sind gütlich erledigt, die Kläger zum großen Teil noch immer bei Rotter engagiert."[153]

Frau Jlm, ebenfalls Mitglied des Verwaltungsrats der Bühnengenossenschaft, referiert laut Protokoll einer Versammlung eine abfällige Bemerkung von Oskar Kanehl: „Der Regisseur an den Rotterbühnen, der Kommunist Kanehl, habe geäußert: ‚Der Kampf, der jetzt geführt wird, ist der Kampf des Kapitals gegen die Arbeitnehmer, und diese blöden Hunde in der Genossenschaft glauben, für ihre paar Groschen eben was tun zu müssen, in dem Kampf selbst wird aber selbstverständlich das Kapital siegen.'"

Doch das Verhängnisvolle ist, dass im Streit zwischen den Theaterdirektoren Alfred Rotter und Victor Barnowsky auch andere, offen rechtsradikale Stimmen laut werden. Die *Deutsche Zeitung* höhnt am 29. Juli 1924 unter dem Titel *Aus Rotters Warenhäusern*:

> „Der ‚König der deutschen Bühnen', wie er sich großherrlich zu wiederholten Malen selbst nannte, Alfred Rotter, hatte sich um die Spielerlaubnis für das Lessing-Theater beworben [...]. [...] 33 Klagen der Künstler, die beim Bühnenschiedsgericht

anhängig gemacht wurden, geben einen Beweis der weisen und gerechten Regierung ‚König Alfreds I' alias des Juden Alfred Rotter. Eine Regierungs-(Geschäfts-)führung war bei den Gebr. Rotter üblich, die nicht einer Stätte der Kunst, sondern einem schlecht geleiteten Warenhause würdig ist. [...] Der Rotter'sche Geist macht sich in jeder Rotteraufführung bemerkbar. Die Gebrüder Rotter sind nicht nur üble Schädlinge am deutschen Bühnenwesen, sondern missbrauchen durch ihre Reklamesucht, ihre ‚Geschäftstüchtigkeit' die nichtsahnenden Besucher ihrer theatralischen Warenhäuser."

Als Rickelts Bühnengenossenschaft eine Umfrage unter den bekanntesten Theaterkritikern macht, findet Monty Jacobs von der *Vossischen Zeitung* am 1. August 1924 zu einer zwar ablehnenden, aber nuancierten Stellungnahme. Er sagt:

„Ob es jetzt noch möglich ist, den Einzug der Direktion Rotter in ihre sechste Berliner Heimstätte zu verhindern, haben die Juristen zu entscheiden. [...] Rotters hat es immer und überall gegeben, und es ist vielleicht nötig, dass es sie gibt. Aber hier handelt es sich ja um etwas anderes. Hier wird die Frage entschieden, ob es in der Berliner Theaterkunst überhaupt noch etwas anderes neben den Rotters geben soll. Solange sie an der Jannowitzbrücke [gemeint ist das *Residenz-Theater*] genügsame Geister erfrischten, waren sie ein Unternehmen wie andere auch. Seitdem sich aber dieses Unternehmen zum Trust ausgewachsen hat, seitdem es durch einen kapitalistischen Handstreich Otto Brahms Haus erobert hat [gemeint ist das *Lessing-Theater*] muss die Gefahr einleuchten, die eine Ausdehnung dieses Betriebs bedeutet."

Alfred Kerr, der rund zwei Jahrzehnte älter ist als die Rotters und kurz nach ihnen ins Exil geht, sticht mit seinen literarischen Kritiken hervor und beantwortet die Rundfrage der Bühnengenossenschaft am 27. Juli 1924 aus Berlin-Grunewald – wo auch Fritz und Alfred Rotter leben – mit ungewöhnlicher Härte:

„Die Herren Rotter sind mir menschlich unbekannt. Ich habe gegen sie keine Voreingenommenheit. Aber ihr Wirken gibt mir die Gewissheit, dass sie die übelsten Schädlinge sind, welche die deutsche Theaterkunst seit Geschlechtern aufzuweisen hat. Ihr Wirken ist Spekulation auf tiefstehende Regungen einer gewissen Schicht. In dieser Tendenz treiben sie ‚Kunst' als Handelsgeschäft. Sie pflegen u. a. Kitzlich-Obszönes in der plattesten Form. [...] Dazu kommt eine das Publikum peinlich irreführende Reklame: durch systematische Veröffentlichung von Zeitungsannoncen mit unwahren Angaben. Deutschlands Bühnenkunst, jahrzehntelang die erste der Welt (und noch heut im ganzen unerreicht), wird vornehmlich durch die Rotter-Praxis heruntergebracht."[154]

Seltsamerweise verteidigt Alfred Kerr erst im Dezember 1932, kurz vor ihrem Untergang, endlich die Brüder: „Das Getu, als pfiffe Deutschland Theater auf dem letzten Loch (weil die Rotters ein paar Häuser pachten)", schreibt er – wie nach einem Sinneswandel – im *Berliner Tageblatt*.

Siegfried Jacobsohn, Herausgeber der *Weltbühne*, schreibt dem Präsidium der Bühnengenossenschaft aus seiner links-oppositionellen Haltung heraus am 28. Juli 1924 ebenfalls unerbittlich: „1. Ich halte die künstlerische Tätigkeit der Direktion Rotter für so schädlich, dass ich sie als Kritiker von jeher aufs schärfste bekämpft habe. 2. Mit jedem Theater mehr, das der Direktion in die Hände fällt, vergrößert sich ihre Schädlichkeit, als dieses Theater sonst ja unter die Leitung einer künstlerischen Persönlichkeit kommen könnte, die das Niveau der deutschen Theaterkunst in dem Grade heben würde, wie die Direktion Rotter es heruntergebracht hat."[155]

Und Herbert Jhering antwortet am 28. Juli 1924 aus den Ferien („Kampen auf Sylt"): „1. die ‚künstlerische' Tätigkeit der Direktion Rotter hat das Ansehen des Berliner und damit des deutschen Theaters untergraben. 2. [...]. 3. Ein Theater von der Bedeutung des Lessing-Theaters braucht besonderen Schutz. Es geht nicht an, dass es beliebigen skrupellosen Unternehmern ausgeliefert wird. Es ist eine Frage der *Reinlichkeit des öffentlichen Kunstlebens*, dass das Lessing-Theater nicht an die Gebrüder Rotter fällt oder an einen von ihnen. 4. Es ist *gerade deshalb in diesem Falle besonders notwendig*, auf die *künstlerische Eignung* des Konzessionsbewerbers zu dringen. Es liegt ein bedeutendes öffentliches Interesse vor.

Die Verantwortung ist groß."[156] Nur: Das *Lessing-Theater* war kein Staats- oder Stadttheater, sondern ein privates Haus.

Einzig der – republikanisch-demokratische – *Montag Morgen* in Person des Autors Stefan Großmann (der einmal Anarchist gewesen sein soll) rät als Warner in der Wüste davon ab, das Polizeipräsidium in einem „Denunziationskrieg" zum Richter über eine Frage zu machen, die „nur uns Kritiker, uns Publikum" angehe. „Man sage nicht, der Zweck heiligt die Mittel. Umgekehrt ist's richtig: Diese Mittel entheiligen jeden Zweck!"[157] In einem weiteren Artikel mahnt Großmann: „Ich halte freilich den Kampf, den die Bühnengenossenschaft jetzt gegen die Rotters führt, für eine der prinzipiell unglückseligsten Aktionen der Genossenschaft. Wir sind glücklich die Zensur losgeworden, und durch solche Aktionen, die der Polizei-Behörde neue Macht einräumen, sind wir im Begriffe, eine Überwachungszensur schlimmster Art einzuführen."[158]

In einer Kolumne wendet sich Großmann unter dem satirisch gemeinten Titel *Vorschlag zur Beseitigung der Rotters* direkt an Gustav Rickelt, den Präsidenten der Bühnengenossenschaft und Anführer der Kampagne: „Sie wollen die Gebrüder Rotter beseitigen? [...] Ich will Ihnen schnell das Mittel sagen, wie Sie die Rotters mausetot schlagen können. Ich will es Ihnen sagen, weil Sie ein so famoser zorniger Polterer für die Kunst sind, Ihr Poltern ist ja beinahe schon Kunst. [...] Wenn ich nicht irre, Genosse Rickelt, sind Sie Sozialist. Oder waren Sozialist. Oder sind Beinahe-Sozialist. In den schönen kurzen Novembertagen schimmerten Sie jedenfalls rot."[159] Und dann weist Großmann auf die Sonntagsbeilage *Weltspiegel* des *Berliner Tageblatts* hin, auf dem die Rotters mit Theaterfotos stets exklusiv Werbung für ihre Bühnen machen:

> „Sie brauchen [...] den Rotters bloß diese Inseratenseite zu entziehen, und die Berliner Theater sind vor der Verrotterung geschützt. [...] Auch die Autoren werden es euch danken. In der vorigen Saison ist es Ludwig Fulda passiert, dass er eine Generalprobe bei den Rotters mitmachte, in welcher der Hauptdarsteller, Herr Falkenstein, fehlte, er hatte Wichtigeres zu tun, er filmte. Fulda wollte daraufhin seine Premiere inhibieren *[aufhalten]*. Aber da sagten die Rotters: ‚Unmöglich!' – Fulda fragte, drang in sie, warum die Verschiebung denn unmöglich sei. – Endlich erhielt er das süße Geständnis: ‚Ja, das Bild im

Weltspiegel mit dem *großen stürmischen Erfolg* ist schon im Druck!' Folgen Sie mir, Rickelt, [...] mit meinem Rezept schlagen Sie die Rotters für immer tot!"

Schon Jahre zuvor mutmaßt Siegfried Jacobsohn in der *Weltbühne* satirisch, „die beiden Bindelbands" könnten „eines Tages, um den störenden Widerspruch zwischen ihren Bildinseraten und den Kritiken zu beseitigen, den Verlag der wichtigeren Zeitungen auf ähnliche Weise an sich bringen" wie ihre Bühnen.[160]

Doch was ihre vermeintlich amerikanischen Methoden betrifft, schreibt ausgerechnet der US-amerikanische Schriftsteller John Dos Passos in seinem 1925 erschienenen Roman *Manhattan Transfer*: „[...] die Reklame macht nicht den Erfolg ... Wenn das ginge, wären sämtliche Theaterdirektoren in New York Millionäre [...]. Die Reklame macht es nicht, auch die guten Kritiken machen es nicht, vielleicht ist es Genie, vielleicht ist es Glück, aber wenn man dem Publikum in einem bestimmten Augenblick und in einem bestimmten Theater das bieten kann, was es haben will, dann ist der Erfolg da."[161]

DER VORWURF: „NACKTE SPEKULATION AUF DEN SEXUS"

„Eine nackte Spekulation auf den Sexus" erblickt die Bühnengenossenschaft insbesondere bei der Werbung für das Lustspiel *Galante Nacht* des Leipziger Rechtsanwalts und Autors Hans Bachwitz, das nach der Berliner Aufführung auf große Tournee ging. Bachwitz stellt in einem Brief vom 26. Juli 1924 den Sachverhalt richtig:

„Wie ich erfahre, hat man der Direktion Rotter daraus einen Vorwurf gemacht, dass sie mein Lustspiel *Galante Nacht* in der ersten Anzeige des Leipziger Stadttheaters als ‚erotisches Abenteuer' bezeichnet hat. Da das Werk mit diesem Untertitel vorher in Wien zwei Monate und in Budapest gespielt wurde, ohne dass ich widersprach, konnte sich die Direktion Rotter wohl für berechtigt halten, das Stück mit diesem Untertitel auch in Leipzig zu versehen, zumal da, wie ich erst später erfuhr, für die Leipziger Aufführungen ein Wiener Soufflierbuch verwendet wurde. Ich für meine Person protestierte für Leipzig

> gegen den Untertitel, und die Direktion Rotter hat daraufhin […] loyalerweise sofort den beanstandeten Untertitel […] geändert. Der Erfolg der *Galanten Nacht* im Leipziger Stadttheater durch das Ensemble des Berliner Trianontheaters, d. h. der Direktion Rotter, […] war übrigens ein sensationeller, wie mir die Intendanz bestätigte, in Leipzig noch nie dagewesen […]. Dass mein Werk heute über alle Bühnen Deutschlands und fast des gesamten Auslands geht, ist in meinen Augen ein Verdienst der Direktion Rotter […]. Dr. Hans Bachwitz."[162]

Ein Gerücht über Jhering, der sich wie kein anderer an den Rotters abarbeitet, behauptet damals, dass er in jungen Jahren einmal selbst ein Theaterstück verfasst und … es ausgerechnet den Rotters geschickt habe, in einer Zeit, als sie wenige Jahre vor dem Ersten Weltkrieg noch das *Akademische Theater* leiteten. Als ihm das zu Ohren kommt, schreibt Jhering am 9. August 1924 „An die Direktion der Rotterbühnen": Er erfahre, dass sie öffentlich davon sprechen würden, „im Besitz eines Stückes von mir zu sein".

Fritz und Alfred Rotter lassen das am 16. August 1924 durch ihren Regisseur Oskar Kanehl dementieren.[163]

Die von linksliberalen Kreisen getragene Kampagne gegen die Rotters kippt endgültig im August 1924, als die *Deutsche Zeitung* den ehemaligen Rotter-Schauspieler Fritz Ebers unter dem Titel „Von der Verlotterung und Verrotterung" einen Artikel schreiben lässt, der in offenem Antisemitismus „die fast allgemeine Verjudung der Berliner Theater" als am „bedrohlichsten" bezeichnet und ganz offen hetzt: „[…] dass die Rotters ein bescheidenes Talentchen und eine eiserne Ausdauer haben. Das waren von jeher die gefährlichsten Menschen!" In derselben Zeitung heißt es am 10. August 1924, „in den Direktionen deutscher Theater" hätten „uns völlig Stammes- und darum auch Wesensfremde ihren Einzug gehalten".

> „Und wir sagen jetzt schon voraus: […] es muss notwendig dahin kommen, dass auch der deutsche Schauspielerstand in seiner Gesamtheit die Aufhebung des königlichen Judenemanzipationsedikts vom 11. März 1812 fordert. Schädlinge am Volkswohl als solche erkennen und dann noch dulden, ist Hochverrat an der freien Majestät des Volkes!"

Fritz und Alfred Rotter müssen befürchten, dass das *Lessing-Theater* zur Eröffnung der neuen Spielzeit 1924/25 leer steht und die Beschäftigten arbeitslos werden. Maßgeblich für die Erteilung einer Konzession ist nach Gesetzeslage die „Zuverlässigkeit". Wie schon einmal unter von Glasenapp zieht die neue Führung der Theaterabteilung von überallher Erkundigungen ein, angezweifelt wird auch die „ordnungsgemäße Buchführung". Dies ist in der Tat der größte Schwachpunkt Fritz und Alfred Rotters – und wird es bleiben. Weder in den Studiums- noch den Kriegs- und Inflationsjahren haben sie sich an eine solide Buchhaltung gewöhnt.

Am 25. Oktober 1924 kommt die Ablehnung. „Die von dem Theaterunternehmer Alfred Schaie genannt Rotter [...] beantragte Erlaubnis zum Betrieb eines Schauspielunternehmens gemäß § 32. R.G.O. in dem Lessing-Theater, Friedrich Karl-Ufer 1, wird versagt."[164]

Das ist kränkend, aber die beiden haben lange genug Jura studiert, um zu wissen, dass dies noch lange nicht das Ende ist. Sie geben in einem entscheidenden Punkt nach – und nehmen drei Wochen später Rechtsanwalt Artur Wolff, den geschäftsführenden Direktor des Deutschen Bühnenvereins, „als Syndikus *[Rechtsberater]* in die Direktion Rotter" auf, „für die Dauer der Konzession, aber mindestens für die nächsten fünf Jahre". So berichtet die *Berliner Börsen-Zeitung* im November – und kann gleich als erstes Blatt vermelden, dass Alfred Rotter die Spielberechtigung im *Lessing-Theater* „unter sonst nicht üblichen Bedingungen" schließlich doch noch erhalten hat.

Stefan Großmann zieht im *Montag Morgen* Bilanz: „In sehr lakonischen Notizen teilen die Berliner Zeitungen mit, dass die Gebrüder Rotter vom Polizeipräsidium die Konzession zum Betrieb des Lessing-Theaters erhalten haben. So endet dieser Krieg, wie es hier vor Monaten vorausgesagt wurde, mit einer beschämenden Blamage der Bühnengenossenschaft und der Berliner Kritik. Säßen in der Leitung der Bühnengenossenschaft keine blinden Hitzköpfe, sondern sachlich und klar überlegende Leute, so hätten sie dem Ansehen der Schauspielerorganisation diese klägliche Niederlage ersparen können. Künstlerische Einwände, nur solche lagen in der Hauptsache vor, können (und sollen) eben nicht durch den Polizeipräsidenten ausgefochten werden."[165]

DIE „GEFÄHRLICHSTEN MENSCHEN“ IN DER „LUSTIGSTEN STADT DER WELT“

Das Ende der Inflation am 16. November 1923 hat alles verändert. Die Bühnen Berlins befinden sich in einer völlig neuen Lage. Geld ist knapp, die Leute geben es nur noch für das Nötigste aus. Eine Theaterkrise tritt ein.

Mehr aus Verlegenheit – Zeit für lange Proben ist keine – eröffnen die Rotters Ende November 1924 im *Lessing-Theater* mit einer Neuauflage des Stücks *Das weite Land* von Arthur Schnitzler, das sie bereits 1921 aufgeführt haben. Neu kommt die legendäre Adele Sandrock hinzu, die im Wien der 1890er-Jahre mit Schnitzler in einer kurzen Liebesbeziehung lebte. Oskar Kanehl führt Regie.

Nun aber, wo sie im ehrwürdigen *Lessing-Theater* alles scheinbar Anstößige unterlassen, wird ihnen ausgerechnet dies zur Last gelegt. Bedauernd äußert sich Franz Köppen in der *Berliner Börsen-Zeitung*: „Ich hätte gewünscht: Rotters hätten an diesem Punkt die Kritik (die zu 99 Prozent gegen sie ist) mundtot gemacht, vielmehr: zu sich herübergezwungen. Durch die Wahl eines neuen Stückes, das den Stempel unserer Zeit trägt. Durch Besetzung mit Schauspielern, die Neues zu sagen haben. Aber sie blieben im sicheren Port. Greifen wieder auf einen alten Schnitzler zurück. Und besetzen ihn mit einem Senioren-Konvent von Mimen. Die Folge: sie machen uns gleichgültig. Gegen sie zu wettern, den 99 Prozent wäre es eine Lust gewesen. Und ein paar Mutige (müde der schon mechanischen Rotter-Beschimpfung) wären zu ihnen gestanden; hätten allem Geheul gegenüber ohne Scheu bekannt: wir nehmen Gutes und Neues und Wagemutiges an, vom wem es auch kommt. Nun aber: kein Neuland; ein schlecht gelüftetes, dumpfes Museum.“[166]

Der Kritik missfällt das vermeintlich Brave nicht weniger als das vorher Freche. Danach bringen sie *Mrs. Dot* von W. Somerset Maugham unter der Regie von Georg Altmann. Fritz Engel im *Berliner Tageblatt* bezeichnet es als „Lustspiel für Tanten und sittige Backfische“: „Viele Beispiele gibt es, wie unsere Bühnen wieder ins Totgesagte zurückgleiten und auf den Friedhöfen vergessener Literatur herumschnüffeln. [...] Denen, die einwenden: ‚Aber es war lustig! Und es wurde doch so herzig gespielt!‘, darf man sagen, dass, wenn es nur auf Lustigkeit ankommt, Berlin die lustigste Stadt der Welt, und unsere Zeit die lustigste aller Zeiten ist. Sie hat auch alle Veranlassung dazu. Und gespielt wird in Berlin immer gut, fast immer und überall. Wem das genügt, und es genügt dem Publikum von heute noch mehr als stets dem Publikum, dem werde bestätigt, dass sich unter Georg Altmanns Leitung sehr frische und amüsante Kräfte auftraten. [...] Der Beifall? Fragt ihr noch?"[167]

Fritz und Alfred Rotter sehen ein, dass sie am *Lessing-Theater* vorläufig an ihre Grenzen stoßen – sich mit dem Haus verhoben haben. Sie müssen es pachtweise wieder aus der Hand geben: vorerst an die Direktion Arthur Hellmer, der aber „an derselben Bühne zusammenbrach", wie Jhering rückblickend vermerkt,[168] und dann an Heinz Saltenburg, der 1930 ebenfalls scheitert, worauf sie es dann, unter inzwischen gänzlich veränderten Umständen, selbst wieder zu bespielen beginnen.

Auch das *Zentraltheater* verpachten die Rotters jetzt bereits durch Vertrag vom April 1924 für die kommenden Spielzeiten. Vielsagend nimmt Jhering dazu Stellung: „Die Theater werden neu verpachtet, unterverpachtet, geschlossen, wiedereröffnet. Bewegung ist da. Aber die Bewegung der Verlegenheit."[169]

Als hätte Alfred Rotter es gespürt, dass angesichts der Konkurrenz des Films sowie der gefestigten Staatstheater und der Hörspielsendungen im Rundfunk ein großes Haus auf die Dauer mit Schauspielen und Komödien nicht zu füllen ist, hat er, kaum im Besitz der Spielerlaubnis für das *Lessing-Theater*, die Theaterabteilung im Polizei-Präsidium am 1. Dezember 1924 darum ersucht, die erteilte Konzession „für musikalische Werke (Oper, Operette, Revue) zu erweitern".

Doch die Umwandlung des *Lessing-Theaters* in ein Operettentheater wird verweigert. Dabei erklärt selbst ein Komponist der Moderne wie Kurt Weill 1925: „Seit Jahrzehnten ist die Operette die begehrteste und darum rentabelste künstlerische Unterhaltungsstätte, weil sie dem Geschmack weitester Volkskreise entspricht, weil sie alles enthält, was die Masse begehrt: Humor, Dramatik und Sentimentalität – Wort, Tanz und Musik."[170]

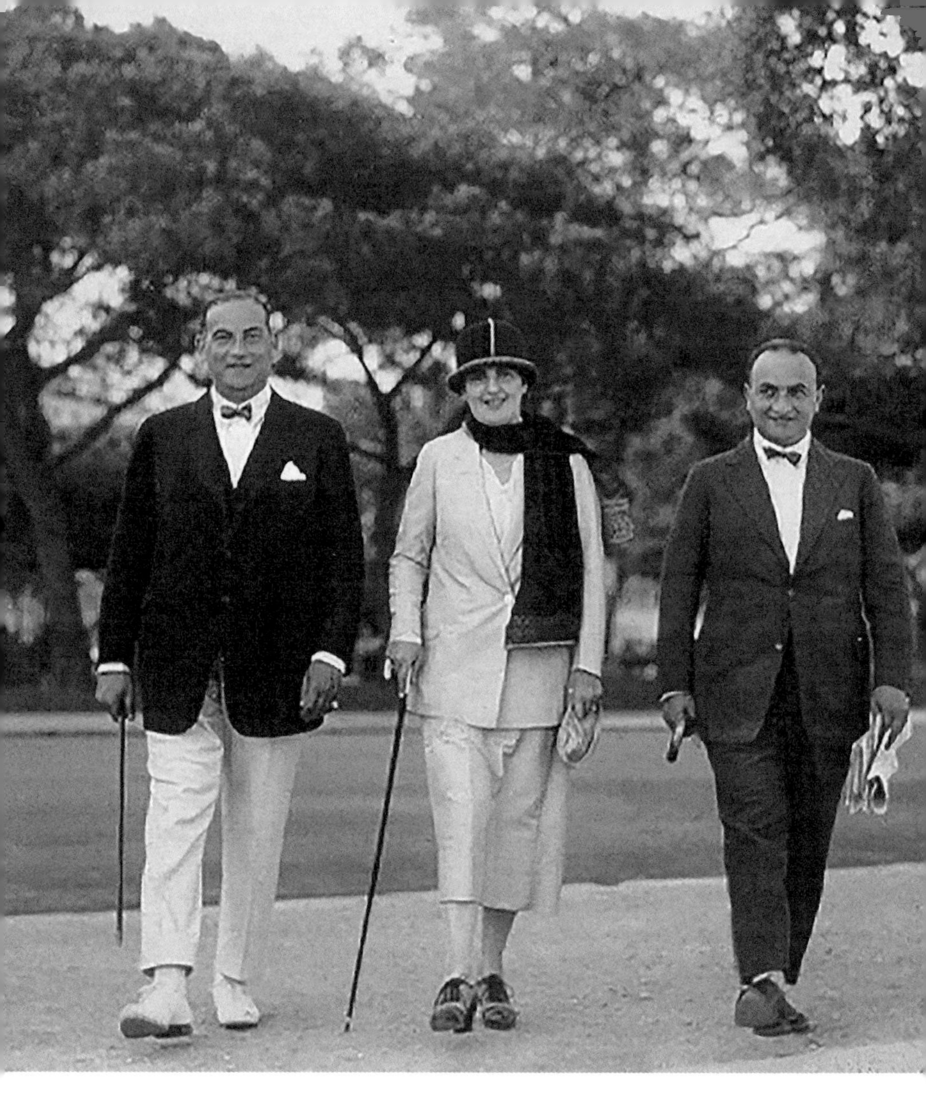

Alfred, Gertrud und Fritz Rotter auf dem Höhepunkt ihres Erfolgs, vermutlich im Sommerurlaub um 1930

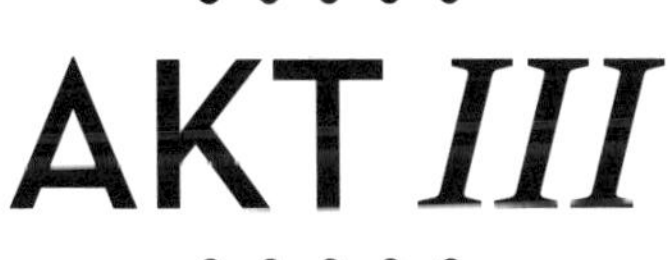

BÄLLE, MODE UND FILM – BERLIN 1925

Enttäuscht kehren die Rotter-Brüder im Sommer 1925 dem aktiven Theaterbetrieb den Rücken, um sich erst Ende 1927 wieder zurückzumelden – in einem inzwischen, wie sich zeigen soll, ganz und gar gewandelten Berlin der Moderne.

In den Jahren 1924 und 1925 kämpft die für ihr exzessiv-laszives Nachtleben berühmte Stadt noch mit sich selbst. Carl Zuckmayer erinnert sich in *Als wär's ein Stück von mir* (1966) an eine Tanzgesellschaft in Berlin im Februar 1924, wo als Spruchband „in großen Lettern um die Wände herum ein Satz angemalt" ist: „Liebe ist die sinnlose Überschätzung des minimalen Unterschieds zwischen einem Geschlechtsobjekt und dem andern."[1] Auf den Bühnen der Hauptstadt locken Revuen mit Ketten tanzender, Beine schwingender Wunschbild-Frauen. Der Revue-Titel *Das hat die Welt noch nicht gesehen* von James Klein 1924 in der *Komischen Oper* wird zur stehenden Redewendung.

Fast scheint es, als seien Fritz und Alfred Rotter 1919 ihrer Zeit voraus gewesen – ihr Beitrag zum neuen Bild Berlins in der Weimarer Republik ist noch ungewürdigt geblieben, sie sind abgestraft worden. Ihre Komödien dieser Zeit enthalten gleichzeitig zu viel Vorkriegsvergangenheit und zu viel Nachkriegszukunft. Die Rotters haben sich dem allseitig eingeforderten Ernst entzogen – dem neuen radikalen Ernst der revolutionären Intellektuellen, dem verzweifelten Hell-Dunkel-Ernst des expressionistischen Stils sowie der Feierlichkeit der klassischen Tradition mit dem alten und neuen Heroismus und Anti-Heroismus. Ihre Unbekümmertheit – eine Spielart der Moderne – ist zwar beim Publikum angekommen, galt aber von links bis rechts als frivol.

Nun erst beginnt sich Berlin von der Katastrophe des Großen Krieges und der Großen Inflation zu erholen – sichtbarstes Zeichen dafür ist die Wiederkehr der Bälle. Am 10. Januar 1925 findet erstmals wieder *Der große Metropol-Theater-Ball* statt. Der Pianist, Komponist und Revuen-Produzent Rudolf Nelson spielt als einer der Kapellmeister an diesem Abend symbolischerweise auch den Titel *Alles kehrt einmal wieder, wie's schon einmal war.* Die Reporterin Elsa Herzog erinnert sich, wie „die gute Gesellschaft" zum letzten Metropol-Ball 1912 „wie zu einem Ausflug auf die Insel Cythere" ging: „Man trug Masken, wenigstens die Damen, die etwas auf sich hielten. [...] Man tanzte damals wenig, küsste viel und amüsierte sich ausgezeichnet, obwohl Jazz und Shimmy noch nicht regierten." Den neuen Ball nun, im Januar 1925, findet sie „vornehm, ruhig, korrekt":

> „Die leidige Politik und die letzten Skandalaffären nahmen jedenfalls vielen die Stimmung, dieses Fest zu besuchen. [...] Und die Ballbesucher, wie das jetzt so üblich ist, besuchten sich mittels der endlich verbilligten Autos von Fest zu Fest. Eine drollige Welt. [...] Über die Bubiköpfe waren viele weiße und auch andersfarbige, sogenannte Gabyperücken gestülpt, nicht immer gleich geschmackvoll [...]. Soll man nun Vergleiche ziehen zwischen dem alten und dem neuen Metropol-Ball? [...] Nein, man soll sich über diese aufkeimende neue öffentliche Geselligkeit freuen und hoffen, dass mit den besseren Zeiten auch die alte Stimmung wiederkehren möge."[2]

Auch das *8 Uhr-Blatt* verweist auf den „Wandel der Zeiten“: Die „schwarz-weiße Einheitsuniform der Herrenwelt“ sei „fast vollkommen in der bunten Farbenpracht, die von den Damen der Schöpfung zu Schau getragen und offenbart wurde“, untergegangen. Die „Farben feierten eine Orgie – was eigentlich ganz gut war, denn von Orgien anderer Art war nicht viel zu merken.“

Am 23. Januar 1925 feiert der *Opernball der Staats-Theater* in der *Staatsoper* eine „heitere Auferstehung“ nach dreißig Jahren.[3] Margarete Caemmerer schreibt:

> „[In] der ersten Reihe des Ranges saß hochgerichtet die ehrwürdige Gestalt des Lovis Corinth, und er sah mit brennenden Augen in dieses bunte Gewühl hinab und zu den girlandenumkränzten Rängen hinauf. Er sah und sah. Man plauderte, wandelte, tanzte. Aber immer noch fehlte uns die Bezauberung. [...] Bis dann plötzlich in einer Loge Fritzi Massary sichtbar wurde. Sie leuchtete ganz still in Lila und Silber, aber sie war wie die Erfüllung eines Traumes von Schönheit, Eleganz und Geist. Sie braucht nicht immer zu singen und zu spielen. Es genügt, dass sie da ist, um Freude zu schaffen. Und diese sonderbare, leise klingende Sehnsucht, ohne die wir kein Fest feiern können – das Abenteuer.“[4]

Schon am nächsten Tag, ein Sonnabend, findet „in allen Sälen des Zoo“ der *Filmball* des *Clubs der Filmindustrie* statt, auf dem die Filmschauspielerin „Lilian Harvey in Blassrosa mit Spitzen und Chinchillacape“ gesichtet wird.[5] In der *Philharmonie* steigt am 14. Februar der *Ball der Karikaturisten*: „Zwei Kapellen können die Tanzwut der mobilen Massen nicht stillen, Scheinwerfer bespülen sie unaufhörlich mit farbigen Lichtfluten [...].“ Und das *Nachtfest* des *Deutschen Bühnen-Clubs* am 21. Februar im *Metropol-Theater* ist eine „Karnevalsnacht durch eine Tanzfortsetzung im benachbarten Palais de Danse und im Pavillon Mascotte“.[6] Der „Höhepunkt des Spaßes wurde in einem parodistischen Gesangswettstreit erreicht. „Man kann nicht alle nennen, die hier den Boxring betraten.“ Es gab „Boxsekundanten mit dem Wasserkübel, die jeden Sänger massierten und frottierten.“ Max Hansen ersingt sich „als meisterhafter Coupletsänger“ einen Preis, nach ihm betritt Richard Tauber den aufgebauten Ring, „dessen herrliche Stimme

Applaus entfesselte, der das Haus zittern ließ".[7] Am selben Abend gibt es im *Großen Schauspielhaus* mit „drei Kapellen" und „Tanzflächen" eine *Nacht der Frauen* mit „Maskenzwang", in der sich „die Berliner" und Berlinerinnen, die so lange die Freuden des Daseins haben entbehren müssen", „mit naiver Ungehemmtheit dem Vergnügen [hingeben], [...] die Konvention fallen lassen, sich duzen, verulken und amüsieren"[8]

Das Berlin der Bälle ist auch wieder ein Berlin der Mode. Im *Hotel Kaiserhof* gibt es am 28. April 1925 eine Schau des Pariser Couturiers Georges Doeuillet und damit nach zehn Jahren wieder „eine französische Modefirma und ihre Mannequins" in Berlin – „die Arbeit für die Frauen" sei „die verbindende Brücke zwischen den Nationen" und „die Mode die einzige wirklich international herrschende Macht", deutet der *Berliner Börsen-Courier* das Ereignis und sieht als neuen Pariser Modetrend: „Die männliche Frau wird unmodern".[9]

Die Modejournalistin Julie Elias sieht zwar in der Tat „sehr weibliche, duftige, bauschige Gewänder", hingegen auch „Matrosenkragen" mit „Regattaknoten" vorn: „Also wieder der männliche Typ." Sie folgert: „In Modedingen wenigstens hat die Zivilisation einen guten Schritt vorwärts getan: sie erlaubt dem Menschen, [...] seine Denkart zu enthüllen."[10]

Mode ist weit mehr als Kleidung. Sogar am *Hausfrauen-Nachmittag* in Berlin wird von Ullsteins *Blatt der Hausfrau* verkündet: „Ob Bubikopf à la garçonne, ob Pagenkopf, ob mit Herrenschnitt [...], ob Scheitelfrisur oder glatt, auf jeden Fall müssen Sie sich einen Bubenkopf schneiden lassen!" Eine „Modeschriftstellerin" erklärt den anwesenden Hausfrauen die „Vorzüge des modernen Haarschnitts", danach werden bei einer Modenschau verschiedenste Bubiköpfe gezeigt. „Alle Hausfrauen haben sich nach dieser wirksamen Demonstration nur noch gefragt: ‚Wie sage ich's meinem Manne?'"[11]

Im November 1925 wird der *Sportpalast* mit der „größten europäischen Halleneisbahn"[12] eröffnet, am 12. Dezember findet dort der *Modeball* statt, bei dem nach einem „Kampf über drei Runden" ein Mannequin zur „Modekönigin" gewählt wird. Es zeigt sich, dass eine Russin „den deutschen Schönheitstypus" verkörpert:

„vollschlank, brünett, knapper Bubenkopf, linksseitig gescheitelt", die Gesichtszüge aber „ausgesprochen weiblich betont, fraulich"[13]. Als die Preisträgerin gefragt wird, „was sie sich nun für das Geld kaufen wolle, ruft sie begeistert: ‚Einen Persianermantel!'"

Bereits 1925 besprechen die Zeitungen in Berlin schon weit mehr Filmpremieren als Theaterpremieren, und es werden in Berlin gleich mehrere große Filmtheater eröffnet. Das neue *Piccadilly* in der Bismarckstraße gegenüber der *Städtischen Oper* soll Berlins Ruf nicht nur als deutsches, sondern auch als europäisches Kinozentrum" beweisen.[14] Und als Ende des Jahres das *Capitol* mit *Der Dieb von Bagdad* von Douglas Fairbanks eingeweiht wird, staunt man, dass das Orchester „bis zur Bühnenhöhe gehoben werden" kann.[15]

Der bis um die Jahrhundertwende eher unbedeutende Kurfürstendamm, auf dem sich noch „die Dampfbahn gen Osten zur Stadtmitte" gewälzt hat, verwandelt sich: „1925, Autos rasen, Signale hupen, unter den Füßen tobt die Untergrundbahn, eine Elektrische nach der andern windet sich um die Kaiser-Wilhelm-Gedächtniskirche. Tauentzienstraße, Kurfürstendamm, Hardenbergstraße, da schlägt, pocht, jubiliert das Herz Berlins." Den letzten freien Platz im Häusermeer habe das *Capitol* eingenommen, Zeichen für „das Tempo der Zeit, dieser grausamen, dieser hinreißenden, dieser halt doch lebenswerten Zeit [...]. Capitol, Capitol, Capitol, blau, rot gemischt, die Leuchtreklame flimmert, summt, surrt mit 7500 Glühbirnen, mit 70 000 Watt, mit 40 000 Meter Draht, [...] sie bezwingt, sie bezaubert, sie schafft das Märchenband der Technik."[16]

Der Stummfilm ist international und verbreitet sich schneller als dies den Theaterstücken je möglich wäre. Zum Film *Feuer an Bord* von Victor Sjöström protokollierte ein Berliner Kritiker am 18. August 1925: „Das Volk raste." Und *Varieté* – einem Zirkusfilm um Liebe, Trapezkunst und Eifersucht von E.A. Dupont mit Emil Jannings – wird sogar bescheinigt, dass er „in einer verwirrten Zeit, die vom Krisentaumel und von Nervositätsausbrüchen geradezu lebt", eine ganz besondere Bedeutung hat, auch „weil [...] der Film eine Sprache [spricht], die [...] von Chicago bis Wladiwostok mit Verständnis gehört werden wird."[17] Filme werden Stichwortgeber für die Mode, wie *Drei Frauen* von Lubitsch, der im *Ufa-Palast* an der Schönhauser Allee anläuft. Trickaufnahmen von einem Raumschiff (*Wunder der Schöpfung*) oder sogar Dinosaurier sind zu bestaunen (*Die verlorene Welt*).

Denken die Rotters daran, sich doch noch dem Film zuzuwenden? Sieben Jahre zuvor hat die *BZ am Mittag* schon von solchen Plänen berichtet.[18] Der erste Film aus den USA, der streckenweise in Technicolor gedreht ist, flimmert Ende November 1926 über die Leinwand: *Die schönste Frau der Staaten* von Frank Tuttl. Doch gute Kritiken erhält der Streifen nicht: „Amerikanische Bedenkenlosigkeit in Reinkultur. Der Film steht jenseits von Gut und Böse, er ist so naiv, dass er kritisch kaum noch zu fassen ist." Die farbigen „Szenen" seien „kitschige, bunte Bilderbogen".

DAS ANDERE LEBEN VON FRITZ ROTTER

Seit der wüsten Kampagne und der Denunziation einiger Schauspieler gegen seine Person 1918 schützt sich Fritz Rotter vor Menschen, die ihm nicht sehr nahestehen. Seit Februar 1921 tritt er auch nicht mehr als Regisseur auf. Er liebt die Mode – und überschreitet dabei gern schon einmal die zwischen den Geschlechtern gezogene Grenze. Wie singt Trude Hesterberg 1923 an der *Wilden Bühne*?

> *„War ein Maskulinum und ein Femininum, hatten beide sich so gern! Sprach das Maskulinum zu dem Femininum: ‚Ich vertrau dir etwas ganz intern! Du bist femininum, doch sehr maskulinum, ich bin maskulinum, doch sehr femininum! Solch ein Maskulinum, solch ein Femininum, die sind heutzutage streng modern [...]!' Und das Femininum ging als Maskulinum, trug 'nen Frack und einen Stock! Und das Maskulinum ging als Femininum, trug die Haare lang und einen Rock!"* (in: *Maskulinum und Femininum*, geschrieben von Marcellus Schiffer und komponiert von Mischa Spoliansky)[19]

Es gibt Berliner Nachtlokale, „von denen man spricht", und solche, „von denen man nicht spricht", wie Eugen Szatmari 1927 in seinem *Buch von Berlin* formuliert. Zum Beispiel gehöre das *Eldorado* an der Lutherstraße in Schöneberg „zu den beliebtesten" Berlins und rekrutiere „sein eigentliches Stammpublikum aus jenen Kreisen, in denen die Mathematik der Liebe nicht ganz ohne Fehler" sei.

„Man sitzt um eine kleine Tanzfläche, die Jazzband poltert einen Charleston, es ist übervoll [...]. Und in diesem Lokal sieht man [...] die schönsten, elegantesten und lustigsten Frauen Berlins, gefeierte Schauspielerinnen, Damen der Gesellschaft, die hier ihre gesellschaftlichen Hemmungen ablegen [...]. Hier tanzen nicht nur Männer mit Frauen, sondern auch Frauen mit Frauen, ja, auch Männer mit Männern, und der gutmütige Herr aus Sachsen, der da mit der blonden Sängerin tanzt, hat keine Ahnung davon, dass diese blonde Fee – ein Mann ist. Er weiß auch bestimmt nicht, dass rings um ihn noch zwei Dutzend andere Männer in Frauenkleidung tanzen, trinken und flirten. Die anderen freilich wissen es. Und sie kommen eben aus diesem Grunde hierher [...].“[20]

Jene anonymen Widersacher – die mit „mehrere Schauspieler“ unterzeichneten – behaupten am 4. Februar 1918, Fritz Rotter sei „ein vollständig willenloser“, „haltloser Mensch [...] mit ausschließlich homosexuellen Neigungen“. Was wissen sie schon wirklich von ihm?

Später, 1933, findet sich in den Akten, dass er an der Friedrichstraße seit Jahren ein Zimmer angemietet hat, Feiern veranstaltet und Frauenkleider und -stiefel sammelt. Wer sich transsexuell kleidet, braucht sich im Berlin der Zwanzigerjahre nicht allein zu fühlen. Der Schauspieler und Filmstar Hubert von Meyerinck, der mit Fritz Rotter bekannt ist, blickt Jahrzehnte später zurück: „Was gab es nur für Lokale damals! Elegante Bars, düstere Kneipen, große Tanzcafés und kleine Spelunken. Keller für Künstler und Keller für Zuhälter und Dirnen. Vor allem aber sogenannte Etablissements, in denen sich die oberen Zehntausend mit der Unterwelt mischten. Ich denke da besonders an die ‚Silhouette‘, dieses schmale, anrüchige Lokal in der Geisbergstraße [Berlin-Schöneberg], in dem ein geschniegelter, schwarzer Kellner bediente und vorne an der Bar Jünglinge in Frauenkleidern saßen. Dort ging damals alles hin, die große Welt und die Halbwelt. [...] Wir saßen nächtelang in den roten Nischen, und die Kapelle spielte immer wieder: ‚Schöner Gigolo, armer Gigolo‘“[21] – einen Tango, der 1929 vom Salon-Orchester Dajos Béla in Berlin auf Schallplatte eingespielt wurde, auch in einer Version mit Richard Tauber.

Die Rotterbühnen haben die neue Offenheit stets gespiegelt, und Fritz Rotter als Person verkörpert sie – stärker noch als sein Bruder. „Diese paar Jahre von 1924 bis Ende 1929 waren die ‚goldenen Zwanzigerjahre', von denen manche wähnen mochten, sie würden ewig dauern", bilanziert der Zeitzeuge und Theaterhistoriker Otto Schneidereit in seiner *Richard Tauber*-Biografie.[22] Eine Idylle hingegen war diese Zeit nicht. 1926 inseriert das Lokal *Krokodil* an der Friedrichstraße 125, dass dort „der Hungerkünstler Jolly in seinem Glaskasten" sitzt, um den „Weltrekord im Hungern zu unterbieten".[23] Trude Hesterberg bekennt gar in ihrer Biografie[24], dass es ihr vor dem Begriff der „goldenen Zwanzigerjahre" „graust": „Es lagen viele Leichen im Landwehrkanal, fast jeden Tag eine. Junge und alte Menschen, Menschen, die keinen Ausweg mehr aus der Not fanden, suchten in den schmutzigen kalten Wassern, die sich durch Berlin zogen, nach Erlösung."

Doch es lag auch ein Versprechen in der Luft, man glaubte daran, dass die Wirtschaft einer „neuen Blüte" entgegengehe.[25] Nicht einmal drei Jahre aber wird es dauern, bis die Weltwirtschaftskrise ihren Anfang nimmt.

Der reaktionäre Kolumnist Adolf Stein alias „Rumpelstilzchen" wird Fritz Rotter mit Rankünе im Februar 1933 als „Perückengrete"[26] outen – unter diesem Namen habe er sich „in Weiberkleidern mehr in orientalisch-perversen Rollen in der südlichen Friedrichstraße" betätigt „als in seinen Theatern". Im gleichen Monat erhält die Kriminalpolizei einen anonymen Brief von einer Frau, sehr wahrscheinlich eine Nachbarin in der Friedrichstraße 34 II:

> „Nun, dies möchte ich Ihnen gern verraten. Obwohl Herr Rotter eine Villa im Grunewald bewohnte, so zog er es vor, sich in Berlin ein möbliertes Zimmer zu mieten. Der Grund dazu war folgender, Herr Rotter kam im Durchschnitt 2-3 x wöchentlich zu Frl. Kruse [die Zimmervermieterin], zog sich dort um [,] natürlich in Frauenkleidern[,] dann ging stundenlang das Telefon. Herr Rotter bestellte sich nämlich Damen von ganz bekannte[r] Kupplerin zu Frl. Kruse in die Wohnung und dann wurden die schönsten Orien [Orgien] gefeiert. [...] Natürlich nannte er sich stets Frl. Gretel Bergmann [...]."

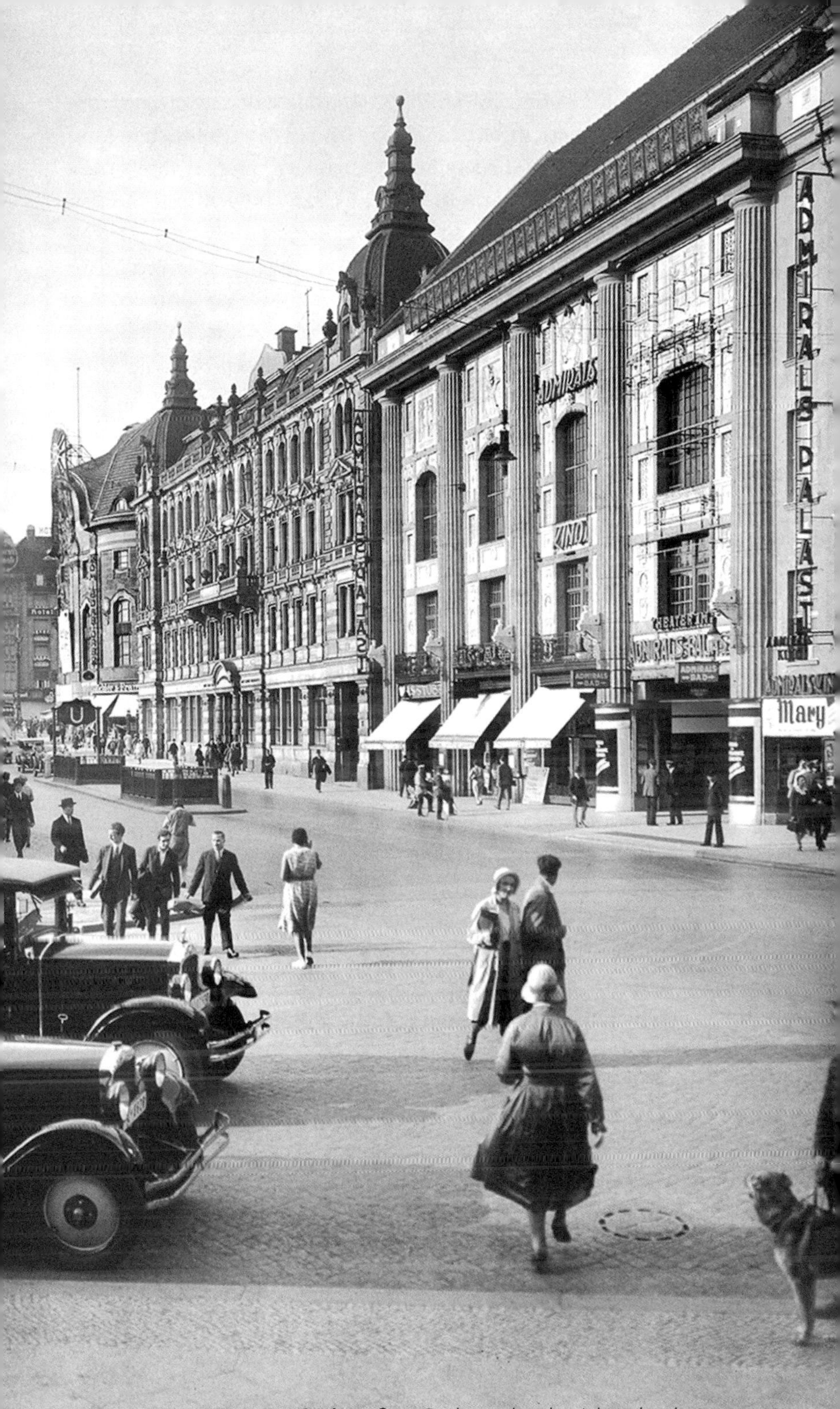

Friedrichstraße in Berlin, rechts der *Admiralspalast*, um 1928

Walther Kiaulehn, ein Feuilleton-Journalist der Zwanzigerjahre, schreibt, die Friedrichstraße habe „durch den nächtlichen Amüsierbetrieb" einen „Ludergeruch".[27] Beim Bahnhof Friedrichstraße dreht sich ein Lunapark-„Riesenteufelsrad", auf dem sich niemand festzuhalten vermag, das alle wegschleudert und zu dem sich gerade deswegen alle drängen.[28] Niemals zuvor ist das Tempo der Stadt „derartig schnell und rücksichtslos" gewesen, schreibt Fred Hildenbrandt 1928: „Sie muss nachholen. Sie muss aufholen. Sie hat keine Zeit, sich in Betrachtungen zu verlieren. Sie muss arbeiten. Und wer nicht mit ihr arbeitet, an dem rächt sie sich. Sie lässt ihn liegen am Wege. [...] Wer diese Stadt lieben gelernt hat, der ist ihr verfallen. Der kommt nicht mehr von ihr los, und der kehrt von jeder Flucht vergnügt wieder zur ihr zurück."[29]

Und so wirbt eine „Vervielfältigungsanstalt" in Berlin-Steglitz in einer Anzeige im *Deutschen Bühnenspielplan* für den Monat März 1929 mit dem Aufruf: „Nicht stehen bleiben! In Wirklichkeit bleiben Sie nicht nur stehen – Sie gehen rückwärts, denn die anderen – fortschrittlich Gesinnten – gehen an Ihnen vorbei, überholen Sie!"

EIN SKANDAL, EINE OHRFEIGE UND EIN MYSTERIÖSER TOD

Obwohl die Rotters privatisieren, wird eine ihrer Bühnen, das *Lessing-Theater*, am 7. Juni 1925 noch einmal zum Ort scharf ausgetragener ideologischer Grabenkämpfe, als es *Die junge Bühne* für eine Matinee pachtet und *Die Exzesse* von Arnolt Bronnen zur Uraufführung bringt. Die Regie des 1921 entstandenen Stücks ist ursprünglich Friedrich Neubauer übertragen. Die Spannung zwischen den Hauptfiguren Hildegard und Lois fasst der Autor Bronnen selbst so zusammen: „Scharf profilierte sich die Fabel von dem Liebespaar, das sich nur zweimal begegnet, einmal am Anfang, um sich ‚Nein', einmal am Ende, um sich ‚Ja' zu sagen. Dazwischen geschehen die Exzesse des Liebesspiels, die sich mangels der Partner an einer beziehungslosen, bindungs- und empfindungslosen Welt austoben."[30]

Die Aufführung wird auf Sonntagmorgen, 7. Juni 1925, elf Uhr dreißig angesetzt. Fest steht: Oskar Kanehl, der im Publikum sitzt, wird nach der im Tumult endenden Vorführung durch den Leiter der *Jungen Bühne*, Moriz Seeler, im Parkett geohrfeigt. Denn Kanehl steht mit seinem Freund Franz Pfemfert, dem Herausgeber der trotzkistischen Zeitschrift *Die Aktion*, im Zentrum derer, die gegen Bronnen protestieren. Hauptgrund für die laute Entrüstung Pfemferts und Kanehls über Bronnens *Die Exzesse* ist die erst drei Wochen zurückliegende Uraufführung von *Rheinische Rebellen* im *Schauspielhaus* (16.5.1925) durch Leopold Jessner – dem Stück wird Nationalismus vorgeworfen. Bronnen ist in den frühen Zwanzigerjahren noch ein enger Freund von Bertolt Brecht, dann lässt er dessen Briefe zurückgehen und zerreißt einen ungelesen. Er rutscht langsam und scheinbar unaufhaltsam nach rechts, ist „von vorneherein für nationale Parolen anfällig" – so bekennt er selbst.[31] Ende der Zwanzigerjahre kommt er zum Rundfunk und stößt zum Kreis um Ernst Jünger. Nach den Reichstagswahlen vom Herbst 1930, als die Nazis erstmals auf über hundert Sitze kommen, gerät Bronnen unter den Einfluss von Goebbels und stört am 17. Oktober 1930 mit anderen die Rede von Thomas Mann im *Beethovensaal* in Berlin („Ich hatte einen Zorn, ich weiß nicht, gegen was, mag sein, gegen alles", erklärt er 1957).[32]

Die eigentliche Provokation des Stücks *Exzesse* ist die scheinbare Konsequenzlosigkeit alles Gesagten und Getanen – *die* führt zu den Exzessen, welche wiederum nur in einer unsäglichen Ermüdung enden, auch in einem auf der Bühne gezeigten Selbstmord einer weiteren Figur, Max. Das Stück ist ein irrwitziges Spiel. „Wo bin ich nicht im Ausland", sagt die männliche Hauptfigur Lois an einer Stelle. Auch „der Führer" tritt auf. Der „Führer" fragt: „Was sind euch Städte?" – „Wir hassen sie!" – [„Führer":] „Zerstört die Städte. Anarchos heißt der Gott, der in diesen Monaten durch die Felder raste [...]. Es gibt keine Werte. [...] Es gibt nur Eroberung."

Bronnen bietet also genug Angriffsfläche. Bedeutsam ist, dass in der Berichterstattung über den Bronnen-Skandal mit Oskar Kanehl auch die Rotters erwähnt werden, obwohl nirgends vermerkt ist, ob sie überhaupt im Theater anwesend waren.

„Skandal bei einer Bronnen-Premiere. Wilde Lärmszenen im *Lessing-Theater*", titelt *Der Montag*[33]: „Mit zusammengebissenen Lippen, aber äußerlich höflich, nahm der schlanke, junge Bronnen, eine sympathische blonde Erscheinung, die Publikumsexzesse entgegen. [...] Im Parkett erhob sich ein Herr und bezichtigte einen bekannten Berliner Dramaturgen und Regisseur, einen Angestellten des gastraumgewährenden Theaters, als den Urheber des Skandals. Man drang auf diesen ein, und man suchte, den Betreffenden im Tumult zu entfernen.“ Herbert Jhering berichtet[34]:

„Ein Riesenerfolg. Ein Riesenkrach. Was die Leute an diesem Sonntagmittag im *Lessing-Theater* aufregte, was zu den Exzessen des Applauses, des Pfeifens, der Bravo-, der Pfuirufe führten, es war nicht nur ein von Herrn Oskar Kanehl, dem Dramaturgen des *Lessing-Theaters* im eigenen Hause inszenierter Skandal, von Herrn Oskar Kanehl, der bei Bronnen den piekfeinen Salonton vermisste, ohne den er als kommunistischer Hofzeremonienmeister der Rotters nun einmal nicht leben kann [...]. Bronnens *Exzesse* sind unmittelbares Theater. Aus Anschauung entsprungen, nicht aus Anschauungen. Aus einer einheitlichen Anschauung, die noch die geringste Nebengestalt bereichert und einordnet. Dieses Lustspiel wird bleiben. [...] Hier war ein Durchblick in das moderne Theater. Dass es sich durchsetzen wird, ist nach dieser kampfreichen Spielzeit, an deren Beginn Brechts *Dickicht* [...], an deren Ende die *Rheinischen Rebellen* und die *Exzesse* standen, sicher. Die Fronten sind aufgerissen. Das Privattheater hat abgewirtschaftet. Neue Formen kommen auf. Die Theater gehen zugrunde. Das Theater steigt auf. Skandale, wie dieser, die in Herrn Kanehl die Rotters und eine ganze Theatergesinnung treffen, sind nützlich. Und wenn man durch das entfesselte Theater hindurchgegangen ist, wird auch wieder ein Glaube da sein, der bindet und zusammenschließt.“

Mithilfe ihrer Hausschlüssel (die damals noch einen Metallring als Griff aufweisen) haben Kanehl und Pfemfert laute Pfeiftöne produziert. „Im Bühnenhaus randalierte [...] ein Bühnenmann, im *Lessing-Theater* flötete ein Angestellter des Lessing-Theaters, den Dichter Bronnen suchte ein Dichtender zu schädigen: Dr. Oskar Kanehl, ein Regisseur der Direktion Rotter, der *Jou-Jou* und *Galante Nacht*, dem Bourgeois zum Labsal, inszeniert und gleichzeitig kommunistische Hassgesänge drucken lässt.“[35]

Kanehl versucht, das im *Berliner Tageblatt* richtigzustellen – findet aber nur sehr komplizierte Sätze:

„Der Skandal war in keiner Weise von mir ‚vorbereitet' noch ‚inszeniert' [...], sondern ich habe [...] meine Meinung spontan auf meinem Schlüssel kundgetan. [...] Ich habe mich an Unterbrechungen des offenen Spiels, ‚Störung der Schauspieler bei der Arbeit', nicht beteiligt. Weder die Direktion Rotter noch die Tatsache, dass ich ihr Angestellter bin, hat etwas mit meinem Protest zu tun. Sondern: Ich habe nach dem Konjunkturerfolg der *Rheinischen Rebellen*, durch das Elaborat *Exzesse* von neuem erkenntnisgestärkt und gesteigert angewidert, demonstrativ zu zeigen für nötig befunden, dass sich innerhalb der jungen, schaffenden Generation ein sich mehr und mehr absonderndes Lager von Menschen sammelt, die in dem Autor Arnolt Bronnen und seinem Werk ein prominentes Literaturbeispiel für den Niedergang der heutigen bürgerlichen Gesellschaft sehen [...]."

Auf die von ihm an Kanehl ausgeteilte Ohrfeige angesprochen, betont Moriz Seeler von der *Jungen Bühne*, Organisator der Matinee, im selben Blatt, „dass es mir gänzlich ferngelegen hat, die Opposition an sich mundtot zu machen, es kam mir vor allem darauf an, dass es sich gerade um Herrn Dr. Kanehl handelte, d.h. um einen Theatermenschen, der gegen andere Theaterleute illoyal und unkollegial vorging (noch dazu in einem Theater, in dem er selber eine einflussreiche Stellung bekleidet und für das ich seiner Direktion eine bestimmte Pachtsumme bezahlte!)."

Bronnen selbst ist mit der Vorführung nicht zufrieden, hat bei den Proben „auf einem Neu-Arrangement der letzten Szene" bestanden, „wo die jungen Menschen zum Angriff gegen ihre Eltern vorgehen". Darauf legt der Regisseur Friedrich Neubauer die Regie nieder und der Autor springt selbst ein: „Ich führte die letzten Proben, was freilich den Stil der Aufführung völlig zerbrach. Neubauers sanfte Humanität in den Anfangsszenen kontrastierte heftigst mit der Geburt der moralischen Anarchie und des Faschismus, wie ich sie in der Schlussszene zum Ausdruck bringen wollte." Nach dem Eklat wird das Stück noch dreimal wiederholt. Später wird der Autor (in *Arnolt Bronnen gibt zu Protokoll*, 1954) sich selbst anklagen:[36]

„Indessen waren gerade Sie es, der über dem Skandal bei den *Exzessen* seinen Glauben verlor. [...] Sie verschlossen Ihren Geist der Tatsache, dass man weniger eine einzelne Arbeit angriff als Ihre Person. Diese aber musste nach den *Rheinischen Rebellen*, nach dieser Verherrlichung einer rheinischen Industriellen-Familie, den Widerstand fortschrittlicher Kreise herausfordern. Sie begriffen auch nicht den Unterschied zwischen Oskar Kanehl, der, als Opfer des kapitalistischen Systems, von den Verderbern des Berliner Theaters, von den Gebrüdern Rotter, einfach gekauft wurde, und Ihnen, der Sie als Nutznießer des gleichen Systems sich wenigstens für eine kurze Zeit die Freiheit Ihres Schaffens bewahren konnten. Kanehl musste für die Rotters Cochonnerien inszenieren, dergleichen lag in Sinn und Zwang des Rotter-Systems. Wer aber zwang Sie, mit Fräulein Dr. Stinnes Sekt zu trinken? Das war nicht nur Neugierde, sondern auch gefährliche, Sie selbst gefährdende Eitelkeit."

Drei Jahre nach dem *Exzesse*-Skandal erregt Oskar Kanehl 1928 mit dem Gedichtband *Straße frei!*, der nur in der Schweiz erscheinen darf, noch einmal Aufsehen. Denn das titelgebende Gedicht hatte, als es 1924 erstmals erschien, zu einem Prozess geführt: „Tritt ab und stirb, verkrachte Bourgeoisie. Proletenheer, marschier vorbei. Straße frei", lauteten die letzten Zeilen. Und in einem anderen Gedicht stand: „Wie lange, glaubt ihr, werden wir noch dulden, dass unsre Besten hinter Kerkermauern des Klassenrechts geknebelt sind? Wie lange soll uns eure Mördermeute noch umlauern? Wie lange noch?" Robert Musil notierte in seinem Tagebuch über ihn: „Kanehl ist Regisseur bei Gebrüder Rotter u. will in seinen politischen Träumen hunderte erschießen lassen."[37]

Völlig überraschend stirbt Kanehl am 28. Mai 1929. Ein mysteriöser Tod. An jenem Dienstag will er abends noch an einer Versammlung des Spartakusbunds in den *Sophien-Sälen* teilnehmen und im Rahmenprogramm Gedichte rezitieren. „Selbstmord Oskar Kanehls. Fenstersturz aus dem 4. Stockwerk", titelt die *Vossische Zeitung* auf der ersten Seite, schreibt aber auch:

„Kanehl arbeitete noch gestern an einem neuen Bühnenstück, von dessen Erfolg er überzeugt war. [...] Das Motiv des Selbstmordes ist nicht ersichtlich. Es ist nicht anzunehmen, dass Kanehl sich durch die bis in die jüngste Zeit fortgesetzten Haussuchungen nach seinem durch die Polizei beschlagnahmten Lyrikband *Straße frei!* schrecken ließ. Der Band, der ein Gedicht enthält, um dessentwillen Kanehl vor fünf Jahren zu einer Geldstrafe verurteilt worden war, ist offiziell in einem Schweizer Verlage erschienen, wurde aber sofort nach seiner Verbreitung in Deutschland beschlagnahmt. [...] Sein Name war in Theaterkreisen bekannt, da Kanehl zur Zeit der Rotterschen Direktion häufig als Regisseur hervortrat, zumeist im Genre der mondänen Salonkomödie."[38]

Das *Berliner Tageblatt* äußert Zweifel:

„Wie in einem Teile der Morgenausgabe berichtet, ist Dr. Oskar Kanehl, zuletzt Dramaturg des Kleinen Theaters und als linksradikaler Lyriker bekannt geworden, gestern nachmittag durch einen Sturz aus dem Fenster seiner vier Stock hohen Wohnung in der Kantstraße 61 gestorben. Der Annahme, dass Kanehl Selbstmord verübt habe, wird jetzt von Persönlichkeiten, die ihm beruflich und freundschaftlich nahestanden, widersprochen. Zu einem Schritt dieser Art habe danach kein Grund vorgelegen, auch nicht infolge persönlicher Auseinandersetzungen mit Parteigenossen. Kanehl war im Begriff, eine neue Wohnung zu beziehen, war arbeitsfähig und arbeitsfroh und litt höchstens unter den Nachwehen der im Kriege erworbenen Malaria und an einer Reizbarkeit der Nerven, die sich vielleicht dadurch gesteigert hat, dass er von dem Aufenthalt in der Luft der letzten heißen Tage her mit einem Sonnenbrand zu schaffen hatte. Man nimmt an, dass Kanehl, am Fenster sitzend, von Schwindel befallen worden ist und in Schreck und plötzlicher Umnachtung den Sturz nicht mehr hat vermeiden können."[39]

An Kanehls Grab spricht sein Freund Franz Pfemfert. Er, der Lyriker Kanehl, habe „vor der Mördersaison Weltkrieg [...] mit der Laute im Arm lustige Lieder gesungen". Pfemfert gibt die 1911 gegründete Wochenschrift *Die Aktion* noch bis 1932 heraus und emigriert nach Machtantritt der Nazis nach Mexiko. Dort stirbt er 1954. Als sein Nachlass, der eine Fotosammlung enthält, 1955 zurück nach Berlin gebracht werden soll, geht alles in einer Schiffshavarie verloren.

Ein Film, den sich Fritz und Alfred Rotter wohl sicher nicht entgehen lassen, hat am 8. Januar 1926 im *Alhambra* Premiere und heißt *Der Bankkrach Unter den Linden* – denn bei zwei Geldhäusern an eben jener Promenadenmeile zwischen Brandenburger Tor und Alexanderplatz sind auch sie Kunden. Der Film ruft „die dollartollen Tage der Inflation“ in Erinnerung, „die noch allzu frisch, schreckhaft-deutlich in den Hirnen haften und daher für jeden von stärkstem Interesse sind“: „Und so sieht man ihn wieder, den wilden Hexensabbath, das Kotau vor dem allmächtigen Dollar, die tausend großen und kleinen Schieber, Gelegenheitsbankiers, Gauner, kurz alle die altbekannten Typen dieser glorreichen Zeit. Diesmal [...] ohne Nervenreiz, behäbig und außer Gefahr vom sicheren Parkettsessel aus.“[40]

Das Drehbuch[41] beruht auf dem 1922 erschienenen und in Wien spielenden Roman *Der Herr auf der Galgenleiter* von Hugo Bettauer, der 1925 von einem Rechtsradikalen ermordet wird. Der Film überträgt die Handlung des Romans auf Berlin und erzählt „das Schicksal eines typischen Inflationsgewinners, der eigentlich ein anständiger Kerl ist, jedoch in den Strudel gerät, mitgerissen wird, spekuliert, Geld rafft, geblendet alles vergisst, den Kopf verliert, schließlich vor dem Ruin steht und reumütig – nachdem er ein knappes Vermögen kurz vor dem letzten Abblenden doch noch retten konnte – zu der einen, zu der Frau, die ihn liebt und die er verließ, zurückkehrt“.[42]

Die Brüder Rotter hingegen sind durchaus liquide. Nicht wegen Geldsorgen inszenieren sie nicht mehr. Die Welle von Anfeindungen, die über sie schwappt, weist so viele Züge der Irrationalität auf, dass sie die Möglichkeit, zum Film zu wechseln, vielleicht wieder in Betracht ziehen. So hätten sie der Demütigung schöpferisch begegnen können – es wäre auch das Beste für ihre Zukunft im Exil gewesen. Doch wer denkt 1926 schon an ein 1933?

Im Kino allerdings steigt der Kapitalaufwand rapide an, und die Pachteinkünfte der Brüder fließen, anders als die Leute sagen, nicht mehr so reichlich. Die Dresdner Bank schreibt Jahre später: „Die Rotters hatten stets das Prinzip, sich in erster Linie an die Einnahmen aus Garderobe und Theaterzetteln zu halten, die

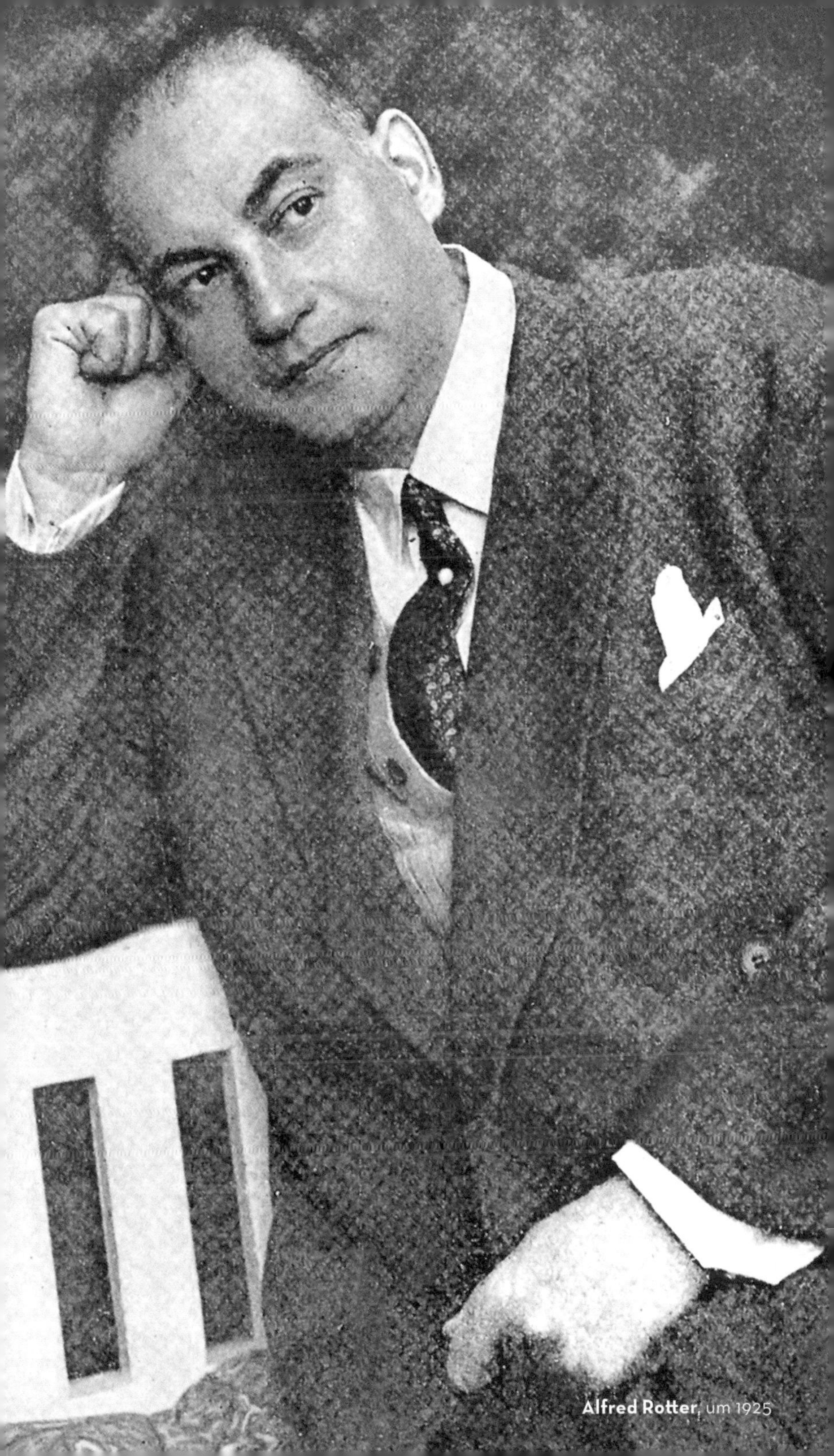

Alfred Rotter, um 1925

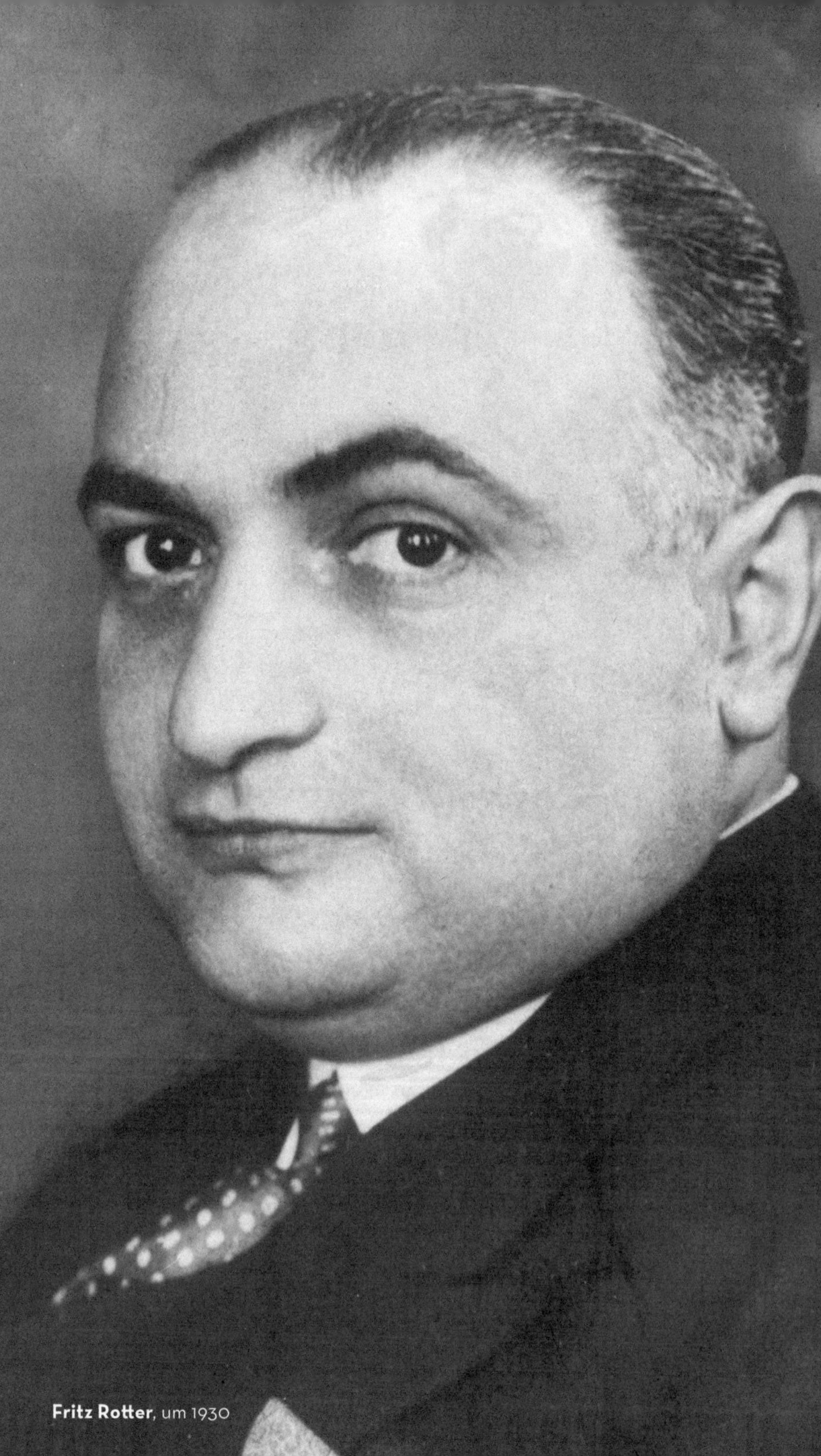

Fritz Rotter, um 1930

ihnen im Durchschnitt bei jedem Theater RM 200,– und mehr pro Abend einbrachten, und einen Gewinn aus der Verpachtung nur sekundär anzustreben."[43] Seit der Deflation, die auf die Inflation folgte, werden die Theater von einer Krise geschüttelt. Nur das Kino befindet sich auf dem Vormarsch.

Andererseits lieben die Rotters die Bühne – und kommen nicht von ihr los. Berlin ist „die heißeste, kochendste Theaterstadt Europas", schreibt der Schauspieler Alexander Granach in seinen Memoiren.[44] Und auch eine Stadt, die „sehr leicht vergisst", meint 1928 Fred Hildenbrandt:

> „[...] Kess sein heißt zupackend, höchst unbefangen, ein bisschen frech, aber mit einer gewissen unwiderstehlichen Anmut frech sein [...]. Die vollkommene Unsentimentalität des richtigen Berliners wird ihm häufig als rüde Kaltschnäuzigkeit ausgelegt. Aber er ist nicht kaltschnäuzig. Sein Witzempfinden geht nur sehr häufig mit ihm prachtvoll durch [...]."[45]

Witz sprach den Rotters niemand ab – Durchhaltevermögen auch nicht. Fritz Engel, ein Theaterkritiker des *Berliner Tageblatts*, meint 1959 in der Rückschau über Fritz und Alfred Rotter: „Wenn man den Begriff ‚erste Theaterstadt der Welt' auf die Rührigkeit des Betriebes, auf das bunte Farbenspiel des Gesamtbildes, auf die Künste höchstbezahlter Darsteller bezog, durfte der Titel wohl gelten. Die letzte Zuspitzung eines zum Teil von den Zeitverhältnissen bestimmten Zustandes wurde durch das System geschaffen, das mit den Namen Alfred und Fritz Rotter verbunden war. [...] Sie waren Hasardeure der Kunst."

Doch setzen die beiden auf den Zufall allein? Im Theater nicht. An der Börse, ja, da versuchen sie durchaus ihr Glück – und hätten es besser unterlassen. Denn dort verlieren sie ihr ganzes Geld. Wiederholt. Nur wenigen ist das bekannt. Es ist ein sorgsam gehütetes Geheimnis, die größte aller Peinlichkeiten.

Wenn die folgenschweren Fehlinvestitionen an der Börse nicht bloß als Versuch verstanden werden sollen, die erlebten Kränkungen wegzustecken und die Zeit zu füllen, muss es für sie noch einen triftigeren Grund geben, das Wagnis einzugehen. Fehlt es den Rotters, um ganz groß ins Filmgeschäft einzusteigen – mit eigenem Studio und Verleih – an den entscheidenden Mitteln? Denken sie, diese im Glücksspiel an der Börse zu verdienen?

Verwaltungsdirektor Ludwig Apel, Gertrud Rotters Schwager, der mit dieser familiären Nähe so sehr hadert, gehört wohl zu den wenigen Eingeweihten, da er die Gespräche seiner Frau Marianne mit ihrer Schwester Gertrud verfolgt: „Aber wenn Geld da war, so flog es auch schon davon [...]. Spekulationsverluste in Börsengeschäften, die der kleine Moritz nicht getätigt hätte ...", schreibt Apel 1933. Ein Verantwortlicher der Dresdner Bank stellt es in einem Bericht vom 31. Dezember 1931 so dar: „Die Anfänge der Geschäftsbeziehungen mit den Gebrüdern Rotter reichen bis in die Inflationszeit zurück. Die Genannten unterhielten damals eine ganze Reihe von Bankkonten, u. a. bei der Darmstädter Bank, bei Bleichröder, Bank für auswärtigen Handel und bei Jacob Berglas."[46]

Zählen Fritz und Alfred zu den Spekulationsgewinnern? Nicht an der Börse. Mit Aktien-Termingeschäften haben sie nur Pech. „Zur Deckung von Verlusten" hinterlegt Alfred 1926 „als Sicherheit" für abgeschlossene oder noch abzuschließende Börsentermingeschäfte bei der Dresdner Bank Wertpapiere von 237 900 Reichsmark. Es handelt sich um sehr sichere, auf Goldwert gestützte Anlagen. Dann stellen die Brüder nochmals wertbeständige Wertschriften in Höhe von 217 700 Reichsmark als zusätzliche Sicherheit. Sie handeln an der Börse mit erheblichen Summen.

Knapp zwei Jahre später verwandelt sich das stattliche Plus in ein Minus von rund 700 000 Reichsmark. Als sie am 2. Mai 1928 bei derselben Bank neue „Effekten-Termin-Geschäfte" in Auftrag geben – „Termingeschäfte sind beabsichtigt in Höhe von RM 50.000,–" – sind von den erwähnten Wertpapieren nur noch die Hälfte übrig geblieben, 216 000 Reichsmark, und ihre Geschäftskonten stehen bereits mit etwa 100 000 Reichsmark im Minus, natürlich auch infolge anderer Verpflichtungen oder hoher Ausgaben. Was noch schlimmer ist: Sie müssen für das *Lessing-Theater* eine „Sicherungshypothek über RM 600 000" aufnehmen.

RICHARD TAUBER UND KÄTHE DORSCH: „O MÄDCHEN, MEIN MÄDCHEN"

Es liegt nahe, in ihren unglücklich verlaufenen Börsenspekulationen den Grund dafür zu sehen, dass sich die Rotters als Theaterdirektoren zurückmelden und etwaige andere Pläne – den Film – begraben. Stattdessen verlegen sie sich auf die Operette.[47] Am 15. Oktober 1927 pachten sie das *Metropol-Theater* an der Behrenstraße 55-57, dessen Kern in der heutigen *Komischen Oper* erhalten geblieben ist, für monatlich 15 000 Reichsmark „zuzüglich Nebenabgaben". Fritz Friedmann-Frederich, Regisseur und künstlerischer Leiter des abtretenden Direktors und Pächters, führt nun für sie Regie.

Um die Neuigkeit zu verkünden, suchen sie sich *Das kleine Journal* aus: „Die neuen Streiche der Brüder Rotter. Aus der Versenkung wieder aufgetaucht", lautet die Schlagzeile.

> „Von all den zahlreichen Berliner Theaterdirektoren hatte niemand eine so schlechte Presse wie die Rotters; sie mochten tun, was sie wollten, sie mochten aufführen, was sie wollten, sie mochten engagieren, wen sie wollten; sie hatten immer eine schlechte Presse. Man sah in ihnen die ‚Geschäftsdirektoren', die mit Kunst handelten wie mit irgendeinem anderen Artikel, obwohl man von den anderen Berliner Theaterdirektoren ebenfalls nicht gerade behaupten kann, sie seien lauter Idealisten und hätten einen rein künstlerischen Ehrgeiz. [...] Aber gleichviel, die Rotters waren nun einmal unbeliebt und galten gewissermaßen als die Verkörperung des bösen, kunstfeindlichen Prinzips. Etliche Jahre hatten sie sich, wie man weiß, von der Theaterdirektorentätigkeit zurückgezogen [...]. Jetzt endlich haben sie beschlossen, wieder hervorzutreten, nachdem sie das *Metropol-Theater* aus der Pleite übernommen haben. Und nunmehr beginnen Rotters auf ihre Art, das verkrachte Haus wieder in die Höhe zu bringen."[48]

Starten sie zu schnell? Die Neubearbeitung der *Schönen Helena* von Offenbach am 24. Dezember 1927 mit Max Pallenberg als *Menelaus* und mit Sängern und Sängerinnen der *Staatsoper* bleibt glücklos. „Schmählich wurde man enttäuscht. Rundheraus gesagt:

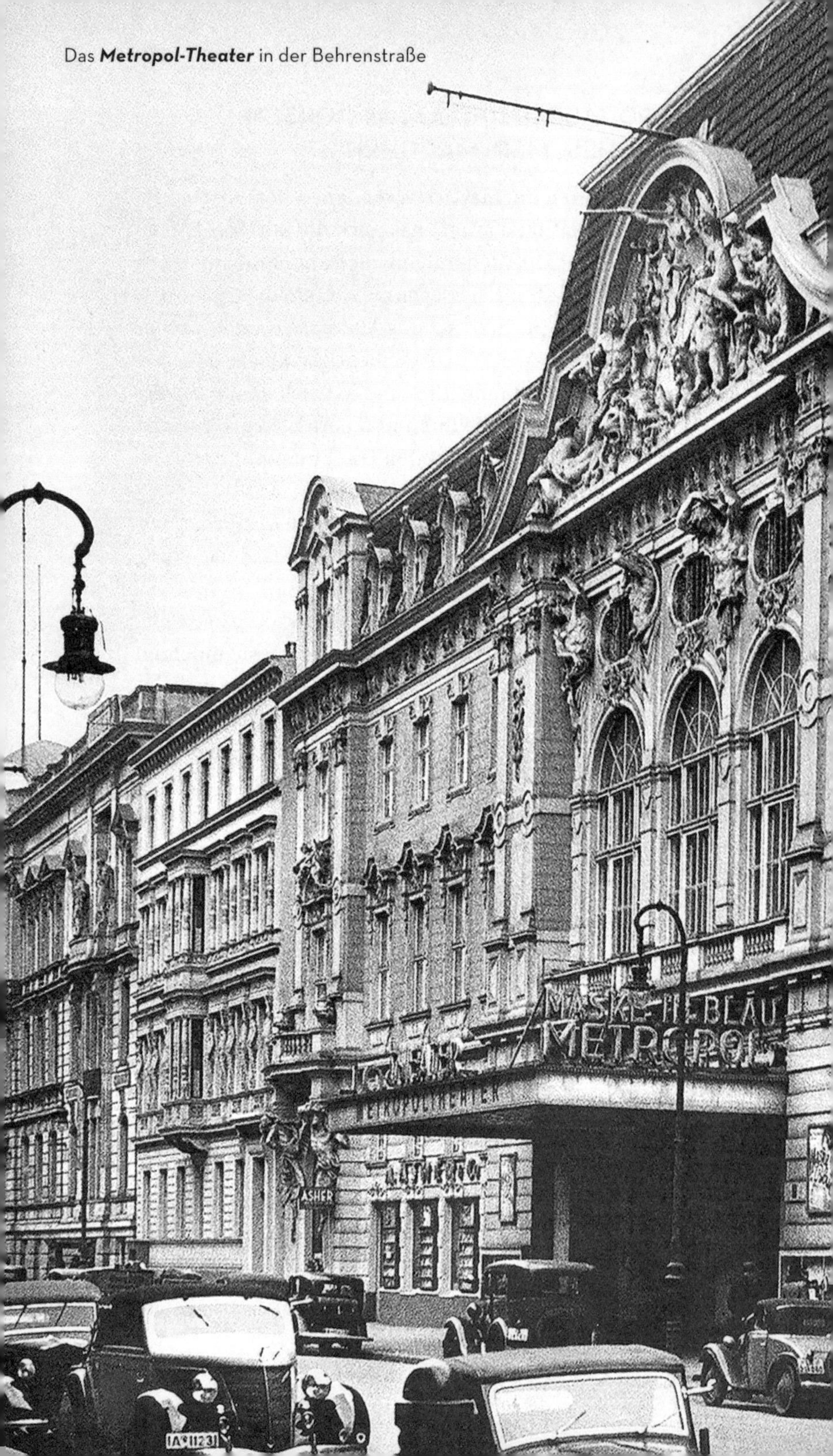

Das **Metropol-Theater** in der Behrenstraße

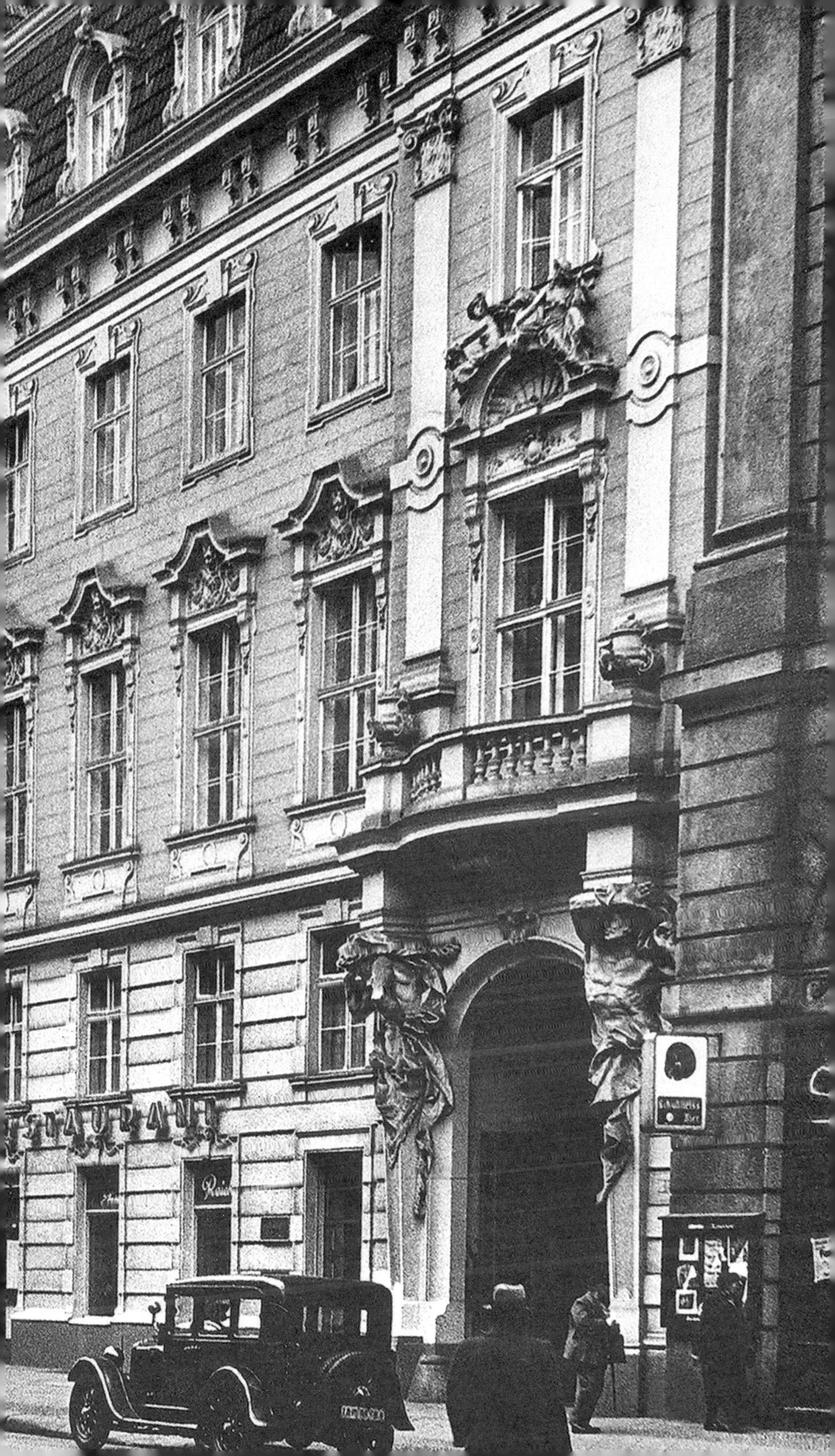

Es war die fadeste Wiedergabe der berühmten Parodie, die wir auf Berliner, Wiener, Pariser Boden je erlebten", heißt es in einer Rezension.[49] Sofort muss auf „zweite und dritte Besetzung" umgestellt werden, berichtet Ludwig Apel. Auch Franz Lehárs fast zwanzig Jahre alte Operette *Der Graf von Luxemburg* bringt noch keine Triumphe. Daraufhin lassen die Rotters das *Metropol* auf Kosten des Besitzers, des Zündholzmagnaten Kreuger und seiner Dorotheenstadt-Baugesellschaft, für 300 000 Reichsmark renovieren – sicher auch, um Zeit zu gewinnen. Als die Baumaßnahmen abgeschlossen sind, bietet das Theater 1600 Personen Platz. Aber die Pacht steigt auch: auf 700 Reichsmark pro Tag.

Der durchschlagende Erfolg kommt am 4. Oktober 1928 in Gestalt von Richard Tauber in der Operette *Friederike* von Franz Lehár. Das Ausstattungstheater, für das die Rotters noch in den frühen Zwanzigerjahren von der Theaterkritik gescholten werden, scheint in der Operette seinen legitimen Platz zu finden.

Tauber ist zuvor schon beim Rotter-Rivalen Heinz Saltenburg in der Uraufführung von Lehárs *Zarewitsch* (16.2.1927) am *Deutschen Künstlertheater* in Berlin groß gefeiert worden. Doch sowohl Tauber als auch Franz Lehár fühlen sich durch Direktor Heinz Saltenburg nicht gut genug behandelt. Zwar haben sie ihm bereits am 30. Januar 1926 mit der Berliner Erstaufführung des *Paganini* einen enormen Erfolg beschert, doch erst nach einem unschönen Vorspiel. Denn da diese Operette mit dem Ohrwurm *Gern hab ich die Frau'n geküsst* bei der Wiener Uraufführung am 30. Oktober 1925 durchgefallen war, wollte Saltenburg den eingekauften *Paganini* nicht spielen – und musste erst von Tauber und vom Berliner Bühnenschiedsgericht dazu gezwungen werden.

Deshalb wechselt Tauber mit Lehár nach dem *Zarewitsch* zu den Rotters. „Das *Metropol-Theater* bot ihm [Tauber] mehr, weil die Gebrüder Rotter ihrem Publikum unbedingt etwas bieten wollten; denn dieses wollte ebenso unbedingt etwas erleben", so der Operettenhistoriker Otto Schneidereit.[50] Als jemand Alfred Rotter wegen Taubers Abendgage von zweitausend Mark Vorwürfe macht, antwortete er gelassen: ‚Wir nehmen mit Tauber pro Abend vierzehntausend Mark ein. Da ist seine Gage erst fünfzehn Prozent der Einnahme – ein gesundes Verhältnis. Herr X kostet pro Tag zweihundert Mark und bringt keine Tausend Mark Abendkasse. Herr X ist also viel teurer, und Tauber ist dagegen billig!'"

Friederike wird von Fritz Friedmann-Frederich inszeniert – unter der künstlerischen Leitung der Rotters. Es ist ein Singspiel in drei Akten, das Buch verfassen Ludwig Herzer und Fritz Löhner. Die Dekorationen und Kostümentwürfe gestaltet laut Programmheft Benno von Arent, über den später Carl Zuckmayer in seinem *Geheimrapport* während des Krieges im US-Exil schreiben sollte, Arent „heuchelte [...] Freundschaft und Kameradschaftlichkeit zu vielen jüdischen Kollegen und Theaterleuten, um sich im Augenblick der Demaskierung in wüstestem und brutalstem Antisemitismus zu ergehen".[51]

Nach *Friederike* arbeitet Benno von Arent im Dezember 1932 bei *100 Meter Glück* noch einmal für die Rotters, obwohl er dann schon NSDAP-Mitglied ist und 1933 auch SS-Mitglied wird. Später, 1936, erklärt er im gleichgeschalteten *8 Uhr-Abendblatt*, er sei „im Jahre 1931/32 wegen ‚nationalsozialistischer Umtriebe' überall herausgeschmissen" worden.[52] Die Zusammenarbeit mit den Rotters verschweigt er – der NS-Staat ernennt ihn zum Professor und Reichsbühnenbildner.

Friederike ist ein „stürmischer Publikumserfolg"[53]. Richard Tauber muss das Lied *O Mädchen, mein Mädchen* – sein Solo im 2. Akt – sechs Mal wiederholen, Lehár selbst steht am Dirigentenpult.

> *„O Mädchen, mein Mädchen, wie lieb' ich dich! Wie leuchtet dein Auge, wie liebst du mich! Du Blümlein auf dem Feld, bist mein alles auf der Welt, du allein bist die, die mir gefällt! Mir ist so leicht, als schwebt' ich auf lichten Höh'n. Möcht' jedem sagen: Bruder, die Welt ist schön! Die waldigen Berge, das Tal, der Äther im leuchtenden Strahl, sie singen von dir, jubeln mit mir: O Mädchen, mein Mädchen, wie lieb' ich dich! Wie leuchtet dein Auge, wie liebst du mich! Du bist mein Leben, mein sonniger Schein, all meine Freude bist du nur allein, mit ganzem Herzen bin ich dein! O Mädchen, mein Mädchen, wie lieb' ich dich! Wie leuchtet dein Auge, wie liebst du mich! Du Blümlein auf dem Feld, bist mein alles auf der Welt! O Mädchen, mein Mädchen, wie lieb' ich dich!"*

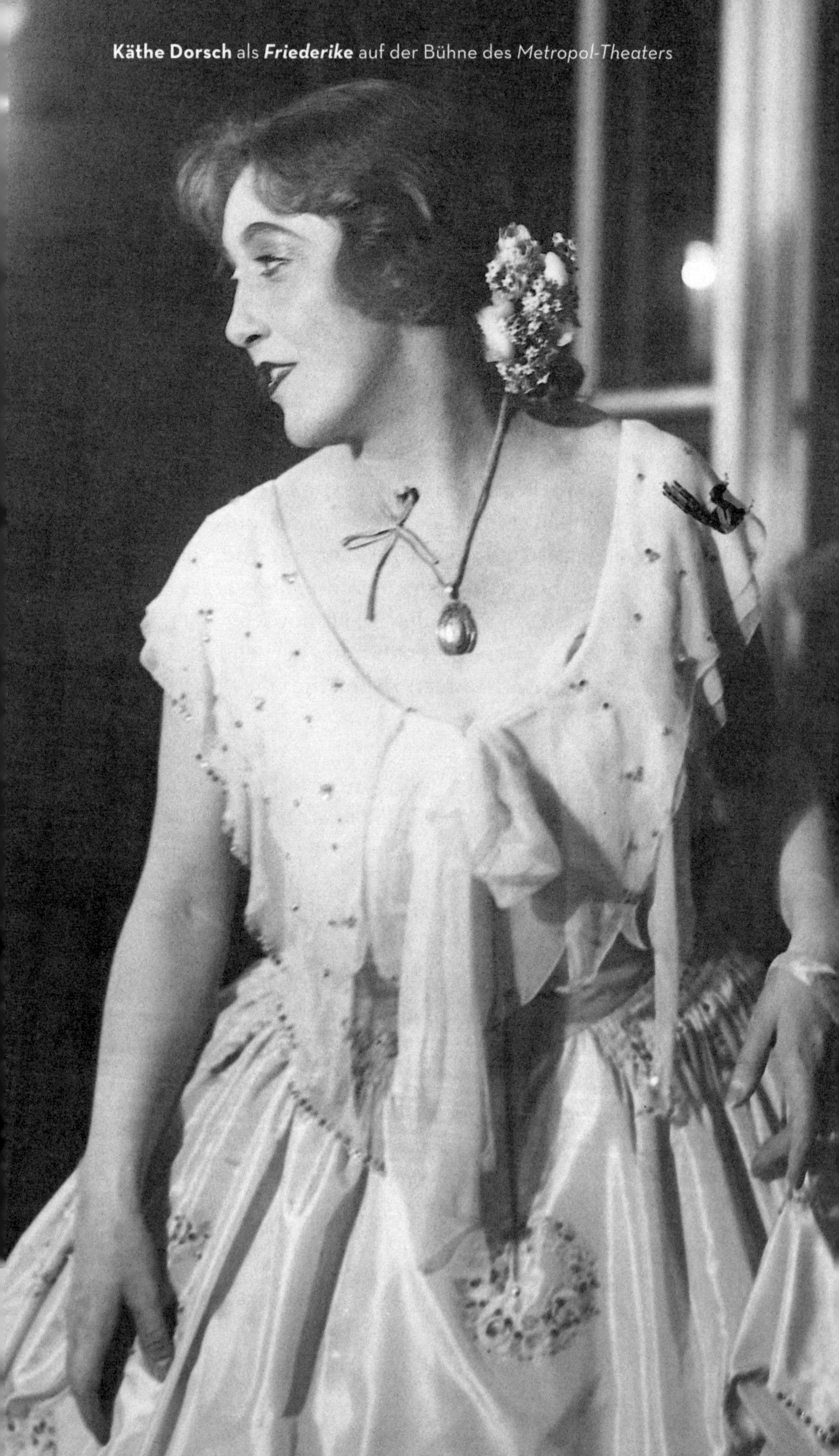

Käthe Dorsch als ***Friederike*** auf der Bühne des *Metropol-Theaters*

Die kolossal erfolgreiche Operette über den jungen Goethe bringt insgesamt über zwei Millionen Reichsmark brutto an den Theaterkassen ein. Davon geht natürlich für Gagen und andere Verpflichtungen wieder viel weg. Mit den Einnahmen können Fritz und Alfred Rotter die besagten alten Kredite gänzlich abdecken, wenn auch nicht die Hypothekenlasten, weder die alten noch die neuen.

Endlich schuldenfrei, wagen sie am 31. Dezember 1928 ein Börsen-Termingeschäft mit Aktien des Berliner Warenhauskonzerns Tietz und verlieren fast 300000 Reichsmark. Der Buchhalter der Rotterbühnen, Conrad Wolff, bestätigt später im Januar 1933 gegenüber dem Staatsanwalt, dass die *Friederike*-Gewinne „verspekuliert" worden sind und die Brüder auf diese Weise „sehr hohe in die Hunderttausende gehende Beträge auf diese Weise verloren" haben.[54]

Die Dresdner Bank hält im Dezember 1931 fest: „Ähnliche Spekulationen in Tietz-Aktien wurden auch bei den genannten anderen Bankverbindungen getätigt, besonders bei Jacob Berglas, und endeten sämtlich mit großen Verlusten, so dass hierin der eigentliche Grund der heutigen bedrängten Finanzlage zu suchen ist, denn das Theatergeschäft als solches hat sich als überwiegend rentabel erwiesen." Möglicherweise hatten sie Extra-Einnahmen aus der Verpachtung des *Metropol* an Erik Charell zu dieser unsinnigen Spekulation verleitet. Charell gibt von Weihnachten bis Silvester 1928, auf dem Höhepunkt der Spielzeit, Lehárs *Lustige Witwe* – mit Fritzi Massary in der Hauptrolle.

Über das Ausmaß der auf 1928/29 zu datierenden Börsenverluste schreibt die Dresdner Bank weiter: „Die hemmungslose Spielwut der Gebrüder Rotter brachte dann das Effektenengagement auf einen nahezu 1½ Millionen ausmachenden Betrag, so dass es zu einem ersten scharfen Zusammenstoß kam, bei dem wir eine bedeutende Reduzierung verlangten und schließlich sogar die völlige Glattstellung durchsetzten [...]."

Während einer – kurzen – „großen Hausse" erzählen sie dem mit ihnen gut bekannten Arzt Professor Max Epstein vom St. Franziskus-Krankenhaus, dass sie „große Spekulationsgeschäfte" machen. Epstein fragt nach der Bonität ihres Theaterunternehmens. „Da sagte Alfred Rotter zu seiner Frau: ‚Zeige doch mal, was hier im Hause liegt!' Frau Rotter ging darauf nach oben und kam nach einer Weile mit 50 Tausendmarkscheinen wieder, die sie mir vorzeigte."[55]

Vertrauen in die Banken gibt es nach Krieg und Inflation nur bedingt. Die Angst, womöglich von einer Minute auf die andere nicht mehr liquide zu sein, sitzt dieser Generation in den Knochen. So horten sie Bargeld zuhause, setzen auf Risiko – und verlieren alles. Ein Fehler mit Konsequenzen, die Fritz, Alfred und Gertrud Rotter noch nicht absehen können.

Noch etwas kommt hinzu: Mit einem Kredit von einer Million von der Bodenkreditanstalt – zu sehr ungünstigen Zinsen von 12 Prozent pro Jahr – lassen sie sich 1928/29 darauf ein, das *Lustspielhaus* an der Friedrichstraße 236 zu kaufen, zu einem Preis von 890 000 Reichsmark. Das Theater fasst 633 Personen und liegt zwischen dem Halleschen Tor und dem heutigen Checkpoint Charlie.

Somit haben die Brüder im Juli 1929 – drei Monate vor dem Börsenkrach – neben den hohen Hypotheken allein bei der Dresdner Bank Barschulden von nunmehr einer halben Million. Dieses Minus erhöht sich, wie die Bank festhält, „durch einen gewährten Saisonkredit" für neue Operetten auf insgesamt 800 000 Reichsmark. Zwar schlägt ihr Grund- und Gebäudebesitz sehr nennenswert zu Buche: Neben dem *Lessing-Theater* gehört ihnen ja auch das *Zentraltheater* an der Alten Jakobstraße in Berlin-Kreuzberg, zu diesem wiederum ein verbundenes Haus mit zweitem Eingang an der Oranienstraße. Diese Bühne benutzen sie als „Abspielstätte" der Produktionen, die an den größeren Häusern ihre Zugkraft verloren haben, und benennen es vorübergehend in *Operettenhaus* um.

Wie sang doch Richard Tauber in *Friederike*: *„Ich besaß es doch einmal, was so köstlich ist [...]! O wonnevolle Zeit, wie bist du, ach, so weit! [...] Vorbei! Vorbei! Vorbei!"* Und Käthe Dorsch – als titelgebende Friederike – in ähnlicher Trauer, an Freundinnen gewandt: *„Meine Lieben, hört, was ich euch sage, eh' die Reue naht!"* Im Januar 1929, im vierten Monat des *Friederike*-Großerfolgs, erkältet sich Tauber nach einer langen Fahrt am Steuer seines offenen Wagens. Von Hals- und Brustschmerzen geplagt, bestreitet er trotzdem die 100. Jubiläumsvorstellung, bis ihn beim Schlussapplaus Schüttelfrost überfällt. Ein paar Tage später, scheinbar wiederhergestellt, kann er plötzlich die Beine nicht mehr bewegen und fällt wegen einer Gelenkentzündung monatelang aus. In den Zeitungen heißt es: „Tauber wird nicht mehr singen!“[56] Eine Bäder- und Diätkur im slowakischen Bad Pistyan zeigt erst im Juni 1929 Wirkung, als Tauber es unwillkürlich schafft, mit der rechten Hand eine Fliege zu verscheuchen – sie hatte sich auf seine Nase gesetzt.

Unterdessen überredet der bekannte Textdichter Fritz Löhner-Beda den Komponisten Lehár, aus sechzehn Takten des Klavierauszuges der Operette *Die gelbe Jacke* (1923) – über einen chinesischen Prinzen, der sich unglücklich in eine Europäerin verliebt – das Lied *Dein ist mein ganzes Herz* zu schreiben und einer Überarbeitung des Werkes zuzustimmen. Als Tauber, zu Besuch bei Lehár, die Noten erstmals sieht und nach anfänglichem Vor-sich-hin Summen in Lehárs Klavierspiel „mit seiner ganzen wiedergewonnenen Stimmkraft“ einsetzt, wird ein Plan gefasst: „In der gleichen Nacht wurde Alfred Rotter in Berlin angerufen – und hörte übers Telefon *Dein ist mein ganzes Herz.* Wie denn die Operette hieße, wollte er [Alfred] entzückt wissen.“ Mit dabei an jenem legendär gewordenen Abend in Bad Ischl bei Lehár ist neben Tauber und Fritz Löhner-Beda auch der zweite *Friederike*-Librettist Ludwig Herzer: „Tauber sah Lehár, Lehár Herzer, Herzer Beda an; keiner hatte an den Titel gedacht, bis Beda jetzt, gleichsam aus dem Stegreif, damit herausplatzte: *Das Land des Lächelns.*“[57]

„LAND DES LÄCHELNS“ 1929

Im Juni und Juli 1929 veranstalten die Rotters im *Metropol-Theater* anlässlich des 110. Geburtstags von Jacques Offenbach die „Festspiele 1929“ mit dem *Blaubart* (1866). Premiere ist am 1. Juni 1929, Regie führt Friedmann-Frederich. Das Buch (nach Meilhac und Halévy) haben Fritz und Alfred Rotter selbst umgeschrieben. Käthe Dorsch sei von „derber Anmut“, begeistert sich die *Vossische Zeitung*, und zeigt sich auch vom Sänger Leo Slezet beeindruckt: „[...] seit Tauber hat man auf der Operettenbühne dergleichen nicht gehört“, es ist „entschieden einer der großen Abende der Saison“.[58] Die Aufführung geht im folgenden Jahr nach Wien, worauf Karl Kraus aber von einer „Entehrung des Werks“ und von „berlinerischem Reißertum“ spricht, weil es die aus der Gruft befreiten Frauen „als angetrunkene Barmädchen zu sehen“ gibt.

Die Rotters, zum Erfolg verdammt, begeben sich, um in jenem Sommer 1929 überhaupt die neue Spielzeit in Angriff nehmen zu können, in eine gefährliche Abhängigkeit: Durch einen Vertragsabschluss ketten sie sich an die Theaterkarten-Vertriebsorganisation *Gesellschaft der Funkfreunde*, die verbilligte Theaterkarten abgibt. Die Viertelmillion Reichsmark, die sie dafür erhalten, geht in zwei Wechseln direkt an die Dresdner Bank, reißt aber ein Loch in die zu erwartenden Einnahmen für *Land des Lächelns*. Leiter der *Gesellschaft der Funkfreunde* ist Heinz Hentschke. Drei Jahre später, in der Silvesternacht 1932, soll Alfred und Fritz Rotter diese Geschäftsverbindung, die sie ohne die unvorsichtigen Börsengeschäfte nie eingegangen wären, zum Verhängnis werden.

Doch noch ist alles offen, und mit *Land des Lächelns* in der Vorproduktion erscheinen ihre eigenen Aussichten in einem hellen Licht. Was geschehen ist, kann als Ausrutscher durchgehen. Anlass zu wirklicher Sorge besteht nicht. Die Rotters, inflationserprobt wie sie sind, behalten die Nerven.

Zunächst kommt im *Metropol-Theater* am 5. September 1929 *Marietta* von Oscar Straus zur Uraufführung – eine Komödie mit Musik von Sacha Guitry, deutsche Bearbeitung von Alfred Grünwald. Drei Lebensstationen der „Schauspielerin-Sängerin" werden gezeigt, wie es im Programmheft heißt: Käthe Dorsch gibt die Marietta „als junge, unschuldige Sängerin, als Geliebte [von] Napoléon III. und als Hundertjährige. Jetzt Liebhaberin von Telefon, Radio, Grammophon."

> *„Wir leben ja alle einmal nur, reicht dir das Leben den Pokal, mach es zum Liebesbacchanal! Schenkt dir das Schicksal Freude ein, berauschender Küsse süßen Wein, reich dem Genuss den roten Mund und leer den Becher bis zum Grund!"*

Das zwiespältige Frauen- und auf Dominanz setzende Männerbild wird erst mit der Pointe am Schluss aufgelöst. Einstweilen singt der Prinz: *„[...] wenn dein Mund auch Nein sagt, immer wieder Nein sagt, Deine Augen sagen Ja."* Dann sagt sie siebzehn Mal „Nein", ehe sie sich laut Regieanweisung „in seine Arme" stürzt und „Ja!" sagt – zu einem „langen Kuss" bei vollen Akkorden. Daraufhin singt der Prinz – wohlgemerkt Louis Napoléon Bonaparte, das heimliche Vorbild aller Autokraten – operettenselig:

> *„Frauen, ihr macht uns das Leben schön, Frauen, ihr führt uns in Himmelshöh'n, Frauen, euch hat nur zur Liebe Gott erdacht, drum hat er euch gar so schön gemacht! Frauen, ihr macht uns das Leben reich, Frauen, wie seid ihr den Sternen gleich, Frauen, ihr seid für die Lust gemacht, ihr leuchtet wie Sternenpracht am schönsten bei Nacht!"*

Das ist verzweifelt reaktionär, da der Prinz 1848 gewählter Präsident Frankreichs ist, aber 1851 kurz nach dieser Liebe durch einen Staatsstreich die ganze Macht an sich reißt und Napoleon III. wird. Nach dem „Rausch der ersten Nacht" fragt Marietta sich bereits: *„Mein zartes Glück, wann wird es verweh'n?"* Schon spürt sie, *„es kommt die Zeit, wir müssen es leiden, es kommt die Zeit, da müssen wir scheiden, der Tag, da wir uns niemals wiedersehen!"* Denn er will der Demokratie mal eben schnell den Garaus machen. Sie sieht seinen Rosenstrauß, sein Gesicht – und begreift: *„'s ist aus!"*

> *„Was bleibt von der Liebe zurück? Im Herzen ein klein wenig Glück. Ein Duft von vergangenen Stunden, da sich im Glück zwei gefunden. Was bleibt von der Liebe zurück? Erinnerung an einstiges Glück [...]."*

Im hohen Alter schließlich – der 1873 verstorbene Napoleon III. ist nur noch ein Gespenst der Vergangenheit – hört Marietta Schallplatten und singt in einer ironischen Wende der Operette, von älterem Ballast befreit:

> *„Andre Zeiten, andre Lieder, gleich bleibt nur das Herz! Man küsst sich, man liebt sich, man träumt und man gibt sich genauso wie einstens einmal. Von Herzen, mit Schmerzen, ein wenig, oder gar nicht, genauso wie einstens einmal. Was bleibt von der heißesten Liebe zurück? Ein bisschen Musik und ein Schimmer von Glück! Ob Foxtrott, ob Walzer, ob Tango, ob Slowfox, am Ende ist alles egal!"*

Diese „Egal!"-Haltung kurz vor dem großen Krach 1929 und vor dem Ende der Weimarer Republik offenbart, wie wenig die Operette dem drohenden Untergang einer Ära entgegenzusetzen hat.

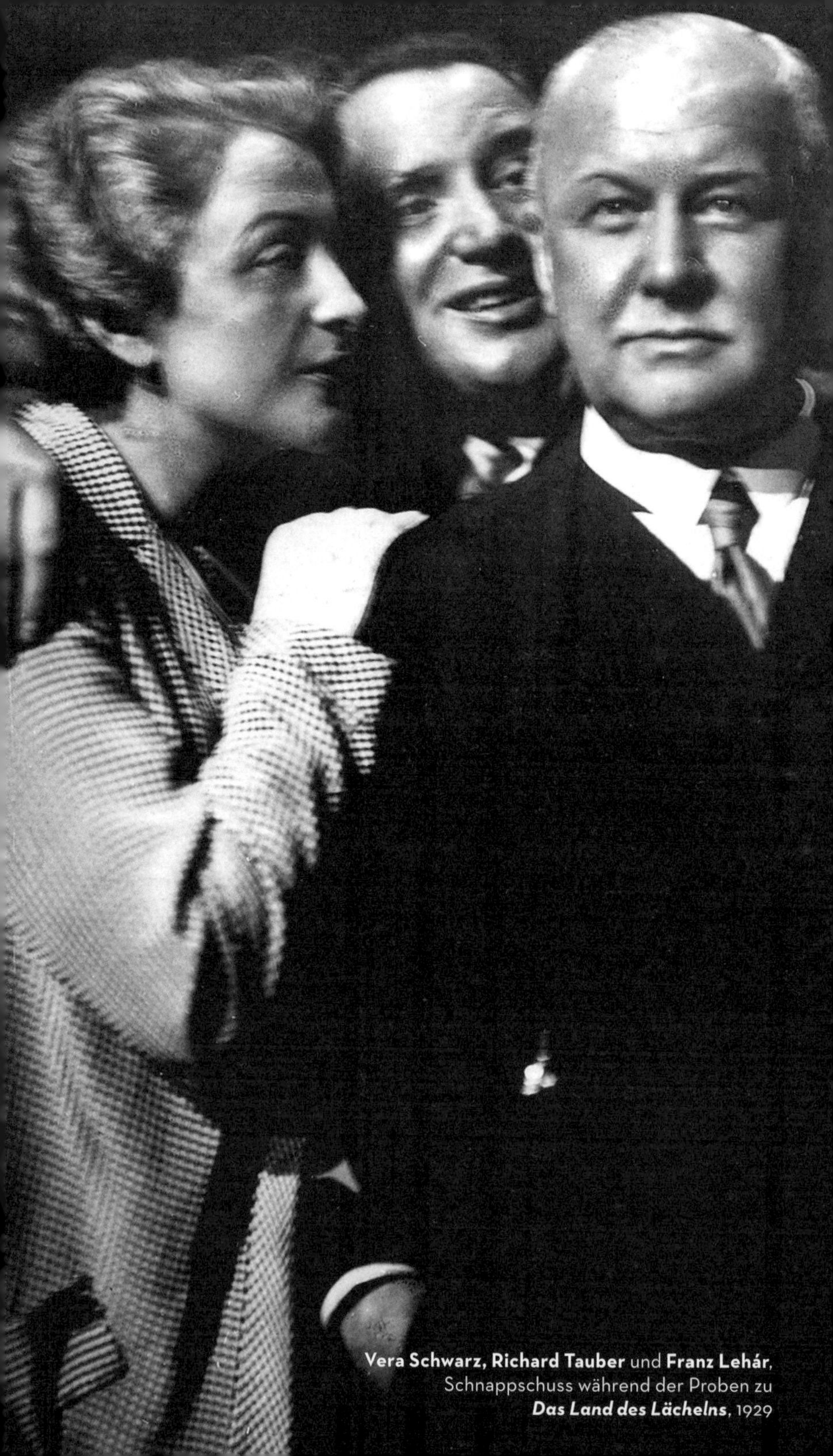

Vera Schwarz, Richard Tauber und **Franz Lehár**, Schnappschuss während der Proben zu ***Das Land des Lächelns***, 1929

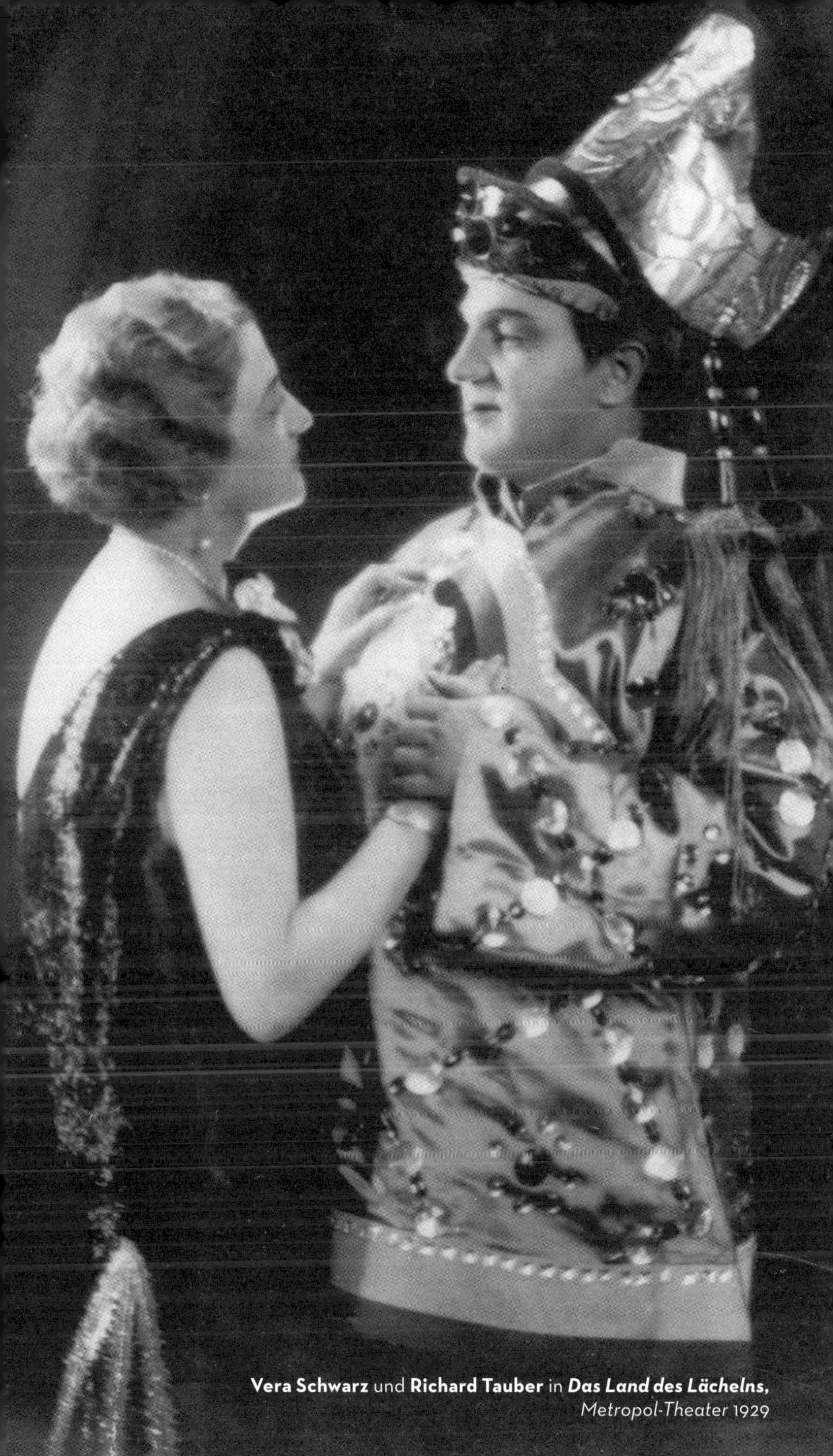

Vera Schwarz und **Richard Tauber** in ***Das Land des Lächelns,***
Metropol-Theater 1929

Zur Uraufführung von Franz Lehárs *Das Land des Lächelns* im *Metropol-Theater* kommt es erst am 10. Oktober 1929, erneut unter der Regie von Fritz Friedmann-Frederich. Auf dem Programmzettel steht: „Künstlerische Gesamtleitung: Alfred und Fritz Rotter". Lehár dirigiert. Richard Tauber tritt als Prinz Sou-Chong auf, Vera Schwarz als weibliche Hauptfigur Lisa, die verwitwete Tochter eines Grafen.

In ihrem Entree-Lied singt die weibliche Hauptfigur Lisa, die verwitwete Tochter von Graf Lichtenfels: *„Heut' [...] war ein Tag, wie ich gerne ihn mag, so ein Tag voller Leben."* Die Welt aber trennen nur noch vierzehn Tage vom Börsensturz in New York, dem Schwarzen Freitag (25. Oktober 1929), der die Zukunftshoffnungen vieler, auch der Rotters, zunichtemacht. Die Operette wird so unvermutet zum Symbol für schmerzlichen Verlust schlechthin.

Alfred Rotter ist bei den Proben auf alles bedacht – auch wenn er die Nervosität vielleicht gut überspielt. Es ist bekannt, dass er an chronischer Magenentzündung leidet. Die Sache darf nicht misslingen. Das äußere Bild der Eintracht mit dem eingespielten Duo Tauber und Lehár täuscht. Erste Spannungen zeigen sich kurz vor der Uraufführung. Alfred Rotter verlangt von Ludwig Herzer und Fritz Löhner-Beda weitere Änderungen des Librettos von Victor Léon (*Die gelbe Jacke*, 1923). Der Musiker und Arrangeur Nico Dostal berichtet:

> „Während der Proben zu *Land des Lächelns* kam ich mit Lehár häufig im Metropol-Theater zusammen, da er ja auch alle Proben selbst dirigierte. Auf einer dieser Proben kam es [...] zu unliebsamen Zwischenfällen. Beim ersten Auftritt der Lisa erklang das *Hoch soll sie leben,* von Lehár als eine Art Kanon komponiert. Das gefiel dem Direktor Alfred Rotter gar nicht. Er meinte, der Chorgesang wäre Unsinn, es sollte einfach gerufen werden *Hoch soll sie leben, hoch, hoch!,* ohne Musik. Lehár wollte sich das nicht streichen lassen, was den Direktor zu dem Ausspruch veranlasste, Lehár möge seinen Mist in Wien aufführen lassen, was wieder den Textautor, Dr. Löhner-Beda, empörte, der jetzt aus dem dunklen Zuschauerraum auftauchte und den Direktor anging: ‚Wie erlauben Sie sich mit dem Meister Lehár zu sprechen!' – ‚Was', rief der Direktor, ‚die Textdichter sind auch schon da und wollen dreinreden ...', worauf ein all-

> gemeiner Streit ausbrach, der erst einmal der Probe ein Ende bereitete, weil alle aufgeregt davongingen, bis auf Lehár, der noch am Dirigentenpult saß. Rotter wandte sich jetzt wütend an Lehár und rief: ‚Alle sind weg, und Sie sitzen noch immer da!' – ‚Ich suche nur mein Brillenfutteral', meinte fast schüchtern der Meister. Tags darauf, als wieder geprobt wurde, als wäre nichts geschehen, meinte ich empört zu Lehár: ‚Ich hätte mir an Ihrer Stelle das gestern nicht so ohne weiteres gefallen lassen.' – Er aber sagte darauf schlicht: ‚Da kann man nichts machen, er ist der Direktor.'"[59]

„Hart auf hart" geht es auch noch in der Generalprobe zu, „so dass [...] Lehár der Kragen platzte und er Hals über Kopf den Dirigentenstab hinwarf und das Metropol-Theater verließ. Tauber sprang in den Orchestergraben und dirigierte weiter – bis sein Einsatz kam und er selber auf der Bühne sein musste. Da warf er über sein Sou-Chong-Kostüm den Mantel und eilte zu Lehár. Nach einer Weile kamen beide lachend, Arm in Arm, wieder zur Probe. Allmählich graute schon der Morgen und abends war Premiere. Eine Weile ging es gut, doch dann versuchten die Rotters wieder, etwas zu ändern, und diesmal war es ausgerechnet Taubers Auftritt. Dieses Hickhack ging, bis die Rotters endlich von ihrer Idee Abstand nahmen mit dem Seufzer: ‚Na ja, weil Sie der Tauber sind!'" Tauber antwortet „gereizt": „Gott sei Dank, dass ich der Tauber bin!"[60]

Diane Napier-Tauber berichtet in ihrer Biografie über Richard Tauber, es gebe eine Kinowochenschau über die Uraufführung mit „200 Fuß" Film allein vom Schlussapplaus, „dem Hochgehen und Niederfallen des Vorhangs mit abwechselndem Erscheinen aller Darstellenden".[61] Prinz Sou-Chong, 1912 der chinesische Gesandte im Wien, wo die Operettenhandlung beginnt, steht stellvertretend für viele Außenseiter der Gesellschaft, und Lisa für die Verkörperung aller Wünsche. *Dein ist mein ganzes Herz*, von Richard Tauber gesungen, wird zum Inbegriff des Genres romantische Operette:

> *„Dein ist mein ganzes Herz! Wo du nicht bist, kann ich nicht sein,*
> *so wie die Blume welkt, wenn sie nicht küsst der Sonnenschein!*
> *Dein ist mein schönstes Lied, weil es allein aus der Liebe erblüht!*
> *Sag mir noch einmal, mein einzig Lieb, o sag noch einmal mir:*
> *ich hab dich lieb!"*

OPERETTE UND GROSSE DEPRESSION: DAS „WAHRE ZEITTHEATER“

Zu Beginn der Weltwirtschaftskrise lastet nicht nur auf dem *Lessing-Theater* eine Hypothek von 600 000 Reichsmark, sondern auch auf dem *Lustspielhaus* eine Grundschuld von 380 000 Reichsmark, ebenso eine von 50 000 Reichsmark auf dem *Breslauer Stadttheater*, das die Rotters offenbar noch vor dem finanziellen Absturz Ende 1928 erworben haben. Aus vier ihrer Theater müssen sie täglich Pachteinnahmen an die Bank abtreten. Bereits am 13. Mai 1927 gibt es an der New Yorker Börse einen Börseneinbruch: „Nach dem Börsensturz 1927“ sei „das Konto“ der Rotters „stets ein Schmerzenskind geblieben“, stellt ein Abteilungsleiter der Dresdner Bank im Dezember 1931 fest.[62] Nur durch die erneut außerordentlichen Erfolge mit ihren Operetten schaffen es Fritz und Alfred, in der Saison 1929/1930 immerhin 330 000 Reichsmark zurückzuzahlen und die Schuld (inklusive Zinsen) auf 510 000 Reichsmark zu reduzieren.[63]

Am 25. Dezember 1929 folgt im gepachteten *Theater des Westens*, das seit 1924 zu den Rotterbühnen gehört, die Berliner Premiere von *Hotel Stadt Lemberg* von Robert Gilbert mit Käthe Dorsch als Anna. Die Aufführung glückt – das „musikalische Schauspiel“ wird bis Mitte März 1930 en suite gegeben. Die Romanze zwischen der weiblichen Hauptfigur Anna und einem heimlich in sie verliebten österreichischen Husarenleutnant namens Almasi spielt während des Weltkrieges in Galizien; Almasi versäumt den österreichischen Rückzug und verbirgt sich im titelgebenden Hotel vor den anrückenden Russen. Die Operette geht auf den gleichnamigen Roman von Ludwig Biro (Lajos Biró) zurück, der 1927 mit Pola Negri in der Hauptrolle und demselbem Titel als Film zu sehen war.[64] Das Operettenlibretto von Ernst Neubach mache die weibliche Hauptfigur Anna – im Roman eine „Magd“ und „Hoteldirne“ – neu zu einer „Nichte des nach Wien geflüchteten Wirts“ und, wie die *Vossische Zeitung* weiter meint, „zugleich zu einem Wesen von unantastbarer und zweifelsfreier Jungfräulichkeit“.[65] Eine „zweite Verschiebung gegen den Grundtext“ sei: Der russische Spion in der Handlung „lässt sich die den Österreichern gestohlenen Aufmarschpläne im Rausch unblutig entwenden, während er bei Romanautor Biro dran glauben muss."[66] In der Operette versteckt Anna außer ihrem stillen Verehrer Almasi auch noch ein Flüchtlingsliebespaar – mit tatkräftiger Hilfe des Portiers Elias. Der singt, „wir kleinen Leut' sind manchmal groß im Stillen".

Der Kriegsumstände wegen darf der österreichische Husar Almasi Anna seine Liebe nicht zeigen und singt:

> *„Du liebst mich, du liebst mich/ du weißt es nur noch nicht/ du liebst mich, du liebst mich/ du sagst es nur noch nicht [...]/ Ich weiß es schon lang/ dass du mich lieben musst/ aber du selbst/ hast nichts davon gewusst [...]"*

Herbert Jhering, der *Hotel Stadt Lemberg* und *Land des Lächelns* als „Seelengedudel" für den „Massengeschmack" einschätzt und eine strenge, satirische, freche – so gesehen eng revolutionär gefasste – Moderne einfordert, erblickt in den Rotters zugleich die Zeichen der „Zeit"; dabei entgeht dem Kritiker, wie sehr mittlerweile die wahre Gefahr nicht von der „ewigen Macht des Durchschnitts" droht, sondern umgekehrt von jener der Extreme:

> „Die Rotters haben sich aus dem Schauspiel und damit aus der öffentlich kontrollierten Aufmerksamkeit zurückgezogen. Sie sind zur Operette und damit zur unauffälligeren Wirkung übergegangen. Ein größeres Publikum sieht ihre Vorstellungen. [...] Zwar ist die Inflationszeit geistig immer noch nicht überwunden, immer noch gibt es rasende Überbewertungen und rasende Wertstürze. Aber bei den Rotters kennt man genau die geheimen, noch nicht offenbarten, die kommenden Wünsche des internationalen Publikums. Kaum eine Anspielung noch, keine Zoten, keine seelischen Dekolletés. Auch der Witz geht angezogen, und die Seele ist verhüllt. Das goldene Herz hat exotische Sehnsüchte – also *Das Land des Lächelns*, also heiratet eine Wienerin einen chinesischen Gesandten. [...] Während früher in jeder Bühnenecke das tragische Gefühl säuselte und in jedem Bühnenvordergrund die Dessous raschelten, dringt jetzt der seelische Augenaufschlag bis zur Rampe vor. *Dein ist mein ganzes Herz* gilt nicht nur der Prinzessin Lisa aus Wien, sondern auch dem Publikum vom Kurfürstendamm. In unzähligen Schnörkeln und Variationen wird die Liebesarie einmal an die Partnerin, einmal an den Zuschauer adressiert.

[…] Alfred und Fritz Rotter kennen die Zeit. Sie sind Geschichte. Sie sind ‚unüberwindlich'. In allen Wandlungen sind sie zu erkennen. Alfred und Fritz Rotter – die ewige Macht des Durchschnitts, des Massengeschmacks von New York bis Budapest. […] Die Internationale des Spießertums gibt sich bei ihnen ein Stelldichein. […] Man soll die Rotters nicht hochmütig verachten. In ihren Zuschauerräumen lernt man mehr als im *Staatstheater* oder in der *Komödie*. Die Rotters sind hineingeboren in eine Welt, die den Tonfilm erfinden und die geniale Erfindung durch krachlederne Dorfgeschichten und wehleidiges Seelengedudel gefährden musste. […] Bei den Rotters ist der Weltkrieg ein Operettenstoff, kein ernstes, aggressives, kein satirisches, freches Thema, wie kämen sie dazu, nur eine lyrische Idylle mit gelegentlichen Kulissenspannungen, in der Käthe Dorsch nach dem Durchbruch der Österreicher bei Gorlice den Frühling ansingt. So die Stücke, so das Publikum, so die Zeit, so die Schauspieler. Das Genie der Dorsch angeglichen, ausgelöscht, typisiert. Die Rotters: die Zeit. Die Zeit: der Tonfilm: […]. Wer wissen will, was sich vorbereitet, sehe sich *Hotel Stadt Lemberg* an. Wer ahnen will, was langsam heranschleicht, gehe in *Land des Lächelns*. Hier lernt er, jenseits des offiziellen, kritisierten Theaters, das inoffizielle, aber umso wichtigere Theater kennen: das wahre ‚Zeittheater'."[67]

RHYTHMUS UND GLÜCKSRAUSCH DER LIEBE: RALPH BENATZKY UND PAUL ABRAHAM

Natürlich meint Jhering das sarkastisch. Auch im Kabarett werden die Brüder Rotter und Richard Tauber parodiert, etwa in der *Katakombe* in Berlin – wegen *Friederike*. Der nicht erhaltene satirische Text (vermutlich von 1929) trägt den Titel „Rotterfestspiele anlässlich des Goethe-Jahres".

In Wirklichkeit sind die Rotters als Direktoren längst weiter – auf einer neuen Spur. Ralph Benatzkys *Mit dir allein auf einer einsamen Insel* nach einem Libretto von Arthur Rebner weist bereits den Weg zum deutschen Musical. Diese Benatzky-Operette, die zuvor am *Residenz-Theater* in Dresden – ebenfalls eine Rotterbühne – uraufgeführt worden ist[68] und mächtig eingeschlagen hat, kommt

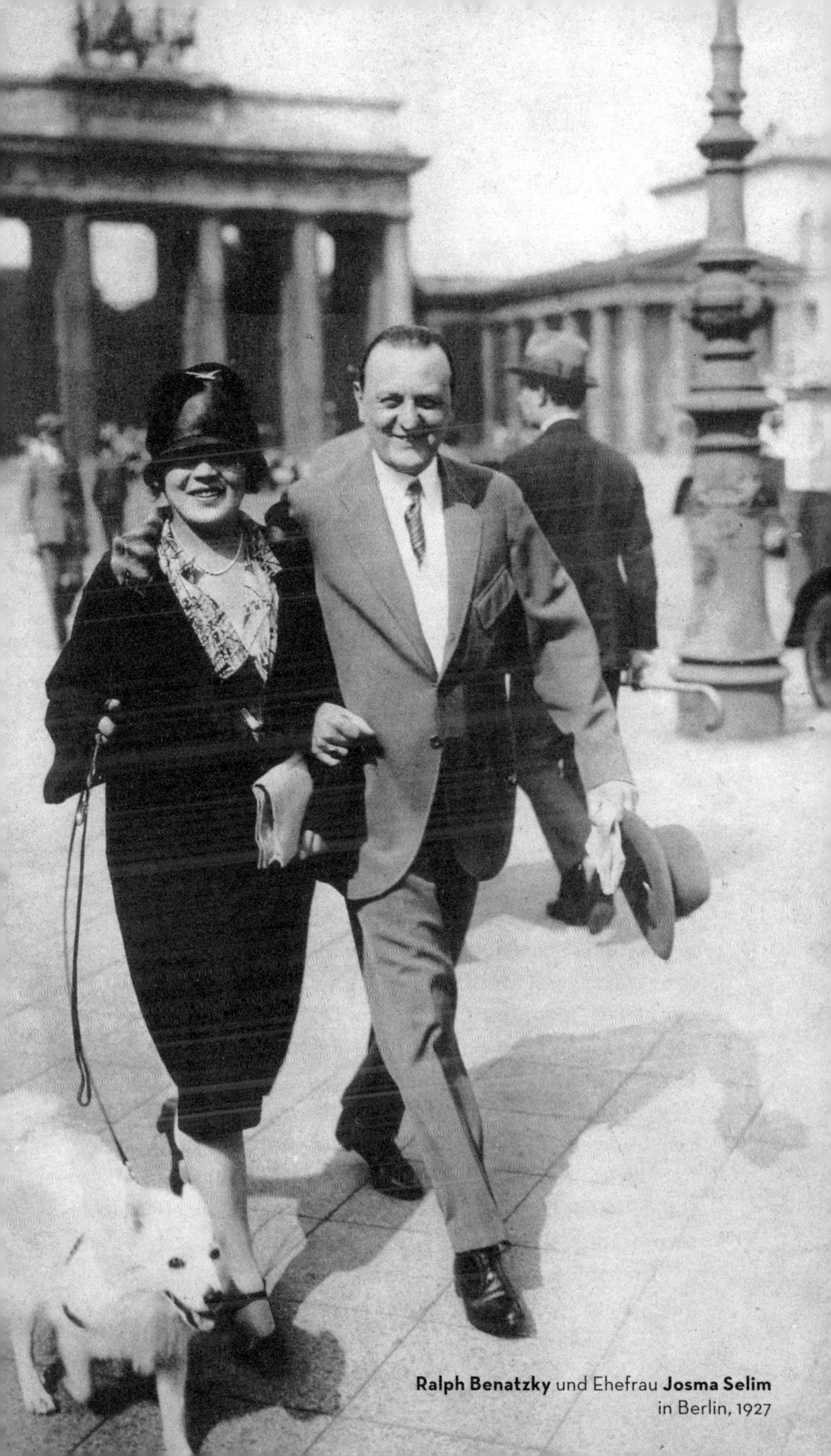

Ralph Benatzky und Ehefrau **Josma Selim**
in Berlin, 1927

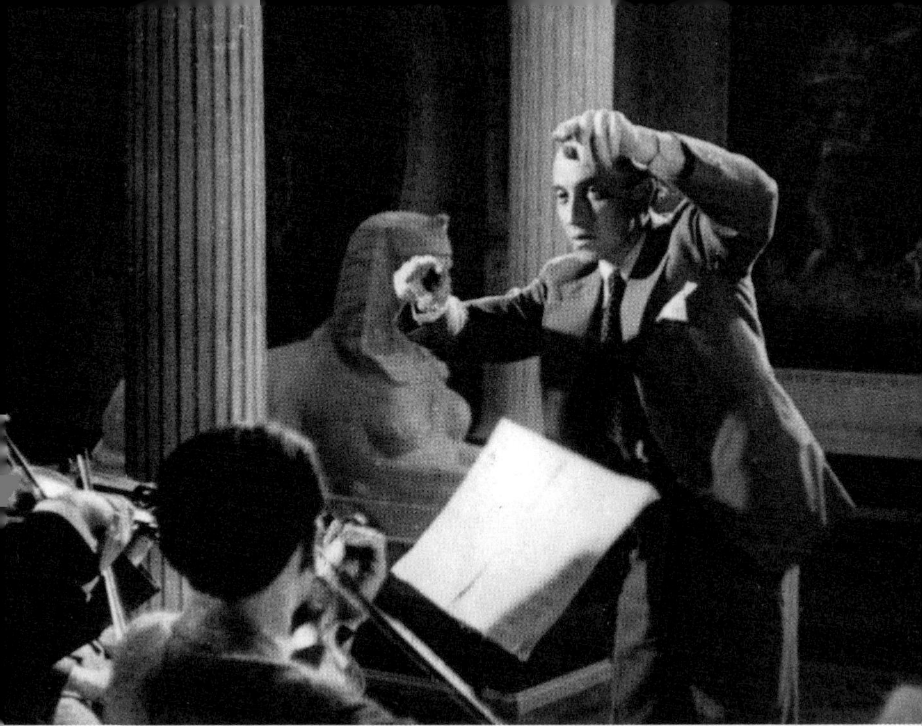

Paul Abraham dirigiert bei Filmaufnahmen zu seiner Operette *Viktoria und ihr Husar*, 1931

im Mai 1930 ausgereift ans *Metropol-Theater*[69], dem Haupthaus der Rotters, und verdrängt Tauber und *Das Land des Lächelns* in die Abspielstätte *Theater des Westens*. „Benatzky entwickelte das musikalische Singspiel – ein Genre, in dem er führend wurde."[70] „Er ist der Mann des Tages", schreibt Edwin Neruda in der *Vossischen Zeitung* über Benatzky, „ein vielbemerkter Tonfilm – *Der unsterbliche Lump* – läuft nach seiner Musik [...]." Nach „den Schlagern der neuen Operette (Slowfox, Tango, Walzer, Marsch und Fox) schwingt man nach der Uraufführung in der Dresdener Rotter-Filiale allerorten das Tanzbein."[71]

Die Handlung von *Mit dir allein auf einer einsamen Insel* verpflanzt den Romeo-und-Julia-Stoff in die beiden Familien „Vanderstraten und Rocksale, Kaffee und Zucker en gros, die in unversöhnlicher Handelsfehde liegen". „Rocksale jr. tut unerkannt Chauffeurdienste im Hause seines Feindes, dessen Töchterlein er sich erobert, was im Rahmen einer neckischen Robinsonade (Notlandung des Flugzeuges in einer exotischen Ananas-Wildnis) geschieht."[72]

In der Operette heißen die beiden Liebenden Dorrit und Stephen. Jener singt als ihr Chauffeur traurig:

> *„Ich hab ihr nichts von Lieb' gesagt, ich hab ihr nie mein Leid geklagt, ich seh sie nur mal an, so dann und wann ... Dann fühl ich mich so stolz und reich, und was ich will, gelingt mir gleich, ich werd zum Genie, durch sie, durch sie [...]. Was verlangt man denn schon vom Geschick? Bisschen Liebe, bisschen Glück! Bisschen Rausch und Vergessen, bisschen Gefühl, lieber Gott, sag doch selbst, ist das denn so viel? Wir brauchen so wenig zum Glück! Bisschen Wein und ein bisschen Musik! Und ein Herz, dem ein und alles man ist, bis man sich und die Welt ringsum vergisst!“*[73]

So klingt bei den Rotters seelisches Krisen-Labsal. Und Dorrit singt:

> *„Irgendwie, irgendwo, irgendwann, trat auch an mich der Augenblick heran, wo ich die Freiheit des Herzens verspielt, und wo bekommen ich gefühlt: Ich bin verliebt, ich weiß nicht, wie es ist geschehen, ich weiß das eine nur: ich will ihn wiederseh'n. Mein Herz ist froh, und gleich danach zu Tod betrübt: im Lachen und im Weinen sagt es mir: ‚Ich bin verliebt!'“*

Und ganz Berlin singt daraufhin den Slowfox-Ohrwurm:

> *„Mit dir allein auf einer einsamen Insel, da möcht' ich sein, auf einer einsamen Insel! Mich reizt die Welt mit ihren Schätzen nicht, sie kann das Glück mir doch ersetzen nicht: Mit dir allein auf einer einsamen Insel!“*

Eskapismus-Komödie, um die Große Depression zu überstehen? Edwin Neruda in der *Vossischen Zeitung* spricht von einem „leichteren, [...] sorglosen Genre“ und meint am 17. Mai 1930: „Im Metropol-Theater hat sich gestern abend der Sommer angesagt.“

Ebenfalls hellhörig macht die Rotters ein paar Monate später der kolossale Erfolg von Ralph Benatzkys Singspiel *Im weißen Rößl* durch Erik Charell im *Großen Schauspielhaus*.[74] Da Alfred Rotter das gleichnamige Theaterstück von 1897 gut kennt, er hat es wie erwähnt 1920 selbst inszeniert, wird er sicher bedauern, dass ihm die Idee zu dieser Operette nicht selbst gekommen ist. Charell übrigens hat den genialen Einfall, als er im Mai 1930 im echten Gasthof *Zum Weißen Rößl* in St. Wolfgang/Österreich sitzt und sieht, wie der Schauspieler Emil Jannings „mit dem verblüfften Kellner" einen komischen Dialog aus dem alten Schwank „zu improvisieren" beginnt. Charell beschließt, „das Werk als revueähnliches Singspiel" neu herauszubringen – und beauftragt damit Benatzky.[75] Für die Rotters allerdings war Ralph Benatzky nicht der einzige vielversprechende neue Tonsetzer.

Äußerst ersprießlich entwickelt sich in dieser Zeit – auch im Persönlichen – die Zusammenarbeit mit dem Komponisten Paul Abraham. Wie Benatzky lässt auch Abraham die „lyrische Operette" Lehárs[76] hinter sich und bezieht Jazz und moderne Tanzrhythmen mit ein. 1892 geboren, hat Paul Abraham in Budapest Komposition studiert und mit Streichquartetten und einem Cellokonzert erste Anerkennung bekommen, ehe er 1927 am Budapester *Hauptstädtischen Operettentheater* Kapellmeister wird; er komponiert für den Stummfilm ebenso wie für das Kabarett; 1928 erregt sein „Jazz-Spektakel" *Zenebona* Aufsehen. In seinen Werken verbinden sich klassische Tradition und Moderne mit den Einflüssen von Sinti-und-Roma- sowie Klezmer-Musik und Jazz, wie die Abraham-Biografin Karin Meesmann zeigt.[77]

Abrahams *Viktoria und ihr Husar* (1930), seine erste Operette, begeistert zuerst in Budapest. „Ihr sensationeller Erfolg veranlasste den ungarischen Theaterunternehmer Miksa Preger, sie in Deutschland zu lancieren"[78] – zuerst im Leipziger *Opernhaus*, dann bei den Rotters, in ihrem *Metropol-Theater*.

Dort hat *Viktoria* im Sommer 1930 Premiere,[79] zu Gesangstexten von Alfred Grünwald und Fritz Löhner-Beda, die zu Hausautoren der Rotters geworden sind. Regie führt ebenfalls Grünwald – nicht ohne einige vorangehende Turbulenzen: Der Rechteinhaber Miksa Preger hat sich nämlich in den Kopf gesetzt, selbst zu inszenieren. „Die Rotters erklärten sich mit allem einverstanden; da sie aber von Pregers Regiekünsten nichts hielten, bezahlten sie lieber die Konventionalstrafe und engagierten einen anderen Regisseur".[80] Preger, der das erfährt, versucht zu verhindern, dass „der Orchesterdiener des *Metropols* in Leipzig das einzige vorhandene Orchestermaterial" abholt: „Jener hielt es schon in Händen, da stürzte sich Preger auf ihn, wollte es ihm entreißen und brach ihm dabei einen Finger."[81] Der nicht mehr

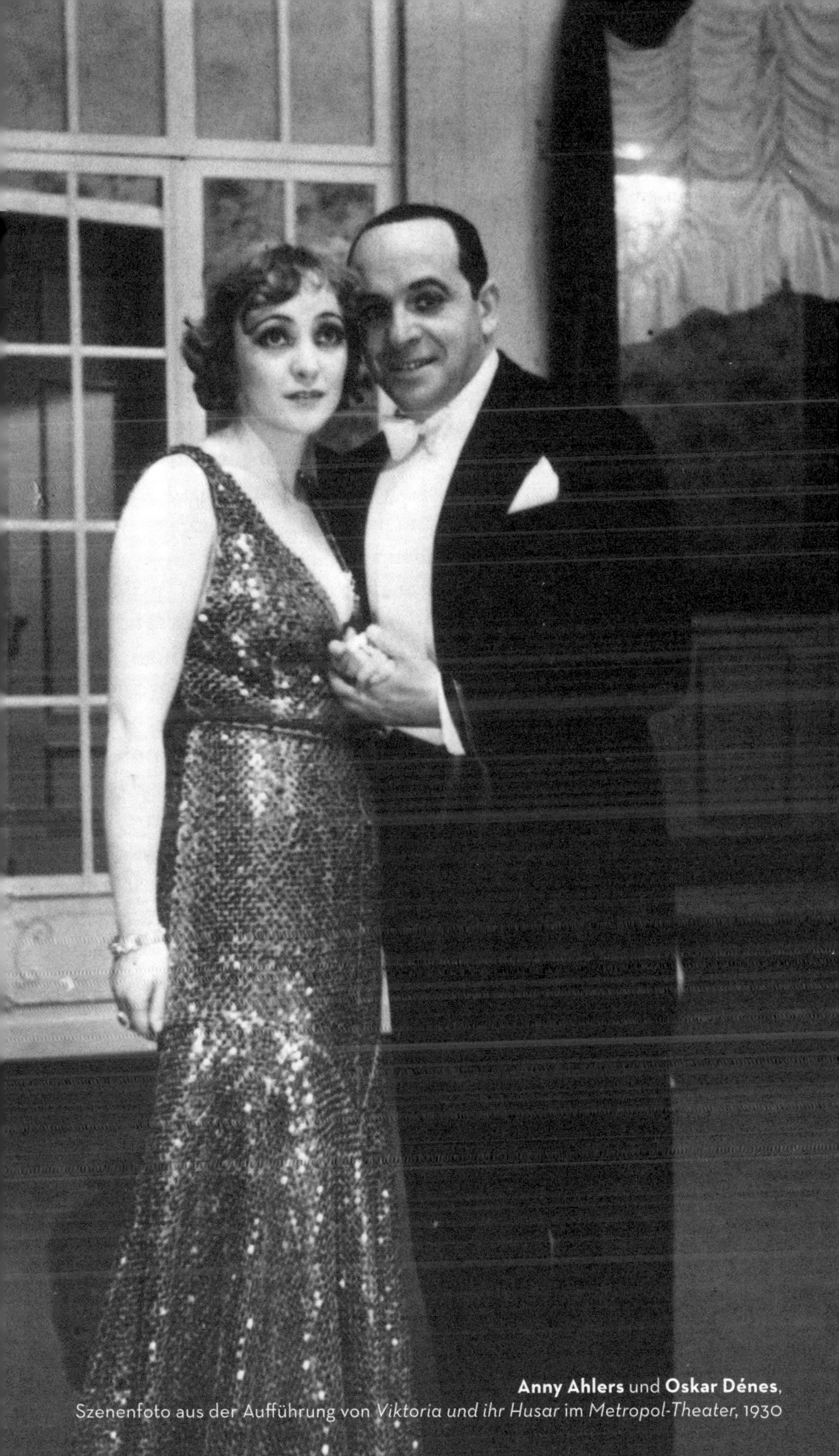

Anny Ahlers und **Oskar Dénes**,
Szenenfoto aus der Aufführung von *Viktoria und ihr Husar* im *Metropol-Theater*, 1930

namentlich bekannte Rotter-Mitarbeiter aber lässt die Noten nicht los und bringt sie nach Berlin.

Im Programmheft steht selbstverständlich nichts davon. „Alle großen Meister der Operette haben am Anfang etwas Ordentliches gelernt“, heißt es da nicht ohne Ironie. „Auch Abraham präsentiert uns, als Ausweis seines Könnens, eine sinfonische Dichtung, eine Orchestersuite, ein Cellokonzert, Kammermusik, Streichquartette, Lieder. [...] Aber, wie das heut so ist: man kann kein Richard Strauß werden und kein Strawinsky, da wird man eben Tonfilm- und Operettenkomponist. Die Zeit ist so, sie drängt schnell nach Bestätigung, Erfolg, Ruhm, Geld.“ Unerwartet enthüllen Fritz und Alfred, wenn auch indirekt, was ihr eigener Lebenswahlspruch als Theaterdirektoren zu sein scheint: „Nur wer den Ernst des Lebens und der Kunst erkannt und gemeistert hat, kann darangehen, ihn durch Heiterkeit zu überwinden.“[82]

Die Premiere von *Viktoria und ihr Husar* ist laut der *Vossischen* Zeitung ein „großer Erfolg“: „Getragen von Melodien des Herzens (aus Ungarn) und Rhythmen für die Beine (aus Amerika)“. Dem Komponisten Paul Abraham „glücken [...] allerhand schlagerartige Nummern. Mit unvergesslichen Texten! ‚Nur ein Mädel gab es auf der Welt.‘ ‚Mausi, süß warst du heut Nacht.‘ ‚Meine Mamma war aus Yokohama.‘ ‚Reich mir zum Abschied noch einmal die Hände.‘ Gebrauchsmusik. [...] Zwischendurch gab es auch Girltänze, gedrillt vom Ballettmeister Jeffrey Piddock aus London, ordentlich, aber unoriginell.“ Das Fazit: „Als Auftakt der Saison – welch ein Ausblick! – ein echter Rotter-Erfolg. Ein Erfolg der marktgängigen Ware. Eines ganzen Lagers marktgängiger Waren.“[83]

DER BRUCH MIT LEHÁR

Trotz bedeutender Rückzahlungen bringt der Winterspielplan 1929/30 aber für die Rotters in der Gesamtlage „keinerlei Erleichterung“, wie die Dresdner Bank ein Jahr danach betont. 1930 macht zusätzlich einer von Fritz und Alfred Rotters Pächtern, der bekannte Theaterdirektor Heinz Saltenburg, Konkurs: Er hat das *Lessing-Theater* übernommen und in Unterpacht auch das *Theater des Westens*, kann „aber bereits nach kurzer Spieldauer seinen Verpflichtungen nicht mehr nachkommen“.[84] Seine Schulden gehen auf die Rotters über. Doppelt schmerzlich, denn sie haben sich, laut späterer Aussage eines Abteilungsleiters ihrer Bank, im Sommer 1930 bei der Dresdner Bank „Vorschüsse in Höhe von etwa ½ Million Reichsmark“ bewilligen lassen und Saltenbergs (ausbleibende) Pachtzahlung als Sicherheit geboten. Einen ähnlichen „bösen Reinfall“[85] haben sie zuvor schon bei „der Verpachtung des *Theaters des Westens* an das *Ruden'sche Billetbüro*“ erlebt: „Der Verlust betrug zigtausende von Mark [...].“[86]

Zusätzlich kommt es zu einem Zerwürfnis mit Franz Lehár – ausgerechnet bei der Premiere seines Singspiels *Schön ist die Welt*. Der Titel steht für den angestrengten Optimismus, den die Rotters mitten in der Weltwirtschaftskrise plakatieren. Lehárs frühere Fassung von 1914 lautet noch: *Endlich allein*. Die Premiere ist am 3. Dezember 1930 im *Metropol-Theater*, Friedmann-Frederich führt Regie. Das Genre „Lyrische Operette“ mit dem „Kunstschlager“[87], für das Franz Lehár steht, aber scheint an eine Grenze zu kommen. Das können auch die Textdichter Ludwig Herzer und Fritz Löhner-Beda mit ihrer Neufassung nicht verhindern. Die Handlung um einen Prinzen und eine Herzoginnennichte, die sich aus dem Weg gehen und nichtsahnend in den Bergen zueinanderfinden, widerspricht zu sehr dem Zeitgefühl. Als Taubers Partnerin tritt allerdings Gitta Alpár auf. Sie begeistert.

Das *Berliner Tageblatt* meint: „Gittá Alpar, immer Prinzessin des Gesangs, [...] ist stimmlich, gesanglich reifer als sie je bei der Oper war [...]. Sehr prinzessinnenhaft sah Gitta Alpár in rosa Ninon mit Spitzen aus und sehr touristenhaft-unternehmend im braun-grünen Sportdress [...].“ Im letzten Akt tanzt sie „im weißen [...] Samt, mit Rubinen behangen“.

Das sonst so Widerständige in den Frauencharakteren bei den Rotters scheint diesmal zu fehlen. *Schön ist die Welt* hält sich nur knapp drei Monate im *Metropol*, dann wird die Inszenierung ans *Theater des Westens* durchgereicht und muss sich dort den Platz mit anderen teilen: Acht Aufführungen folgten im März 1931, davon eine an einem Nachmittag, vier Vorstellungen im April, davon zwei am Nachmittag – dann ist Schluss. Die Rotters haben Besseres auf Lager.

Ludwig Apel, der missgünstige Schwager von Alfreds Frau Getrud, urteilt 1933:

„Die Erwartungen auf einen Erfolg in diesem dritten Lehár in drei Jahren waren groß, erfüllten sich aber durchaus nicht. Tauber zog nicht mehr und die Alpár war erst im Beginn ihres Aufstieges als Operetten-Diva. Die Musik war ansprechend, aber der Text und besonders Alfred Rotters Regie unfertig und schlecht. Im letzten Akt taumelte man auf der Bühne von einer Regieverlegenheit in die andere. Um die fehlende Verbindung zwischen den Szenen zu haben, wurde ein Telefon, dieses übelste Theaterrequisit, herangezogen und andauernd benutzt. [...] Dabei erhielten beide Hauptkräfte ein Abendhonorar von zusammen weit über 3 000 RM.“[88]

Apel beschreibt auch, wie es zum Streit kommt: „Auf der Premiere von *Schön ist die Welt* tobte Alfred und pöbelte Lehár gröblich an, den er für den Misserfolg verantwortlich machen wollte. Eine Verständigung zwischen beiden ist später niemals mehr zustande gekommen. Das Stück musste vorzeitig abgesetzt werden, und sein Misserfolg war dann auch der Anfang vom Ende.“[89]

Geht es in diesem Streit um Musik? Das wäre zu kurz gedacht – es geht um Wirkung. Regisseur Friedmann-Frederich spielt den Vorfall stark herunter:

„Es war der übliche Probenkrach, bis die Episode nach Wien kam, war es bereits ein Konflikt [...]. Hier ist einmal mehr der Beweis erbracht worden, wie berechtigt der Aberglaube beim Theater ist. Je größer der Krach, desto sicherer der Erfolg! Bisher ist *Schön ist die Welt* fünfundzwanzigmal über die Bretter gegangen. In diesen fünfundzwanzig Vorstellungen hat Richard Tauber seinen diesmaligen Schlager *Liebste, glaub an mich* über hundertfünfzigmal gesungen und Gitta Alpár ihr Hauptlied, nennen wir es den Alpár-Schlager, nicht weniger oft [...], so dass ich hoffe, dass wir am Schlusse der Saison alle unisono nach Lehárs Melodie singen werden: ‚Schön ist das Geld.‘“[90]

„Liebste, glaub an mich, denn ich liebe dich! Mein Glück, es liegt in deiner kleinen Hand ... Wenn die Liebe will, steh'n die Sterne still und die Erde wird ein Märchenland. So geht man durchs Leben

leicht und frei, man hört von Liebe, sieht Liebespärchen. Man lächelt darüber und denkt dabei: Ach was, das sind ja Märchen! Man pflückt manche Blume und freut sich daran paar Wochen, höchstens ein Jährchen. Plötzlich, man weiß nicht wie und wann, erlebt man selbst das Märchen! Liebste, glaub an mich […]."[91]

Franz Lehár selbst sieht den Krach so:

„Vor allem: die Sache ist nicht tragisch zu nehmen. Bei Proben, die den ganzen Tag und dann am Tag der Premiere bis 6 Uhr morgens dauern, werden an die Nerven aller Künstler die schwersten Anforderungen gestellt. Man wird gereizt und empfindlich wie ein Blinddarm, und man wägt nicht mehr die Worte ab wie sonst bei ruhiger Besinnung und bei ruhigen Nerven. Ich bin mit meinem Werk, wie man ja weiß, künstlerisch so verwachsen, dass ich jede Änderung als einen unerlaubten Eingriff in mein Heiligstes betrachte. Als ich da plötzlich eine Änderung in meiner Operette *Schön ist die Welt* bemerkte, fragte ich, wer das getan hat. Als ich erfuhr, die Direktoren Rotter wären die Urheber, sagte ich in meiner Erregung: ‚Das sind ja musikalische …' Bei ganz ruhigen Nerven und ruhiger Überlegung hätte ich diese Äußerung sicher nicht gemacht, zumal jeder, der mich kennt, weiß, wie wenig aggressiv meine ganze Art ist und wie ich aus meinem künstlerischen Schaffen lebe. Ich habe gar nicht Zeit zu großen Affären. Wie es aber schon einmal beim Theater ist, wurde diese Äußerung den Rotters überbracht, die nun ihrerseits gegen mich aggressiv wurden. Ich glaube, heute tut es ihnen sehr leid, und der ganze ‚große Konflikt' ist meinerseits bereits ad acta gelegt."[92]

Auf welche Abqualifizierung spielt Lehár an? „Banausen"? Einer anderen Quelle zufolge „sagte er [Lehár], dass die Rotter-Brüder so grundunmusikalisch sind, dass sie einen Violinschlüssel nicht von einem Abortschlüssel unterscheiden können".[93] Also eher unterste Schublade. Doch Rotters verstehen auf andere Weise etwas von Musik – sie hören, wie das Publikum hört.

Und endgültig scheint die Entzweiung von Dezember 1930 nach *Schön ist die Welt* auch noch nicht. Richard Tauber bleibt ohnehin vertraglich an die Rotters gebunden. Fritz Rotter lässt

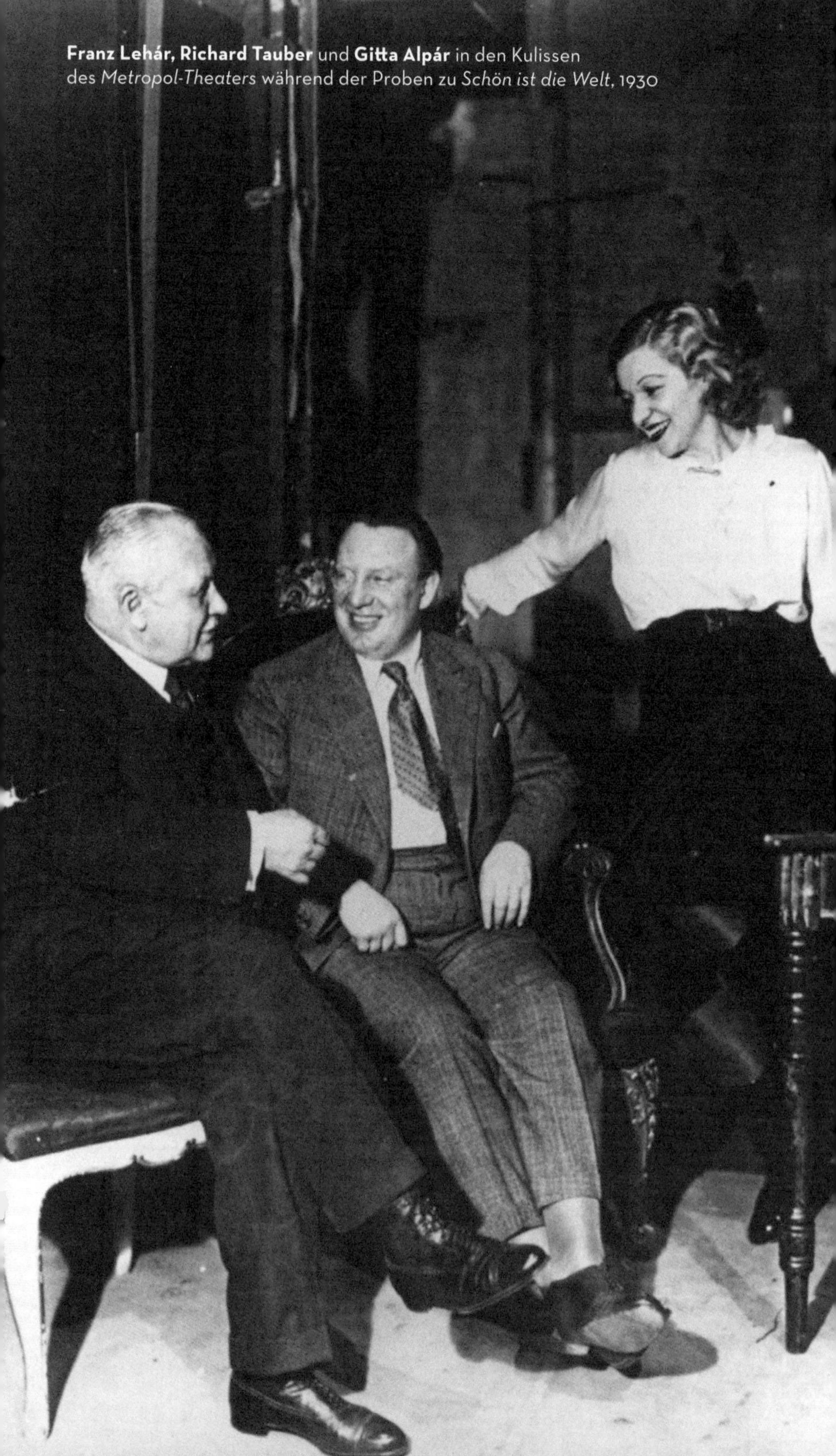

Franz Lehár, Richard Tauber und **Gitta Alpár** in den Kulissen des *Metropol-Theaters* während der Proben zu *Schön ist die Welt*, 1930

öffentlich erklären: „Und damit die Leute wieder was zu reden haben, bringen wir im nächsten Jahr trotz aller Dementis *Das Fürstenkind* von Lehár mit einem neuen Text heraus."[94]

Mit mehr als einem Jahr Abstand nimmt Richard Tauber Stellung zu den Streitigkeiten, wenngleich er sich eher bedeckt hält. Er bestätigt, dass die Rotters durchaus beabsichtigt hätten, noch ein Lehár-Werk zu geben.

> „Projektiert war für diese Weihnachten [1931] die Premiere von Lehárs *Fürstenkind* in einer Neubearbeitung im Metropol-Theater mit Gitta Alpár und mir in den Hauptrollen. Noch bis zum späten Sommer wurde an diesem Plan festgehalten, und mein Freund Franz Lehár gab mir verschiedentlich zu verstehen, dass er sich schon mit der Umarbeitung befasse. Ja, bei meinem Zusammentreffen mit Direktor Alfred Rotter in der Schweiz, Ende Juli [1931], als ich von London zurückkam, stand für uns die Aufführung von *Fürstenkind* fest. Wir fanden sogar dort den neuen Titel für das umgearbeitete Werk *Fürst der Berge*."[95]

Es gibt mehrere Fotos dieses Treffens im schweizerischen Bad Ragaz: Richard Tauber zwischen Fritz und Alfred Rotter auf einer kleinen Terrasse, bequem an einem Tischchen vor der offenen Seitentür des Hotels, dem Sänger gegenüber Gertrud Rotter, von Topfpalmen und Blumen umrahmt, mit Blick auf einen weiten Park. Einzig Alfred Rotter fixiert mit verschämt-verschmitztem Lächeln das Tischtuch anstelle der Kamera. Ein anderes Bild zeigt dieselbe Runde von hinten über die Schultern fotografiert: Tauber, angeschnitten und kaum erkennbar, vertieft in die *Neue Zürcher Zeitung*, daneben das schalkhafte Gesicht Fritz Rotters und eine nachdenklich den Arm auf dem Tisch ausstreckende Gertrud Rotter. In Taubers Gegenwart wirken die Rotters freudig, nichts deutet auf Spannungen hin.

Tauber weiter:

> „Von der Schweiz fuhr ich direkt nach Ischl zu Lehár, um mit ihm über alle Einzelheiten des neuen Werkes zu plaudern. Wer beschreibt mein Erstaunen, als ich in Ischl von Lehár erfuhr, dass sich der Aufführung seines Werkes zwei große Hindernisse in den Weg stellen würden. Franz Lehár hatte anlässlich der vorjährigen Berliner Uraufführung von *Schön ist die Welt*

äußerst heftige Differenzen mit der Direktion Rotter, die sich so weit zuspitzten, dass Lehár erklärte, für die Rotterbühnen kein Werk mehr zu liefern. Lehár reiste damals sehr verstimmt und mit Recht verärgert ab, und nur meinen häufigen Bitten gelang es, ihn dennoch zur Umarbeitung seines *Fürstenkinds* zu bewegen, wenn auch mit der Einschränkung, dass er persönlich zu dem Werke in Berlin nicht erscheinen werde, was ich nach den Vorgängen in Berlin vollkommen verstehen konnte und billigen musste. In Ischl nun erklärte er mir, die inneren Hemmungen und Widerstände seien so stark, dass er die Operette für Rotters nicht machen könne. Außerdem ergaben sich Schwierigkeiten mit dem Textautor des *Fürstenkinds* Victor Léon, der sich einer Umarbeitung des Werkes im ‚Rotter'schen Sinne' strikt widersetzte, und so unterblieb die Umänderung und folglich auch die Aufführung des Werkes als Weihnachtspremiere. [...] Als ich im September [1931] nach Berlin kam, lehnte die Direktion Rotter, wie ich voraussah, ab, auf ihre Weihnachtspremiere zu verzichten. Da wir keinen Lehár hatten, mussten wir nach einem Werk für mich Ausschau halten. Ein zufälliges Zusammentreffen mit Erich W. Korngold in der Wohnung von Direktor Rotter ließ uns zu dem Entschluss kommen, das *Lied der Liebe* zu geben."[96]

Das Fürstenkind kommt dann ohne großes Aufsehen – und ohne Tauber – im *Theater am Nollendorfplatz*[97] heraus, tatsächlich mit dem neuen Titel *Der Fürst der Berge*. Lehár schreibt 1946 im Alter von sechsundsiebzig Jahren: „Um über die Operette im allgemeinen zu sprechen, muss ich erklären, dass es gewissermaßen Mode geworden ist, dass Regisseure willkürlich Änderungen vornehmen, Ballett-Einlagen wünschen usw. Ich habe mit aller Gewalt dagegen zu kämpfen, dass meine Werke nicht verunstaltet werden. Alle diese Dinge haben mich so verbittert und meine Schaffenskraft gelähmt, dass mir die Lust vergangen ist, neue Werke zu schreiben."[98]

Eine Anekdote indes deutet darauf hin, dass Alfred Rotter aufrichtige Bewunderung für Franz Lehár empfindet. Ein „junger Komponist bei einer ganz anderen Produktion" wird von Rotter aufgefordert, „eine harsch klingende Stelle der Partitur umzuinstrumentieren“: „Er zeigte sich bereit, bat, die Orchesterstimmen einzusammeln, und versprach, daran zu arbeiten: morgen wolle er mit den Revisionen wiederkommen. – ‚Wat denn, wat denn!‘, rief ihm der Direktor Rotter aus dem Parkett zu. ‚Einsammeln, arbeiten, morgen?! Jestern hab ick den Lehár probieren jesehen; der instrumentiert gleich – am Pult – auf Zuruf!‘“[99]

RÜCKSCHLÄGE

Anfang Januar 1931 reist Fritz Rotter nach Wien, um die 1930 aus nachgelassenen Kompositionen zusammengestellte Johann-Strauß-Operette *Walzer aus Wien* zu hören – und eventuell für Berlin zu erwerben. Er wirkt noch ganz sorglos. *Das Neue Wiener Journal* bringt eine Reportage über ihn und seinen Regisseur Friedmann-Frederich, der mitgereist ist: „Direktoren, die Stars sind“, so lautet die Überschrift.[100] Fritz Rotter beantwortet die Fragen, während er sitzend von einem Barbier des Hotels rasiert wird, und überlässt danach Friedmann-Frederich das Wort, um sich für den abendlichen Theaterbesuch „die schwarze Smokingmasche“ umzubinden, „eine Arbeit, bei der man noch viel weniger reden kann als beim Rasieren“, so die Zeitung.

> „Die Rotters mit ihrem ‚Unzertrennlichen‘, dem Schauspieler, Autor, Regisseur und Direktor Friedmann-Frederich, sind heute ein Begriff geworden. Geniale Theaterspürnase, weltanschauendes Konjunkturerfassen, besonnener und doch großzügiger kaufmännischer Geschäftssinn, Fingerspitzengefühl für den Publikumsgeschmack, und alles zusammen unter der Devise ‚Das Beste ist gerade gut genug, um Geschäfte zu machen, und Geld spielt keine Rolle‘ – das sind die Rotters, die meistbeneideten und deshalb auch meistgehassten Theatermänner der letzten Jahre, deren Erfolgsserie einzig dasteht.“[101]

Das *Neue Wiener Journal* weiter:

> „Nicht einmal der gefährliche Zustand, sich gerade unter dem Rasiermesser, das von fremder Hand geführt wird, zu befinden, ist imstande, Fritz Rotters Temperament zu zügeln und dem armen Balbierer [Barbier] bleibt nichts andres übrig, als seinen Klienten mit einer eingeseiften Wange zuerst fertig

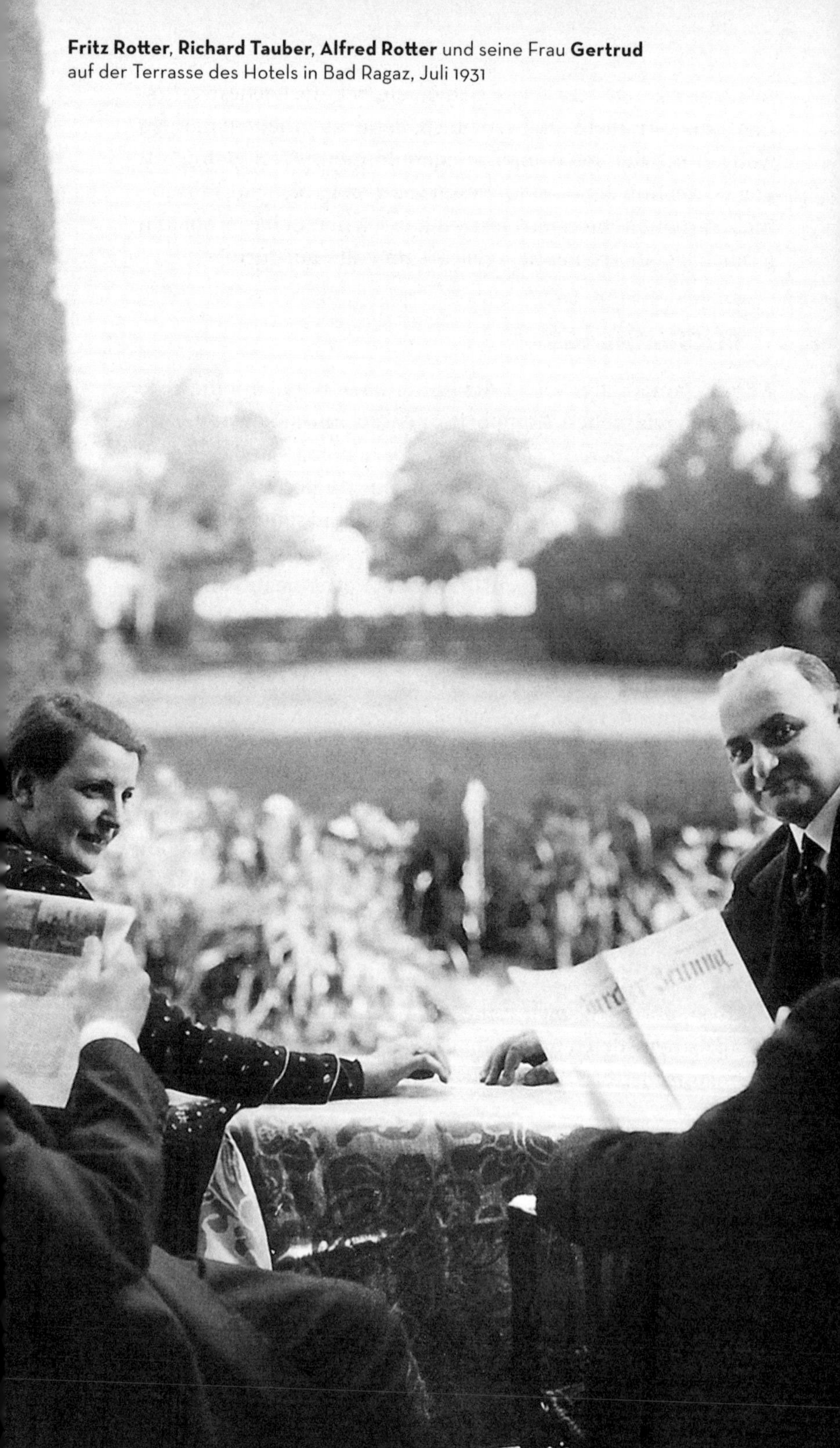

Fritz Rotter, **Richard Tauber**, **Alfred Rotter** und seine Frau **Gertrud** auf der Terrasse des Hotels in Bad Ragaz, Juli 1931

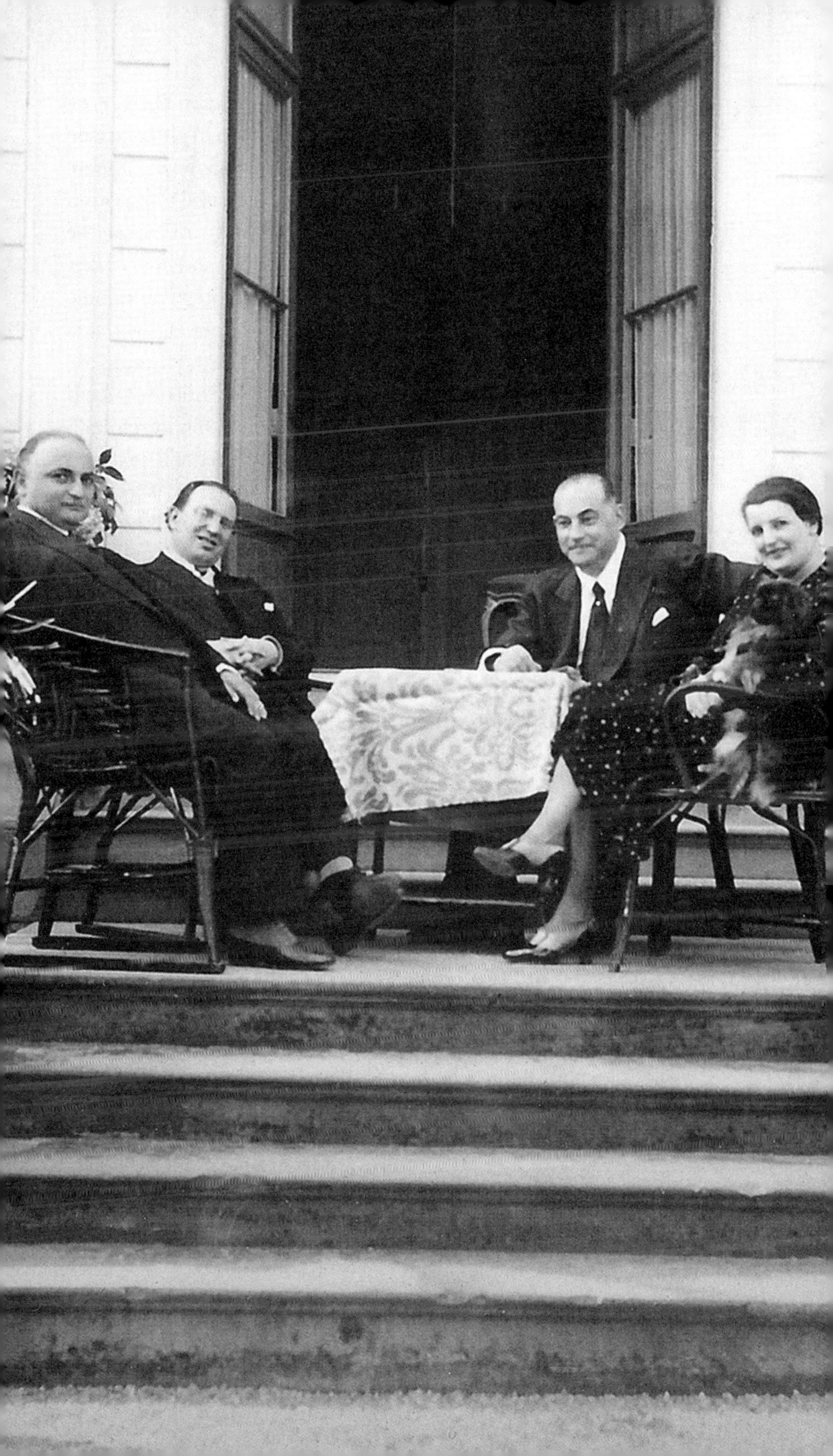

sprechen zu lassen, ehe er sich weiterzumachen traut. Freilich, was für interessante Dinge kriegt man da in einer kurzen Viertelstunde zu hören! Der Kopf schwirrt einem vor Namen, Plänen, gewesenen und zukünftigen Erfolgen und unerhörten Aufführungsserien! Das heißt Berliner Betrieb! ‚Alles, was Sie aus Berlin hören von Theaterpleite, unaufhaltsamem Niedergang der Bühnen, Interesselosigkeit des verarmten Publikums, ist Quatsch! Bietet den Leuten etwas, setzt ihnen das vor, was sie fesselt und freut, stellt ihnen Künstler auf die Bühne, die interessieren, Persönlichkeiten von wirklichem Starrang – und es gibt keine leeren Theater! Erfolge kann man nur durch Qualität erringen, das ist das ganze Geheimnis, in der Kunst und im Geschäft! [...] Qualität, lieber Freund, das ist es! Wirkliche Stars, nicht Leute, die sich so nennen, aber kein Publikumsmagnet sind, Kunstwerke, nicht Machwerke, großzügige Inszenierung – machen Sie den Leuten einen solchen Abend und sie stürmen die Kassen trotz aller Wirtschaftsnot, die da ist!‘ Friedmann-Frederich benutzt die Atempause, die das Fertigrasieren der zweiten Wange Fritz Rotters beansprucht, und lässt Zukunftspläne hören [...].“[102]

Unter anderem, so ist zu erfahren, beabsichtigen sie „die Uraufführung des neuen Zuckmayer, der *Hauptmann von Köpenick*, das er [Zuckmayer] ‚ein neues Märchen‘ nennt“, „eine seiner stärksten Arbeiten“, bekennt Friedmann-Frederich. Aber den Zuschlag erhält schließlich nicht eine der Bühnen der Rotters, sondern das *Deutsche Theater* im März 1931.

Das ist der erste Rückschlag in einem Frühling des Misserfolgs. Nur einen Monat im Programm bleibt die Operette *Schön ist die – Alexandra* von Kurt Zorlig, uraufgeführt am 3. März 1931: „Eine internationale Diva, Insassin eines Luxuszuges, bleibt in einem mitteldeutschen Nest eine Nacht lang hängen, die sie in Gesellschaft eines ortsansässigen Dramatikers durchaus nicht literaturbeflissen verbringt. Am Lendemain reist sie weiter, den enttäuschten Dichterling, der sich schon aufgeführt sah, seinen Hoffnungen und Illusionen überlassend ...“[103] Zorligs „Vertonung“ wird als „jazzend zur breitesten Masse“ sprechend eingestuft. Kurt Zorlig ist 1893 geboren. 1925 macht ihn seine Operette *Der Graf von Cagliostro* bekannt. 1941 wird er aus Prag deportiert und im Ghetto in Łódź umkommen. Fritz Rotter ist unter seinem Schreibpseudonym Eugen Rinteln am Buch von *Alexandra* beteiligt, das offenbar auf einen Stoff von Hans Bachwitz zurückgeht, ohne dass die neuen Verfasser dies kenntlich machen.[104]

Als nächste neue Operetten-Produktion der Rotters kommt am 4. März 1931 *Das Veilchen von Montmartre* von Emmerich Kálmán ins *Metropol*. Die Operette war in Wien uraufgeführt worden,[105] enttäuscht aber in Berlin die Publikumserwartung. Nach etwa sechzig Vorstellungen wird sie bereits Ende April 1931 abgesetzt. Die „Breiten des Buches" und „Schwächen der Komposition" werden bemängelt: „Wie konnten so erfahrene Männer des Theaters zulassen, dass man von halb acht bis Mitternacht Operette spielt." Bewährt habe sich immerhin „als Regisseur Friedmann-Frederich, dem, wie man glaubhaft berichtet, höhere Gewalt den mehrfach gezückten Rotstift entrissen hat". Uneingeschränktes Lob findet lediglich die Alpár: „Das Ereignis der Vorstellung ist Gitta Alpár, die im Rahmen dieses Genres Beispielloses leistet. Man muss sie hören, wiedergeben lässt sich der Zauber ihrer Violetta nicht, denn geschilderte Musik ist nach Grillparzer wirklich nur ein erzähltes Mittagessen. (Man esse also selbst.)"[106]

Inzwischen sind die Bühnen der Rotters weltbekannt. Als Charlie Chaplin im März 1931 nach Berlin kommt, um seinen neuen Film *Lichter der Großstadt* vorzustellen, besucht er das *Metropol-Theater* und sieht sich die Operette *Veilchen von Montmartre* an. Es gibt eine Fotografie von Chaplin und Gitta Alpár inmitten Schaulustiger auf der breiten Treppe hinauf zum ersten Rang, und auch ein Bild mit ihm und Alfred in der Loge: Chaplin, sehr jung wirkend, schaut in die Kamera, Alfred wendet sich leicht ab.

Als nicht viel erfolgreicher erweist sich am Ostersonntag 1931[107] die Operette *Husarenfieber* von Gustav Kadelburg und Richard Skowronnek[108], das die glücklose *Alexandra* im *Lessing-Theater* ablöst. Die „Qualität", auf die sich Fritz Rotter öffentlich beruft, können sie nicht an allen Häusern gleichzeitig liefern. Die Kritik ist vernichtend: „Ein halbes Dutzend oder mehr blauer Leutnants und die dazugehörige Anzahl blonder Mädchen auf der Bühne vermögen bei allem Anachronismus schon für die Heiterkeit eines

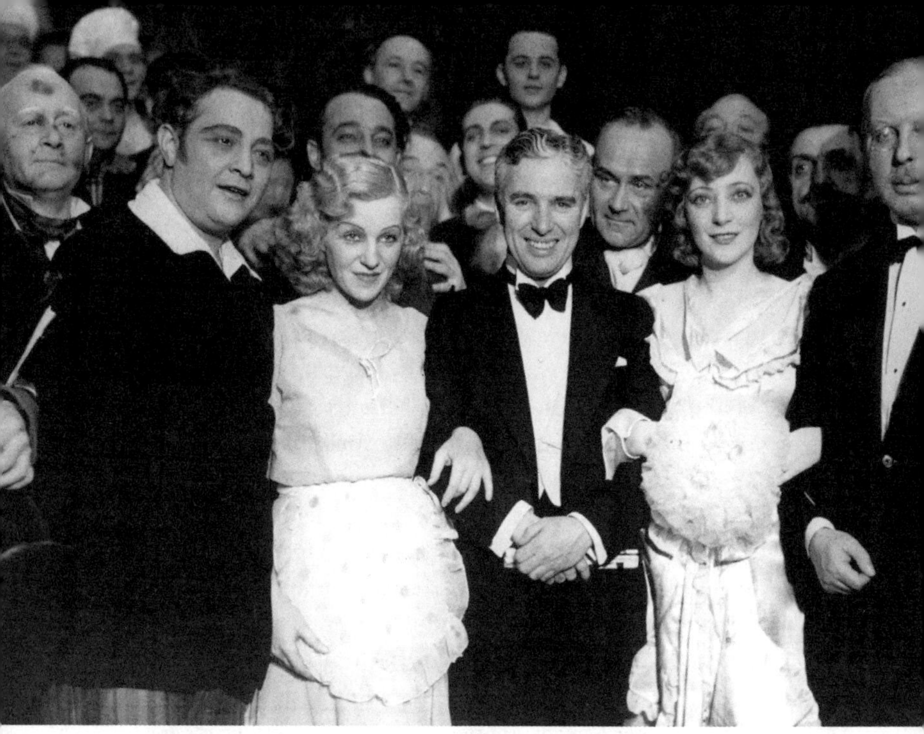

Charlie Chaplin im *Metropol-Theater*: Carl Jöken, Gitta Alpár, Charlie Chaplin, Anny Ahlers und der britische Botschafter Sir Horace Rumbold (von links)

anspruchslosen Publikums zu sorgen“ – das Lustspiel, „bescheiden in seinen geistigen Ansprüchen und bescheiden im Aufgebot des Witzes, wurde von einem wilden Ensemble grobschlächtig heruntergehauen“. Unter den Beteiligten, so das Blatt weiter, gab es „manche, die ihre Rollen gelernt hatten, und viele, die sich die Worte einzeln aus dem Souffleurkasten sogen“. „Der Regisseur trieb seine Diskretion so weit, dass er, vom Zettel abgesehen, überhaupt nicht zu bemerken war.“[109]

Die Vielzahl der zu bespielenden Bühnen – bei Triumphen ein Vorteil – wird sofort zur Belastung, wenn die Werke nicht *ziehen*. Die Rotters sind sich dann selbst ihre schlimmste Konkurrenz. Am selben Ostersonntag 1931 bringen sie im angemieteten *Admiralspalast* als zweite Premiere die aus dem Jahr 1881 stammende Johann-Strauß-Operette *Der lustige Krieg* mit einem umgeschriebenen Libretto: „Kriegsgrund“ ist nicht mehr eine Tänzerin, um die der Fürst von Cavara und der Doge von Genua rivalisieren, sondern „die Herzogin von Mantua“, die „sich weigert, einen Trottel von Habsburger zu heiraten“,[110] was zu einer Belagerung durch Österreich führe. Es gibt nur schmallippiges Lob.

Ostern 1931 wird zum Desaster. Für Karfreitag ist eine Eröffnungsaufführung der Oper *Evangelimann* (1895) des österreichischen Komponisten Wilhelm Kienzl im *Theater des Westens* angekündigt. Richard Tauber soll singen, ist aber „indisponiert“. Die Aufführung fällt aus. An den darauffolgenden zwei Abenden singt Tauber wieder, lässt sich jedoch am Ostermontag ersetzen – „laut Direktion“ wegen eines „Grippeanfalls“, so die *Vossische Zeitung*. Vermutlich unter dem Eindruck des geschwächten Tauber beklagt sich die Zeitung nun auch, dass sich der Tenor nur noch auf „Lehár und den Schlager“ beschränke, dass er „einst technisch und intellektuell Mozart bemeistert“ hätte und es „heute kaum noch für Kienzl [reicht]“. „Die Stimme, noch immer eine der kostbarsten, die die Bühne besitzt, klingt übrigens müde und bedarf der Schonung.“ Die Zeitung berichtet, dass es „viele [vorzogen], nach Rückerstattung der Billettkosten im stillen Kämmerlein über das Gottesgnadentum der Berliner Tenöre, ihre kleinen Indispositionen und deren bedenkliche Folgen bis zum nächsten Morgen zu meditieren.“[111]

Unter dem Eindruck dieser verpatzten Serie und gestützt auf eine im Januar veranlasste Überprüfung „des ganzen Konzerns“ durch eine Treuhandfirma entscheidet die Dresdner Bank im Frühjahr 1931, ihnen den Kredithahn zuzudrehen: „Dieser Bericht zeigte ein derart unmögliches Geschäftsgebaren der Gebrüder Rotter, dass wir vom Frühjahr 1931 an keine Kredite mehr an die Rotters gewährten“, resumiert das Bankhaus.[112] Dies, obwohl die Bank allein das *Lustspielhaus* an der Friedrichstraße auf „einen Verkehrswert von RM 1 350 000,–“ einschätzt und das *Zentraltheater* an der Alten Jakobstraße auf „einen solchen von RM 750 000,–“.

Von Bankkrediten sehen sich Fritz und Alfred nun abgeschnitten – und zwar noch bevor im Juli 1931 der Zusammenbruch der österreichischen Danatbank eine allgemeine Bankenkrise auslöst und dadurch die Depression erheblich verschärft.

Doch Operettenproduktion ist eine kostspielige Kunst. Ohne Geld geht es nicht. Ab jetzt sind sie für jede einzelne Aufführung auf die Vorschüsse der Theaterbesuchsorganisation *Gesellschaft*

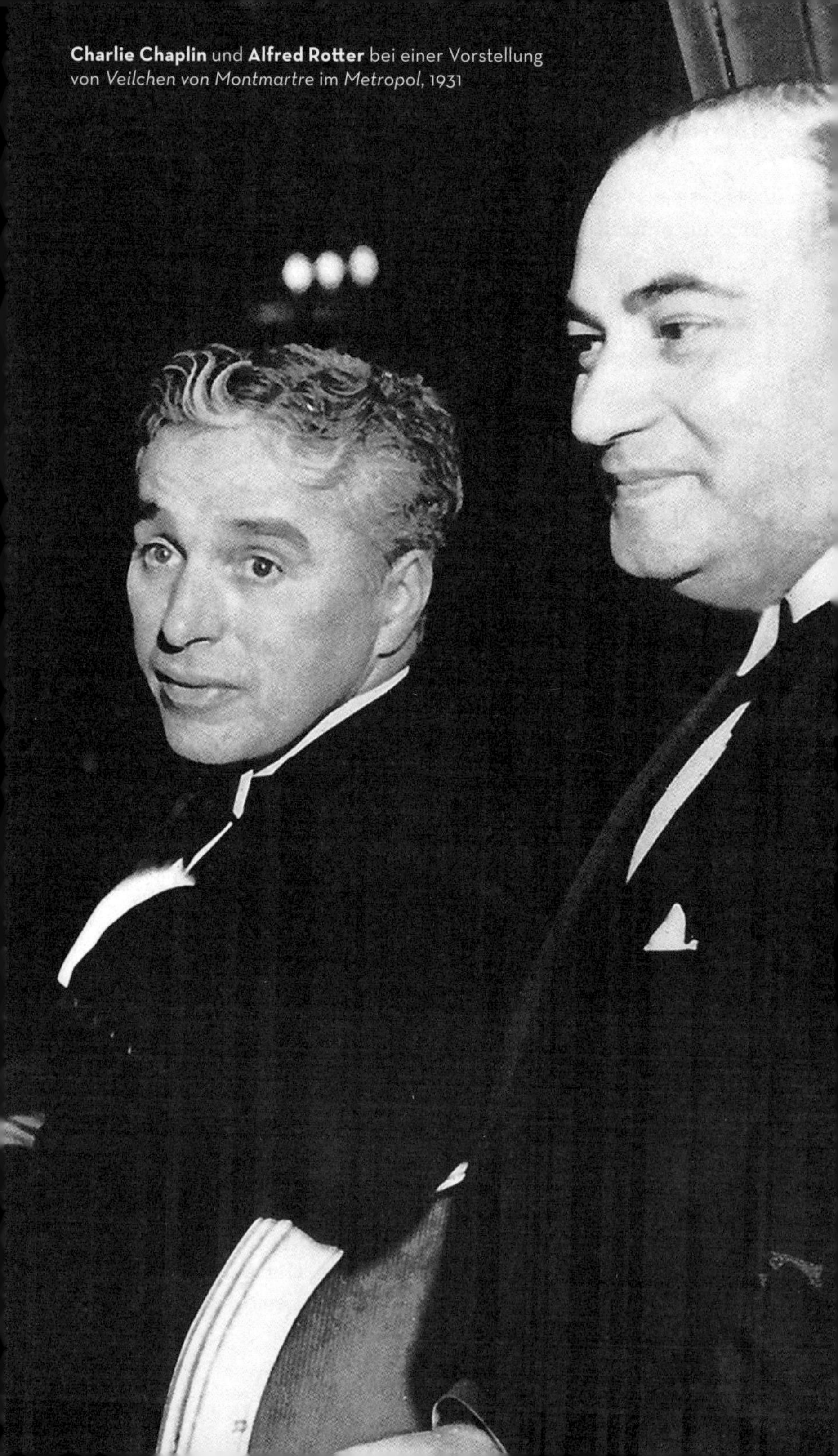

Charlie Chaplin und **Alfred Rotter** bei einer Vorstellung von *Veilchen von Montmartre* im *Metropol*, 1931

der Funkfreunde angewiesen – und liefern sich deren Leiter Heinz Hentschke vollständig aus.

Ihre Buchhaltung vermittelt den Eindruck von Flickwerk. Adam Glogowski, der „etwa seit 1928 als Registrator bei den Rotters tätig" ist, berichtet am 21. Januar 1933, er „sollte dort eine Registratur einrichten": „Als ich auf die verschiedenen Missstände in der Buchführung aufmerksam machte, wurde ich gekündigt. Diese Kündigung wurde später zurückgenommen." Er wird „jedoch von da an nur noch im Außendienst beschäftigt", das heißt, er hat „die Gelder bei den verpachteten Theatern einzuziehen und auf das Sammelkonto bei der Dresdner Bank und anderen Banken einzuzahlen. [...] Es ist mir bekannt, dass die Rotters den größten Teil der Einnahmen aus der *Friederike*-Aufführung verspekuliert haben. Der Direktor Lagemann von der Hauptverwaltung der Dresdner Bank hat mir einmal erzählt, dass die Rotters einen Debetsaldo von fast ¾ Millionen Mark aus Spekulationsgeschäften hätten."[113] Diese Zahlenangabe erlaubt beinahe, das besagte Gespräch auf den Spätsommer 1929 zu datieren, denn das Negativsaldo allein bei der Dresdner Bank beträgt am 30.6.1929 minus 272 000, am 31.7.1929 minus 681 000, am 31.10.1929 minus 812 000 Reichsmark. Dann stabilisiert sich die Lage etwas dank der anhaltenden Bühnenerfolge und die Schulden wachsen bis zum 31.8.1930 auf „nur" minus 1 Million an, infolge aufgelaufener Zinsen bis 18.10.1932 auf minus 1,375 Millionen. Als Sicherheit bleiben der Bank nur die vier Theater, die samt Grundstück ihnen gehören – das *Lessing-Theater*, das unbespielt bleibende *Lustspielhaus* an der Friedrich- und das *Zentraltheater* an der Alten Jakobstraße sowie das *Stadttheater* in Breslau. Außerdem setzt die Bank durch, dass Einnahmen aus den verpachteten Theatern direkt an sie gehen.

Der Konzern der Rotters besteht zuletzt aus acht ineinander verschachtelten Gesellschaften, von denen aber allein fünf mit der Durchführung der Aufführungen an den verschiedenen Theatern und mit Gastspielen betraut sind; eine Gesellschaft verwaltet das Grundstück Friedrichstraße 236 mit dem geschlossenen *Lustspielhaus*. Neben der Deutschen Schauspiel-Betriebs AG ist die Berliner Bühnen-Betriebs GmbH die tragende Gesellschaft.[114]

Der Buchhalter Conrad Wolff, der „seit ca. 1. April 1929 bei Rotters tätig“ ist, erklärt am 21. Januar 1933: „Die Buchführung erfolgte seit 1931 dergestalt, dass ich für sämtliche Gesellschaften eine selbstständige Buchführung anzulegen versuchte. Die praktische Buchführung scheiterte jedoch zum Teil daran, dass die sämtlichen Einnahmen der einzelnen Gesellschaften auf ein gemeinsames Konto der Berliner Bühnen Betriebs G.m.b.H. hauptsächlich bei der Dresdner Bank, Unter den Linden 3, eingezahlt wurde. Über dieses Konto waren allein die Brüder Rotter verfügungsberechtigt.“[115]

KU'DAMM-KRAWALL 1931 – UND EIN ENTSCHLUSS

Um den Sommer 1931 zu überstehen, verpachten die Brüder Rotter das *Lessing-Theater* an Robert Klein. Der hält aber nur bis November durch – er hat mit Komödien eröffnet. Vorausgegangen ist eine kleine Renovierung, es gibt sogar einen neuen Vorhang: „Der alte Kasten strahlt in frischen Farben, neues Gestühl, rote Samtsessel, endlich kann man bequem sitzen, die Parkettlogen sind weg und auf den Treppen Läufer, im Foyer sogar ein echter Perser, ein Lüster.“[116]

Eine Anekdote erzählt, wie sie für diese Spielzeit 1931/32 auch das ihnen gehörende *Lustspielhaus* an der Friedrichstraße 236 aus der Hand geben – und durch den Schauspieler Curt Goetz und seine Frau leiten lassen, die Schauspielerin Valérie von Martens. Sie entwirft auch Dekorationen sowie Kostüme und bestimmt die Requisiten. Die fast operettenhaften Umstände der Abmachung mit den Rotters beschreiben Goetz und von Martens in ihren *Memoiren*.[117] Anlass zu der Vereinbarung ist ein – glimpflich verlaufener – Autounfall, und verhandelt wird, „während der Chauffeur der Brüder Rotter die Stoßstange seines Wagens von der unseren loszukriegen versuchte“.

> „Es war am Titisee im Schwarzwald. Die Brüder Rotter waren nach der kleinen Karambolage aus ihrem Straßenkreuzer ausgestiegen, erkannten meinen Mann, stellten sich vor und trugen ihm ihr *Lustspielhaus* an, eine Absurdität, an die mein Mann, der stets nur darauf bedacht war, frei zu bleiben, nie im entferntesten gedacht hätte! Das Ganze dauerte kaum

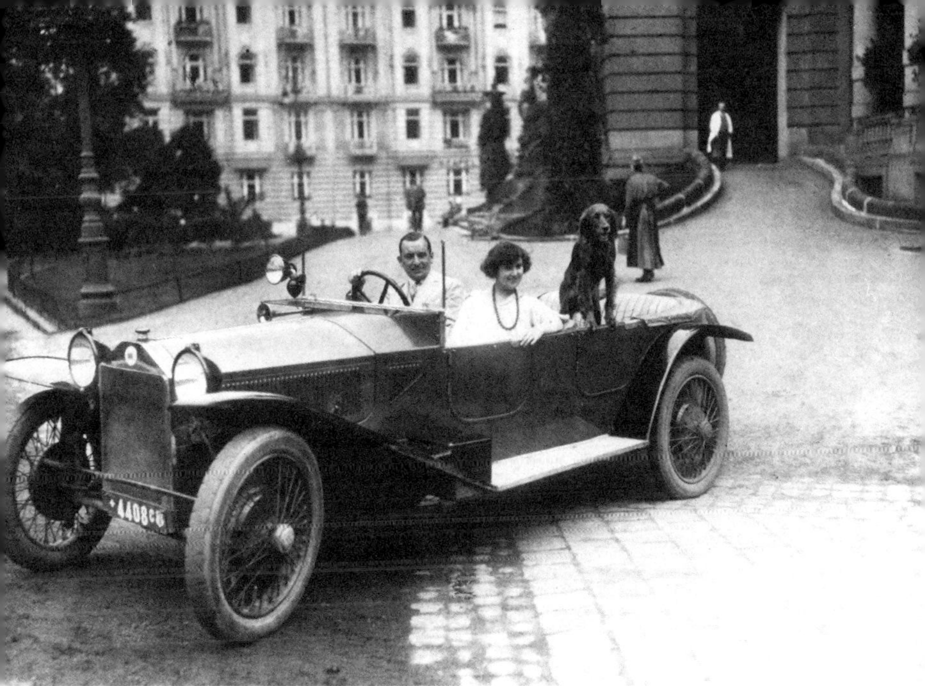

Curt Goetz mit Ehefrau **Valérie von Martens** in Karlsbad, 1924

zehn Minuten und kostete meinen Mann nicht ein einziges Wort, denn die Rotters hatten ihre Methode. Man könne sie nicht nur Theaterdirektoren, sondern jedem Geschäftsmann wärmstens empfehlen, behauptete mein Mann. Sie machten das so: Bruder Fritz stellte sich sofort auf Seite dessen, den die Brüder zu irgendetwas überreden wollten, und brachte einen sehr vernünftigen Einwand gegen das Angebot Bruder Alfreds vor, den dieser dann widerlegte, und äußerst geschickt widerlegte, worauf Fritz ihm genau das entgegenhielt, was man selber einzuwenden hatte. So ging das eine Weile hin und her, man hörte klar und deutlich sozusagen als Unbeteiligter, als neutraler Dritter, alles Für und Wider, wobei Alfred zum Schluss recht behielt und, wie man einsehen musste, mit Recht recht behielt. Dann gab man sich freundlich grüßend zum Abschied die Hand – und war engagiert. Rotters galten in Theaterkreisen als ‚Parvenus'. Das stimmte aber keineswegs. [...] Wenn man mit ihm [Alfred Rotter] über Goethe, Shakespeare oder Strindberg sprach, wusste er mehr zu sagen als wir alle zusammen. Rotters ließen das *Lustspielhaus* für uns

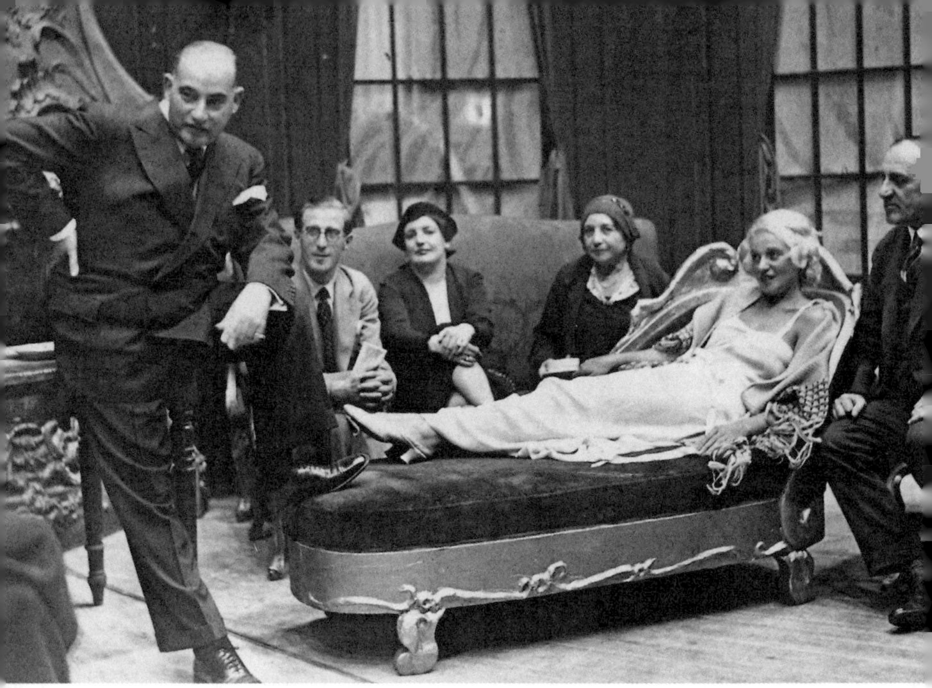

Probenbilder zu ***Die Dubarry***,
oben mit Alfred Rotter (links),
Gitta Alpár (liegend auf der Ottomane)
sowie Gertrud Rotter (in der Mitte auf dem Sofa sitzend);
unten mit Rosy Barsony (vorn), August 1931

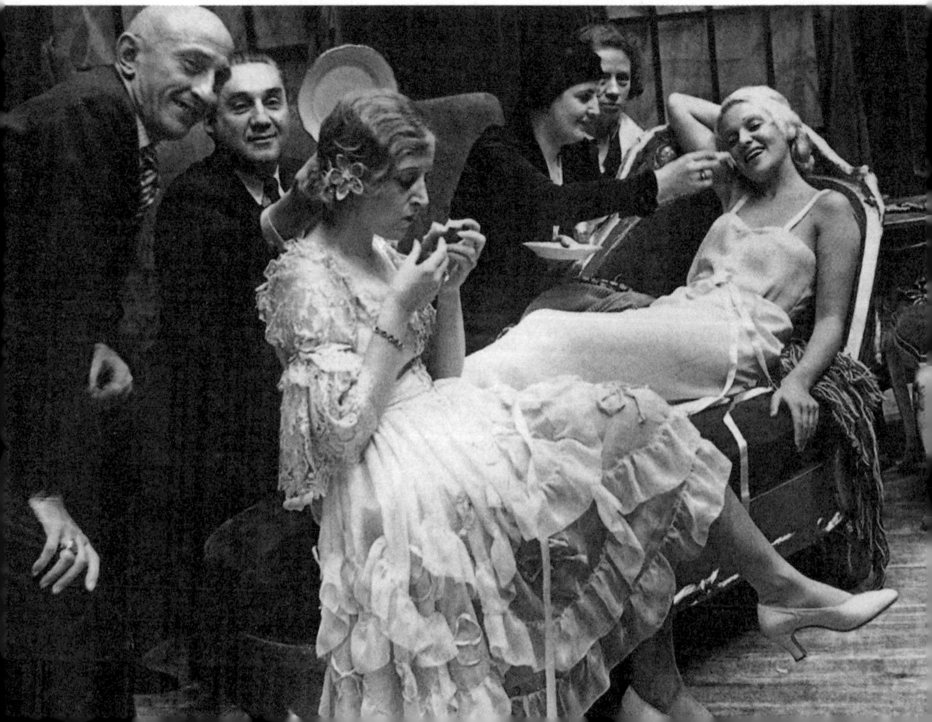

> herrichten wie ein kleines Hoftheater, in Rot und Gold, mit barocken Lüstern, Wandarmen und Spiegelchen. Genauso waren auch die Künstlergarderoben, von denen jede ein Telefon auf dem Schminktisch hatte, für die damalige Zeit eine Sensation. Natürlich war meinem Mann völlig freie Hand gelassen, nur das Rechnerische ließ er von den Rotters besorgen, weil wir beide kein Interesse dafür aufbringen konnten."

Erst zum Saisonstart 1931 gelingt es Fritz und Alfred Rotter, die aussichtslose Lage zu wenden – unter den Berliner Theaterdirektoren der Weimarer Republik sind sie bis fast zum Schluss die absoluten Überlebenskünstler.

Die Uraufführung von *Die Dubarry*[118] wird mit größtem Aufwand vorbereitet. Sie haben eigens den *Admiralspalast* gleich beim Bahnhof Friedrichstraße dafür gepachtet. Die Operette stammt vom Komponisten Theo Mackeben, der musikalische Motive des älteren Werks *Gräfin Dubarry* (1879) von Karl Millöcker verwendet. Die Handlung basiert auf dem Roman *Joseph Balsamo* von Alexandre Dumas dem Älteren.

Eine glückliche Wahl, denn wo Ernst Lubitsch in seinem Erfolgs-Stummfilm *Madame Dubarry* mit Pola Negri, der 1919 über Monate in den Berliner Kinos gelaufen ist, die Königsgeliebte – genauso wie das historische Vorbild – im Revolutionsterror unter der Guillotine sterben lässt, erhalten die Rotters ihren Star Gitta Alpár im August 1931 in *Die Dubarry* am Leben.

Die Operette wird ein enormer Erfolg. „Ein großer Abend der Alpár", titelt die *BZ am Mittag*.

> „Theo Mackeben hat sich tief in die versteckte, nicht verstaubte Partitur gekniet – man soll auch rechtens bei diesen Klassikern knien – und … sie umgeschrieben. […] Schöne Lieder, entzückende Melodien sind der Dubarry gegeben. Die Alpár […] singt sie mit Schmelz, mit Schwung, mit Innigkeit und größter Kunst. Wer möchte nicht wie sie eine Straßenbekanntschaft riskieren, um, nach Hause gekommen, in Koloraturen vom Abenteuer zu berichten? […] Ihr Kabinettstück ist das zarte, verschwebende Selbstgespräch *Arme kleine Jeanne* – ihre große Nummer heißt *Ich schenke mich* (wie denn sonst) – ihr Haupttreffer sind die einschlagenden Staccati *So küsst nur sie, die Dubarry.*"[119]

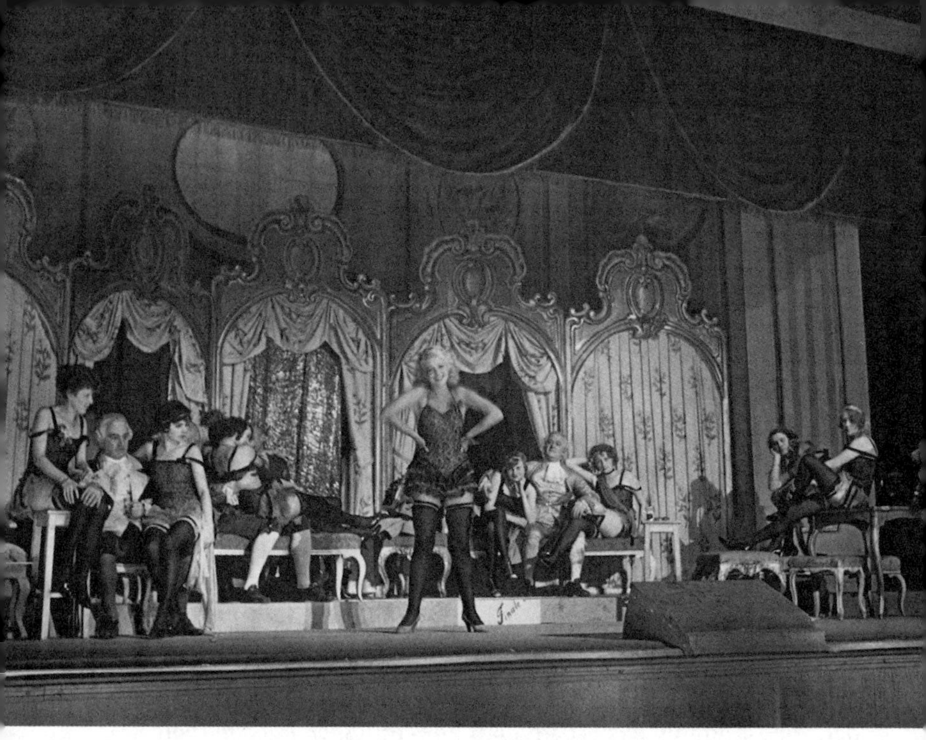

Gitta Alpár als *Die Dubarry* im *Admiralspalast*, August 1931

Zum Artikel gibt es eine Szenenzeichnung, Gitta Alpár in verspielter Corsage, Strümpfen und selbstbewusster Pose, mit der Legende: „Gitta als Gräfin Dubarry, die aus dem Modenhaus übers Freudenhaus zum Königshaus aufsteigt."[120] Eine Anleihe beim Film *Der blaue Engel* mit Marlene Dietrich, der am 1. April des Vorjahrs seine Premiere hatte?

Aber die Rotters zitieren eigentlich mehr noch sich selbst: Das, was ihnen in den Inflationsjahren noch als unmögliche Frivolität angekreidet worden ist, sorgt höchstens noch für einen Augenaufschlag. Die Operette, neben dem Kino der führende Zweig der Populärkultur, liefert die Schlager, zu denen getanzt und geträllert wird. Mit der Operette, so steht es in einer Zeitung in diesen Tagen, „kämpfen die Bühnen gegen die Trübsal und die Not der Zeit [...]."[121]

Der zweite Glückstreffer des Sommers 1931 lässt nicht lange auf sich warten. Der Bruch mit Lehár beschleunigt die Hinwendung zu anderen Operetten-Komponisten, insbesondere zu Paul Abraham,

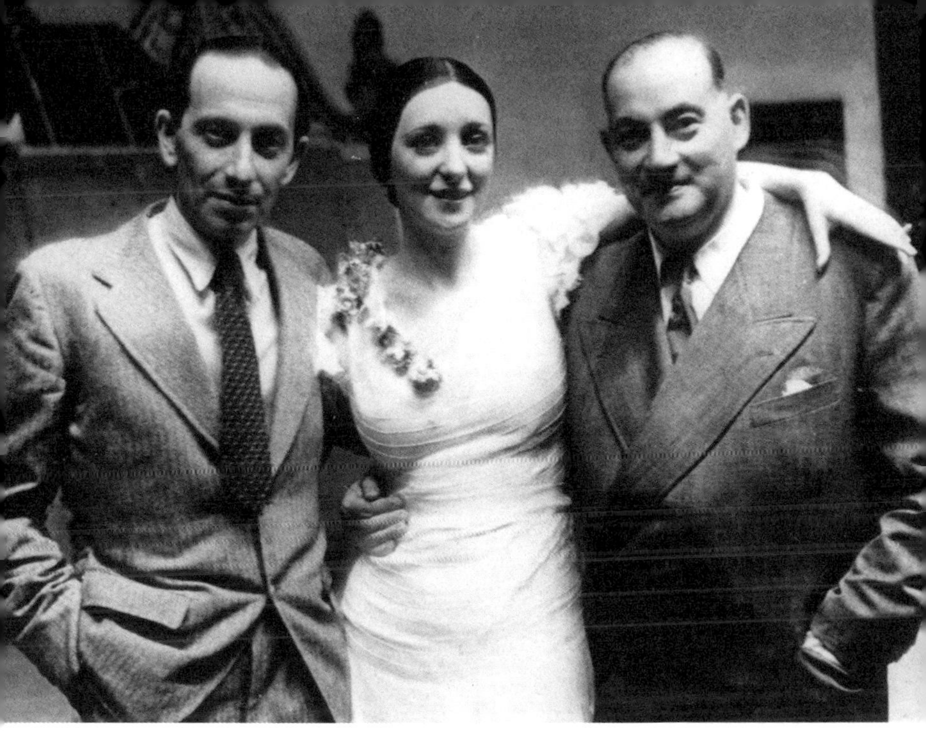

Paul Abraham, Anny Ahlers und **Alfred Rotter** nach der Premiere von *Die Blume von Hawaii* im *Metropol*, August 1931

der Jazz-Elemente einschließt. Abraham übersiedelt von Budapest nach Berlin. Seine neueste Komposition, *Blume von Hawaii*, wieder nach einem Buch von Emmerich Földes und mit Gesangstexten von Alfred Grünwald und Fritz Löhner-Beda, wird zwar in Leipzig uraufgeführt[122] – aber das schmälert den anschließenden Höhenflug in Berlin nicht. Premiere ist dort am 27. August 1931, Alfred Grünwald übernimmt die Regie. Als Stars sind Anny Ahlers und Harald Paulsen verpflichtet. Die „künstlerische Gesamtleitung" liegt bei Alfred Rotter.

„Hat das *Metropol-Theater* für den Winter ausgesorgt? Es scheint so. Die *Blume von Hawaii* wird einstweilen nicht welken", schreibt der Komponistenkollege und Musikkritiker Max Marschalk. Die Musik lasse „wie narkotisiert lauschen", versetze „gar in Ekstase" und lasse darüber hinaus „ahnen, dass er [Paul Abraham] zu Höherem berufen ist als nur immer dem Amüsierbetrieb des großen Operettenpublikums Genüge zu tun; womit ich weder dem Publikum noch dem der leichten Muse verschriebenen

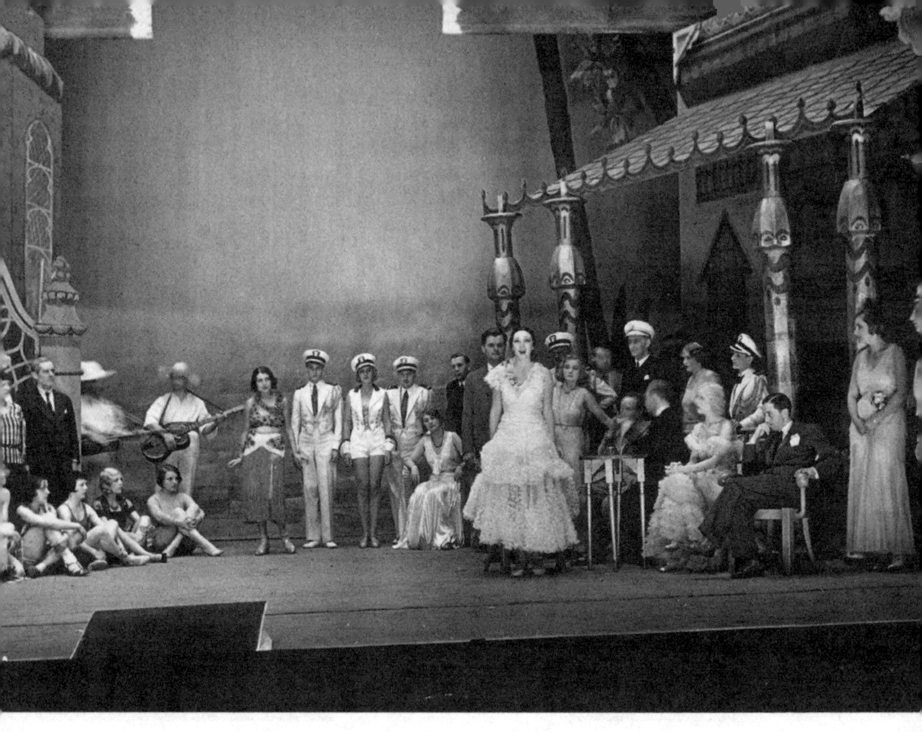

Die Blume von Hawaii, Szenenfoto mit Anny Ahlers, August 1931

Komponisten zu nahetreten will. Die leichte Muse hat ihre Daseinsberechtigung, und es ist eine Binsenwahrheit, dass in einem Schlager mehr Erfindung und Kunstfertigkeit stecken kann als in einer abendfüllenden Symphonie." Abraham steigere sich in diesem Werk „bis zu Offenbach'scher Laszivität und Frechheit, bis zu jener Frechheit, der man das Epitheton ornans: genialisch nicht absprechen kann."[123]

„Ein ungewöhnlicher Erfolg, stürmisch, spontan und einmütig", berichtete auch die *BZ am Mittag* über *Blume von Hawaii*. „Diesmal hat sich aber auch die Direktion Rotter angestrengt [...]. Die Darstellung dieser in Leipzig ausprobierten Operette wirkt – endlich einmal – hauptstädtisch [...]."[124] Auch Moritz Loeb von der *Berliner Morgenpost* stimmt, wenn auch etwas spöttisch, in das Lob ein: „Den Operettendichtern wird das Erdenrund bald zu eng werden. In Paul Abrahams *Viktoria und ihr Husar* sind sie mit den Schauplätzen von Sibirien über Japan und Leningrad nach der Puszta gewandert; diesmal begnügen sich Alfred Grünwald, Fritz Löhner-Beda und Emmerich Földes mit der Südsee und der

Riviera. [...] Je exotischer, desto besser. [...] Ja, ja, so bunt geht es eben heutzutage zu in den Operetten, und wir nehmen die größten Unwahrscheinlichkeiten nicht nur für bare Münze, sondern auch noch mit brausendem Beifall hin [...].“[125]

In seiner Operettengeschichte *Und der Himmel hängt voller Geigen* (1956) merkt Paul Erich Marcus an: „Rückblickend hat man den Eindruck, dass damals alle Beteiligten die Augen wissentlich vor dem wirklichen Geschehen dieser Tage verschlossen. Ihre Operetten spielten im luftleeren Raum.“[126] Die Bühnen der Rotters verlegen sich unbestreitbar auf Illusionen – das Einzige, was die Menschen noch in Scharen in die Theater zieht. Nicht nur die Brü der Rotter sind in Nöten.

Da sich die Länder mit Abwertungswettläufen bei der Währung und durch Erhöhung der Zollschranken gegenseitig das Wasser abgraben, bricht nach der Kreditwirtschaft auch der Welthandel zusammen. Zur verfehlten Sparpolitik der Regierung Brüning und der Arbeits- und Obdachlosigkeit kommt die organisierte politische Gewalt auf den Straßen – am sichtbarsten im sogenannten Ku'damm-Krawall am 12. September 1931. Von der Polizei unbehelligt und aus einem offenen Opel heraus, der im Schritttempo den Kurfürstendamm hinauf- und hinabfährt, dirigiert der Berliner SA-Führer und spätere Nazi-Polizeichef Berlins Graf Helldorff seine Schlägerhorden. Passanten werden drangsaliert und geschlagen. Ein Café geht zu Bruch.

Nur wenige Wochen später verschaffen sich Fritz, Alfred und Gertrud Rotter im Oktober 1931 zur Sicherheit das Liechtensteiner Bürgerrecht. Der Schwager von Gertrud, Verwaltungsdirektor Ludwig Apel – selbst offen antisemitisch –, meint, sie hätten es „still und heimlich“ getan und spricht in seiner zwölfseitigen Abrechnung „Wie die Rotters wirtschafteten“ von der „Angst [...], die Alfred ständig beherrschte“.[127]

Die Rotters kennen das üppig grüne, von schroffen Bergen umgebene Rheintal im Dreiländereck von Österreich, Liechtenstein und der Schweiz von ihren Ferienaufenthalten in Bad Ragaz. Durch Genehmigung des Fürsten Franz von Liechtenstein werden sie am

24. Oktober 1931 „in den liechtensteinischen Staatsverband" aufgenommen.[128] Die Lebensläufe, die die beiden Männer abliefern, sind nur wenige Zeilen lang. Fritz Rotter bezeichnet sich als „Theaterdirektor und Bühnenschriftsteller" – ein kleiner Beleg dafür, dass die Überarbeitung der Operetten für ihn stets ein wichtiger Teil der Bühnenarbeit ist.

WEIHNACHTEN 1931

Im Dezember 1931 bespielen sie das *Lessing-Theater* wieder selbst, zunächst mit der Uraufführung des Lustspiels *Immer erst den Anwalt fragen* von Gilbert Wakefield[129] – einer Verwechslungskomödie im Londoner Nebel um einen Scheidungsanwalt, der in einem Hotelzimmer eine mysteriöse verheiratete Frau küsst, die nicht nur ihm, sondern auch deren Ehemann ein Geheimnis bleibt. Die juristische Seite des Stoffs liegt den Rotters selbstredend nahe, aber mit der Regie betrauen sie Hans Brahm, einen Neffen ihres großen Förderers Otto Brahm. Den eigenen Namen unter eine Aufführung zu setzen halten sie immer noch für kontraproduktiv. Das Stück fällt trotzdem durch. Das *Lessing-Theater* scheint ihnen kein Glück zu bringen. Hans Brahm emigriert 1933 und erreicht 1937 die USA, wo er als Filmregisseur in Hollywood Arbeit findet. 1982 stirbt er neunundachtzigjährig in Malibu/Kalifornien.

Immerhin feiert am selben 2. Dezember 1931 Paul Abrahams anhaltend erfolgreiche *Blume von Hawaii* im *Metropol* die einhundertste Aufführung – „viel Beifall für den Komponisten, der selbst dirigierte".[130]

Umso mehr versprechen sie sich von Erich Wolfgang Korngolds Operette *Das Lied der Liebe*. Die Uraufführung folgt am 23. Dezember 1931 im *Metropol-Theater* mit Richard Tauber, Anny Ahlers und Adele Sandrock in den Hauptrollen. Korngold, 1897 in Brünn (Brno) geboren, wird durch seine Oper *Die tote Stadt* (1920) auch in der deutschen Hauptstadt bekannt. Die *Städtische Oper* führt von ihm im April 1928 die Nachfolgeoper *Das Wunder der Heliane* auf. Später, nach seiner Emigration in die USA, verlegt er sich auf Filmmusik, prägt diese neu und erhält 1936 dafür einen Oscar.

Im Programmheft zu *Das Lied der Liebe* wird eine Anekdote kolportiert, vielleicht ist sie von Fritz Löhner-Beda verfasst: „Mittags zwischen 1 und 2. Auf der halbdunklen Bühne des Metropol-Theaters. Ein Häuflein Männlein und Weiblein vor dem herabgelassenen eisernen Vorhang. Probe zu *Das Lied der Liebe*. ‚Er' ist noch nicht da. Wer das ist? Natürlich ‚Richard'! Richard Tauber, am Morgen heiser aus Amerika und England zurückgekehrt. Liegt im Bett, im Adlon, von wo alle 30 Minuten ein Bulletin herüberflattert. Über seinen Gesundheitszustand. Über seine Stimmung. Über seine Stimme. Es wird gerade eine Szene aus dem Anfang des 2. Akts geprobt. Graf Richard (zarte Aufmerksamkeit für seinen Darsteller Richard Tauber) kommt auf ein Wiener Wohltätigkeitsfest [...]. Eine schlanke weibliche Gestalt, als deren Inhaberin wir sofort – am brandroten Haar und auch sonst – Anny Ahlers feststellen, schießt von links auf ihn los. ‚Was, *Sie* sind es? Wie kommen *Sie* denn hierher?' – ‚Was, *Sie* sind ...?' [...] Und der Mensch, mit einigermaßen Operetten-Verstand, merkt alsbald, dass es sich hier um ein Operetten-Missverständnis handelt. [...] Nach einigen verzückten Ausrufen, wie ‚Sie sind mein Schicksal!' oder ‚Der Herrgott meint's doch gut mit mir!' soll dann Paulette-Lotte von einem Diener unter dem triftigen Grunde des servierten Sekts in den Nebenraum gelockt werden und nunmehr ‚das' Tauberlied starten. Die Sache klappt und klappt nicht. Der eine findet die Szene, als Auftakt für ‚das' Tauberlied, zu banal. Der künstlerische Oberleiter Alfred Rotter kräht mit seiner hohen, hellen Stimme dazwischen: ‚Im Gegenteil! Das ist eine Meisterszene! Sie muss nur gespielt werden!' Der andere meint, dass an dieser Stelle ‚das' Tauberlied zu früh steht [...]. Der Dritte, ein etwas fülliger, mittelgroßer Herr, mit ausdrucksvollem Gesicht, lebhaften Gesten und unverkennbar wienerischem Dialekt, schreit, dass hier einzig und allein das große Liebesduett hinpasst. Aber, es fehlt noch das erlösende Wort [...] – er stampft mit dem rechten Fuß auf und stürzt an das verstimmte Probenklavier, dem er einen misstönenden Akkord entreißt [...]. Der künstlerische Oberleiter Alfred Rotter demgegenüber ist wieder der Ansicht, dass das erlösende Wort schon da ist, und spielt mit Anny Ahlers die große Szene. Ganz zwanglos und menschlich ist er, wie ein Schauspieler von Profession. Sein Gesicht strahlt in Direktor-Regisseur-Schauspieler-Mitarbeiter-Wonne. Mit ausgebreiteten Armen ruft

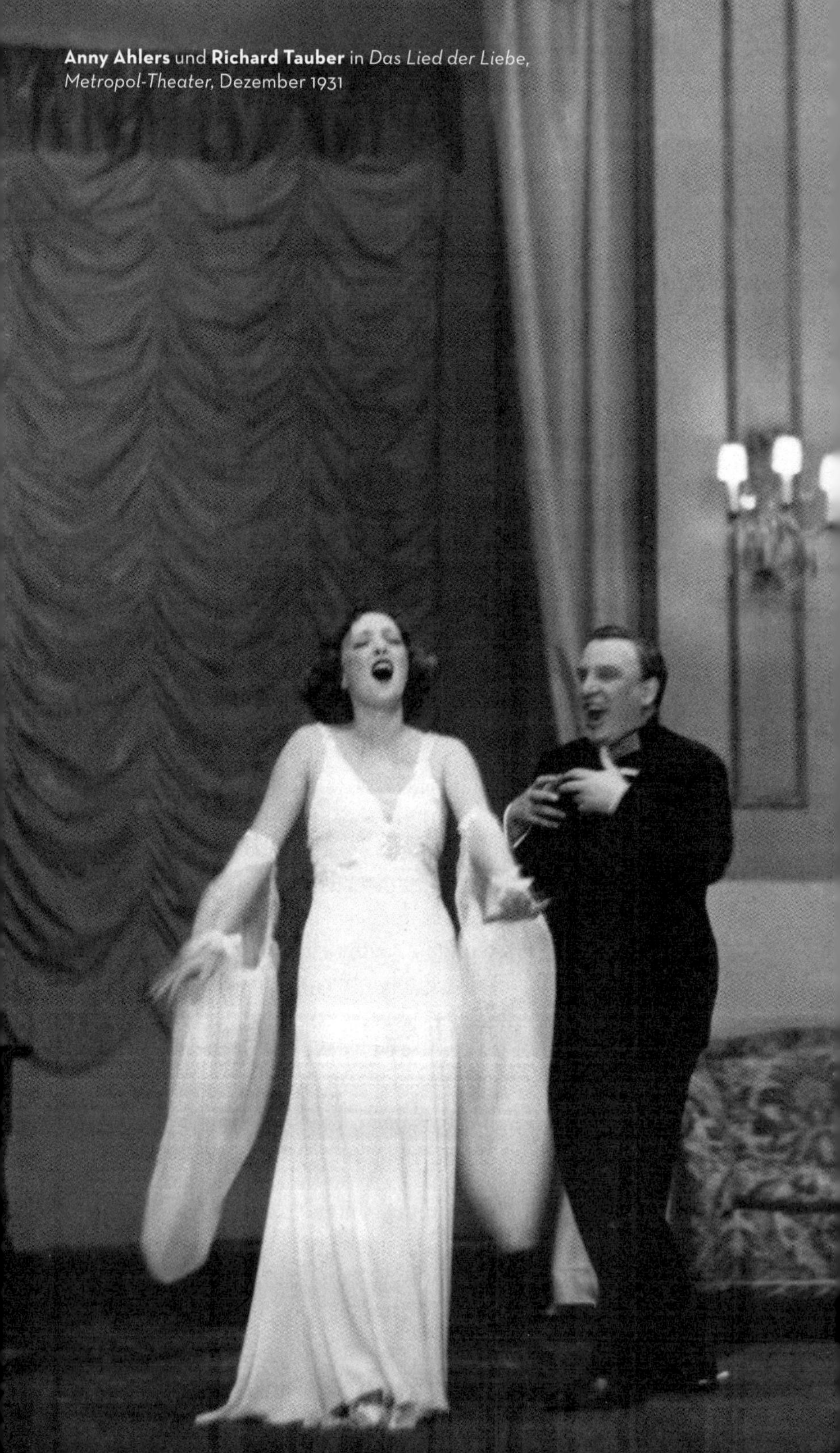

Anny Ahlers und **Richard Tauber** in *Das Lied der Liebe*, *Metropol-Theater*, Dezember 1931

er hinaus zur Bogenlampe: ‚Der Herrgott meint es doch gut mit mir!' Aber als der etwas füllige Herr aus Wien wie ein Besessener herumspringt und die Sache für ‚unmöglich' erklärt, scheucht ihn Alfred Rotter in seinen Rot-Damast-Prunksessel zurück: ‚Was wollen Sie denn? Reden Sie doch nicht! Setzen Sie sich! Sie sind doch bloß der Komponist!' Aha, also *nicht* der Dichter, sondern der Komponist! Auf Deutsch: Erich Wolfgang Korngold. Inzwischen neue Bulletins aus dem Adlon. [...] Aber jetzt: Auftritt der Sandrock (Fürstin Pauline) [...]. Sie ist im Abendmantel, den ihr langsam ein Diener abnimmt, und hält einen kleinen Monolog. [...] Alfred Rotter hat schon eine Weile dagesessen und drehende Handbewegungen gemacht, die zu besagen scheinen: ‚Was soll denn *das*?' Dann ruft er: ‚Aber das ist doch unmöglich! Die Fürstin und Lotte müssen *zusammen* auftreten!' Das bringt wieder Korngold in Harnisch, der erklärt, dass dann das ganze Stück nicht stattfinden kann. Auch ein kleiner Herr mit Monokel, ebenso stark wienerischer Dialekt, kommt aus seinem Sessel hervor und protestiert energisch – soweit ein Wiener energisch sein kann – gegen die Verschandlung des Werkes. Da niemand von ihm Notiz nimmt, ist jeder der Ansicht, dass dies der Autor sein muss. Hierauf schneidet, nachmittags um ¼4, Alfred Rotter den ganzen Disput kurz ab, indem er erklärt, jetzt zu Richard Tauber zu müssen. Alle rufen erstaunt: ‚Was, jetzt schon Schluss?' – wo sie doch von Alfred Rotter Proben bis 5 Minuten vor Beginn der Vorstellung gewöhnt sind. ‚Probe heut abend um 9 Uhr im Lessing-Theater!', ruft Alfred Rotter und geht ab. ‚Das ist doch keine Prob'! Das ist doch keine Prob'', seufzt Korngold und sinkt zerschmettert auf die Tastatur des Klaviers."[131]

Die *BZ am Mittag* spottet nach der Uraufführung: „Gegen 9 Uhr fällt der erste Kuss, es folgt ein Duett aus Sehnsucht nach dem Süden, um 10 Uhr das Liebeslied *Du bist mein Traum,* Taubers Solo, fünfmal vom Publikum verlangt, in Variationen der Phrasierung vorgetragen, stürmisch gefeiert, [...] dennoch bleibt die Geschichte das, was man in Wien fad, in Berlin langweilig zu nennen geneigt ist."[132]

Alfred Rotter folgt also doch Korngolds Gefühl: Zunächst kommt das Duett *Im Sonnenland, am blauen Meer* – gemeint war Capri –, dann erst das Tauberlied. Darin heißt es, in etwas possessiv-gezwungenen Reimen:

„Du bist mein Traum, mein einzig Leben. Dir bin ich ergeben mit Seel' und Leib! Mein Herz durchströmt ein heiß' Begehren: mir musst du gehören […]! Ein einzigmal im Leben triffst du das Glück am Weg. Lässt du's vorüberschweben, führt dich zu ihm kein Steg. Ich hab mein Glück gefunden, hab ihm tief ins Auge geseh'n! Nun soll es sel'ge Stunden mit mir geh'n […].“

Die begehrte Frau, Anny Ahlers, singt im ersten Akt: *„Ich sag nicht ja – ich sag nicht nein! Vielleicht … vielleicht wird's sein. Ich sag nicht nein … ich sag nicht ja – das Glück ist oft ganz nah.“* Und der um sie werbende Richard Tauber versichert im besagten Duett des zweiten Akts:

„Folg mir! Folg mir! Im Sonnenland, am blauen Meer, erfüllt sich mir all das Glück, das ich begehr. Nur du, nur du, Geliebte, du! Wie schlägt mein Herz verliebt dir zu! Seh'n deine lieben Augen mich an, lässt du den Himmel mich ahnen.“

Niemand ängstigt sich vor Geschlechter-Stereotypen, und die Umworbene antwortet, vorschnell, wie sich herausstellt:

„Im Sonnenland, dort bin ich dein! Ich schenk mich dir und will glücklich sein! […] Liebster, dir schwör ich im Duft dieser Stund: dir nur gehör ich aus Herzensgrund. Nimmer und nimmer hätt je ich gedacht, dass Liebe so glücklich macht. […]“

Plötzlich aber im Glauben, nur des Geldes wegen geliebt worden zu sein, klagt sie, realistischer:

„Es träumt die ganze Welt von Liebesglück … kaum dass man's hält … entflieht im Augenblick. Ein Luftgebilde nur aus Seifenschaum und in ein Nichts verfliegt der schöne Traum. Dass doch in dieser Welt ein Menschenglück so leicht zerschellt! […]“

Doch Richard Tauber zündet sich am Ende des zweiten Akts an dem fraglichen Scheck über 50 000 Kronen eine Zigarette an – ist also nicht auf Geld aus –, worauf sie am Ende des dritten Akts gemeinsam singen dürfen:

„Das Sternenzelt der ganzen Welt strahlt jauchzend uns entgegen. Zum höchsten Glück in unserm Sein ist nur die Lieb' der Trieb allein […].“

Das Publikum ist begeistert, doch die Theaterkritik weniger. In der *Berliner Morgenpost* heißt es: „Dieses Operettensurrogat von Fürsten, Grafen und Baronen möchte die feudale österreichische Vorkriegsgesellschaft verlebendigen, ist aber nichts anderes als die übliche Liebesgeschichte ältester Machart […]. Schon im ersten Akt weiß jeder, dass Anny Ahlers, die elegante Baronin Paulette, zum Schluss nicht den reichen, aber schon angegrauten Fürsten Franz Auerspach heiraten wird, so charmant Fritz Spira, unerreichter Spezialist für österreichische Kavaliere, ihn auch verkörpert, sondern seinen zwar verschuldeten, aber jüngeren Vetter Graf Richard Auerspach, der sich mit Richard Taubers glanzvollem Tenor in ihr Herz singt."[133]

Wie ist das doch gleich? Ein verschuldeter Graf? Der Geld verbrennt? Bei den verschuldeten Rotters?

Gleich am 25. Dezember 1931 geht dann die zweite Weihnachts-Uraufführung über die Bühne – im *Lessing-Theater*. Sie wollen dort endlich den Erfolg erzwingen – mit einem beschwörenden Titel: *Morgen geht's uns gut! 6 Bilder (nach einer alten Wiener Posse)*. Die Musik ist von Ralph Benatzky, es spielen und singen Grete Mosheim und Max Hansen, der schon 1930 Star in Charells *Weißem Rößl* gewesen ist.

Es scheint zu gelingen. Nach der Premiere schreibt Komponist Benatzky dem am Abend abwesenden Textdichter Hans Müller:

> „Samstag nachts [26. Dezember 1931] Mein lieber Hans, ich komme eben aus *Morgen geht's uns gut* […] *Vollstes* Haus, obzwar mir Rotters sagten, dieser Samstag sei, nach den vielen Festtagen, als Montag zu werten […] riesige Stimmung, Ludwig *ehrlich* und aufrichtig hingerissen, Henny Porten und Gatte, Felix Salten e tutti quanti schwärmten extatisch [ekstatisch]. Alfred Rotter strahlte: ‚Sehnse, hamm's Rotters wiedemal jeschafft, [ein] Stück, von dem janz Berlin Kopp steht …', und in ihrer immer wieder bewunderungswürdigen Begeisterungsfähigkeit schwörten Alfred und Frau Trude, es ginge bis zum Sa[ison]schluss, lassen dich, den großen Dichter und Dramatiker [*abgeschnitten am Rand:* grüßen? hochleben?], kurz, es scheint wirklich etwas ganz Großes zu werden, und das muss ich dir in dein freiwilliges Exil – kein Mensch weiß, wo du bist

und was du tust – berichten, denn es wird dich freuen, wie es mich freut! Ich danke dem Himmel, dass mein großer einstmaliger Wunsch, mit dir arbeiten zu können, so schön in Erfüllung ging, und hoffe, dass wirs noch paarmal zusammen schaffen! Ist dirs recht? Aufrichtigst und von ganzem Herzen dein Ralph."

Darunter notiert Benatzky die Zahl der vom Publikum verlangten Liedwiederholungen und beschreibt den Applaus: „,Loser Falter' 3x, ,Wenn du gehst' 2x, ,Mach' dir nichts draus' 2x. Nach Theaterakt 12 Vorhänge zum Schluss ,Ende nie'. Alle brav [...]."

Regie führt Fritz Friedmann-Frederich. Es ist die Geschichte des Postbeamten Franz, der privat mit den Berufskollegen in einem „Postorchester" spielt. Seine Schwester namens Franzi ist die Bedienstete des Operettenstars Erna Rena. Da diese Prominente sich plötzlich ziert, übernimmt Franzi, gedrängt durch Franz, handstreichartig – nach allerlei Unmöglichkeiten und Unwahrscheinlichkeiten – selbst die Rolle der gestrengen Rena, da sie deren Lieder als Dienerin heimlich mitsang. Es beginnt also eine Operette in der Operette. Franz und Franzi sind ein Waisengeschwisterpaar, und die kleinen Lügen werden ihnen zunächst von den Verantwortlichen gerne verziehen, umso mehr, als Franzi sogar noch im Alkoholrausch – denn nur betrunken traut sie sich – alles auswendig kann. Doch die Diva und ihr älterer, mächtiger Liebhaber nehmen Rache und sabotieren die Uraufführung über eine Intrige aus dem Hintergrund. Der Souffleurkasten ist leer, die Vorhänge werden nicht bedient, schließlich steigt sogar das Orchester aus, worauf flugs Franz und sein Postorchester – gespielt von der legendären Berliner Jazz- und Tango-Tanzkapelle des Geigers Dajos Béla – übernehmen und die Aufführung als Groteske zu einem glänzenden Erfolg bringen.

Ein Filmstoff. Sogar der strengste Rotter-Kritiker, Herbert Jhering, schreibt: „Max Hansen in *Morgen geht's uns gut* war eine mimische Sehenswürdigkeit." Und über Grete Mosheim meint eine Zeitung: „Richtige Weihnachtsbescherung!"

Der Schlussgesang des Geschwisterpaars scheint auch Fritz und Alfred Rotters Seelenwünschen zu entspringen:

Franz: *„Ja, morgen geht's uns gut, ich weiß das."*
Franzi: *„Morgen geht's uns gut, was heißt das?"*

Beide: „*Noch ein bisschen Mut, und auf einmal blitzt auf ein Sonnenstrahl!*“
Franz: „*Wie schwer's jetzt auch ist, ich bin und bleib Optimist!*“
Beide: „*Und rufe: Morgen geht's uns gut, das Glück, es ist uns nah! Hurrah! Hurrah!*“

Schon in der Korngold-Operette heißt es beschwörend: „*Das Glück ist oft ganz nah.*“

BITTERES ENDE EINES MÄZENS

Statt einer Inflation gibt es nun längst das Gegenteil: eine deutliche Abwärtsbewegung der Preise – eine Deflation. Die Regierung Brüning erlässt am 9. Dezember 1931 eine Notverordnung, die eine weitere Senkung der Löhne und Preise durchsetzt. Das wirkt sich auch auf die Theaterkarten aus. Die Theater der Rotters zählen zu den „Berliner Bühnen, die kleine Preise haben“[134] – man ist weit von den Papiergeld-Millionen und -Milliarden des Herbstes 1923 entfernt.

Fritz Rotter zu dieser Station, einen Tag vor Silvester 1931/32, in seltenem Originalton gegenüber der *BZ am Mittag*:

„Es ist wieder so weit, dass man uns ‚Verbilligung!‘ zuruft. [...] Die Preise der Rotterbühnen sind aber seit einem Jahr ohne den Befehl einer Notverordnung um 30 bis 40 Prozent gesunken. Auf einem num[m]erierten Sitzplatz kann man für 50 Pfennig im Admiralspalast Gitta *Alpár*, für 90 Pfennig im Metropol-Theater Richard *Tauber* hören. [...] Der Kampf zwischen Theater und Tonfilm hat sich gewendet. Im Augenblick sind wir die Angreifer [...]. Dazu ist nur noch zu bemerken, dass die Rotterbühnen seit Anfang dieser Spielzeit über hunderttausend Billetts den Arbeitsämtern zur Verteilung an Arbeitslose übergeben haben. Sollen wir *noch* billiger werden? Handelt es sich hier noch um einen Luxusartikel, für den wir je nach der Nachfrage Liebhaberpreise verlangen, oder um eine lebenswichtige Sache, nach der die Ärmsten die Hände freudig ausstrecken? Nun kann das Wort ‚lebenswichtig‘ zur Diskussion stehen. Theater an sich ist jedenfalls lebenswichtig und kein Luxusartikel – und unser Wunsch ist es jedenfalls,

> unsere Theater so zu führen, dass sie den Namen und die Definition verdienen. Man kann unseren Theatern alles mögliche vorwerfen – nur das nicht, dass sie den Kult einzelner schauspielerischer Persönlichkeiten vernachlässigen, die dem Publikum teuer sind. Persönlichkeiten und Stimmen wie Richard Tauber, Gitta Alpár, Grete Mosheim, Max Hansen braucht das Publikum aus irgendeinem geheimnisvollen Grund; wie hätten wir sonst konstatieren können, dass es Leute gibt, die auf das Abendbrot verzichten, um sich den Besuch einer Vorstellung zu ermöglichen. Wir sind hier die Vermittler. Man kann auch unseren Stücken alles mögliche vorwerfen, nur das nicht, dass diese Stücke jene Schauspieler nicht richtig herausbringen. Ein Stück, das etwa für Gitta Alpár nicht gewissermaßen auf Millimeter der richtige Rahmen wäre, müsste nach einer Woche abgesetzt werden. Die *Dubarry* geht zweihundertmal. ‚Persönlichkeit auf dem Theater', in einer Form dargeboten, die dem Publikum am mühelosesten eingeht, im Singspiel oder im musikalischen Volksstück; und zu Bedingungen, die nicht unsozial sind, sondern buchstäblich jedem, auch dem Armen (50 Pfennig) und dem Besitzlosen (gratis) den Theaterbesuch ermöglichen: das sind zwei Ziele, denen wir nachgehen und die unseren Begriffen von Theater entsprechen. Nur die, die uns nachweisen, dass wir dies *nicht* tun, oder die, die andere Begriffe von Theater haben, können uns Vorwürfe machen."[135]

Die prekäre finanzielle Lage der Rotters lässt einen bescheidenen Publikumsandrang gar nicht mehr zu – nur mit Großerfolgen können sie sich überhaupt noch halten. Um die abschreckende Wirkung leerer Sitzreihen und Ränge zu vermeiden, werden Karten verschenkt.

Der Frühling 1932 hingegen beschert ihnen nur einen einzigen Erfolg: *Liselott* – ein „Singspiel" über die historische Figur der Fürstin Liselott von der Pfalz (1652–1722). „Ihrer Lebtag ist sie lieber mit Degen und Flinte umgegangen als mit Puppen", vermeldet das Programmheft. Das Buch ist von Richard Kessler, die Musik von Eduard Künneke – der damit eine Neufassung seiner älteren Operette *Die blonde Liselott* vorlegt. Die Regie hat Fritz

Friedmann-Frederich, die Rotters zeichnen für die „künstlerische Gesamtleitung“. Premiere ist am 19. Februar 1932 im *Admirals-palast* – Käthe Dorsch und Gustaf Gründgens übernehmen die Hauptrollen. In der *Vossischen Zeitung* bemerkt Edwin Neruda: „Die Operetten-Librettisten von heute historisieren gern.“ Der Gatte der Liselott sei „ein geschichtsnotorischer Taugenichts, Geck und Lotterbube“, „feige und eitel, wollüstig und naschhaft“. Gründgens, der ihn auf der Bühne gibt, „bewährte sich gestern als Tänzer gut, besser als Sänger, am besten als Darsteller“. „Das Publikum beklatschte die [...] Aufführung stürmisch.“[136]

Auch Käthe Dorsch wird mit Lob bedacht: „Dorsch als Liselott: herrlich. Ihre Vollnatur durfte sich hier ausleben, ihre Geradheit und Schlichtheit, ihre Gefühlswärme, ihr Humor, ihr persönlicher Charme: dieser ganze Strauß liebenswertester Eigenschaften entzückte und beglückte.“[137] Und Gründgens? „Er war außerordentlich in seiner Windbeutelei, der läppischen Galanterie, der Engbegrenztheit der Interessen, dem Erwachen der Neigung zu Liselott: eine hervorragende schauspielerische Leistung. [...] Künneke wurde durch den stürmischen Beifall vom Pult auf die Bühne gerufen, und aus den Kulissen kamen Kessler, Friedmann-Frederich und Direktor Alfred Rotter. Und als am Ende der Applaus sich gar nicht legte, ließ man noch einmal das schöne Ballett auftanzen [...].“[138]

Dann folgen gleich zwei empfindliche Rückschläge: Dem Misserfolg von Ralph Benatzkys *Zirkus Aimée* am Ostersonntag, dem 27. März 1932, im vornehmen Berliner *Metropol-Theater* haftet eine gewisse Tragik an. Dem Komponisten liegt sehr an seiner Operette, die bereits am 5. März 1932 im *Stadttheater Basel* uraufgeführt worden ist. Als die Brüder Rotter das Stück in Basel sehen, bescheinigen sie der Aufführung „absolut großstädtisches Niveau“ und wollen sie nach Berlin bringen, mit demselben Regisseur, Oskar Wälterlin. Allerdings – Lehre aus dem überlangen *Veilchen von Montmartre*? – verlangen sie große Striche. Sehr zur Enttäuschung Benatzkys und des Librettisten biegen sie so die Handlung ins Melodrama, wo doch *Zirkus Aimée* die Parodie einer Operette war, mit Zeilen wie:

> *„Ach, in allen Operetten/ wird stets eins geschehn,/ wenn sich zweie fast schon hätten,/ kommt’s ans Auseinandergehn!/ Und es bricht das Herz im Takt/ mit Rücksicht auf den dritten Akt.“*

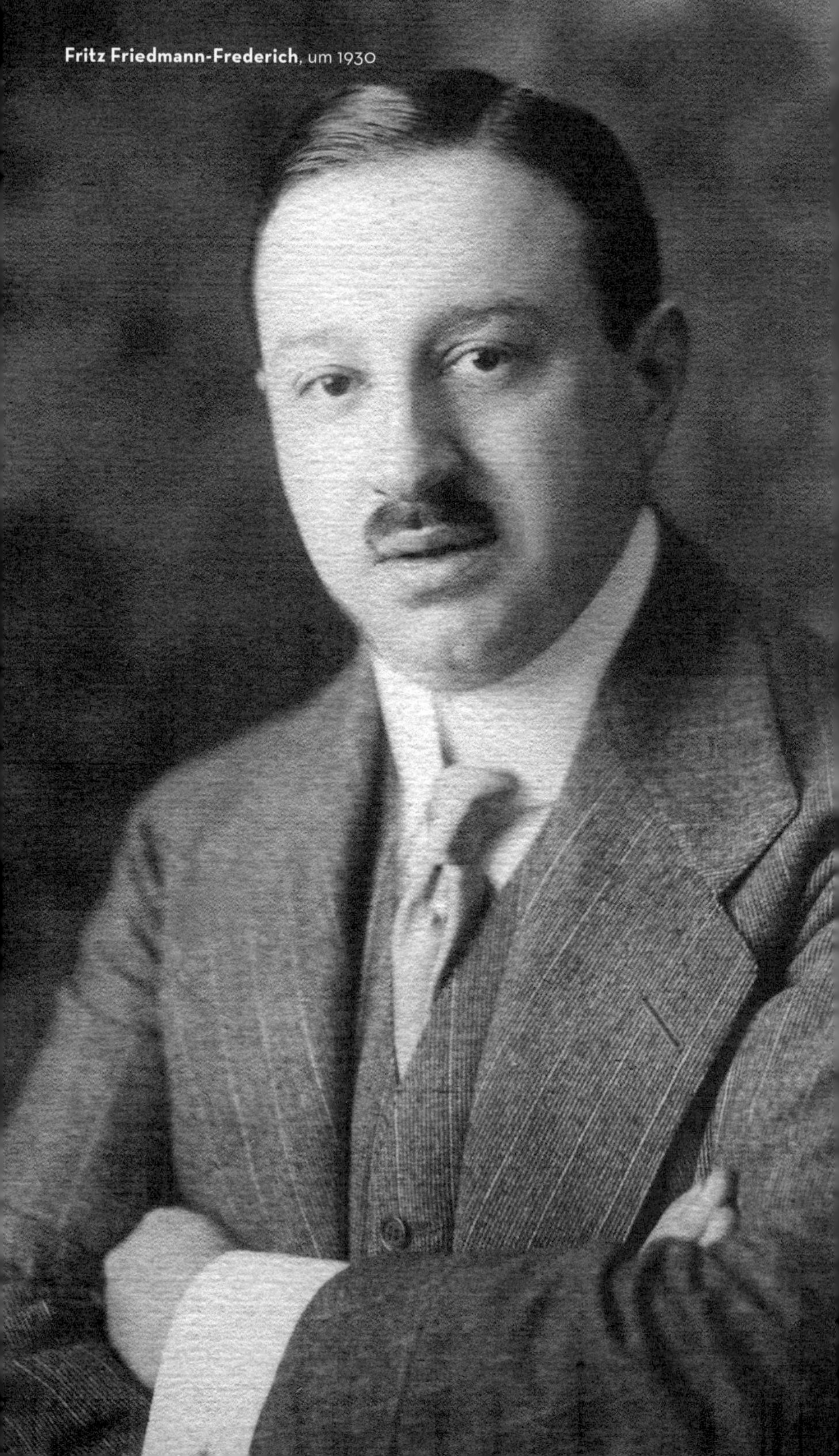

Fritz Friedmann-Frederich, um 1930

Es gelingt nicht, „die Parodie im Stück hinüberzuretten", wie Curt Goetz, der als Autor von *Zirkus Aimée* selbst mitspielt, in seinen *Memoiren* schreibt. „Und das von Tauber und der Massary verwöhnte Metropol-Theaterpublikum machte sich leider vorher eine ganz falsche Vorstellung von unserer Art Vorstellung!"[139] Mit der Komposition hat Benatzky bereits 1927 begonnen, er betrachtet diese Operette als sein „persönlichstes, unbeeinflusstestes Werk".[140]

Die Geschichte über einen adligen Leutnant, der sich als Komponist einem Zirkus anschließt und in die Artistin Aimée verliebt, versagt beim Publikum. Anekdotisch ist überliefert, wie die Mutter des Librettisten Curt Goetz, die in der Premiere sitzt, beim ersten Gesangsauftritt ihres Sohnes hinter sich einen Mann zum anderen flüstern hört: „Warum hat sich eigentlich der Rotter mit dem Tauber verkracht?"[141]

Die *Vossische Zeitung* rät: „Verlieren wir nicht allzu viele Worte über dieses missratene Unternehmen [...]."[142] Da nützen selbst echte Tiere auf der Bühne nichts mehr: Im ersten und dritten Akt führt eine Artistin in Begleitung eines Tierpflegers „einen 11 Jahre alten Bären" über die Bühne, wie die Akten der Theaterabteilung im Polizeipräsidium schildern. Es war ein Filmbär, der auch in Zirkussen auftritt – „ein hölzerner, mit Eisenblech ausgeschlagener Raubtierkäfig, der an der Vorderseite mit dicken Eisenstangen versehen ist" und „aus dem Bestande des Zoologischen Gartens" stammt, dient „vor und nach der Vorstellung" als sein „Aufenthaltsort".[143]

Ebenso wenig Zugkraft entwickelt im *Lessing-Theater* das Singspiel *Madonna, wo bist du?*[144] – nach der Komposition von Albrecht Haselbach und dem Libretto von Max Bertuch. Die Zeitungen finden, ein „längst verbrauchtes [...] Salonspiel" würde geboten, außerdem fehle der Musik „vollkommen die Originalität".[145] Nur Erika von Thellmann – sie „spielte die Frau zwischen zwei Männern" – wird gelobt: „Charmanter war sie nie [...]; reizender lässt sich die ihr hier zugemutete Verwirrung der Gefühle gewiss nicht austragen. Ihretwegen sehe und höre man sich diesen [...] Liebeshandel an [...]."[146]

Hervorgehoben wird die nur notdürftig versteckte Produktwerbung der Rotters, ausgerechnet in einer Szene, in welcher der Verzicht leistende alte Freund der Frau den Koffer packt, damit sie mit ihrem Neuen „nach dem Süden" fahren kann: „Das Herz könnte einem dabei brechen – wenn der edle Gönner nicht zugleich das mitzunehmende Parfüm der Firma C. und die Schokolade von W., mit genauer Namensnennung und Preisangabe, ausriefe. (Ein Meilenstein in der Entwicklung des deutschen Theaters, gesetzt von der fortschrittlichen Direktion Rotter!)“[147]

Noch etwas anderes engt den Spielraum der Brüder unvermittelt ein. Das *Metropol-Theater*, das sie seit 1927 bespielen, gehört nicht etwa ihnen, sondern dem Konzern des schwedischen Zündholzmagnaten Ivar Kreuger. Dieser legendenumwobene Unternehmer lebt sowohl in Stockholm als auch in Berlin sehr zurückgezogen. „Ivar Kreuger war ein Feind großer Geselligkeit, und er drückte sich darum herum, wo er nur konnte“.[148] Aus seiner repräsentativen Berliner Wohnung, die er seit 1927 besitzt, kann man sowohl den Pariser Platz als auch den Reichstag sehen. Er fördert die Rotters, indem er ihnen mit der Pachtsumme des *Metropol* entgegenkommt, und auch für Zahlungsausstände hat er Verständnis. Selbst wenn über diese Seite seiner Persönlichkeit wenig bekannt ist, so wird er recht eigentlich zu ihrem Wohltäter.

Am 12. März 1932 nimmt sich Kreuger, von Amerika kommend, überraschend das Leben. Die amerikanischen Banken haben zuvor aufgedeckt, welch unvorstellbare Bilanzfälschungen er sich hat zuschulden kommen lassen. „Die Geldquellen des Zündholzkönigs versiegten“, hält die *BZ am Mittag* lapidar fest.[149] „Eines der Hauptprinzipien Ivar Kreugers war Schweigen“, heißt es in einer Biografie über ihn.[150] Doch der Skandal um seine Luftbuchungen und der Zusammenbruch des Kartenhauses von „mehreren hundert“[151] konzerneigenen Firmen ändert nichts daran, dass es seine riesigen Zündholwerke in Jönköping und Tidaholm zu dem Zeitpunkt noch immer gibt. „Der Hauptblock des Kreuger'schen Grundbesitzes in Berlin befindet sich Unter den Linden.“ Er umfasst an der Behrenstraße das *Metropol-Theater* „sowie das Nebengebäude mit dem Theater in der Behrenstraße, Pavillon Mascotte und dem Palais de Danse“. „Anschließend kommen die Grundstücke der Passage-Gesellschaft bis zur Friedrichstraße“ und so weiter und so fort.[152]

Nun sitzen die Rotters in der Klemme. Die sehr gut informierte *BZ am Mittag* schreibt am 10. Juni 1932: „Zu dem großen Bautenkomplex, den der Zündholz-Kondottiere in Berlin sein Eigentum nannte, gehören u. a. das *Metropol-Theater*, das *Theater in der Behrenstraße* und das *Kleine Theater* Unter den Linden. Die Bühnen unterstehen jetzt, nachdem sich das Chaos halbwegs geklärt hat, einem Herrn Rothbart als dem Rechtsnachfolger Kreugers. Dieser konstatierte zunächst, dass fast ein Jahr lang für das *Metropol-Theater* keine Pacht bezahlt worden war und forderte die rückständige Summe ein. [...] Kreuger war ein großzügiger Mäzen und hatte in mündlicher Besprechung auf die ganze aufgelaufene Summe *verzichtet*, ja sogar darüber hinaus sich bereit erklärt, in diesem Sommer das Theater mit einem Aufwand von fast einer halben Million Mark auf seine Kosten *umzubauen*. Tatsächlich ist die rückständige Schuld niemals eingefordert worden; allerdings wurde die Sache nie schriftlich bestätigt."

Eine Räumungsklage droht. Dabei wollten die Rotters die neue Spielzeit 1932/33 im *Metropol* mit Fritzi Massary in der neuen Operette *Eine Frau, die weiß, was sie will* eröffnen, wie die Zeitung weiter berichtet.

Am 5. Juli 1932 wird die monatliche Miete von 20 000 Mark gerichtlich bestätigt. Die Aktiengesellschaft für Hausbesitz unter Herrn Rothbart, der den Berliner Grundbesitz Ivar Kreugers neu verwaltet, hat nun freie Hand gegen die Rotters. Immerhin ergibt sich, dass der Mietrückstand lediglich sechs Monate beträgt. Eine andere Zeitung berichtet, es werde sich entscheiden, ob die Brüder Rotter weiterhin im *Metropol-Theater* bleiben können „oder ob es in neue Hände übergeht": „Jedenfalls steht schon ein ganzes Heer neuer Anwärter auf das klassische Operettenhaus in der Behrenstraße an."[153]

Notgedrungen ignorieren die Rotters die Theaterferien und lassen im *Theater des Westens* im Juli 1932 einfach weiterspielen: *Die Blume von Hawaii* vom 1. bis 14., und vom 15. Juli an *Die Dollarprinzessinnen* (1907), eine Operette von Leo Fall. Dieses „heitere und hochgemute Traumbild der Vorkriegszeit" sei „nicht mehr ganz aus purem Gold", sondern „unter heftiger und hochsommerlicher Reduzierung der Partitur im *Theater des Westens* frisch aufgewärmt", heißt es bald.[154]

Die Rotters können nur noch für das Nötigste sorgen. Auch die Angestellten des Verwaltungsbüros bekommen das zu spüren.

Gegen den ehemaligen Schauspieler Hans Schuster, der im Namen der Rotter'schen Deutschen Schauspiel Betriebs AG offene Rechnungen unbeglichen lassen muss, liegen Mitte Juli 1932 beispielsweise „verschiedene Haftbefehle zur Erzwingung des Offenbarungseides" vor; mit anderen Worten: der Konkurs droht – es sei denn, es werde bezahlt, wenigstens in Raten.

Fritz Rotter beschließt, dass Schuster „zunächst auf Urlaub gehen solle", bis „mit den Gläubigern ein Arrangement" getroffen ist.[155]

Da die *Gesellschaft der Funkfreunde* und ihr Leiter Heinz Hentschke jede neue Operette bevorschusst, schmälern die von Hentschke massenweise auf den Markt geworfenen verbilligten Karten in wachsendem Maß die Einnahmen. Eine Schere tut sich auf.

Fritz und Alfred beabsichtigen, sich dieser Macht zu entziehen. Sie wollen durch den Aufbau eines konkurrierenden Kartenvertriebssystem den Einfluss Hentschkes verringern und beim nächsten Großerfolg endlich wieder auf eigene Füße kommen. Zu dem Zweck beauftragen sie einen sehr erfahrenen Mann, Moritz Lederer, der bereits den Kartenvertrieb von Max Reinhardt, Victor Barnowsky und Robert Klein organisiert hat.

Aber schon im August 1932 durchkreuzt Hentschke diesen Plan. Mit einer „einstweiligen Verfügung" und anschließendem Gerichtsbeschluss lässt er sich bestätigen, dass er „eine Monopolstellung innehätte" zum „Bezug verbilligter Karten für die Rotterbühnen". Die Preispolitik der Rotters diktiert er nun noch stärker. Außerdem ist er gewarnt – er weiß, dass die Rotters ihn loswerden wollen.

So viel ist den Brüdern Fritz und Alfred Rotter nach der Beinahe-Zahlungsunfähigkeit im Frühjahr 1932 und dieser neuen Erfahrung klar: Wenn sie eine letzte Chance wahren wollen, die Weltwirtschaftskrise trotz angehäufter Schulden glücklich zu überstehen, dürfen sie sich keinen einzigen Fehler mehr leisten. In ihrer Mietvilla in Berlin-Grunewald gibt es kein Ölbild und kein Stück Mobiliar, das nicht gepfändet wäre. Es ist ernst.

Ohne drei gleichzeitige Erfolge geht nichts mehr: Die Lebensgeschichte der Berliner Theaterdirektoren Rotter tritt, wie zu Beginn beschrieben, Mitte 1932 in die alles entscheidende Phase.

Alles bisher Geschehene – der Gedanke an die Triumphe, die stürmischen Erfolge, das Rasen des Publikums und ihr Ansehen als Bühnenkönige der Hauptstadt – wäre sonst nur ein wehmütiger, melancholischer Blick zurück.

DIE ERSCHÜTTERUNGEN DES SOMMERS 1932

Am 19. August 1932 tritt Richard Tauber ein letztes Mal in einer Rotter-Produktion auf: in der Neufassung des historischen Singspiels *Dreimäderlhaus* (1916) von Heinrich Berté im *Theater des Westens.* Tauber verkörpert den jungen Komponisten Franz Schubert, singt dessen Lieder – und begleitet sich in einigen Szenen auch selbst am Flügel.

Nach ihrem Durchbruch mit der *Dubarry* im Sommer 1931 hat Gitta Alpár Angebote vom Film erhalten. Die Premiere der „Tonfilm-Operette" *Die oder keine* des Regisseurs Carl Froelich, in der sie mit Max Hansen auftritt, ist auf den 26. September 1932 in Berlin angesetzt. Max Hansens Filmschlager *Irgendwie, irgendwo, irgendwann* ist bereits gut zwei Wochen vor dem Filmstart auf Schallplatte erhältlich.

Doch einen Monat bevor Gitta Alpár über die Leinwand flimmert, fasziniert sie am 22. August 1932 bereits wieder bei den Rotters: diesmal als Zarin *Katharina.* Für die Operette des Komponisten Ernst Steffan haben Fritz und Alfred eigens den *Admiralspalast* an der Friedrichstraße angemietet.[156] Die Pacht beträgt die Hälfte der Abendkasse – gespielt wird auf volles Risiko. Das Libretto ist von Fritz Löhner-Beda.

Katharina weckt ins Unermessliche gesteigerte Erwartungen und zieht auch höchste Regierungsvertreter wie Reichskanzler von Papen an, den „Steigbügelhalter der Nazis", wie Otto Schneidereit in *Berlin, wie es weint und lacht* bemerkt.[157] Und „die politische und wirtschaftliche Hautevolee" feiert ohne Gedanken an Widerstand gegen „die heraufkommende faschistische Diktatur" eines ihrer „luxuriöse[n] Feste": Durch „dieses ‚illustre' Beieinander" und „das ganze bombastische Gepränge im Admiralspalast", so Schneidereit weiter, „erwies sich die Operette wieder einmal als willkommenes Mittel, zur Ablenkung von den politischen Forderungen des Tages eine Welt des schönen Scheins aufzubauen".[158]

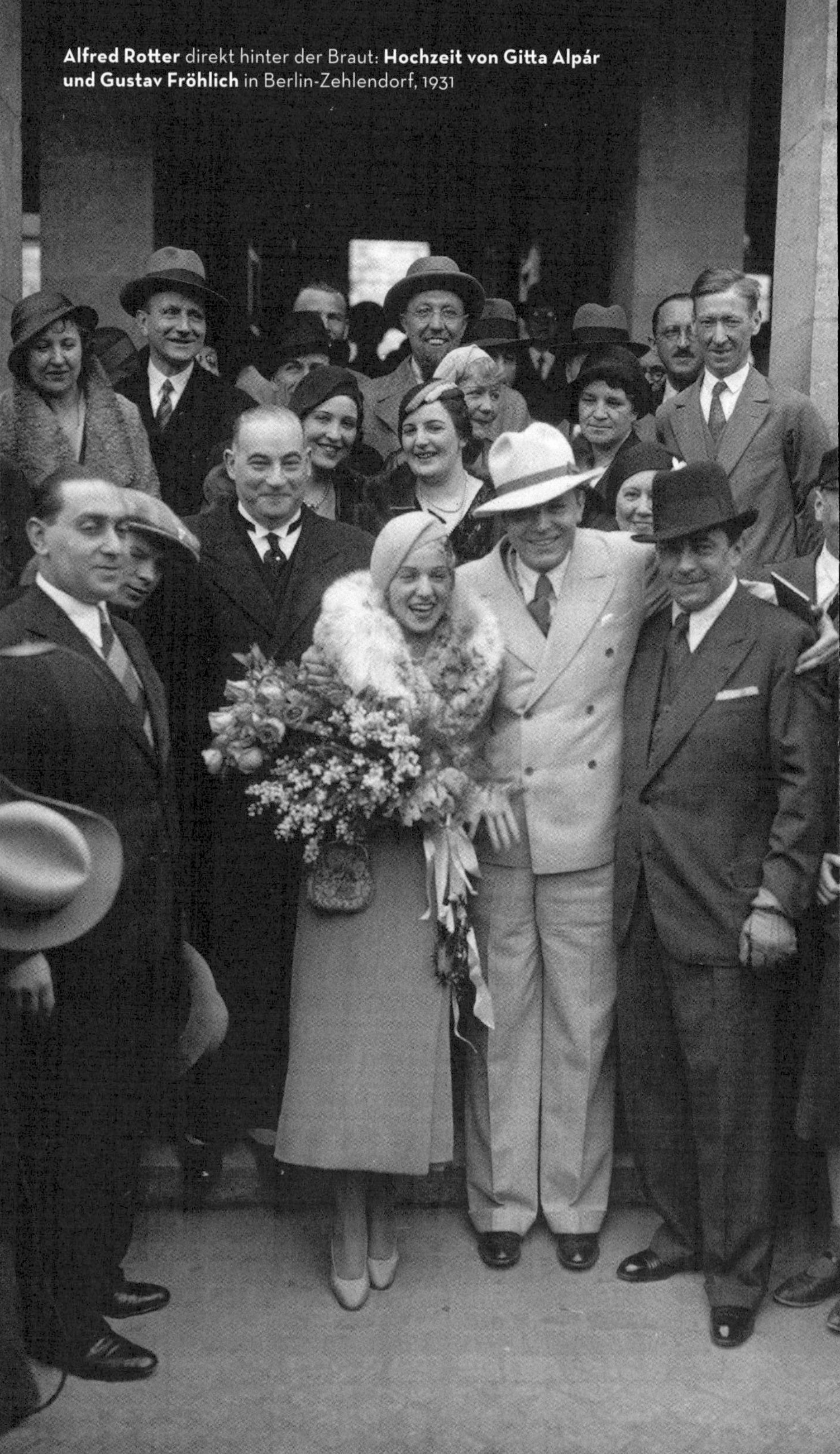

Alfred Rotter direkt hinter der Braut: **Hochzeit von Gitta Alpár und Gustav Fröhlich** in Berlin-Zehlendorf, 1931

Lässt sich aber nicht auch mit demselben Recht die völlig entgegengesetzte Folgerung ziehen? Womöglich sind die Operetten der Rotters im Chaos von Ökonomie und Politik der einzig verbliebene, alle Lager verbindende, gemeinsame kulturelle Rest. Ist nicht jede Aufführung ein letzter Versuch, die drohende Katastrophe mit den Mitteln des Theaters doch noch zu überwinden?

Die *Vossische Zeitung* gibt sich unbeeindruckt:

> „Die Schar der Alpár-Gläubigen ist seit dem *Dubarry*-Erfolg im Steigen begriffen. Die Spannung, mit der jedes Auftreten von ihr, die fanatischen Freudenausbrüche, mit der jeder Abgang quittiert werden, hat für den nüchternen Beobachter einen leicht hysterischen Unterton. Es scheint, als ob solche eine einseitige Begeisterungs-Hysterie einen Menschen so ausfüllen kann, dass er in seinen übrigen Ansprüchen rührend bescheiden wird. Sonst ist es nicht zu erklären, dass man sich mit der äußerst dürftigen Musik von Ernst Steffan so leicht zufrieden gab. [...] Das Schicksal, das Katharina aus dem Bauernmädchen zur Zarin emporhebt, wird als ‚Russische Ballade' [...] dargestellt. Gitta Alpár sprüht vor Energie. Durch ihren Erfolgswillen werden Stimmung und Bewegung sicher gelenkt, wird auch die eine bewegtere Tanzszene geschickt gemeistert. [...] Wieder mal eine Operette, deren Dürftigkeit nur durch die Lebendigkeit der Schauspieler kaschiert wird – ein etwas ärmliches Ergebnis für einen großen Aufwand."[159]

In Wirklichkeit liegt die Aufmerksamkeit des politischen Berlin am Abend des *Katharina*-Rummels woanders – beim Urteil im Potempaer Prozess, das genau an jenem Tag, dem 22. August 1932, bekannt gegeben wird. Wegen der Ermordung des Arbeiters Konrad Pietzuch im oberschlesischen Dorf Potempa – Nazis sind in seine Wohnung eingedrungen und haben ihn in Gegenwart seiner Mutter zu Tode geprügelt – fällt das Sondergericht in Beuthen/Schlesien im Schnellverfahren fünf Todesurteile „wegen politischen Totschlags".[160] Diese Strenge schreibt die Notverordnung „gegen politischen Terror" vom 9. August 1932 vor. „Das Urteil wurde von den im [Gerichts-]Saal anwesenden SA-Leuten und SA-Führern mit *stürmischem Protest* aufgenommen. Die SA-Leute riefen: ‚Heil Hitler!' und ‚Nieder mit der Justiz!' Der Gruppenführer der SA in Breslau […] rief laut in den Saal: ‚Das deutsche Volk wird in Zukunft andere Urteile fällen! […]' Die Unruhen setzen sich dann auch auf den Straßen von Beuthen bis in die späten Abendstunden fort."

Die *Vossische Zeitung* berichtet weiter:

> „Im Anschluss an die Urteilsverkündung […] kam es zu nationalsozialistischen Massenansammlungen auf dem Kaiser-Franz-Josef-Platz, der […] in unmittelbarer Nähe des Gerichts liegt." Die SA-Leute seien „zum Teil in Lastwagen von Breslau herübergekommen". „Die Polizei war jedoch in Voraussicht der Unruhen zahlreich, mit Karabinern und Stahlhelmen bewaffnet, zur Stelle. Sie räumte den Platz und schloss ihn hermetisch ab, konnte jedoch nicht verhindern, dass in den Seitenstraßen die Lage zeitweilig ein recht bedrohliches Aussehen gewann. […] Die Geschäftsstellen der sozialdemokratischen Zeitung, einer Zentrumszeitung und eines unpolitischen Blatts wurden von randalierenden SA-Trupps demoliert. […] Ferner wurden die Schaufensterscheiben einer jüdischen Elektrizitätsfirma demoliert und versucht, auch hier einen jüdischen Obsthändler zu lynchen, doch gelang es der Polizei, rechtzeitig einzuschreiten. Zahlreiche Festnahmen sind erfolgt."[161]

Die Strafe für die Täter wird am 2. September 1932 in lebenslänglich umgewandelt, am 23. März 1933, knapp zwei Monate nach Beginn der NS-Herrschaft, kommen sie frei. Hintergrund der organisierten Unruhen in Potempa und anderswo ist der durch Kurt von Schleicher betriebene Sturz des Reichskanzlers Heinrich Brüning am 30. Mai 1932 – Brünings erst am 13. April 1932 erlassene Verbot von SS und SA wurde durch einen verhängnisvollen Entscheid des neuen, offen autoritär und gegen das Parlament regierenden Franz von Papen im Juni wieder aufgehoben, um die Duldung der Nationalsozialisten für sein Kabinett zu erlangen.

Aufgrund einer weiteren von mehreren an die NSDAP gemachten Zusagen löst Franz von Papen den Reichstag auf – mit Neuwahlen am 31. Juli 1932. Dies im vollen Wissen, dass die Nazi-Partei in der Preußischen Landtagswahl vom 24. April 1932 gerade erst mit 36,3 Prozent der Stimmen stärkste Partei geworden ist (vor der SPD mit 21,2, dem katholischen Zentrum mit 15,3, der KPD mit 12,3 und den Deutschnationalen mit 6,9 Prozent). Sofort marschieren SA und die SS wieder, und die Gewalt erreicht wegen des Wahlkampfs neue Ausmaße.

Am 26. Juni 1932 bringt die *Berliner Morgenpost* den verzweifelten Aufmacher: „Genug des Blutvergießens! Überzeugen, nicht prügeln." Die Zeitung mahnt:

> „Wenn man in den letzten Jahren von Chicago las, konnte man die Meinung gewinnen, dort sausen dauernd Autos herum, aus denen heraus mit Maschinengewehren geschossen werde. Amerikanische Filme stützten die Vorstellung [...]. Es besteht die Gefahr, dass in dem Urteil der Welt Berlin im besonderen und Deutschland im allgemeinen einen ähnlichen Ruf gewinnt wie Chicago. Bloß mit dem Unterschied, dass es sich hier nicht um Gewalttätigkeiten von Gangstern handelte, sondern um politische Ausschreitungen. [...] Es vergeht wirklich kaum noch ein Tag, dass nicht irgendwo einer dem anderen eine Kugel in den Bauch schießt, das Messer zwischen die Rippen stößt oder eins auf den Kopf haut, nur weil dieser andere einer anderen politischen Anschauung huldigt. [...] Wir erleben es doch bei jeder Wahl, dass nicht nur Dutzende und Hunderte, sondern Tausende den Sprung über den politischen Abgrund machen. [...] Aber sie sind Menschen wie wir alle. Sie sind nur verrannt und verhetzt. [...] Sie vertragen sich ja auch sonst. Beim Sechstagerennen sind doch die Zuschauer auch nicht nach politischen Parteien sortiert, beim Boxen nicht und auch nicht beim Fußball."[162]

Doch dem Kanzler Franz von Papen scheint das Abkommen mit den Nazis wichtiger. Da kommt es am 17. Juli 1932 zum „Blutsonntag in Altona": „Vierzehn Tote hat die Straßenschlacht in Altona gefordert, und drei Schwerverletzte ringen noch mit dem Tode", schildert die *Berliner Morgenpost*. Schließlich sind sogar neunzehn Tote zu beklagen. Nach amtlicher Darstellung „hatten die Nationalsozialisten die Genehmigung, einen Umzug durch die Altstadt in Altona zu unternehmen", durch das „rote Altona", trotz drängenden Ersuchens „aus dem kommunistischen Lager, vor allem von der Antifaschistischen Aktion, um ein völliges Verbot des SA-Marsches".[163]

„Zusammenstöße" haben sich zuvor auch „in vielen anderen Städten und auch in Berlin" ereignet. Erst aufgrund des „Blutsonntags" macht die Regierung von Papen am 18. Juli 1932 einen Rückzieher: „Demonstrationen wieder verboten. Warum nicht auch Uniformen?", titelt die *Berliner Morgenpost* auf der ersten Seite.[164]

Zugleich hat von Papen mit einer Vollmacht des Reichspräsidenten Hindenburg die nur noch „geschäftsführend" amtierende, über keine eigene Mehrheit mehr verfügende, sozialdemokratisch geführte Regierung Preußens durch „Reichsexekution" absetzen lassen, unter dem machiavellistischen Vorwand, sie sei für die Ausschreitungen verantwortlich – ein Vorgang, der als „Preußenschlag" in die Geschichtsbücher eingeht. Ohne diesen wäre das Abrutschen in die kommende Diktatur so nicht möglich gewesen. Bei den Reichstagswahlen am 31. Juli 1932 gehen mit 37,4 Prozent erneut mehr Stimmen an die NSDAP als an jede andere Partei.

In der nationalsozialistischen *Deutschen Bühnenkorrespondenz*, dem *Nachrichtenblatt des Dramaturgischen Büros im Kampfbund für Deutsche Kultur*, werden die Rotters im August 1932 verbal offen angegriffen: „Die Rotterbühnen haben sich zu einem Mammutkonzern ausgewachsen, der sieben Bühnen mittelbar oder unmittelbar umfasst. Er ist nach wie vor auf dem reinen Geschäfts- und Starsystem ohne künstlerischen Gestaltungswillen aufgebaut und daher nur jüdisch orientiert." In der Nummer vom September 1932 druckt die *Deutsche Bühnenkorrespondenz* unter dem Titel „Der Kampf um die deutsche Kulturerneuerung" eine Rede von Alfred Rosenberg ab, dem „Hauptschriftleiter" des *Völkischen Beobachters* und später, von 1941 bis 1945, Reichsminister für die besetzten Ostgebiete (und in Nürnberg zum Tode verurteilt). Darin steht: „Uns interessieren nicht mehr die kranken Geister und ihre brüchigen Probleme, sondern uns bewegt der starke Mensch in seinem Kampfe, auch in seiner möglichen Niederlage. Uns reizen heute alle Kämpfe gegen eine alte Welt." Die nationalsozialistische Zeitung *Der Angriff* trägt ebenfalls zur Stimmungsmache gegen die Rotters bei und behauptet, dass sie „Mitte August eine neue

Operette mit der ungarischen Jüdin Gitta Alpár im Theater im Admiralspalast ‚starten' werden, während sie ihre übrigen Schauspieler mit sage und schreibe 3 Mark pro Vorstellung ‚honorieren'!"[165]

Wie sollen sich Fritz und Alfred Rotter beim „Presseempfang", den sie zu Beginn der neuen Theatersaison im August 1932 geben, äußern? Welche Wahl haben sie? Ganz ohne Verrenkungen geht es offenbar nicht. Nicht nur das bereits erwähnte *8 Uhr-Blatt* („dass sie auch unter dem neuen Regime [unter von Papen] nur gute Kunst und gute Unterhaltung bieten würden"[166]), auch die *Deutsche Zeitung* hat jenen Auftritt nicht vergessen und schreibt mit Spott und Häme am 17. Januar 1933 rückblickend unter dem Titel *Die Theater-Generale* über die „Generalstäbler" Rotter: „Die Gebrüder Rotter luden die Presse zu einem Tee ein, um die Verheißungen und Pläne ihrer großen Star-Theater bekannt zu geben. Bei dieser Gelegenheit hielt einer der Brüder Rotter eine Ansprache an die Theaterkritik, erzählte von der Not der Bühnenbetriebe und den großen Anstrengungen seines Konzerns. Auch in Deutschlands größten Zeiten, auch in der schwersten Not der Wirtschaftskrise und der Kriegsspannung hätte es Generale von unbedingter Zuversicht und Tatkraft gegeben – siehe Hindenburg, siehe die Generale der Wirtschaft: Krupp und Hugenberg."[167]

Schwager Apel kennt die Befürchtungen des Bruderpaars sowie Gertruds besser und schildert in seinem stark antisemitisch gefärbten Bericht 1933, wie sie, die Rotters, reagieren, „als die", wie Apel sagt, „nationale Bewegung immer größere Fortschritte machte und man mit jüdischem Instinkt schon unter dem Personal die verhassten Nazis witterte". Er setzt hinzu: „Zur Zeit der Reichspräsidentenwahl" – das waren die zwei Wahlgänge vom 13. März und 10. April 1932 – „schlug diese Angst in große Nervosität um, und am Abend des Wahltages, an dem Adolf Hitler die Reichspräsidentenstelle nicht beschieden wurde, fiel den beiden Helden ein großer Stein vom Herzen. Ein so großer Stein, dass man den vermeintlichen Erfolg mit einer Flasche Sekt feierte." Alfred sei „ständig" von „Angst" beherrscht gewesen: „Verschwand er doch schon von jeher bei allen Anlässen, die nach Judenfeindlichkeit auch nur rochen, schleunigst aus Berlin."

Erst als feststeht, dass *Eine Frau, die weiß, was sie will* von Oscar Straus mit Fritzi Massary nach dem rauschenden Erfolg der Uraufführung am 1. September 1932 Gewinne verspricht, sperrt sich der Kreuger-Nachlassverwalter Rothbart und neue Oberherr über das *Metropol* nicht weiter gegen die Rotters als Pächter und stimmt einer Einigung auf eine reduzierte tägliche Ratenzahlung von 700 Mark zu.

Fritzi Massary, im Unterschied zur jüngeren Gitta Alpár dunkelhaarig, mit einem nach damaliger Mode schmal geschminkten Mund, ist noch immer unangefochten der größte weibliche Operettenstar deutscher Sprache.[168] Als Ralph Benatzky die Aufführung sieht, notiert er in sein Tagebuch: „Die Massary in *Eine Frau, die weiß, was sie will* ganz großartig, wenn auch, im Aussehen, schon sehr verwüstet. Aber in Paris hat man die [Sarah] Bernhardt mit einem Bein und um zwanzig Jahre älter als die Massary, noch in den Himmel gehoben [...]. Wir Deutsche sind im allgemeinen undankbar und unklug [...]. Als ob Jugend, anstatt nur eines Vorteiles, ein Verdienst wäre."[169]

Bereits 1927 hat Fritzi Massary Gerüchte über ihr Alter dementieren lassen – durch ihren Ehemann, den bekannten Schauspieler Max Pallenberg. Damals ist sie gerade im *Theater des Westens* in der Uraufführung von *Eine Frau von Format*[170] des ungarischen Komponisten Michael Krausz aufgetreten – unter dem Direktor und Regisseur Hans Lüpschütz, der seither selbst für die Brüder Rotter arbeitet. Ende 1927 ist Massary am *Großen Schauspielhaus* unter Erik Charell noch einmal zu *Madame Pompadour*[171] geworden, ihre Paraderolle. Im darauffolgenden Jahr 1928 tritt sie erneut für Charell in einer mit Revue-Elementen angereicherten *Lustigen Witwe* auf und tourt damit über Monate hinweg. Anschließend übernimmt sie bei Victor Barnowsky, der wieder im *Deutschen Künstlertheater* angekommen ist und vor Operetten nicht haltmacht, die Hauptrolle in *Nina* von Bruno Frank[172], ihrem eigenen Schwiegersohn – als Diva und als ihr eigenes Double. In dieser Doppelrolle lasse Fritzi Massary, schildert die *Vossische Zeitung*, „die Leute vor Vergnügen schreien, quietschen und beinahe sich schmerzhaft winden".[173] Jahr für Jahr hat sie ihrer Laufbahn stimmlich wie schauspielerisch weitere Höhepunkte hinzugefügt.

Und nun ist sie *Eine Frau, die weiß, was sie will.* Spätestens bei den – von Alfred Grünwald stammenden – Liedzeilen „*Warum soll eine Frau kein Verhältnis haben, kein Verhältnis haben, kein Verhältnis haben? Ist sie hübsch, wird man sagen: Na die muss doch eins haben [...]*“ steht der Triumph der Massary, und damit auch der Rotters, fest – sie hilft den Brüdern über diesen letzten schweren Sommer hinweg.

Nach kurzer Zeit kommt es aber zu einem Zwischenfall. Die Massary-Biografin Carola Stern schreibt: „An einem der nächsten Tage dringt SA mit dem Ruf ‚Juden raus!‘ in das Theater ein. Unter die Wartenden am Bühneneingang mischen sich randalierende Nazis: ‚Wir wollen auf deutschen Bühnen keine Juden sehen!‘“[174]

Anschließend bringen die Rotters am 8. September 1932 im *Lessing-Theater* das Theaterstück *Pygmalion* (1913) von George Bernard Shaw. Die Inszenierung läuft gut und wird bis zum 11. Dezember 1932 ununterbrochen gespielt.

Damit haben sie vorerst an drei ihrer wichtigsten Bühnen eine feste Bank – mit Shaw in ihrem Stammhaus, der Massary im *Metropol* und Gitta Alpár als *Katharina* im *Admiralspalast.* Richard Tauber als Schubert im *Theater des Westens* steht ihnen nur noch bis 25. September 1932 zur Verfügung – danach würden sie das Haus mit diesem und jenem füllen.

Doch fieberhaft planen sie schon für Dezember 1932 – sie brauchen zwei Weihnachts- und mindestens eine Silvesterpremiere. Darunter geht es nicht. Der Shaw-Erfolg treibt sie zu einer Eskapade: Sie pachten das seit der Barnowsky-Pleite verwaiste *Theater an der Stresemannstraße* – das heutige *Hebbel am Ufer (HAU)* – und bringen dort am 21. Oktober 1932 die deutschsprachige Uraufführung des allerneuesten Stücks von Shaw mit dem anspielungsreichen Titel *Zu wahr, um schön zu sein.* Worum es geht, beschreibt Shaw selbst in der Vorrede: „Mein Stück ist die Geschichte dreier rücksichtslos unbekümmerter junger Menschen, die, für den Augenblick, in den Besitz grenzenlosen Reichtums gelangen und alle Bindungen abbrechen, um sich mithilfe der ganzen modernen Vergnügungsmaschinerie eine rundum gute

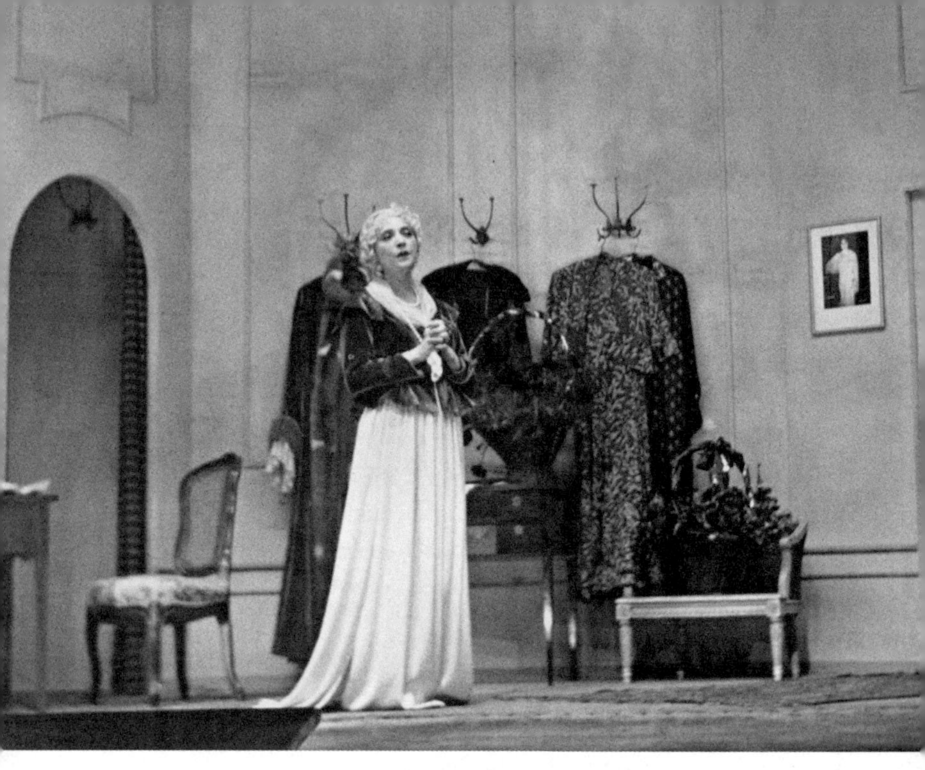

Fritzi Massary in *Eine Frau, die weiß, was sie will*, 1932

Zeit zu machen, was zu dem Ergebnis führt, dass sie für ihr Geld keinen echten Gegenwert erhalten, aber jede Menge Sorgen und eine zum Wahnsinn treibende Unzufriedenheit." Das Stück solle zeigen, „dass unser kapitalistisches System – mit den golden glänzenden Ausnahmen der müßigen Reichen und der bleiernen Regel der verängstigten Armen – genauso katastrophal versagt vom Standpunkt der Reichen wie von dem der Armen."[175]

Die Regie überlassen die Rotters dem Reinhardt-Schüler Robert Klein. Es ist, als würden sich Fritz und Alfred mit diesem Stück selbst Mut machen. Die Besprechungen der Aufführung sind, drei Monate vor dem Untergang der Weimarer Republik, auch ein Kaleidoskop der Stimmung in Berlin.

Monty Jacobs, sonst einer der unerbittlichen Kritiker, berichtet: „Das Publikum bestand die Respektsprobe musterhaft, bis auf einen Pfeifer, der in den starken Erfolg am Schluss hineinflötete. Vielleicht hatte sich Shaw selbst, der Geist des Widerspruchs, eingeschlichen." Obwohl eine versagende Sirene eine Szene

„schmiss", Alexander Moissi eine „Fehlbesetzung" sei und Shaw „bei allem Theatersinn der formende Wille" fehle, so setze Shaw seine „Ideen in die Flugzeuge des Geistes, der Persönlichkeit, der Überraschung": „[...] welcher Ernst, welche tiefe Melancholie des Alters tönt aus dieser Komödie heraus! [...] Im Grund empfinden alle Menschen dieses Stücks den Sturz in die Leere. [...] ‚Verlorene Seelen sind wir alle', so klingt es schauerlich ernst aus allem Lärm der Knallkapseln dieser Komödie heraus. Shaw, der Lachende, sieht die Seelen nackt. Aber Shaw, den Bekenner, packt das große Mitleid mit ihrer Verlorenheit. So wird auch dieses Alterswerk des stärksten europäischen Geistes zum Mysterium."[176]

Max Osborn in der *Berliner Morgenpost* fühlt sich weniger angesprochen: „Die Spötteleien über die Verrücktheit der Menschen, über soziale und andere Lügen, über unsere Nachkriegs- und Gegenwartswelt [...] stehen für sich, [...] voneinander getrennt durch weite Strecken dürren Ödlands."[177] Der *Berliner Lokal-Anzeiger*, der zum deutschnationalen Hugenberg-Imperium gehört, attackiert die Aufführung – und den Autor: „Das hätte Shaw lieber bleiben lassen sollen, denn hier gab's selbst aus diesem fast hörigen Publikum Pfiffe. Und mit Recht! Shaw ist nicht nur langweilig geworden, er hat auch seinen Witz, den Glanz seines Dialogs eingebüßt. Was zurückbleibt, ist nur noch Geschwätzigkeit und geschmacklose Blasphemie. [...] So erfreut man sich wenigstens an schauspielerischen Glanzleistungen."[178]

In der *BZ am Mittag* würdigt man die Regie, die „sich in dieser Zeit der bequemen Wiederaufnahmen an ein neues problematisches Werk heranwagte": „Die Wahrheiten, die die Nachkriegszeit ans Licht spricht, sind zu wahr, um schon zu sein. Es gehört Mut dazu, dieses in sich zerfallende und weitschweifige Alterswerk eines unsicher gewordenen Spötters auf die Bühne zu stellen."[179]

Als Einziger stellt Rolf Nürnberg im *12 Uhr-Blatt* witzelnd die Verbindung zur Vergangenheit von Fritz und Alfred Rotter her:

> „Da hat das Premierenpublikum der Gebrüder Rotter stets geduldig ausgehalten, jahraus, jahrein, bei den langweiligsten Erstaufführungen, vom *Veilchen* bis zur *Liselott*, drei und vier und fünf Stunden hindurch, je länger, je lieber, je öder, je besser, je stumpfsinniger, je begeisterter, und niemals hat sich an einem solchem Premierenabend auch nur der Hauch

> eines Widerspruchs geregt. [...] Siegreich galoppierten Rotters [...] hinweg mit Mann und Ross und Wagen. Doch wer hoch hinauswill, der muss etwas riskieren. Und so erinnerten sich Fritz und Alfred an ihrer Jugend Sündenblüte, da sie vor zwei Jahrzehnten, als es noch keine Bons und keine Funkfreunde gab, literarische Matineen veranstalteten. Die Herren über die Berliner Theatererfolge, die auf den Trümmern des Berliner Theaterlebens so etwas wie eine Monopolwirtschaft aufrichten konnten und denen vor allem in dieser Saison der Zusammenbrüche und Misserfolge das Dreigestirn Alpár-Mosheim-Massary bemerkenswerte Abendkassen und ruhige Gagentage verschaffte, konnten es sich leisten, uns in einem der leerstehenden Theater literarisch zu kommen."

Nur drei Tage nach der Shaw-Premiere wird Alfred Rotter am 24. Oktober 1932 in die Theaterabteilung des Polizeipräsidiums am Alexanderplatz vorgeladen. Er geht mit einem seiner leitenden Angestellten hin, dem ehemaligen Regisseur Hans Lüpschütz – der ist Konzessionsinhaber im *Lustspielhaus* an der Friedrichstraße 236 und Geschäftsführer von fünf Rotter-GmbHs.

Sofort gibt es eine Szene. Als Alfred sich dem Abteilungsleiter der Theaterabteilung mit „Direktor Rotter" vorstellt, erwidert dieser: „Sehr angenehm, Herr ... Schaie, wenn ich nicht irre. Darf ich bitten, Platz zu nehmen."[180] Nicht genug damit, er fragt ihn „hierauf, ob er Alfred Schaie sei". Das amtliche Protokoll vermerkt jede Gefühlsäußerung: „Diese Frage wurde von Schaie bejaht. Die Erschienenen nahmen hierauf Platz. Von vornherein war bei Schaie eine gereizte Stimmung fühlbar." Mit dabei sind auch drei Dezernenten der Theaterabteilung, alle drei protokollieren. Da weist der Abteilungsleiter auf „die Verschachtelungen durch G.m.b.H." bei den Rotterbühnen hin: sie seien „derart undurchsichtig", „dass sich die Theaterpolizei, die die allgemeine Zuverlässigkeit der Schauspielunternehmen zu prüfen habe, für diese Frage interessieren müsse".

Die Theaterabteilung sehe Anlass zu Bedenken, dass Alfred Rotter die Konzession im *Metropol*, *Theater des Westens* und im *Lessing-Theater* innehabe, „während das Unternehmen jeweils von einer G.m.b.H. betrieben werde". Alfred Rotter „antwortete kurz und scharf: ‚Das stimmt nicht. Für unsere rein internen Bedürfnisse haben wir G.m.b.H.s gegründet. Das geht keinen Außenstehenden etwas an. Ich persönlich bin verantwortlich für alles.' Der Abteilungsleiter erwiderte darauf in ebenfalls scharfer Sprechweise, dass es sich hier nicht um Außenstehende handele, sondern um die Theaterpolizei als Aufsichtsbehörde, die das Recht habe, in diesen Dingen klar zu sehen." Einer der Dezernenten, Regierungsrat Metscher, wirft ein, dass „die Sozialversicherungen – Ortskrankenkasse, Unfallversicherung usw. – hierüber klagten und sich an die Behörde wendeten, da sie immer Schwierigkeiten hätten, zu ihrem Gelde zu kommen; Pfändungen seien nicht durchführbar, da immer G.m.b.H.s aufträten". –Alfreds Antwort fehlt im Protokoll. Weiter heißt es: „Der Abteilungsleiter fügte hinzu, dass Schaie offenbar die Situation völlig verkenne. Er habe auch in anderen Punkten Anlass zu polizeilichen Bedenken gegeben. Lüpschütz unterbrach und wies darauf hin, dass die Rotterbühnen die zuverlässigsten Betriebe seien, dass diese Betriebe insbesondere all ihre finanziellen Verpflichtungen genau erfüllten."

Das lieferte dem Abteilungsleiter das Stichwort – er kam auf die Preise für Programmhefte und auf Garderobengebühren zu sprechen. „Die Unterhaltung hatte inzwischen weiter eine gewisse Schärfe beibehalten. Schaie ‚verbat sich' mit erhobener Stimme den ‚Ton', in dem hier verhandelt werde. Das sei er nicht gewöhnt. Wenn er seine kostbare Zeit hier verbringe, so wünsche er eine andere Art der Verhandlung. Sei er etwa als Angeklagter hier? Der Abteilungsleiter erwiderte, dass die Besprechung stattfände im Interesse der notwendigen Klärung seiner Theaterverhältnisse." – Alfred Rotter, „bei dieser Besprechung wiederholt mit ‚Herr Schaie' angeredet", „bemerkte nun, dass er nicht Schaie, sondern Rotter heiße und Herr ‚Direktor' angeredet zu werden wünsche. Der Abteilungsleiter erwiderte darauf, der bürgerliche Name laute seines Wissens ‚Schaie'. Für die Behörden sei er daher ‚Herr Schaie', gleichgültig wie er auf dem Theater genannt werde."

Alfred Rotter „sprang hierauf auf und rief in theatralischer Weise: ‚Ich bin ein solches Verhandeln nicht gewöhnt, ich schließe die Sitzung!' Der Abteilungsleiter wies Schaie darauf hin, dass diese Besprechung nicht von Schaie, sondern von ihm, dem Abteilungsleiter, geführt werde, dass Schaie hier also keine Sitzung zu schließen habe. Schaie riss die Tür auf und begab sich ins Vorzimmer, wo er sich den Mantel anzog. Währenddessen redete Lüpschütz auf Schaie ein und bat den Abteilungsleiter, doch Schaie nochmals anzuhören. Der Abteilungsleiter erwiderte, dass er die Sitzung noch nicht beendet habe, allerdings auch keinen Anlass habe, Herrn Schaie zurückzuhalten, wenn er gehen wolle. Das weitere werde sich finden. Die Geladenen (Schaie im Mantel) begaben sich ins Zimmer zurück und die Sache nahm ihren Fortgang. Schaie nahm zunächst stehend an der Besprechung weiter teil, später nahm er ohne besondere erneute Aufforderung seinen Platz im Sessel wieder ein."

Es geht um baupolizeilich festgelegte Bezeichnungen für „Parkett, 1. Rang und 2. Rang" im *Metropol* und im *Theater des Westens* – und dass diese Plätze „auch unter diesen Bezeichnungen geführt und verkauft werden müssen". Das war der eigentliche Anlass der „Besprechung". Alfred Rotter ist der Meinung, „er könne die Plätze in seinen Theatern nennen, wie es ihm beliebe". Die Theaterabteilung hält hingegen „die jetzige Praxis" für „eine Irreführung des Publikums". – „Wiederum benutzte Schaie diesen Teil der Besprechung, um sich gegen die Anrede ‚Herr Schaie' zu wehren. Schaie stand auf. Das brauche er sich nicht bieten zu lassen. Er habe sich nicht zu fürchten. Der Abteilungsleiter wies Schaie darauf hin, dass auch die Behörde keinen Grund zur Furcht vor Schaie habe. Sie vertrete die Interessen des preußischen Staates. Der Abteilungsleiter erklärte, das weitere werde sich finden. Schaie zog darauf ab mit den Worten: ‚Na, ich habe ja meine Presse.' Der Abteilungsleiter bemerkte hierzu ironisch: ‚Herzlichen Glückwunsch!' *Seine* Presse möge schreiben, wie es ihr beliebe. Das werde die Behörde mit Würde zu tragen wissen. Schaie forderte hierauf nochmals unter der Türe mit Kommandoton Lüpschütz auf mitzukommen. Lüpschütz versuchte sich weiter bei der Besprechung zu halten, folgte aber mit bedauernden Gebärden dem ‚Befehl', nachdem er den Anwesenden die Hand gegeben hatte."

Fritz und Alfred legen nach. Sie pachten von Eugen Robert auch das *Deutsche Künstlertheater* an der Nürnberger Straße – für ein

Gastspiel „mit einem Kriminalstück des ungarischen Autors Ludwig Zihaly: *Die Nacht zum 17. April*, mit Leopoldine Konstantin als Hauptdarstellerin. Die Handlung war „ins Berlinische übertragen“[181] und scheinbar widersinnig: „Das Stück fängt an, wenn es aufhört. Wenn Baron Keller, verdattert darüber, dass er seine Frau für die Geliebte und die Mörderin des Schauspielers Gabriel gehalten hat, auf sie zugeht, nachdem die Tochter Marietta als wirkliche Mörderin abgeführt ist. [...] Das Problem des Dramas, dem im Anfang etwas soziologisch Wahrscheinliches anhaftet: dass eine Mutter die Schuld für ihre Tochter auf sich nimmt, um in ihrem Opfermut sofort an den primitivsten Alibi-Momenten zu scheitern [...].“[182]

Herbert Jhering attestiert der Aufführung, „spannend“ und „wirksam“ zu sein – darauf „verstehen sich die Rotters glänzend“: „Sie kennen die Wünsche des Publikums und befriedigen sie.“ Spöttisch setzt er hinzu: „*Die Nacht zum 17. April* allerdings müsste gesungen werden, denn das Stück versagt im Geschmack völlig.“[183]

Das *12 Uhr-Blatt* räumt ein: „Was Eugen Robert nicht vermocht hat, schaffen die Rotters, in seinem Haus zu Gast, auf Anhieb – nämlich ein Erfolgsstück zu spielen. [...] Sie [...] erfüllen ihre literarischen Ambitionen mit [...] Shaw-Stücken und beginnen hier mit einem Kriminalreißer, der außerdem noch in Wien erprobt ist. Die Rotters haben sich gewandelt und wissen, was sie wollen.“[184] Einziger Wermutstropfen scheint ein „Herr Eckstein“ zu sein:

> „Herr Eckstein ist nämlich der Mann, der Rotters Premieren leitet, der Chef der Claque. Claque muss sein, das ist ganz in Ordnung; denn seit jeher haben sich Schauspieler Zuschauer engagiert, die zu klatschen haben, als wenn das Publikum nicht selber wüsste, dass Beifall das Brot des Künstlers ist. Herr Eckstein gibt das Signal, dem seine Unterleute blindlings folgen. Herr Eckstein hat seine Hände aufeinandergeschlagen [...]. Herr Eckstein weiß leider noch nicht, dass ein Schauspiel oder ein Kriminalstück keine Operette ist, folglich applaudiert er auch, wenn Frau Konstantin aus der Kulisse tritt. Da braucht einer einen Witz gemacht zu haben, auf den ein Lachen reagiert – und schon zerstört Herr Immerklatscher den Fluss des Dialogs und jede Szene wird zum Solo.“

EINFACH WEITERMACHEN

Niemand soll ahnen oder wissen, wie es wirklich um die Brüder Rotter und ihre Theater steht. Und natürlich müssen sie über den Dezember 1932 hinausdenken. Ideen für ständig neue Aufführungen sind ihr einzig verbliebenes Kapital. „Unbeständigkeit heißt einfach Beweglichkeit, und Beweglichkeit ist ein Kennzeichen für Zivilisation. Du solltest dir was darauf einbilden. Ansonsten verlierst du deine Selbstachtung", wird in Shaws Stück *Zu wahr, um schön zu sein* gesagt. Was zählt, ist „die Entschlossenheit, ein zivilisierter Mensch zu bleiben".[185]

Nur einen Moment stillzustehen, würde das Räderwerk der Rotterbühnen auseinanderfallen lassen. Die Dauervorschüsse der *Gesellschaft der Funkfreunde* halten es in Gang – ohne Aufführungen kein Geld. In ihrem Wohnhaus mit den sechzehn Zimmern im ruhigen Grunewald werden laufend neue Pläne geschmiedet. Wenn sich der als vollschlank geschilderte Fritz Rotter von Privatfriseur Archibald rasieren lässt, findet er mit seiner Vorstellungskraft morgens schon den ersten Zuhörer. Die Textdichter Grünwald und Löhner-Beda werden nur wenig später mit dem vielseitig einsetzbaren Diener in der Operette *Ball im Savoy* Archibald ein Denkmal setzen.

Die Aufgabenverteilung zwischen den Brüdern hat sich über die Jahre verändert. Das ist allgemein bekannt, denn wer für eine Zeitung schreibt, findet in der Kunz-Buntschuh-Straße 16–18, im säulengestützten Eingang des von außen dunkel wirkenden Hauses, stets Einlass und weiß nicht nur, wie es im Erdgeschoss und im hellen Salon der ersten Etage mit den hohen Flügeltüren aussieht, sondern erfährt auch Interna, wie sicherlich auch Stefan Großmann vom *Montag Morgen*. Am 11. April 1932 berichtet er: „Bruder Fritz betätigt sich nicht mehr dramaturgisch, sein Ressort sind die Verhandlungen mit den Banken, mit der Presse, mit der Provinz." Er sei „der Bohemien der Familie", reise zu Operettenaufführungen in andere Städte und entdecke Talente, die vielleicht die Stars „von morgen" sind.

Im Oktober 1932 geht die Nachricht durch die Berliner Zeitungen, die Rotters hätten die Oper *Kuhreigen* (1911) von Wilhelm Kienzl „für Berlin zur Aufführung erworben". Das Werk spielt in den letzten Tagen der französischen Monarchie und endet für die weibliche Hauptfigur, Blanchefleur, Gattin eines zu Beginn der Revolution enthaupteten Marquis, ebenfalls unter der Guillotine – obwohl ein in sie verliebter Unteroffizier der Schweizergarde, der mit dem Kuhreigen-Lied ihr Herz berührt und treu zum Königshaus hält, sie noch befreien will. Das Werk solle „neu bearbeitet unter dem Titel *Madame Blanchefleur* noch in derselben Spielzeit mit Richard Tauber in Szene gehen", lautet die Meldung.[186]

Begreifen Fritz und Alfred dieses geplante Singspiel um den *Le Terreur* der Revolution als Kommentar zum Straßenterror in der Weimarer Republik? Oder ist dies nur die versprochene Fortsetzung der *Dubarry*?

In einem Interview vom Februar 1933 wird Fritz Rotter sagen: „Sehen Sie, in den dreiundzwanzig Jahren, in denen wir Theater machen, haben wir es vermieden, eine Nachricht zu dementieren, weil es uns nicht liegt, gegen erfundene Behauptungen vorzugehen. Wer uns kennt, kennt uns [...]."[187] Zum Unterschied zwischen Theaterkritik und Theaterleitung meint Fritz im selben Zeitungsgespräch – und wird es vielleicht auch im täglichen Rasierspiegel-Gespräch mit Archibald schon so oder ähnlich formuliert haben: „Der Kritiker hat die Verpflichtung, die ideale Forderung aufzustellen und zu vertreten, und der Theaterdirektor die Verpflichtung, Kompromisse zu schließen und dem Geschmack des Publikums Rechnung zu tragen." Fritz Rotter weiß, wovon er spricht, denn einst ist er selbst Theaterkritiker gewesen – vor dem Krieg, als er und sein Bruder mit dem Studium begonnen und bevor sie erste Aufführungen auf die Bühne gebracht haben.

Der Bühnenspielplan des Monats Dezember 1932 aber legt, kaum ist er erschienen, alles Weitere unumstößlich fest: *Ball im Savoy*, das neue Werk von Paul Abraham mit Texten von Grünwald und Löhner-Beda, wird am 23. Dezember Premiere haben. Sie sind sich diesmal ihrer Sache so sicher, dass sie die größte Bühne der Stadt überhaupt anmieten, Reinhardts *Großes Schauspielhaus* an der Friedrichstraße. Für den 25. Dezember ist eine weitere Aufführung angekündigt: *Liebling von Paris* – eine Neufassung der *Madame Favart* (1878) von Jacques Offenbach im *Lessing-Theater*.

Zuvor geben sie bereits am 9. Dezember im *Theater des Westens* eine Operette Charlie Miller: *Das Mädel aus Dalmatien.* Das Buch stammt von Arthur Rebner, er sei „als ein Altmeister unter den Schlagertextdichtern mit Recht geschätzt", schreibt eine nicht mehr identifizierbare Zeitung. Regie führt Rudolf Jess, die Hauptrolle hat Hella Kürty.

Es gibt kein Zurück mehr. Der Boden wankt, bezahlt werden kann außer den Angestellten und den Stars nur noch das, was nach gerichtlicher Feststellung und zähneknirschend zugestandenen Vergleichen einfach unbedingt bezahlt werden muss. Die Quittung kommt prompt: „Zu den erfreulichen Ereignissen des Berliner Theaterwinters zählt die gestrige Premiere kaum", schreibt die *Vossische Zeitung.*[188] Die Operette spielt „in Filmkreisen" – ein „Wildfang von Bauernmädchen" erringt im „mitteleuropäischen Kinomilieu" Erfolge, aber „sie bleibt derb, wird handgreiflich noch in Gesellschaftsrobe, pfeift auf schon erlangten Ruhm und kehrt mit Mirko, ihrem Landsmann und Liebsten, nach Dalmatien zurück ... Zuweilen geht es dabei lustig zu." Verrissen wird aber die Musik: „Frau Charlie Miller ist eine Amateurin, der manches Nette, Muntere, Graziöse einfällt; das meiste wohl holt sie sich freilich unbesorgt um Prioritätsansprüche aus den Partituren anderer. Indiskutabel ist der Orchestersatz, von einer Unfähigkeit der Klangerzeugung, die kaum vorstellbar ist, fehlerhaft zudem auch im Harmonischen."

Spielen vielleicht auch Vorurteile gegenüber Frauen eine Rolle? Interessanterweise ist das *Berliner Tageblatt* gnädiger, denn hier wird Charlie Miller irrtümlicherweise für einen Mann gehalten. Zwar wird ein „Anfänger" vermutet, dessen „rhythmisch lebendige und im Ton erfreulich unsentimentale Musik [...] die junge Generation [verrät]." Auch die parodistische Handlung – „Filmleute" an der „Kurbel", „was sie reden und kalauern und vorstellen und treiben" – sei „sehr unterhaltend, auch geistvoll und witzig".[189]

Wie eine spätere Befragung des Regisseurs Rudolf Jess ergibt, ist das Stück „vorher einige Zeit in Dresden gespielt worden": „Zur Bevorschussung der Aufführungen in Dresden und Berlin hatte der Ehemann der Komponistin, Herr Direktor Müller von den Rütgerswerken, je 7 500,– RM bezahlt. Diese Summe ist restlos bei den Vorbereitungen und Aufführungen verbraucht worden."

Die Rotters „hatten sich verpflichtet, in einem ihrer Berliner Theater 50 Vorstellungen en suite zu geben“, es sei aber „im Theater des Westens ungefähr 8 Tage“ gespielt worden. „Dann wurde es mangels Kassenerfolges abgesetzt.“ Der Gatte reicht Klage ein, zieht sie aber wieder zurück. Regisseur Jess: „Die Rotters haben, soweit ich die Sachlage beurteilen kann, in dieser Hinsicht korrekt gehandelt und sich keines Betruges schuldig gemacht.“

Aber die Sache mit Aufführungen gegen Bezahlung macht deutlich, wie klamm die Rotters sind. Kurz danach, noch im Dezember vermutlich, nehmen sie von einem Geheimrat Almers eine Operette mit dem Titel *Burg um Thurand* entgegen – gegen Bezahlung von 15 000 Reichsmark. Jess: „Als mir das Buch vorgelegt wurde, weigerte ich mich entschieden [...]. Die Rotters übergaben dann die Sache Regisseur Pirk [...].“[190] Zur Aufführung kommt es infolge des Konkurses im Januar 1933 nicht mehr.

Sind es einkalkulierte Misserfolge? Die Erklärung für einige unerklärliche Qualitätsabstürze bei den Rotters ist in diesen zwei dokumentierten Fällen schlicht Geldnot. Schon einmal haben sie, nämlich 1931, von Richard Tauber 80 000 Reichsmark bekommen: „für das Herausstellen einer kleinen Freundin im *Lessing-Theater*, einer unbedeutenden Sängerin“, wie Ludwig Apel später aussagt. Nur dieses Geld habe sie über den August 1931 gerettet: „Alles glaubte, das Ende sei da, und man fragte sich: Wieviel Tage kann es noch gehen? [...] und es ging doch noch einmal weiter.“

Der Titel des damals sehr bekannten Buches *Das Theater als Geschäft* (1911) von Max Epstein ist – lange vor den Rotters – zum stehenden Begriff geworden, wird nun aber oft auf sie gemünzt. Die Figur des Theaterdirektors, der mitten in der Weltwirtschaftskrise aus Not in ein „Geschäft“ einwilligt, um die Schuldenlast zu tilgen, sonst sein Theater aber „nach künstlerischen Grundsätzen“ leitet, wird fast selbst zum Theaterstoff. „Wie wird man und wie bleibt man Theaterdirektor?“, lautet Max Epsteins rhetorische Frage im Buch. Die Antwort gibt er selbst: „[...] was die Direktoren anlangt, so trifft das Geschäft eine so starke Auslese, dass die Unfähigen ziemlich schnell verschwinden.“[191]

Oder, wie es Robert Musil ausdrückt: „Ansichten kann jeder haben, aber bleibend sind auf die Dauer nur die, mit denen man etwas verdient, weil das beweist, dass sie anderen Leuten auch einleuchten!“[192] Dieser sicherlich sarkastisch gemeinte Satz ist einem von ihm verfassten Text in der *Vossischen Zeitung* entnommen, der am Vortag des Erscheinens des zweiten Bandes von *Der Mann ohne Eigenschaften* abgedruckt wird – in jenem Dezember 1932, der für Fritz und Alfred schicksalsbestimmend werden soll.

Aufgeschreckt reagiert noch einmal die Theaterabteilung im Polizeipräsidium. Am 19. Dezember 1932 müssen dort in großer Eile („Sofort, noch heute!“) Briefe an die Bühnengenossenschaft, den Bühnenverein und den Verband Berliner Bühnenleiter verschickt werden – um „geflissentliche Stellungnahme“ einzuholen, „ob Ihnen Tatsachen bekannt“ seien, „die gegen die finanzielle Zuverlässigkeit und die künstlerischen Qualitäten der Gebrüder Rotter“ sprechen – sie „beabsichtigten“, „die Kroll-Oper zu übernehmen“. „Um nach der Vergrößerung der Rotter-Unternehmen in den letzten Jahren einen Überblick über die jetzige finanzielle Lage der Rotter-Betriebe zu gewinnen, bitte ich um möglichst umgehende vertrauliche Auskunft [...].“ Eine Anfrage des Preußischen Ministers für Wissenschaft, Kunst und Volksbildung „über die Möglichkeit der Erteilung einer Konzession zur Bespielung des *Krolltheaters*“ und die schwebenden „Verhandlungen mit den Herren Alfred und Fritz Rotter“ wegen „Verwertung des Krolltheaters“[193] ist intern über zwei Wochen liegengeblieben.

Noch ein Theater mehr? Oder ist es die Sehnsucht nach einer Rückkehr zu den Anfängen?

In der *Kroll-Oper*, die nach dem Reichstagsbrand am 27. Februar 1933 Ersatzort für das von Göring präsidierte Parlament und Schauplatz für das sogenannte Ermächtigungsgesetz vom 23. März werden wird, hätten bei einem anderen, glücklicheren Verlauf der Geschichte die Rotters also möglicherweise Operette gespielt.

„BALL IM SAVOY" UND DIE AUSSICHT AUF „KOLOSSALE GELDER"

Der Vorhang für Paul Abrahams *Ball im Savoy* hebt sich an einem Freitag, am 23. Dezember 1932 um neunzehn Uhr dreißig: eine „Welt-Uraufführung" ist angekündigt. Schon die Sprache der Werbung steuert – und steigert die Erwartungen. In den Kinos Berlins laufen seit fünf Wochen *Die blonde Venus* von Josef von Sternberg mit Marlene Dietrich und *Film verrückt* von Harold Lloyd. Doch wer eine Karte für das *Große Schauspielhaus* an der Friedrichstraße hat und jenseits der Weidendammer Brücke zum Eingang drängt, schert sich gerade nicht um diese Leinwandstars und hat jetzt auch nicht unbedingt Augen für die Bettelnden und Obdachlosen, die in der Straße stehen.

Es liegt kein Schnee an diesem Abend. Auch für die bevorstehenden Weihnachten ist keine Flocke zu erwarten. „Erwerbslosigkeit wächst", meldet die Morgenausgabe der *Vossischen Zeitung* an jenem Tag: „In der ersten Monatshälfte des Dezembers hat sich mit dem Eintreten des Frostwetters und mit der Beendigung der Weihnachtsaufträge die saisonmäßige Winterarbeitslosigkeit erheblich verstärkt, während die Konjunktur-Industrien einstweilen keine neuen Besserungssymptome zeigten. So ist die Erwerbslosenziffer um rund 250 000 auf 5,6 Millionen gestiegen [...]." Zur gleichen Zeit des Vorjahres betrug sie 5,35 Millionen. Noch am 18. Oktober 1932 hat die Zeitung berichtet, dass die Arbeitslosenziffer sinke.

In der gleichen Ausgabe wird über die *Ball im Savoy* Generalprobe vom Vorabend berichtet: „Paul Abraham, der sein Werk selbst dirigiert, hat den Rock abgeworfen, der Große Generalstab, Alfred Rotter an der Spitze, ist aus dem Parkett auf die Bühne gerückt, und die Musik wird immer temperamentvoller, beschwingter, mitreißender. [...] Dann wird die verführerische Beleuchtung ausgeknobelt [...]. Es ist sieben Uhr [19 Uhr], seit fünf Stunden arbeitet man hier, es soll noch bis elf weitergehen. Das und das Gesehene und Gehörte verspricht allerhand."[194]

Für die Rotters wird *Ball im Savoy* der größte Triumph ihrer Karriere als Theaterdirektoren – und ihr letzter.

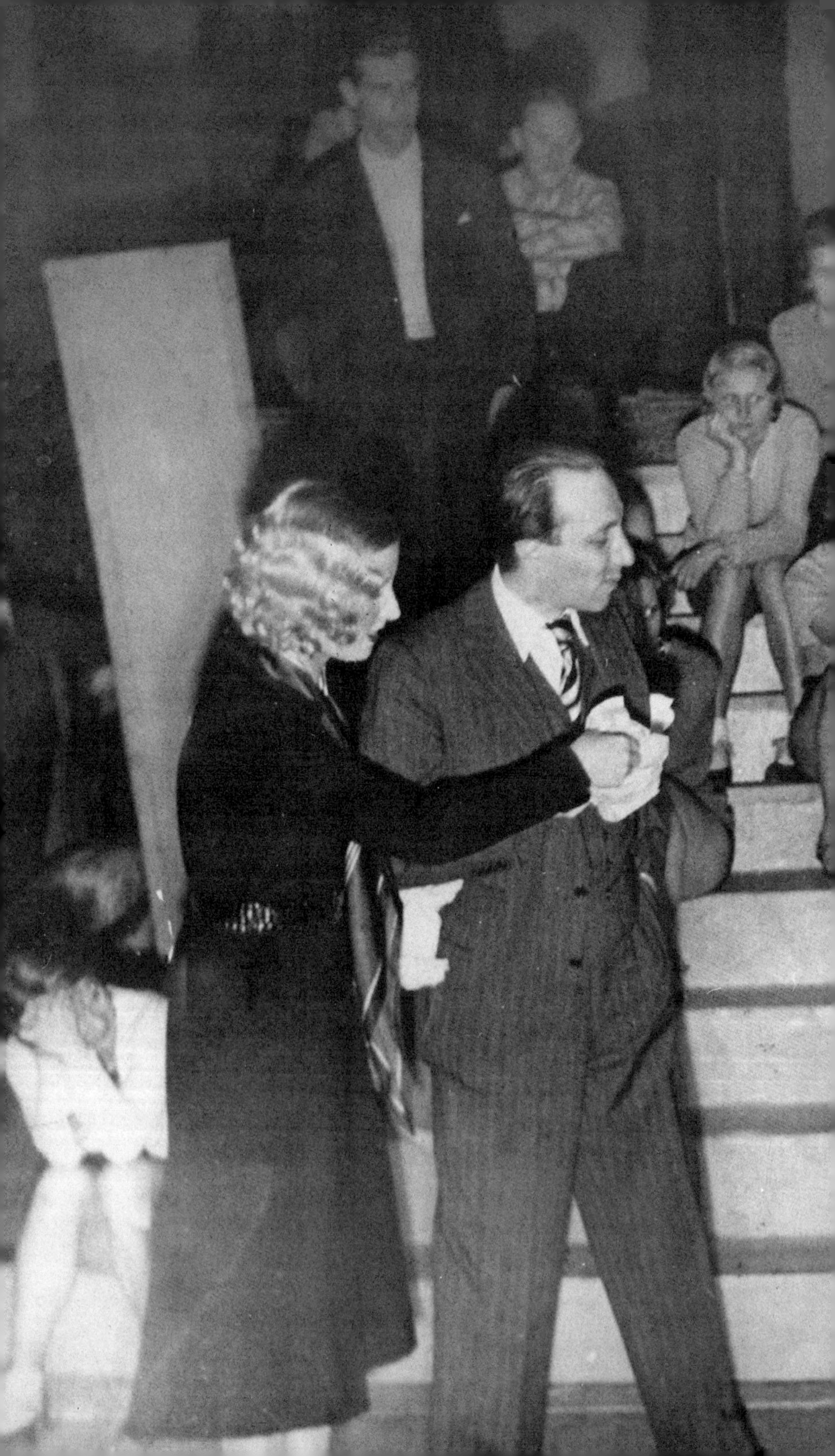

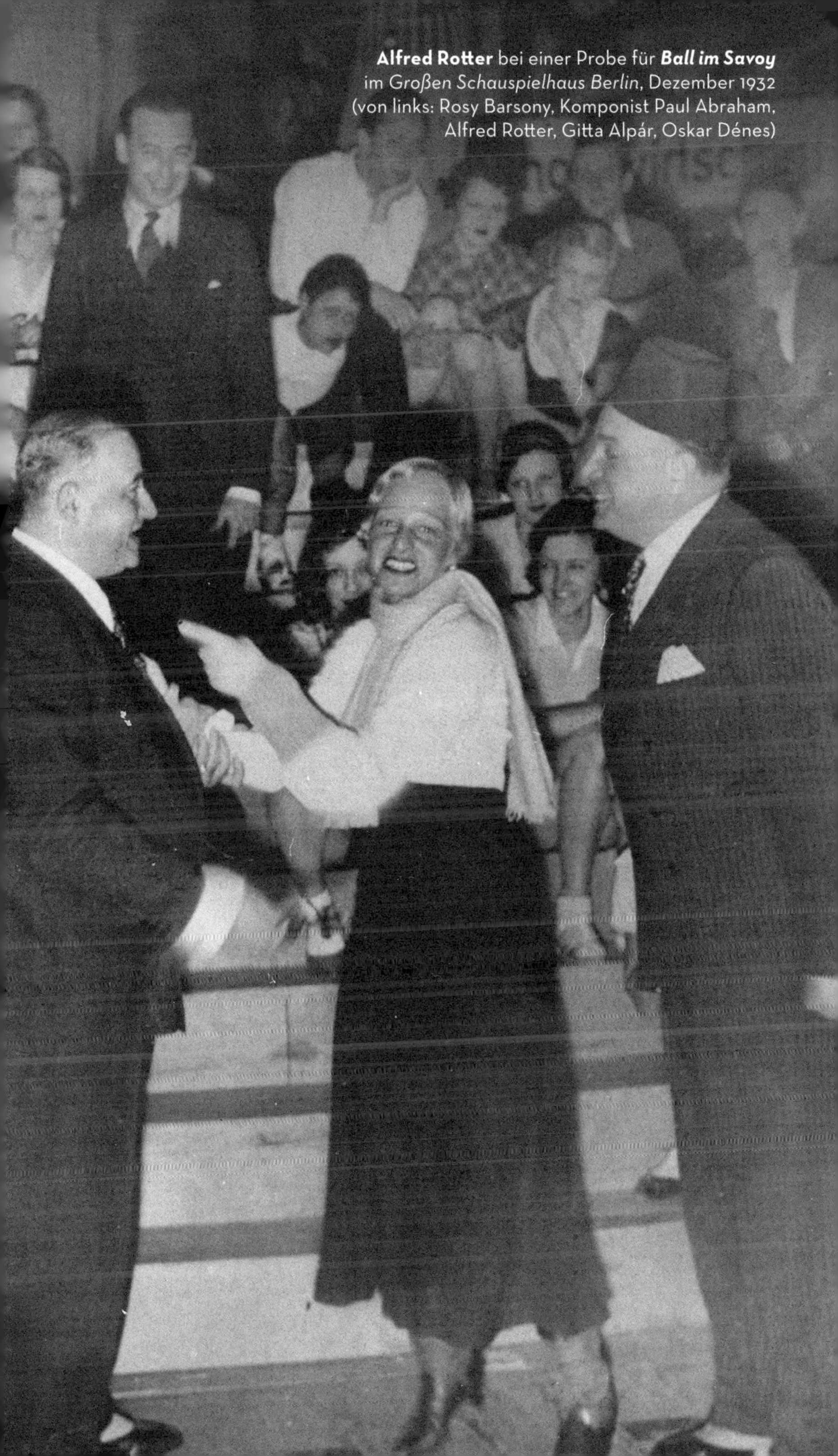

Alfred Rotter bei einer Probe für ***Ball im Savoy*** im *Großen Schauspielhaus Berlin*, Dezember 1932 (von links: Rosy Barsony, Komponist Paul Abraham, Alfred Rotter, Gitta Alpár, Oskar Dénes)

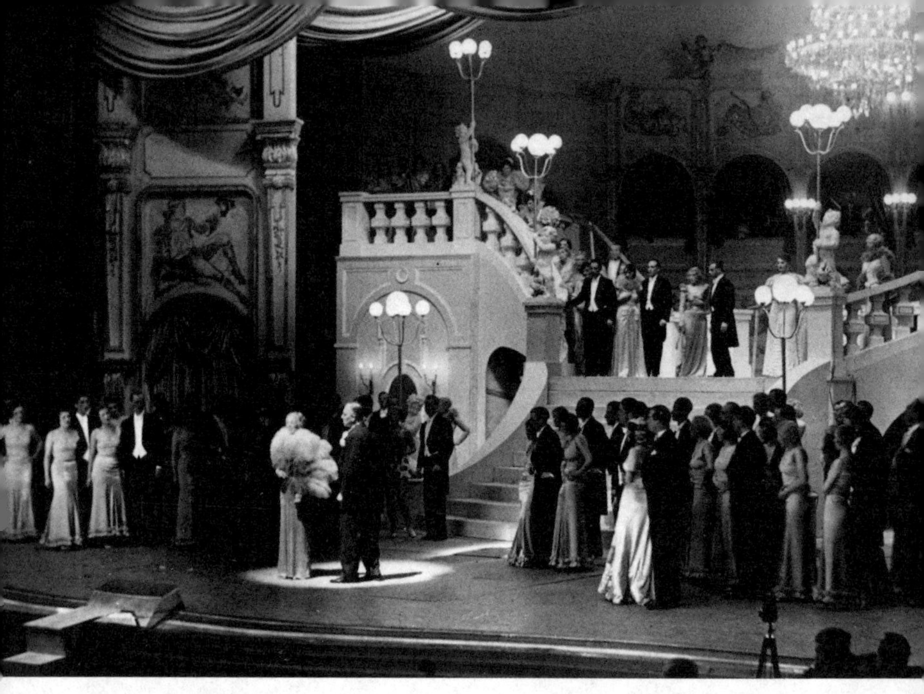

Szene aus **Ball im Savoy** mit **Gitta Alpár** in der Mitte, Dezember 1932

Anders als bei *Friederike* (1928), *Land des Lächelns* (1929) und *Die Dubarry* (1931) ist Alfred Rotter diesmal selbst der Regisseur. Kurze Probenzeiten sind üblich. In nur siebzehn Tagen wird der *Ball im Savoy* bühnenreif gemacht, und Alfred Rotter ist „überanstrengt", erinnert sich Fritz.[195] Wenn dem älteren Bruder nach Strapazen wie diesen äußerlich nichts anzusehen ist, liegt das nicht an wiedergefundenem Schlaf. Manchmal hilft Alfred nur Morphium gegen ein schmerzhaftes, krampfartig auftretendes Magenleiden.

Noch am 14. Dezember, also mitten in den Vorbereitungen, ordnet das Amtsgericht Berlin-Mitte auf Antrag der Stadt Berlin wegen ausstehender Steuern, „Straßenreinigungsbeiträgen" und Gebühren in Höhe von 40 000 Reichsmark die Zwangsverwaltung des *Lessing-Theaters* an – sie dürfen es zeitweise nicht einmal mehr betreten. Den Gastspielvertrag mit dem *Großen Schauspielhaus* haben sie dennoch auf „zunächst 90 Vorstellungen" abgeschlossen. Das heißt wohl Nerven zeigen.

Großmütig stiften sie die Einnahmen aus der Uraufführung des *Ball im Savoy* zugunsten der Wohlfahrtskasse des Vereins *Berliner*

Presse.[196] Beste Reklame, und niemand soll auf den Gedanken kommen, dass sie selbst nichts mehr haben. Zu sehen bei dieser Premiere sind „in der ersten Loge der Reichskanzler nebst Gemahlin, in der anschließenden Fritz Rotter und Familie, in der nächsten Herr Staatssekretär Meißner".[197] Kanzler ist nicht mehr Franz von Papen, sondern seit dessen Sturz im November 1932 Kurt von Schleicher, der sich selbst politisch noch weniger lang im Amt wird halten können. Ein „ganz großer Berliner Abend": „Es ist alles da. Der Verein *Berliner Presse* hat ja das Protektorat übernommen; für seine Wohlfahrtskassen, die wirklich in dieser Zeit angerissen sind. Der Reichskanzler v. Schleicher und das Oberhaupt von Berlin, Herr Dr. Sahm, Diplomaten und schöne Frauen, Wirtschaft und Wissenschaft, es ist alles da."[198]

Unter dem Titel *Proben! Proben! Proben!* zieht das Programmheft den Vergleich mit einer Trapeznummer im Zirkus: „Wenn auch das Theater kein so lebensgefährlicher Boden ist, an dieser Präzision hängt doch der Erfolg, der ‚Lacher' bleibt aus, die Träne fehlt, der Aktschluss ist ‚geschmissen'. Hunderte von Menschen sind um ihr Brot gekommen, um ihre Hoffnung betrogen, wenn eben etwas nicht ‚klappt'." Das klang sorgenvoll, fast wie ein Appell. Eine Probe wird näher beschrieben – wie der „Exzentriktänzer" und vierundzwanzig Frauen nach einem Klavier neue Tanzfiguren üben. „Das Orchester nebenan spielt was ganz anderes und es hört sich an wie ein fürchterlicher Rummelplatz, aber die hier sind das schon gewohnt, jeder weiß, welche Musik ihn angeht. Wie man bei Radio am Knopf dreht und die nächste Station kommt rein, so ist es. Durch den Teppichflur bereits tönt uns die wohlbekannte Stimme der Alpár entgegen, die in einem Zimmer Korrepetitionsprobe hat. In einer Ecke des Foyers üben [Rosy] Barsony und [Oskar] Dénes ein Tanzduett. Sie haben keinen Klavierspieler und so summen sie ihre Melodie zu den Schritten." Die Bühnenbilder von Ernst Schütte seien zehn Meter hoch. „Und Alfred Rotter, der die künstlerische Oberleitung hat, wird sie nun alle unter einen Hut bringen, das Orchester, das Ballett, die Sänger, Schauspieler, Statisten, Bühnenmeister, Beleuchter. Im richtigen Bruchteil der Sekunde wird er dem Trapez den Schwung versetzen, den es braucht, um hoffentlich da zu landen, wo es erwartet wird, bei der Theaterfreude der Berliner."

Die Librettisten dichten etwas für das Programmheft. Fritz Löhner-Beda assoziiert in vier Zeilen zum Wort *Optimismus*, in Anspielung auf internationale politische Verhandlungen:

> *„In Genf kann man sich nicht verstehen; / sie können sich nicht einigen!/ die Welt will, scheints, in Stücke gehen ... / ich hoffe, in die meinigen!“* Alfred Grünwald meint seinerseits zum Stichwort *Operette: „[...] Und so führen goldne Treppen/ in kaschierte Paradiese. / [...] / Vor dem Lächeln der Soubretten / schmilzt die ganze Weltmisere. / Es begibt sich Wunderbares: / vor dem Trillern eines Stares / ist die Krise überwunden; / wenn auch nur für kurze Stunden. / Kunstgeborene Sonnenstrahlen, / silberbunte Seifenblasen, / Liebesschmerz in süßen Skalen, / musikalische Ekstasen. / Frau Vernunft mag manchmal lächeln / vor den glitzernden Paraden, / auch das steife Fräulein Logik / ist nicht eingeladen. / Operette? Aktschlusspärchen, / Schlagersucher, Reimefinder: Mit Musik umrahmte Märchen / für erwachsne Menschenkinder.“*

Am Vortag der Premiere fasst die *Vossische Zeitung* auf der ersten Seite den Bericht „Hitlers Parole für 1933“ in den drei Worten zusammen: „Alles um Macht!“[199] Doch die NSDAP hat in den Novemberwahlen 1932 erstmals deutlich Stimmen verloren. Es gibt berechtigten Anlass zur Hoffnung, die Partei habe den Höhepunkt ihres Einflusses schon überschritten.

Am Eingang zum *Großen Schauspielhaus* wird von livrierten Pagen kostenlos ein „Extra-Blatt“ des *Riviera-Journals* verteilt. Wer schon sitzt und es nicht vorzieht, die Blicke schweifen zu lassen, liest darin: *Sensationelle Gesellschaftsaffäre in Nizza* – so lautet die Schlagzeile. Ehe das Licht ausgeht und sich der Vorhang hebt, ist das Publikum also darauf vorbereitet, dass die Operette an der französischen Mittelmeerküste spielt: „Nizza, den 10. März 1932“, lautet das fiktive *Journal*-Datum, und zu lesen ist:

> „Auf dem gestrigen Ball im Savoy, der wie alljährlich den Höhepunkt der Nizzaer Saison bildet, ereignete sich ein sensationeller Zwischenfall. Als die Ballstimmung ihren Höhepunkt erreicht hatte, verkündete die in der Pariser Gesellschaft eine führende Rolle spielende jungverheiratete Marquise de Faublas *coram publico*, dass sie ihren Mann auf diesem

Ball betrogen habe. Es ist in den Annalen der internationalen *Chronique scandaleuse* ein einzig dastehender Fall, dass eine Dame der Gesellschaft sich auf einem öffentlichen Ball selbst der Untreue bezichtigt. Als Motiv zu dem eigenartigen Verhalten der Marquise de Faublas wird Eifersucht wegen einer Liaison ihres Gatten mit der bekannten argentinischen Tänzerin ‚*La bella Tangolita*' angenommen. Alle Sympathien sind auf [S]eiten der jungen Frau, die eben erst nach einjähriger Hochzeitsreise in ihr neues Heim zurückgekehrt ist und die sich durch das Verhalten ihres Mannes in ihren Gefühlen verletzt sah. Im übrigen traut niemand der allgemein beliebten jungen Frau, deren Onkel der Kammerpräsident Bernard ist, einen Ehebruch zu."

Etwas abgesetzt, einspaltig, steht: „*Der hier anwesende berühmte Psychiater Professor Lenglin äußerte sich* auf unsere Anfrage: ‚Ich halte es für ganz ausgeschlossen, dass Frau Marquise de Faublas ihren Mann wirklich betrogen hat, denn es ist noch nie vorgekommen, dass eine Dame einen derartigen Fehltritt öffentlich verkündet.'" Und in der Spalte daneben: „*Der Oberkellner Pomerol vom Etablissement Savoy äußerte sich,* dass er die Herrschaften bedient habe, weiteres zu sagen, verbiete ihm seine Diskretion. Ein Interview mit der berühmten Tänzerin Tangolita scheint die Meinung unserer Redaktion und der Öffentlichkeit zu bestätigen, dass die Marquise de Faublas sich grundlos beschuldigt hat."

Madeleine de Faublas ist Gitta Alpár. Die argentinische Tänzerin spielt Trude Berliner, die Rolle des Marquis Aristide de Faublas übernimmt Arthur Schröder.

Gitta Alpár singt als Madeleine:

„Ich war verliebt, wie jede Frau, ich ward enttäuscht, wie jede Frau, das ist vorbei, nun bin ich frei, will leben! Die Liebe kommt, die Liebe geht, für einen Kuss ist's nie zu spät, wer immer kommt, ich will mein Herz ihm geben. Toujours l'amour, das ist mein Prinzip, ich liebe die Liebe allein. Toujours l'amour, wohin es mich trieb, dort wusste ich glücklich zu sein! Was sind mir die Männer gewesen? Romane, nur flüchtig gelesen! Toujours l'amour, ich bleibe dabei: Ich bin stets der Liebe nur treu!"

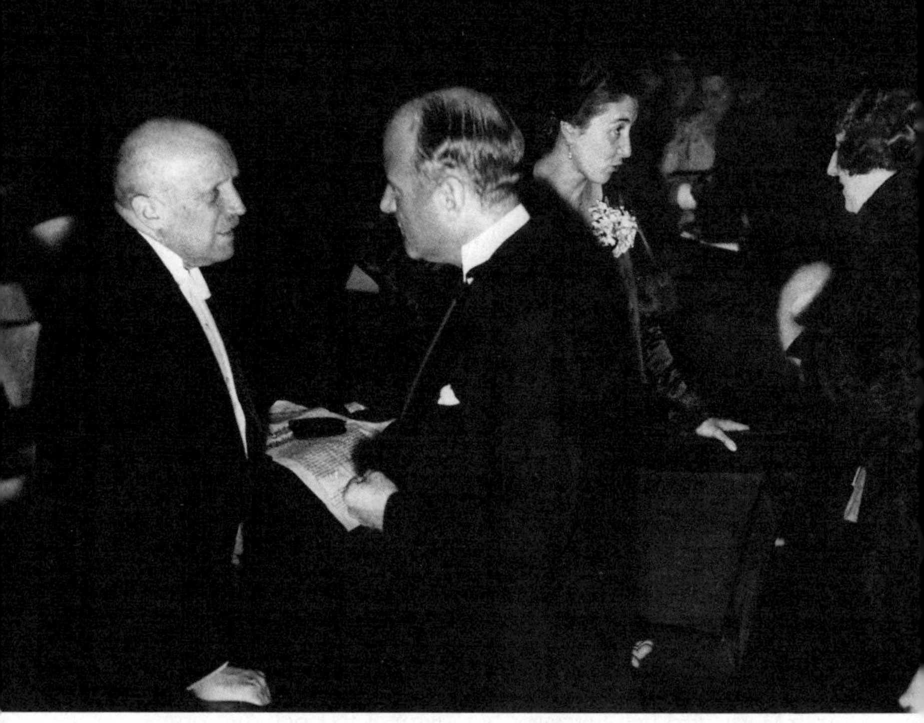

Kurt von Schleicher mit dem französischen Botschafter **André François-Poncet** auf der Premierenfeier von *Ball im Savoy*, 23. Dezember 1932

Vermutlich setzt Max Marschalk, Kritiker der *Vossischen Zeitung*, noch während des Schlussapplauses in einer Telefonzelle des Theaters mündlich seine Vorab-Kurzkritik für das Morgenblatt des 24. Dezembers 1932 ab: „*Ball im Savoy* heißt die große Operette in drei Akten und einem Vorspiel von Paul Abraham, die in einer glanzvollen Aufführung einen so stürmischen Erfolg hatte, dass das *Große Schauspielhaus* für längere Zeit ausgesorgt haben wird."

Danach geht es im Korso der Limousinen zur Premierenfeier in die Mietvilla der Rotters in Berlin-Grunewald, in der groß gefeiert wird – in einer bereits für 166 000 Mark vorgepfändeten Wohneinrichtung.[200] „Noch einmal gab sich die gesellschaftliche Prominenz Berlins hier ein Stelldichein." „Staatssekretär Meißner, der schon zwei Reichspräsidenten gedient hatte und bald auch Hitler zur Verfügung stehen sollte, hörte Fritz Rotter erzählen: ‚... und da kam also dieser dicke Göring aus der Garderobe der Dorsch und sagte, als er mich sah: Sobald wir an die Macht kommen, greifen wir uns die Rotters ...'"[201]

Schauspieler Hubert von Meyerinck erzählt später über Käthe Dorsch: „Ihre Verbindung mit Göring, den sie aus der Jugendzeit kannte, nutzte sie für ihre Freunde."[202] Göring pflegt ihr „oft Blumen zu schicken".[203] Sie kann während des Krieges etliche Menschen retten, doch ihr Einfluss auf ihn, Göring, ist sicherlich nicht so groß gewesen, dass es auch für Fritz und Alfred Rotter gereicht hätte.

Gesellschaftsreporterin Bella Fromm – eine der bestinformierten Frauen damals in Berlin, weil sie eine Kolumne über Berliner Diplomaten und ihre Gattinnen führt – ist ebenfalls zur Premiere eingeladen. Sie erinnert sich, dass in der Loge neben ihr die von Schleichers gesessen haben, er in Zivilanzug, aber zusammen mit zwei uniformierten Offizieren. Elisabeth von Schleicher habe ihr mitgeteilt, er sei „überarbeitet", bleibe „Nacht für Nacht" bis zwei Uhr und länger an seinem Schreibtisch, dies sei „die erste Ausnahme", die er seit Langem mache. Bella Fromm bemerkt: „*Tout* Berlin" sei dagewesen:

> „Nach der Vorstellung gaben die Rotters einen glänzenden Empfang in ihrer Grunewald-Villa. Ein wenig übersteigert *[superelaborate]*. Ströme von Champagner, gigantische Hummer, ein phantastisches Kaltes Buffet. Ich war am Tisch der Meißners und von [André] François-Poncet [französischer Botschafter in Berlin 1931–1938] und seiner Gemahlin. Meißner, bekannt für seine Gier bei solchen Gelegenheiten, schoss wie ein Pfeil davon und kehrte mit einer riesigen Hummer-Platte wieder. Er und seine Gattin machten sich ans Werk, als wären sie seit Wochen am Verhungern. François-Poncet stieß seine Frau an, grinste, und mit offensichtlichem Vorsatz verhalf er sich und Madame François-Poncet zu einem sehr bescheidenen kleinen Snack. Ich denke, diese Geste war an die Meißners verschwendet."[204]

Dass „Ströme von Champagner" fließen, hat einen guten Grund: Der „für die Feierlichkeit bestimmte Wein [ist] im letzten Augenblick von einem schnellen Gläubiger gepfändet" worden.[205] „Der letzte Gast", der die Villa an der Kunz-Buntschuh-Straße „verließ, war Staatssekretär Dr. Otto Meißner".[206]

Am 24. Dezember 1932 schreibt Max Marschalk für die Samstagabendausgabe der *Vossischen Zeitung*: „Es hat manch eine glänzende Aufführung im *Großen Schauspielhaus* gegeben: eine glänzendere jedenfalls nicht." Er zeigt sich überwältigt vom „großen, kühn und effektvoll aufgebauten Prunksaal" des *Hotel Savoy*:

> „Wie sich hier die Bilder verwandeln, wie sie fast märchenhaft ineinander übergehen, sich auseinanderentwickeln: das ist allein schon eine Sehenswürdigkeit, und oft genug wird das Staunen des Publikums in einem Raunen vernehmbar. [...] Wie Gitta Alpár sich kleidet, weiß die Welt. Sie hat hier als Madeleine, als Gattin des Marquis Aristide de Faublas, die Möglichkeit, einen unerhörten Luxus zu treiben. Die Welt weiß auch, wie sie singt und wie sie spielt; sie strahlt eine unerhörte Sinnlichkeit aus; und das Reizvolle an ihrer Leistung ist doch wohl das seltsame Gemisch von Urwüchsigkeit und höchstem Raffinement. Madeleine ist entschlossen, ihren Gatten zu betrügen, weil sie glaubt, dass er sie betrüge. [...] Ideenreich wie Buch und Musik und Ausstattung ist auch die von Alfred Rotter besorgte Inszenierung. Der Riesen-Apparat funktionierte mit maschineller Präzision; alles zeugte von sorgfältigster Arbeit; und alles fügte sich ohne Künstelei und ohne Aufdringlichkeit zu lebensvoll bewegten Bildern. Der Charakter des Beifalls, der sich nach jedem Akt erhob, der viele Wiederholungen erzwang, lässt erwarten, dass der Erfolg von Dauer sein wird."

Weihnachten 1932 telefoniert Alfred mit Kurt Lerch, der in Dresden für sie das *Zentraltheater* leitet und mit ihnen eng befreundet ist. Er erzählt, „dass er äußerst glücklich sei, und dass doch jetzt kolossale Gelder einkämen". Lerch dazu später: „Er sagte mir wörtlich: ‚Lieber Lerch, mit diesem Stück werden wir im Großen Schauspielhaus eine halbe Million verdienen.'"

Haben sie's geschafft?

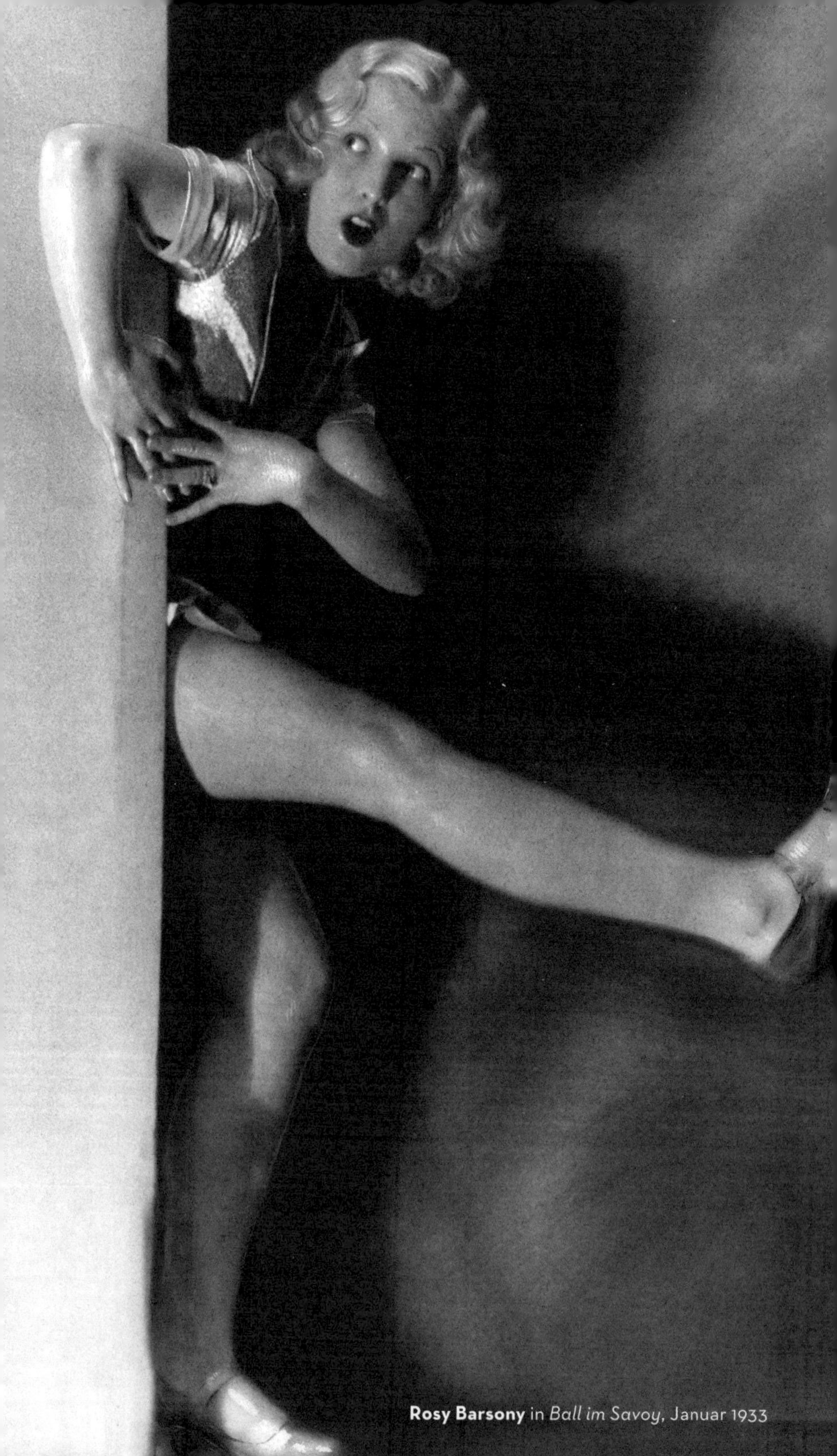

Rosy Barsony in *Ball im Savoy*, Januar 1933

TUMULT UM „HITLERS BART“

Zwei weitere Premieren stehen unmittelbar bevor, die erste gleich am Abend des 25. Dezember 1932, eine Operette von Jacques Offenbach aus dem Jahr 1878, *Madame Favart*, aber die Rotters geben ihr den neuen Namen: *Liebling von Paris*.

Alfred Rotter, bis zum Letzten durch den *Ball im Savoy* in Anspruch genommen, hat auf diesen Offenbach wie blind gesetzt und überlässt die Regie einem anderen: Oskar Homolka. Doch das Aus-Alt-mach-Neu geht diesmal nicht weit genug. Sprech- und Liedtexte sind zwar überarbeitet, doch beim Orchester wird merklich eingespart. Grete Mosheim spielt die Hauptrolle der Marie Josephine Cabaret: „Sie trägt nacheinander die Gewänder der Straßensängerin, der Zofe, der Dame der Pariser Gesellschaft um 1750. Und ans Cabaret erinnern die vielen Chansons“, schreibt eine Zeitung, beklagt aber einen bei Offenbach seltenen „Mangel an musikalischer Substanz“: „Das ist kein Sekt, wie er ihn sonst zu kredenzen pflegt, das ist nicht einmal – Tokajer.“[1] Nur der Mosheim wegen gibt es „starken Beifall“.[2]

Der *Montag Morgen* bezeichnet die Aufführung als „herzhafte Niete", „mit der die Rotters in ihr schlechtes altes Prinzip zurückfallen: der Star ist alles, die Kunst ein Schmarren". „Mit einem Orchester, das an schlechte Kinokapellen aus der Stummfilmzeit erinnert, kann man keinen Offenbach musizieren."[3] „Aber Bearbeitung hin, Bearbeitung her: ein totes Werk kann nur zu einem Scheinleben erweckt werden", klagt derselbe Max Marschalk, der die Rotters noch eben für *Ball im Savoy* so hoch gelobt hat. „Wir vertragen einen so simplen, auf Verkleidung und Verwechslung gestellten Schwank nicht mehr [...]. Dünn fließt die Musik dahin; in Momenten allerdings verrät sie Esprit, der dem Meister seinen Weltruf geschaffen hat. Warum nur ist das Werk nun hervorgeholt worden? [...] In der ganzen, von einem dürftigen Orchester gestützten Aufführung wehte etwas wie Provinzluft. Wenn das Werk, das doch einstmals seine Erfolge gehabt hat, uns nahegebracht werden sollte, so hätte es mit künstlerischem Raffinement, an das unsere Zeit sich gewöhnt hat, aufgeführt werden müssen."[4]

Hans Müller, der Texter von *Morgen geht's uns gut,* ruft seinen Freund an, den Komponisten Ralph Benatzky, und berichtet ihm von diesem Offenbach-Misserfolg. Benatzky notiert am 28. Dezember 1932 in seinem Tagebuch: „Hans telefoniert mir eben, [...] die Mosheim sei mit Mme Favart katastrophal durchgekracht [...]." Tatsächlich muss *Liebling von Paris* dann bereits am 15. Januar 1933 abgesetzt werden.

Noch aber besteht Hoffnung, dieser Misserfolg werde um den Jahreswechsel 1932/33 durch die letzte Premiere des Jahres aufgefangen, das „musikalische Spiel" von Mischa Spoliansky mit dem beinahe flehentlichen Titel *100 Meter Glück* – die Rotters wählen dafür ihre Prestige-Bühne, das *Metropol* an der Behrenstraße. Die Texte stammen von Marcellus Schiffer.

Der Titel selbst, *100 Meter Glück*, stammt nicht von Schiffer. Er hat als „vorläufigen Titel" *Die blaue Mitternachtsprinzessin* vorgeschlagen – so heißt nämlich der Film, den sich die von Max Hansen gespielte Hauptfigur zu Beginn der Operettenhandlung im Kino ansehen will. In seiner Loge aber schläft er wegen Übermüdung gleich ein und träumt sein eigenes Drehbuch: mit sich selbst als Hauptdarsteller, der sich in Amerika in eine Diva verliebt, dann aber wegen der Frau, die ihm wirklich etwas bedeutet, nach Berlin zurückkehrt – und am Ende des „Films“ erwacht … Für diesen verrückten Traum komponiert Mischa Spoliansky die Musik.

Die Titelwahl erweist sich als überaus unglücklich. Erst nachträglich, im Januar 1933, erhält das Stück mit *Der Prinz von Hollywood* noch einen zusätzlichen Titel. Mit Marcellus Schiffer wäre die Sache vielleicht grandios geworden. Doch er lebt zu dem Zeitpunkt nicht mehr. Nach Einnahme von Schlaftabletten, an die er sich seit einigen Jahren gewöhnt hat, wird er vier Monate zuvor, am 24. August 1932, tot aufgefunden. Eben erst vierzig, hat er eine Lücke hinterlassen, die niemand füllen kann.

Mischa Spoliansky, der die Musik komponiert und die Texte mitverfasst hat, arbeitet auch für das Kino. Im Film *Das Lied einer Nacht* (1932) macht der Sänger Jan Kiepura den Spoliansky-Schlager *Heute Nacht oder nie* damals gerade weltbekannt: *Be mine tonight* heißt der Streifen in den USA. Begonnen hat Mischa Spoliansky als Barpianist. Friedrich Hollaender holt ihn 1920 zum Kabarett *Schall und Rauch*. Danach wechselt er zur *Wilden Bühne*. Max Reinhardt und Rudolf Nelson verpflichten ihn für ihre Revuen. Spoliansky schreibt mit Marcellus Schiffer in Berlin legendäre Nummern, etwa *Es liegt in der Luft* (1928) – *„Es liegt in der Luft was Idiotisches, es liegt was Hypnotisches […]/ Was ist heute bloß mit der Luft los?“* Bei Reinhardt, in der *Komödie am Kurfürstendamm*, tritt Marlene Dietrich in Spolianskys Revue *Wie werde ich reich und glücklich* (1930) auf. Dort wird sie von Josef von Sternberg entdeckt, der sie im gleichen Jahr für den *Blauen Engel* besetzt.

100 Meter Glück steht von Anfang an unter keinem guten Stern. Ein Theaterverlag droht Klage an – wegen einer Szene, die das Singspiel *Im Weißen Rössl* parodiert. Also muss umgeschrieben werden. Die auf den 30. Dezember 1932 angekündigte Uraufführung wird um einen Tag auf Silvester verschoben, als zusätzliche Maßnahme wird die Presse erst zur zweiten Aufführung, am Neujahrstag, zugelassen. Auch die Technik klappt noch nicht: In bestimmten Szenen soll „der“ Film auf eine Leinwand projiziert werden …

Der Versuch, das an Sentimentalität gewöhnte Publikum des *Metropol* mit Spolianskys Musik an einen neuen Ton zu gewöhnen und zu schrägen Klängen und Satire zu bekehren, scheitert.

Ungewohnt ist außerdem, dass Spoliansky „den Dialog in die Musik übergehen" lässt – „und die Musik in den Dialog": „Die üblichen Dacapos", das heißt die damals üblichen Rufe des Publikums, eine Gesangsnummer sei zu wiederholen, unterblieben schon deshalb, weil es keine falschen Abgänge, keine schmetternden Abschlüsse gibt."[5]

Die Texte von *100 Meter Glück* sind zumindest an zwei Stellen gewagt: In einem Lied werden die SA und ihre „Geschäfte" attackiert, wie die nationalsozialistische Zeitung *Der Angriff* hervorhebt.[6] Und in der zweiten Zeile des Chansons *Ich bin ein Vamp!* macht sich Erika von Thellmann in ihrer Rolle als Hollywood-Traumdiva über Hitler lustig:

> *„Dinger samml' ich mir, ich sammle nur, was wild und echt! Ich sammle Klemperers Klavier, ich hab die Mütze von Bert Brecht! Ich hab von Wallace jeden Band! Und ich verschlang ihn mit Genuss! Es hängt gerahmt an meiner Wand ein alter Valentino Kuss! Ich sammle Ullsteins Gratisfahrt, das ist ein schöner wilder Brauch! Ich habe sogar Hitlers Bart und Brünings alten Gehrock auch!"*

Dann setzte der Refrain ein: *„Ich bin ein Vamp! Ich bin ein Vamp, ich bin halb vertiert! Ich saug die Männer an und aus! Ich mache Frikassee daraus! Ich bin ein Vamp! Ich bin ein Vamp aus Fleisch mit Bein! Ich wär so gern sanft wie ihr! Aber nein, aber nein! Ich bin ja verpflichtet, gemein zu sein, und da bin ich halt eben ein Tier!"*

Es kann jedenfalls kaum ein Zufall sein, dass unmittelbar vor Beginn der Uraufführung an Silvester, als der Inhalt des Stücks noch nicht öffentlich bekannt ist, eine Gruppe von Nazis im Theater mit lauten diffamierenden Rufen und Pfiffen die Aufführung zunächst verhindern will und dann stark beeinträchtigt. Mischa Spolinansky erinnert sich:

> „Ich bin ja im Mai 1933 weggegangen. Aber schon '32 waren ja die Anfänge dieser Nazi-Störungen. [...] Kurz vor meinem Weggang aus Deutschland gab es einen Skandal im *Metropol-Theater* bei den Gebrüdern Rotter. Wir hatten eine Operette gemacht, die hieß *100 Meter Glück*. Bevor der Vorhang

zur Premiere hochging, begann in der Galerie der Skandal. Die Rotters waren Juden, Schiffer war jüdisch, ich war jüdisch. Das war eine offensichtliche Sache. Das Stück selber hatte gar nichts Politisches."[7]

In seinen unveröffentlichten Memoiren beschreibt er, wie die „Premiere [...] zum Skandal [wurde], noch bevor der Vorhang hochgegangen war. Von der Galerie ertönten schrille Pfiffe und lautes Geschrei von jugendlichen Braunhemden, die nur gekommen waren, um Krawall zu machen, gegen die jüdischen Eigentümer des Theaters, den jüdischen Komponisten und die jüdischen Librettisten. Das allgemeine Publikum wehrte sich gegen das Geschrei. Die Operette wurde mit Ach und Krach zu Ende gespielt [...]. Eddy [Spolianskys Frau, die Tänzerin Elisabeth „Eddy" Reinwald] und ich erlebten diesen Flop des Jahres gemeinsam mit Felix Joachimson in einer Loge des Theaters. Als alles vorüber war, eilten wir ins Restaurant Pelzer, und weil wir die ersten Gäste waren, die nach der Premiere dort eintrafen, kam der alte Pelzer auf mich zu und fragte ahnungslos: ‚Haben Sie schon von dem großen Skandal im Metropol gehört?' – ‚Wir kommen gerade von dort', antwortete ich."[8]

Die Tochter Spolianskys, Spolly Mills, erinnert sich: „Mein Vater war eigentlich nie ein sehr politischer Mensch, aber natürlich wusste er, was da ging, denn er hatte ja eine schlechte Erfahrung bei einer Premiere, kurz bevor wir weggegangen sind, wo die Leute sich geweigert hatten – [Spolly Mills beendet den angefangenen Satz nicht] – weil das alles jüdische Leute waren in diesem Stück: also mein Vater, der die Texte geschrieben hat, die Besitzer des Hauses." Im Mai 1933 sei ihr Vater dann von seiner Schwägerin, der Filmschauspielerin Grete Reinwald gewarnt worden, „der Schwester meiner Mutter", „ein Bekannter von ihr, der scheinbar sehr groß in der Partei war, hat gesagt: ‚Wenn ich Ihnen was raten kann, würde ich vorschlagen, dass Sie Ihren Schwager so schnell wie möglich aus diesem Land kriegen!' Und dann haben wir ihn natürlich wirklich zwei Tage [darauf] über die Grenze nach Österreich rübergeschickt, und wir sind dann gefolgt, so zwei, drei Tage später."[9] Von dort emigrieren sie nach England.

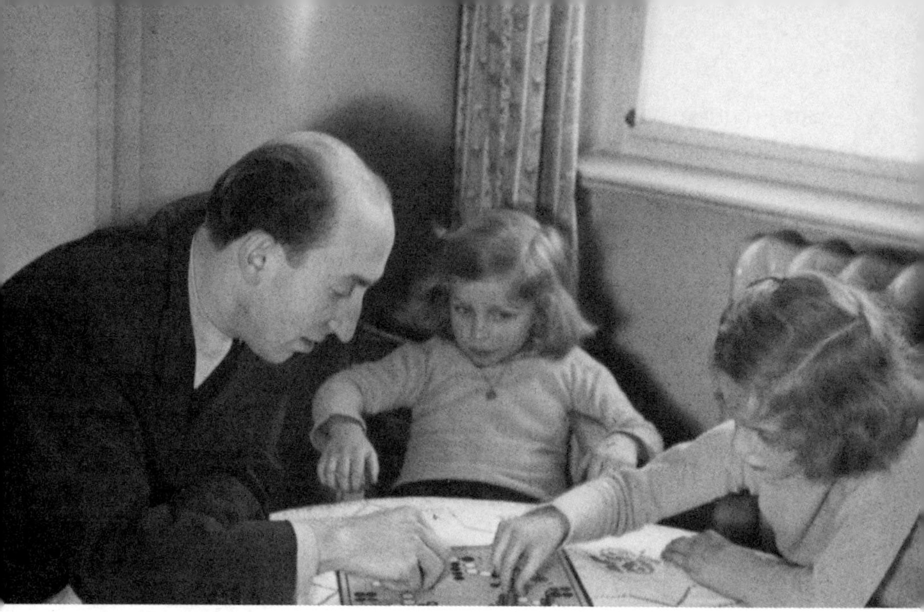

Mischa Spoliansky mit seinen Töchtern, 1931

Das *Berliner Tageblatt*, beide Male in der Vorstellung, berichtet nur, dass „die Premiere der Spoliansky-Operette am Silvesterabend nicht sehr glücklich" ablief. „Der Film, der in der Inszenierung mehrere Male eine Rolle spielt, funktionierte nicht". „Im zweiten Teil wurde einige Male stark gepfiffen. Daraufhin änderte man am Sonntag nochmals [...]."[10] Dass viel mehr vorgefallen war, lässt umgekehrt der *Berliner Börsen-Courier* wenigstens durchblicken – und schreibt dunkel von einer „bedenklichen Opposition", die sich am 31. Dezember 1932 kundtat: „Man hätte geändert, verschoben, wieder geändert, der bedenklichen Opposition an Silvester nachgegeben, der Presse [am 1.1.1933] wieder eine neue Form vorgesetzt [...]."[11] Die „zweite Aufführung am Neujahrstage" bezeichnet das *Berliner Tageblatt* als „matt", sie habe aber „doch ohne Unterbrechungen zu Ende geführt werden" können.[12]

Wer hat *vor* der Silvester-Aufführung geplaudert? Für die Ausstattung verantwortlich ist Benno von Arent, der spätere NS-Reichsbühnenbildner. Er hat bereits 1928 für die Rotters gearbeitet (in *Friederike*) und ist NSDAP- und später SS-Mitglied. Versucht er, sich in seinen Kreisen für die Arbeit bei den Rotters zu entlasten? Ist gar heimlich die Technik sabotiert worden? Oder hat Ludwig Apel etwas nach außen dringen lassen? Er hat sein Büro im *Metropol-Theater* – und ist ehemaliges NSDAP-Mitglied.[13]

Mit zum Pech gehört, dass eine gute Woche zuvor, am 22. Dezember 1932, im nicht zu den Rotters gehörenden *Theater am Nollendorfplatz* eine konkurrierende Aufführung mit fast ähnlichem Titel und einem vergleichbaren Stoff gegeben wird, *Zehn Minuten Glück*, und auch schon durchfällt: Dort geht es in einer Operetten-Persiflage um „zwei Librettisten auf der Stoffsuche, bis sie schließlich, enttäuscht von der Gegenwart", in der Vergangenheit des „josephinischen Österreich landen".[14]

Zu allem Unglück hat Rotters Rivale Victor Barnowsky kurz vor Weihnachten im *Komödienhaus* – mit großem Erfolg – die Revue *Das Haus dazwischen* herausgebracht, ebenfalls mit Musik von Mischa Spoliansky sowie Texten von Marcellus Schiffer und Felix Joachimson. Will das Publikum nur acht Tage später bei den Rotters eine zweite Spoliansky-Schiffer-Aufführung sehen?

Auch der Probenbeginn verläuft schlecht. Als Film-Diva ist die ungarische Operettensängerin Emmi Kosáry vorgesehen. Der Vertragsabschluss erfolgte „telegrafisch", wie ein späterer Prozess vor dem Arbeitsgericht an den Tag bringt: „Daraufhin ist sie [...] in mehreren Proben aufgetreten, hat sogar Reichsmark 200,– Vorschuss bekommen und Frau [Gertrud] Rotter rät ihr, zur Anfertigung ihrer Garderobe ihren Budapester Schneider nach Berlin kommen zu lassen." Alfred soll ihr „höchstpersönlich [...] in seiner Villa das Rollenbuch übergeben" haben.[15]

Was dann folgt, findet den Weg in die Presse: „Sie probierte ein paar Tage, dann wurde die Rolle mit Erika von Thellmann umbesetzt."[16] Offenbar eine künstlerische Entscheidung.

Das Pech hört nicht auf: Am Tag der Generalprobe stürzt eine der Tänzerinnen, Rita Jörs, im *Metropol-Theater* „über einen zerrissenen Teppich im Foyer".[17] Sie liegt danach „acht Wochen in der Klinik" – dafür kommt die „Ortskrankenkasse auf", denn die entsprechenden Beiträge dafür sind von der Direktion bezahlt worden. Anscheinend aber keine für die Unfallversicherung. Worauf sie, obwohl „über Monate arbeitsunfähig", „keine Unfallrente" erhält.[18]

Die Regie liegt zuerst beim erfahrenen Robert Klein. Doch nachdem die Uraufführung auf den 31. Dezember verschoben worden ist, wird auf dem Plakat Kleins Name „ausgestrichen und überklebt" – die Probenprobleme bleiben nicht mehr länger geheim: „Die Öffentlichkeit hat von einem internen Konflikt läuten hören …".[19] „Was sind das für Sachen? Das Publikum des Neujahrabends, ohne Sorge darum, war jedenfalls viel zufriedener als das des Silvesterabends. Es gab ungestörten Beifall."[20]

Der Streit sei losgebrochen, als die namentlich nicht erwähnten Rotters zur Generalprobe kommen, weiß der *Berliner Lokal-Anzeiger* zu berichten:

> „Der Regisseur Dr. Robert Klein hatte so gründlich probiert, dass die Premiere nicht fertig war. Die erste Hälfte der Vorstellung fand lebhaftes Gefallen, die zweite erregte Widerspruch, vornehmlich wegen ihren Längen, die Max Hansen durch Improvisationen […] zu überbrücken suchte. Nach dem Fallen des Vorhangs ging die Arbeit, diesmal ohne den Regisseur, von neuem an, sie dauerte die ganze Nacht und den ganzen Tag, so dass sich am Abend die Müdigkeit der Darsteller fühlbar machen musste."[21]

Zwei Wochen später bringt das *12 Uhr-Blatt* in Erfahrung, dass sich Alfred Rotter, „der künstlerische Oberleiter des Konzerns", bei den Krächen mit Dr. Robert Klein „einen Nervenzusammenbruch zugezogen" hat und „stets über die wahre Situation des Konzerns von seinem Bruder Fritz im Unklaren gelassen worden" sei, damit er, Alfred, „sich ganz der künstlerischen Arbeit" widmen könne.[22] Seinem Ruf, notfalls bis zum letzten Moment vor der Uraufführung zu proben, scheint Alfred Rotter niemals gerechter zu werden als in dieser Nacht vor dem für die Brüder in jeder Hinsicht fatalen 31. Dezember 1932 – wie ein Verzweifelter wird er dafür gekämpft haben, die Inszenierung zu retten.

Der früh verstorbene Textautor Marcellus Schiffer hat, nebenbei gesagt, auch das Exposé für eine „Romantische Operette", eine Hollywood-Satire mit fertigen Songtexten hinterlassen, in der er die Brüder Rotter veralbert, indem er sie auf sieben aufstockt, namentlich nur minimal verändert und als Produzenten in die Filmwelt der USA versetzt: die sieben „Rother Brothers", laut Regieanweisung „einer immer kleiner und jünger als der andere", aber „alle ganz gleich angezogen", „eine Art *Revelers*":

„Was hätt' die Welt / ohne uns – bitte sehr – / für'n Zweck? – Danke sehr! / Was wär die Welt / ohne uns – bitte sehr? / Ein Dreck! – danke sehr! / Ohne – Starreklame, / Großaufnahme, / Überblende, / Happy Ende, / Schwänke, Ränke, / und Menkenke? / Bitte sehr? – danke sehr!"

Und so in ihrem Auftrittslied auf dem Gartenfest ihres Stars Julietta Romeo, mit dem Chorus-Refrain: *„Wir sind die Rother Brothers, / die Herren, die Herren, / die Herren der Produktion. / Wir sind die Rother Brothers, / die Herren, / die Herren / der Kino-Konfektion! / Die Herren, / die Herren, / die Herren der Welt – hallo! Die Herren von Julietta Romeo !!!"*

Im Rückblick meint das *12 Uhr-Blatt*, „zu *100 Meter Glück* war kein Mensch hineinzubringen, um fünf Stunden *Faust* [im *Staatlichen Schauspielhaus* mit Gustaf Gründgens als Mephisto, unter der Regie von Lothar Müthel] reißen sich Berlins Theaterbesucher; das hätte jemand den Brüdern Rotter prophezeien sollen" – „jeden Abend vor ausverkauftem Hause", „hunderte müssen zurückgewiesen werden".[23]

Einzelne Aspekte der Aufführungen gefallen der Presse am 1. Januar 1933 schließlich doch. Die *Deutsche Allgemeine Zeitung* findet: „Die Idee, der Anfang sind ganz nett. [...] Wenn man den Zuschauerraum betritt, läuft gerade eine Filmreklame an, wie im üblichen Beiprogramm eines Kinos. Dann verursacht ein Herr aus dem Publikum, der seinen Platz nicht finden kann, einiges Aufsehen. Schon ein alter Trick. Es ist Max Hansen, hier schlechthin ‚Max' geheißen, ein kleiner, filmsüchtiger Jüngling [...]. Aber Parodie und Gefühl kann man nicht verrühren wie Essig und Öl."[24]

Ein „phantastisch-romantisches Spiel mit Musik", so Marschalk in der *Vossischen Zeitung*, „als grotesk-arroganter Primo Uomo des Films" tritt Theo Lingen auf. „Das Publikum amüsierte sich und kargte nicht mit Beifall."[25] Auch die *„Admirals*, eine Sängergruppe", werden gelobt. Sie sind zu dritt und singen a cappella wie die *Comedian Harmonists*. Allerdings wird ihnen schon nach wenigen Tagen aus Spargründen gekündigt.

Erika von Thellman zeige sich als „Parodistin von großem Format", und Max Hansen, der mit „reizende[r] Einfalt" den „verliebten

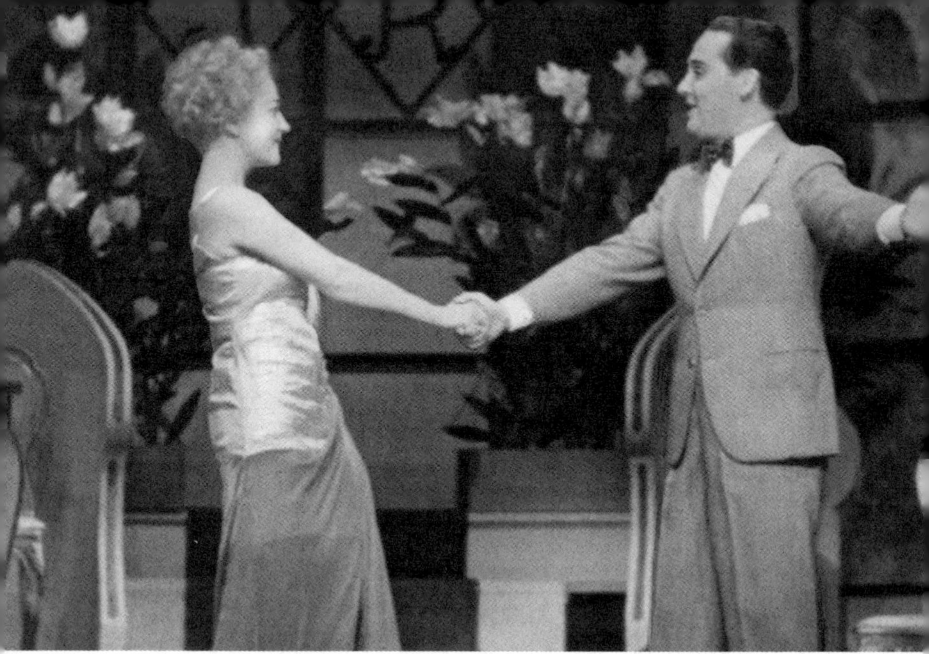

Erika von Thellmann und **Max Hansen** bei der Premiere von ***100 Meter Glück*** im *Metropol*, 31. Dezember 1932

und später ernüchterten Jungen" gibt, habe die Aufführung „getragen", „in seinen Couplets keine Pointe fallen" lassen „und bis zum Schluss vergnügt", meint der *Lokal-Anzeiger*.[26] Im selben Blatt gibt es, ausgerechnet, Lob für das Bühnenbild von Benno von Arent. Auch die *Berliner Morgenpost* meint: „[...] Erika von Thellmann, obwohl nicht eigentlich der Typ eines Film-Weltstars, schillert in allen Nuancen einer kapriziösen, verwöhnten und verliebten Frau."

Vom rechten Rand der Presse hingegen gibt es nur Verrisse. *Der Angriff* höhnt: „In letzter Minute" habe sich Robert Klein „gescheut, die Verantwortung für die seichte Revue zu übernehmen, die um 99 Meter noch zu lang war": „Bei der Silvesterpremiere, von der die Presse ausgeschlossen war, soll es Pfiffe gegeben haben." Das Nazi-Blatt verschweigt geflissentlich, dass es sich um ein gezieltes Störmanöver aus den eigenen Kreisen gehandelt hat.[27]

Die politisch reaktionäre *Kreuzzeitung* spricht von „Unfug" und schlägt homophobe Töne an: Monika von Thellmann, „die wir als eine der echtesten Schauspielerinnen kennen", müsse in *100 Meter Glück* „eine kleine Parodie des amerikanischen Film-

Vamps, die für eine Kabarett-Nummer geeignet wäre, über einen ganzen Abend ausdehnen. [...] Peinlich für Max Hansen, der im Hauptteil des Stücks, einer revuehaften Folge von Traumvisionen, eine Art geleckten Lustknaben zu geben hat und im übrigen als parfümierter Naturbursche auf die Nerven geht. Gelegentliche Heiterkeitserfolge ändern nichts daran."[28]

Doch auch Rolf Nürnberg im *12 Uhr-Blatt* bilanziert ganz ohne politisches Kalkül. „Eins steht fest: So kann man nicht Theater machen, auch nicht dann, wenn man alle Berliner Theater unter und Hentschke [Leiter der *Funkfreunde*] hinter sich hat. Denn beim 200sten Meter Glück werden selbst einmal die lammfrommsten Abonnenten rebellisch werden. Einen Fluch habe ich aber auf Lager: ‚Claqueur sollst du werden bei *100 Meter Glück!*'"[29]

Das ist fast ein Todesurteil. Auf diesen Artikel wird sich Heinz Hentschke vermutlich berufen, wenn er die Spoliansky-Operette für seine *Gesellschaft der Funkfreunde* sperrt und Offenbachs *Liebling von Paris (Madame Favart)* gleich mit dazu – und damit den Rotters die Ressourcen abschnürt.

Daran ändert auch nichts, dass den Rotters mit Max Hansen ein Star zur Verfügung steht, der schon lange zu den „Lieblingen von Berlin" gehört. Seine Biografie liest sich wie „der Roman eines Wunderkindes".[30] Die *BZ am Mittag* erzählt über ihn:

> „Das Kind wird armen, braven, herzensguten Menschen in München zur Pflege übergeben. Die Leute müssen einem Erwerb nachgehen und können sich nicht den ganzen Tag um den Jungen kümmern. Er ‚streunt' herum. Wenn er abends für den Pflegevater Bier holen soll, bleibt er eine Stunde im Lokal und lauscht begeistert den Volkssängern. Eines Tages fragt er ganz frech, ob er auch singen darf. Man erlaubt es ihm, und von da an ‚standelt' er, d.h., er singt ohne festen Vertrag, mit der Berechtigung, mit dem Teller zu sammeln. Die Pflegeeltern erfahren es erst, als ein Volkssänger zu ihnen kommt: er will ihn managen. Zögernd und unter Vorbehalt geben die Pflegeeltern die Erlaubnis. Aber dann sind sie begeistert; denn ihr Maxel wird als ‚little Caruso' eine europäische Berühmtheit. [...] Bei Kriegsausbruch ist er sechzehn, brennt [...] durch und macht in Skandinavien sein eigenes Geschäft auf:

> Revueschauspieler – dann Salon-Humorist, als den ihn auch Deutschland kennenlernt. Nach langem Zögern geht er auf Marischkas Angebot nach Wien, zur Operette. Seine erste Premiere ist *Gräfin Maritza* [...]. Er soll mit *Maritza* [...] ganz kurz in Berlin gastieren. Er bleibt hier. Fast ununterbrochen reiht er einen Erfolg an den anderen, wird der beliebteste Operettendarsteller, und der kleine Volkssänger von gestern wird bald der große Volkschauspieler von morgen sein."

Sicher, *100 Meter Glück* entsteht unter prekären Bedingungen. Es lässt sich jedoch nicht bestätigen, was Otto Schneidereit berichtet: „Es sickerte durch, dass es im *Metropol* schon seit Wochen für die Solisten [im Orchester] überhaupt keine Gage und für Chor und Ballett nur Abschlagszahlungen von zehn Mark gab. Erika von Thellmann musste von Max Hansen fünf Mark borgen, um sich für die Premiere Schminke kaufen zu können."[31] Das kann nicht stimmen: Laut der Direktionssekretärin Ruth Falkenstein können die Dezember-Gagen an den Rotterbühnen noch bezahlt werden, dank der Vorschüsse der *Gesellschaft der Funkfreunde*. Seit dem 21. Dezember 1932 sind die Rotters außerdem auch zur täglichen Tantiemenzahlung gezwungen – das Oberbühnenschiedsgericht hat dies festgesetzt, auf Betreiben der Zentralstelle der Bühnen-Autoren und -Verleger.[32]

IN DER SILVESTERNACHT ÜBER DEN TISCH GEZOGEN

„Heinz Hentschke, Berliner Theaterdiktator", so titelt der *Montag Morgen* kurz nach dem Jahreswechsel 1932/33 – und bringt eine kleine Porträtzeichnung Hentschkes: Oberlippenschnurrbart, eine dicke Zigarre im linken Mundwinkel, Hut, weißes Hemd, moderne schräg gestreifte Krawatte und eine Metalldrahtbrille, deren runde Gläser seine Augen vergrößert zeigen. Mit der *Gesellschaft der Funkfreunde* dirigiert er den mächtigsten Theaterkartenvertrieb der Stadt und nimmt über die Vorschüsse an die Rotters auch Einfluss auf die Programmgestaltung. Er werde „schon manchmal scherzhaft ‚der dritte Bruder Rotter' genannt" – was er selbst hingegen durch seine Haltung längst dementiert.[33]

1895 in Berlin geboren, ist Heinz Hentschke in jenem Dezember 1932 inzwischen siebenunddreißig Jahre alt. Er „versuchte sich zuerst als Schauspieler, bis er entdeckte, dass man hinter Theaterkassen mehr Geld verdienen kann".[34] „Noch nicht zwanzig, wurde er zum Militär eingezogen, machte den Ersten Weltkrieg mit und schlug sich danach als Plakatankleber obskurer Wanderbühnen durch, bis es ihm 1919 gelang, Leiter einer Gastspieltruppe zu werden, die die Bühnengenossenschaft aus arbeitslosen Schauspielern zusammengestellt hatte."[35]

In den frühen Zwanzigerjahren wird Hentschke „Propagandachef im Großen Schauspielhaus"[36], wie er selbst im Februar 1933 bekennt, und zwar unter dem Direktor Maximilian Sladek, der das Theater damals von Max Reinhardt gepachtet hat. Wie der *Montag Morgen* in Erfahrung bringt, hat Hentschke dort erstmals vorgeschlagen, „den Riesenraum durch Abgabe billiger Karten an die Gewerkschaften zu füllen". Und er kümmert sich „im übrigen um die Lichtreklame". „Ob Sladek oder Hen[t]schke zuerst den Ruf ‚Rundfunkhörer halbe Preise!' ausstieß, lässt sich heute schwer mehr feststellen [...]." Jedenfalls habe Hentschke danach das *Große Schauspielhaus* verlassen und sich eine „Billetthandelsgesellschaft großen Stils" ausgedacht: „In Form eines Kulturbeirats hängt er sich ein Mäntelchen um [...], und die Gesellschaft, die mit einer eigenen Zeitschrift startete und heute Millionenumsätze hat, wurde mit zweimal 5000 Mark begründet, die die Herren Stapenbeck und [Paul] Wegener einbrachten. Am Anfang hatte man es schwer, aber dann blühte das Geschäft." Mitglieder verpflichten sich „zur Abnahme von zehn Vorstellungen in der Saison", „ohne sich auf Tag und Vorstellung zu binden":

> „Wenn man bedenkt, dass Hen[t]schke, dessen Apparat in der Friedrichstraße allerdings imponierend organisiert ist und sicherlich viele Spesen frisst, etwa 30 Prozent vom Preis behält, zuweilen eine Mark pro Karte – dann kann man die enormen Einnahmen ungefähr ermessen. Hen[t]schke stützt sich in der Hauptsache auf sämtliche Rotterbühnen – und welches Theater wird jetzt nicht von den Rotters kontrolliert? –, man sieht ihn im ‚Franziskaner' mit den Brüdern zu Mittag essen. Alfred reist mit ihm. Hen[t]schke machte selbstständig Vorvertrag mit dem *Großen Schauspielhaus* [für den *Ball im Savoy*]."[37]

Hentschke rechtfertigt die 1925 erfolgte Gründung der *Gesellschaft der Funkfreunde* später so:

> „Als vor acht Jahren der Rundfunk sich über die ganze Welt auszubreiten begann und in Berlin sich plötzlich Hunderttausende von begeisterten Funkhörern abends an ihre Apparate setzten, hatten die Berliner Theater mit dieser neuen Konkurrenz schwer zu kämpfen. Große Schichten von ständigen Theaterbesuchern blieben den Kassen fern. Für zwei Mark monatlich konnten sie behaglich zu Haus Musik und andere Darbietungen genießen. Der Theaterbesuch erschien ihnen überflüssig. [...] Ich kam als Theaterkind von der Bühne und habe vor und hinter die Kulissen blicken gelernt. Als meine Aufgabe sah ich an, die verlorengegangenen Kreise wieder zum Besuch des Theaters heranzuziehen. Es war selbstverständlich, dass eine Bühne allein nicht imstande war, dieses Problem zu meistern. Mit meinen Freunden schuf ich daher ein Theaterabonnement für möglichst viele Theater. Das Ziel war, einen möglichst großen, festen Besucherstamm dem Theater zuzuführen. Als Gegenleistung musste selbstverständlich außer dem auf der Bühne Gebotenen auch ein materieller Anreiz geschaffen werden. Das geschah durch die durchgehende Verbilligung, die den Abonnenten zugutekam."[38]

Doch darin sieht der *Montag Morgen* genau das Hauptproblem: „Das System hat das reguläre Kassengeschäft völlig verwüstet."

> „Gewiss, es hat die ‚Ribeiro' gegeben, und es gibt das Abonnement der *Volksbühne* und der ‚Staatstheater'; aber diese Gesellschaften führen ja ihre Verdienste der Produktion wieder zu, während Hen[t]schke seine Prozente einzieht, ohne sie dem Theater wieder zuzuführen. Er hat es zuwege gebracht, dass heute in Berlin keine Direktion mehr den Versuch machen kann, ihre Erfolge richtig auszunutzen und reguläre Abendkassenpreise zu nehmen [...]. Kein Mensch wird sich heute abends entschließen, in ein Theater zu gehen, weil er weiß, dass er an der Kasse volle Preise zu zahlen hat, wo auf dem Sessel nebenan sein Nachbar mithilfe Hen[t]schkes nur ein Viertel bezahlt hat. Jeder fühlt sich betrogen [...]. Diese Vernichtung des regulären Theatergeschäfts hat Hen[t]schke auf dem Gewissen [...].

[Er] rät von Experimenten, die das Theater aber braucht, wie dem neuen Shaw, vor der Premiere ab, um nach dem Erfolg seine Besucher doch zu schicken. Er verdient an einem Erfolg wie der *Dubarry* das Zwanzigfache wie der Direktor, der alle Risiken und alle Kosten hatte. Durch sein System arbeiten die Theater mit gleichen Spesen und mit nur halbierten Einnahmen. Es ist ein unmöglicher Zustand [...], der ruinöse Folgen gezeitigt hat und noch nach sich ziehen muss."[39] Der *Montag Morgen* schätzt die Anzahl der *Funkfreunde*-Mitglieder auf 40 000; er selbst beziffert sie im Februar 1933 auf 60 000.[40]

Das ist auch das Dilemma der in Zahlungsschwierigkeiten steckenden Rotters: „Er erhielt dafür das Recht, [...] von seinen Funkfreunden beliebig viele in die Rotter-Theater schicken zu können. Das erwies sich für die Rotters als verhängnisvoll, denn etwa in der erfolgreichen *Frau, die weiß, was sie will* saßen auf den teuren Plätzen nicht Leute, die den entsprechenden Preis bezahlt hatten, sondern Hentschkes ‚billige Leute'. [...] Sie [die Rotters] waren gezwungen, die Geldbedarf-Kredit-Spirale immer schneller zu drehen, und bald erkannten die Eingeweihten, dass der Rotter-Konzern einer Katastrophe zusteuerte."[41] Sie „blieben schuldig, was man nur schuldig bleiben konnte: Steuern, Tantiemen, Mieten, Hypothekarzinsen. Oder es wurde auf Teufel komm raus gepumpt in der Hoffnung auf einen großen Erfolg, der mit einem Schlage alles wieder hereinbringen würde."[42]

Genau dieser Erfolg scheint mit Paul Abrahams *Ball im Savoy* endlich gekommen zu sein. Gelingt es den Brüdern nicht, sich *jetzt* aus der Abhängigkeit von Hentschkes Kartenorganisation zu lösen, dann wohl nie mehr. Hentschke scheint die Gefahr, die seinem Imperium droht, zu erkennen. Immerhin bringt der *Ball im Savoy* „eine tägliche Einnahme von zwanzigtausend Mark."[43] Das *Große Schauspielhaus* bietet 3200 Plätze, mehr als jedes andere Theater in Berlin.

In der Silvesternacht 1932 entschließt sich Heinz Hentschke offensichtlich, die Rotters gezielt in den Konkurs zu treiben: In einem Doppelschlag zwingt er sie zur Abtretung aller zukünftigen Einnahmen aus *Ball im Savoy* an ihn und blockiert seiner

Funkfreunde-Besuchermasse den Zugang zu den beiden anderen Rotter-Aufführungen *100 Meter Glück* und *Liebling von Paris*. Damit schneidet er dem Bruderpaar jeden Ausweg ab.

Die Rotters sind verwundbar. Für sie gilt die Drei-Erfolge-Regel, um weiterspielen zu können. Diesmal ist es nur einer – zwar ein ganz großer, aber das reicht nicht, wegen Hentschke.

Bereits zwei oder vier Tage zuvor kommt es im Laufe eines Nachmittags vermutlich zu einem schweren Streit zwischen Alfred Rotter und Heinz Hentschke – vielleicht am 27. Dezember 1932, nach den entmutigenden Kritiken für *Liebling von Paris* oder unmittelbar vor der Generalprobe von *100 Meter Glück* am 30. Dezember 1932. Anlass sind die benötigten neuen Vorschüsse für Anfang Januar, denn die Gagen sind jeden halben Monat fällig.

Die Direktionssekretärin der Rotters, Ruth Falkenstein, gibt später gegenüber der Staatsanwaltschaft im März 1933 zu Protokoll: „Ich weiß nur, dass Fritz Rotter mir wiederholt sagte, ich sollte zu Hentschke immer höhere Beträge angeben, als ich brauchte. Was Fritz Rotter mit den überschießenden Beträgen gemacht hat, kann ich nicht sagen. Einmal hat Hentschke Krach gemacht, und zwar war das Ende Dezember 1932, als ich ihm sagte, dass ich 75 000,– RM für den 31. Dezember 1932 an Gagen brauche. Er lief dann raus und hatte draußen eine Auseinandersetzung mit Fritz und Alfred Rotter. Später kam jemand zu mir herein und sagte, es stände faul, Hentschke wolle die Gagen nicht mehr zahlen."[44] Womöglich wartet Hentschke vor einem definitiven Entscheid die *100 Meter Glück*-Premiere am Abend des 31. Dezembers 1932 im *Metropol* ab.

Es ist anzunehmen, dass Alfred Rotter nach dem Schlussapplaus für Max Hansen und Erika von Thellmann mit ins Scheinwerferlicht an der Rampe des *Metropols* tritt, um sich zu verneigen – als Direktor des Hauses und Aushilfsregisseur. Er kann noch nicht wissen, dass er das letzte Mal auf einer Bühne stehen wird.

Am Rande der Premierenfeier – das neue Jahr 1933 wird begrüßt, Alkohol fließt – erzwingt Hentschke offenbar eine geheime Unterredung. Womöglich werden sie dafür das Direktionsbüro im *Metropol* aufsuchen, das Hentschke mit einer seiner Zigarren vollqualmt, während er den Brüdern Rotter und der ebenfalls anwesenden Gertrud Rotter seine Bedingungen diktiert: vorläufige Weiterführung der Gagen-Vorschüsse nur gegen die vollständige Abtretung der Einnahmen aus dem Zugstück *Ball im Savoy*. Zudem erklärt er apodiktisch, die Mitglieder seiner Abonnementorganisation nicht in *Liebling von Paris* und *100 Meter Glück* zu schicken. Damit macht er die letzten Publikumschancen für diese beiden Stücke zunichte.

Ist anzunehmen, dass Alfred Rotter laut wird, als Hentschke ihn in die Enge treibt? Sonst kann er in solchen Situationen nur schwer an sich halten, aber nach dem Nervenzusammenbruch auf der Generalprobe steht er vielleicht unter dem Einfluss von Morphium, das er manchmal gegen die Magen- und Leibschmerzen nimmt. Es könnte also sein, dass er unerwartet ruhig bleibt und Gertrud, die in die Verwaltungsgeschäfte eingebunden ist, an seiner Stelle Widerspruch einlegt. Fritz Rotter, ohnehin eloquenter als Alfred und mit den Finanzfragen beauftragt, wird sicherlich nicht stumm sitzen bleiben.

Mit seiner Drohung, die Gagen für die Rotterbühnen andernfalls zu sperren, lässt Hentschke den Rotters vermeintlich keine andere Wahl – und setzt ganz auf das Überraschungsmoment. Einen Augenblick scheinen sie selbst an die Ausweglosigkeit ihrer Lage zu glauben, wenngleich ihnen (sie sind Juristen!) in aller Deutlichkeit vor Augen stehen müsste, als sie schließlich unterschreiben: Diese Unterschrift wendet die Katastrophe nicht mehr ab, sondern führt sie im Gegenteil erst herbei.

Ein schwerwiegender Fehler. Ihr Anwalt, den sie vermutlich erst am nächsten Tag zu sich bitten, dürfte ihnen das klarmachen: Hätten sie Hentschke ins Leere laufen lassen und sofort Zahlungsunfähigkeit angemeldet, würde ihnen Gläubigerschutz zustehen – das heißt auch Schutz vor *ihm*. Mit den Abendeinnahmen von *Ball im Savoy* hätten sie die laufenden Gagen begleichen und angesichts eines solchen Erfolgsstücks auf der Haben-Seite die Banken und die Gläubiger wohl zu einer Umschuldung bewegen können.

Nun sitzen sie in der Falle. „Kaltblütig drehte ihnen Hentschke die Luft ab, indem er seine Funkfreunde nicht ins Metropol schickte: Er könne ihnen die *100 Meter Glück* nicht zumuten!", schreibt Otto Schneidereit.[45]

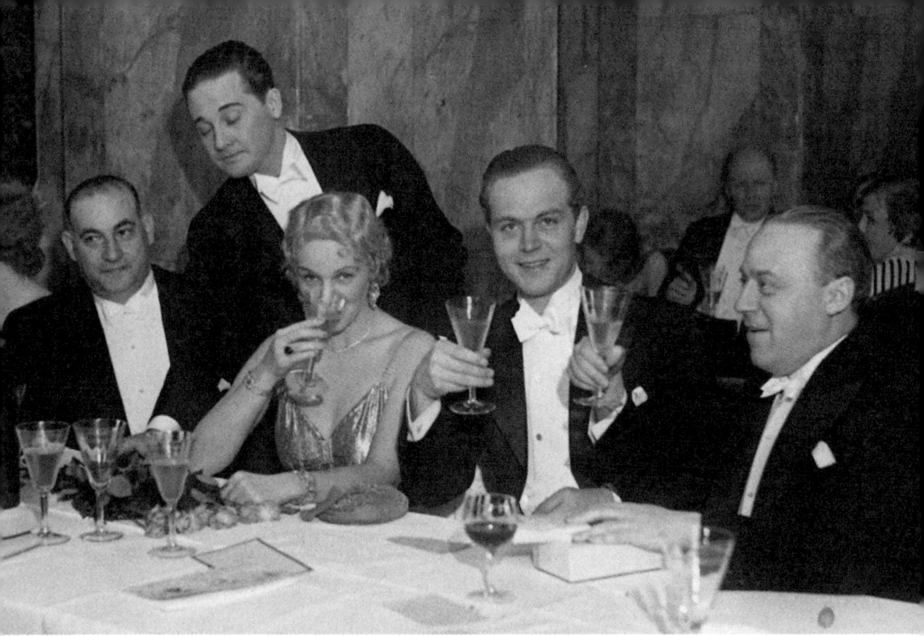

Ausgelassen feiern: **Alfred Rotter, Max Hansen, Gitta Alpár,** ihr Ehemann **Gustav Fröhlich** und **Paul Morgan** auf dem Presseball 1932 (von links).
Der österreichische Schauspieler Paul Morgan (geb. Morgenstern) wird am 10. Dezember 1938 im KZ Buchenwald ermordet.

Oder ist es ganz anders und vertrauen die Rotters (gerade weil sie Juristen sind) darauf, Hentschke jetzt ein für allemal abspeisen und sich dann bald, wenn ihnen das Glück beisteht, durch einen neuen großen Wurf gänzlich von ihm lösen zu können? Versuchen sie, ihn mit seinen eigenen Mitteln zu schlagen, jetzt, wo er den offenen Verrat übt und zum Kampf gegen sie bläst? Denken sie: Soll er ersticken daran? Sie würden auch diesen Verlust verschmerzen! Waren sie seit 1914 nicht immer wieder am Limit wie Millionen andere auch? Wie viel hatten sie nicht schon weggesteckt?

Ihr nächster Streich würde Kienzls *Opernball* sein – mit dem Erfolg der Paul-Abraham-Operette im Rücken. So pokern vielleicht auch sie und können sich nicht vorstellen, dass ihnen dabei gar niemand hilft. Greifen sie, angesichts von Hentschkes gierig geweiteten Augen, zu ihrer legendären Taktik des Spiels mit verteilten Rollen – und mimen? Glauben sie, dass die ärgerliche Unterschrift unter Hentschkes Zwangsvertrag letzten Endes sie stärken würde und nicht ihn?

Aber warum, werden sie sich möglicherweise doch besorgt gefragt haben, boykottiert Hentschke auch die endlich ganz passable Aufführung mit dem glänzenden Max Hansen? Es muss mehr dahinterstecken. Ist es wegen Marcellus Schiffers Scherz über „Hitlers Bart"? Der von der Galerie gebrüllten Nazi-Parolen?

Auf eine geradezu groteske Weise werden die Rotters durch Hentschke übervorteilt. Sie können einzig durchsetzen, ihren Anteil an den *Ball im Savoy*-Einnahmen – die Hälfte ging ohnehin als Pacht weg – formell nicht an ihn abzutreten, sondern an die Eigentümerin ihrer Mietvilla in Grunewald, Frau Mette, die wiederum „ihre Forderung an die Gesellschaft der Funkfreunde" abgetreten hat, wie die *Tägliche Rundschau* später herausfindet.[46]

Was bezweckt diese Klausel? Warum wird die Besitzerin des Hauses in der Kunz-Buntschuh-Straße dazwischengeschaltet, die Gattin des Malers Richard Mette? Wollen sie Hentschke nicht über sie triumphieren sehen? Möglich, dass die Dame, zur Uraufführung von *100 Meter Glück* im *Metropol* eingeladen, sich bei der Premierenfeier mit Mischa Spoliansky, Max Hansen und Erika von Thellmann noch im Haus befindet. Bahnt sich Gertrud Rotter durch den Trubel hindurch einen Weg zu ihr und bittet sie kurzerhand zu den schwierigen Verhandlungen hinzu? Es soll sich um „einen Betrag von 250 000 Mark" handeln.[47]

Doch das macht alles keinen Unterschied mehr. Den Rest der Nacht verbringen die Rotters im Restaurant des Hotels *Adlon* – und lassen anschreiben. Die „Forderung von 285,– RM für Silvester 1932/33" wird „offen" bleiben, wie der Direktor des Hotels später gegenüber der Staatsanwaltschaft erklärt[48] – für immer.

Danach läuft *Ball im Savoy* weiter vor ausverkauftem Haus – „glänzender Besuch", schreibt die *Nachtausgabe* am 19. Januar 1933. Mit nur einer Unterbrechung zwischen dem 3. und 6. Februar wird die Operette en suite gegeben, bis die Nazis nach dem 2. April 1933 die Absetzung erzwingen – einen Tag nach Beginn des sogenannten „Judenboykotts" und nur drei Tage vor dem Überfall auf die Rotters in Liechtenstein.

Des anhaltenden Erfolges von *Ball im Savoy* wegen kann bei Hentschke kaum ein Zweifel bestehen, dass er das für die Rotters ausgelegte Geld auch so zurückerhalten hätte. Es geht ihm um mehr. Nie hat ein Theaterkartenunternehmer in der Weimarer Republik auf einen Schlag mehr Geld eingenommen als Heinz Hentschke bei seinem Coup in jener Silvesternacht. Dabei haben die Rotters am 1. Januar 1933 bei Hentschke nur mit 157 000 Reichsmark in der Kreide gestanden. Von den für die Monate Oktober bis Dezember 1932 erhaltenen 413 000 Reichsmark an Vorschüssen sind „Rückzahlungen" an Hentschke in Form von Theaterkarten bereits zu über der Hälfte der Summe erfolgt. Wie ihr Buchhalter Conrad Wolff reagiert, als er „um Neujahr herum", also vermutlich erst am folgenden Tag, erfährt, dass die Einnahmen von *Ball im Savoy* gänzlich abgetreten worden sind, lässt sich nur erahnen.

Hentschke hat beschlossen, seine ganze Macht auszuspielen, um sich, nach dem zu erwartenden Zusammenbruch, an die Stelle der Rotters zu setzen.

Er erreicht dieses Ziel – und wird sogar das „verwöhnte Lieblingskind"[49] von Goebbels. Am 1. Mai 1933 tritt Hentschke in die NSDAP ein, den Antrag stellt er bereits im Februar.[50] Er pachtet 1933/34 das *Lessing-Theater*; Ende 1934 auch das *Metropol*. Bis 1937 erhält er es zur privaten Bewirtschaftung. Erst dann geht das Haus an den NS-Staat, Hentschke wird als *Metropol*-Direktor Angestellter des Propagandaministeriums – und produziert weiterhin Operetten, ab 1939 auch im *Admiralspalast*: *Lauf ins Glück* (1934), *Ball der Nationen* (1935), *Auf großer Fahrt* (1936), *Marielu* (1936), *Maske in Blau* (1937), alle komponiert von Fred Raymond (Friedrich Vesely), der bis zu einem Zerwürfnis mit Hentschke dessen Hauskomponist ist; danach folgen drei Operetten von Ludwig Schmidseder: *Melodie der Nacht* (1938), *Die oder keine* (1939) sowie *Frauen im Metropol* (1940); anschließend gibt Hentschke *Hochzeitsnacht im Paradies* (Friedrich Schröder, 1942), *Manina* (Nico Dostal, 1942), *Der goldene Käfig* (Theo Mackeben, 1943), *Königin einer Nacht* (Willy Meisel, 1943) und die Revue *Wiedersehen macht Freude* (1944).

Heinz Hentschkes Briefpapier trägt während des Krieges den Kopf „Metropol-Theater/Admirals-Palast". Arrangeur und Komponist Nico Dostal berichtet über Hentschke: „[...] seine Operettenbücher im Metropol hatte er sich recht und schlecht selber geschrieben; und aus seinem Gut in Ostpreußen hatte er ein ‚Schloss Leopoldskron' gemacht, wo er Max Reinhardt imitierte mit livrierten Dienern und Fackelträgern usw."[51] (Letzteres war Dostal, „augenscheinlich berichtet" worden, er selbst war „nie dort".)

Heinz Hentschke wurde insbesondere von Julius Schaub, dem persönlichen Adjutanten des Diktators begünstigt. Nach dem Ende der NS-Herrschaft 1945 fälscht er den sogenannten „Fragebogen" und will wieder Theateraufführungen produzieren, als ob nichts gewesen wäre. Er wird aber angezeigt und kommt auf die Schwarze Liste der britischen „Information Control Services". In einem Bericht dieser Dienststelle vom 6. September 1946 wird vermerkt: „Es besteht kein Zweifel, dass Hentschke, wenn nicht ein großer Theaterfachmann, doch Spezialist für Kassenerfolge war. Dass es ihm gelang, diese Kassenerfolge bis zum Schluss der Nazi-Zeit aufrecht zu erhalten, liegt nicht zum geringen Teil darin begründet, dass er durch seine engen Beziehungen zum Standdartenführer Schaub, dem Adjutanten Hitlers, keine Beschaffungsschwierigkeiten hatte, d. h. seinerzeit[,] wo andere Theaterleiter sich bereits sehr einschränken mussten, konnte Hentschke immer noch Glanzaufführungen herausbringen."[52]

Die Zeitung *Der Abend* (Berlin) nennt ihn am 2. September 1947 den „geldscheffelnden Hitler-Günstling und den Superoberüberorganisator des nazideutschen Kunstbetriebs".

KEINE SCHONUNG

Wiegen sich Fritz und Alfred in der Illusion, nochmals alles wenden zu können? Doch Alfred hat sich mit den Dezember-Premieren „derart überanstrengt, dass er unbedingt Schonung brauchte", erklärt Fritz Rotter im Interview mit dem *8 Uhr-Blatt* aus Nürnberg, das im Februar 1933 unter dem Titel „Interview mit den Rotters" als Serie erscheint.[53]

Erholung sucht Alfred gewöhnlich in bergigen Gegenden – vor einem solchen Hotel mit Blick in die Weite hat er sich früher auch für die Programmhefte ablichten lassen.

Eigentlich ist Alfred Rotter „schwerkrank". Es betrifft nicht nur den Magen. Mit stärksten Mitteln verschafft er sich Linde-

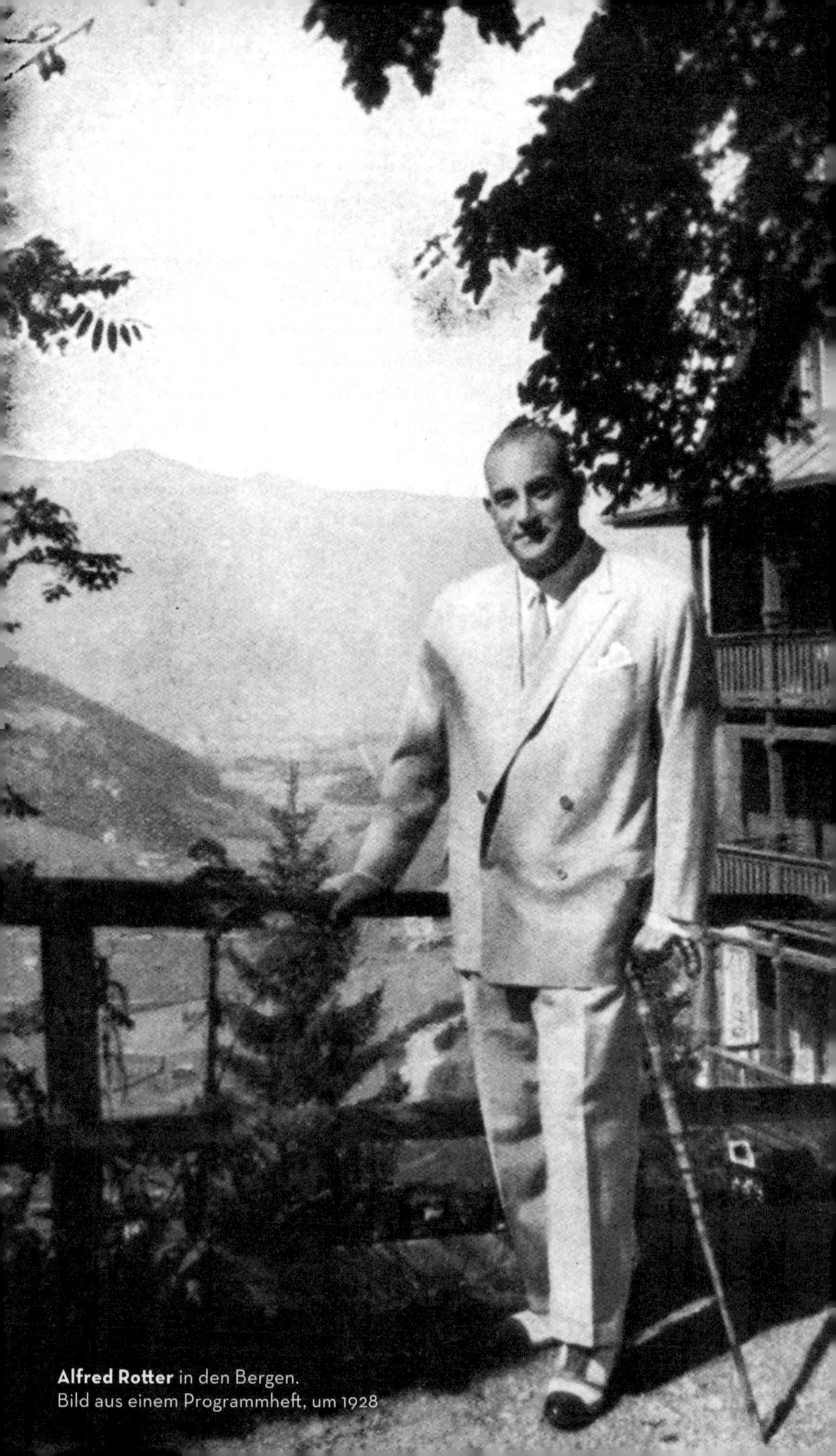

Alfred Rotter in den Bergen.
Bild aus einem Programmheft, um 1928

rung gegen die Schmerzen, sonst kann er sich nicht mehr auf den Beinen halten. Auch in früheren Jahren schon gelegentlich: „Da ich mich nach den ungeheuren Strapazen der letzten Premieren auf ärztliches Anraten schnellstens erholen musste“, hat Alfred Rotter bereits am 28. Dezember 1931 in einem Brief geschrieben, „bin ich eiligst nach Dresden gefahren [...].“[54]

Aber diesmal ist es vordringlicher, Geld aufzutreiben, um die drohende völlige Zahlungsunfähigkeit abzuwenden. Die beiden Brüder versinken sonst unter den Schulden. Auch die Beiträge für die Beschäftigten der Rotterbühnen an die Allgemeine Ortskrankenkasse der Stadt Berlin können nicht mehr bezahlt werden, die Rechnungen der Kohlenfirma seit Anfang Dezember ebenfalls nicht; die Zinszahlungen für Hypotheken sind „seit etwa Anfang 1932 rückständig“; Plakatrechnungen bleiben seit Oktober 1932 liegen, und die Rechnungen für Anzeigen in den Zeitungen des Ullstein Verlags seit der „Wintersaison 1931–32“.[55]

Mit uneingestandener teilweiser Zahlungsunfähigkeit haben Fritz und Alfred ihre Bühnen seit Ausbruch der Bankenkrise 1931 durchgeschleppt – im Wissen der Behörden und der Banken, die ihnen Zahlungsfristen verlängern, mit stillschweigender Duldung aller, die Abschlagszahlungen akzeptieren, weil sie wissen, dass in dieser größten Depression, die Berlin, Deutschland und die Welt in der modernen Zeit je erlebt haben, einfach an normales Wirtschaften nicht zu denken ist.

Alfred Rotter hofft in der Schweiz auf Erholung – und Kredite für die geplanten Neuaufführungen. Er will in Begleitung von Gertrud nach Lugano, Luzern und Zürich. Fritz soll in Berlin bleiben.

Die Kassiererin des *Metropol-Theaters*, Hildegard Nickel, erklärt später, es habe noch „eine Besprechung in der Kunz-Buntschuh-Straße“ gegeben – das Datum ist nicht bekannt –, an der neben Fritz und Alfred auch Gertrud sowie die langjährige Kassiererin Johanna Güse und Hans Lüpschütz teilnehmen.[56] Lüpschütz, einst Regisseur im *Theater des Westens* – er hat dort 1927 als Unterpächter *Eine Frau von Format* mit Fritzi Massary inszeniert –, besitzt für die Rotters die Bühnenkonzession im *Lustspielhaus* und ist für sie auch Geschäftsführer der verschiedenen Gastspiel-GmbHs. Abwertend bezeichnen ihn deshalb manche als „Strohmann“, ähnlich wie den Verwaltungsdirektor und Schwager

Ludwig Apel, der sich in dieser Rolle unwohl fühlt (und bei der Abschlusssitzung nicht anwesend ist).

In einem Artikel über die Rotters hat die nationalsozialistische Zeitung *Der Angriff* schon 1931 einmal unter dem Titel „Krumme Nasen und krumme Wege. Aus dem ‚verrotteten' Theater" von Lüpschütz als dem „Klamottenkomiker" und vom „Juden Lüpschütz" gesprochen.[57] Gegen ihn sowie gegen Apel und Kurt Lerch, der im Auftrag der Rotters als Direktor die Geschäfte im *Zentraltheater* Dresden leitet, setzen die NS-Behörden später ein Untersuchungsverfahren in Gang, das erst Jahre später eingestellt wird.

Bei der Sitzung in der Villa „wurde zunächst die kritische Lage des Rotter-Konzerns erörtert", so erinnert sich Hildegard Nickel später: „Fritz Rotter sagte zu Alfred, dass die Banken Zahlungen leisten würden. Dann teilte uns Alfred mit, dass er verreisen würde. Frau Trude Rotter klagte noch, dass sie kaum das Fahrgeld hätten und dass sie voraussichtlich ihren Schmuck würde verkaufen müssen. Es wurde noch davon gesprochen, dass wir Geld an eine Zürcher Adresse nachsenden sollten, sofern wir aus den Theatereinnahmen etwas erübrigen könnten. Das Geld sollte an einen Zürcher Rechtsanwalt gehen, dessen nähere Anschrift uns noch mitgeteilt werden würde. Eine derartige Mitteilung haben wir jedoch nicht erhalten. Es wurde noch davon gesprochen, dass die Nachsendung wegen der Devisenbestimmungen auf Schwierigkeiten stoßen würde."[58]

Zur Reise hat Alfreds Arzt geraten, wegen der gehäuft und heftig auftretenden kolikartigen Leibschmerzen, die nur mit Morphiumspritzen zu lindern sind. Die Vorbereitungen indessen sind umfassender als in früheren Fällen: zwanzig Koffer werden gepackt. Alfred und Gertrud sorgen offenbar auch für den Fall vor, dass eine Rückkehr so schnell nicht mehr möglich sei. Die neunzehnjährige Zofe Klara Walter, die schon seit dreieinhalb Jahren bei Gertrud in Diensten ist und aus Drehnow/Preußen stammt, kommt als Begleitung mit. Bei einer Karosseriefirma in Berlin-Grunewald hat Gertrud Rotter am 10. Dezember 1932, als sie bloß an den gewohnten alljährlichen Winterurlaub denkt, einen Autokoffer bestellt, den sie „auf den Wagen ihres Mannes" hat „montieren lassen" – „ein Weihnachtsgeschenk".[59]

Fritz Rotter scheint sich sicher, alles ebenso gut allein regeln zu können. Am 7. Januar 1933 erklärt er anlässlich einer Verhandlung vor dem Arbeitsgericht, dass „Alfred Rotter sich in Lugano befindet". Doch am 8. Januar 1933 steigen Alfred und Gertrud zunächst im *Grand Hotel National* in Luzern ab, in Begleitung des Dienstmädchens Klara.

Wie viel Geld sie bei sich haben, ist nicht klar. Möglicherweise ist es, wenn die Aussage der Theaterkassiererin Jahanna Güse zutrifft, ein Rest der insgesamt „22 000 bis 24 000 Reichsmark aus dem Vorverkauf von *Ball im Savoy*, die Gertrud Rotter vor dem 23. Dezember 1932 „täglich" eingesammelt hat: „Nach der Premiere hat Frau Rotter noch einmal ungefähr 2.000,- RM und einmal ungefähr 3000 abgeholt." Von dieser Summe haben sie aber wohl auch Aufwendungen für die Premierenfeier in bar bezahlt: Champagner, Hummer etc.

Im Juni 1931, anderthalb Jahre zuvor, hat Fritz Rotter bei der Schweizerischen Volksbank in St. Moritz noch 27 261 Schweizer Franken besessen. Anzunehmen ist, dass dieses Geld zwischenzeitlich dafür hat herhalten müssen, Löcher im Berliner Theaterhaushalt der Brüder zu stopfen. Dies trifft jedenfalls auf das Konto zu, das Gertrud Rotter in der Schweiz bei der Schweizerischen Volksbank (Banque Populaire Suisse) in Montreux besitzt. Der Rotter-Regisseur Robert Klein erklärt: 1932, „als sie die Miete für das *Metropol-Theater* nicht rechtzeitig aufbringen konnten", hätten die Rotters den Mietbetrag an Direktor Philipp Rothbart von der Dorotheenstadt Baugesellschaft m.b.H., seit dem Tod des schwedischen Zündholz-Magnaten Rechtsnachfolger im *Metropol*, „mit einem Scheck der Frau Trude Rotter auf eine schweizerische Bank in Höhe von 30 000 Schweizer Franken bezahlt". Rothbart bestätigt dies vor der Staatsanwaltschaft, der Bankbeleg liegt bei den Akten.

Wie viel Geld sie noch auf dieser Schweizer Bank und anderen Banken liegen haben – eventuell in Lugano –, ist nicht bekannt. Aber mit Gewissheit ist es entscheidend weniger als die etwas über Hunderttausend, die sie Hentschke in der Silvesternacht 1932 schulden, als er die Abgabe der *Ball im Savoy*-Einnahmen erzwingt. Sonst wäre es ihnen ein Leichtes gewesen, die feindliche Übernahme zu verhindern.

Der 7. Januar 1933 ist sicher kein Tag, den Fritz Rotter gerne in Erinnerung behält – vor der Künstlerkammer des Arbeitsgerichts klagt die ungarische Sängerin und Schauspielerin Emmi Kosáry, und nach der ersten Verhandlung vom 2. Januar verlangt das Gericht nun die persönliche Anwesenheit der Rotters. Fritz Rotter versucht, sich dem peinlichen Auftritt zu entziehen. „Auffallenderweise war Fritz Rotter vor der Verhandlung kurze Zeit im Sitzungssal, ließ sich aber für diese selbst entschuldigen", notiert „Hilfs-Kriminalkommissar" Ley in einem Bericht für die Theaterabteilung des Polizeipräsidiums.[60]

Wie erzählt, ist Operettensängerin Kosáry nach wenigen Proben für ihre Hauptrolle in *100 Meter Glück* durch Erika von Thellmann ersetzt worden. „Die Klägerin", so der Bericht, „verlangte Reichsmark 1000,– für das ihr garantierte 30-malige Auftreten", außerdem 1000 Reichsmark für die ursprünglich geplanten zwanzig Proben „sowie RM 200,– für die Reise ihres Budapester Schneiders nach Berlin". Hinzu kommen 200 Reichsmark „für entgangenen Gewinn": „Ersatz für zwei Schallplattenaufnahmen infolge Umbesetzung ihrer Rolle".[61]

Es geht nicht um künstlerische, sondern um arbeitsrechtliche Belange. Die Rotters geben vor, für Kosáry keine polizeiliche Arbeitsbewilligung gehabt zu haben. Zum Prozess „war eine Menge interessierter Zuhörer erschienen, unter ihnen der Präsident des Deutschen Bühnenvereins" und auch der „Präsident der Genossenschaft Deutscher Bühnenangehöriger als Beobachter dieser für ihre Organisationen prinzipiell wichtigen Vorgänge", schreibt das *12 Uhr-Blatt*.[62]

Der Ruf der Brüder steht auf dem Spiel, der Prozess wird von beiden Parteien hart geführt. Der Sprecher Fritz Rotters, Geschäftsführer Lüpschütz, bietet einen Vergleich in Höhe von 1000 Reichsmark anstelle der eingeklagten Summe an. Aber Emmi Kosáry besteht auf der vollständigen Erfüllung ihres Vertrags, den Amtsgerichtsrat Hildebrand für gültig erklärt, auch wenn er telegrafisch abgeschlossen worden ist.

„Fritz Rotters Erklärung, dass die Arbeitsgenehmigung für Frau Kosáry nicht erteilt worden sei, konnte der Manager Arthur

Hirsch, der Frau Kosáry zur Seite stand, [...] glatt widerlegen", meint die Zeitung. Eine Überprüfung beim zuständigen Arbeitsamt tags zuvor habe ergeben, „dass ein Antrag auf Arbeitserlaubnis für Frau Kosáry von Rotter selbst eingereicht und befürwortet zur Genehmigung weitergeleitet worden war".[63]

Dann ereignet sich laut Schilderung des *12 Uhr-Blatts* etwas Merkwürdiges: „Zur allgemeinen Überraschung erschien kurze Zeit später der Angestellte Rotters, Friedländer (der sich zuvor mit Fritz Rotter entfernt hatte), und überreichte plötzlich dem Gericht einen ablehnenden Bescheid des Arbeitsamtes!" – „Die Klägerin konnte dazu mit Recht sagen: ‚Das ist aber prompt!'"[64] Daraufhin verlangt der Präsident der Bühnengenossenschaft Wallauer „die Geschäftsnummer des Aktenstückes sowie Untersuchung darüber, wieso am Tage der Verhandlung plötzlich von einer amtlichen Stelle dieses Dokument ausgefertigt werden könnte".[65] „Zu einer Ablehnung lag angesichts der bisher sehr loyal ausgelegten Genehmigungsbestimmungen gerade gegenüber den Gebrüdern Rotter (die im *Großen Schauspielhaus* nicht weniger als 21 Künstler ungarischer Nationalität beschäftigen können) wohl kaum ein Anlass vor, es sei denn, die Rotters hätten in letzter Minute vielleicht selbst darauf hingearbeitet."[66]

Der Vorsitzende der Künstlerkammer rät nun der Klägerin zur Annahme des Vergleichs und erhöht die Summe auf 1500 Reichsmark bei „ausdrücklicher Anerkennung der prekären Lage [...], in die sie durch die Rotters gebracht" worden sei; „es sei ihm bekannt, dass die Rotters nichts unversucht lassen würden, sämtliche Möglichkeiten auszuschöpfen". Mit diesen Worten fasst Hilfs-Kriminalkommissar Ley für die Theaterabteilung den Prozessablauf zusammen und schließt: „Der ganze Termin stand geradezu auffällig im Zeichen einer moralischen Verurteilung der Rotters", insbesondere ihr Versuch, die Gültigkeit des Vertrags in Zweifel zu ziehen, habe der Vorsitzende als „unerhört" bezeichnet, „jedenfalls drückte er eine Geringschätzung aus", die „besonders eindrucksvoll durch den Zusatz unterstrichen" wurde: „Bei aller Würdigung meiner richterlichen Unabhängigkeit, finde ich usw."[67] Auch die Bühnengenossenschaft missbilligt den Ausgang des Prozesses, da ihr „alles an der Lösung der Frage liegt, wer bei Vertragsabschlüssen wirklich verantwortlich zeichnen darf":

„Was heute Frau Kosáry passiert ist, könnte ja morgen jedem deutschen Künstler geschehen." Die Verhandlung sei „äußerst erregt" verlaufen, „so dass der Vorsitzende sogar mit Räumung des Saales drohen musste".[68]

Für die ausstehenden Umschuldungsverhandlungen ist das ein ungünstiger Auftakt. Weiteres, größeres Ungemach droht. Für *100 Meter Glück* haben die Rotters wie gesehen auch die *Three Admirals* „auf 60 Abende verpflichtet": „Die *Admirals* traten bei der Premiere auf und spielten auch noch während der folgenden drei Vorstellungen, plötzlich erklärte die Direktion Rotter, dass sie keine Arbeitsbewilligung für die *Admirals* bekomme." Die drei a cappella-Sänger haben aufhören müssen und beim Arbeitsgericht Klage eingereicht, „da ihnen überdies durch die Verpflichtung an das Metropol-Theater ein Engagement zerstört worden" sei.[69]

Fritz Rotter kann nur hoffen, Zeit zu gewinnen. Am Dienstag, dem 10. Januar 1933, erfahren die Darstellerinnen und Darsteller im *Liebling von Paris* „von der schlechten Vermögenslage der Rotters", wie der Schauspieler Hans Brausewetter später erzählt.[70] Seine Bitte um einen Vorschuss wird abgeschlagen, und es ist bereits davon die Rede, dass „das Stück am 15. Januar 1933 abgesetzt werden würde". Denn sonst wären, am 16., die halbmonatigen Gagen fällig.

Dessen ungeachtet findet am 13. Januar 1933 im gepachteten *Theater an der Stresemannstraße* die allerletzte Premiere auf einer Rotterbühne statt. Inszeniert wird die französische Komödie *Jean de la Lune* von Marcel Achard – unter dem deutschen Titel *Terzett*. Regie führt Francesco von Mendelssohn; die Hauptrolle wird den damals bereits berühmten Stars Paul Hörbiger und Heinz Rühmann übertragen. „Ein neuer Shakespeare ist Marcel Achard nun grade nicht", moniert Monty Jacobs in der *Vossischen Zeitung*. Das Stück stamme, so der Kritiker, „aus der versunkenen Zeit, da sich Parkett, Rang und Galerie darüber erhitzten, ob Frau Antoinette ihrem Ehemann Jean treu bleibt oder ob sie ihn mit René, Gaston, Alexander betrügt".[71]

Es sind ausgesprochen milde, sonnige Januartage – nicht auszuschließen, dass die Rotters neuen Mut schöpfen. Am selben Tag, an

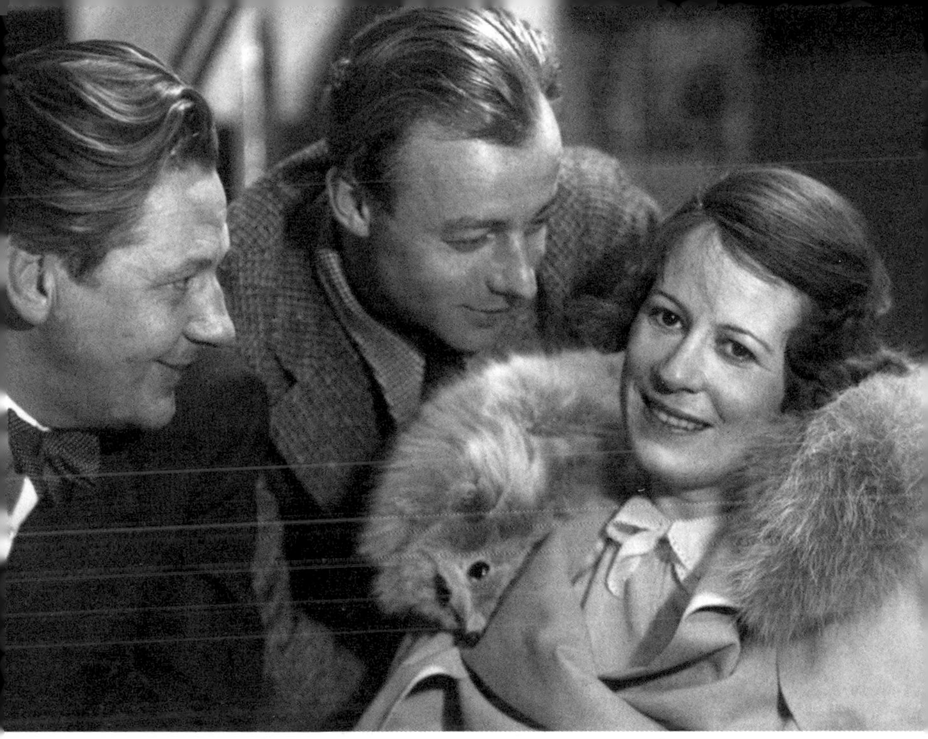

Paul Hörbiger, Heinz Rühmann und **Maria Bard** in *Terzett*, *Theater an der Stresemannstraße*, Januar 1933

dem in Berlin *Terzett* erstmals aufgeführt wird, machen Alfred und Gertrud von Luzern einen Abstecher in die schweizerische Bundesstadt Bern. Curt Goetz gastiert mit einem Stück im *Berner Stadttheater* und sie beabsichtigen, die Aufführung „für Berlin" zu „erwerben". Das hört der *Metropol*-Regisseur Fritz Friedmann-Frederich drei Tage später, als er eigens von Berlin anreist und beide in ihrem Luzerner Hotel, dem *National*, aufsucht.

Friedmann-Frederich ist sicherlich verblüfft. Später erklärt er:

> „Überhaupt hatten die Rotters meines Erachtens bis zum letzten Augenblick noch nicht das Bewusstsein von der Gefährlichkeit. Ich war noch am Montag, dem 16. Januar 1933, mit Alfred Rotter in Luzern zusammen, wo er mir ganz entrüstet erklärte, er habe in der *BZ* oder im *12 Uhr-Blatt* gelesen, dass Zweifel an der Bonität der Rotters beständen. Einige Stunden darauf führte Fritz Rotter von Berlin aus ein Telefongespräch mit Frau [Gertrud] Rotter. Frau Rotter erzählte darauf, Fritz

habe ihr gesagt, es sei alles in Ordnung, die Gagen werden gezahlt, und zwar gäbe die ‚Gesellschaft der Funkfreunde' 20 000,– RM, die ‚Deutsche Buchgemeinschaft' ebenfalls 20 000,– RM. Außerdem werde eine Auffanggesellschaft unter Führung der Dresdner Bank gegründet, in welche die Dresdner Bank 200 000,– RM hineingebe. Die Rotters würden als künstlerische Leiter dieser neugegründeten Auffanggesellschaft 10 Prozent der Bruttoeinnahmen erhalten. Auf diese Nachricht hin verabredete Alfred Rotter am 16. Januar 1933 mit mir, sofort ein neues großes Stück, *Opernball*[72], herauszugeben, gab gleich darauf ein Telegramm an den Verlag Karzag in Wien auf über den Erwerb des Stückes und erbat telegrafische Antwort nach Luzern."[73]

Wohl auf Nachfrage der Staatsanwaltschaft[74] erklärt Friedmann-Frederich zudem:

„Wo die Rotters das ganze Geld gelassen haben, ist schwer zu sagen; ich persönlich glaube nicht, dass sie sehr hohe Beträge ins Ausland gebracht haben, abgesehen von dem Schmuck, den Frau Alfred Rotter mit auf die Reise genommen hat. Ich stütze diese Ansicht auf ein Erlebnis, das ich einmal mit Alfred Rotter hatte, das etwa 1½ Jahre zurückliegt. Alfred Rotter kam damals zu mir in die Wohnung, bekam einen Weinkrampf und äußerte sich verzweifelt über seine materielle Lage und erklärte, dass er nichts besitze. Ich habe darauf im Scherz gesagt ‚nicht im Inlande', darauf gab er zur Antwort: ‚Leider auch nicht Ausland.'"

„Rotters am Ende?" Unter dieser Überschrift sieht die *Deutsche Zeitung* „kritische Zeichen für die Lage der Rotterbühnen". Doch die Nachricht, „eine Reihe der Rotterbühnen" arbeite „mit großen Fehlbeträgen", lasse noch nicht das Schlimmste befürchten: „Man will sich jetzt zu einem vernünftigen Haushalt entschließen, d.h., man wird einige Stockwerke dieses Theaterwarenhauses schließen." Aus der Kritik ist sogar ein wenig Anerkennung herauszuhören: „Die Gebrüder Rotter haben es immer glänzend verstanden, in Zeiten der Spielplan- und Wirtschaftskrise ein großes Vergnügungstheater zu führen, sind aber stets an der Überorganisation ihrer Betriebe gescheitert. Sie haben ein Theater nach dem anderen besetzt, haben außer einem Operettenspielplan literarischen Ehrgeiz bekundet, haben durch ein Netz von Verträgen und Pachten das Berliner Bühnenleben bestimmt – bis sie diesem Riesenapparat nicht mehr gewachsen waren. [...] Die große Geschäftstüchtigkeit allein macht es nicht: es ist bei den Rotters oft mit einer künstlerischen Verantwortungslosigkeit und Nachlässigkeit gearbeitet worden [...]. [Die] Rotters haben durch ihren Umsatz, durch ihr Ausdehnungsbedürfnis, durch ihren theaterwirtschaftlichen Gründerwahn das Berliner Theater in weitem Umkreise lahmgelegt. Es ist dringend zu wünschen, dass die wirtschaftliche Umstellung der Rotterbühnen zu einem kleineren Theaterbetrieb zurückführt."[75]

Ob Fritz Rotter am Sonnabend, dem 14. Januar 1933, den jährlichen Berliner *Bühnenball* besucht, um am Rand des Tanzparketts die Rettungsgespräche weiterzuführen? Der Ball findet in den Festsälen des Zoologischen Gartens statt und wird von der Genossenschaft deutscher Bühnenangehöriger veranstaltet.

Wohl eher nicht. Es sei „eine Spur weniger voll" gewesen – „und vor allem weniger prominent als sonst", berichtet die *Vossische Zeitung* und erwähnt immerhin das Starensemble der Abraham-Operette: Das „Publikum sah sich seine Lieblinge von den Brettern (und der Leinwand) liebevoll und neugierig an, und der Kursstand der einzelnen Stars ließ sich am oft lebensgefährlichen Gedränge vor ihren Logen ablesen. Am höchsten musste die reizende Rosy Barsony in rosa Taft gewertet werden, die mit [Oskar] Dénes, Trude Berliner und später auch Gitta Alpár einen kleinen Savoyball an ihrem Tisch abhielt."[76]

Friedmann-Frederich, wieder zurück in Berlin, scheint nun voller Hoffnung, dass es weitergeht. Er wird es, wenn nicht von Alfred, dann sicher von Fritz Rotter erfahren haben: Am Abend des 16. Januar 1933 findet in Berlin eine Versammlung der Gläubiger statt, unter anderem mit der Dresdner Bank. Kein zufälliges Datum: Immer am 16. eines Monats werden die Gagen für das Bühnenpersonal fällig. 86 000 Reichsmark[77] – eine Summe, die mit den inzwischen bei Hentschke eingehenden Einnahmen des *Ball von Savoy* leicht hätte zusammengebracht werden können.

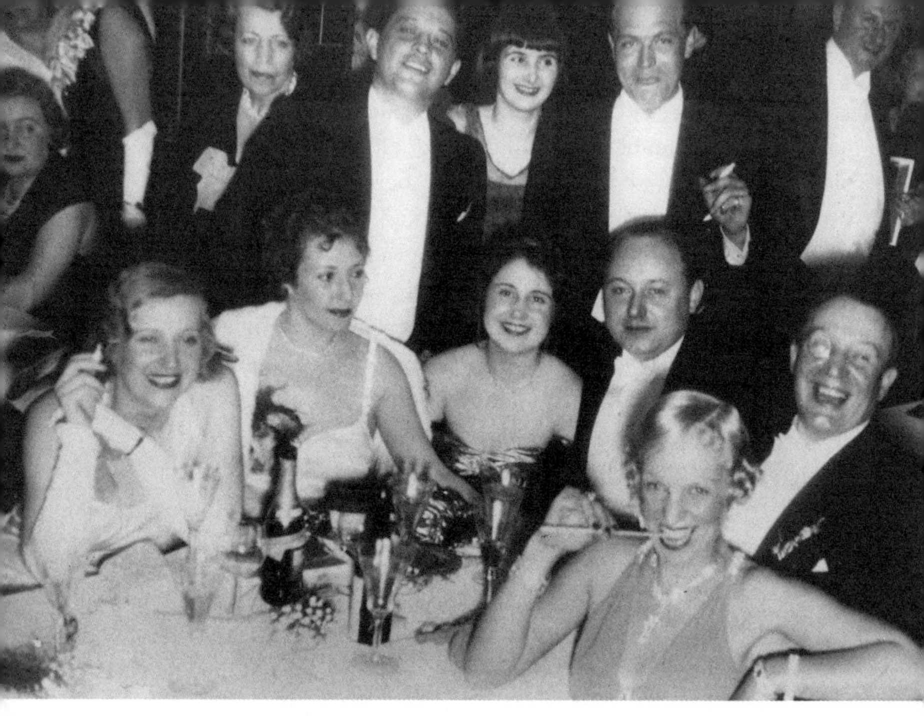

Der **Presseball am 14. Januar 1933**
(von rechts: Gitta Alpár, Richard Tauber, Marcel Wittrisch und Ehefrau, Mary Lossef; hinten links Carl Jöken, rechts Gustav Fröhlich)

DIE LETZTE CHANCE – ODER: „SEIN ODER NICHTSEIN DES GRÖSSTEN THEATER-KONZERNS“

„Hentschke macht Schwierigkeiten“, nun gehe es „darum, über die nächsten Tage hinwegzukommen“, verkündet der *Berliner Lokal-Anzeiger* an dem Tag, an dem die Gläubiger sich treffen.[78] „Der Konzern möchte zunächst die ihm gehörigen Grundstücke, *Lustspielhaus*, *Zentraltheater* und *Lessing-Theater*, abstoßen.“ „Mangelnde Fähigkeit, geschäftliche Vorgänge in ihrer ganzen Tragweite zu beurteilen“, das mache die Lage der Rotters so verfahren, urteilte die Zeitung *Tempo*: „Weder Fritz noch Alfred Rotter, am wenigsten die Geschäftsführer der einzelnen Gesellschaften, wissen, was jede einzelne Gesellschaft oder was der Gesamtkonzern schuldig ist“ – „einzelne Schuldenpositionen“ würden „von einer Gesellschaft auf die andre abgeladen“ und dadurch „außerordentlich stark erhöht“.[79] Die Zeitung kündigt an, dass

„[h]eute Nachmittag [...] die endgültige Entscheidung über den Konzern fallen“ werde. Und sie analysiert: Hinter dem „Kampf um die Rotter-Sanierung“ stehe zum einen „der Wunsch [...], zirka 1200 Schauspieler, Arbeiter und Angestellte nicht auf die Straße zu werfen“, zum anderen hätten aber auch die Gläubiger – in erster Linie Banken und Hypothekenbanken – geäußert, sie wollten „sich an der Sanierung beteiligen“, weil sie „große geschäftliche Möglichkeiten in der Verwertung“ der Grundstücke sähen, die den Rotters gehören.

Das gelte nicht nur für das *Lessing-Theater*, auf das der benachbarte Elektrokonzern AEG ein Auge werfe, sondern auch für das *Lustspielhaus* an der Friedrichstraße 236 auf einem Terrain, „das bis zur Wilhelmstraße durchgeht und zu dem das Wohnhaus Wilhelmstraße 12 gehört“. Zum *Zentraltheater* in Berlin-Kreuzberg schließlich, dem dritten Grundstück, gehören „die drei Häuser in der Alten Jakobstraße 30, 31 und 32 und die Häuser Oranienstraße 83 und 84“: „Die Reichsdruckerei wird in absehbarer Zeit Erweiterungspläne ausführen müssen.“[80]

Mithin: Die Schulden seien zwar hoch, aber es ständen ihnen erhebliche Sachwerte gegenüber, auch wenn diese wegen der Depression gerade niedriger als die gesamte Schuldensumme zu bewerten seien.

Dies beschäftigt auch die *BZ am Mittag*, und zwar gleich in zwei Artikeln: „Der heutige Montag, der 16. des Monats, ist ein böser Lostag für die Direktion Rotter und die von ihr geführten Theaterbetriebe. Heute kann es sich um das Sein oder Nichtsein des größten Theater-Konzerns nicht nur Berlins, nicht nur Deutschlands, sondern ganz Europas handeln.“ Minutiös werden die Bühnen, die sie bespielen, aufgezählt: „Ihrer Leitung unterstehen in Berlin sechs Theater, in Dresden eine Bühne. Die Berliner Theater sind: das *Theater des Westens*, *Metropol-Theater* und *Lessing-Theater*, deren Konzessionär Alfred Rotter ist, das *Theater in der Stresemannstraße*, das *Lustspielhaus* und das *Deutsche Künstlertheater*, deren Konzession dem Direktor Hans Lüpschütz [...] erteilt ist. In der *Plaza* veranstalten sie ebenso wie im *Großen Schauspielhaus* Operetten-Gastspiele.“[81]

Über die Auffanggesellschaft werde „seit Tagen verhandelt“. „Es wäre wünschenswert, dass die Verhandlungen rasch zu einem

Ergebnis kommen, denn es würde dem Theaterleben Berlins den schwersten Abbruch tun, wenn auch nur ein Teil der Rotterbühnen zusammenbräche."[82] Wie die Entscheidung für den Rotter-Konzern ausfalle, sei „nicht vorauszusehen", erklärt die Zeitung zwar vorsichtig, nennt aber indiskreterweise erstmals Zahlen – was sich als verhängnisvoll erweist, denn das ruft am folgenden Tag sofort die Gegner einer Rotter-Sanierung auf den Plan.

Die *BZ am Mittag* hebt insbesondere hervor, die Dresdner Bank sei „sehr stark interessiert" an der Gründung einer „sogenannten Auffanggesellschaft", aber diese könne „überhaupt nur ins Leben treten, wenn die Dresdner Bank als einer der Hauptgläubiger der Brüder Rotter zu ihrem bisherigen Guthaben, das auf über eine Million Mark geschätzt wird, ein *weiteres Kapital* gibt, um diese neue Gesellschaft flottzumachen. Man nennt die Summe von 300 000 Mark." Dass ein Gutteil der Rotter-Schulden durch Hypotheken wenigstens buchmäßig gesichert ist, erwähnt die *BZ am Mittag* nicht. Außerdem kündigt die BZ an, die „Brüder Rotter selbst wollen, wenn die Auffanggesellschaft zustande kommt, als geschäftliche Leiter ihrer bisherigen Unternehmungen ausgeschaltet werden". Damit könne „man sich nur befreunden" – „geschäftlich standen sie nie über der Situation", „wenn auch ihre Initiative anerkannt werden muss": „Der Umfang ihres Konzerns ist ihnen über den Kopf gewachsen."

Liegt es an dieser durchgesickerten und am Mittag des 16. Januar veröffentlichten Information, dass bei den anschließenden Verhandlungen gerade *kein* Ergebnis erzielt werden kann? Im Rückblick ist es der Nachmittag der verpassten letzten Chance. Am 17. Januar meldet der *Berliner Lokal-Anzeiger*, „dass der Überbrückungskredit an der Weigerung der Dresdner Bank, weitere Zuschüsse zu geben, scheitern wird".[83] Noch am Morgen des 16. Januar 1933 hat nur die Erkenntnis vorgelegen: „Die Verhandlungen der Rotters mit einer Großbank werden heute fortgesetzt."

Fühlt sich die Dresdner Bank nach den öffentlich gewordenen Absichten in ihrer Entscheidung nicht mehr frei? Oder findet umgekehrt Fritz Rotter die gestellten Bedingungen unannehmbar? Sind er und sein Bruder zum Ausscheiden aus dem Berliner Theaterleben aufgefordert worden, wie die *BZ* andeutet?

Fritz erklärt „im Kreise seiner Mitarbeiter […], dass er von den Zeitungsnachrichten überrumpelt" worden wäre: „Es hat sich in unsern Theatern nichts geändert. Es geht alles weiter. Wenn man uns jedoch weiter die Sache so erschwert, werden wir eines Tages die Lust verlieren, in Berlin Theater zu spielen!"[84]

Im Nachhinein wird bekannt, dass die Rotters die Ziele bei den Verhandlungen über die Gründung einer Auffanggesellschaft zu hoch steckten. Sie verlangen nicht nur „die Übertragung einer bestimmten Anzahl von Inszenierungen" an sie, sondern auch, wie angedeutet, „für die künstlerische Mitarbeit 10 Prozent der gesamten Bruttokasseneinnahmen der Theater". Selbst ihr Anwalt hält „den Plan für aussichtslos und erklärte, dass er nur dann an einer Sanierung mitarbeiten würde, wenn entsprechend dem geschwundenen Vertrauen die Brüder Rotter auf jede künstlerische und geschäftliche Mitarbeit verzichteten". Dagegen sträubt sich Fritz Rotter – zu lange, wie das Ergebnis zeigt.[85]

Just am Abend jenes 16. Januar muss Fritz Rotter nach der ergebnislos verlaufenen Gläubigerversammlung einen besonders schweren Gang tun: Im *Theater des Westens* an der Kantstraße, unweit des Bahnhof Zoo, spielt Max Pallenberg, der bekannte Schauspieler, Regisseur und Gatte von Fritzi Massary, seit dem 25. Dezember 1932 recht erfolgreich eine Bühnenfassung von *Der brave Soldat Schwejk* – „auf Teilung" mit den Rotters.

Nach der Vorstellung lässt Fritz Rotter „das Personal auf die Bühne bitten und erklärte, dass der Direktion heute die Auszahlung der fälligen Gage unmöglich sei". „Max Pallenberg ergriff daraufhin das Wort und forderte, die Gage bis morgen zu beschaffen; sonst sei er gezwungen, die Schauspielergagen zunächst aus eigener Tasche zu bezahlen und dann entsprechend vorzugehen." Pallenberg macht insbesondere geltend, „die derzeitigen Aufführungen des *Schwejk*" seien „ein Geschäft", „was der herbeigerufene Geschäftsführer der Bühne bestätigen musste". Pallenberg folgert, „dass das Geld für die Gagen deshalb verfügbar sein müsste und dass, da es nicht verfügbar sei, das vereinnahmte Geld für andere Unternehmungen der Direktion Rotter verwendet worden sein müsse".[86]

Das ist genau der springende Punkt – seit geraumer Zeit schon stopfen die beiden Brüder ein Loch mit dem anderen. Fritz Rotter erklärt den Schauspielerinnen und Schauspielern, „dass sie sich bis zum Abschluss der im Zuge befindlichen Sanierungsverhandlungen gedulden müssten" – und „dass nach den Gepflogenheiten der Rotterbühnen der 16. des Monats nicht der Gagentag, sondern bloß der Akontotag sei": „Die Gagen würden regelmäßig" am Ende „jedes Monats ausbezahlt", eine Ausnahme machen bloß die „Stars, deren Gagen täglich verrechnet würden".[87] Das ist natürlich Wortklauberei.

Auch im *Metropol-Theater* „war es der Direktion Rotter nicht möglich, die gestern fälligen Gagen" auszuzahlen, stand am nächsten Morgen im *Berliner Tageblatt*, „nur die kleineren Schauspieler und Angestellten konnten eine zehnprozentige Anzahlung erhalten". „Die Direktion Rotter hofft aber, die aussichtsvoll eingeleiteten Verhandlungen mit verschiedenen Finanzgruppen schon in Kürze zum Abschluss zu bringen, um dann nicht nur die Krise des *Metropol-Theaters* beenden, sondern auch die notwendig gewordene Umstellung innerhalb ihres Gesamtbetriebes durchführen zu können."[88] Im *Großen Schauspielhaus*, im *Plaza* und im *Lessing-Theater* hingegen seien „die vollen Gagen bezahlt worden".

EINE PRESSEKONFERENZ UND IHRE FOLGEN

Die Entscheidung fällt am Dienstag, dem 17. Januar 1933. Der Morgen beginnt schon schlecht. Aufgrund der durch die *BZ am Mittag* tags zuvor gemeldeten vertraulichen Zahlen greift die christlich-national ausgerichtete *Tägliche Rundschau* die Dresdner Bank in Berlin als größte Gläubigerin scharf an – in der klaren Absicht, durch öffentlichen Druck den Entscheidungsspielraum des Bankhauses so einzuengen, dass die Rotters fallen gelassen werden müssten, selbst wenn dies den eigenen Geschäftszielen der Bank widerspricht.[89]

Die *Tägliche Rundschau* zieht die Berechtigung einer „Rettung" der Rotters generell in Zweifel: „Die Dresdner Bank hat das Rotter-Unternehmen bisher finanziell weitgehend unterstützt; man spricht von einem Betrage von mehr als einer Million Mark [...]. Es ist nun zur ‚Rettung' des Rotter-Konzerns an die Gründung einer

Auffanggesellschaft gedacht worden, an der sich wiederum die Dresdner Bank in größerem Umfange beteiligen soll. Sie soll zu der Million, die sie bisher zugeschustert hat, noch weitere 300 000 Mark hergeben, um die zunächst fälligen Verbindlichkeiten decken zu können."[90]

Der Artikel lässt ungesagt, dass die Bank in Wirklichkeit die Rotters seit Frühjahr 1931 nicht mehr unterstützt und die Gesamtschuld inklusive Zinsen sich bereits auf die genannten 1,3 Millionen beläuft. Und er schlägt einen hochgefährlichen Ton an, indem er die Rotterbühnen mitten in den Wirren des Januars 1933 auf einen Schlag zum Politikum macht: „Man muss schließlich der peinlichen Verwunderung darüber Ausdruck geben, dass es ausgerechnet die Dresdner Bank für nötig gehalten hat, den Rotter-Konzern in so weitgehendem Maße zu finanzieren. Die Dresdner Bank ist bekanntlich kein privates Unternehmen mehr, sondern gehört dem Reich, das auch eine weitgehende Kontrolle über seine Geschäftsgebarung ausübt. Die öffentlichen Gelder, die so reichlich in die Dresdner Bank geflossen sind, sollten wahrhaftig besseren und sinnvolleren Zwecken zugeführt werden als der Finanzierung eines Theaterkonzerns, der hauptsächlich an dem Tiefstand des Berliner Theaterwesens die Schuld trägt."[91]

Diese Behauptung wirft alle Fakten durcheinander, denn schon *vor* dem Ausbruch der Bankenkrise im Juli 1931 wurden den Rotters die Kredite gesperrt, und erst *nach* dieser Bankenkrise ist, wie der Historiker Heinrich August Winkler festhält, „die Sanierung der Banken, die einer teilweisen Verstaatlichung gleichkam", erfolgt.[92] Wegen dieses Denkfehlers kommt der Querschuss mit einiger Sicherheit nicht aus dem engen Kreis derer, die die Verhandlungen führen. Aber von wem?

Doch es kommt noch schlimmer. Heftig Stimmung gegen die Rotters und die geplante Auffanggesellschaft macht nun ausgerechnet auch die Zentralstelle der Bühnen-Autoren und -Verleger unter ihrem Leiter Richard Bars. Dieser schreibt mit Datum 17. Januar 1933 an die Direktion der Dresdner Bank. Der Brief zirkuliert, wie mehrere Namenszeichen darauf bekunden, in der ganzen Direktionsetage der Bank:

„Betrifft: Gebrüder Rotter. Sehr geehrte Herren! Als Interessenvertreter der im Verbande Deutscher Bühnenschriftsteller und Bühnenkomponisten e.V. und der Vereinigung der Bühnenverleger e.V. zu einer Tarifgemeinschaft zusammengeschlossenen Bühnen-Autoren und Verleger gestatten wir uns, Ihnen ergebenst folgende Mitteilung zu machen: Wie uns bekannt geworden ist, soll bei Ihnen die Absicht bestehen, die von den Herren Direktoren Alfred und Fritz Rotter beziehungsweise von den Gesellschaften, die der Einflusssphäre dieser Herren unterstehen, betriebenen Theater in einer Auffanggesellschaft zu vereinigen. Wir möchten uns den höflichen Hinweis gestatten, dass die beiden oben genannten Organisationen nicht gewillt sind, die Verluste von Autoren und Verlegern, die durch eine derartige Umwandlung des bisherigen Unternehmens entstehen könnten, ohne weiteres hinzunehmen. Die Organisationen sind, wie eine Zusammenkunft von Vertrauensleuten derselben und Gläubigern bewiesen hat, vielmehr willens, die entsprechenden Konsequenzen zu ziehen. Mit vorzüglicher Hochachtung, Zentralstelle der Bühnen-Autoren und Verleger, Bars“

„Konsequenzen“? Es sind keine leeren Drohungen – am Nachmittag jenes 17. Januar 1933 sind bereits unumkehrbar Tatsachen geschaffen worden. Richard Bars hält vorab schon eine Pressekonferenz ab. Sie fühlten sich, so verkündet er dort, von den Verhandlungen der wichtigsten Gläubiger mit den Banken ausgeschlossen. Die von Bars geleitete Zentralstelle sei „das von den Autoren und Verlegern gegründete Tantiemen-Inkassoinstitut“[93], was wahrscheinlich jetzt erst überhaupt breiteren Kreisen bekannt wird. Sie, die Bühnenschriftsteller, -komponisten und -verleger, hätten „beschlossen, dass die Verhandlungen der Banken und Hypothekenbanken nicht ohne sie geführt werden können und wollen diese Forderung mit allen ihnen zu Gebote stehenden Mitteln durchführen“.[94]

Herbert Jhering ist wie die gesamte Berliner Presse bei der Pressekonferenz von Bars anwesend. Danach schreibt er, die Brüder Rotter hätten „durch ihre Verschleppungstaktik ein Entgegenkommen unmöglich gemacht“: „Die Bühnenkomponisten und Bühnenschriftsteller haben jede Rücksicht aufgegeben [...]. Es sind Beschlüsse gefasst worden, die eine Regelung mit den Banken ohne Einschalten der Autoren- und Verlagsforderungen unmöglich machen.“[95] Fritz Rotter ist zwar ebenfalls eingeladen, erscheint aber nicht. Er verpasst die Chance, Unzutreffendes richtigstellen zu können. Fälschlich wird auf der Pressekonferenz behauptet, sein Bruder Alfred besitze selbst keine einzige Spielerlaubnis, obwohl er tatsächlich über drei Konzessionen verfügt.

Fritz ahnt nicht, welch schwerwiegende Folgen sein Fernbleiben hat. Richard Bars’ irrige Behauptung wird von der Presse mit wenigen Ausnahmen ungeprüft kolportiert und sogar in die Schweizer Presse weitergetragen. Obwohl unzutreffend, machen Bars und seine Leute daraus ihre Frontlinie gegen die Rotters – und nutzen dies als „Beweis“ für die angebliche Anmaßung des Brüderpaars.

Das *8 Uhr-Blatt* folgert, die Pressekonferenz müsse zu einer „Überprüfung aller Konzessionen für die Rotterbühnen durch die Theaterpolizei“ führen.[96] Zu deutlich hat Richard Bars betont, „dass in allen Gesellschaften der Rotters Angestellte, die persönlich mittellos sind, juristisch verantwortlich zeichnen“, und, mehr noch, „dass endlich einmal die Frage zu klären sei, ob die Erteilung der Konzession noch der Reichsgewerbeordnung entspreche“.[97] Bars wird darin vom Anwalt der Zentralstelle, Wenzel Goldbaum, unterstützt, der „es für gesetzlich unzulässig erklärte, wenn die Theaterkonzessionen auf einen Namen gingen, der de facto im Theater nichts zu sagen habe“.

Mit diesem Gestus der Empörung bringt die Autoren-Zentralstelle in der öffentlichen Meinung die Balance zum Kippen. Die Rettung von über tausend Arbeitsplätzen ist mit einem Mal nicht mehr das Thema. „Jetzt“, so die *Neue Zeit* unter dem Titel *Verrottert!*, „hat die Schutzorganisation der Bühnenautoren und Verleger die letzten Schleier weggezogen, die bisher die Rotterwirtschaft verhüllt hatten.“[98] Die Zeitung *Der Deutsche* spricht von „grotesken Zustände[n] im Berliner Theaterbetrieb“, die nun „in ihrer ganzen Schönheit an das Licht der Öffentlichkeit gebracht“ würden.[99]

Die Folge: Es gibt „zahlreiche Morddrohungen, die ihnen in immer steigender Zahl zugingen“, schildert später Fritz Rotters Zürcher Anwalt Wladimir Rosenbaum.[100]

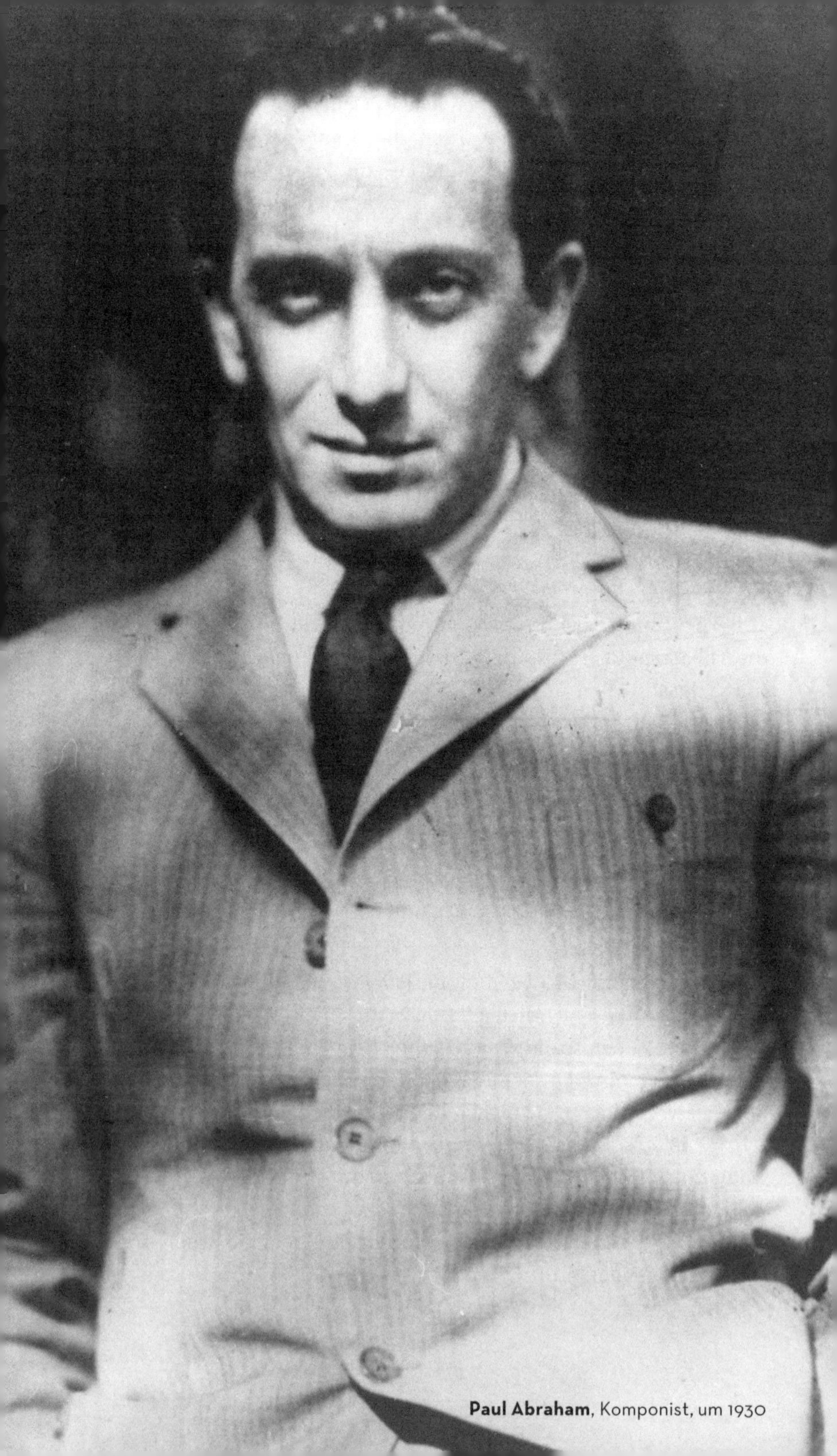

Paul Abraham, Komponist, um 1930

Seitens der Zentralstelle werden 100 000 Reichsmark ausstehende Tantiemenzahlungen geltend gemacht – sie werde sich „aus den Sanierungsverhandlungen mit den Rotterbühnen nicht ausschalten lassen" und habe „bisher aus Verantwortungsgefühl die Öffentlichkeit nicht aufgeklärt".[101]

Dabei halten sich die noch zu zahlenden Tantiemen bei genauerem Hinsehen in Grenzen: Die Rotters schulden Lehár für *Schön ist die Welt* noch 12 000 Mark, Emmerich Kálmán für *Veilchen von Montmartre* (1931) 10 000 Mark und Paul Abraham entweder für *Viktoria und ihr Husar* (1930) oder *Die Blume von Hawaii* (1931) noch 20 000 Mark.

Doch Letzterer macht gerade bei den Rotters mit *Ball im Savoy* Furore und wird den als Vernichtungsschlag geführten Vorstoß der Zentralstelle kaum billigen, hat er doch Alfred Rotter kaum drei Wochen zuvor brieflich versichert:

> „Berlin, den 28. Dez. 1932. Lieber Direktor Alfred! Ich möchte in diesen wenigen Zeilen meiner unbegrenzten Freude Ausdruck geben, welche der größte Erfolg meines Lebens, dieser unvergessliche Premierenabend von *Ball im Savoy* mir bereitet hat. Wenn ich heute, nach einigen Tagen, daran zurückdenke, kommt es mir noch immer wie ein bezaubernd schönes Märchen vor, welches erzählen zu dürfen Sie mir nicht nur verholfen, sondern es in ein prunkvolles Gewand gekleidet haben. Würde ich Ihnen schablonenmäßig meinen innigsten Dank aussprechen, wäre es viel zu wenig, um meine Gefühle zu schildern! Der jetzt erzielte Sensationserfolg kann ja nur das Ergebnis einer jahrelangen Freundschaft, gewachsen in eifriger und ehrlicher Zusammenarbeit, sein. Meine herzlichste Freude ist aber, dass ich in Ihnen, lieber Herr Direktor Alfred, diesen meisterhaften Regisseur und Freund gefunden habe, der meine Kunst nicht nur versteht und schätzt, sondern mir die größten Möglichkeiten in die Hand gibt, meine Musik so auszubauen und vortragen zu dürfen, wie es sonst von keinem Direktor europäischer Bühnen einem Komponisten geboten wird. Ihnen das alles mitzuteilen ist das Ziel dieses Briefes, welcher unsere Freundschaft und erfolgreiche Zusammenarbeit nicht nur dokumentieren, sondern verstärken soll. Indem ich Ihnen und

Ihrer lieben Frau Gemahlin – auch seitens meiner Frau – ein fröhliches und erfolgreiches Neujahr wünsche, verbleibe ich mit den besten Grüßen als Ihr ewig dankbarer Paul Abraham.“

Auch Emmerich Kálmán wird die Schärfe der Forderungen von Richard Bars nicht gutheißen. „Die Direktion Rotter hat meine Stücke in ihren Provinzbühnen und auch in Berlin aufgeführt: sie haben die Tantiemen der Provinzbühnen bezahlt, lediglich die Tantiemen meiner Operette *Das Veilchen von Montmartre* sind unbeglichen geblieben infolge einer missverständlichen Abrechnung mit dem Verlag.“[102]

Bars hingegen betont: Seit Bestehen der Zentralstelle (1926) habe es gegen die Rotters einundvierzig Tantiemenprozesse gegeben; „Pfändungen, die in der Villa der Brüder Rotter vorgenommen wurden, verliefen größtenteils insofern fruchtlos, als die den Brüdern gehörenden Wertgegenstände seit langer Zeit bereits vorgepfändet waren.“ Insbesondere beruft er sich auf den Streit um das kurze Gastspiel an Ostern 1931 mit dem *Evangelimann* von Wilhelm Kienzl, das wegen eines stark erkälteten Richard Tauber verunglückt ist. Doch im Oktober 1932 haben die Rotters Kienzls Oper *Kuhreigen* als nächste große Produktion ins Auge gefasst, sie können also nicht im Streit auseinandergegangen sein. Bars aber macht in seiner Anklage gerade Kienzl zum Tränenfall. „Seit April 1931 kämpft der jetzt 76-jährige Komponist Kienzl um die Einbringung ihm zustehender Tantiemen in Höhe von 1500 Mark für die Aufführung seiner Oper *Evangelimann*.“[103]

Wenn Bars mit den angedrohten „Konsequenzen“ die Absicht verfolgt, die Rotters – koste es, was es wolle – zur Strecke zu bringen, dann maßt er sich als Leiter der Zentralstelle gewissermaßen ein politisches Mandat an, das er nicht besitzt. Bars führt den Protest der Autoren, Komponisten und Verleger weit über die Frage der Tantiemen-Sicherung hinaus, stellt die ganz anderen Interessen des Bühnenpersonals zurück und macht die verschachtelte Struktur der Rotterbühnen zum Hauptthema. Schon im Dezember 1932 hat er verlauten lassen, dass die „Zentralstelle der Bühnenautoren und Verleger [...] im Interesse der Autoren und Verlage ohne Rücksichtnahme den Kampf [...] aufgenommen“ habe gegen „den größten Berliner Theaterkonzern“, das heißt gegen die Rotters.[104]

Reflexhaft ergreift auch die links stehende *Welt am Abend* Partei für die „Autoren“, die keine Tantiemen erhalten hätten – „zu einer Zeit, da der größte Teil der bürgerlichen Presse vor dem Rotter-Konzern auf dem Bauche lag, Festvorstellungen und Festdiners veranstaltet wurden, und eine Rotterpremiere ein ‚Höhepunkt der Gesellschaftssaison‘ war. [...] Und jetzt ist bereits schon wieder eine Clique am Werk, um alles zu vertuschen.“[105] „Der Fall der Rotters gehört in die Geschichte des Verfalls der Bourgeoisie und ist gar nicht davon zu trennen.“[106] Auch der sozialdemokratische *Vorwärts* stimmt ein – auffälligerweise mit einer Wortwahl, die sonst nur in rechtsgerichteten Zeitungen zu finden ist: „Sicher ist allein, dass die Schädlinge, die Brüder Alfred und Fritz Rotter, die vor etwa 20 Jahren in Berlin auftauchten und die in unersättlichem Expansionsdrang dem deutschen Theater jedes moralische, künstlerische und geschäftliche Fundament untergruben, nun endgültig verschwinden müssen.“[107]

So wird durch Richard Bars und seinem wortmächtig inszenierten Coup in der Presse von links bis rechts das Bild der angeblich in Saus und Braus lebenden Rotters aufgebaut, die lieber alles verprassen, als Rechnungen zu bezahlen. Niemand kennt das Kernproblem der Misere von Fritz und Alfred Rotter: dass sie wegen unsinnig in Kauf genommener Börsenverluste ohne finanzielles Polster geblieben sind, als 1929 die Weltwirtschaftskrise ausgebrochen ist, und dass sie sich trotz der äußerlichen Erfolge in den darauffolgenden drei Jahren ständig weiter verschuldet haben. Mit ihren rauschenden Premierenfeiern haben sie unverdrossen Reklame für ihre neuesten Aufführungen machen müssen, um Rechnungssteller, Presse und Öffentlichkeit bei Laune zu halten und den Schein zu wahren, bis irgendwann, so die Hoffnung, das Ende der Großen Depression käme. Wie es um sie wirklich steht, haben sie bewusst nicht kommuniziert – pleite ist erst, wer es zeigt oder davon spricht.

Den *Gespenstertanz des Theaters* nennt das Herbert Jhering, dem diese Zusammenhänge völlig klar sein müssen. Doch in das Lied der im geborgten Luxus lebenden Rotters stimmt auch er ein: „Man saß auf gepfändeten Stühlen und aß von gepfändeten Tischen. Gespenstertanz des Berliner Theaters. Kein Balzac kann eine grausigere Ironie erfinden.“[108]

Als zwei Monate später, am 14. März 1933, ein Referendar der Staatsanwaltschaft das ehemalige Hausmädchen von Alfred Rotter, Marta Juraschewski, verhört, ergibt sich jedoch ein ganz anderes Bild: „Die Familie Rotter lebte verhältnismäßig bescheiden, ja Herr Direktor Alfred Rotter und seine Frau sagten, wir sollten immer sparen. Große Gelage wurden in der Villa nicht abgehalten." Mit Ausnahme der wenigen repräsentativen Premierenfeiern eben.

Fritz Rotter schreibt später an seinen Schwager Albert Ullmann, den Gatten von Ella, der jüngeren seiner beiden Schwestern: „Es ist schwer, wenn man erlebt, wie 20-jährige aufopfernde, unermüdliche Arbeit in wenigen Tagen zerstört wird von Leuten, die nichts davon haben und sich selbst nur schädigen."[109] Damit meint er wohl in erster Linie Richard Bars.

Die Schauspielerinnen und Schauspieler sowie das technische Personal der Rotterbühnen halten sich nämlich zurück – und wo nichts mehr läuft, spielen sie in den folgenden kritischen Tagen einstweilen „auf Teilung"[110] weiter, das heißt, sie einigen sich untereinander auf einen Schlüssel für die Einnahmen, wobei der Star Max Hansen im *Metropol* auf seine Prozente zugunsten der anderen sogar verzichtet. Als Fritz Rotter jedoch am 17. Januar 1933 in einem verzweifelten Schritt bei der Bühnengewerkschaft – der „Bühnengenossenschaft" – „um die Zustimmung zur Freigabe der Kautionen" bittet, also jene zur Sicherheit hinterlegten Gelder für den Fall eines Konkurses angreifen will, um Mittel für die Gagen und die fälligen Mieten in die Hand zu bekommen, wird ihm das – juristisch wohl völlig zu Recht – „verweigert", „solange Alfred Rotter, wie es Vorschrift ist, nicht gleichzeitig die Konzession zurücklege".[111] Allerdings verspricht die Bühnengenossenschaft, „im Interesse der Schauspieler alles zu tun, was in ihren Kräften steht, um einen Zusammenbruch der einzelnen Bühnen zu verhindern".[112]

Die Rückgabe der drei mühselig erkämpften Theaterkonzessionen – nun auch bei den Verhandlungen mit den Banken um die Bildung einer Auffanggesellschaft der Knackpunkt – wäre das Aus von Alfred Rotters Karriere als Theaterdirektor. Fritz weiß das und will seinem älteren Bruder unter allen Umständen eine solche Demütigung ersparen.

Das Kleine Journal, das bald zur Plattform der schärfsten Kritik an den Rotters wird, spricht vom „zähen Kampf, mit dem Fritz Rotter die künstlerische und geschäftliche Stellung sich zu erhalten versuchte".[113] Eine Auffanggesellschaft sei noch im Bereich des Möglichen. Eine „Anzahl Großgläubiger, darunter die Hypothekenbanken", erkläre sich bereit, „bei einem Wiederaufbau der lebensfähigen Betriebe mitzuwirken", obwohl „die Situation außerordentlich gespannt" ist.

Dass die Verhandlungen über die Auffanggesellschaft gleichwohl nicht vorankommen – „ins Stocken geraten"[114] sind, wie die *Vossische Zeitung* feststellt –, liegt zu diesem Zeitpunkt nicht zuletzt daran, dass Fritz an den hochgegriffenen Forderungen festhält, seinem Rechtsanwalt die Vollmacht verweigert und Runde für Runde weiterwürfelt. Fritz Rotter besitzt zwar tatsächlich großes Verhandlungsgeschick, die letzten Jahre haben das gezeigt. Und vielleicht hätte er auch einen Teil dieser Ansprüche durchsetzen können. Doch seine Strategie scheitert in dem Moment, als die Presse das scharfe Gegenfeuer der Zentralstelle der Bühnenautoren, -komponisten und -verleger bekanntmacht und die Dresdner Bank damit politisch weiter unter Druck setzt.

Innerhalb weniger Stunden am Nachmittag des 17. Januar 1933 wendet sich das Blatt vollkommen, und es nützt nichts mehr, dass Alfred Rotter noch am gleichen Tag „telefonisch seine Bereitwilligkeit" erklärt, „in jede irgendwie möglich Regelung zu willigen".[115] Hinter den Kulissen rumort es gewaltig. Den ganzen 17. Januar hindurch hat sich Fritz Rotter nicht bloß „um einen Bankkredit" bemüht, sondern auch um „den Verkauf verschiedener Theater".[116] Mit dem Verkauf der eigenen Liegenschaften scheint Fritz bis zum Letzten entschlossen, einen Ausweg zu finden. Doch die Aussicht auf ernsthafte Kaufinteressenten ist schwindend gering.

Anderntags wird der *Berliner Börsen-Courier* voraussagen: „Die Krise des Rotterbühnen-Konzerns nähert sich ihrem unglücklichen Ende. Die ursprüngliche Hoffnung, den Rotterbühnen durch Gewährung eines Überbrückungskredits ein Weitervegetieren zu ermöglichen, hat sich zerschlagen: Der Zinsendienst der etwa 4 Millionen betragenden Bank- und Hypothekenschulden ist so hoch, dass bei glänzendem Geschäftsgang aller Bühnen etwa 10 Jahre nötig wären, um abzudecken."[117]

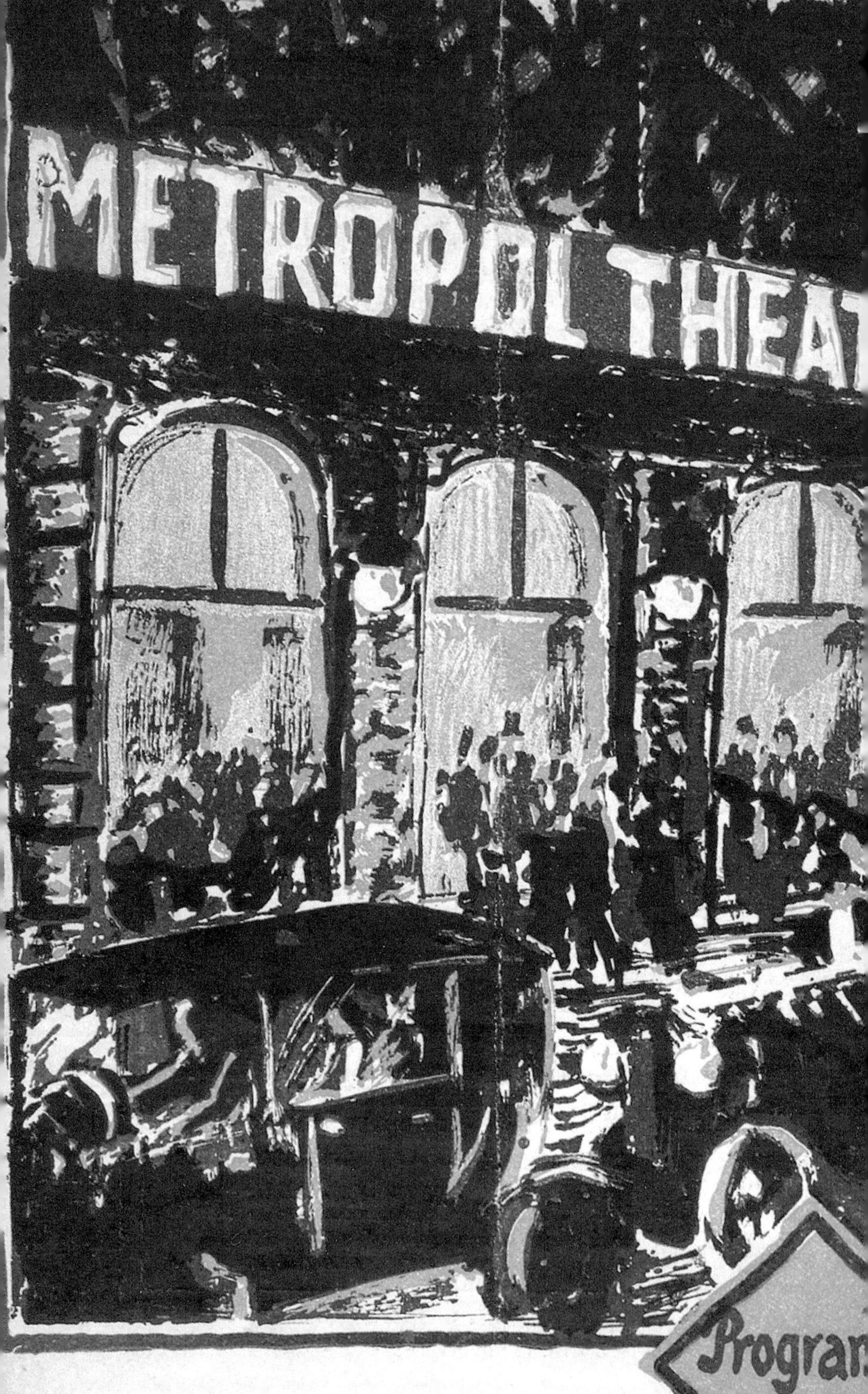

Programmheft des *Metropol-Theaters*, vermutl. 1932

Diese pessimistische Sicht der Dinge lässt jedoch den realen Langzeitwert der drei Theater, die die Rotters besitzen, außer Acht. Der größte Teil der Schulden ist hypothekarisch in den Grundbüchern eingetragen – und könnte warten. Nur wegen der Depression ist der reale Wert der Liegenschaften so niedrig angesetzt.

Noch während Fritz Rotter in Berlin herumeilt, schert ebenfalls an jenem denkwürdigen 17. Januar 1933 eine Hauptgläubigerin, die Dorotheenstadt-Baugesellschaft, plötzlich aus und stellt als Eigentümerin des *Metropol-Theaters* „gegen Alfred und Fritz Rotter wegen rückständiger Mietzahlungen Konkursantrag". Dies verkündet *Der Westen* am folgenden Morgen unter der Überschrift „Der größte Berliner Theaterkrach. Vor dem Zusammenbruch der Rotter-Unternehmen – Ungeheure Schulden, viele Menschen arbeitslos". Damit sei „die Rotter-Affäre in ein akutes Stadium getreten".[118]

Aber offenbar doch noch nicht – Philipp Rothbart von der Dorotheenstadt-Baugesellschaft, der mit seinem Antrag die Umschuldungsbemühungen „ins Stocken"[119] gebracht hat, lässt sich von Fritz Rotter noch einmal umstimmen. Unter der Überschrift „Verhältnisse noch immer verworren" berichtet das *8 Uhr-Blatt*: „Wie wir erfahren, erklärt Herr Rothbart, [...] Eigentümer des *Metropol-Theater*-Grundstücks, der Konkursantrag gegen die Berliner Bühnenbetriebs-G.m.b.H. sei nur eine Formalität gewesen, und er sei durchaus zu einer Einigung auf einer irgendwie erträglichen Basis bereit."[120] Mit der seit September 1932 geltenden täglichen Ratenzahlung von 700 Mark sind die Rotters auch erst seit vierzehn Tagen im Verzug.

DIE MOTIVE VON RICHARD BARS

Wer ist Richard Bars, der die Rotters nach Hentschkes erstem Schlag endgültig zu Fall bringen will?

Der zweiundvierzigjährige Kaufmann ist seit 1919 im Vorstand des *Verbandes deutscher Bühnenschriftsteller und Bühnenkomponisten* und wird 1926 alleiniger Geschäftsführer der *Zentralstelle der Bühnen-Autoren und -Verleger*. Diese wahrt die Urheberrechte und sorgt für den Einzug der Honorare für die Mitglieder.

Bars selbst hat 1909 begonnen, Lieder und Schlagertexte zu schreiben, ab 1919 auch Operettentexte, darunter 1926 *Lady Hamilton,* zusammen mit Leopold Jacobson. Als Person ist Richard Bars schwer einzuschätzen. Der zwölfköpfige Verbandsvorstand der Bühnenschriftsteller und Bühnenkomponisten, zu dem auch Ludwig Fulda gehört, soll ihn 1933 – gewissermaßen stellvertretend für die anderen – delegiert haben, der NSDAP beizutreten. Dies, so Bars, „um den Verband über das beginnende ‚nationalsozialistische Zeitalter', dessen Dauer von uns als kurz veranschlagt wurde, in eine neue Zeit hinüberzuretten". So erklärt sich Bars nach dem Krieg in einem abenteuerlich klingenden, aber glaubhaften „Memorandum"[121], das durch eidesstattliche Versicherungen sowie seither zugängliche NS-Akten bestätigt wird. Im Verband kommt allein Richard Bars für die NS-Mitgliedschaft infrage: Acht der übrigen Vorstandsmitglieder sind jüdisch, ein weiterer „nichtarisch" verheiratet, ein Mitglied ist Ausländer und der einzige sonst mögliche Kandidat ist Mitglied der Demokratischen Partei gewesen. Bars wird ab 1. Mai 1933 als NSDAP-Mitglied[122] geführt – zu diesem Datum werden rückwirkend Hunderttausende in die Partei aufgenommen.

In den Akten der Reichsschrifttumskammer finden sich zwei Fotos von Bars nach 1933 – eins in Uniform. Ein Hausmeister des Gebäudes Bayreuther Straße 8, in dem die Zentralstelle ihre Büros hat, erklärt nach dem Zweiten Weltkrieg, Bars „war als ausgesprochener Nationalsozialist bekannt": „Er trug fast immer Amtswalter Uniform und legte auch sonst ein ausgesprochen nazistisches Gebaren an den Tag."[123] Einen Vortrag vor seiner NSDAP-Ortsgruppe beendet er mit den Worten: „Wir spüren in jeder Minute das Band, das uns in grenzenloser Liebe zu Volk und Führer und unversiegbarem Pflichtgefühl im Dienste der Partei umschlingt [...]!"

Aber es gibt Hinweise und Dokumente, die dafür sprechen, dass das Maskerade ist, um an geheime Parteiinformationen heranzukommen und Bedrohte zu warnen. Seit 1925 gehört Bars ebenfalls dem Vorstand der Genossenschaft zur Verwertung musikalischer Aufführungsrechte (GEMA) an, seit 1926 auch der Geschäftsführer der Gesellschaft für Senderechte in Berlin. Als Goebbels die GEMA 1935 auflöst und deren Eigentum in die STAGMA (Staatlich genehmigte Gesellschaft für musikalische Aufführungsrechte) überführt, leistet Bars dokumentierbar Widerstand. Ihm wird „Willen zur Ungehorsamkeit" vorgeworfen und wegen „völliger politischer Unzuverlässigkeit" mit der Gestapo gedroht.

Goebbels lässt Bars mit einer Intrige aus allen Ehrenämtern entfernen: Eine ehemalige Angestellte der Gesellschaft für Senderechte wird offenbar gezwungen, ihn zu denunzieren: Er habe „noch im Sommer bzw. Herbst 1934" in führender Position eine Jüdin namens Margot Salomon beschäftigt. Ende 1933 hat Bars sie zu einem Kongress der europäischen Verwertungsgesellschaften für Urheberrechte „nach Paris entsandt". Danach verhilft er ihr zu einem Posten bei einer österreichischen Schwesterorganisation in Wien. Ihm wird außerdem zur Last gelegt, dass er mit dem Ehepaar Salomon „fast täglich die Olympiade im [Jahr] 1936 besucht" hat, bevor beide nach London emigrieren. Sie überleben.

Auch bei der GEMA beschäftigt Bars bis 1935 eine jüdische Angestellte, Gusta Bondy, die durch ihn eine Stellung in Paris bei der französischen Gesellschaft für Autoren, Komponisten und Verleger SACE erhält.

Dass Bars Ende März 1933 in der Verbandszeitschrift *Der Autor* (Nr. 3) den „Reichsminister Dr. Joseph Goebbels" den Leitartikel schreiben lässt, ist das auch nur ein geschickter Schachzug? Es fällt schwer, das zu glauben, aber auszuschließen ist es nicht, dass Bars die Gleichschaltung nur vortäuscht, um die Zeitschrift jahrelang vom jüdischen Schriftsteller Richard Wilde redigieren zu lassen – obwohl ein im Oktober/November 1933 erlassenes nationalsozialistisches Pressegesetz das unter Strafe stellt. Das ist nur mit einem Trick möglich: „[F]ormell zeichnete der Komponist Willy Bredschneider" als Verantwortlicher.[124] Richard Wilde wird beim Pogrom im November 1938 ins KZ Sachsenhausen verschleppt. Bars versucht noch, ihn herauszuholen, aber schon drei Tage nach der Verhaftung wird Wilde ermordet.

Seine eigene Stellung als Geschäftsführer kann Bars bis Kriegsende behalten. Nach dem Krieg vertritt er in Deutschland den Josef Weinberger Verlag – Weinberger war aus Wien nach London ins Exil gegangen.

Schwer verständlich bleibt vor diesem Hintergrund allerdings, warum Bars 1940/1941 einen „Vorschlag zum Erlass einer ‚Verordnung' über die Auflösung von Verträgen" macht, „die mit Juden über Bühnenwerke abgeschlossen wurden". O-Ton Richard Bars: „Fast sämtliche Erfolgsoperetten von Franz Lehár, weiterhin viele erfolgreiche Werke der Komponisten Paul Lincke, Walter Kolle, Eduard Künneke, Robert Stolz u. a., stammen, zumeist ebenfalls unter Benutzung von Werken freier arischer Urheber, von Juden. Es handelt sich hierbei zum Teil sogar um Juden, die seit Jahren in Konzentrationslagern sitzen [...]."[125]

Was möchte er damit bezwecken? Will er so ihre Freilassung erwirken? Welche Absicht Bars auch immer mit diesem Schritt verbunden hat, dieser Vorstoß könnte sich möglicherweise für einige der Betroffenen verhängnisvoll ausgewirkt haben. Die jüdischen Librettisten sind den Nazis lästig, sie werden verschwiegen – und umgebracht.

Um nur Fritz Löhner-Beda zu nennen, der zu vielen Erfolgen der Rotters beigetragen hat: Er emigriert nach Wien und wird dort 1938 „wenige Tage nach dem deutschen Einmarsch verhaftet"[126], kommt zunächst nach Dachau, im Herbst 1938 nach Buchenwald und am 17. Oktober 1942 schließlich nach Auschwitz. Das Todesdatum ist nicht bekannt, fest steht nur, dass er am 31. Januar 1943 schon nicht mehr lebt.

Dieser Richard Bars also geht 1932/1933 sehr methodisch gegen die Rotters vor. Er steht „in der vordersten Reihe im Kampf um die Autorenrechte"[127] und hat bereits im August 1932 geklagt: „Die Herren Generaldirektoren Fritz und Alfred Rotter umgeben sich mit einem Panzer von G.m.b.H.s zu deren Geschäftsführern sie zumeist ihre Angestellten machten."[128] Im Januar 1933 sind „an sämtlichen Rotterbühnen einschließlich des künstlerischen Personals über 1500 Personen tätig".[129] Bars sieht es nun aber als seine persönliche Mission an, eine ohne die Bühnenschriftsteller und -komponisten gebildete Auffanggesellschaft zu verhindern, und zwar mit dem einzigen Machtmittel, das er noch besitzt: dem freien Wort in der (nur noch zwei Wochen lang) freien Presse ... Bars' Pressekonferenz wirkt auf die *Vossische Zeitung* wie „die Bestätigung dessen, was die Wissenden seit Jahren flüstern, seit Wochen laut rufen" – „wie ein Stück aus dem Tollhaus". Doch das Tollhaus ist das weltweit in seine tiefste Krise geratene System der Wirtschaft selbst – die Rotters versuchen bloß, nicht auch noch unterzugehen.

Dabei hat sich der „amtliche Buch- und Betriebsprüfer" Morwinski vom Finanzamt Berlin-Mitte am 28. November 1932 in einem 89-seitigen Prüfungsbericht über die Liquidität des „Rotter-Bühnen-Konzerns" noch verhalten optimistisch geäußert, dass „die Theaterbetriebsgesellschaften sämtlich rentabel sind und wohl in der Lage wären, Steuern zu zahlen, wenn sie über ihre Betriebseinnahmen frei verfügen könnten". Einschränkend ist lediglich hinzugefügt: „Wie sich die Verhältnisse weiter gestalten werden, ist natürlich ungewiss, da schwer vorauszusagen ist, ob die gespielten Stücke beim Publikum Anklang finden."

Zum Zeitpunkt der durch Bars gestarteten Kampagne ist nach Auffassung der *Berliner Illustrierten Nachtausgabe* „eigentlich nur das *Metropol-Theater* gefährdet, da dieses" wegen *100 Meter Glück* „im Augenblick sehr unrentabel" sei: „die Tagesmiete beträgt rund 800 RM, der Abendetat über 3500 RM und die Durchschnittseinnahme 1200 bis 1500 Reichsmark".[130] Auch im *Lessing-Theater* decken die Einnahmen „den Etat nicht"[131]; „die *Plaza* schließe nach wie vor glänzend ab", und „zufriedenstellend" würden die Dinge auch „im *Deutschen Künstlertheater*" an der Nürnberger Straße 70/71 laufen.[132] Am bittersten sei, „dass der *Ball im Savoy* im Großen Schauspielhaus bisher eine Gesamteinnahme von einer Viertel Million RM gebracht hat"[133] – was die Rotters von den Schulden bei Hentschke befreit hat, ihnen aber nichts mehr nützt.

Um die Krise zu überstehen, haben Fritz und Alfred ihre Spieltätigkeit auf immer mehr Bühnen ausgedehnt. So ist es ihnen möglich gewesen, die Operetten Erfolge bei nachlassendem Interesse schön abgestuft in die weniger bedeutenden Spielstätten in Charlottenburg und den anderen Bezirken Berlins abzuschieben – und zuletzt in reduzierter Form auf Tournee zu schicken. Auch die Vielzahl der Produktionen hat das Risiko minimiert: Was nicht läuft, wird sofort abgesetzt und durch Attraktiveres ersetzt. Wie am Fließband haben Fritz und Alfred in ihrer Begeisterungsfähigkeit unablässig neue Ideen entwickelt und trotzdem ihren Künstlern, Schreibern und Komponisten auch freie Hand gelassen.

Die *BZ am Mittag* kommt am 18. Januar 1933 zur Schlussfolgerung: „Der Konzern der Rotters hatte [...] einen Umfang erreicht, wie er noch nie in der Berliner Theater-Geschichte da war. Diese

Elefantiasis, die notwendig zur Eigen-Konkurrenz führen musste, hat sich gerächt: am unübersehbaren Umfang des Konzerns, den nicht einmal mehr ein Theatergenie übersehen konnte, geht er zugrunde."[134]

ENDSPIEL

Der aus Luzern zurückgekehrte und für das neue Bühnenprojekt *Opernball* vorgesehene Lieblingsregisseur der Rotters, Fritz Friedmann-Frederich, trifft just am 18. Januar 1933 „mit Fritz Rotter" in Berlin zusammen. Dieser erklärt ihm – trotz der alarmierenden Berichte in den Zeitungen –, „dass alles in Ordnung komme".[135] Er bittet Friedmann-Frederich, sogleich einen gewissen Dr. Calmon von der Bau- und Bodenbank aufzusuchen, den „Repräsentanten der neuen Auffanggesellschaft". Friedmann-Frederich: „Dort erfuhr ich, dass weder eine Auffanggesellschaft existiert, noch die Dresdner Bank einen Pfennig Geld geben würde. Dieselbe Antwort erhielt ich von der ‚Gesellschaft der Funkfreunde' und der ‚Buchgemeinschaft'. Fritz Rotter sagte mir auf meine Vorhaltungen, man habe ihn reingelegt, aber er brauche das Geld ja gar nicht, bis morgen schaffe er die Gagen. Seit dieser Zeit habe ich Fritz Rotter nicht mehr gesehen."

In seinem Büro im *Metropol-Theater* sitzt auch Verwaltungsdirektor Ludwig Apel, Gertrud Rotters übel gelaunter Schwager, und erwartet bis zuletzt einen Bankkredit. Fritz Rotter bestellt Apel am 18. Januar 1933 gegen 16 Uhr in ein Café in der Jägerstraße in Berlin-Mitte. Nicht weit entfernt davon, in der Friedrichstraße 34, hat Fritz Rotter im zweiten Stock bei Frau Kruse seit drei bis vier Jahren ein Zimmer gemietet – wie bereits geschildert unter dem Namen *Grete Bergmann*. Polizeilich angemeldet ist er dort nicht.

Doch Apel wartet eine Stunde vergeblich. Eigentlich hätten sie gemeinsam Direktor Rothbart von der Dorotheenstadt GmbH aufsuchen wollen, um Verhandlungen „über die Sanierung des *Metropol-Theaters* zu führen". „Etwa gegen halb sechs" abends, so Apel, sei er allein zu Rothbart gegangen. „Als ich hinkam, hatte Fritz Rotter bereits dort angerufen. Kurze Zeit danach rief er nochmals an. Ich machte ihm Vorhaltungen, dass er meine Zeit so unnötig in Anspruch nehme."[136] Apel verlangt von Fritz Rotter „eine Vollmacht zu den Abschlussverhandlungen mit Rothbart", „weil Rothbart und Fritz Rotter sich schlecht standen und nichts miteinander zu tun haben wollten. Rothbart wollte immer nur mit mir verhandeln."

An jenem 18. Januar 1933 seien die „Verhandlungen über die Auffanggesellschaft" unter der Leitung des „bekannten Theateranwalts" Otto Joseph „weitergeführt" worden. Fritz Rotter wird offenbar ultimativ aufgefordert, seine Forderungen zu begraben. Das *12 Uhr-Blatt* schildert diesen kritischen Augenblick so: „Die Vertreter der Banken [...] – das waren die Bedingungen der Geldgeber und Kreditverlängerer – forderten nämlich den offiziellen Verzicht, den Rücktritt der Gebrüder Rotter, sogar die Niederlegung der Konzessionen. Darauf erklärte Fritz Rotter, der weiterhin für seinen abwesenden Bruder Alfred verhandelt, sein Einverständnis nicht geben zu wollen und die Sanierung noch einmal selbst zu versuchen."[137]

Wie soll das aus eigener Kraft gehen? Hat Fritz Rotter damit nicht die letzte Möglichkeit, diese Geschichte unbelastet zu überstehen, aus der Hand gegeben?

Als Apel von Rothbarts Büro ins Dunkel der frühen Berliner Winternächte allein auf die Straße tritt, kauft er sich vielleicht die Abendzeitung *Tempo*, die groß mit der Schlagzeile aufmacht: „Der Konkursantrag gegen die Rotters. Die Zukunft ihrer Bühnen." Im Innenteil folgt eine weitere ganze Seite über sie: „Der Theater-Wahn der Brüder Rotter." Fast opernhaft heißt es da:

> „Die Rotters am Ende lassen den Blick zurückschweifen zu den Rotters am Anfang. [...] Böse Zungen haben sie einmal ‚Bonzen des Erfolges' genannt. Wer ihren Werdegang studiert, wer dieses riesige Theatergeschäft voll von Käufen, Verkäufen, Verpachtungen, Transaktionen jeder Art betrachtet, der kann nur sagen, dass sie sich auf ihren Erfolgen nicht ausgeruht haben. Ein Zwang saß ihnen in der Brust [...]. Noch ein Theater und noch ein Theater, noch ein Star und noch ein Star – hier herrschte schon allmählich eine Art theatralischer Cäsaren-

> wahn, mit dem es sich wohl vereinigen ließ, dass die beiden Brüder sich vor Fremden in einer gradezu [sic] naiven Weise mit Lobspruch und Anerkennung überhäuften. Mit den Worten ‚Der genialste Regisseur der Neuzeit' pflegte Fritz seinen Bruder Alfred ganz ernsthaft vorzustellen. [...] Gründungen, Pläne und Versuche hatten nichts mehr mit Berechnung und Kalkulation zu tun. Keiner von den beiden Brüdern weiß heute, was er eigentlich schuldig ist oder welche Verpflichtungen er eingegangen ist. So gesellt sich dem Gefühl des Staunens und der Verurteilung fast das Gefühl des Mitleids hinzu. Mitleid mit der ungeheuren Sinnlosigkeit dieser beiden Leben [...]. Möglich, dass ihre Mission eine historische war: mitzuwirken am Untergang eines Theaters, das seinen Boden in einem zerstörten Wirtschaftssystem verloren hatte."

Nun, an jenem Abend des 18. Januar, als die Dinge endgültig an einem toten Punkt angelangt scheinen, verabredet sich Fritz Rotter, der immer noch nicht aufgibt, mit keinem anderen als Heinz Hentschke. Finaler Showdown oder Einigung in letzter Sekunde? Gut möglich, dass Hentschke inzwischen für sich und seine Funkfreunde mittel- und langfristig riesige geschäftliche Einbußen befürchtet – ohne die Rotterbühnen. Von ihnen hat er fast ausschließlich gelebt. Andere Theater sind durchaus *nicht* bereit, mit ihm, der nunmehr als „Theater-Diktator"[138] verschrien ist, Verträge abzuschließen, um sich dann wie die Rotters beliebig auspressen zu lassen.

Das *12 Uhr-Blatt* drückt es anderntags so aus: „Hentschke scheint eingesehen zu haben, dass er mit dem Aufhören der Direktion Rotter den Boden seiner Abonnenten-Organisation verliert." Und das Blatt vermutet: Fritz Rotters Absichtserklärung, „die Sanierung noch einmal selbst zu versuchen", lasse sich „nur so erklären, dass eine Versöhnung mit dem ‚dritten Bruder Rotter', nämlich Heinz Hentschke von der ‚Gesellschaft der Funkfreunde', erfolgt ist oder bevorsteht und die Rotters von hier aus Hilfe erwarten".[139]

Aber Hentschke bleibt unberechenbar. Fritz Rotter und er treffen sich „in einem Lokal in der Potsdamer Straße". Mitgekommen ist Sami Glücksmann, der als Rechtsbeistand der Rotters im Vorstand einer ihrer Gesellschaften sitzt, aber lange Jahre Anwalt der Bühnengenossenschaft war. Glücksmann erinnert sich später, sie hätten an jenem Abend „über Spielpläne und ähnliches verhandelt".[140] Erweckt Hentschke den Eindruck, er könnte sich von Fritz Rotter umstimmen lassen? Paradoxerweise ist der kolossale Erfolg von *Ball im Savoy* der Stein am Hals, der die Rotters in die Tiefe reißt. Bei Hentschke, der jeden Abend das *Große Schauspielhaus* voll hat, sprudeln die Einnahmen nur so. Er kann auf Zeit spielen, Fritz Rotter lächelnd hinhalten. Glücksmann: Hentschke und er hätten „dann Fritz Rotter gemeinsam zum ‚Habsburger Hof' begleitet." Fritz Rotter übernachtet also nicht mehr in der Villa an der Kunz-Buntschuh-Straße 16–18 in Grunewald, sondern in einem Hotel.

Am anderen Morgen werden sich einige im *Habsburger Hof* nach ihm umgedreht haben. Die Schlagzeilen am 19. Januar 1933 sind niederschmetternd. „Zusammenbruch der Rotterbühnen."[141] „Unsaubere Geschäftsmethoden."[142] „Schwere Anklagen gegen die Gebrüder Rotter."[143] „Rotters am Ende, Konkursantrag gestellt – Schmutzige Wäsche."[144]

Der *Völkische Beobachter* schreit gar „Schluss mit den Rotters!" und verlangt „eine gründliche Säuberung und gänzliche Ausschaltung der Gebrüder Rotter und ihrer Systeme".[145] Am folgenden Tag sind die Brüder für das NSDAP-Parteiblatt nur mehr „die verkrachten Theaterjuden".[146]

Es ist schwer, aus den Zeitungen Hoffnung zu schöpfen. Der einzig freundliche Artikel des *12 Uhr-Blatts* mit der Überschrift „Fritz Rotter als Optimist" erscheint erst am Mittag.

Fritz Rotter hat, in der Kartenspielsprache ausgedrückt, sein Blatt überreizt. Aber wer sagt, dass es auf der Welt nach einer allerletzten vertanen Chance nicht doch noch eine weitere gäbe?

Sein Diener, Friseur und nach Selbstbekunden „Faktotum" August Wittmoser, genannt Archibald, der täglich „gegen 9" in die Villa kommt – vierzig Jahre alt, nur ein Meter vierzig groß und blond – hat Fritz Rotter in den zurückliegenden Tagen „nicht mehr getroffen".[147] Über seinen Verbleib weiß auch im Büro draußen in Grunewald niemand Bescheid. Von der jungen Haushälterin, dem „Hausmädchen" Marta Juraschewski, erfährt Archibald am

Morgen des besagten 19. Januar 1933 lediglich, „Fritz Rotter habe den Chauffeur Polan um 9 Uhr zum ‚Habsburger Hof' bestellt".

Kurz darauf ruft Fritz Rotter nochmals an. Das Hausmädchen nimmt ab. Archibald steht dabei: „Bei der Gelegenheit erzählte das Hausmädchen in meiner Gegenwart, dass während der Nacht ein Herr Schablin angerufen und nach Fritz Rotter gefragt habe. Soviel ich weiß, ist das der Gerichtsvollzieher." Kurze Zeit danach klingelt das Telefon wieder. Erneut Fritz Rotter – er „erkundigte sich nach weiteren Einzelheiten des nächtlichen Anrufs". Dann reicht Marta den Hörer an Archibald weiter. Archibald: „Er trug mir auf, ihn im ‚Habsburger Hof' aufzusuchen, und ich sollte ihm einige Koffer mitbringen."

Dazu wird Archibald aber keine Gelegenheit mehr haben: „Gerade als Fritz Rotter diesen Auftrag telefonisch an mich erteilte, war der Kriminalkommissar Possehl mit zwei anderen Herren gekommen, um in der Villa eine Durchsuchung zu machen." Die drei Männer sprechen auch im Sekretariat in der Villa vor. An diesem Tag seien „die Polizeibeamten dagewesen und hatten die Geschäftsbücher beschlagnahmt", sagt Direktionssekretärin Charlotte Cavanna.[148] Die Büroräume befinden sich in einem Nebengebäude, die gesuchten Bücher hingegen sind in der „Buchhalterei", im obersten Stockwerk der Villa. Frau Cavanna und eine andere leitende Kraft der Rotters, Erich Bensch, führen vermutlich zwei Männer persönlich hinauf, während der dritte mit der Angestellten Fräulein Böse und einem Vetter der Rotters, Werner Guthmann, im Büro bleibt, um sicherzustellen, dass es keinen Tumult gibt.

Buchhalter Conrad Wolff ist nicht in der Mansarde. Kriminalkommissar Possehl wird vom Sachverständigen Paul Donath begleitet, ein „öffentlich angestellter beeidigter Bücherrevisor". Der wird auswählen, was an Rechnungsbüchern mitkommt und was vorläufig dableiben kann. Danach ruft der Staatsanwalt an und fragt nach Fritz Rotter.[149]

Archibald: „Ich bin dann allerdings ohne die Koffer, die ich in Gegenwart der Polizeibeamten nicht mitnehmen konnte, zum Habsburger Hof gefahren, wo ich gegen 11 Uhr ankam. Fritz Rotter war bereits gegangen. Während ich mich noch mit dem Hotelportier unterhielt, läutete Fritz Rotter an und bestellte mich in ein kleines Café in der Jägerstraße 25. Ich fuhr dorthin und fand dort niemand. Als ich weggehen wollte, kam ein Taxenchauffeur auf mich zu und fragte, ob ich Herr Archibald wäre. Als ich dies bejahte, führte er mich zu einer gegenüber haltenden Taxe, in der Fritz Rotter saß. In dieser Taxe muss Fritz Rotter schon eine ganze Weile herumgefahren sein; denn die Taxe zeigte ungefähr 12 RM."

Archibald steigt ein. Er erzählt: „Fritz Rotter schrieb in der Taxe eine Quittung über 2 500 RM aus und trug mir auf, mit dieser Quittung nach dem *Theater des Westens* zu dem Direktor W[ölffer] zu gehen, welcher mir das Geld aushändigen würde. Soviel ich verstanden habe, hatte Fritz Rotter Herrn W[ölffer] einen Wechsel über 15 000 RM gegeben, auf den er 12 500 bereits ausgezahlt erhalten hatte und von dem er den Restbetrag noch diskontieren wollte."

Diese Auszahlung kommt nicht zustande. Archibald fährt wieder in die Kunz-Buntschuh-Straße im Berliner Westen. Dort angekommen, tritt Erich Bensch vom Direktionsbüro auf ihn zu: „[W]enn ich Fritz Rotter im Laufe des Tages noch sehen würde, dann sollte ich ihm bestellen, dass der Staatsanwaltschaftsrat Dr. [Herbert] Eichholz angerufen habe und erwarte, dass sich Fritz bei ihm melde." Bensch schreibt für Archibald den Namen auf.

NICHTS GEHT MEHR

Am Donnerstag, den 19. Januar 1933, kommt auch Direktor Kurt Lerch, der für die Rotters das *Zentraltheater* in Dresden leitet, nach Berlin. Er ruft in der Villa an, zufällig unmittelbar nach der Polizeiaktion. Wie alle anderen bekommt er von Frau Cavanna zu hören, „dass Fritz nicht da wäre": „Es sei auch fraglich, ob er an diesem Tage noch kommen würde."

Frau Cavanna, die nicht nur die Korrespondenz erledigt, sondern die Rotters auch „bei der Inszenierung und bei den Proben" unterstützt, bittet Lerch aber für abends „halb sieben" ins „Restaurant Weiß-Czardas" – denn man könne „diese Dinge" am Telefon „nicht besprechen".

Lerch kommt zum vereinbarten Ort und fragt, „was denn los sei". Charlotte Cavanna schildert im Beisein der zwei anderen Bürokräfte Erich Bensch und Rotter-Vetter Werner Guthmann die Vorgänge des Tages: „Wir gaben zur Antwort, dass wir Näheres nicht wüssten." Guthmann sagt später ebenfalls: „Wir waren, obwohl wir den Zusammenbruch seit langem erwartet hatten, erstaunt, dass jetzt auf einmal der Staatsanwalt eingriff." Lerch zufolge erklären Cavanna, Bensch und Guthmann, dass der Staatsanwalt auf die „Auskunft, dass er [Fritz Rotter] nicht da sei", lediglich gesagt habe, „wenn wir Herrn Fritz Rotter sähen, möge er [Fritz Rotter] ihn [Staatsanwalt Eichholz] einmal anrufen, da er von Fritz Rotter verschiedene aufklärende Informationen haben wolle. Die Sache sei nicht weiter schlimm, er wolle nur von der richtigen Stelle Auskunft haben."

Lerch sucht darauf Rechtsanwalt Otto Joseph auf. Der hat sich auf Theaterfragen spezialisiert, war nebenbei Aufsichtsratsvorsitzender des bekannten, auf Bühnenstücke spezialisierten Dreimaskenverlags und soll, wie Lerch erfährt, für die Rotterbühnen eine Auffanggesellschaft gründen. Dafür brauche er aber ebenfalls wie Apel dringend eine Vollmacht. In Josephs Anwaltskanzlei kommt endlich eine telefonische Verbindung mit Fritz Rotter zustande: Wie Apel wird Lerch abends zum Gasthof „Jägerheim" bestellt.

Die Dämmerung ist inzwischen hereingebrochen. Auf den Berliner Plätzen wird das *8 Uhr-Blatt* ausgerufen. Darin befindet sich ein erster zumindest halbwegs wohlwollender Artikel über die Rotter-Brüder. Unter der Schlagzeile „Alle auf ihn! Heute sind sie alle erklärte Feinde der Rotters!" heißt es:

> „Das System, nach dem die Gebrüder Rotter arbeiteten, war undiskutierbar. Dass es zusammenbrach, ist gut, dass es für immer beseitigt sei, eine allzu kühne Hoffnung. Denn die Rotters hatten dieses System nicht erfunden [...], und die Rotters haben lediglich verstanden, es bis zu seiner eigenen Übersteigerung zu missbrauchen. Sie haben ihre Strafe dahin. [...] Das Erstaunliche ist nur das Ensemble, das sich zusammengefunden hat, um die Komödie der Entrüstungen zu spielen. Bei den Rotters traf sich alles. Solange sie obenauf waren, solange ihr betriebsamer Betrieb funktionierte, solange sie die Rotters waren, solange standen sie hoch und allerhöchst im Kurs. Ihre Premieren waren der Treffpunkt aller derer, die in den Proszeniumslogen [Logen über dem vordersten Bereich einer Bühne] gern vergaßen, dass sie bei den Brüdern Schaie zu Gast waren. An ihren großen Tagen – eben noch beim *Ball im Savoy* – saß in der ersten

Loge der Reichskanzler nebst Gattin, in der anschließenden Fritz Rotter und Familie, in der nächsten Herr Staatssekretär Meißner. Herr von Papen kam, der ‚Kronprinz' fehlte nicht, wenn die Alpár, die Massary und die anderen großen Pferde aus dem Paradestall Rotter liefen. Die Presse, die heute Salven von Fußtritten von rechts her verfeuert und die ‚jüdische Mache' anzuklagen nicht müde wird, war damals allen Lobes voll. Die Herren, die heute ganze Spalten lang zu sagen wissen, dass sie es längst gewusst haben, und den Nationalismus endlich gegen den ‚landfremden' Gegner wiederentdecken, kamen noch zu Beginn der Saison brav zum Presseempfang und ließen sich von den Rotters gern erzählen, dass sie auch unter dem neuen Regime nur gute Kunst und gute Unterhaltung bieten würden. Und ein jeder sagte im Hinblick auf den zu erwartenden Segen fromm seinen Spruch. Heute ist alles aus. Heute sind die Rotters pleite und jeder gute deutsche Mann eilt, seine schmutzigen Stiefel an ihnen abzuwischen. Die Rotters haben wahrlich viel gesündigt. Aber das da, – das haben sie nicht verdient."[150]

Der Artikel legt die Vermutung nahe, dass die unzähligen Presseberichte über die Rotters im Januar 1933 einen allgemeinen Stimmungsumschwung und einen starken Rechtsruck mitbewirkt oder befördert haben könnten, ähnlich wie schon 1924, als im Streit um die Übernahme des *Lessing-Theaters* durch Fritz und Alfred Rotter die *Deutsche Zeitung* plötzlich „die Aufhebung des königlichen Judenemanzipationsedikts vom 11. März 1812" gefordert hat. Bei Skandalen, die Minderheiten betreffen, scheint sich die angebliche Mehrheit stets sehr schnell in ihren Vorurteilen gegen diese bestätigt zu fühlen. Und so wie 1924, als die Bühnengenossenschaft die Empörung angefacht und dann erst die reaktionäre Rechte nachgelegt hat, so hat auch diesmal die Zentralstelle der Bühnen-Autoren und -Verleger Geister gerufen, die nur darauf gewartet haben, hervorzukommen.

Als Fritz Rotter etwa um 21 Uhr durch die Tür des Gasthofs *Jägerheim* Ecke Invaliden- und Chausseestraße tritt, übermittelt Ludwig Apel ihm die mündliche Vorladung von Staatsanwaltschaftsrat Dr. Eichholz „zu einer Vernehmung". Apel erklärt, er habe Eichholz eigens noch unter seiner privaten Nummer angerufen und dabei „den Eindruck“ gewonnen, „dass es sich nicht um allzu schwerwiegende Dinge handele“. Apel: „Ich sagte Fritz Rotter noch, er solle nicht etwa die Dummheit machen, wegzufahren. Fritz Rotter gab mir zur Antwort, er bleibe selbstverständlich hier; er habe bereits mit Rechtsanwalt Alsberg gesprochen, der ihm gesagt [hätte], es könne nichts Wichtiges gegen ihn vorliegen.“ Alsberg ist ein weiterer Anwalt. Die Brüder Rotter haben viele verschiedene beschäftigt im Laufe der Jahre.

Dann trifft, benachrichtigt von Apel, auch der Rechtsbeistand Sami Glücksmann im „Jägerheim“ ein, seit Oktober 1932 Vorstand in der Deutschen Schauspiel Betriebs AG der Rotters – daneben auch Schriftsteller. Glücksmann erinnert sich später, dass Apel ihm am Telefon gesagt habe: „[...] wenn ich wollte, sollte ich mit ins ‚Jägerheim‘ kommen.“[151] Ist es eine Frage des Wollens?

Glücksmann, der in seiner bisherigen kurzen Tätigkeit „trotz größter Bemühungen“ niemals Einblick in die Rechnungsbücher erhalten hat, kommt „mit einer Taxe“. Fritz Rotter ist in einem Nebenraum des Berliner Gasthofs gerade am Telefonieren. Glücksmann: „Ich fragte Apel, was denn los sei“ – wie Lerch wählte er dieselben Worte –, „worauf mir Apel erklärte, er glaube, Fritz wolle wegreisen“. Sami Glücksmann erfährt, „heute wäre die Polizei mit einem Büchersachverständigen dagewesen und hätte die Bücher beschlagnahmt“. Glücksmann fällt aus allen Wolken: Hat er nicht in der vorigen Nacht, vom 18. zum 19. Januar 1933, mit Fritz Rotter und Hentschke in einem Lokal in der Potsdamer Straße „über Spielpläne und ähnliches verhandelt“? Ist Fritz Rotter nicht nahe daran gewesen, den hartnäckigen Gegenspieler Hentschke umzustimmen? Wird daraus doch nichts? Glücksmann: „Als Fritz Rotter wiederkam, machte ich ihm Vorhaltungen, worauf er Fluchtabsichten leugnete und erklärte, er würde höchstens seinen kranken Bruder besuchen. Mit der Mitteldeutschen Bodenkredit-Anstalt, wegen der ich ihn sprechen wollte, sei alles geregelt.“ Kurt Lerch, der dritte Beteiligte, sagt, dass Fritz Rotter „bei der Besprechung im Jägerheim uns allen Auftrag gegeben hat, die sogenannte Auffanggesellschaft ins Leben zu rufen“.

Bevor Fritz Rotter jedoch die Vollmachten für Apel und den mit der Gründung einer Auffanggesellschaft betrauten Rechtsanwalt Otto Joseph tatsächlich unterzeichnet, ruft er seinen Bruder Alfred an. Es ist schon nach dreiundzwanzig Uhr. Fritz erreicht ihn nicht mehr in Luzern, sondern im Hotel *Baur au Lac* in Zürich. Vermutlich, weil dort zwei Tage später, am Sonnabend, dem 21. Januar 1933, im *Stadttheater* die Paul-Abraham-Operette *Viktoria und ihr Husar* Premiere haben wird. Alfred Rotter ist eben erst in Zürich angekommen – infolge einsetzenden Schneefalls hat sich die nächtliche Fahrt schwierig gestaltet. Gertrud Rotter hat es vorgezogen, in Luzern zu bleiben. Das Geld reicht immer noch für das teuerste Hotel der Stadt – das sind Repräsentationspflichten. Doch ist der Schmuck zu dem Zeitpunkt schon verkauft? Zahlungsunfähigkeit nicht zu zeigen ist die einzige Chance, sie zu überwinden.

Das Gespräch mit seinem Bruder führt Fritz Rotter an einem „Münzfernsprecher" nebenan. Kurt Lerch hat die Ferngespräche nach Luzern und Zürich mit seinem eigenen Namen für Fritz Rotter angemeldet. Lerch kommt eben von der Toilette, als er die abschließenden Worte hört: „Also gut, Alfred, ich fahre erst zu den Verlegern nach Wien und komme dann zu dir." Es ist exakt dreiundzwanzig Uhr siebenundvierzig, wie das Fernamt Berlin festhält. Die beiden Brüder haben fünf Minuten miteinander telefoniert.

Regisseur Kurt Lerch und Fritz Rotter gehen noch zu zweit in ein Café am Oranienburger Tor. Fritz Rotter erzählt Lerch, „dass er in Wien noch Stücke für die *Plaza* erwerben müsse, da ein neuer Vertrag mit der *Plaza* abgeschlossen sei, dessen Perfektuierung von der Annahme soundsovieler Stücke, die im Verlag Karozag und Weinberger in Wien erschienen sind, abhängig sei". Fritz sagt ihm noch, dass er über Dresden fahren werde, und sie verabredeten sich dort für den folgenden Tag, am 20. Januar 1933, „gegen ¾ 5 im Neustädter Bahnhofs-Café". Ursprünglich will Fritz den Zug nehmen, wird sich dann aber anders besinnen.

An jenem 19. Januar 1933 sind Alfred und Gertrud Rotter am Vormittag mit dem Wagen von Luzern aus bei klarem Wetter und freien Straßen über den Brünigpass ins Berner Oberland gefahren, um den Komponisten Ralph Benatzky zu besuchen – in dessen Haus am Thunersee. Dann erst, nachdem er Gertrud wieder in Luzern abgesetzt hat, reist Alfred allein nach Zürich weiter.

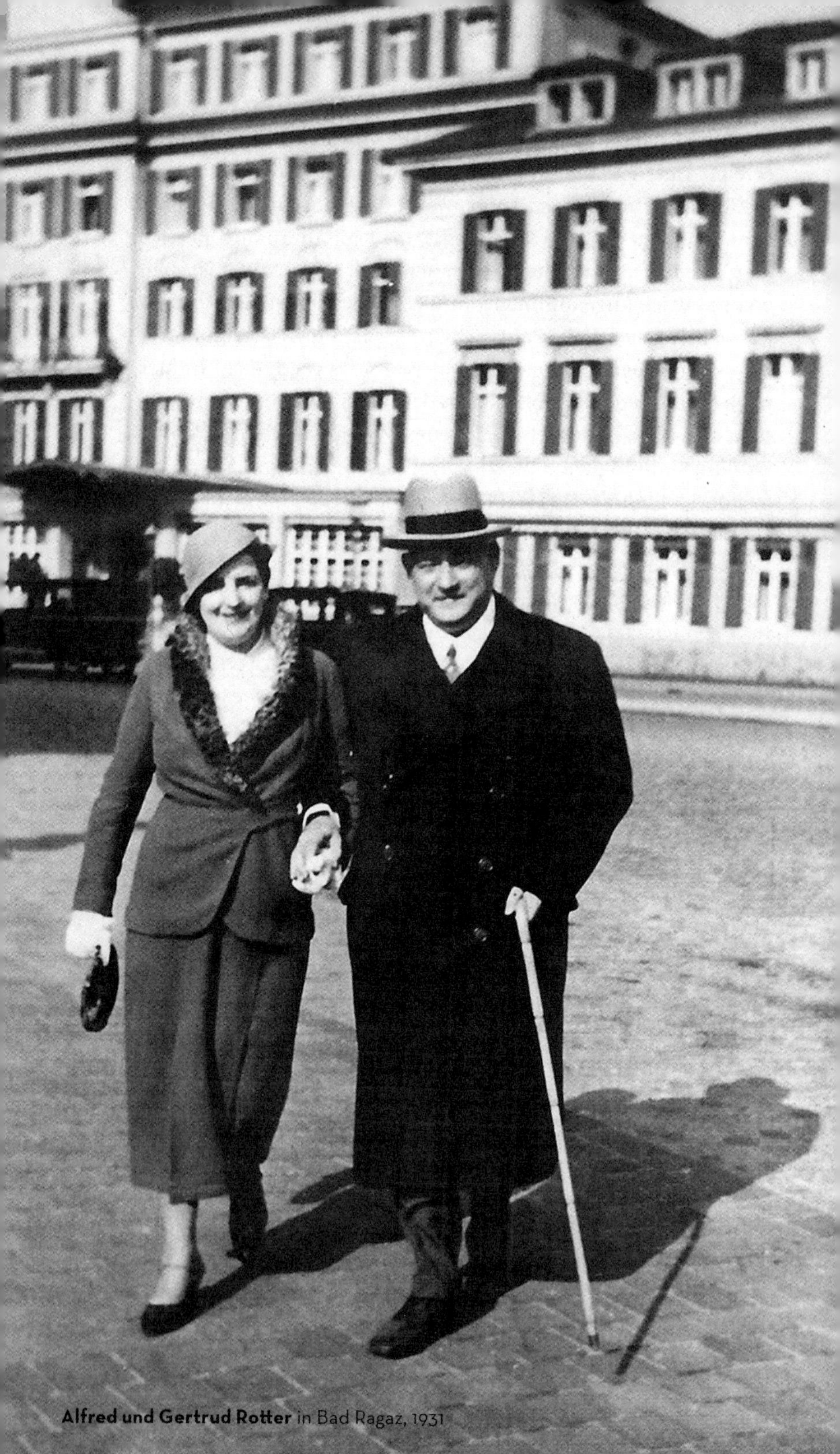

Alfred und Gertrud Rotter in Bad Ragaz, 1931

Benatzky, mit dem sie *Mit dir allein auf einer einsamen Insel* (1930), *Morgen geht's uns gut!* (1931) und *Zirkus Aimée* (1932) auf die Bühne gebracht haben, kann bei diesem kurzen Wiedersehen im Berner Oberland sicherlich keine Hilfe geben. Sie sehen sich ja außerstande, Neues auf die Bühne zu bringen. Es ist Alfred und Gertrud Rotter vielleicht auch nicht bewusst, dass Ralph Benatzky die Aufführungen seiner Werke nicht nur in guter Erinnerung hat. In seinem Tagebuch heißt es unter dem Datum 21. Mai 1930 über die Rotters: „Sie doktrinieren und argumentieren in Regiesitzungen in einer unmöglichen Ausdrucksform" und versuchen, „Abänderungsvorschläge mit großer Brutalität in die Tat umzusetzen[,] das geschieht dann mit gänzlicher Nichtbeachtung des Autors [...]. Daraus entsteht dann ein grässliches Stilgemisch [...]."[152]

Zu ihrem Überraschungsbesuch jetzt im Januar 1933 hält Benatzky in seinem Tagebuch lapidar fest:

> „In Berlin Theaterkrach, Zusammenbruch der Direktion Rotter mit sieben Bühnen, Zusammenbruch des Deutschen Theaters mit zwei Bühnen, die Staatstheater sanieren ein letztes Mal ihre Bühnen mit sechs Millionen, Krolloper, Schillertheater geschlossen, das Neue Deutsche Theater in Prag vor dem Zusammenbruch, Graz schließt seine Bühnen am 1. März, Stadttheater Teplitz zusammengebrochen usw., usw., das ist das Signum der Theatersaison 1932/1933. Alfred Rotter und Frau waren einen halben Tag da [...]."[153]

Mehr sagt er nicht über dieses Treffen, erwähnt nur noch, dass er bereits am zweiten Akt der Komposition *Chocolatière* schreibt. Darüber werden sie sich zweifellos auch unterhalten haben, denn schon im März 1922 hat Oskar Kanehl das zugrundeliegende Theaterstück *Das kleine Schokoladenmädchen* von Paul Gavault[154] für die Rotters auf die Bühne gebracht. Benatzky hat die Aufführung damals im *Kleinen Theater* gesehen und am 30. April 1922 in seinem Tagebuch notiert: „[...] ein altes Stück, aber, wie alles, was die Rotters herausbringen, sehr anständig aufgeführt. [...] [Hans] Albers betont burschikos, mit strahlenden blauen Augen, Sinn für Humor, vielleicht in der Operette einmal zu verwenden."

Am 31. Dezember 1932, zehn Jahre später, beginnt Benatzky mit der Komposition, und er kommt rasch voran. Unter dem Titel

Bezauberndes Fräulein! wird dieses neueste Benatzky-Werk am 24. Mai 1933 in Wien am *Deutschen Volkstheater* uraufgeführt – bei einem anderen Verlauf der Geschichte wäre das wohl in Berlin geschehen. Allerdings hat sich Benatzky bereits am 21. November 1932 bei einem Aufenthalt in Berlin Gedanken über die Lage der Rotters gemacht: „Eine Trostlosigkeit scheint zu herrschen, ein Elend, das nicht zu beschreiben ist. Kompanien, Bataillone von Bettlern an den Ecken und um die Gedächtniskirche rum. [...] alle Theater fast in den Händen der Rotters, die nur das Allernötigste bezahlen, an Gagen etc., Tantiemen und dergleichen überhaupt nicht. Was für einen Sinn hat es, sich bei ihnen aufführen zu lassen?"

Erweckt Alfred beim Gespräch jetzt den Eindruck, es gehe für sie in Berlin oder anderswo bald weiter? Benatzky erwähnt in seinem Tagebuch an jenem 19. Januar 1933 lediglich noch, dass gegen Abend in der Schweiz viel Schnee fällt.

Es mag einen zusätzlichen Grund für den Abstecher über die Berge gegeben haben. Nur zwei Tage später, am 21. Januar, suchen der Berliner Staatsanwaltsrat Dr. Eichholz in Begleitung von Referendar Schulz den mit den Rotters befreundeten Arzt Professor Max Epstein im St.-Franziskus-Krankenhaus auf. Epstein erzählt: „Nur vom Hörensagen weiß ich, dass Rotters in die Schweiz erhebliche Beträge geschafft haben sollen, und zwar im Laufe des Jahres 1932. Es ist mir einmal erzählt worden, dass Rotters in der Stadt Gunten am Thunersee ein Konto bei einer dortigen Bank haben sollen und auf dieses Konto vor nicht allzu langer Zeit größere Beträge eingezahlt haben sollen."[155]

Selbst wenn dieses Gerücht zutrifft und dieses Seestädtchen Gunten das eigentliche Ziel von Alfred und Gertrud gewesen ist, und nicht Benatzky, bestehen etliche Zweifel, dass es sich wirklich um „größere" Beträge gehandelt habe. Höhere Summen hätten sie sofort zurück ins Spiel gebracht – und einen Überbrückungskredit der Banken erheblich erleichtert. Gunten wäre dann Anfang Januar bestimmt gleich das erste Ziel der Rotters gewesen.

Am 20. Januar 1933 beendet der staatliche „Bücherrevisor" Paul Donath, der bei der Hausdurchsuchung in der Villa in Grunewald zugegen gewesen ist, seinen „Vorbericht". Staatsanwaltsrat Dr. Eichholz steht unter Druck und drängt sicherlich zur Eile. Angesichts der Schlagzeilen in der Presse leitet er die „anhängige Strafsache gegen Schaie genannt Rotter und Genossen wegen Konkursverbrechens" nun sehr entschlossen und ermittelt auch gegen die Rotter-Mitarbeiter Lüpschütz, Apel, Lerch und Glücksmann.

Laut Aufstellung von Donath belaufen sich die „unbezahlten Rechnungen" lediglich auf 38 987, die Pachtrückstände für das Metropol auf 83 000 und die „Hauszinssteuer-Rückstände" im Metropol auf 88 276 Reichsmark. Schwerer fallen die allgemeinen Steuerschulden ins Gewicht: 330 193 Reichsmark, aber die sind bislang nicht eingefordert worden – die Behörden halten still, das ist schon viel wert und die einzige positive Form indirekter staatlicher Förderung der Rotters, die für ihre Theater sonst nie staatliche Subventionen erhalten haben. Die „diversen Schulden" zusammengerechnet ergeben 431 996 Reichsmark: die Darlehen von Hentschke sind mit 150 000 Reichsmark eingerechnet (nach anderen Angaben sind es 140 000), obwohl sich der seit nunmehr fast drei Wochen mit den Einnahmen der täglich ausverkauften *Ball im Savoy*-Aufführungen mehr als schadlos hält. Und dann sind da noch die Hypothekenschulden: fast zwei Millionen (1 915 000), dazu Hypothekenzinsrückstände von ungefähr 250 000 sowie „Aufwertungs-Hypothekenschulden" von 638 689 Reichsmark.

Diesen Verbindlichkeiten steht aber der Besitz von drei Theatern mit den entsprechenden Grundstücken gegenüber, zwei davon in bester Lage. Gut fünf Wochen später kommt der Bücherrevisor Paul Donath in seinem Gutachten[156] vielleicht auch deswegen zu dem Schluss, dass sich die Frage der „Zahlungsunfähigkeit" und der „Überschuldung" nicht abschließend beantworten lasse – letztere hänge mit dem „tatsächlichen Wert der Grundstücke zusammen". Zwei Aktiengesellschaften der Rotters ummanteln ihre sieben GmbHs. Im Falle der Hauptfirma der Rotterbühnen, der Deutschen Schauspiel Betriebs AG, stellt Donath sogar eindeutig klar: „Tatsächlich lag ein solche Überschuldung nicht vor, weil die Grundstücke Alte Jakobstraße und Oranienstraße einen bedeutend höheren Wert hatten, als bilanzmäßig in der Aktiva ausgewiesen wurde."

1937 und 1938 – zu diesem Zeitpunkt sind Alfred und Gertrud bereits tot und Fritz im französischen Exil – werden ihr *Lustspielhaus* an der Friedrichstraße 236 für 500 000 Reichsmark, das *Lessing-Theater* für eine Million (beide an die Süddeutsche Bodenkreditbank) und ein zur Liegenschaft gehörendes Haus in der Wilhelmstraße für 550 000 Reichsmark an das Deutsche Reich versteigert. Das *Zentraltheater* an der Alten Jakobstraße 30 und 32 in Berlin-Kreuzberg wechselt 1941 für 235 000 Reichsmark an die Deutsche Grammophon. (Die Deutsche Grammophon wird das kriegsbedingt beräumte Grundstück 1958 für 109 300 DM an das Land Berlin verkaufen). Die zum Theater gehörenden Häuser an der angrenzenden Oranienstraße 83/84 sind bereits 1933 im Konkursverfahren zu einem unbekannten Betrag durch die Berliner Hypothekenbank ersteigert worden; diese fusioniert 1936 mit der Rheinischen Hypothekenbank, und die wiederum wird 1960 das abgeräumte Trümmergrundstück für 19 100 DM an das Land Berlin verkaufen.

Diese Erlöse von knapp 1,8 Millionen (ohne Oranienstraße 83/84) zum Marktwert von 1937 bis 1941 entsprechen also fast genau den 1933 festgestellten Hypothekenschulden von 1,9 Millionen.

Im „Vorbericht“ vom 20. Januar 1933 hat der staatliche Bücherrevisor Paul Donath diese Grundstückswerte noch nicht mit eingerechnet und nur die „Verpflichtungen“ von Fritz und Alfred Rotter in seiner „Gesamtaufstellung“ mit 3.872.922,41 Reichsmark – also mit knapp vier Millionen. Dieser Betrag wird in den kommenden Wochen auch der Presse bekannt – worauf Übelwollende das irrige Gerücht in die Welt setzen, die Rotters hätten sich mit 4 Millionen ins Ausland abgesetzt – sich sozusagen mit dieser Summe in bar davongemacht. Das ist natürlich Unsinn, aber die NS-Propaganda wird nach dem 30. Januar 1933 dieses Gerücht niemals mehr korrigieren.

In diesem Januar 1933 setzt in Europa eine extreme Kälteperiode ein, mit vielen Grippe-Toten. Am Freitag, dem 20. Januar 1933, verlässt Alfred Zürich wieder, holt seine Frau Gertrud in Luzern ab und fährt mit ihr gemeinsam nach Liechtenstein weiter – auf die Premiere von *Viktoria* in Zürich am Samstag verzichten sie.

Der *Zürcher Tages-Anzeiger* kritisiert die Aufführung von

Viktoria und ihr Husar als „Mischung von verlogener Tragik und Tanzposse".[157] Hat Alfred, wenig angetan, eine der Proben besucht? Oder haben erste Anzeichen einer Erkrankung Alfreds die Abreise beschleunigt? Die Temperaturen fallen nachts auf über minus zehn Grad. Auch er bekommt die Grippe. Sie nimmt in jenem Jahr einen besonders schweren Verlauf.

Verunsicherung und Angst sind sicher weitere Gründe, jedes Aufsehen zu vermeiden. Denn in Berlin spitzt sich am Freitagmorgen, dem 20. Januar 1933, die Lage bedrohlich zu.

Im Waldhotel *Liechtensteiner Hof* von Vaduz schreiben sie sich mit den Namen „Rintalen Alfred + Frau, Direktor" ins erhalten gebliebene Gästebuch[158] ein – Liechtenstein liegt im Rheintal, deswegen wohl das Pseudonym Rintalen.

Umgangssprachlich mitunter „Ländchen" – „Ländle" – genannt, liegt das kleine Fürstentum, das der Schweizer Schriftsteller Niklaus Meienberg 1976 als die „letzte ambulante Reliquie der Donaumonarchie" bezeichnet, eingekeilt zwischen Graubünden und St. Gallen auf dem Österreich zugewandten Flussufer. Liechtenstein – der Name assoziiert Licht und Stein – umfasst außer einem Seitental im Wesentlichen nur einen kurzen schmalen Streifen fruchtbares Ackerland, gesäumt vom Rhein, sowie eine überaus sonnige Bergflanke mit Weiden, Wald, steil aufragenden Gipfeln und teils senkrecht abfallenden felsigen Wänden.

ABSCHIED VON BERLIN: FRITZ ROTTERS ÜBERSTÜRZTE ABREISE

Es ist und bleibt eine offene Frage: Hat Fritz Rotter mit jenen zwei im Gasthof „Jägerheim" ausgestellten Vollmachten für Verwaltungsdirektor Apel und Rechtsanwalt Otto Joseph seine juristische Schuldigkeit getan? Die Rotterbühnen bestehen im Wesentlichen aus GmbHs – für jedes Theater eine – den Rahmen bildet die Deutsche Schauspiel-Betriebs AG, zusammen mit der Friedrichstraße 236-Grundstücks-AG.

Das geltende Gesetz sieht vor: Tritt Zahlungsunfähigkeit ein, ist spätestens nach drei Wochen die Eröffnung des Konkursverfahrens oder eines gerichtlichen Vergleichsverfahrens zu beantragen. Wäre es folglich statthaft, den eigenen Anwalt vorzuschicken und dem Gerichtsvollzieher ebenso vor dem Staatsanwalt aus dem Weg zu gehen, obwohl der „erwarte, dass sich Fritz Rotter bei ihm melde" – wie auch Archibald ihm ausrichten lässt? Ist sich Fritz eine Sekunde lang bewusst, es könne ihm aufgrund seines Nicht-Erscheinens am Ende Verschleppung oder ein Konkursverbrechen vorgeworfen werden?

Sein möbliertes Zimmer in der Friedrichstraße 34, das Fritz Rotter unter dem Namen Grete Bergmann „seit drei bis vier Jahren"[159] mietet, hat er nach Auskunft der Wirtin zuletzt am 20. Januar 1933 aufgesucht. Vielleicht hat er da die Nacht verbracht – oder noch einmal im Hotel *Habsburger Hof* ganz in der Nähe.

Als Kriminalsekretär Kramer eine Woche später Frau Kruse befragt und eine Durchsuchung des Zimmers vornimmt, hält er in seinem Bericht fest: „Rotter hat in seinem Zimmer eine Menge Damenkleider und -schuhe sowie Toilettengegenstände zurückgelassen. Nach Angabe der Wirtin soll Rotter diese Sachen selbst gebrauchen und oft in Damenkleidern ausgegangen sein. Über die angeblichen Orgien kann die Wirtin nichts mitteilen. Durch Nachfragen im Hause und in der Umgebung ließ sich nichts mehr ermitteln." Es gibt nur Gerüchte.

In der ausgedehnten Wohnung von Frau Kruse haben noch fünf andere Personen ein Zimmer: zwei Frauen und drei Männer, darunter ein Kellner und ein Schauspieler. „Um ein Absteigequartier oder eine Pension soll es sich nicht handeln", ermittelt ein anderer Beamter einige Tage später. Die Polizei ist aufgrund einer Denunziation tätig geworden: Dieses Schreiben enthält auch eine genaue Personenbeschreibung des Friseurs von Fritz Rotter, „Spitzname Archibald", mitsamt richtigem Namen und ungefährer Adresse. In der Denunziation steht, dass dieser den „flüchtigen" Fritz Rotter „stets begleitet".

August Wittmoser, „Archibald", sagt später aus: „Am nächsten Morgen, am Freitag, dem 20. Januar 1933, erhielt ich in aller Frühe ein Telegramm, welches, soviel ich mich erinnere, ohne Unterschrift war, mit dem Auftrage, mich ab 10 Uhr in dem Café in der Jägerstraße einzufinden." Wie schon am vorangegangenen Vormittag, als er Fritz Rotter einen Koffer hätte bringen sollen.

Inzwischen rechnen die Morgenzeitungen erbarmungslos mit den Rotters ab. Der *Berliner Börsen-Courier* gibt sie verloren und berichtet, dass weder die „Hypothekengläubiger“ noch die – ungenannte – Dresdner Bank sich zu „irgendwelchen Zwischenlösungen bereitfinden“: „Wir werden von dem betreffenden Institut [Dresdner Bank] ausdrücklich ermächtigt, zu erklären, dass alle diesbezüglichen Mitteilungen erfunden sind.“[160]

> „Die Rotters scheinen aber, obgleich schon besiegt, das Kampffeld noch immer nicht räumen zu wollen. Noch immer spukt die Version von einer Auffanggesellschaft herum, bei der natürlich die Rotters wieder die maßgeblichen Herren sein sollen, so als ob nichts bisher geschehen sei. Rotters haben zahllose G.m.b.H.s gegründet, die bis auf die beiden Gesellschaften, denen die Grundstücke gehörten, wahrscheinlich über keinerlei wesentliche Mittel verfügten. Mit dem äußeren Glanze dieses pompösen Aufbaus gelang es ihnen zwar, sich im Berliner Theaterbezirk über Wasser zu halten. Aber eine finanzielle und künstlerische Daseinsberechtigung hatten Rotters aufgrund der Tatsachen, die jetzt offenbar werden, eigentlich schon seit 1 ½ Jahren nicht mehr.“[161] Die künstlerische Existenzberechtigung ist bei einem Privattheater an die finanzielle gebunden, das ist eine Regel des Spiels.

Die Gläubiger lassen sich nicht mehr beruhigen und die meisten Blätter bringen dieselbe Meldung von nur wenigen Zeilen: Gegen die Brüder Rotter sei „eine Strafanzeige wegen Betruges erstattet worden […], und zwar von einem der zahlreichen Lieferanten, der seine Forderung nicht eintreiben konnte und sich aus diesem Grunde betrogen fühlt“: „Es bleibt abzuwarten, ob sich die Angelegenheit zu einem Verfahren gegen die Rotters verdichtet“.[162] Die Firma erreicht einen Haftbefehl gegen Alfred und Fritz Rotter – damit soll der Offenbarungseid erzwungen werden.

In der Abendausgabe nimmt der *Berliner Börsen-Courier* den Sachverhalt etwas genauer unter die Lupe: „Die Forderung gegen die Rotters, die einen verhältnismäßig kleinen Betrag von 1600 Mark darstellt, geht von der Speditionsfirma Robert Donat & Co. aus, die die Transporte der Requisiten und Kulissen zwischen den einzelnen Theatern des Rotter-Konzerns besorgt hat und diese Forderung, wegen der schon drei Prozesse schweben, schließlich weiterzediert hat.“[163]

Die größten Gläubiger hat Fritz Rotter im Auge behalten können und mit ihnen verhandelt. Der Konkurs aber wird auf Veranlassung eines der vielen kleineren Kläger ausgelöst. Es sind einfach zu viele Karten im Spiel – den Überblick zu behalten, wäre nur mithilfe eines Konkursverwalters möglich gewesen.

Die erwähnte Firma liegt schon länger mit den Rotters im Streit. Im Sommer 1932 hat sie bereits „einen Haftbefehl zur Leistung des Offenbarungseides"[164] erwirkt, dann aber wieder eingelenkt und sich mit Ratenzahlungen zufrieden gegeben. Da diese aber „kürzlich" ausgeblieben sind, wird am Donnerstag, dem 19. Januar, „der Gerichtsvollzieher mit der Vollstreckung" des alten Gerichtsbeschlusses beauftragt.

Der geheimnisvolle Anruf von Gerichtsvollzieher Schablin in der Nacht vom 18./19. Januar 1933, von dem die Haushälterin Marta Juraschewski berichtet hat, muss sich folglich auf diese vergleichsweise geringfügigen Speditionsschulden bezogen haben – die Geschichte hätte sich womöglich leicht aus der Welt schaffen lassen. Befürchtet Fritz Rotters Schlimmeres und hat deshalb nicht reagiert?

Was auch immer die Ursache für sein Zögern und das Wegducken ist – diese kleine Unterlassungssünde löst eine ganze Lawine aus. Obwohl Fritz Rotter auch am 19. Januar den ganzen Tag Verhandlungen führt, hört er mit Gewissheit von der Direktionssekretärin Frau Cavanna oder von der Haushälterin Marta, wie dringend er von Gerichtsvollzieher Schablin gesucht wird. Nur: Schablin ist zwar hinter ihm her, hätte aber mit sich reden lassen, genau wie Rothbart von der Dorotheenstadt-Baugesellschaft: Der will bloß eine Verzichtserklärung für das *Metropol*. So wie die Dinge stehen, eine reine Formsache.

Am nächsten Tag steht in der *Deutschen Zeitung*, „der Gerichtsvollzieher machte sich gestern auf den Weg, Fritz Rotter zu verhaften".[165] Auch im *12 Uhr-Blatt* ist das nahezu identisch nachzulesen – und Fritz wird es spätestens dann auch sehen: Der Gerichtsvollzieher sucht ihn, um ihn „festzunehmen, musste aber feststellen, dass Fritz Rotter in seiner Wohnung im Grunewald ebensowenig wie in den Büroräumen und Theatern anzutreffen war".[166] Die Zeitung wird noch deutlicher: Sollte der „Gerichtsvollzieher seiner habhaft werden, so wird er dem Gericht zur Leistung des Offenbarungseides vorgeführt werden, falls er nicht vorzieht, den Rest dieser Schuld zu bezahlen."

„Aufgrund des Schuldtitels wurde zunächst vergebens versucht, Mobiliarpfändungen vorzunehmen. Auch die sogenannte ‚Taschenpfändung' blieb in letzter Zeit erfolglos", weiß das *12 Uhr-Blatt*: „Daraufhin wurden bereits mehrere Termine zur Leistung des Offenbarungseides anberaumt, die von den Brüdern Rotter einfach ignoriert wurden. Endlich entschlossen sich die Gläubiger, den Offenbarungseid zu erzwingen und der Gerichtsvollzieher machte sich gestern auf den Weg, Fritz Rotter zu verhaften."

Am Abend wird klar, dass „Direktor Rothbart" ebenfalls einen Konkurstermin erzwungen hat, „der hier im Namen der Dorotheenstadt-Baugesellschaft, einer Tochtergesellschaft des früheren Kreuger-Konzerns, handelt". Rothbart scheine „immerhin gewillt zu sein, sich mit einer Verschiebung des Konkurstermins einverstanden zu erklären, sofern die Rotters das *Metropol-Theater* freigeben".[167] Neue Interessenten für die Pacht hätten sich bei ihm beworben.

Bereits am Vortag hat Archibald für Fritz Rotter in der Villa einen kleinen Koffer gepackt, diesen mit in die eigene Wohnung genommen und trägt ihn nun, am Freitag, dem 20. Januar 1933, bei sich. So sitzt er wie vereinbart im Café in der Jägerstraße und blickt vermutlich aus dem Fenster, um Fritz zu erspähen.

In jener Zeit werden Gäste noch ans Telefon geholt, wenn ein Anruf für sie kommt. So jetzt auch Archibald. „Als ich einige Zeit dort wieder vergeblich gewartet hatte, meldete sich Fritz Rotter telefonisch und fragte, ob ich das Geld von Herrn W[ölffer] [Theater des Westens] bekommen hätte. Ich verneinte dies unter Darstellung des Sachverhalts, worauf er mich fragte, ob ich ihm nicht einen Privatwagen für eine Fahrt nach Dresden bestellen könnte." Archibald weiß niemanden. Und wieso will Fritz Rotter mit einem geliehenen Wagen nach Dresden? Wozu hat er dann den Chauffeur Polan einen Tag zuvor aus Berlin wegdirigiert? Angeblich wartet dieser schon vergeblich in Leipzig, mit dem zweiten Wagen der Rotters, einem Packard.

Ein Blick in die Inseratenspalten einer Zeitung würde genügen, doch Archibald hat „keine *BZ* zur Hand [...] und der Wirt ebenfalls“ nicht. Da „meinte Fritz Rotter, er habe noch die *BZ* vom Vortag“ – dies habe er ausdrücklich erwähnt – „und würde selbst einen Wagen bestellen“. Die *BZ am Mittag* des gegenwärtigen Tages, des 20. Januar, hat Fritz Rotter folglich noch nicht gesehen. In der erst steht, dass Rothbart mit dem Konkursantrag warte, „wenn Fritz Rotter für sich und seinen Bruder Alfred auf die Rechte aus dem Pachtvertrag verzichtet, so dass das Metropol-Theater von Sonntag an frei wird.“

Archibald: „Er beauftragte mich, mit einer Taxe nach dem Hause Friedrichstraße 36 zu fahren und ihn vor diesem zu erwarten“ – nicht 34, wo Fritz bei Frau Kruse sein Zimmer hat. Irrt sich Archibald oder will Fritz ihn ganz bewusst vor dem Nebenhaus warten lassen? Fritz Rotter benimmt sich seltsam. Will er seine Spuren verwischen? Archibald fährt in die Friedrichstraße – und bleibt auf dem Gehsteig der belebten Straße stehen.

Fritz Rotter benutzt das Telefon im Haus Friedrichstraße 34. Es ist „etwa ¼12 Uhr“ mittags, als er sich bei der Autoverleih-Firma Kantorowicz an der Bülowstraße als „Karl Bergmann“ meldet. Wagen werden damals mit Chauffeur gemietet. Er „verlangte ein kleines Auto für 1 Person zur Fahrt nach Dresden“. – Ihm wird gesagt, „Kleinautos seien nicht mehr frei“. – Da sagt Fritz Rotter, „es spiele keine Rolle, geben Sie mir einen großen Wagen.“ Archibald: „Nach einigem Warten kam Fritz Rotter und sagte mir, er habe mich versehentlich falsch bestellt, er hätte geglaubt, es wäre Ecke Besselstraße.“ Auch das klingt merkwürdig.

Archibald händigt Fritz Rotter den kleinen Koffer aus. Daraufhin sagt dieser nach Archibalds Erinnerung: „Es wäre ihm unangenehm, hier zu warten, da ihn Hinz und Kunz hier kenne, da es die Filmgegend wäre. Ich solle auf den von ihm bestellten Wagen warten und mit diesem *[ins Café]* nach der Jägerstraße 25 kommen.“ Möglicherweise kennt nicht mal Archibald den geheimen Rückzugsort Fritz Rotters, denn er denkt, dieser habe in der vergangenen Nacht „in einem Hotel in der Besselstraße übernachtet“ – oder Fritz lässt ihn dies glauben.

Zu diesem Zeitpunkt werden die Mittagsblätter ausgerufen. Wahrscheinlich kauft Fritz die neueste *BZ am Mittag*. Die Über-

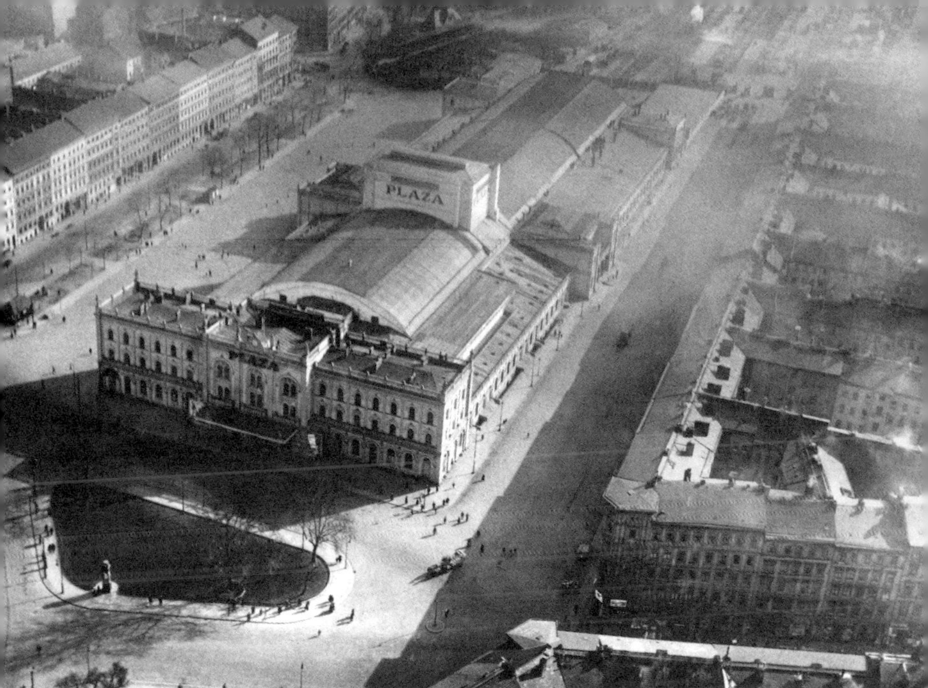

Plaza auf dem Küstriner Platz, ehemals Bahnhof der Ostbahn, Luftaufnahme von 1928

schrift lautet: „Heute: 2 Termine gegen die Rotters. Konkursantrag und Offenbarungseid". „Der heutige Freitag ist der kritische Tag erster Ordnung in der Rotter-Unordnung. Vor dem Konkursrichter steht Termin [sic] an, um über den Konkursantrag der Dorotheenstadt-Baugesellschaft gegen die Brüder Rotter zu verhandeln. Ihnen ist aufgegeben, mit allen ihren Büchern vor dem Gericht zu erscheinen."[168]

Am Abend wird die zweite Ausgabe der *Vossischen Zeitung* melden, Fritz Rotter habe „offenbar in den letzten Tagen seine Wohnung verlassen und in verschiedenen Hotels übernachtet". Da kann er, wenn er jetzt gesucht wird, nicht mehr hin.

Fritz Rotter bräuchte nicht mal eine Agenda – die Zeitungen wissen und schreiben genau, was eigentlich zu tun wäre: „Am morgigen Sonnabend [21.1.1933] läuft der Termin ab, den die Bühnengenossenschaft für die Befriedigung der an den Rotterbühnen beschäftigten Schauspieler gesetzt hat. Können morgen die restlichen Gagen nicht in allen Theatern gezahlt werden, so wird die beim

Polizeipräsidium hinterlegte Kaution in der Höhe von 36 000 Mark in Anspruch genommen werden. Damit erlöschen automatisch alle Theaterkonzessionen der Rotter und ihrer Untergesellschaften."[169] Nach Aufstellung der Theaterabteilung war die Summe der hinterlegten Kautionen noch etwas höher: je 15 000 für das *Metropol* und das *Theater des Westens*, je 5000 für das *Lessing-Theater* und das *Theater an der Stresemannstraße*, 5500 für das *Lustspielhaus*, 2000 für das *Deutsche Künstlertheater* und 3000 für das *Plaza*. Das waren alles Aktiva.

Hat Fritz Rotter einfach die Nerven verloren? Oder Alfred? Es ist Panik, die sie regiert, der Lage völlig unangemessen. Nun haben sie alles vergeben: die Konzessionen *und* die Auffanggesellschaft, die durch den rechtzeitigen Verzicht möglich gewesen wäre.

Der Autovermieter Karl Kantorowicz sagt später aus: „Er [Fritz Rotter] legte Wert darauf, dass der Wagen pünktlich um ¼1 [12 Uhr 15] vor dem Hause Friedrichstraße 35 oder 36 warten müsse. Er gab mir für den Fall, dass etwas nicht klappen sollte, seine Telefonnummer an. Diese war *Dönhoff 4926*. Ich rief vorsichtshalber etwa nach 10 Minuten an, um mich zu vergewissern, dass der Anruf nicht fingiert ist. Es meldete sich eine Dame mit dem Namen Kruse. Ich fragte sie, ob Herr Bergmann zu sprechen sei. Als sie dies verneinte, fragte ich sie, ob ich Herrn Bergmann vertrauen und für ihn die Fahrt ausführen lassen könnte. Sie sagte darauf: ‚Ja, Sie können es ruhig machen, wir haben selbst schon oft Autos für ihn bestellt, Sie werden Ihr Geld bekommen; uns ist Nachteiliges nicht bekannt.' – Ich fragte, ob er schon lange dort wohne, was sie bejahte mit dem Hinzufügen, dass er auch wieder zurückkomme. – Darauf schickte ich den Chauffeur mit dem Auto weg."[170]

Archibald: „Kurze Zeit, nachdem Fritz Rotter weggegangen war, kam der Wagen, meiner Erinnerung nach eine dunkle Horch-Limousine, aus der Richtung Hallesches Tor." Der Wagen trägt das Kennzeichen I.A. 77845. Der Chauffeur ist Kurt Braunholz: „Ich kam etwa um 12 Uhr vor dem Hause Friedrichstraße 36 an. Dort stand ein kleiner buckliger Herr im Hausflur, der mich ansprach und mir sagte: ‚Sie kommen zu spät, wir müssen zur Jägerstraße.'" Dort muss Chauffeur Braunholz im Wagen „vor einem Café warten“: „Der bucklige Herr ging hinein und kam nach etwa 30 Minuten mit einem anderen größeren und dickeren Herrn heraus, der eine vollgefüllte Aktentasche unter dem Arm hatte. Der größere Herr sagte zu mir: ‚Na, Sie wissen ja, wo es hingeht.‘ – Ich sagte: ‚Ja, nach Dresden‘, und fragte ihn, wann wir zurückkommen würden. – Er antwortete: ‚Es geht gleich zurück.‘“ Der Chauffeur weiter: „Bemerken möchte ich ferner noch, dass, als mein Fahrgast [Fritz Rotter] den Wagen in der Jägerstraße bestieg, ich ihm seine Aktentasche abnahm und sie auf den Führersitz legte, er sie aber sofort wieder verlangte mit dem Bemerken, dass bei ihm genug Platz sei.“

Nach Angaben Archibalds hat Fritz Rotter ein „Päckchen schmutziger Wäsche“ bei sich sowie den kleinen Koffer. „Wir fuhren dann nach dem Anhalter Bahnhof“ – dort hat Fritz Rotter einen weiteren Koffer „bei der Gepäckaufgabe stehen“. Der stammt „nicht aus den Beständen der Kunz-Buntschuh-Straße“. Archibald holt ihn: „Fritz Rotter schrieb sich noch meine Adresse auf und notierte sich auch noch die Telefonnummer des Zigarrengeschäfts, unter dessen Adresse ich zu erreichen bin.“ Dem Fahrer kommt dieser Koffer, wie schon zuvor der kleine, „ziemlich schwer“ vor.

Zuletzt wird Archibald von Fritz Rotter instruiert, mit Marta, der Haushälterin, in der Villa „einen großen Schrankkoffer für die Rotters“ zu packen „und zur Gepäckaufbewahrungsstelle des Bahnhofs Berlin-Charlottenburg“ zu bringen. Archibald behält „Kofferschlüssel und den Gepäckschein“ in seinem Besitz, in Erwartung einer Nachricht von Fritz Rotter – die aber nie kommen wird: Der Koffer wird am 4. Februar 1933 „beschlagnahmt“.

Der Chauffeur hört nur, wie die beiden sich verabschieden: „Dabei sagte der größere Herr zu dem buckligen, er solle bis heute Abend 12 Uhr warten, er werde bis dahin anrufen.“ Danach fahren sie los, kehren unterwegs „in Jüterborg oder Luckenwalde“ ein, wo Fritz Rotter „sofort zum Fernsprecher“ geht und sich „dann erst“ zum Essen niedersetzt – für kurze „20 Minuten“, dann fahren sie „weiter durch bis Dresden“. Fritz Rotter lässt Braunholz vor einem Café gegenüber des Bahnhofs Dresden-Neustadt halten. „Er ging zunächst allein ins Café und kam dann wieder heraus und sagte: ‚So, nun können Sie die Koffer hereinbringen und dann wollen wir abrechnen.‘“ Dabei macht Braunholz stumm, für sich, „die Feststellung", dass sein Fahrgast „dort bekannt sein müsse, denn das Bedienungsfräulein begrüßte ihn und unterhielt sich mit ihm, wie wenn er zu Hause wäre": „Links war eine Nische, in der ein anderer Herr saß. Zu diesem ging mein Fahrgast hin und unterhielt sich stehend mit ihm. Er kam wieder zu mir und bezahlte, jedoch nur die Hinfahrt." Braunholz wundert sich, denn er hat auch mit der Rückfahrt gerechnet: „Er gab mir dann noch 10 RM Trinkgeld, worauf ich wieder nach Berlin fuhr."

Sein Chef Kantorowicz zeigt sich tags darauf ungehalten: „Da Herr Bergmann die Rückfahrt nicht bezahlt hatte, rief ich am Sonnabend, den 21. Januar, nochmals bei Kruse an." Frau Kruse ruft „sofort ihren Bruder ans Telefon". – Kantorowicz äußert sein „Befremden", weil ihm nicht gesagt worden sei, dass „Herr Bergmann" auch Koffer mitnehme „und daher wahrscheinlich nicht mehr zurückkehren werde". – „Der Herr [Frau Kruses Bruder] sagte mir darauf, Herr Bergmann komme bestimmt zurück, er habe hier eine Freundin und da sei er ‚alle Augenblick mal' hier. – Als ich nach der Freundin näher fragte, antwortete er, er wisse weder Namen noch Adresse und kümmere sich auch nicht darum. Wenn jedoch Herr Bergmann nach Berlin komme, wolle er mich sofort verständigen, damit ich zu meinem Geld komme. Seitdem habe ich nichts gehört."

Der Mann in der Nische des Cafés ist Kurt Lerch, Direktor und Regisseur am örtlichen *Zentraltheater*. Er verfügt über einen eigenen Wagen. Der steht auf dem Platz vor dem Bahnhof Dresden-Neustadt. Lerch: „Im Café fragte mich Fritz Rotter, ob ich mit ihm mitkommen wolle nach Prag oder Wien. Ich sagte ihm, dass es mir recht sei und erzählte Fritz Rotter noch, dass [...] wir [...] durch das Erzgebirge [kommen würden], das während der Zeit infolge der Kälte landschaftlich besonders schön sei (Raureif usw.) [...]." Bei der Grenzstation Moldau zeigen beide die Papiere, Fritz Rotter öffnet die Koffer. Die Pässe werden ordnungsgemäß geprüft und gestempelt.

Ein formeller Haftbefehl gegen ihn liegt am Freitagabend, dem 20. Januar, auch noch nicht vor. Der wird erst am Sonntagnachmittag „fernmündlich" und „am Montag in schriftlicher Ausführung übermittelt".[171]

„Rotter habe mitgeteilt, dass er dringend nach Wien fahren müsse, um Stücke zu erwerben, dass er dann seinen Bruder Alfred in Lugano besuchen und in etwa acht Tagen wieder in Berlin sein wolle", schildert Lerch zwei Wochen später dem *Berliner Lokal-Anzeiger*. Gegen die Vorwürfe, „die Flucht Rotters aus Deutschland begünstigt" zu haben, verwahrte Lerch sich „sehr energisch".[172]

Später wird Lerch dennoch der Beihilfe zur Flucht angeklagt. Er verteidigt sich wie folgt: Die „Benutzung eines Kraftwagens zur Fahrt nach der Tschechoslowakei" sei „selbst bei den damaligen Schneeverhältnissen absolut nichts Ungewöhnliches" gewesen. Eine „Befürchtung, dass Fritz Rotter bei Zugbenützung angehalten worden wäre", habe er „nicht haben" können – ihm sei „nichts davon bekannt" gewesen, „dass Fritz Rotter eine gesetzwidrige Tat begangen" hätte. „Im übrigen", so fährt er fort, „sind Autofahrten selbst über größere Strecken bei Fritz Rotter nichts Ungewöhnliches gewesen, da Fritz Rotter ja äußerst exzentrisch war und mitunter die tollsten Einfälle hatte." Lerch hat Anekdoten zur Hand: „So ist z. B. Fritz Rotter, als er sich vor langer Zeit einmal in Dresden befand und er abends in Berlin bei Professor Robert zum Rebhuhnessen eingeladen war, mit einem Mietkraftwagen vom Hotel Bellevue in Dresden nach Berlin zum Rebhuhnessen gefahren und abends nach dem Rebhuhnessen wieder nach Dresden mit demselben Mietkraftwagen zurückgekommen. Unter anderem bin ich vor längerer Zeit mit Fritz Rotter von Köln nach Elberfeld, von Wiesbaden nach Frankfurt, von Dresden nach Leipzig, von Berlin nach Hannover im Mietkraftwagen gefahren."

„Bezeichnend für das exzentrische Verhalten von Fritz Rotter" findet Theaterdirektor Lerch auch einen anderen Vorfall: „Die Brüder und Frau Rotter besuchten mich eines Tages in Dresden. Hier in Dresden befand sich der Onkel der Rotters, Karl Simonson. Rotters wollten nach Bayreuth, Nürnberg und dann in die Schweiz fahren und baten ihren Onkel, sie ein Stückchen, vielleicht bis Chemnitz, zu begleiten. Von dort sollte Onkel Simonson mit der Bahn wieder nach Dresden zurückkommen. Er kam jedoch nicht zurück, und nach 3 Tagen erhielt ich einen Anruf, dass die Rotters ihn nach *Montreux* mitgeschleift hätten."

Diese Beispiele bringt Lerch, wie er es ausdrückt, „zur Illustration von Fritz Rotter" – daraus gehe „hervor, dass ich eine Fahrt im Kraftwagen nach der Tschechoslowakei nicht als etwas Besonderes auffassen konnte."

Für die an sich unverständliche Reaktion Fritz Rotters, sich dem Offenbarungseid vor dem Herrn Gerichtsvollzieher Schablin zu entziehen und die Vorladungen des Staatsanwalts einfach unbeachtet zu lassen, gibt es nur eine mögliche rationale Erklärung: Fritz Rotter glaubt, so Zeit gewinnen zu können – und greift auf jene im Ersten Weltkrieg erlernte (und seit Ausbruch der Weltwirtschaftskrise bei Zahlungsbefehlen bereits öfter praktizierte) Methode zurück, bei Gefahr einfach abzutauchen. So bleibt er „unauffindbar", wie die *Vossische Zeitung* am 20. Januar schreibt. Damit ändert sich diesmal aber nichts zum Besseren, ganz im Gegenteil.

Als ob sich Fritz Rotter geweigert hätte, aus einer Traumwelt zu erwachen, in der es für Alfred und ihn – wie für Madeleine im *Ball im Savoy* nach dem *„Was einmal war, ist vorbei"* – doch noch einen glücklichen Schluss geben müsse. Einer Melancholie aus *Viktoria und ihr Husar* widersetzt er sich: *„Schön war das Märchen, nun ist es zu Ende. Good Night! [...] Still kommt der Abend, wir fühlen es kaum. Liebe und Glück sind nur ein Traum."*

Wann ist für ihn je alles nur einfach gewesen? Die Flucht nach Dresden in der Nacht vom 20. zum 21. Januar sowie die Weiterreise über Prag und Wien nach Liechtenstein gilt der verzweifelten Suche nach Kredit und dem Erwerb neuer Stücke für das nach wie vor gepachtete und gut laufende *Plaza-Theater*; auch glaubt sich Fritz Rotter nach Unterzeichnung der Vollmachten an den eigenen Anwalt und den Verwaltungsdirektor zum Wegfahren berechtigt. Doch unbestreitbar ist, was die *Vossische Zeitung* am 20. Januar schreibt: „Die Gläubiger haben offenbar zum Teil die Geduld verloren."

Fritz Rotter bleibt bis zum frühen Morgen des 24. Januar in Wien – um über Stücke zu verhandeln und um sich „die neue Operette von [Fritz] Kreisler *Sissy* [Uraufführung 23.12.1932] anzuhören", wie er dem Nürnberger *8 Uhr-Blatt* später schildert.[173] Die Hauptrolle hat Paula Wessely. „Ich glaube, das Glück hält mich heute im Arm", heißt es in einem Lied.

„Vergebliche Suche nach Fritz Rotter."[174] „Rotters verduftet. Haftbefehle, die zu spät kamen."[175] Die Zeitungen überschlagen sich. Der nationalsozialistische *Völkische Beobachter* schreibt, „Gerichtsvollzieher jagen die Rotter", und streut ein unhaltbares Gerücht, das in den folgenden Wochen und Monaten zum bestimmenden Element einer rein propagandistischen Kampagne gegen die Brüder werden wird: „In interessierten Kreisen wird jetzt allgemein angenommen, dass die Sanierung des Rotter-Konzerns durch verschiedene Banken ein von den hebräischen Theaterfürsten raffiniert in Szene gesetzter Bluff war, um die Flucht zu finanzieren und vorzubereiten."[176]

„Fritz Rotter in Wien", weiß hingegen die *Tägliche Rundschau* und meldet: „Die für heute angesetzte Premiere im Theater des Westens *Der Kuss vor dem Spiegel* ist auf unbestimmte Zeit verschoben worden."[177] Es geht nicht mehr nach den Plänen von Fritz und Alffred. Nur in Andeutungen zeigt sich, wie der Januar 1933 sonst hätte verlaufen können.

„Rotters geben alles auf", folgert der *Berliner Lokal-Anzeiger*: „Sie sind von der Leitung ihrer Theater zurückgetreten, und Alfred Rotter, der sich im Ausland aufhält, hat durch einen Bevollmächtigten die auf seinen Namen lautenden Konzessionen des *Metropol-Theaters*, des *Lessing-Theaters* und des *Theaters des Westens* niedergelegt."[178] Dieser Schritt erfolgte vermutlich durch Apel oder Anwalt Otto Joseph. Das Polizeipräsidium könne „nunmehr die hinterlegten Kautionen flüssig machen und damit, soweit sie reichen, die rückständigen Gagen bezahlen. Das *Lessing-Theater* und das *Theater des Westens* werden geschlossen."[179]

Auch Gitta Alpár gibt ihre Rolle auf. Die Gründe sind nicht klar.[180] Noch am 21. Januar 1933 lobt die *Märkische Volkszeitung* die Künstlerin. „Gitta Alpár hat im *Großen Schauspielhaus* immer noch Erfolg mit *Ball im Savoy*. Das Gastspiel ist nicht gefährdet, denn die *Gesellschaft der Funkfreunde* kommt für alle Gagen auf. Nach der Beendigung der Aufführung wird die Künstlerin nach Paris gehen, um dort in der Oper zu singen"[181], heißt es. Dann meldet die *Berliner Tribüne* am 24. Januar lapidar: „Übrigens singt seit gestern Gitta Alpár nicht mehr."[182] Sie wird ersetzt. Vom Spielplan genommen wird die Paul-Abraham-Operette zweieinhalb Monate später in den sogenannten Boykott-Tagen. Die letzte Aufführung findet am 2. April 1933 statt.

Der Ton wird härter. Die *Deutsche Zeitung* geißelt am 21. Januar die angeblich „völlig unverständliche Nachsicht des Polizeipräsidiums gegenüber den Rotters".[183] Von der Presse und der öffentlichen Meinung unter Druck gesetzt, beauftragt der Generalstaatsanwalt noch am selben Abend um 23 Uhr 30 die Polizei", „durch Funkspruch nach den Brüdern Rotter zu fahnden und sie im Ermittlungsfalle vorläufig festzunehmen". Der formelle vierseitige Haftbefehl wird am Sonntag, dem 22. Januar 1933, vom Amtsgericht Berlin-Mitte erlassen. „Den Beschuldigten" wird unter anderem „zur Last gelegt", ihre leitenden Mitarbeiter Ludwig Apel und Hans Lüpschütz angehalten zu haben, die „Darstellungen und Übersichten über den Vermögensstand [...] zu verschleiern [...], obwohl die Gesellschaften zahlungsunfähig waren"; „Handelsbücher" seien nicht oder dann „so unordentlich" geführt worden, „dass sie keine Übersicht über den Vermögensstand der Gesellschaften gewähren". Des Weiteren hätten die beschuldigten Fritz und Alfred Rotter Verfügungen „zum Nachteil" der Gesellschaften getroffen, „und zwar um sich einen Vermögensvorteil zu verschaffen"; sie hätten „Vermögensstücke verheimlicht oder beiseitegeschafft [...], in der Absicht, ihre Gläubiger zu benachteiligen"; und sie hätten „durch Aufwand" – gemeint war: große Ausgaben – „oder durch Differenzhandel mit Börsenpapieren übermäßige Summen verbraucht".

Es wird „angeordnet, dass die Beschuldigten „zur Untersuchungshaft zu bringen sind, weil sie dringend verdächtig erscheinen"; „Fluchtverdacht" sei „begründet [...] wegen der Höhe der zu erwartenden Strafe".

„Die Jagd nach Rotters" titelt das *8 Uhr-Abendblatt* am Montag, dem 23. Januar. Zu einem extremen Tonfall findet ein Kolumnist der *Deutschen Tageszeitung*: „Die verduftete Rotte".[184] Am folgenden Tag greift der *Völkische Beobachter* unter der Überschrift „Die Rotter-Reise" die Behörden an: „Man hat es ihnen wirklich leicht gemacht, den Rotters (sprich Schaie). Polizei haben wir genug, und über die Zahl der amtierenden Gerichtsvollzieher ist es überflüssig, eine Statistik aufzustellen. Trotz alledem ließ man sie ‚kneifen', die beiden Theaterjuden. Sie verschwanden von dem ihnen so vertraut gewordenen Berliner Asphalt [...].“[185]

Eine Zeitungsente regt die Phantasie der Öffentlichkeit noch weiter an. Fälschlich heißt es, die Rotters hätten „einige Tage in St. Moritz in einem vornehmen Sporthotel“ gewohnt, „dort eine große Rechnung gemacht“, um dann „ohne Bezahlung“ zu verschwinden. Die schweizerische Polizeibehörde hat ihre Spur bisher nicht auffinden können.“[186] Da von einer Fahndung der Schweizer Polizei die Rede ist, bekommt diese falsche Information jenes Maß an Plausibilität, das sie als Geschichte sogleich in Bewegung setzt – der Rest wird unwillkürlich ergänzt. Gerüchte beruhen auf dem Paradox der selbstständigen Ergänzung unvollständiger Bilder im eigenen Kopf.

Die Zeitungen werfen einander die Bälle zu. Einen Tag später heißt es: „Rotters auch wieder aus St. Moritz verschwunden.“[187] Und selbst die *Vossische Zeitung* vertraut der von einer ungenannten Quelle in Zürich stammenden Meldung: „Alfred Rotter wurde von der Graubündener Polizei gesucht.“[188]

Nichts davon ist wahr.

Die besser informierte *Berliner Montagspost* weiß, dass die Rotters im Sommer 1932 „sehr kostspielige Reisen“ unternommen haben: „Sie setzten sich in St. Moritz und anderen eleganten Kurorten für Wochen fest, und auch dort waren Autoren, Komponisten und Künstler ihre Gäste. Im letzten Jahr [1932] allerdings sollen auch die Rechnungen in St. Moritz durch die strengen Devisenbestimmungen unbeglichen geblieben sein.“[189] Eine längst zurückliegende Sache. Auch die Gästelisten von St. Moritz belegen, dass sich die Rotters in der Tat vom 7. Juli bis 9. August 1932 im dortigen Kulm-Hotel aufgehalten haben, aber nicht im Januar 1933.

Im Sommer 1932 sind sie auch nicht allein dort gewesen, sondern sie haben mit Richard Tauber das Berté-Singspiel *Dreimäderlhaus* über den Komponisten Schubert vorbereitet, zudem mit Fritzi Massary, dem Komponisten Oscar Straus und dem Textdichter Alfred Grünwald *Eine Frau, die weiß, was sie will* einstudiert. Mit anderen Worten: Sie haben gearbeitet. Selbst Heinz Hentschke ist die ganze Zeit dort gewesen.

Mehrere Zeitungen[190] behaupten dennoch weiterhin, dass die Brüder im Januar in St. Moritz gewesen und Rechnungen schuldig geblieben seien. Erst ein Lokalblatt, die *Engadiner Post*[191], und die überregionalen *Neuen Bündner Nachrichten*[192] korrigieren den Irrtum gleichlautend: Die „Notiz, wonach die Bündner Polizeibehörden nach den beiden Berliner Theaterdirektoren wegen Hotelbetrug fahnden", sei „dahin richtigzustellen, dass fragliche Hotelrechnung beglichen wurde", so dass die „Polizei keinen Grund mehr hat, die Angelegenheit weiter zu verfolgen". „Ein Haftbefehl" sei „nie erlassen worden".

Im Januar 1933 sind die Brüder nicht in die Schweizer Berge gefahren – im Engadin ist es zu dieser Jahreszeit auch viel zu kalt. Hat Alfred Rotter vor Luzern auf ärztliches Anraten eher das mildere Klima von Lugano gesucht? In Berlin spekuliert man inzwischen bereits in eine ganz neue Richtung: „Man rechnet damit, dass die Brüder Rotter versuchen werden, über die französische oder die italienische Grenze einen Hafen zu erreichen, um sich nach Amerika einzuschiffen."[193]

Staatsanwaltschaftsrat Dr. Eichholz muss sich inzwischen gegen den Vorwurf rechtfertigen, „den Antrag auf Haftbefehl gegen die Brüder Rotter verzögernd behandelt" zu haben. Er lässt erklären: „Die Staatsanwaltschaft hat vielmehr aufgrund der Pressenachrichten der letzten Tage von Amts wegen die erforderlichen Ermittlungen wegen Konkursvergehens und Untreue angestellt. Diese von ihr mit größter Beschleunigung durch einen Sonderdezernenten vorgenommenen Ermittlungen erbrachten erst am Sonntag, 23. Januar 1933, genügendes Material, um den Antrag auf Haftbefehl verantworten zu können." Als sich Fritz Rotter noch in Berlin aufgehalten habe, „lag kein Material für einen Haftbefehl vor".[194] Der Sturz der Rotters – ein Fall der Presse.

Der Konkurs wird am 23. Januar 1933 von Amts wegen eröffnet. Als Konkursverwalter wird Dr. Paul Adler eingesetzt, der die Rotterbühnen selbst so weit als möglich erhalten will, damit nicht „wertvolle Aktiva des Konzerns verlorengehen".[195] Er stellt sich sogar auf den „Standpunkt", dass alle in den letzten vier Wochen geschlossenen „Verträge und Abmachungen" für „ungültig" zu erklären seien.[196] Darunter falle dann auch der Knebelvertrag mit

Hentschke und seine Beanspruchung der Einnahmen aus *Ball im Savoy*. Der Grund: Es ist „unerlaubt […], dass sich ein Großgläubiger zu Ungunsten der anderen Gläubiger allein ins Recht setzt". Eine Woche früher hätten sich Fritz und Alfred tatsächlich noch genau darauf berufen können – das Insolvenzrecht hätte ihnen Schutz geboten.

Der Anwalt der Brüder, Otto Joseph, handelt daraufhin mit der Staatsanwaltschaft und dem zuständigen Gericht ein Abkommen aus, das ihnen im Fall einer Rückkehr „freies Geleit" zusichert. Dieser Schritt sorgt für Aufsehen. Augenblicklich ändert sich der Ton der Berichterstattung. „Kommen die Rotters wieder?", titelt das *8 Uhr-Blatt*.[197] Und fragt zweifelnd, „ob bei den Rotters überhaupt die ehrliche Absicht besteht, die Untersuchung zu erleichtern und nach Berlin zurückzukehren". Die *Deutsche Zeitung* präzisiert, dass „sicheres Geleit" nur bedeute, dass sie „nicht in Untersuchungshaft genommen werden" könnten.[198]

Das Pendel scheint wieder zu ihren Gunsten auszuschlagen – wenige Tage vor dem Ende der Demokratie. „Juristisch wäre es durchaus möglich, dass die Rotters eines Tages wieder in Berlin Theater spielen", schreibt das *Berliner Tageblatt* am 29. Januar 1933. Schon vier Tage zuvor hat das Blatt die Vermutung geäußert, dass die Rotters vor ihrer Flucht „im letzten Augenblick den Kopf verloren" hätten.

Verabredet werden die Hinterlegung einer Kaution von 15 000 Reichsmark beim nächstliegenden deutschen Konsulat und die Abgabe der Reisepässe sofort bei der Rückkehr nach Berlin. Der Vernehmungsrichter des Amtsgerichts Mitte stimmt dem „freien Geleit" am 26. Januar 1933 zu, der Beschluss geht Rechtsanwalt Otto Joseph zwei Tage später zu: „Der Anwalt wird nun nach der Schweiz reisen, um sich mit den Rotters über ihre Rückkehr nach Deutschland in Verbindung zu setzen", „allerdings erst in den nächsten Tagen", da Alfred Rotter „gegenwärtig an Grippe erkrankt ist".[199]

So geht wieder Zeit verloren. Im genannten Beschluss des Amtsgerichts wird die „Strafsache" gegen die Rotters nämlich bereits ausgedehnt und lautet nunmehr auf „Untreue und Konkursverbrechen".

Konkursverbrechen? Der Theaterkritiker Alfred Kerr sieht die Rotters als Kinder ihrer Zeit:

„Wenn die allgemeine Wirtschaft einer wackligen Mauer gleicht; wenn ein Ziegel darin gleichfalls wackelt, fällt, birst: ist das so verblüffend? Wenn in einer Zeit der Praktiken, der Kniffe, der Bankbrüche [Bankenzusammenbrüche], der Fluchten auch, endlich, ein Theatermann kriminell wird: scheint es nicht das Normale? Soll er zurückstehen? Bleibt es nicht eher staunenswürdig, dass die Kriminalität der Bühnenlenker, nach allen Betrugsprozessen der letzten Jahre, so spät einsetzt? Muss nicht kopfschüttelnd gefragt sein: ‚Erst heut?' Die zwei Brüder hinken hinter der Wirtschaft nach. [...] Die Rotters haben also die Zeit nicht produziert. Die Zeit produziert solche Rotters. Entschuldigt werden sie dadurch nicht."

Kerr selbst vermutet die beiden Brüder noch in der Schweiz: „Es gibt jedoch Rückfahrtkarten." Ganz verloren sieht er sie nicht.[200]

Fritz Rotter, seit 24. Januar in Liechtenstein, trägt sich ebenfalls mit dem Namen *Rintalen* in das Gästebuch des Waldhotels ein. Alfred Rotter hingegen, zunächst durch hohes Fieber wie benebelt, scheint noch immer nicht recht zu begreifen, wie ernst die Lage inzwischen ist. Abgeschnitten von zuverlässigen Meldungen, gibt er sich illusionären Vorstellungen hin. Gertrud zeigt sich sehr besorgt um seine Gesundheit. Sie nimmt Kontakt mit einer Verwandten in Brüssel auf, Julie Wolff, die unter dem Namen Sadzanka Wolff am 24. Januar ebenfalls im Waldhotel eintrifft. Zuvor schon hat Julie Wolff – vermutlich noch von Brüssel aus – mindestens einen Telefonanruf für Gertrud Rotter erledigt. Er gilt dem Direktor und Regisseur Kurt Lerch auf dem Rotter-Außenposten Dresden.

Lerch wird gebeten, in den Hauptort Graubündens Chur zu reisen, unweit der liechtensteinischen Grenze:[201]

Kaum ist Alfred Rotter wieder wohlauf, setzt sich Lerch in den Zug. Doch das Treffen gestaltet sich seltsam geheimnisvoll: Er solle nach Chur fahren. „Dort erhielt ich einen Anruf von Frau Wolff in einem vorher verabredeten Hotel *Steinbock*, dass ich nach Buchs kommen sollte." Das war der Grenzort. Es ist finstere Nacht.

An dem Tag verbreitet sich über Rundfunk die Nachricht, dass der Name des neu bestimmten Kanzlers seit wenigen Stunden feststehe: Adolf Hitler. Die Rotters in Vaduz müssen es gehört haben. Sind sie deshalb so vorsichtig?

Lerch: „Ich fuhr dorthin und wurde auf dem Bahnhof von Frau Wolff erwartet. Sie bat mich, nicht zu fragen, wohin wir fahren würden. Sie sagte mir auch, ich solle auch sonst nichts weiter fragen und nichts sehen, ich solle blind sein. Auf einer Straße nach Vaduz hinter einer Eisenbahnschranke winkten die Rotters dem Wagen, worauf wir anhielten. Es gab eine freudige Begrüßung. Die Rotters fragten mich, was in Berlin los sei, insbesondere was die Theater machten und ob die beabsichtigte Gründung einer Auffanggesellschaft schon erfolgt sei. Sie fragten mich auch, ob ich wisse, was an den Zeitungsgerüchten über die Affäre Rotter wahr sei. Wir gingen zu Fuß in ein Café und aßen dort zu Abend. Wir unterhielten uns auch dort über die Affäre Rotter. Als das Gespräch auf das freie Geleit kam, sagte mir Alfred Rotter, dass Rechtsanwalt Joseph zur Stellung eines derartigen Antrages keinen Auftrag von ihm erhalten habe. Die Unterredung dauerte etwa zwei Stunden."

Lerch übernachtet im schweizerischen Buchs und wird am folgenden Tag auf derselben Landstraße „wieder in der Nähe des Eisenbahnübergangs von den Rotters erwartet": „Wir sind dann gelaufen. Wohin, wusste ich nicht. Als ich fragte, wohin es ginge, gab mir Alfred Rotter zur Antwort: ‚Lerch, fragen sie nicht.' Wir kamen dann nach Vaduz. Dort haben wir Mittag gegessen und nachmittags einen Ausflug nach Triesenberg gemacht. [...] Die Rotters gaben mir den Auftrag, dafür zu sorgen, dass in Berlin alles klappe und ihre Interessen gewahrt würden. Ich bin dann am selben Abend, d. h. Mittwoch, den 1. Februar 1933, mit dem Auto nach Sargans und von dort mit der Bahn nach Hause gefahren."

Die neuen politischen Verhältnisse seit dem 30. Januar 1933 – der Schritt Deutschlands in eine zu erwartende Diktatur – machen die offiziell vom Berliner Amtsgericht-Mitte gestellten Bedingungen bezüglich der Ablieferung der Pässe unerfüllbar. „Eingeschüchtert durch die Hetze und zahlreiche Morddrohungen", die sie erhalten, kehren sie nicht zurück, erklärt später Fritz Rotters Zürcher Anwalt Wladimir Rosenbaum.[202]

Sie geben Berlin und ihre Sache verloren. Dafür spricht ein weiteres Indiz: Die neunzehnjährige, aus Drehnow/Preußen stammende, auch „Dienstmädchen“ genannte „Zofe“ von Gertrud Rotter, Klara Walter, ist die ganze Zeit in Luzern im *Hotel National* geblieben. Bis dahin haben die Rotters offenbar noch mit einer Rückkehr gerechnet. An eben jenem 30. Januar aber zahlt Gertrud ihre Zofe aus – sie fährt mit dem Zug allein nach Berlin zurück. Das Geld lassen die Rotters ihr über den Liechtensteiner Rechtsanwalt Dr. Ludwig Marxer zukommen, mit dessen Hilfe sie sich seinerzeit, 1931, die liechtensteinische Staatsbürgerschaft gesichert haben. Klara Walter trifft am 1. Februar 1933 wieder in der Berliner Villa ein.

Dort herrscht inzwischen Chaos. Der „plötzliche Wetterumschwung vom Sonnabend zum Sonntag“ (28. und 29. Januar) hat in ganz Berlin zu zahlreichen „Wasserrohrbrüchen“ geführt, die Feuerwehr sei deswegen „am Sonntag nicht weniger als 34-mal“ zu Hilfe gerufen worden. „Besonders kurios war, dass die Feuerwehr gegen 2 Uhr in die Villa der Rotters in die Kunz-Buntschuh-Straße 16–18 im Grunewald gerufen werden musste. Auch hier war ein Wasserrohrbruch vorgekommen und hatte großen Schaden angerichtet. Das Wasser lief an den Wänden herab, die Teppiche waren völlig durchnässt und bereits stark beschädigt, und auch die Möbel waren arg in Mitleidenschaft gezogen worden. Es war zunächst für die Feuerwehr unmöglich, mit der Arbeit zu beginnen. Denn die einzelnen Zimmer in der Villa der Rotters waren von den Behörden im Zusammenhang mit dem Verfahren gegen die beiden Brüder abgeschlossen und versiegelt worden. So mussten denn erst einmal Polizeibeamte kommen und die Öffnung der Räume vornehmen.“[203]

Der Absurditäten nicht genug, bricht in der Nacht vom 2. zum 3. Februar 1933 auch noch ein Obdachloser namens Walter Turmann in die Villa ein. „Ein Nachtwächter hatte in der fraglichen Nacht zu seinem größten Erstaunen plötzlich Licht im Wintergarten der Villa gesehen und dachte schon, die beiden Brüder seien überraschenderweise zurückgekehrt. Er eilte dorthin, fand aber bloß zerschlagene Fensterscheiben vor, durch die Herr Turmann eingestiegen war; dieser war gerade im Begriff, eine weitere Jalousie zu öffnen, um in die eigentliche Wohnung einzudringen.

Der nächtliche Besucher, durch die ‚Störung' peinlich berührt, gab an, dass er sich [...] ein Nachtquartier habe suchen wollen. Zwei Dietriche und ein Stemmeisen, die er im Besitz hatte, sollten ihm lediglich dazu dienen, Haustüren aufzusperren, damit er auf dem Flur übernachten könnte." Er musste vor dem „Schnellrichter, Amtsgerichtsrat Caspari, erscheinen", und wurde auf „Antrag von Staatsanwaltschaftsrat Brackel" zu „einem Monat Gefängnis" für „versuchten schweren Diebstahl" verurteilt, da das Gericht annahm, dass er sich „bei den Rotters ein klein wenig ‚selbst bedienen wollte'."[204]

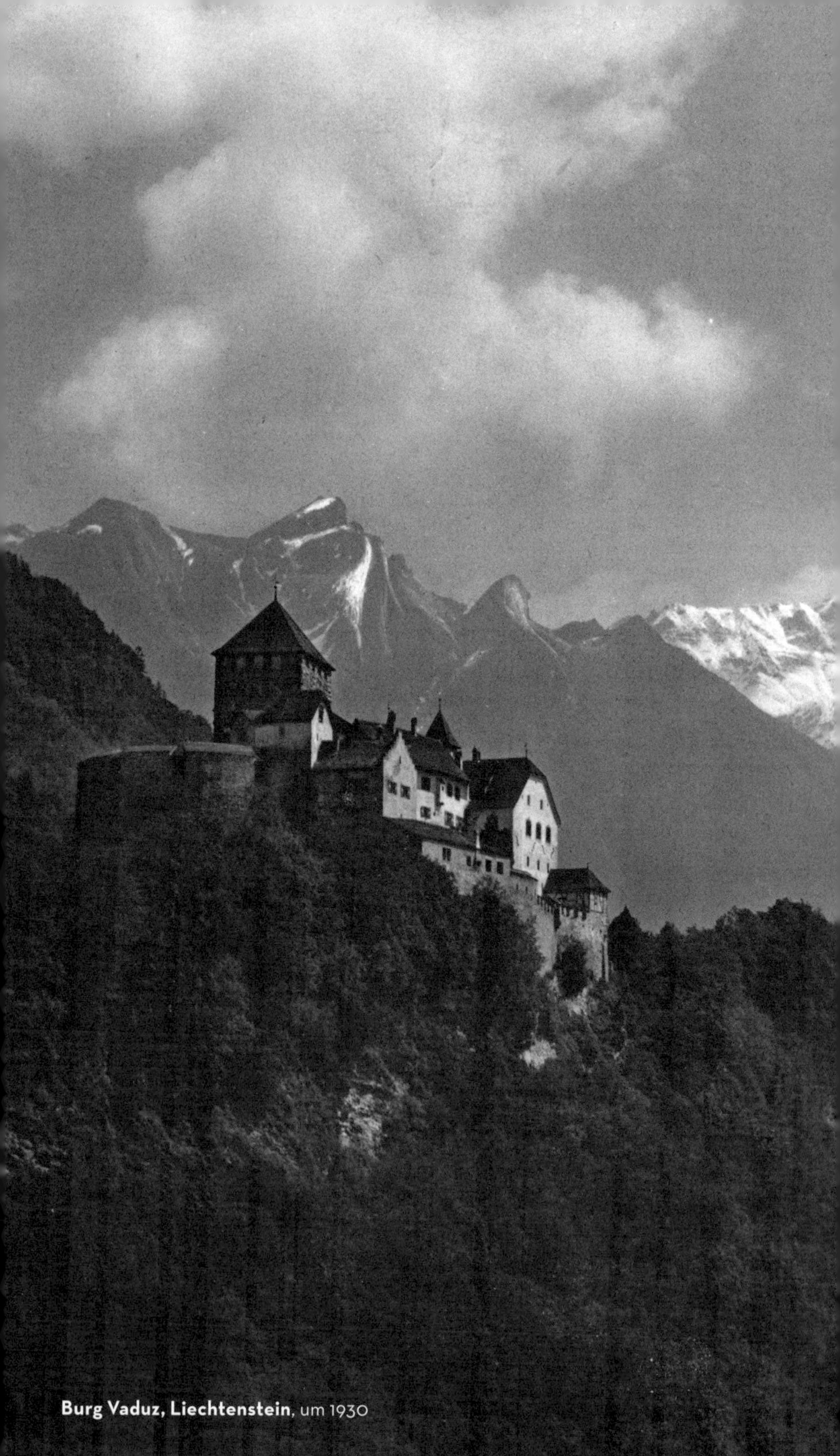

Burg Vaduz, Liechtenstein, um 1930

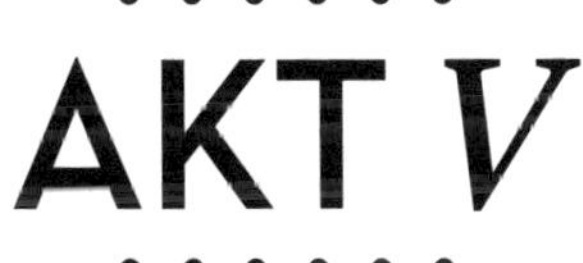

WARUM DIE OPERETTE DEN UNTERGANG DER WEIMARER REPUBLIK NICHT VERHINDERN KANN

Tränenlos holt Herbert Jhering, der unermüdliche Gegenspieler der Rotters, am 24. Januar 1933 in der *Weltbühne* noch einmal gegen sie aus. Keiner zeigt zeit seines Lebens eine größere Nähe und zugleich Distanz zu ihnen. Er ist fünfzehn Monate jünger als Alfred und nur sechs Monate älter als Fritz und wie sie von den Jahren des Ersten Weltkrieges geprägt. Nach journalistischen Anfängen hat er, ebenfalls wie sie, als Dramaturg und Regisseur gearbeitet. Dann trennen sich die Lebenswege. Während sie die Bühnen erobern, verfolgt er das umso wachsamer als Kritiker. Er erinnert sich wie die lebendige Nemesis an alles. Im Schnelltempo geht Jhering die Biografie der Rotters durch. Im *Deutschen Schauspielhaus,* noch vor dem Ersten Weltkrieg, schreibt er, „posaunten" sie schon aus, „dass sie alles, was Namen hätte, engagieren würden und mit ganz neuen Mitteln arbeiten wollten": „Die Friedrichstraße […] sollte eine einzige Lichtreklame für ihre Stars werden." Jhering gesteht beiläufig, dass er „vor Jahren einmal" ihre „Akten" aus dem Krieg hat sehen können – mit einiger Sicherheit eben jene, welche die Deutsche Bühnen-Genossenschaft damals heimlich zirkulieren ließ, um ein Konzessionsgesuch der Rotters zu hintertreiben. Jhering fährt fort: „Als die Revolution [1918/19] kam, hielten sie ihre Zeit für gekommen. Mit ihrer Witterung für die Schlagworte und für die psychologische Situation stellten sie sich jetzt als Opfer des fluchwürdigen alten Systems hin, spielten sich als die Verfolgten auf und inszenierten sich als Märtyrer." Dann kommt er zur Inflationszeit. Wie aus einer tiefen persönlichen Verletzung heraus schreibt er: „Sie waren da. Sie machten Lärm. Sie kannten keine Hemmung mehr. Sie glaubten zu wissen, was die aufgestörten, durcheinandergewirbelten Publikumsschichten sehen wollten: Pikanterien und feine Welt. Die Rotters schrieben sich selbst ihre Kritiken und gaben sie mit Illustrationen als Inserate auf. […] Da wurden die harmlosesten Lustspiele lasziv serviert."

Jhering wählt für seine Endabrechnung den Titel *Von Reinhardt zu Rotter* und verficht die These, schon Max Reinhardt habe, wenn auch als Regisseur „berghoch" über den Rotters stehend, mit seiner „Theaterführung" dafür gesorgt, dass „das Publikum zu verlernen" begonnen habe, „das Theater für eine solide Angelegenheit zu halten". Jherings Hauptvorwurf an die Rotters ist, dass sie als Privattheater-Direktoren nicht mehr auf feste Ensembles gesetzt hätten, sondern auf Stars, die sie je nach Stück anderen Theatern abwarben: Sie „knallten ihre Namen an die Litfaßsäule und in die Inserate". Auch auf das übliche Stück-Repertoire hätten sie verzichtet.

Jherings Zorn, eine Woche bevor Hitler an die Macht kommt, verrät eine seltsame Rückwärtsgewandtheit:

> „Die Zerrüttung der ideologischen Grundlagen, die Zertrümmerung jeder weltanschaulichen Basis machten es möglich, dass die Berliner Bühnen zu einem Manöverfeld für gerissene Konjunkturjäger wurden. […] Wenn heute dieses ganze Berliner Theater zusammenkracht, so kann der Fall nicht tief genug sein. Nur der radikale Kladderadatsch bedeutet eine Reinigung. Nur nach dem restlosen Zusammenbruch kann auf einer gesunden Basis weitergespielt werden – ohne Bons und verschleuderte Karten in Läden und Friseurgeschäften,

> ohne Stars und Brimborium. Der Zusammenbruch ist keine Katastrophe. Eine Katastrophe wäre nur, wenn auch dieser Zusammenbruch wieder aufgefangen und mit halben Lösungen und Verbesserungen ausgeglichen würde."

Um die beiden Brüder dem Spott preiszugeben, bringt die *Weltbühne* direkt unter Jherings Artikel einen Auszug aus einem „Programmheft der Rotter-Bühnen" des Jahres 1932. Doch aus diesen Zeilen der Rotters spricht eine Verzweiflung, die weder Jhering noch die Redaktion herauszuhören imstande sind:

> „In einer Zeit", so schreiben die beiden Rotters, „die in der Eigenart ihrer Struktur keinerlei Vergleichsmöglichkeiten mit frühern Epochen bietet, ist es unmöglich, vom Schreibtisch oder vom Direktionssessel aus den hundertprozentigen Erfolg – die Voraussetzung für die Lebensfähigkeit jedes Betriebes, die Lebensdauer vor allem aber des Theaters – kühl zu errechnen. Nicht mit dem Gehirn und nicht mit dem Gefühl allein ist heute ein Theaterbetrieb durch die ungeheuren Fährnisse der Gegenwart zu steuern. Notwendiger aber als je ist für den Bühnenleiter im Krisenjahr 1932 jenes imaginäre Fingerspitzengefühl, jener nachtwandlerähnliche Sicherheitsglaube, der unbeirrbar das Labyrinth der geheimnisvollen, nüchtern-phantastischen Bretter, die nun einmal die Welt bedeuten, zu durchschreiten vermag. [...]"

Der 30. Januar 1933 bringt das Ende der Weimarer Republik, und nur einen Tag später erscheint in der neuesten Ausgabe der *Weltbühne*, die noch nicht auf die Zeitenwende reagieren kann, ein Artikel des Musikjournalisten und Franz-Schreker-Schülers Arnold Walter über die *Ideologie der Operette*. Für Walter, der noch im gleichen Jahr vor den Nationalsozialisten nach Spanien und 1936 nach England flüchten muss, ist die Operette „ideologisch und formal ein merkwürdiges Endprodukt". In Aufführungen wie *100 Meter Glück* von Mischa Spoliansky im *Metropol-Theater* erblickt er nur „ohnmächtige, verzweifelte, zersetzende und wertlose Selbstparodien". Die Operette sei „ein Musterbeispiel ,falschen Bewusstseins', das dem wirklichen Sein schon längst nicht mehr entspricht, das Jahrzehnte hinter aller psychologischen, ethischen, gesellschaftlichen Entwicklung zurückgeblieben ist und trotzdem immer noch die Wunschträume großer Schichten repräsentiert. Wer das nicht glaubt, setze sich etwa ins Große Schauspielhaus und genieße den größten Operettenerfolg der Saison, den *Ball im Savoy* […].“ Der Essay, unzweifelhaft geraume Zeit vor dem Machtantritt der Nazis verfasst, gehört nun durch die geänderten politischen Verhältnisse innerhalb eines einzigen Tages einer für immer verlorenen, auf tragische Weise verspielten Epoche an.

Schon ein Vierteljahrhundert zuvor hat Karl Kraus die Wiener Operette als „ernstgenommene Sinnlosigkeit auf der Bühne“[1] verurteilt – und Émile Zola meinte gar über die Offenbach-Pariserische Variante des Genres: „Die Operette ist ein öffentliches Übel. Man muss sie erwürgen wie ein schädliches Tier […].“[2]

Doch Arnold Walter und die *Weltbühne* übersehen einen Punkt: Der ungarische Schriftsteller Dezsö Kosztolányi hat bereits 1921 festgestellt, es gebe gegenwärtig nur mehr „traurige Operetten“. Die Lehár-Operetten, von den Rotters 1928 und 1931 auf die Bühne gebracht, haben das verstärkt. So scheint in diesem Punkt die Deutung Walters selbst ideologisch. Die Kraft der Operette beruht in jenen Jahren auf der Kunst des Melodramas. Die Kulturgeschichte der Tränen, die da vergossen worden sind, ist noch ungeschrieben. Und so hat die Operette, anders als Arnold Walter es in der *Weltbühne* darstellt, nicht etwa „seelische Reaktion“ verdeckt und verhindert, sondern im Gegenteil ermöglicht. Wenn Alfred Rotter im Dezember 1929 in der *New York Times* mit den Worten zitiert wird, dass die Leute in die Operette kämen, um herzhaft zu weinen („that the German public comes to the theatre for a good cry“), liegt hier ein soziologischer Befund verborgen, der genauso zur Kenntnis zu nehmen ist wie die direkt nachfolgende Wende zur musikalischen Komödie, welche dieselbe *New York Times* im Mai 1932 registrierte: „But now of a sudden they have swung over onto a new track […], they accent the lighter things of musical comedy.“

Mit Benatzkys *Morgen geht's uns gut!* (25.12.1931) und ein Jahr später mit Abrahams *Ball im Savoy* (23.12.1932) ist das diagnostizierte latente Trauern in der Massenkultur bereits überwunden – und die Kultur schon um Längen weiter als die Politik. Dass ausgerechnet dann, als in der kulturellen Selbstvergegenwärtigung – in Operette und Film – bereits die Komödie den Ton angibt, die Politik in einem vermeidbaren verhängnisvollen Rückwärtsschritt in den Abgrund zurückfällt, aus dem sich die Gesellschaft seit 1918 mühselig herausgearbeitet hat, ist die Tragik jenes Januar 1933.

Insofern stellt der Zusammenbruch der Rotter-Bühnen in jenem fatalen Monat auch ein Symptom dar, das weit über den Vorfall selbst hinausgeht und als ein *gesamtgesellschaftliches Faktum* zu verstehen ist, um einen Begriff des französischen Soziologen Marcel Mauss zu verwenden *(fait social total)*.

Unbestritten ist, dass die Operette „für den Tag konzipiert" worden ist – sie „entsprach dem aktuellen Unterhaltungsdrang" des Publikums, fängt „die ‚Banalitäten' des Alltags" ein, wie der Kulturhistoriker Moritz Csáky zeigt.[3] Aber sie ist gerade als Gradmesser des Zeitgefühls auch mehr als das.

Arnold Walter richtet in seinem *Weltbühne*-Aufsatz das Augenmerk insbesondere auf das, was er den „feudalen Firnis" der Operette nennt, wobei unter Feudalismus ganz allgemein eine Gesellschaftsordnung mit persönlicher Abhängigkeit, Erbherrschaft und allein auf Abstammung basierenden Vorrechten gemeint ist, die auch im Bürgertum des 19. und frühen 20. Jahrhunderts weit über das monarchistische Lager hinaus noch immer die kulturelle Haltung, die Benimmregeln und Identifikationen bestimmt.

Tatsächlich wimmelt es in den Operetten der Rotters von Adeligen und feudalen Würdenträgerinnen: eine Fürstin ist Hauptfigur in *Liselott* (1932) von Eduard Künneke, eine Zarin in *Katharina* (1932) von Ernst Steffan. Schon da aber ist ein Hauptanreiz das emanzipatorische Element der Frau als möglicher Herrscherin, was der Operette einen anderen Dreh gibt. In der Aristokratie konnte eine Frau mächtiger als Männer werden – anders als im Bürgertum. Genau das macht diese Machtträgerinnen für die Geschlechterdebatte der Zwanziger- und frühen Dreißigerjahre zu Modellfiguren.

Arnold Walters Operetten-Analyse erfasst diese Facette nicht, sondern urteilt aus der Perspektive pauschaler und links-jakobinischer Adelskritik. Deshalb war für ihn „die feudal gefirnisste bürgerliche Operettenideologie" von vornherein *reaktionär, romantisch*, etwas Überholtes, so gut wie tot. Wenn er beklagt, dass sie bei der verarmten Mitte der Gesellschaft derart großen, unberechtigen Anklang findet, meint er, die falsche Liebe zur Operette hindere die Massen, ihre eigentlichen Interessen neuartig – das heißt, zwischen den Zeilen gelesen: revolutionär – zu vertreten: „Operette ist nicht deshalb eine gestrige, reaktionäre, von falschem Bewusstsein überschattete Angelegenheit, weil es keine geschickten Textdichter oder guten Komponisten mehr gibt, sondern weil sie der konsequente Ausdruck einer im vielfältigen gesellschaftlichen Ganzen noch immer existenten, aber zum Sterben verurteilten Ideologie ist; die freilich noch so lange leben wird, wie die deutschen Mittelschichten es sich nicht werden nehmen lassen, derartig ererbtes ‚Geistesgut' höher zu werten als neue Auseinandersetzung mit einer schließlich doch nicht zu betrügenden Wirklichkeit."

Was Walter da noch kurz vor dem 30. Januar 1933 formuliert, steht seither als schwerer Vorwurf im Raum: Hat die Operette „politische Romantik" gefördert? Die proletarisierten „Mittelschichten" daran gehindert, „ihr eigenes Interesse" durch eine „Auseinandersetzung" mit der „Wirklichkeit" so zu verfechten, wie sich das Arnold Walter und die *Weltbühne* – und die Nachgeborenen – gewünscht hätten? Haben sich die Menschen durch die Operette beschwindeln lassen? Bereitet die Operette auf den Betrug an der Realität vor? Macht sie verführbar?

So nachvollziehbar die Klage der antifaschistischen *Weltbühne* ist, dass die Mittelschichten zum Jahreswechsel 1932/1933 ohne nennenswerte Gegenwehr die schrittweise Aushebelung der Demokratie durch Papen, Schleicher und Hindenburg hingenommen haben, so klar ist es auch, wer die eigentliche historische Verantwortung trägt. Carl von Ossietzky beschreibt es hellsichtig – ebenfalls am 31.1.1933 in der *Weltbühne*: Es war die „Kamarilla" [der Kreis um Hindenburg], der „dirigierte" – und die Entscheidung erzwang.

Die Mittelschichten gehen damals eben wirklich lieber in die Operette als zu marschieren. Und wenn sie nachher doch marschieren, so ist die Ursache dafür kaum in den Operetten zu suchen, die sie auf den Rotterbühnen gesehen oder im Rundfunk gehört haben. Es lässt sich im Gegenteil die These aufstellen, dass die Traumwelt der Bühnen von Fritz und Alfred Rotter eher eine Immunisierung gegen rechtsextremistische Propaganda mit sich gebracht hat. Der Zauber des *Ball im Savoy* mag einer Welt der Reichen, Adeligen und Schönen entstammen, die für die allermeisten unerreichbar bleibt, aber wenn Liebe, Tanzvergnügen und das Geschlechterspiel in diesen Operetten als die höchsten Werte zelebriert werden, so ist diese Sache selbst – zu lieben, zu tanzen – an keine engere gesellschaftliche Zugehörigkeit geknüpft. *Ball im Savoy* zeigt somit nicht nur antipatriarchale Muster – das Beispiel einer Frau, die sich für einen vermeintlichen Liebesverrat schadlos halten will –, sondern bietet auch eine epikureische Lebensphilosophie. Es ist in diesem Sinne signifikant, dass *Ball im Savoy* bei einem anderen Verlauf der Geschichte sogar zur Leitoperette des demokratischen Ausgangs aus der Wirtschaftskrise hätte werden können.

Die Geschichte aber nimmt abrupt eine schnell diktatorische Wendung, und Paul Abrahams Werk wird zur letzten großen Operette der gescheiterten deutschen Republik. Die Rotters können für die Niederlage der Demokratie nicht verantwortlich gemacht werden. Es ist umgekehrt: Wie sie zu Fall gebracht worden sind, gehört bereits zur Vorgeschichte des 30. Januar 1933. Mit Leichtigkeit hätte es ganz anders kommen können – für sie und *mit* ihnen.

Verlorene Illusionen lassen sich nicht ausmalen. Aber angesichts der 1933 beginnenden Jahrtausendkatastrophe muss es zulässig sein, Überlegungen zu einem möglichen anderen Ausgang jener Silvesternacht 1932/1933 anzustellen, in der die Rotters alles verloren haben. Es ist ein gespenstischer Gedanke, dass der schmetternde Lärm, die Häme und der Spott, die den von Hentschke und anderen gewollten Konkurs der Rotterbühnen umgeben, in jenem fatalen Januar zusammen mit dem hochkochenden Antisemitismus zur gesellschaftlichen und politischen Stimmung beigetragen haben, in welcher der enge Kreis um Hindenburg glaubte, nach früheren entschiedenen Weigerungen doch noch mit einem „Kabinett Hitler" hervorkommen zu können – gerade die Deutschnationalen haben in diese Richtung gedrängt.

Viel später, 1968, wird Theodor W. Adorno in seiner Vorlesung *Einleitung in die Musiksoziologie*[4] die bei den Rotters aufgeführte Lehár-Operette *Friederike* (4. Oktober 1928 am *Metropol-Theater*) als „ein Äußerstes an aufgeblasenem Schwachsinn" definieren.

Ganz allgemein sagt er zu den „abscheulichen Ausgeburten der Wiener, Budapester und Berliner Operette“: „Der Mann, der in Berlin auf den Anblick des zugleich entblößten und luxuriös behängten Stars mit den Worten ‚Na, das ist ja einfach fabelhaft!‘ reagierte, stammte, idealtypisch, aus der Kleiderbranche.“ In die Operetten sei eine „spezifische Schicht“ geströmt, beobachtet Adorno, und bezeichnet „die Konfektionäre“ als „ihr ideales Publikum“. Adorno hätte die Brüder Rotter dazu als Kronzeugen befragen können, hat doch ihr Vater sein Geld in der Herren-Konfektion verdient. Doch bei dem Begriff „Konfektion“ geht es Adorno mehr um eine Metapher als um die berufliche Identität an sich. Aus seiner Sicht liefern Schlager, Operette und eben vielleicht auch Mode „Ersatz für Gefühle“, sie erfüllen „stellvertretend die Sehnsucht nach solchen“. Die Gefühle würden dadurch „kanalisiert“ und „der Schein“ trete psychisch für das ein, was „real versagt ist“.

Dem ist in Bezug auf die Zeit der Wirtschaftsdepression schwer zu widersprechen. Doch, noch einmal gefragt, erschöpft sich die Operette in der „Funktion“ des bloßen Scheins oder beruht ihr damaliger sensationeller Erfolg nicht auf viel mehr? Am überzeugendsten ist Adornos Gedanke, wo er ihn philosophisch fasst, wenngleich das nicht auf Anhieb verständlich ist: „Das Vulgäre besteht in der Identifikation mit der Erniedrigung, aus der das gefangene Bewusstsein, dem sie widerfuhr, nicht herausfindet.“ Adorno weiter: „Hat die sogenannte niedrige Kunst der Vergangenheit solche Erniedrigung mehr oder minder unwillkürlich besorgt [...], so wird Erniedrigung selber heute organisiert, verwaltet, die Identifikation mit ihr planvoll in die Gewalt genommen.“

Gewiss ist die Operette kein revolutionäres Instrument. Aber verlängert sie wirklich kollektiv die „Erniedrigung“ – oder zeigt sie nicht, wenn auch als Mode von der Stange, individuelle Auswege aus ihr? Wenn die Arien von Richard Tauber, Fritzi Massary und Gitta Alpár zu Herzen gehen – ist das schon konterrevolutionär? Die Operette und ihre Schlager sind aus den Rundfunkempfängern und an den Bühnen der Rotters vergleichsweise billig zu haben – es ist damalige Populärkultur.

Adorno aber ist in diesem Punkt streng: „Die Standardisierung der leichten Musik“ mit „ihrer kruden Simplizität“ ziele „auf standardisierte Reaktionen, und ihr Erfolg [...] bestätigt, dass es ihr gelang. [...] Sie etabliert in ihrem Opfer ein System bedingter Reflexe. [...] Insofern ist die leichte Musik, vor aller Absicht, die man etwa mit ihr oder gar den läppischen Texten verfolgt, Ideologie." Leichte Musik helfe „das Bewusstsein derer zu verstümmeln, die ihr ausgeliefert sind". Als „Massenphänomen" untergrabe sie „Autonomie und selbstständiges Urteil". Und so lautet Adornos Hauptvorwurf an die Operette und alle Formen von Schlagern: Sie ändern „nichts".

Doch wie kann der Operette in der Endphase der Weimarer Republik eine Massenwirkung zugestanden und gleichzeitig gesagt werden, sie hätte im Sinne einer Veränderung *nichts* bewegt? Das ist ein Widerspruch.

Als Kurt Tucholsky sich vom 3. Juni bis zum 3. Oktober 1931 in England aufhält, sieht er in einem Londoner Kino einen *Wochenschau*-Beitrag. Unter seinem Pseudonym Peter Panter schreibt er darauf, Lehárs Tonfall imitierend, in der *Weltbühne* (25.8.1931) den Artikel „Lehár am Klavier":

> „Da saß also ein ziemlich dicker, gemütlicher Mann an einem Klavier, und die Wochenschau sprach mit seiner Stimme: ‚Ich freie mich, dass meine Melodien in der ganzen Welt gespielt werden, und ich heere , dass man mich nun auch mal sehen mechte ... und daher ...' Und daher spielte er uns zunächst auf einem sehr mäßigen Klimperkasten je ein paar Takte aus seinen alten Operetten [...]. Und dann spielte er dieses, und dann spielte er jenes, und warum soll er nicht, das wäre ja alles gut und schön. Nun aber kam das mit der neuen Operette – wir sollten einen Blick in die Werkstatt des Meisters tun. In der Werkstatt standen zwei Librettisten. [...] Die Ischler Kurpromenade [Lehár wohnte ihn Ischl] kenne ich nur in unbevölkertem Zustand, aber jetzt weiß ich endlich, wie die Leute aussehen, die in Lehárs *Friederike* den Satz aufgeschrieben haben: ‚Ja, hier ist alles in Poesie getaucht!' [...] Es war sehr erhebend."

Lehár habe in dem *Wochenschau*-Film, so schreibt Tucholsky, ohne weiter die Sprechweise des Komponisten zu verulken, auch die Bedeutung der Parodie und der modischen Kleidung erläutert. O-Ton Lehár, von Tucholsky protokolliert:

„Warum besitzt nun die Operette eine weit größere Anziehungskraft auf das Publikum als irgendein anderes Bühnenwerk? Meiner Meinung nach liegt es daran, dass die Operette dem allgemeinen Geschmack am meisten gerecht wird. Die Oper, das Schauspiel, die Komödie, ebenso wie Novelle oder Gedicht bleiben in ihrer Wirkung auf einen Teil des Publikums beschränkt. Die Operette dagegen wendet sich an die gesamte Bevölkerung und findet überall Liebhaber. [...] Dem kultivierten Zuschauer schafft sie Anregung und Vergnügen, während sie andererseits den Geschmack primitiver Naturen zu heben geeignet ist. In der Operette macht sich die Kunst sozusagen über sich selbst lustig. Der dramatische Sinn lacht über die törichten Verwicklungen des Lebens, der musikalische Sinn freut sich der graziösen und spielerischen Flüssigkeit der Melodien, das Auge ergötzt sich an den prächtigen Kostümen und den stilvollen Dekorationen. Alles in der Operette dient nur dem einen Zweck, dem Zuschauer eine ungetrübte Freude zu bereiten. [...].“

(Adornos Stirn hätte sich in Falten gelegt.) Lehár hebt, wie Tucholsky kritisch wiedergibt, speziell die Frau hervor, „die mächtigste Verbündete der Operette“: „Sie sieht sich selbst in der Primadonna verkörpert, von der Bewunderung, die man der Heldin entgegenbringt, fühlt sie sich selbst umschmeichelt. Für die Frau tragen alle Operetten den Titel: Wie gefalle ich dem Mann? Aus Musik, Text und darstellerischer Leistung schöpft sie neue Kenntnis der Anmut und Kunst des allewigen Liebesspiels.“

So deutet Lehár selbst das enge Frauenbild *seiner* Operetten, das ihn beim Komponieren geleitet hat. Aber möglicherweise ist die Bühnenwirkung dieser Frauenfiguren viel breiter – weil er, Lehár, zugleich die Verwundbarkeit der Männer zeigt. Wenn die Frauen die Männer mit in die Aufführungen zerren können und die sich das gern gefallen lassen, muss in den Operetten eine Kraft stecken, die keines der Geschlechter gleichgültig lässt.

Tucholsky verbirgt die eigene Meinung über Lehár keineswegs:

„Dabei klingen alle seine Melodien ganz gleich, es ist gewissermaßen die ewige Melodie, und man kann sie alle untereinander auswechseln. Puccini ist der Verdi des kleinen Mannes, und Lehár ist dem kleinen Mann sein Puccini. Und dieser Dreck ist international, und die ausübenden Künstler bilden sich gewiss ein, sie erfüllten eine hohe Kulturmission, wenn sie das Zeug in aller Welt sängen. [...] Brot und Spiele – Mit dem Brot ist es zurzeit etwas dünn. Na, da spieln mir halt. Lehár, mein Lehár, wie lieb ich dich –!"

Spott hat im September 1930 in Wien auch Karl Kraus über Franz Lehár ausgegossen, als aus Anlass von dessen sechzigstem Geburtstag eine sozialdemokratische Zeitung Lehár dafür lobte, „nicht nur Werke für die elegante Welt, für das ‚feine' bürgerliche Operettenpublikum geschrieben" zu haben, „nein, er will für alle musizieren, er hat immer Sympathien für das Volk, das arbeitende, werktätige Volk, dem er durch seine Kunst Erholung, Entspannung, Unterhaltung bieten will". Kraus kontert, unter dem Titel *Lehár und die Sozialdemokratie*: „Von der Seite sah ich's nie", dass er auch „die soziale Note" setze.

Operette als alle Schichten und Klassen der Bevölkerung einigendes Band? Nur neun Tage nach der Uraufführung der Operette *Land des Lächelns* (10.10.1929) – und wenige Tage vor dem Börsenkrach in New York (25.10.1929) – schreibt Franz Lehár in der Zeitung *Neues Wiener Journal* (19.10.1929) unter dem Titel *Der neue Weg der Operette*:

„Es ist noch nicht so lange her, da sprach man von der sterbenden Operette. Sie schien von der Revue abgelöst zu sein [...]. Die Revue [...] entsprach dem nervösen, zersplitterten, unkonzentrierten Charakter der Zeit. Viel sehen, wenig denken – wie wohl tat uns diese Parole der Revue, nachdem wir uns in dem schwersten Jahrzehnt unseres Daseins wund und müde gedacht hatten. Heute hat es die Revue schwer, sich zu behaupten. Fast gibt es sie nicht mehr. Entsprach sie doch nicht so sehr dem Gesicht der Zeit? Oder hat sich die Zeit selber geändert? Ja, das ist es: die Menschen sind wieder anders geworden. Es ist meine Überzeugung, dass sich seit 1927, als wir die Nachwirkungen der Inflation überwunden hatten, ein großer Umschwung in der mitteleuropäischen Seele vollzogen hat. Man könnte sehr wohl von einer Stabilisierung der Gemüter spre-

> chen. Die Menschen beginnen wieder, einander zu glauben, und man fängt an, darauf zu bauen, dass man auch morgen noch aneinander glauben wird. [...] Die Verfassung des Publikums in unserer Zeit ermöglicht auch der Operette, sich von der Lüge des Happy Ends abzuwenden. Die dichterische Unterlage darf einen angeschlagenen Konflikt in seiner Wahrhaftigkeit ausklingen lassen – der Komponist darf von der Operette zur Oper aufsteigen und braucht vor dem komplizierteren musikalischen Ausdruck nicht zurückschrecken."

Machen die Rotters zwischen Ende 1927, als sie das *Metropol-Theater* in Pacht genommen haben, bis zum Börsenkrach 1929 in Lehárs Sinne Operette für eine genesende Republik? Überwindet die Operette in dieser Perspektive vielleicht genauso wie der Film die Nachwirkungen der Leiden von Erstem Weltkrieg und Bürgerkrieg 1918/1919?

Anders ausgedrückt: Die Operette glaubt noch immer an das Versprechen, das die Politik nach Krieg und Inflation der Bevölkerung gemacht hat. Und Fritz und Alfred sind mit ihren Operetten, insbesondere mit Benatzkys *Morgen geht's uns gut!* (Dezember 1931), gleichsam die Personifizierung dieses Optimismus.

In die Operetten der Rotters strömt – gleich wie in die Kinos – ein breiter Querschnitt der Berliner Bevölkerung. Bei allen Schwächen erweisen sie sich – jenseits aller Revolutionsträume von links und Putschabsichten von rechts – mit ihren Komponisten und Stars auf diese Weise als eine wichtige kulturelle Stütze der erschütterten und erschütterbaren Weimarer Republik. Und sie machen die Operette – neben dem Film und der Literatur – zum weltweit willkommenen und global verbindenden deutschsprachigen Export-Artikel. Diese Leistung ist Fritz und Alfred Rotter sowie auch Gertrud Rotter, die stets mitbeteiligt war, unbedingt zu lassen.

Die Rotter-Pleite ist die letzte und spektakulärste einer ganzen Reihe anderer Bühnenzusammenbrüche. Die Theaterkrise in Berlin hat ihre Ursache nicht nur in der allgemeinen wirtschaftlichen Not der Depressionsjahre allein. In den Zwanzigerjahren kommt für das Unterhaltung suchende Publikum neben Sportstadien,

Theater-, Konzert- und Tanzsälen das bequem zu Hause zu empfangende Radio hinzu. Auch das Kino expandiert gewaltig mit neuen Lichtspielpalästen und überholt das Theater als wirkungsmächtigste Kunststätte der Zeit.

Das alles wird damals auch im Ausland genau registriert. Die *Neue Zürcher Zeitung* schreibt Ende Januar 1933: „Der gebildete Mittelstand, der früher das zahlende Theaterpublikum stellte, ist so verarmt, dass er sich nur ganz selten noch ein vollbezahltes Eintrittsbillett leisten kann, und die große Menge wird mehr vom Kino als vom Theater angelockt, weil es viel billiger und abwechselnder ist. Kino und Rundfunk wirken sich als schwere Konkurrenz für das Theater- und Konzertleben in Berlin aus; auf ziemlich allen Bühnendächern hockt krächzend der Pleitegeier. [...]"[5]

Bedeutsam ist auch, was in der *Neuen Zürcher Zeitung* einen Tag vor Beginn der braunen Diktatur direkt zu den Rotters bemerkt wird: Neben der „politischen Theatralik" des Nazi-Aufmarschs mit Hitler-Rede am 22. Januar auf dem Bülowplatz – dem heutigen Rosa-Luxemburg-Platz – habe der „große Theaterkrach" der „beiden Brüder" Rotter, die „geraume Zeit zu den mächtigsten Bühnenbeherrschern Berlins" gehörten, die Berlinerinnen und Berliner „in den letzten beiden Wochen weit lebhafter" beschäftigt „als die endlosen Kulissengespräche zwischen den Politikern um das Schicksal des Reichstages, bei denen bisher nichts anderes herauskam, als dass Hitler seine Ansprüche auf die Reichskanzlerschaft nicht aufgeben und Hindenburg ihnen nicht willfahren will, solange ihm Hitler keine arbeitsfähige parlamentarische Mehrheit zu präsentieren vermag".

In keiner Geschichte des fatalen Januar 1933 sollten daher der – vermeidbare, unglückliche – Zusammenbruch der Rotter-Bühnen auf dem Höhepunkt ihres Erfolgs sowie der Widerhall, den die Ereignisse auf die Stimmungslage im politischen Berlin bis hinauf zu den höchsten Repräsentanten der Macht hatten, fehlen.

„NICHT UM ZU HASSEN, UM ZU LIEBEN, BIN ICH DA"

Alle rätseln, wo die Rotters sind. Anekdoten kursieren. Ein halbes Jahr vor der Katastrophe, im Sommer 1932, hat sich, wenn man den im Januar 1933 bekannt werdenden Gerüchten Glauben schenken kann, Folgendes ereignet: Fritz und Alfred Rotter überlegen, „zu Anfang der Saison [...], auch den Berliner Sportpalast zu übernehmen".[6] Offenbar beabsichtigen sie, ihn für ein Gastspiel zu pachten, und unterbreiten ein Vertragsangebot. Als Fritz Rotter eine Woche später nachfragt, antwortet „Direktor Hoppe vom Sportpalast" angeblich „kurz und bissig, wie immer": „Ihr blöder Wisch bleibt im Papierkorb!" Er bricht das Gespräch ab, während Fritz Rotter „mit offenem Munde den Hörer noch immer am Ohr" hält. Falls diese Anekdote etwas zeigt, dann den unablässigen Versuch der Brüder Rotter, die Operette zur Bevölkerung und diese zu ihren Aufführungen zu bringen. Haben sie 1915, während des Ersten Weltkriegs, nicht auch schon im Gebäude des *Zirkus Sarrasani* in Dresden Theater gespielt?

Wenn die Presse in den letzten Tagen der Demokratie überhaupt noch etwas Verständnis für die Rotters bekundet, dann meist, um nachträglich wenigstens das ganze Drama zu gliedern. „Wenn ein Theaterdirektor vor einem Gagetag steht, von dessen Verlauf seine Konzession abhängt, so unterschreibt er jede Schuldverpflichtung, die ihn für den Augenblick rettet", gibt der wöchentlich erscheinende *Berliner Herold* zu bedenken:

> „[...] und da fast alle diese Theaterleute große Optimisten sind und vom nächsten Erfolg bestimmt ihre Entschuldung erhoffen, so greifen sie in kritischen Augenblicken nach jedem Rettungsanker. Oft ist ihr Optimismus an der Grenze des Leichtsinns angelangt, oft ihr Geltungstrieb (wie bei Rotters) die Triebfeder aller ihrer Handlungen, und dieser Geltungstrieb ist bei Menschen, die mit der Kunst der Illusion gehen, nämlich mit dem Theater, besonders stark ausgeprägt. Die Rotters haben gefehlt, haben geirrt, haben sich geirrt, sie haben auch nicht als sorgfältige Kaufleute gehandelt, weil sie nämlich – *gar keine Kaufleute* waren. Sie waren – wenn man diesen Ausdruck hier wie selten zutreffend gebrauchen will – *dem Theater hörig!*

> Und sie gerieten hinein in die Maschinerie der Schulden [...]. Alles war gegen sie, auch dann schon, als mancherlei Erfolge, mancherlei Menschen und große Teile der Öffentlichkeit noch für sie waren."[7]

Das *Berliner Tageblatt* erinnert öffentlich noch einmal an die Frist für ihre freie Rückkehr – sie gilt bis Sonnabend, 4. Februar 1933. Die Fahndung nach ihnen sei indessen „nicht unterbrochen worden, und die infrage kommenden Polizeistellen aller europäischen Staaten, die Grenz- und Hafenbehörden haben sämtlichst das Signalement der Flüchtigen auf die Namen Schaie und Rotter erhalten".[8]

Wo sie sich befinden, weiß selbst Rechtsanwalt Otto Joseph nicht – sie melden sich, wenn überhaupt, nur über Telefon. Die geplante Reise zu einem Treffen unterbleibt, weil auch Joseph schwer erkrankt. Die Grippewelle hat inzwischen Berlin erreicht.

Als am 5. Februar 1933 die *Kreuz-Zeitung* festhält, dass der Termin für die Rückkehr nun abgelaufen sei, tritt die Geschichte der Rotters in eine neue, in die tragische Phase. Denn am gleichen Tag erhalten die deutschen Behörden durch einen Anruf den Hinweis, dass die beiden in Liechtenstein seien. Der fragliche Mann am Telefon, ein Liechtensteiner mit deutscher Staatsangehörigkeit, gehört der NSDAP an, wie er später in einem Verhör (2.5.1933) erklärt, seit 1931 „als aktives Mitglied", „als unterstützendes (sympathisierendes) seit 1923". Er präsentiert sich als erbitterter Gegner der Papiereinbürgerungen im Fürstentum und hat augenscheinlich exakt das Verstreichen der Frist abgewartet.

„Rotters sind in Liechtenstein! Seit Oktober 1931 in der Gemeinde Mauren rechtsgültig eingebürgert!" In großer Aufmachung verkündet die Berliner Presse am 6. Februar 1933 den Aufenthaltsort der Rotters – und die Neuigkeit ihrer eineinhalb Jahre zuvor erworbenen liechtensteinischen Staatsbürgerschaft.[9] „Allerdings dürfen Fritz und Alfred Rotter innerhalb der nächsten zehn Jahre Liechtenstein nicht verlassen."[10] Sie haben sich zu Gefangenen gemacht – früher würden die wegen des vermeidbaren Konkurstheaters europaweit gegen sie erlassenen Haftbefehle nicht verjähren.

Der Anrufer schlägt der Polizei anbiedernd auch gleich einen Plan vor, sie zu verhaften. Das ist insofern bedeutsam, als derselbe Mann auf den Tag genau zwei Monate später zum Drahtzieher für den versuchten Menschenraub am 5. April 1933 an den Rotters wird. Es ist der dreiundfünfzigjährige Architekt Franz Röckle. Als junger Mann hat er von 1908 bis 1910 in Frankfurt am Main die Westend-Synagoge und 1924 das Institut für Sozialforschung erbaut – er ist nicht irgendwer. Jetzt ist er in Vaduz Architekt für das neue Rathaus. Der Bau ist schon so gut wie fertig und soll im Herbst 1933 eingeweiht werden.

Polizeihauptwachtmeister Obkircher in Lindau am Bodensee protokolliert Röckles Worte wie folgt: „Die in Deutschland wegen Betrugs steckbrieflich verfolgten Gebrüder Rotter halten sich z. Zt. in Vaduz auf. Sie sind Liechtensteiner Staatsbürger und werden deshalb von der liechtensteinischen Polizei nicht festgenommen. Ich frage deshalb an, ob es nicht möglich wäre, dass ein Lindauer Detektiv nach Vaduz kommt und die Gebrüder Rotter außerhalb des Landes festnimmt. Die Sache wäre schon zu drehen. Der Detektiv hätte sich an Franz Röckle, Sägewerk in Vaduz, zu wenden. Ich kann auch durch Ruf Nr. 14 Postamt Vaduz erreicht werden. Auch kann auf dem Postamt Vaduz nach mir gefragt werden. Dort bin ich gut bekannt. Ich bin deutscher Reserveoffizier und sonst in Frankfurt a. M. wohnhaft."

Dieses Ansinnen leitet die Polizei in Lindau an die Staatsanwaltschaft in Berlin weiter mit dem Ersuchen „um gefl[issentliche] Feststellung, ob die Gebrüder Rotter tatsächlich liechtensteinische Staatsangehörige sind und ob in Verbindung mit dem Mitteiler versucht werden soll, beide wenigstens nach Österreich zu bringen".

Darauf geht Berlin aber nicht ein, stellt auch keinen Auslieferungsantrag, der nutzlos gewesen wäre, und verzichtet nach reiflicher Überlegung sogar darauf, Liechtenstein aufzufordern, die Rotters in Vaduz wegen mutmaßlicher Konkursverbrechen unter Anklage zu stellen. Dies würde nämlich bedeuten, dass sie wegen derselben Sache in Deutschland nicht noch einmal belangt werden könnten. „Für die Berliner Staatsanwaltschaft", so der *Berliner Börsen-Courier*, sei „der Gesichtspunkt maßgebend, dass, wenn die Rotters einmal wegen dieser Delikte im Auslande abgeurteilt sind, ihnen bei einer etwaigen Rückkehr nach Deutschland hier nicht mehr der Prozess gemacht werden kann": „Deswegen hält man es in Berlin für besser, zunächst einmal abzuwarten, ob man ihrer beim Versuch, Liechtenstein zu verlassen, nicht doch habhaft werden kann."

Doch nun kommt in der deutschen Presse eine beispiellose Kampagne gegen Liechtenstein und die Rotters in Gang. Eine der wenigen Ausnahmen ist das Redaktionsmitglied des Nürnberger *8 Uhr-Blatts* Heinz Ott – er trifft sich mit Fritz Rotter zu einem Gespräch in Liechtenstein. Es wird eine ganze Serie daraus: zunächst die zweitteilige Reportage „Interview mit den Rotters" (11. und 13.2.1933), gefolgt von dem Dreiteiler „Liechtenstein und die Rotters" (16., 17. und 20.2.1933).[11]

Keines der Hotels in Liechtenstein, so beginnt die Schilderung, halte „auch nur annähernd einen Vergleich mit dem Waldhotel ‚Liechtensteiner Hof' aus, das etwa eine halbe Stunde von der ‚City' von Vaduz entfernt hoch oben am Berge thront und einen weiten, bezaubernden Blick in das von schneebedeckten, zackigen Zweitausendern eingerahmte Rheintal gewährt". „Das Hotel ist erst vor fünf Monaten vollendet worden, ist elegant, luxuriös und überaus modern eingerichtet und wird so geschickt und gut geführt, dass man sich schon nach ein paar Minuten ganz wie zu Hause fühlt. Und hier haben nun die Brüder Rotter vorübergehend ihr Domizil aufgeschlagen und warten der Dinge, die da kommen sollen – und wahrscheinlich nicht kommen werden." In Vaduz wüssten „es eigentlich nur ein paar Eingeweihte [...], denn die Rotters leben außerordentlich zurückgezogen und meiden es, mit der Außenwelt in Fühlung zu treten". Auch sei Alfred Rotter „bettlägerig und außerordentlich schonungsbedürftig". „Fritz Rotter ist zunächst, erklärlicherweise, etwas reserviert", er habe „es bisher stets energisch abgelehnt, Interviewer oder Freunde zu empfangen". „Allmählich aber wird aus dem vereinbarten Viertelstündchen eine dreiviertelstündige Unterredung": „Er spricht schnell und nicht ohne Logik." Auch wenn sie ihre Theater „in Form einer G.m.b.H. oder einer Aktiengesellschaft" geführt und betrieben hätten, „so geschah dies auch nur so, dass uns sämtliche Anteilscheine gehörten", deshalb könne „auch niemals von einem Vorwurf der sogenannten Untreue, der, wie wir hören, bei dem Ermittlungsverfahren eine Rolle spielen soll, die Rede sein". Fritz Rotter prophezeit: Die „etwas sehr tendenziös aufgemachten Nachrichten und aufgebauschten Zeitungsartikel, die sich einer Angelegenheit als Sensation bemächtigt haben, und von einer Affäre, einem Skandal oder sogar von einer Flucht sprachen, werden schließlich kleinen Notizen Platz machen, in denen dann die Vorbereitung zur nächsten Wintersaison der sämtlichen Rotter-Bühnen angekündigt wird".

Fritz und Alfred wollen, mit anderen Worten, zur Spielzeit 1933/34 wieder in Berlin sein. „Denn arbeiten und nicht verzweifeln ist die Devise gerade unserer krisenhaften Zeit. Wir haben den Krieg, die Inflation, die Deflation und die Krisenlage besser als selbst Optimisten vermuten konnten und auch nach dem großen Bankkrach ohne jede Kreditmöglichkeit überwunden. Die Leistungen waren von jeher erfolgreich. Man kann den Erfolg aber nicht immer erzwingen. In diesem Jahre und gerade in der jetzigen Zeit sind die Rotter-Bühnen die bestgehenden Berlins."

Die Zeilen dokumentieren die Verhandlungssprache Fritz Rotters. Leicht ist es nicht, sich seiner Rhetorik zu entziehen. „Es ist schwer und kaum möglich, einen großen städtischen Grundbesitz, bei dem sogar Hypotheken fällig werden [...], über diese Krisenzeit hinwegzuführen." Rechtsanwalt Otto Joseph, so Fritz Rotter weiter, sei „mit den nötigen Vollmachten ausgestattet [...], um Hypothekenbanken und andere Großgläubiger zur Vernunft zu bringen, damit sie nicht durch allzu scharfes Vorgehen die Existenz der einzelnen Theater gefährden". „Es ist furchtbar schwer, in 23 Jahren ein derart großes Unternehmen aufzubauen, aber es ist sehr leicht, durch Missgunst, Neid und durch von verschiedenen Seiten erstattete anonyme Anzeigen dieses gleiche Werk vielleicht in drei Tagen zu zerstören." Fritz meint, „sehr bald wird richtiggestellt sein, was uns vorgeworfen worden ist". „Und wir haben vielleicht unseren zahlreichen Feinden und Gegnern, denen wir in den letzten 23 Jahren immer nur Ärger bereitet haben, auch etwas Freude gemacht. Wie sagt doch schon *Iphigenie*: ‚Nicht um zu hassen, um zu lieben bin, ich da.'"

Er betont weiter, „dass die angeblichen vier Millionen Schulden größtenteils hypothekarische Verpflichtungen sind und dass die ungeheuren Zinsverpflichtungen noch aus Verlusten bei den seinerzeit gekauften Effekten herrührenden Beträgen bestehen":

„Wir können ja nichts dafür, dass heute ein Grundstück keinen Verkaufswert mehr besitzt [...]. Aber ich habe ein Vertrauen für die Zukunft und Optimismus, dass, wenn auch vielleicht nicht in vier, so doch in sechs Jahren es gelingen wird, das richtige Verhältnis zwischen Sachwert und dem sogenannten Geldwert in Deutschland wiederherzustellen."

Dann zitiert Fritz Rotter nochmals aus der Literatur: „Der Franzose sagt: ‚Qui s'excuse, s'accuse', in *Egmont* heißt es: ‚Was man nicht heraus verhören kann, das verhört man hinein' und [Jean-] Jacques Rousseau meint: ‚Wenn man mir vorwirft, den Dom von Notre Dame gestohlen zu haben, so werde ich nicht versuchen, mich dagegen zu verantworten.'" Es werde sich „herausstellen, dass gerade die Gläubiger das größte Interesse daran haben, die Bühnen aufrecht und lebensfähig zu erhalten", man schlachte „nicht die Henne, die Eier legen soll", der „Ruf nach dem Staatsanwalt" sei oft zu hören, aber er werde bis zur am 21. März 1933 anberaumten Gläubigerkonferenz „verstummt sein, denn ein Staatsanwalt hat noch nie etwas bezahlt". „Ich vertraue auf die Menschen und auf die Zukunft und bin überzeugt, dass man [...] wie heute bereits in weiten Kreisen, auch in der breitesten Öffentlichkeit über die so groß aufgemachte Affäre Rotter schon in kurzer Zeit ganz anders reden und urteilen wird wie heute."

Reporter Heinz Ott beobachtet: „Fritz Rotter, sichtlich etwas ermüdet und wiederholt aus dem Zimmer gerufen, da gerade der Arzt bei seinem Bruder weilte, gab dann bereitwilligst Auskunft über die Einbürgerung in Liechtenstein, über die so viel gesprochen und geschrieben worden ist." Sie sei, bestätigt er, 1931 erfolgt, weil sie, „abgesehen von den damaligen politischen Zuständen, damals für ihre alljährlichen Ferien, die sie zuvor im benachbarten Ragaz zugebracht hatten, gerade das herrliche Stückchen Land zwischen Alpen und Rhein mit dem ähnlich milden Klima wie Meran zur Erholung" aussuchten. Was er mit den „damaligen politischen Zuständen" meinte, bleibt unerwähnt, aber dem zeitlichen Zusammenhang nach zu schließen ist der Ku'damm-Krawall der Berliner SA 1931 der unmittelbare Auslöser für das Einbürgerungsverfahren in Liechtenstein gewesen.

Das *8 Uhr-Blatt* aus Nürnberg abschließend: „Sie wollten hier den größten Teil ihrer Ferien entweder in einem gemieteten oder selbsterbauten Häuschen verbringen. Das Klima interessiert Fritz Rotter besonders, weil er, der früher eine schwere Lungenentzündung mitgemacht hatte, alle Jahre an Heufieber leidet und das Kurhaus Gaflei in Liechtenstein fast die gleiche Höhenlage wie St. Moritz besitzt."

Dieses über den Winter geschlossene *Kurhaus auf Gaflei* werden die Entführer vom 5. April 1933 für den Hinterhalt wählen. Es gehört Rudolf Schädler, neben Franz Röckle Täter Nummer zwei. Schädler ist nicht nur Sommer-Hotelier, sondern auch Liederkomponist und Holzbildhauer. Zur Tatzeit ist er dreißig Jahre alt. Er entstammt einer berühmten Liechtensteiner Familie – wobei im streng katholischen Liechtenstein die Abstammungslinien Lebensversicherung und Last zugleich sind. Sein Vater, der Arzt und Politiker gewesen ist und denselben Vornamen getragen hat, lebt nicht mehr.

Einen Tag nach dem Entführungsversuch sagt Schädler aus: „Mir ist es furchtbar, dass ich daran schuld bin, dass zwei Menschen das Leben verloren haben. Das wollte ich sicher nicht, ich wollte, dass niemandem etwas geschehen solle, ich habe immer darauf gedrungen, dass niemand verletzt werde. Ich habe das Unternehmen gemacht, nicht weil ich ein Judenhasser bin oder weil ich die Rotters selbst hasste, sondern ich habe es lediglich unternommen, weil ich die Ehre Liechtensteins wiederherstellen wollte. Liechtenstein wurde wegen der Gebrüder Rotter im Kot herumgezogen [...]."

Auf einem Bild, das eine seiner Schwestern – Emma Roeder-Schädler, 55 und verwitwet – zwei Monate nach seiner Verurteilung mit einem Bittbrief an Hitler schickt, hat Schädler, der Arztsohn und Musiker, die sehr hellen Haare strähnig nach hinten gekämmt und blickt mit kaum wahrnehmbarem Lächeln von der Kamera weg.

> „Vaduz am 11. September 33 [mit dem Briefkopf] Sonne und Blumen / Alphotel Gaflei / 1550 m / Liechtenstein
> Hochverehrter Führer, lieber Adolf Hitler,
> Voll tiefsten Dankes drängt es mich, Ihnen einmal zu sagen, wie sehr ich Sie verehre und liebe um all des Guten und Großen, das Sie für Deutschland getan. – Und so fühlen mit mir alle

meine Verwandten – insbesondere mein Bruder, der wie ich von allem Anfang an geistig mit Ihnen ging. – Wir sind ganz glückselig über das von Ihnen geschaffene neue Deutschland. Unsere Familie hier in Liechtenstein ist urdeutscher Gesinnung und deshalb von der jetzigen Regierung und ihrem Anhang seit Jahren Schikanen ausgesetzt. – Besonders seit vor 5 Jahren mein damals 25-jähriger Bruder den Bau eines Schächthauses für die Schweizer Juden durch Lichtbildervorträge verhinderte. [...] Jetzt nach der Rotter-Geschichte haben ‚sie' meinen Bruder nun endlich in der Hand. ‚Sie' wissen, dass er in Liechtenstein die N.S.D.A.P. einführen und dass er ganz nach deutschem Muster arbeiten wollte. – Davor haben die Herren eine heillose Angst, denn die Korruption ist groß. Mein grundehrlicher Bruder litt furchtbar darunter, – daraus entsprang auch die Tat gegen die Rotter. – [...] – Mein Bruder ist Musiker – altdeutsche Kompositionen sind seine Lieder – [...]. Ihre in deutscher Treue ergebene Emma Roeder-Schädler"

Der junge Schädler wirkt etwas unstet, hat eine Zeit lang Ökonomie in St. Gallen und einige Semester Orgel und Komposition in Basel studiert. Die österreichische *Vorarlberger Landes-Zeitung* bescheinigt ihm „eine extravagante Natur".[12] Er hat eine enge Beziehung zum älteren Röckle, dem Architekten, scheint ihn zu bewundern – hört auf ihn. In einem Verhör[13] wird Schädler sagen, „dass das Bestimmende schließlich die Einflussnahme Röckles auf mich war". Er kenne Röckle als einen „Mann, der die Welt kennt und der wissen muss, was er macht": „Ganz sicher ist das eine, wenn Röckle gesagt hätte, ‚das wird nicht gemacht', dann hätten wir es unterlassen."

Im Februar 1933 wähnen sich Fritz, Alfred und Gertrud Rotter noch sicher, obwohl Göring gegenüber Käthe Dorsch erklärt hat: „Sobald wir an die Macht kommen, greifen wir uns die Rotters ..."[14] – und obwohl Hitler im *Völkischen Beobachter* am 6. Januar 1933 bekannt gegeben hat: „Wesentlich ist nur, dass die letzten, die in Deutschland Geschichte machen, wir sind."

Auch dem Zürich-Korrespondenten der *Vossischen Zeitung* gibt Fritz Rotter nun ein Interview. Es erscheint am 7. Februar 1933.

„Sein und seines Bruders Aufenthalt in Vaduz diene ausschließlich der Erholung, zumal Alfred Rotter dringend der Ausspannung bedürfe. Er, Fritz Rotter, habe große künstlerische Pläne. Er wolle demnächst in London eine Neubearbeitung einer Millöcker'schen Operette inszenieren. Die Presseangriffe gegen ihn und Alfred Rotter hätten ihn überrascht, ebenso wie das Vorgehen der Staatsanwaltschaft. Aber seine 25-jährige Tätigkeit als Theaterleiter habe ihn zu der Ansicht kommen lassen, dass es inopportun sei, auf öffentliche Kritik zu antworten. Strafbare Handlungen? Keine Rede davon. Er, Fritz Rotter, habe nur mit eigenen Geldern gearbeitet" – an der Stelle rückt die Redaktion in Klammern den Hinweis ein: „(sein Debet-Konto allein bei einer Berliner Bank beträgt eine Million Mark!)", dann geht der Bericht weiter –, „und er hoffe, auch seinen Grundbesitz in Berlin zu erhalten. Sobald der Gesundheitszustand Alfred Rotters es zulasse, würden die Brüder Rotter nach Berlin zurückkehren."

Die Aussagen klingen wie eine Selbstversicherung. Die Panik, wenn sie denn da ist, bleibt gut verborgen und findet in den gewählten Worten keinen Ausdruck. Fritz gesteht sie womöglich nicht einmal sich selbst ein. Ist er im Ersten Weltkrieg nicht dauernd auf der Hut gewesen, um nicht an die Front eingezogen zu werden? Haben ihn nicht einzig die psychologisch begründeten Sanatoriumsaufenthalte und die echte Spanische Grippe vor der Front gerettet? Kann er vor dem Journalisten der *Vossischen Zeitung* über Erinnerungsängste reden? Welchen Grund würde es geben, seine Gefühle *nicht* für sich zu behalten? Kann ihm zu diesem Zeitpunkt irgendwer auch nur die geringsten Sicherheitsgarantien geben, falls er durch einen zufälligen Umstand im jetzigen Deutschen Reich in Haft kommt?

Die *Vossische Zeitung*, nun unter Hitler schon nicht mehr dieselbe, gelangt zu dem Eindruck, die „Erklärung Fritz Rotters" sei „gelinde gesagt so ‚weltfremd', dass sich ein Kommentar erübrigt", ja die Zeitung vermutet sogar „ganz offenbar [...] einen Hohn auf die Berliner Untersuchung".

Aber Fritz Rotter ist kein Ironiker, vielmehr ein Traumtänzer. Wenn sein älterer Bruder die Nerven verliert und sich in niedergeschlagener Stimmung zurückzieht, statt sich hartnäckigen Fragen zu stellen, bleibt er, Fritz, ruhig und anscheinend von jeder Verzweiflung unberührt. Haben sie sich seit dem Kindesalter unbewusst *so* die Aufgaben geteilt?

DER PLAN „DREIER WIRRKÖPFE"

Die Entführung der Rotters wird bereits Ende Januar erwogen. Architekt Franz Röckle: „Im Jänner, als ich ins Land [Liechtenstein] kam, wurde überall davon gesprochen, es sei eine Schande, dass man Leute wie die Rotter als Bürger im Lande dulden müsse. Verschiedene sprachen darüber, wie man sie etwa über die Grenze schaffen könnte. Irgendein fester Plan war jedoch nicht ausgemacht. [...] Mir war am Nächsten gelegen immer die Idee, sie mit List nach Buchs [Schweiz] zu bringen oder nach Feldkirch [Österreich] und sie dort verhaften zu lassen."[15] In einer ersten schriftlichen Stellungnahme[16] hat Röckle zuvor in kaum verhaltenem Zorn noch von „List und Gewalt" gesprochen, die gegen sie anzuwenden sei – ein bedeutsamer Unterschied.

Auch ein anderer Mann bietet Deutschland, genauer dem „Herrn Polizeipräsidenten Berlin", seine Dienste an, wenn auch folgenlos: ein Orgelbaumeister aus Bad Oeynhausen. „Wenn nun die Behörden noch Wert darauf legen, dass diese beiden jüdischen Jauner [Gauner] nach Deutschland zurückgebracht werden, so werde ich die Sache besorgen. Ich kenne im Fürstentum Liechtenstein sozusagen jeden Stein, denn diese Verbrecherkolonie hat nur ca. 10 000 Einwohner und besteht aus 11 Ortschaften. [...] Nur benötige ich ein Auto und einen Chauffeur, möglichst handfester Kriminalbeamter, um die ‚koschere Ware' schnellstens auf deutschen Boden bis Lindau zu bringen."[17] Neben seinen Namen malt er von Hand ein Hakenkreuz.

Als Röckle einige Zeit später wieder nach Vaduz kommt, will ihn der Besitzer des *Kurhotels Gaflei* und Liederkomponist Schädler sogleich sehen.[18] Wie gesagt: Sie kennen sich. Im Haus, das Schädler mit seiner Schwester und der vierundsiebzigjährigen Mutter in Vaduz bewohnt, steht Schädler das Erdgeschoss zur Verfügung. Er legt Röckle den Plan einer Versammlung vor – „einer Zusammenkunft von sämtlichen Kurhausbesitzern, ferner von andern Geschäftsleuten". Der junge Schädler hat die Absicht, „dazu auch den Herrn Regierungschef einzuladen und dann zu beraten, wie man vorgehen könnte, um auf das Ausland einzuwirken"; es seien die „wüstesten Artikel gegen Liechtenstein" geschrieben worden, und „alte Kurgäste" hätten ihm, Schädler, geschrieben, „man könne nicht mehr nach Liechtenstein kommen". Röckle, so sagt Schädler aus, „war von der Sache jedoch nicht begeistert und betrachtete sie als zwecklos. Er sagte mir dann auch noch, er habe schon im Jänner den Plan gefasst, die Rotter irgendwie aus Liechtenstein hinauszubringen und zwar sollte das von Liechtenstein aus geschehen, er sagte, es habe in Deutschland schon ein Plan bestanden, die Rotters mit Gewalt von Liechtenstein nach Deutschland zu bringen. Aber die Sache hätte sich als zu schwierig erwiesen, und es müsste jetzt von Liechtenstein aus gemacht werden. Man sagte auch, es ginge von hier aus einfacher zu machen und sei zudem für das Land auch besser."

Mit wem im Deutschen Reich so ein Plan besprochen worden ist, wird Röckle in der späteren Untersuchung ausdrücklich gefragt. Doch er widerspricht der Darstellung des jungen Schädlers:[19] „Wohl sprach ich davon, Deutschland hätte ein Interesse daran, die Rotter zu bekommen, und Liechtenstein hätte das Interesse, die Rotter loszuwerden. Von konkreten Plänen war nicht die Rede."

Doch Schädler hat diese Worte auch gegenüber einem dritten Liechtensteiner Täter benutzt – dem zwanzigjährigen Peter Rheinberger, der sein Neffe ist. Rheinberger will einmal Ingenieur werden, scheint jedoch sehr beeinflussbar und will sich beweisen. Schädler über ihn: „Peter Rheinberger studiert in Konstanz, seine Mutter ist eine Schwester von mir. Er hat mir einmal mitgeteilt, dass auch in Konstanz ein Plan bestehe, die Rotters von Liechtenstein wegzuholen. [...] Er sagte mir, es seien verschiedene Leute bereit, die Rotters zu entführen. Ich sagte dann, es sei besser, wenn es vom Lande aus gemacht wird."[20] Das „Studium am Technikum zu Konstanz" nimmt Rheinberger „nicht zu ernst", er habe sich „das letzte Semester" nicht eingeschrieben „und vorher schon seinen Eltern – Schlossbesitzer auf Gutenberg [in Balzers/Liechtenstein] – durch eine Wilderergeschichte zu schaffen gemacht". Vater Egon Rheinberger, Architekt und Künstler, hat die zerfallene

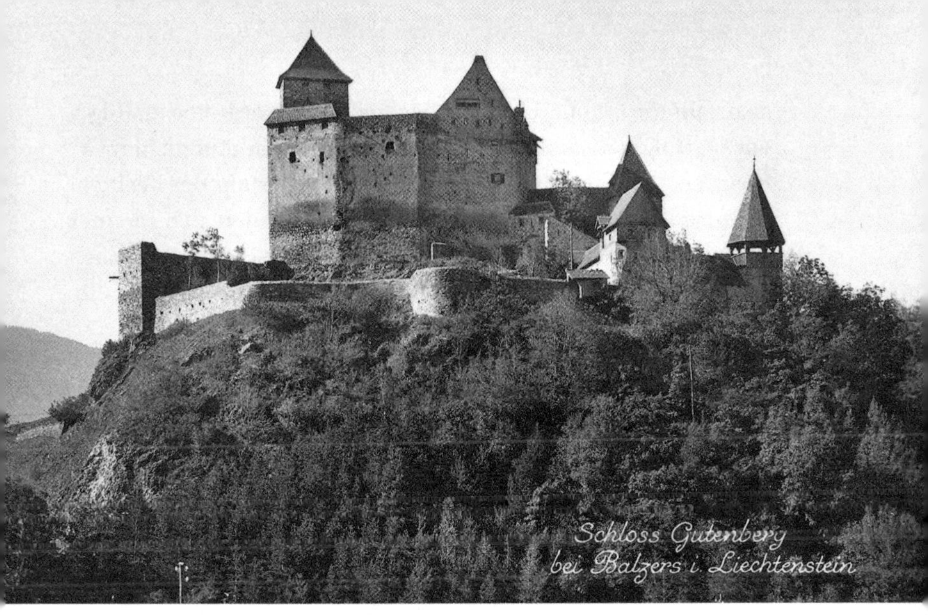

Burg Gutenberg in Liechtenstein, Postkarte von 1930

Burg Gutenberg erworben und von 1905 bis 1910 in historisierend-romantischem Stil wiederaufgebaut. Sie erhebt sich mitten in der Gemeinde Balzers auf einem nördlich steil aufragendem Felshügel, der auf der Südseite sanft abfällt und Weinreben trägt.

Der „Überfallsplan" entsteht „im Kopf dreier Wirrköpfe [...], die angesehensten und vermögenden Familien Liechtensteins angehören", schreibt später die *Vorarlberger Zeitung*.[21] Und es gibt in Konstanz verbündete Nazis, die helfen sollen, die Opfer zu überwältigen und dem Deutschen Reich auszuliefern.

In der Schankstube der Burg Gutenberg findet am Sonntag, dem 2. April 1933, die entscheidende Besprechung der Liechtensteiner Täter statt. Peter Rheinberger soll das Bindeglied zu den Konstanzer Mittätern sein.

Die Bewegungsfreiheit von Fritz und Alfred ist bereits massiv eingeschränkt. In allen Nachbarstaaten Deutschlands und in allen Seehäfen hängt ihr Steckbrief. „Ihre letzte Inszenierung war ihre Flucht", schätzt das *Berliner Tageblatt*.[22] Über die schwierige „Rechtslage der Rotters" schreibt die *BZ am Mittag*: „Nach dem deutschen Staatsangehörigkeitsgesetz wird die Staatsangehörigkeit eines deutschen Staates durch den Erwerb einer ausländischen Staatsangehörigkeit verloren. Die Brüder Rotter sind also, falls die Einbürgerung in Liechtenstein in ordnungsmäßiger Form erfolgt ist, ausschließlich Liechtensteiner und nicht mehr Preußen." Und sie können „auch nicht ohne Gefahr das liechtensteinische Staatsgebiet verlassen": „Sie befinden sich in einer Art freiwilliger Verbannung. Fahren sie in die Schweiz oder nach Österreich, so müssen diese Staaten einem deutschen Auslieferungsersuchen stattgeben."[23]

Es rächt sich auch in dieser Hinsicht bitter, dass sie es unterlassen haben, in Berlin einfach nach allen Regeln der juristischen Kunst Konkurs anzumelden, das heißt, ihre Bühnen sofort der Konkursverwaltung zu unterstellen. Sie könnten sich jetzt frei bewegen – und in England oder in Übersee inszenieren. Das ihnen niemals unfreundlich gesinnte *Berliner Tageblatt* hat am 25. Januar 1933 noch betont: „Schon in den Anfängen der Untersuchung haben behördliche Kreise ebenso wie zahlreiche Freunde der Rotter die beiden Brüder auf das Wahnsinnige einer Auslandsreise aufmerksam gemacht, da durch eine derartige Flucht nichts gebessert werden könnte." Das Konkursrecht hätte ihnen weit über den 30. Januar 1933 hinaus Schutz geboten, selbst wenn sie in Berlin ohne jeglichen Besitz geblieben wären.

Die Gerüchte über sie reißen nicht ab. Anfang Februar 1933 wird der Berliner Abendzeitung *Tempo* die Meldung zugetragen: „Rotters wollen in Zürich Theater spielen" und, „wie wir von gut informierter Stelle erfahren, jetzt ein neues Theaterunternehmen gründen".[24] Doch diese Wege sind ihnen nun alle versperrt. Seit dem 30. Januar 1933 gibt es auch kein wirklich unabhängiges Gericht in Berlin mehr, vor dem sie sich verantworten könnten, um beispielsweise die Standpunkte vertreten: 1. Die an Rechtsanwalt Joseph erteilte Vollmacht habe sie vom persönlichen Erscheinen vor Gerichtsvollzieher, Staatsanwalt und Konkursgericht entbunden; 2. Mit den unternommenen, täglich von der Presse kommentierten Anstrengungen zur Schaffung einer Auffanggesellschaft sei dem Insolvenzrecht Genüge getan worden; solange diese Verhandlungen andauerten, könne von einem Versuch der Konkursverschleppung nicht die Rede sein.

Die „Flucht" aus Berlin, die gar keine sein sollte, wirkt jedoch in diesem Licht noch irrationaler. Es steckt mehr dahinter als nur der

Erste Weltkrieg und die damals eingeübten Fluchtreflexe. Wie hat es Fritz noch am 16. Januar 1933 gegenüber seinen Mitarbeitern formuliert? „Wenn man uns jedoch weiter die Sache so erschwert, werden wir eines Tages die Lust verlieren, in Berlin Theater zu spielen!“[25] So spricht, wer sich auch tief gekränkt fühlt.

Es war kein Augenblicksentschluss. Am selben Freitag, 20. Januar 1933, an dem Fritz Rotter Berlin den Rücken kehrt, überqueren Alfred und seine Frau Gertrud die unkontrollierte schweizerisch-liechtensteinische Grenze – als würden sie gemeinsam mit einem Kapitel ihres Lebens abschließen.

Dem Dilemma, entweder eine Rechnung zu begleichen oder den Offenbarungseid zu leisten, das heißt, sich für bankrott zu erklären, haben sie sich in zahllosen Fällen vorher schon entzogen – in der Absicht, Zeit zu gewinnen, um „mit den Gläubigern ein Arrangement“, ein „Stundungsabkommen“ zu treffen. Nun versagt dieses Mittel spektakulär. Zum ersten Mal spielt die Zeit gegen sie.

Deutlicher wird Fritz erst gegenüber seinem Schwager Albert Ullmann, dem Mann seiner jüngeren Schwester Ella, der als Theaterarzt der Rotter-Bühnen jeweils in den Berliner Vorstellungen gesessen, aber nie ein sehr nahes Verhältnis zu ihnen gefunden hat. Fritz schreibt ihm aus Vaduz am 20. März 1933:

> „Jetzt heißt es, seine ganze Nervenkraft zusammennehmen, um das Leben noch weiter zu ertragen. Jahrelang haben wir gearbeitet, gesorgt und uns geopfert, bis wir selbst physisch, psychisch und wirtschaftlich zusammengebrochen sind; und jetzt ist es leider so weit gekommen, dass ich dir einen solchen Brief schreiben muss; und dass wir hier allein stehen, abgeschlossen, verbannt und ohne jede Existenzmöglichkeit. Ich weiß, dass die Sache für euch auch ein schwerer Schlag war, denn man sieht oder man will immer nur sehen die schöne leuchtende Oberfläche. Wir haben fast keine Fühlung zu Berlin, und wir wollen nur hoffen, dass die aufgebauschten Nachrichten bei sorgfältiger Prüfung der gesamten wirtschaftlichen Verhältnisse und auch der unsrigen sich als völlig übertrieben, grundlos und von übelwollender Seite inspiriert herausstellen werden. Und dass uns wieder die Möglichkeit geboten wird, mit unserer Tätigkeit dem Leben eine materielle Grundlage zu geben.“[26]

DIE BEDEUTUNG DER ZAHLEN

Kaum haben die Berliner Zeitungen das Wort *Liechtenstein* ausgesprochen, vollzieht sich eine fast vollständige Umkehr in der öffentlichen Meinung – eben schienen die Rotters noch freiwillig zurückkehren zu wollen, es konnte also nicht so schlimm sein, und jetzt das. Der Name dieses Landes steht 1933 so sehr für Devisenvergehen und Kapitalflucht, dass plötzlich niemand mehr glauben will, was soeben wenigstens den Wohlmeinenden vor Augen stand: dass die Rotters mangels liquider Mittel, aufgrund verweigerter Überbrückungskredite und einer gehörigen Portion Kopflosigkeit in den Verhandlungen um die Auffanggesellschaft bankrott gegangen seien. Die Phantasie ist stärker – eine schwarze Legende entsteht, von rechts bis links, schon bevor der NS-Staat die Kontrolle über die Zeitungen festigt.

Es wird gemutmaßt, dass „höchstwahrscheinlich zur Vorbereitung der Einbürgerung in Liechtenstein erhebliche Geldbeträge von Berlin dorthin gewandert sind".[27] Man hält es zudem für sicher, dass sich die Brüder „als wohlbestallte Staatsbürger" in ihrem neuen Land niedergelassen haben: „Diese Nachricht lenkt erneut die Aufmerksamkeit auf das Schieberparadies Liechtenstein. [...] Von hier aus hat auch der Zündholzkönig Kreuger seine Verhandlungen mit den Staaten geführt [...]."[28]

Die neue Tonlage der Artikel hängt nicht allein damit zusammen, dass nun, im Februar 1933, unter der Reichskanzlerschaft Hitlers in enormer Geschwindigkeit eine Anpassung der Presse erfolgt. Denn selbst bei den vorläufig noch freien, linksstehenden Zeitungen löst das kleine Fürstentum als Exil der Rotters reflexartige Strafphantasien aus – und sie beteiligen sich an der Kampagne. Die *Weltbühne* geht so weit zu behaupten: „Liechtenstein ist kein Staat mit Existenzberechtigung. Es ist ein Parasit, der auf allen andern Staaten herumschmarotzt. Es ist eine Eiterbeule. Diese Eiterbeule muss aufgestochen werden."[29]

Ein Damm bricht. Niemand in Berlin nimmt die Brüder Rotter noch in Schutz. Dass sie die im Herbst 1931 aus politischen Befürchtungen heraus erfolgte Einbürgerung in Liechtenstein als privates Geheimnis behandelt haben, wird nun gegen sie ausgelegt. „Es hat sich jetzt nicht nur herausgestellt, dass die Rotters schon vor zwei Jahren auf heimlichen Wegen die Staatsbürgerschaft des kleinen Fürstentums Liechtenstein unter dem Namen Sch[a]ie erworben haben, sondern dass auch von ihnen schon vor langer Zeit große Kapitalien aus Deutschland herausgebracht worden sind.“[30]

Fritz hat selbst unwillentlich diese Mär bedient, indem er im Interview mit dem Reporter des *8 Uhr-Blatts* aus einer Verteidigungshaltung heraus – und im Kontext etwas großsprecherisch wirkend – die Bemerkung gemacht hat, sie wollten eventuell in Liechtenstein ein Haus bauen. Das Geld dazu haben sie nicht: Es ist Pfeifen im finsteren Wald. Obwohl ihre Zahlungsunfähigkeit den ganzen Januar über breit kommentiert worden ist und die Theaterkritik durch eigene Anschauung bezeugt hat, dass sie nicht liquide sind – und wie verzweifelt sie sich abgemüht haben, Kredite aufzutreiben, um ihre Bühnen zu retten! –, wird nun plötzlich angenommen, sie seien in Wirklichkeit gar nicht am Ende gewesen, sondern hätten das, was sie geschuldet haben, außer Landes gebracht. Vergessen ist, was herumerzählt wurde, dass an den „gepfändeten Tischen“ der Rotters „gespeist“ worden sei, „als es schon im Gemäuer rieselte“, dass „seit Monaten mindestens“ die Rotters „Schulden auf Schulden getürmt“ hätten.[31] Nun sollten sie sich urplötzlich mit „wohlgefüllten Taschen“ aus dem „Staub“ gemacht haben. Von einem „aus der Liechtensteiner Burg herüberdringende ‚Hohnlächeln‘“ ist die Rede, über den „Steuerfiskus, die Gläubiger, [...] die unglücklichen Angestellten und schließlich das ganze Volk, das jahrelang gerissenen Theaterschiebern aufgesessen ist und sich statt des Kunstgewinns mit einer grenzenlosen Blamage abzufinden hat“.[32]

Eine Art Psychose greift um sich – und vermischt sich Zug um Zug mit der neuen offiziellen NS-Propaganda. Die Zeitung *Die Wahrheit*, die am 28. Januar noch über die „offenkundig insolvent gewordenen Rotters“ gespottet hat, deren Möbel ein „blauer Kuckuck“ ziert, und fast mit Genuss-Ekel „die Trümmer der Rotter'schen Theaterherrlichkeit“ beschwor, meint nun am 11. Februar 1933 im NS-Jargon: „Ein richtiges Theater, das diese schlauen Östlinge aufgeführt haben.“ Die Rotters hätten „mehr als eine Million [...] abgeknöpft“ und „von langer Hand den großen

Dreh vorbereitet, den sie jetzt der Öffentlichkeit unterbreiten. Sie haben es ausgezeichnet gefingert [...]. Dass beträchtliche Summen von Berlin nach Liechtenstein dirigiert worden sind, um die ‚Rintelen' dort heimatberechtigt werden zu lassen, ist ganz selbstverständlich."

Unter dem Aufmacher „Wo steckt das Geld der Rotters? Mit wessen Hilfe wurde es verschoben?" erklärt *Das Kleine Journal*, das ab sofort zum Zentralorgan der Kampagne gegen die Rotters wird, es erscheine „völlig ausgeschlossen", dass sie die hohe „Einbürgerungstaxe" gezahlt hätten, „um dann als Bettler in Vaduz zu leben".[33]

In der Propaganda der ausgerufenen „nationalen Revolution" des Februar 1933 verwandeln sich die Schulden der Rotters auf wundersame Weise in angeblich beiseitegeschaffte Millionen. Das hat nichts Plausibles und setzt in freier Scheinlogik an der Formulierung im Haftbefehl und Steckbrief vom 22. Januar 1933 an: dem „dringenden Verdacht des Konkursverbrechens, der Untreue sowie der Anstiftung zum Konkursvergehen" – was etwas ganz anderes meint.[34]

Die Staatsanwaltschaft, selbst unter Beschuss, ermittelt laut *BZ am Mittag* inzwischen auch formell gegen den Verwaltungsdirektor und Rotter-Schwager Ludwig Apel sowie gegen Geschäftsführer und Direktor Hans Lüpschütz.[35] Dies, obwohl Lüpschütz im Verhör betont:[36] „Ich habe meine ganze Geschäftsführung bei allen Gesellschaften lediglich aufgrund der Anweisungen der Brüder Rotter durchgeführt. Wenn ich mal etwas einwenden wollte, wurde mir gesagt: ‚Was wollen Sie denn eigentlich, Sie sind doch nur bei uns angestellt und sind für nichts verantwortlich, denn wir haben die selbstschuldnerische Bürgschaft für alles übernommen.'" Später, im Juni 1933, wird gegen Lüpschütz und Apel auch formell Anklage erhoben.

Staatsanwaltschaftsrat Herbert Eichholz erhöht den Druck. Hinter den Kulissen setzt nämlich bereits eine Hetzjagd ein. Erstes Ziel ist jene Abteilung der Verwaltung, die den Rotters nach dem Ersten Weltkrieg wieder das preußische Bürgerrecht zuerkannt hat – nachdem sie kurz vor Ausbruch des Krieges als in Leipzig Geborene ihr sächsisches wieder angenommen hatten, in der Hoffnung, so der Front leichter zu entgehen. *Das Kleine Journal* kündigt an: „Wenigstens gilt als sicher, dass die Amtsentfernung des für die Rotter-Einbürgerung verantwortlichen Ministerialrats Goehrke und anderer hoher Beamter seines Ressorts nur die erste Etappe auf dem mit erfreulicher Energie beschrittenen Wege der Säuberung ist.“[37]

Am 11. Februar 1933 lädt Staatsanwaltschaftsrat Eichholz auch Werner Guthmann, den Vetter der Rotters, vor. Seit 1918 hat er als ihr Bühnenleiter „die kaufmännische Leitung der gesamten Rotterbühnen“ inne. Vermutlich aus Furcht, das Verfahren würde auf ihn ausgedehnt, klagt Guthmann seine Vettern an.

Bislang stützt sich Eichholz lediglich auf das, was die Kassiererinnen über die Summe berichtet haben, die aus den insgesamt „22000 bis 24000 Reichsmark“ Vorverkaufseinnahmen von *Ball im Savoy* übrig geblieben ist – sowie auf die Aussage, die er Max Epstein, dem Arzt und Freund der Rotters, an dessen Arbeitsplatz abgerungen hat (21.1.1933): „[...] vom Hörensagen weiß ich, dass Rotters in die Schweiz erhebliche Beträge geschafft haben sollen, und zwar im Laufe des Jahres 1932“ – es sei ihm „einmal erzählt worden“, sie hätten auf das Konto einer Bank in Gunten am Thunersee „vor nicht allzu langer Zeit größere Beträge eingezahlt“.

Sonst hat die Staatsanwaltschaft nichts in den Händen, denn auch die am 23. Januar unter der Leitung von Kriminalkommissar Possehl in Angriff genommene zweite Durchsuchung der Villa mit Beschlagnahmung weiterer Rechnungsbücher ist ergebnislos verlaufen.[38] Büromitarbeiter und Vetter Werner Guthmann, der sich, wie er nun offenbart, vertraulich mit Verwaltungsdirektor Apel ausgetauscht hat, grenzt sich im Verhör stark von seinen beiden Cousins ab: „Gegen die Geschäftstätigkeit der Brüder Rotter hatte ich von Anfang an Bedenken. Bereits damals in dem kleinen Betriebe wurden meines Erachtens Steuererklärungen unrichtig abgegeben, Gewinne falsch verbucht, die Bücher sind schon damals bestimmt nicht in Ordnung gewesen. Ich habe den Rotters oft, aber vergeblich Vorhaltungen gemacht und wurde ihnen gerade dadurch, dass ich zu viel wusste, recht lästig. Ich habe mal einen Brief von Alfred an Fritz gelesen, in welchem er schrieb: ‚Wie können wir bloß unseren Werner loswerden? Er weiß zu viel.‘ Dieser Brief muss aus dem Jahre 1926 oder 1927 datieren.“

Um sich selbst zu retten, erzählt Guthmann weiter: „Den Zusammenbruch habe ich seit mehreren Jahren erwartet. Ich habe auch oft mit Apel darüber gesprochen. [...] Freiwillig wurden überhaupt fast keine Rechnungen bezahlt. Es liefen eine Unmenge Wechsel. Noch in den letzten Tagen wurden hohe Wechsel ausgestellt. Noch drei oder vier Tage vor der Flucht hat Fritz Rotter hohe Wechsel ausgestellt."[39]

„Hoch" bedeutet, wie Diener Archibald in Bezug auf den Wechsel für Direktor Wölffer vom *Theater des Westens* offenbart hat, 15 000 Reichsmark, von denen Fritz aber nur 12 500 erhalten hat. Für höhere Summen gab ihnen niemand mehr Kredit. In diesem Protokoll, das allein die belastenden Aussagen Guthmanns vermerkt, bleibt unerwähnt, dass Fritz *dieses* Geld für die Gagen des Bühnenpersonals benötigt – und für die Pachtschulden im *Metropol*.

Im offiziellen Protokoll fehlt auch ein Satz, der in einem zweiten, durch den Staatsanwalt abgetrennten Protokoll steht: Guthmann und die Sekretärin Frau Cavanna hätten am 19. Januar 1933 – einen Tag vor der Abreise Fritz Rotters – zu dem aus Dresden angereisten Direktor Lerch gesagt: „Es sei zu hoffen, dass Fritz doch noch das Geld für die Sanierung zusammenbekommen würde."

Nicht einmal dem Boten Archibald gelingt es, unmittelbar vor der Abreise von Fritz am 20. Januar 1933 im *Theater des Westens* die restlichen 2500 Reichsmark einzubringen. Gewöhnlich sind die Wechsel auf die drei Theater, die ihnen gehören, gezogen worden. Es sind die letzten verbliebenen Sicherheiten gewesen. Werner Guthmann gibt an, dass Fritz und Alfred Rotter 1931 – zur Zeit der Großerfolge mit *Die Dubarry* und *Die Blume von Hawaii* – „100 000 RM auf die Schweizerische Volksbank in Zürich" gebracht hätten, schränkt aber ein: „Von diesem Betrage haben die Rotters später einen Teil wieder zurückgebracht zur Abdeckung von Gagenschulden."[40] Dennoch fügt Guthmann hinzu: „Es war bei uns im Büro sprichwörtlich, dass die Brüder Rotter nach jeder großen Premiere die ersten Einnahmen persönlich abgehoben und ins Ausland gebracht haben. Aus diesem Grunde fiel uns auch die Abreise Alfred Rotters nach der Premiere von *Ball im Savoy* nicht weiter auf."

Dass Alfred und Gertrud einige Tausend bei sich haben, weiß Staatsanwaltschaftsrat Eichholz bereits. Er will die Frage klären, ob im Ausland wirklich noch ein Restvermögen der Rotters existiert – wenngleich ein solches sie ja vor dem Konkurs gerettet hätte. Aus dieser Denkschlaufe kommt die Staatsanwaltschaft nicht heraus: Anzunehmen, dass Vermögen da ist, steht in unauflösbarem Widerspruch zu der Tatsache, dass die Brüder alles versucht haben, die Insolvenz abzuwenden. Außer ungesicherten Annahmen hat Eichholz nichts in der Hand.

Vetter Guthmann erklärt laut Protokoll: „Apel sagte immer zu mir: ‚Rotters wären die größten lebenden Betrüger in Deutschland.'" Den ressentimentgeladenen Apel, der seiner Frau Marianne den persönlichen Kontakt mit ihrer Schwester Gertrud und den Schwagern verbietet, hat der Staatsanwalt gleich zu Beginn der Ermittlungen vernommen, zusammen mit Buchhalter Conrad Wolff – und selbst Apel weiß nichts anderes, als was auf Punkt und Komma durch die erhaltenen Akten der Dresdner Bank belegt ist.

In den folgenden Monaten zwingt Apel seine Gattin Marianne zur Konversion – und lässt sich dann trotzdem von ihr scheiden. Beruflich nützt ihm das wenig. Erst im Krieg wird ihm wieder gestattet, kurzfristig ein Theater zu leiten – in der Provinz des besetzten Frankreich.

Am 18. Februar 1933 befragt Staatsanwaltschaftsrat Eichholz auch Heinz Hentschke. Den Unterlagen zufolge haben die Rotter-Bühnen Hentschke allein im Januar 1933 „aus Kartenumsatz und Garderoben" 148 154 Reichsmark eingebracht. Hätte er sie nicht in der Silvesternacht 1932/33 über den Tisch gezogen, wären sie aus dem Schneider gewesen, zu den Querschüssen der Zentralstelle der Bühnenautoren wäre es so nie gekommen.

Doch dies findet nicht mehr den Weg in die Presse. Die zeichnet ab Februar 1933 ein einseitiges, rein ideologisches Bild. Und gerade das sollte eine verhängnisvolle Wirkung haben.

PROPAGANDA

Von Woche zu Woche wird ihnen ein höheres Auslandsvermögen angedichtet. Von „60 000 Mark an barem Geld" spricht die *BZ am Mittag* noch am 26. Januar 1933, das Alfred Rotter „bei seiner Abreise bei sich geführt" habe, „während seine Frau ihren wertvollen

Schmuck, der auf ungefähr 140 000 Mark taxiert wird", bei sich trage.[41] Juwelierin Martha Scholz, die diesen Schmuck zwar „nur zum geringsten Teil geliefert", dafür aber „umgearbeitet" hat, gibt an, dass der „heutige Wert [...], da es sich im wesentlichen nicht um lupenreine Steine handelt, 20 000 RM nicht überschreite[t]".[42] Auch die angeblichen 60 000 Reichsmark an Bargeld sind erfunden, der genannten Summe widerspricht noch am selben Tag Rotter-Anwalt Otto Joseph energisch und „erklärt es für Unsinn".[43]

Im Februar 1933 schießt die Summe der mitgenommenen Barmittel in Phantasiehöhen und lässt die Legende über die Kapitalverschiebung zur angeblichen Gewissheit werden. Diesem Überbietungsspiel der Gerüchte scheint bald keine Grenze mehr gesetzt. Aus der von Epstein gewählten vagen Formulierung „erhebliche Beträge" macht die Staatsanwaltschaft wenige Tage später rein rhetorisch „sehr erhebliche".[44] Das lässt sich beliebig weiter steigern: Amtsgerichtsrat Kolbe vom Amtsgericht Berlin-Mitte behauptet, zehn Tage nach Beginn der Naziherrschaft, im Haftbefehl vom 9. Februar 1933: „Einen großen Teil aus den Einnahmen der [...] Theaterbetriebe haben die Brüder Schaie, genannt Rotter [...], beiseitegeschafft. Es handelt sich hierbei um Beträge von schätzungsweise 600 000 RM, welche wahrscheinlich ins Ausland verbracht sind." Das ist schon mal Faktor zehn, ohne den geringsten Beleg. Die Zeitung *Der Deutsche*, die die nationalsozialistisch geführte Regierung eifrig begrüßt hat, legt noch eine Schippe drauf: „Die Brüder Rotter [...] haben rund 4 Millionen Schulden in Berlin hinterlassen, wovon ein sehr großer Teil sich jetzt wohl bar im Ausland befindet und nicht mehr gefasst werden kann."[45]

Die Schulden werden in Besitz umgedichtet – aber hätten sich die Brüder dann in der Silvesternacht dem Gläubigerdiktat Hentschkes gebeugt? Das überlegt sich in Deutschland niemand mehr.

Unter dem neuen nationalsozialistisch-deutschnationalen Einfluss weitet das Amtsgericht die Anklage im neuen Haftbefehl vom 9. Februar 1933 auch deutlich aus. Die Rotters seien „folgender Straftaten dringend verdächtig": „des fortgesetzten gemeinschaftlichen Betruges", „der fortgesetzten gemeinschaftlichen Untreue [...] in Tateinheit mit Konkursverbrechen (Beiseiteschaffung von

Vermögensstücken)" und „Konkursvergehen (übermäßiger Aufwand)"; „Anstiftung zur verspäteten Konkursanmeldung" und „zur Bilanzverschleierung"; sowie „des Verbrechens der unordentlichen Buchführung": „Da sie außerdem flüchtig sind, sind sie zur Untersuchungshaft zu bringen." Dieser Haftbefehl wegen „Konkursverbrechen" wird am 8. März 1933 erneuert.

Die Mutmaßungen über die Höhe der angeblich ins Ausland verschobenen Beträge lösen sich von jeder realistischen Überlegung. Zeigt eine Witzzeichnung vom 17. Januar 1933 im *12 Uhr-Blatt* die Rotters noch weinend auf dem Dach ihrer zusammengebrochenen Bühnen, während ihre teuren Operettenstars unbeeindruckt eine langgestreckte Limousine besteigen, karikiert dasselbe Blatt zehn Tage später die Brüder – noch vor dem Machtantritt der Nazis – schon mit drei Geldsäcken, auf denen eine Zahl mit vielen Nullen prangt.

Die Berichterstattung über die steckbrieflich verfolgten Rotters wirkt sich auch in Liechtenstein gravierend aus. Ein dumpfer Volkszorn braut sich zusammen. Emma Roeder-Schädler, die Schwester von Rudolf Schädler, der nur wenig später die Rotters überfallen wird, schildert diese Zeit so: „Man hat in der letzten Zeit öfters darüber gesprochen, es wäre ein Glück für das Land, wenn die Rotters draußen wären. Wir haben auch öfters von alten Gästen derartige Briefe bekommen. Man hat auch gesagt, die Regierung sollte sie hinaustun. Man sprach auch davon, es gebe so viel Automobilbesitzer im Lande, ob denn keiner sie einmal hinaustue, solche Sachen konnte man im ganzen Dorf [Vaduz] herum hören. Meine Schwester Adele Bertolini in Dornbirn hat dem Bruder [Rudolf Schädler] letzterzeit mehrfach Grüße aus Vorarlberg überbringen müssen. Da hieß es, die Liechtensteiner seien Schlappschwänze, dass man die Rotter nicht hinaustue, dass si[ch] keiner getraue und derlei Sachen."[46] Ende Februar 1933 ist Karnevalszeit, im alemannischen Raum des Bodensees und des Rheintals *Fasnacht oder Fastnacht* genannt, oft ein Ventil für Aufgestautes. Emma Roeder-Schädler: „Auch Peter Rheinberger hat in der Fasnacht gesagt, ein[e] Truppe Konstanzer wäre am liebsten heraufgekommen, um sie zu entführen. Von wem die Idee ausgegangen ist, weiß ich nicht."

Schilder auf der **Insel Reichenau/Bodensee.** Ein Schild verspottet die Juden und verbietet das Betreten der Insel, ca. 1935

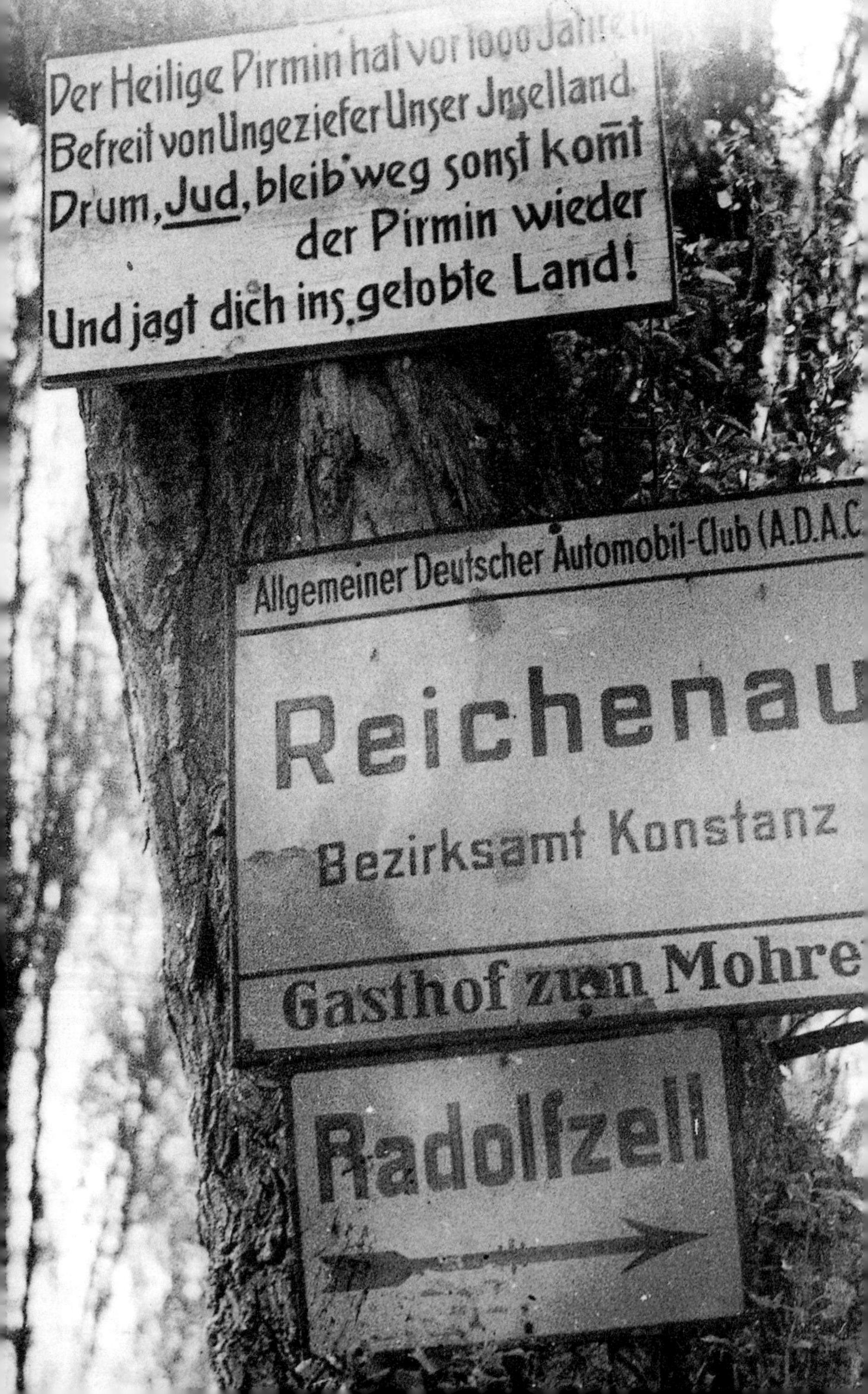

Einer der Konstanzer Täter wird Max Witt sein, fünfundfünfzig Jahre alt, verwitwet, seit 1. November 1930 NSDAP-Mitglied[47], ursprünglich aus München stammend und Taxifahrer in der Bodenseestadt. Er äußert sich später vor dem deutschen Untersuchungsrichter: „Ich verkehre viel im ‚Elefanten' in Konstanz. Dort hat auch die ‚Alemannia' vom Technikum in Konstanz ihr Lokal. Dort lernte ich auch einen Peter Rheinberger kennen. Schon an Fastnacht 1933 erzählte er mir, dass die Gebrüder Rotter in Vaduz seien, da wäre eine Gelegenheit, dieselben zu holen, dieselben gehörten doch nach Deutschland gebracht und der Justiz zugeführt, da sie 4,8 Millionen Mark verschoben und veruntreut hätten. Dies war mir übrigens schon aus unseren Zeitschriften bekannt."[48] Damit muss er NS-Blätter gemeint haben. Die Zahl selbst bringt Peter Rheinberger ins Spiel – unter den Phantasiezahlen die höchste je genannte.

Witt schildert die Wirkung der Zahlen auf ihn:

> „[Circa] im Februar des Jahres bin ich mit Peter Rheinberger im Restaurant zum Elefanten beisammen gewesen und da ich zufällig erfahren habe, dass Rheinberger in Liechtenstein zuhause ist, kam mir der Gedanke, einmal mit Rheinberger betreff den Gebrüder [sic] Rotter zu sprechen, ob es nicht möglich sei, diese Halunken der deutschen Justiz zuzuführen, damit dieselben den verdienten Lohn für ihre Schurkereien bekommen, denn warum sollen diese Menschen straffrei ausgehen, welche das deutsche Volk um Millionen betrogen haben. Ein armer Teufel wird bestraft und hat für sein Leben lang einen Flecken in seinem Leumund. Rheinberger hat sich bereit erklärt, mit seinem Onkel, dem Kurhausbesitzer auf der Gaflei bei Vaduz zu sprechen, und wenn etwas zu machen sei, wird er mir Bericht zukommen lassen."

Gerüchte über diese Spannungen in Liechtenstein erreichen auch Berlin. Die Verbandszeitschrift der Deutschen Bühnenschriftsteller und Bühnenkomponisten *Der Autor* kommentiert in der Nummer von Ende Februar 1933 scheinbar amüsiert, „dass den Liechtensteinern der Fall unangenehm zu werden beginnt, und dass sie die Brüder Rotter ins Pfefferland wünschen": „Während die deutsche Presse noch voll von der Affäre der Rotters ist;

während das Rätselraten über die Frage der neugebackenen Bürger von Liechtenstein die Gemüter in Deutschland nicht zur Ruhe kommen lässt, wenden sich jetzt auch endlich die Liechtensteiner selbst dagegen, dass ihr Ländle in ganz Europa als das Paradies der Devisenschieber und Kapitalflüchtlinge gilt. Sie sind durchaus nicht restlos damit einverstanden, dass man Leuten eine Heimstätte bietet, die in ihrer Moral entschieden keine Bereicherung der an sauberen Sitten hängenden, einfachen Landbevölkerung sind."

Dabei müsste Richard Bars, der den Verband leitet, am besten wissen, dass Bankrott im Falle der Rotters auch wirklich Bankrott heißt – eine kleine Restsumme hin oder her, mit der sie über die nächsten Wochen und Monate zu kommen versuchen. Als „Beispiel für die Stimmung der Volksmeinung" zitiert *Der Autor* die Zeitung *Liechtensteiner Nachrichten*: „[...] es wäre wohl manchem lieb, wenn sie freiwillig gingen. Auch wenn ihnen hier nichts geschehen sollte, was wir uns aber nicht vorstellen können, kommt der Aufenthalt in Liechtenstein einer Verbannung gleich. Denn sobald sie die Grenze passieren, setzen sie sich der Gefahr aus, nach Berlin abgeschoben zu werden. Glücklich schätzen sich die Brüder gewiss nicht, und ihr beschauliches Dasein kann jeden Augenblick ein jähes Ende finden."

Der Autor kommt zu dem Schluss: „So sitzen die geflüchteten Theaterkönige von Berlin in Vaduz wie in einem Glaskasten, und wenn einer von ihnen einmal versehentlich anstößt, ist es aus mit der Freiheit ..."

Die beim Polizeipräsidium hinterlegten Kautionsgelder der Rotter-Bühnen haben die Ansprüche des Bühnenpersonals zwar nicht vollständig, aber weitgehend abdeckt. Die „Konkursmasse" sei nach wie vor „außerordentlich gering": Zu Buche schlagen „4500 Mark, die der Konkursverwalter aus dem Verkauf des Rotter'schen Packard-Wagens gelöst hat, dann aus dem Silberzeug Alfred Rotters, das bei einer Verwandten des Flüchtigen ermittelt wurde, und schließlich aus einem Kautionsrest von 1000 Mark. Außerdem existiert noch ein Geldschrank, an den man aber nicht herankann, weil zwar die Schlüssel vorhanden sind, das Kennwort des ‚Sesam, öffne dich' aber unbekannt ist. Gegen ein Aufschweißen des Tresors wehrt sich einer der Gläubiger, der das Objekt gepfändet hat und es nicht beschädigen lassen will."

Mittlerweile werden die Rotters zum Gegenstand von Humoresken und Spott. Sogar der von solchen Vorurteilen freie Schriftsteller Klaus Mann schreibt einen – nie zur Aufführung gelangten – Text *Liechtenstein* (5.3.1933) für das Zürcher Kabarett *Pfeffermühle* seiner Schwester Erika Mann:

> *„[...] Das Land, in dem man Milch und Honig schlürfte,/ Wir suchen's alle, doch wir finden's kaum – / Drum gaukeln wir uns vor im Traum,/ Als ob es so was wirklich geben dürfte./ [...] / Und wer den Eintritt aufbringt, der genießt,/ Und nichts wie Fröhlichkeit ist ihm beschieden./ Woanders: Zähneklappern und Geschlotter – / Doch auf der Alm, da gibt's kein Sünd,/ Weil hier doch ALLE Hinterzieher sind. – / Und dort, der Blühendste, das ist mein Rotter./ Man soll nichts Böses über's Ländle sagen!/ Wenn es auch nicht sehr groß ist, sondern klein./ Es hat doch einen großen, guten Magen./ Da geht was rein./ Wo mag das sein?/ In meinem Liechten-, meinem Liechtenstein. [...]“*[49]

Noch Jahre später, in dem ganz anders gestimmten, bitteren Text *Die Toten* aus dem Jahre 1939, geht Klaus Mann davon aus, dass die „Gebrüder Rotter, zwei sehr erfolgreiche Berliner Theater-Unternehmer“, die sich in Liechtenstein „ihr Asyl gesucht“ haben, dort „friedlich von dem vielen Geld“ lebten, „das sie in Berlin mit ihren keineswegs besonders interessanten, aber geschickt aufgezogenen populären Op[e]retten und Musical-Shows so reichlich verdient hätten“. Selbst er glaubt die Legende vom mitgenommenen Reichtum. Zu diesem Zeitpunkt sind Alfred und Gertrud aber schon tot – und Fritz stirbt im Oktober 1939 in Frankreich.

„HIEBE PRASSELN“ – DER BOYKOTT VOM 1. APRIL 1933

Noch während die Rotters für manche zur Lachnummer geraten, ersinnt die NSDAP-Parteileitung weitreichende Propaganda- und Straßenaktionen gegen die jüdische Bevölkerung insgesamt – ein erster Schritt zu deren gezielten Ausgrenzung. Der Boykott gegen jüdische Geschäfte, Anwälte und Ärzte, der am Samstag, dem 1. April 1933, stattfinden soll, wird schon Tage zuvor auf allen Parteiebenen vorbereitet.

Das von *Stürmer*-Herausgeber Julius Streicher in München geleitete „Boykott-Komitee“ stellt das Vorgehen gegen „jüdische Geschäfte“ lautstark als Gegenreaktion hin – als Antwort auf die ersten in New York und London erhobenen Boykottaufrufe gegen das nationalsozialistische Deutschland und seine Waren. Der Boykott und der Aufmarsch der NS-Massenorganisationen sind als Machtdemonstration nach außen und als Einschüchterung nach innen geplant. Aktionsbegleitend werden die ausländischen Meldungen über Grausamkeit und Terror vehement und in Gänze als „Greuelpropaganda“ und „Schauermärchen“ zurückgewiesen. Damit soll die Berichterstattung insbesondere in den USA und in England insgesamt diskreditiert werden. Unbeabsichtigt aber liefern die Berichte über uniformierte Nazis, die Davidsterne auf jüdische Schaufenster pinseln und die Kundschaft am Betreten der Läden hindern, der Weltöffentlichkeit überhaupt erst einen Eindruck von genau diesem Terror.

Schon vor dem 1. April beherrschen Streichers „Komitee“ und die überall von der NSDAP-Parteileitung angeordneten „Aktionskomitees“ zusammen mit der SA die Presse und die Straße. Der organisierte Mob operiert ungehindert als Sprachrohr für das „neue“ Deutschland. Mit ausdrücklichem Verweis auf den „Propagandakrieg 1914–1918“ reaktiviert die NS-Propaganda alte, tief verankerte Feindmuster und filtert aus der kritischen Berichterstattung im Ausland Fälle übertriebener oder unzutreffender Darstellung heraus, um mit diesen wenigen „falschen Nachrichten“ pauschal jede Kritik am NS-Staat zu entkräften – und wortreich über die tatsächlichen Gewalttaten in den SA-Kellern und anderswo zu schweigen sowie neue Verhaftungen zu rechtfertigen.

Als die Verwaltung des Jüdischen Friedhofs Berlin-Weißensee am 26. März 1933 selbst öffentlich dementieren muss, was eine Zeitung in New York über in Berlin angeblich vor dem Eingang zu ihrem Friedhof abgelegte jüdische Tote geschrieben hat, und skandinavischen Korrespondenten ein Gespräch mit dem totgesagten KPD-„Schutzhäftling“ Ernst Thälmann [im August 1944 in Buchenwald ermordet] gewährt wird, landet die gelenkte deutsche Presse ihren ersten durchschlagenden Erfolg: „‚Hingerichtete, Totgemarterte, Verstümmelte‘ stellen sich vor!“[50] In eindeutiger Stoßrichtung wird das als „Zusammenbruch des jüdischen Hetzfeldzuges" gewertet, und der Widerspruch fällt nicht weiter auf, dass die Verhaftungen weitergehen.

Erst angesichts dieses Propaganda-Triumphs entscheidet sich die NSDAP in München am 27. März 1933, die Sache zu steigern und den „Abwehrkampf", wie es heißt, „in schärfster Form aufzunehmen" und „Anordnungen für die Organisation einer gewaltigen Volksbewegung zur Bildung von Boykottkomitees gegen die jüdischen Geschäfte in Deutschland als Abwehr gegen die jüdische Greuel- und Hetzpropaganda im Ausland ergehen" zu lassen. Gleichzeitig soll „dem Judentum in Deutschland an den Hochschulen, in den Berufen der Rechtsanwälte und der Ärzte nur dieselbe Quote" zugestanden werden, „die sie in der Gesamtzahl der Einwohnerschaft Deutschlands ausmachen".[51]

Diese sich überschlagende Propaganda findet sich in allen Nuancen auch in der *Bodensee-Rundschau*, dem „Nationalsozialistisches Kampfblatt für das Deutsche Bodensee-Gebiet" – einer Tageszeitung, die in Konstanz erscheint und von den bereits zur Entführung der Rotters entschlossenen Tätern gelesen wird. Die Festnahme von Gegnern sei lediglich die „unerbittliche Weiterführung des Kampfes gegen den Marxismus"[52], Emigranten seien „ausnahmslos Novemberverbrecher, Vaterlandsverräter und Wirtschaftsgauner"[53]. Der angebliche „Hassfeldzug" der ausländischen Presse gegen eine „Revolution, in der den Juden kein Haar gekrümmt" worden sei, wird „zum Anlass [...] einer schon längst erwünschten Klarstellung des Verhältnisses zwischen dem deutschen Staatsvolk und jenen, die für die ihnen gewährte Gastfreundschaft kein Verständnis aufzubringen vermögen".[54]

Die jüdischen Deutschen sehen sich schon allein sprachlich plötzlich auf einen „Gäste-Status" reduziert und in Form einer Kollektivstrafe für ungenaue Alarmmeldungen im Ausland haftbar gemacht.

Die *Bodensee-Rundschau* zitiert am 30. März 1933 „Reichskanzler Adolf Hitler": „Das Judentum" müsse „erkennen, dass ein jüdischer Krieg gegen Deutschland das Judentum in Deutschland mit voller Schärfe selbst trifft". Dies bleibt das stetige Rechtfertigungsmuster des Diktators: Erlassene Maßnahmen hätten sich die Betroffenen selbst zuzuschreiben.

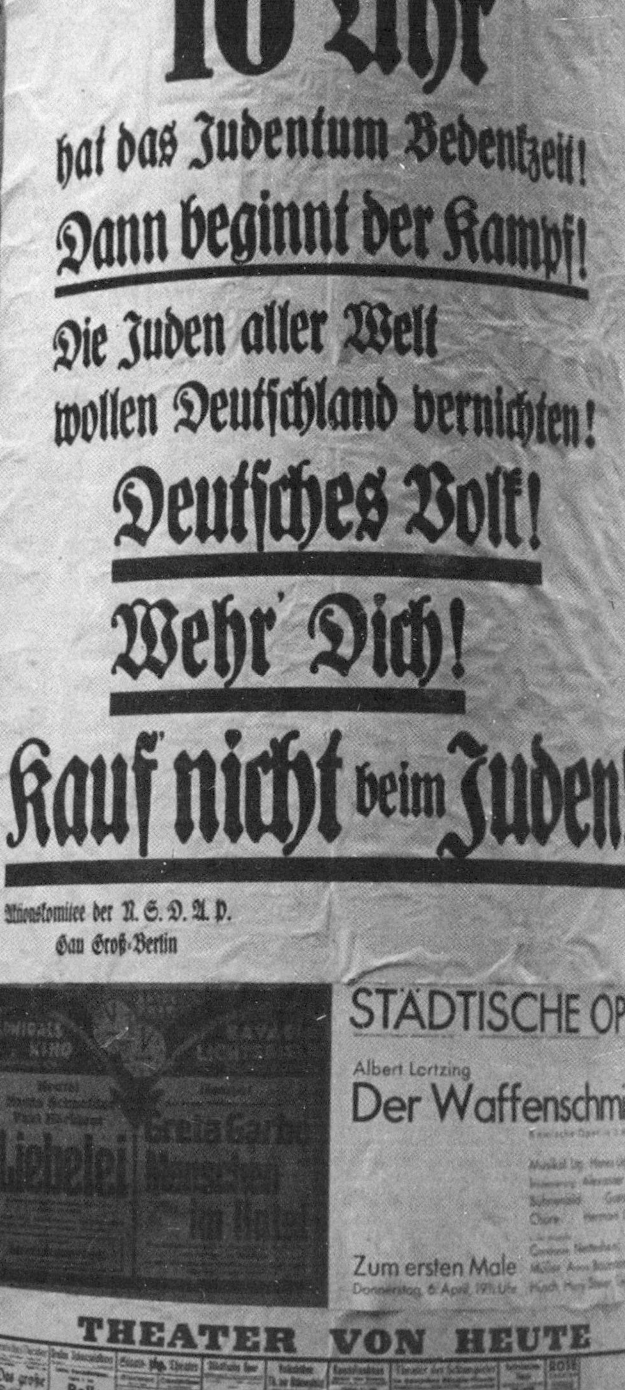

Litfaßsäule in Berlin mit dem Aufruf zum **Boykott** jüdischer Geschäfte am 1. April 1933, darunter eine Werbung für ***Ball im Savoy***

Ebenfalls am 30. März beginnt die „Ausschaltung der Juden" aus der „Strafrechtspflege" und die in der neuen Sprachregelung sogenannte „Säuberung der verjudeten Anwaltskammern". „Die Hiebe prasseln!", setzt die *Bodensee-Rundschau* in gewalttätigem Vokabular über die fett gedruckten Titel und Untertitel.[55]

Der „Aufruf" zum Boykott-Tag am 1. April füllt schon zwei Tage zuvor eine ganze Zeitungsseite der *Bodensee-Rundschau*. „In den Wochen nach dem 30. Januar hat sich eine einzigartige nationale Revolution in Deutschland vollzogen. [...] Nur der beispiellosen Disziplin und Ruhe, mit der sich dieser Akt des Umsturzes vollzog, haben es die Urheber und Nutznießer unseres Unglücks zuzuschreiben, wenn sie fast ausnahmslos ungeschoren blieben." Das einschränkende Wörtchen „fast" ist freilich vielsagend.

Weiter heißt es in dem „Aufruf":

> „Lügen und Verleumdungen von geradezu haarsträubender Perversität werden über Deutschland losgelassen. [...] Die deutschen Waren, die deutsche Arbeit sollen dem internationalen Boykott verfallen. [...] Sie lügen [...]! Alles nur eine einzige Lüge, zu dem Zweck erfunden, eine neue Weltkriegshetze zu entfachen! [...] Die nationalsozialistische Partei wird daher nunmehr den Abwehrkampf gegen dieses Generalverbrechen mit den Mitteln aufnehmen, die geeignet sind, die Schuldigen zu treffen. Denn die Schuldigen sind bei uns, sie leben unter uns und missbrauchen Tag für Tag das Gastrecht, das ihnen das deutsche Volk gewährt hat. [...] Damit ist jetzt Schluss! Das Deutschland der nationalen Revolution ist nicht das Deutschland einer feigen Bürgerlichkeit. [...] Denn verantwortlich für diese Lügen und Verleumdungen sind die Juden unter uns. [...] In ihrer Hand läge es, die Lügner in der anderen Welt zurechtzuweisen. Da sie dies nicht wollen, werden wir dafür sorgen, dass dieser Hass- und Lügenfeldzug gegen Deutschland sich nicht gegen das unschuldige deutsche Volk, sondern gegen die verantwortlichen Hetzer selbst richtet. [...] Nationalsozialisten! Samstag, Schlag 10 Uhr, wird das Judentum wissen, wem es den Kampf angesagt hat."

Am Boykott-Tag selbst präzisiert das „Zentralkomitee zur Abwehr der Greuelhetze" in der *Bodensee-Rundschau*: „Zur Kenntlichmachung jüdischer Geschäfte sind an deren Eingangstüren Plakate oder Tafeln mit gelben Aufschriften auf schwarzem Grunde anzubringen." Und: „Die Religion spielt keine Rolle. Katholisch oder protestantisch getaufte Geschäftsleute [...] sind im Sinne dieser Anordnung ebenfalls Juden. [...] Ist der Ehegatte einer nichtjüdischen Geschäftsinhaberin Jude, so gilt das Geschäft als jüdisch. Das gleiche ist der Fall, wenn die Inhaberin Jüdin, der Ehegatte aber nicht Jude ist."

Die *Bodensee-Rundschau* verkündet: „Begeisterte Zustimmung der Bevölkerung zur Boykottbewegung. Über 18 jüdische Geschäfte in Konstanz". „In vielen Städten, darunter auch in Konstanz, wurden schon am Donnerstagmorgen durch die SA die Käufer jüdischer Geschäfte kontrolliert und aufgeschrieben. Vor allen Dingen wurden sie auf ihr volksschädigendes Verhalten aufmerksam gemacht und auf die Folgen hingewiesen. An verschiedenen Stellen der Stadt nahm die Bevölkerung gegen solche ‚Unbelehrbare' eine drohende Haltung ein. Zu gegebener Zeit werden wir eine Liste von Konstanzer Volksgenossen veröffentlichen, die entgegen dem Willen der Nation ihren Bedarf in jüdischen Geschäften decken."

Unter der Überschrift „Das Konstanzer Ghetto" steht: „Es ist kein Geheimnis, dass die Stadt Konstanz in besonders starkem Maße mit Vertretern aus dem auserwählten Volke gesegnet ist. Ganze Straßenzüge sind von protzigen Judengeschäftspalästen beherrscht. [...] Deutschland hat jetzt bei der Judenfrage seine Weltmission zu erfüllen. Jeder Deutsche, der diesen Abwehrkampf gegen das Judentum schwächt, hintertreibt oder gar ihm entgegenwirkt, ist ein Volksverräter." Denn in „Punkt 8" der „Anordnung" der Parteileitung steht ja eigens: „Grundsätzlich ist immer zu betonen, dass es sich um eine uns aufgezwungene Abwehrmaßnahme handelt." Das war die propagandistische Generallinie.

DIE VORBEREITUNG DES ANSCHLAGS

Bereits einen Tag nach dem Boykott-Beginn einigen sich die Liechtensteiner Verschwörer auf den Anschlag auf die Rotters. Es ist der Sonntag, 2. April 1933. Das Treffen findet bei Peter Rheinberger in Balzers statt – in der Schankstube der Burg Gutenberg. Die bemalten Deckenbalken werden von einem schweren T-förmigen Holzpfeiler abgestützt. Die Wand über dem niedrigen Rundbogenfenster ist filigran verziert. Nachempfundene gotische Eisenbeschläge verstärken die Türen. Am Tisch gibt es statt Stühlen zwei lange Bänke mit Rückenlehnen. Der Besitzer, Egon Rheinberger, von seinem Biografen Anton Wilhelm als „Burgenromantiker" beschrieben, weiß nichts über die Pläne seines Sohnes. Nach Bekanntwerden der Tat wird er sich über ihn grämen.

Peter Rheinberger ist der Schrillste von allen – und gibt im ersten Verhör (6.4.1933) offen zu, in Konstanz, wo er „studiere", „eine Reihe bekannter Leute unter den Nationalsozialisten" zu haben. „Am Sonntag, den 2. April, sind Architekt Röckle und mein Onkel Rudolf [Schädler] zu uns nach Gutenberg gekommen", schildert Rheinberger.[56] „Mit Röckle sprach ich nur kurze Zeit, ich bin dann mit ihnen nach Vaduz gefahren und habe dort übernachtet. Rudolf wusste, von mir schon von früher her, dass ich halbwegs auch schon daran gedacht hatte, einen solchen Plan durchzuführen."

Architekt Röckle im Verhör (5.5.1933): Peter Rheinberger, „sagte, er hätte Leute in Konstanz, die sich angeboten hätten, die Entführung der Rotter durchzuführen. Ich sagte dann, was das für Leute seien, ob sie auch zuverlässig seien, ob es nicht besser wäre, man würde Detektive verwenden: ich habe ihn also nur zur Vorsicht gemahnt und damit nicht sagen wollen, man solle es nicht durchführen, sondern nur, wenn man es durchführe, solle man dafür sorgen, dass es auch gelinge."

> „So entschlossen Schädler und ich mich, die Brüder Rotter, diese Betrüger, zu packen und über die Grenze zu stellen, einerseits um diese unsauberen Elemente wieder außer Land zu haben, anderseits um diese Feiglinge vor Gericht zu bringen, damit sie ihrer verdienten Strafe zugeführt werden! [...] Es war uns natürlich vorweg klar, dass die Durchführung außerordentlich schwer sein wird, da wir wussten, dass diese Leute nur zu sehr auf ihre persönliche Sicherheit bedacht sind und keinen Schritt machen, ohne sich vorher zu vergewissern, ob die Luft wohl rein sei. Gerade in letzter Zeit waren sie doppelt vorsichtig, weil es ihnen zweifellos wiederholt schon zu Ohren gekommen war, dass der größte Teil der Bevölkerung gegen sie eingestellt ist! Wir hatten, was ich vorweg betone, nicht die

Absicht, den Leuten ein Leid zuzufügen, sondern unser Plan ging eben dahin, sie so sanft es eben ging, aus Liechtenstein hinauszubefördern!"[57]

Von 1930 bis 1932 hat das Fürstentum Liechtenstein gerade mal „31 Juden die liechtensteinische Staatsbürgerschaft" erteilt.[58] Dennoch verteidigt sich Rheinberger auch nach der Gewalttat alarmistisch im von der antijüdischen Nazi-Propaganda vorgegebenen Sinn: „Zudem fürchteten wir, das nachdem so viele Juden aus Deutschland geflüchtet sind, manche von ihnen sich nach Liechtenstein wenden würden und dass zuletzt dann die Juden im Ländchen die Macht ergreifen könnten, wie sie es überall dort tun, wo sie einmal Fuß gefasst haben."[59]

Röckle selbst spielt die Bedeutung der Zusammenkunft auf Burg Gutenberg im Verhör herunter: „Am Sonntag in Gutenberg ist eigentlich kein bestimmter Plan gefasst worden. Es war alles noch locker, man wusste noch nicht, wie es gemacht werden sollte." Er habe darauf „verwiesen", „wenn Deutsche die Sache unternehmen wollten, müssten die Leute sehr gut angeschaut werden, dass es Leute wären, die Verantwortung dafür tragen könnten, was sie machten. Ich habe gesagt, die Liechtensteiner sollten nicht die Hand dazu hergeben, wenn die Sache von der andern Seite nicht gut vorbereitet sei. [...] ich hatte auch deswegen besonders darauf hingewiesen, dass Detektive verwendet werden sollten, Fachleute, die eine Verhaftung leicht technisch vornehmen können."[60]

Rudolf Schädler, Peter Rheinbergers Onkel, ergänzt im Verhör vom 10. April 1933: „Ich versichere, dass andere Leute in unseren Plan nicht eingeweiht waren." In einem früheren Verhör[61] wählt Schädler dieselbe Formulierung wie Architekt Röckle, als hätten sie sich abgesprochen: „Ich sagte immer, man müsste zwei sehr gewandte Detektive haben, um die Sache durchzuführen. Rheinberger behauptete dann, er kenne zwei solche Leute. Er sagte auch, von Konstanz aus sei auch so etwas geplant. Ich verlangte, dass Peter bei der Ausführung nicht dabei sei, weil er noch minderjährig ist. Er sollte aber zwei oder drei Leute bestellen." Volljährig ist man in Liechtenstein mit vollendetem zwanzigsten Lebensjahr.

Die Abmachung sieht vor, dass Schädler Fritz und Alfred Rotter hoch in sein zu dieser Jahreszeit noch geschlossenes *Kurhotel*

Gaflei locken soll. Ein Wintereinbruch Ende März 1933 hat dafür gesorgt, dass oben noch Schnee liegt. Schädler: „Für mich persönlich war das fürchterlichste das, dass ich mich den Rotter anfreunden und nachher das Vertrauen missbrauchen sollte, aber es hat schon oft geheißen, der Zweck heiligt die Mittel."[62]

Im Verhör vom 10. April 1933 wiederholt der Hotelier und Liederkomponist Rudolf Schädler, zu dem Zeitpunkt dreißig Jahre alt, seine Aussage: „Ich habe das dem Röckle zweimal auch gesagt, es falle mir furchtbar schwer, sei mir sehr widerlich, er aber munterte mich auf, das mache alles nichts, der Zweck heilige die Mittel. Ich habe mir das Gleiche übrigens auch selbst eingeredet."

Franz Röckle selbst dementiert, dass er Schädler „die Bedenken, er müsse sich in das Vertrauen der Rotter einschleichen und es nachher missbrauchen, vertrieben hätte": „Der Plan ist ja nicht von mir, Schädler hat mir erzählt, er habe Gelegenheit, die Rotters kennenzulernen, er hat gesagt, sie wollen sich Gaflei ansehen, es gäbe sich dabei Gelegenheit. Natürlich ist es klar, wenn jemand etwas unternimmt, muss er auch gewissen Mut haben und muss sich über verschiedene Bedenken hinwegsetzen."[63]

Gleich nach dem ersten großen Verhör (6.4.1933) beginnt der verhaftete Röckle in seiner Zelle ein langes Schreiben, das er zwei Tage später abschließt. Es ist direkt an Landrichter Dr. Julius Thurnheer gerichtet, der die Vernehmungen leitet. Unmittelbarer Anlass ist der Vorwurf des Richters an den Architekten, „als ältester und gereifter Mann nicht die ganzen Pläne durch Widerspruch vereitelt zu haben" – wenn „jetzt so wertvolle junge Menschen großen Strafen entgegensehen". Röckle, von aufbrausendem Gemüt, kann sich nur mit Mühe unter Kontrolle halten. Er schreibt:

> „Diese Ihre juristische Sektion hat mir das Blut zur Siedehitze gebracht, so dass ich nur noch zwischen den Zähnen sprechen konnte." Ein tiefer Groll sitzt im Architekten – verletzter Stolz, Folge einer alten Kränkung: „Auffallend ist und sei es den Spießern gesagt, dass wir uns gar nicht lange erklären müssen [...]. Wohl nicht einen Augenblick hat einer von uns die strafrechtlichen Folgen irgendeines Planes überlegt. Wir sind nicht die Angeklagten, sondern die Ankläger. Wir wollten und mussten

einen Schandfleck der Nachkriegszeit gebührend treffen. Wir wollten und mussten die Ehre des Landes vor der Welt retten."

Franz Röckle listet „Schwindel" und „Skandälchen" Liechtensteins auf, bezeichnet in erster Linie das bestehende Einbürgerungsgesetz als „einen unerhörten Skandal", „dass irgendein Weltenbürger, gleich welcher Rasse & Blutes er ist, [...] gleichwertiger ‚Bürger' werden konnte, wenn nur ein Sümmelchen bezahlt wurde". Röckle weiter:

> „Die Werbungen um Kapitalflüchtlige, die zunehmenden Einbürgerungen solcher, die die Richter im Lande ihres Wirkens fürchteten, brachten uns Auslandliechtensteiner in dauernde Verlegenheit und Abwehrstellung. [...] Aber einmal muss auch ein Land kehrt machen. Liechtenstein ist zur Schuttablagerungsstelle für alle bangenden Seelen Europas geworden. Ich finde es als Verspottung und Erniedrigung unserer Alt-Liechtensteiner Bevölkerung und meiner selbst, wenn von Gesetzes wegen versucht wird, z.B. die Gebrüder Rotter als gleichwertige Bürger ansehen zu müssen. Meine Achtung vor solchen Gesetzen ist *nicht* groß. Diese Herren, die aus Polen stammen, mögen wieder dorthin zurückkehren, wenn ihnen der Boden ihres Wirkens, Berlin, zu heiß geworden [ist]. Sehr verdächtig finde ich es, wenn diese Herren schon 1931 sich bei uns das Bürgerrecht erkauft haben."

Im Brief an den Richter geht Röckle zum offenen Angriff über: Die Rotters seien „Papierbürger", „wie ich sie jetzt taufen will", und er „eröffne hiemit [sic] den Kampf gegen die Gleichheit des Staats[-] und Volksbürgers mit den gesetzlich neu geschaffenen Papierbürger[n]". An der Stelle kommt er auch zu seinem tiefsten Beweggrund – Liechtenstein ist erzkatholisch, und Röckle hadert mit der Kirche:

> „Es sind fast auf den Tag zwanzig Jahre, als ich [...] aus der Kirche ausgeschieden wurde. Warum? Ich wollte eine Frau heiraten, die ich von ihrem 15. Lebensjahre her kannte, als Kind, sie war evangelisch und in der Zwischenzeit kurz verheiratet und geschieden. Nach dem damaligen Gesetz war für mich mit dem besten Willen keine Möglichkeit als Liechtensteiner Bür-

ger zu heiraten. Ich musste das deutsche Bürgerrecht erwerben, um meinem Eheversprechen nachkommen zu können. Aber sie haben mich nur auf dem Papier gestrichen, von Staat und Kirche. Meinen Willen haben sie nicht gebrochen und mein Blut nicht ändern können. Wenn ich im Krieg in vielen Nächten, in Granatlöchern liegend, tausende von Kugeln neben mir einschlagen und Millionen an den Ohren vorbeisingen hörte, waren meine Gedanken nicht nur bei meiner Frau in Frankfurt, [...] sondern auch viel in meiner Heimat [...]. Und wenn ich im Lande spazieren ging [...], wusste ich, wohin ich gehörte und für was ich als einziger Liechtensteiner im Heere kämpfte. Mein Heimatrecht, mein Bürgerrecht konnte Herr [Regierungschef Karl] von In Der Maur mir nicht nehmen. Dies hat man im Blut oder man hat es nicht. Ebensowenig [...] kann man es einem X oder Y gegen einige Tausend Franken geben. Gerade hier, gegen Gebühr ohne Verdienst ein heiliges Recht zu verleihen, liegt der Fluch des Gesetzes, das ich *nie* anerkennen kann. [...] Ist es der Regierung im Hause bekannt, [...] dass im ganzen Lande keine Sommergäste aus dem Reich angemeldet sind? Glaubt die Regierung, dass Deutsche aus dem Dritten Reich auch hierherkommen, solange die Luft nicht ebenso geräuchert ist wie bei uns draußen?"

Spätestens am Sonntag, 2. April 1933, erweist sich der Boykott international als Bumerang und führt der staunenden Welt drastisch genau das vor Augen, was die NSDAP-Parteileitung so sehr in Abrede stellen will. Die für mehrere Tage geplante Aktion wird mit sofortiger Wirkung vorzeitig abgebrochen.

Die Montagsausgabe der *Deutschen Bodensee-Zeitung* veröffentlicht die Radiomeldung aus München vom Sonntag: „Durch Anordnung der Parteileitung und des Zentralkomitees wurde der Boykott gegen jüdische Geschäfte, Ärzte, Rechtsanwälte usw. bis Mittwochvormittag 10 Uhr ausgesetzt. Damit ist der frühere Zustand wiederhergestellt. Plakate, Anklebezettel, die mit dem Boykott zusammenhängen, sind zu entfernen."[64] Der Boykott-Organisator und *Stürmer*-Herausgeber Julius Streicher selbst hält am Abend in München eine Ansprache: „Ich habe das Gefühl, dass wir am Mittwoch den Kampf nicht mehr weiterführen werden.

Es wird das Millionen von Deutschen höchst bedauerlich erscheinen. Aber es muss trotzdem alle Disziplin gewahrt werden. Es war nicht leicht, Zugeständnisse zu machen, aber Adolf Hitler kann nur schrittweise vorgehen."

Danach druckt die *Bodensee-Zeitung* am 4. April noch „eine Erklärung der badischen Juden" ab:

> „Wir badischen Juden, seit Jahrhunderten mit dem deutschen Volk und der badischen Heimat verbunden, [...] wenden uns gegen alle Angriffe, die geeignet sind, das Ansehen des deutschen Vaterlandes in der Welt herabzuwürdigen und durch übertriebene oder entstellte Nachrichten eine Hetze gegen Deutschland zu entfachen. Ebenso eindringlich aber legen wir dagegen Verwahrung ein, dass eine ohne unser Wissen und gegen unseren Willen entstandene Einmischung des Auslandes in innerdeutsche Verhältnisse dazu Anlass geben soll, die deutschen Juden in ihrer Gesamtheit zu bekämpfen, ihre vaterländische Gesinnung in Zweifel zu ziehen und ihre wirtschaftliche Vernichtung zu betreiben. [...]"

Die Liechtensteiner Verschwörer indessen lassen von ihrem einmal gefassten Plan nicht ab. *Gaflei*-Besitzer Schädler und der junge, stark blonde Peter Rheinberger ziehen gleich am 3. April, einem Montag, in Vaduz einen als „sehr guten Autofahrer", „Sportmensch[en]" und „Draufgänger" bekannten vierten Mann hinzu: Eugen Frommelt. Ansonsten nehmen sie sich „sehr in Acht [...], dass niemand von der Sache etwas erfahre".

Frommelt ist fünfundzwanzig Jahre alt, ledig, unbescholten. Er hat die Handelsschule besucht, betreibt mit seinem Bruder eine Fahrdienstfirma, deren Buchhaltung er führt. Er nimmt Röckle und Schädler hoch in sein Büro, das er im Haus einer Frau hat, die aus Deutschland kommt – sie wird später auch verhaftet, hat aber mit der Sache nichts zu tun.

„Ich war beim Friseur", erklärt Frommelt im Verhör[65], „und mein Hund war draußen, und da warteten sie [Röckle und Rheinberger] auf mich. Man sprach davon, in Liechtenstein eine nationale Bewegung ins Leben zu rufen, dann auch von Rotters. Rudolf Schädler meinte, man könnte Deutschland einen Dienst erweisen und Liechtenstein dazu [...]."

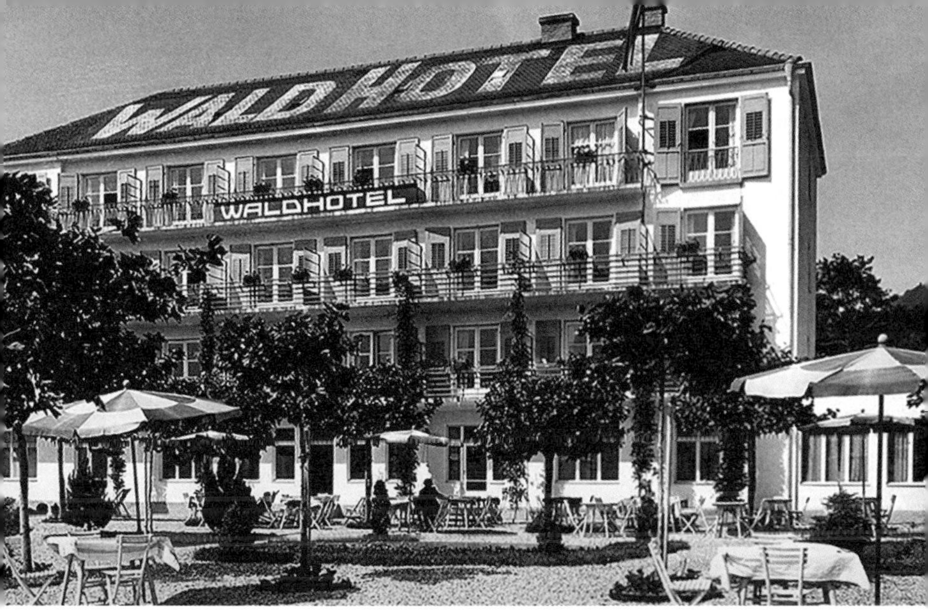

Das ***Waldhotel Liechtensteiner Hof***, Fotografie von 1940

Am frühen Nachmittag des 3. April begibt sich Schädler zu Fuß zum *Waldhotel Liechtensteiner Hof*. Er nimmt seinen Neffen Peter Rheinberger mit, vielleicht damit der etwas von ihm ablenkt. Eigentlich wollen sie „lediglich vom Hotelier Epstein etwas über den Aufenthalt" der Rotters „hören". Von ihm, Epstein, hat Schädler nämlich erfahren, dass die Rotters Interesse an einem Sommeraufenthalt im *Kurhotel Gaflei* geäußert hätten – die Rotters sind vor Kurzem sogar gut den halben Weg hinauf nach Gaflei gefahren und wandern wegen des Schnees die letzte Strecke.

Während im Speisesaal die Gäste noch beim Kaffee sitzen, nehmen Schädler und Rheinberger im angrenzenden öffentlichen Restaurant Platz. Da bietet sich Direktor Epstein „aus eigenem Antrieb" an, ihnen die Rotters vorzustellen.[66] Direktor Emanuel Epstein, der aus Prag stammt, tritt also freundlich im Speisesaal an den Tisch von Fritz, Alfred und Gertrud Rotter. Bei ihnen sitzt, wohl immer mit ihrem kleinen Hund, einem Rauhaardackel, Julie Wolff, die verwitwete Cousine Gertruds aus Belgien.

Epstein kann wohl besser als alle anderen in Vaduz nachvollziehen, wie sich die Rotters fühlen – er ist als Direktor des erst 1932 eingeweihten Waldhotels selbst in „finanzielle Schwierigkeiten“ geraten. Ein Teil der Gläubiger gesteht ihm zwar „eine Stundung von 2–3 Jahren“ zu. Andere aber nennen eine so lange „Stillhaltefrist“ eine „Zumutung“ – sie haben im deutschen Lindau einen Gläubigerausschuss gebildet und glauben, eine „schwere Überschuldung“ festzustellen. Für die strittige Summe, 200 000 Franken, wollen sie eine „Sicherheitshypothek“ durchsetzen – und damit auch ihn, Epstein, treffen. Am meisten schaden ihm Gerüchte, wonach in Prag wegen alter Steuerprobleme sein dortiger Besitz beschlagnahmt worden sei. Noch sind „die Behörden von Liechtenstein“, wie er den Rotters vielleicht anvertraut, „im Interesse des Landes gegen die Eröffnung des Konkurses“. Das mondäne Waldhotel ist ein liechtensteinisches Prestigeobjekt.

Die überraschende Kampagne des Reiches gegen Liechtenstein – wegen der Rotters – ist deshalb für Epstein eine Katastrophe. Die deutsche Kundschaft bleibt aus. Niemand im Raum ahnt, dass dieses Waldhotel noch im gleichen Jahr versteigert wird – Opfer der weltwirtschaftlichen Depression sowie der Stimmungsmache gegen das kleine Land und die Rotters. Aber Epstein kann die Rotters als Gäste nicht einfach vor die Tür setzen – außerdem haben sie auf Wochen im Voraus bezahlt. Aber wenn sie im Sommer auf der Alp Gaflei wären, könnte er hier im *Liechtensteiner Hof* noch die Saison retten? Das geht ihm vielleicht durch den Kopf, als er sich dem Tisch der Rotters nähert und ihnen die Nachricht überbringt, der *Gaflei*-Besitzer wünsche sie zu sprechen.

Alfred Rotter erhebt sich und begleitet Direktor Epstein zu Schädler und Rheinberger. Fritz Rotter bleibt zunächst mit seiner Schwägerin und deren Cousine sitzen, danach geht auch er nach nebenan und erklärt, als die Rede an ihm ist, er habe „Heuschnupfen“ und müsse „zur Zeit der Heublüte in die Höhe, etwa nach Gaflei, kommen“. Peter Rheinberger im Verhör:

> „[...] wir haben uns gedacht, es sei unbedingt notwendig, das Vertrauen der Gebrüder Rotter zu erwerben. Wir sind deshalb am Montagmittag nach dem Essen in das Waldhotel hinaufgegangen, wo sie wohnten. Wir ließen uns dort mit Rotters bekannt machen. Die waren schon zweimal auf Gaflei gewesen und Rudolf sagte, er bedaure, dass er sie nicht getroffen habe. Sie äußerten auch den Wunsch, sie möchten das Hotel

[Gaflei] besichtigen, und Rudolf erklärte sich gerne dazu bereit, es ihnen zu zeigen. Die Rotters haben ihn dann gefragt, ob er nicht ein Auto besitze und sie nicht hinaufführen könnte. So wurde denn ausgemacht, dass man am ersten schönen Tag nach Gaflei fahre.“[67]

Wahrscheinlich haben Alfred und Gertrud Rotter jenen Wagen, mit dem sie nach Liechtenstein kamen, schon verkauft, oder sie müssen Benzin sparen. Ins *Kurhotel Gaflei* zieht es sie nicht bloß der guten Luft wegen – das Waldhotel, wo sie für eine festgelegte Dauer in Pension leben, werden sie sich nicht mehr lange leisten können. Sie zögern noch, erwägen auch, eine Wohnung zu mieten, wie aus einer Eingabe hervorgeht, die sie beim Amtsgericht Berlin einreichen. Der Briefinhalt wird zur Presse durchgestochen:

„Wie wir hören, haben die Gebrüder Rotter vor einigen Tagen die Unverfrorenheit gehabt, die Freigabe beträchtlicher Teile ihrer Wohnungseinrichtung und sonstiger Haushaltungsgegenstände aus ihrer Villa in der Kunz-Buntschuh-Straße im Grunewald zu beantragen. Sie erklärten, dass sie sich jetzt in Vaduz, wo sie bisher im Hotel gewohnt hätten, eine eigene Wohnung einrichten und zu diesem Zweck ihre Möbel usw. haben wollten. Verlangt wurde u. a. auch die Herausgabe des Silbers, der Gebrauchswäsche usw., ferner einer Schreibmaschine, die für die Herstellung eines Bühnenmanuskripts benötigt werde, an dem die Rotters in ihrem selbst gewählten Exil zurzeit arbeiten. Begründet wurden diese Forderungen mit der Behauptung, dass es sich bei allen diesen Gegenständen um persönliches Eigentum der Frau Alfred Rotters handele. Selbstverständlich hat der Konkursverwalter dieses unverschämte Ansinnen rundweg abgelehnt.“[68]

Die Rotters wissen, dass in den kommenden Tagen, genauer am 5. April, in Berlin eine erneute Gläubigerversammlung stattfinden wird. Nicht ahnen können sie jedoch, dass der Konkursverwalter Adler den Termin absagen muss – wegen der neuen antijüdischen Quotenbestimmungen für Rechtsanwälte ist ihm jede weitere Tätigkeit verwehrt. Es wird auch, in merkwürdiger Koinzidenz, der Tag des Ausflugs mit Schädler hoch nach Gaflei sein.

Fritz Rotter berichtet später (7. April 1933) über die beiden Liechtensteiner, von denen er zu diesem Zeitpunkt noch nicht ahnt, dass sie Entführer sind:

> „In der [...] Woche, den Tag kann ich nicht mehr angeben [3. April 1933], hat uns der Hotelbesitzer Epstein aufmerksam gemacht, es wäre ein junger Mann im Nebenraum, der möchte uns kennenlernen. Es war Herr Schädler von Gaflei. [...] er sei auch Musiker. Bei ihm war ein junger blonder Herr. Mein Bruder stand gleich auf und begab sich zu ihnen an den Tisch. Als die Damen dann aufstanden, habe ich mich [...] auch an den andern Tisch gesetzt. Er [Schädler] war sehr freundlich und er machte auf uns einen großartigen Eindruck. Wir unterhielten uns auch über unsere privaten Verhältnisse und auch über einen eventuellen Sommeraufenthalt im Kurhaus Gaflei. Wir waren früher schon einmal im Gaflei, da hat er [sich] aber nicht gezeigt und er sagte, er sei damals oben gewesen, sei aber drei Tage nicht rasiert gewesen. Ein zweites Mal waren wir auch oben, da war das Hotel jedoch geschlossen. Das wusste Schädler auch, Herr Epstein hat ihm das gesagt. Man sprach darüber, dass wir gelegentlich einmal mit ihm hinauffahren, er wollte uns in seinem Auto hinauffahren. Er wollte uns da das ganze Kurhaus zeigen und wir sollten uns dann auch die Zimmer aussuchen, die wir nehmen wollten."

Peter Rheinberger: „Schädler und ich legten uns dann sogleich den Entführungsplan zurecht, wie er nachträglich zur Durchführung gelangen sollte."[69] Am 4. April holt Schädler Frommelt ab, der später aussagt: „[...] wir wollten wegen des Schnees sehen, ob man hinauffahren könne."[70]

Sie kommen bis Masescha, einer kleinen Siedlung an der Straße hinauf nach Gaflei, und gehen zu Fuß weiter, um oben die Lage auszukundschaften. Auf dem Rückweg treffen sie sich im Gasthof von Masescha mit dem Architekten Franz Röckle, der dort mit seiner Frau abgestiegen ist – aber an der Entführung selbst nicht teilnehmen will. Es ist etwas Verkniffenes in Röckle, wenn er, wie im Verhör vom 2. Mai 1933, nur in Andeutungen spricht. Als Schädler ihm vermutlich noch im Beisein Frommelts erzählt, „die Rotters hätten den Wunsch geäußert, nach Gaflei zu fahren" – und

Schädler noch einmal „seine Bedenken äußerte, dass er das Vertrauen der Rotter missbrauchen müsse", antwortet Röckle etwas sehr Merkwürdiges: „Da habe ich nun, soviel ich mich erinnere, gesagt, wenn sie [Schädler und Rheinberger] an einem Baum hinauf wollen, dann müssen sie auch eine Hose riskieren."[71]

In der direkten Gegenüberstellung der beiden vor dem Untersuchungsrichter (2.5.1933) erklärt Rudolf Schädler: „Ich muss wiederholen, dass letzten Endes der Einfluss Röckles zur Ausführung einer Tat bestimmend war." – Röckle hingegen erwidert: „Wie weit der subjektive Einfluss reichte, konnte ich nicht wissen. Das kann mich ja eigentlich nicht belasten. Man kann nur das nehmen, was ich direkt gemacht und gesagt habe." – Schädler: „Wir waren beide einverstanden, dass man es auch in Gaflei machen könne, wenn tüchtige Leute die Sache ausführten. Röckle hat im Allgemeinen auch auf mich eingewirkt, dass man es machen solle." – Röckle: „Ich möchte den letzten Satz Schädlers dahin richtigstellen, dass man die Rotters außer Landes schaffen solle. Darauf habe ich hingewirkt, doch hatte ich, wie gesagt, mit dem letzten Plan sozusagen nichts mehr zu tun."

Der als Fahrer angeheuerte Frommelt und Schädler nehmen bei dieser Besprechung in der Gaststube von Masescha „etwas zu sich"; dann „kam der Völkische Beobachter für Röckle, und er [Röckle] und Schädler haben ihn gelesen. Sie haben sich dann auch unterhalten darüber, dass man in Liechtenstein eine nationale Bewegung ins Leben rufen soll. Man sprach, welche Personen man da heranziehen könnte [...]." Frommelt selbst hingegen will sich „die meiste Zeit" mit anderen im Gasthaus unterhalten haben.[72]

Erst im Verhör vom 5. Mai 1933 lässt Architekt Röckle erkennen, welche Zweifel bis zuletzt hinsichtlich der Entführung bestanden haben – und welche Differenzen: „Mir sind die Ideen zugeworfen worden und ich bin diesen Ideen innerlich nahegestanden. Ich gebe auch zu, dass ich den Schädler aufgemuntert habe, die Rotter mit List oder Gewalt aus dem Lande zu schaffen, damit sie schließlich an die deutschen Gerichte ausgeliefert würden. Dagegen war ich z. B. mit dem Gaflei-Plan nicht einverstanden, das steht ja auch durch die Aussagen des Schädler und Frommelt fest, dass sie selbst am Dienstag erklärten, Gaflei sei für die Ausführung der

Tat ungünstig. Gegen die Durchführung des Planes habe ich denn auch Bedenken technischer Art zum Ausdruck gebracht." Dennoch: „Ich habe dem Schädler auch gesagt, bei den verschiedenen Plänen müsse man etwas riskieren, es gehe nicht ohne List oder ohne Gewalt und mir war auch ganz klar, dass man damit irgendwie einmal in Unannehmlichkeiten geraten könne und geraten werde."

Gegen Abend erkundet der *Kurhaus Gaflei*-Besitzer Schädler mit Frommelt im Wagen noch die Entführungsroute über das österreichische Feldkirch ins deutsche Lindau am Bodensee; sie fahren nicht nur die Strecke ab, sondern sprechen ziemlich unverdeckt mit einem österreichischen Zollbeamten, „ob man die Rotter direkt durch Österreich durch nach Deutschland bringen könnte", erinnerte sich Frommelt.[73] – „Zolleinnehmer Scheier" in Tisis antwortet, „sie hätten Steckbriefe, sie müssten die Rotter unbedingt verhaften"; die Entführten gleich ins Deutsche Reich zu bringen, „sei unmöglich".

Auch auf deutscher Seite sichern sich Schädler und Frommelt ab. Grenzpolizeikommissar Neb in Lindau notiert dabei Schädlers Autokennzeichen Fl 233 – damals schon weiße Beschriftung auf schwarzem Grund, zwischen den Buchstaben und den Ziffern das Wappen. In einem nachträglichen Bericht schreibt der deutsche Grenzpolizeikommissar:

> „Schädler erzählte mir, dass er Besitzer des Hotels Gaflei [...] sei und dass er die Bekanntschaft der Gebrüder Rotter gemacht habe [...]. Er sei überzeugter Nationalsozialist und sehe in der Gewährung des Aufenthaltsrechtes durch Liechtenstein durch Schieber wie die Gebrüder Rotter eine schwere moralische Schädigung seines Heimatstaates Liechtenstein. Schädler fragte mich, ob ich nicht behilflich sein könnte, die Gebrüder Rotter der deutschen Polizei auszuliefern [...]. Ich entgegnete, dass bei allen deutschen Polizeistellen ein Haftbefehl gegen die Gebrüder Rotter vorliege und dass ich selbstverständlich zur Verhaftung der beiden schreiten würde, wenn sie deutschen Boden betreten sollten."[74]

Unterdessen hat Student Rheinberger den Auftrag, in Konstanz Chloroform aufzutreiben und „einige Leute zu finden, die sich an dem Unternehmen beteiligten". Am Mittag des 4. April 1933 fährt er nach Konstanz. Die Plakate des Boykotts sind überall verschwunden, in der Stadt am Ende des großen Sees mit der großen Brücke über den Seerhein scheint alles wie immer.

Die Apotheken weisen ihn offenbar ab, als er nach dem Betäubungsmittel fragt. „Ich sollte auch die Werkzeuge und so weiter beschaffen. [...] habe dann dort eine Handschelle gekauft, eine Gaspistole und habe die Leute zusammengesucht. Das war in Konstanz nicht schwer. Da sind junge Leute genug, die arbeitslos sind und sich sagten, die Rotters hätten Deutschland um Millionen gebracht, es sei nicht mehr als recht, wenn man sie den deutschen Gerichten zuführe.“[75] Die Verhöraussagen sind Rechtfertigungsversuch und Propaganda gleichermaßen.

Zuerst wendet sich Peter Rheinberger an einen befreundeten Mitstudenten, Theo Grötz, Mitglied der Verbindung „Alemannia“: „Ich bin Nationalsozialist; der Partei bin ich Anfang März beigetreten“, erklärt Grötz in seinem Verhör.[76] „Rheinberger ist in Konstanz an uns herangetreten. Er gehört derselben Verbindung vom Konstanzer Technikum an.“ Grötz ist zweiundzwanzig Jahre alt, ein Meter sechsundsiebzig groß und „schlank“, sein Haar, nach späterer Einschätzung eines SS-Arztes „leicht bräunlich“ und „schlicht“, die Augenfarbe „blaugrau“. Er kam nach einer „3-jährige[n] Lehre als Technikerlehrling bei Daimler-Benz“ mit „Gesellenprüfung“ an die „Ingenieurschule Konstanz“ und ist schon weit in seinem Studium. Ab 1934 wird Grötz „bei Daimler-Benz“ in einer „Spezialabteilung“ tätig, von 1939 bis 1942 ist er „Soldat“, ab dann wird er „SS-Mann“. Und: Er ist „Parteigenosse seit 1. Mai 1933“ – all das steht in seinem Lebenslauf, den er elf Jahre später, im Oktober 1944, für das „Verlobungs- und Heiratsgesuch“ beim „Rasse- und Siedlungshauptamt-SS“ verfasst, nicht ohne eifrig zu erwähnen: „Als Student Teilnahme an der sog. Rotteraffäre (Berliner Theaterjuden) im Fürstentum Liechtenstein.“

Dem Verhör[77] nach zu urteilen, ist Theo Grötz von der Kampagne gegen die Rotters und der Propaganda der Boykott-Tage völlig verblendet – zwischen dem Namen der Rotters und den Titeln ihrer Bühnenproduktionen oder der vielen Operettenlieder, die er sicher aus dem Radio kennt, kann er vermutlich keine Verbindung herstellen.

Die Rotters sind zu einem festen Wert im NS-Spiel mit Emotionen geworden: „Ich gebe zu“, erklärt Grötz, „dass wir darauf ausgegangen sind, die Volksverbrecher Rotter, die sich durch feige Flucht der deutschen Gerichtsbarkeit entzogen haben, den deutschen Gerichten zu stellen. [...] Der Plan, die Brüder Rotter nach Deutschland zu verschleppen, ging von einem liechtensteinischen Zirkel aus, dessen Haupt meines Dafürhaltens der Besitzer des Hotels Gaflei Robert [Rudolf] Schädler ist. Wie ich nachträglich erfahren habe, herrscht in Liechtenstein eine nationale Bestrebung, die scharf gegen die Verseuchung des Volkes durch Gewähren des Asylrechtes an Verbrecher, wie Rotter, einsetzt. [...] Erstmals wurde ich in die Sache am 4. April 33 eingeweiht. Da kam der mir befreundete Student Peter Rheinberger [...]. Ich selbst hatte es schon immer als gemeine Niedertracht empfunden, dass ein kultivierter Staat solchen Elementen, die ein verarmtes Volk in schamloser Weise begaunert hatten, Unterschlupf, ja sogar das Bürgerrecht gewährt, anstatt sie auszuweisen. Mir war der Fall Rotter gut bekannt. Bei meiner streng nationalen Einstellung war ich natürlich sofort einverstanden, bei der Durchführung des Planes mitzuwirken [...]“.

Die Gaspistole, die Peter Rheinberger am selben Tag kauft, ist ein Ersatz für das Chloroform, das er nirgends auftreiben kann.

Auch der Konstanzer Nationalsozialist Max Witt, ein Taxifahrer, erinnert sich an die Gespräche über die Rotters im „Restaurant zum Elefanten“. Lange hat er nichts mehr von dem jungen Mann gehört: „[...] bis am 4. April Rheinberger plötzlich in Konstanz erschienen ist und mir mitteilte, dass sein Onkel am 5. des gleichen Monats mit den Gebrüdern Rotter und den beiden Frauen nach der Gaflei kommt [...].“ Sein Onkel, Rudolf Schädler, sei „damit einverstanden, diese Rotters uns in die Hände zu spielen, denn er sei froh, wenn sein Vaterland von diesem Ungeziefer befreit sei und dieselben der gerechten Strafe zugeführt werden.“ Ist das die Sprache des Taxifahrers Witt? Hat Schädler diesen Ausdruck verwendet? Oder übersetzt Peter Rheinberger das in seinen Konstanzer Nazikreisen so?

Max Witt setzt sich sofort mit zwei anderen „in Verbindung“, „Wieser und Lehmann“. Adolf Wieser, „Hilfsarbeiter“, zweiundzwanzigjährig, ist ebenfalls bereits NSDAP-Mitglied.[78] Wieser im

Verhör: „Wir wussten, dass die beiden Rotter 4,8 Millionen Mark Geld ins Ausland verschoben haben und dass sie von der Behörde gesucht wurden." Das Millionen-Phantasma ist eine feste Wahrheit für ihn. „Wir fassten deshalb den Entschluss, sie zu holen."

Gefragt wird noch eine weitere Person: Fritz Lehmann. Er ist Schreiner, sein Eintritt in die NSDAP ist bereits am 1. Mai 1932 erfolgt, er hat sich als „Hilfspolizist" auch am Boykott beteiligt und gehört nach Aussage seiner Frau der SA an.[79] „Lehmann erfuhr von der Sache erst abends", erklärt Wieser. Im Verhör[80] sagt Lehmann aus: „Der Plan wurde von Witt, Wieser, Grötz und mir zusammen mit dem Studenten Peter Rheinberger besprochen im Café Kögel. Ich bin [...] erst dazugekommen, als die andern die Sache schon zu besprechen angefangen hatten. [...] Ich bin Nationalsozialist und SS [richtig: SA]-Mann. Beweggrund für unsere Tat war ausschließlich, dass wir die Gebrüder Rotter, die sich in Deutschland bereichert hatten und mit Geld ins Ausland geflüchtet waren, in die Hände der deutschen Strafrichter zurückführen wollten, damit sie ihre verdiente Strafe erleiden sollten."

Sie brauchen noch einen großen Wagen. Der Konstanzer Taxifahrer Gotthilf Trommetter schreibt in einer handschriftlichen Erklärung[81] während der Haft: „Am 4.4.33 abends stand ich mit meinem Taxameterkraftwagen am Halteplatz am Bahnhof Konstanz, als der mir bis dahin unbekannte Mitbeschuldigte Rheinberger auf mich zukam, sich vorstellte und mich frug, was ich für eine Fahrt nach Vaduz verlangen würde und wieviel Personen ich dorthin mit meinem Kraftwagen befördern könne. Ich erwiderte ihm, dass ich mit meinem eigenen Kraftwagen 4 Personen befördern könnte", dass aber im Auto seines Bruders fünf Personen Platz hätten. „Wir einigten uns dann dahin, dass ich den Rheinberger und 4 andere Personen noch am Abend des 4.4.33 nach Vaduz und am nächsten Tage wieder zurückfahren würde. Als Fahrpreis wurden 80 RM ausgemacht."

Max Witt, ebenfalls Taxichauffeur, steht dabei und „erklärte, wir gehen zu einem Jagdausflug". Das wiederholt Grötz und sagt, er werde bezahlen. Mehr weiß Trommetter zu der Zeit nicht. Er weiß nur: Er soll mit Peter Rheinberger um dreiundzwanzig Uhr „beim Hotel Helvetia in Kreuzlingen warten" – das heißt auf der

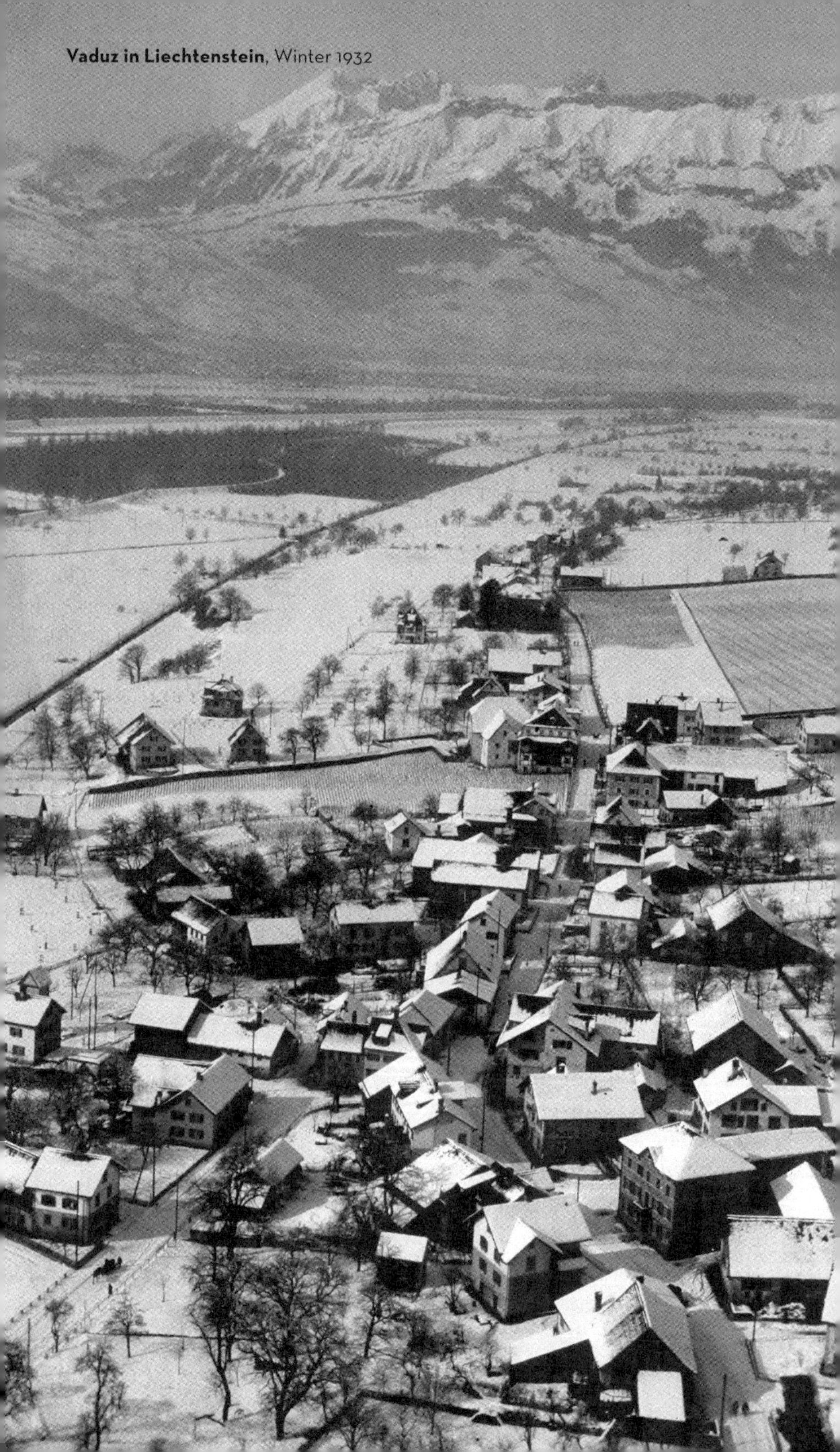

Vaduz in Liechtenstein, Winter 1932

Schweizer Seite der Grenze, „[...] denn wir wollten nicht zusammen gesehen werden", erklärt Max Witt.[82] Witt, ursprünglich aus München, wird wahrscheinlich noch einen Teil seiner bayerischen Sprechweise beibehalten haben, obwohl er schon lange am Bodensee lebt. Witt und Wieser besteigen den Wagen Trommetters schon auf deutscher Seite, „an der Bahnunterführung".

Die Kriminalpolizei Konstanz meldet später, „die gesellschaftlichen Stellungen" der Beschuldigten seien „sehr verschieden". Taxifahrer Max Witt – NSDAP-Mitglied seit 1930 – ist der älteste von ihnen und als junger Erwachsener mehrfach wegen Diebstahls verurteilt worden, 1899 zu „13 Monaten schwerem Kerker". Im Juni 1932 hat er wegen „Bedrohung und Beisichführens eines Revolvers ohne Waffenschein" noch einmal „14 Tagen Gefängnis" erhalten. Hilfsarbeiter Adolf Wieser – Parteianwärter – ist 1931 „wegen Diebstahls" zu vier Monaten Gefängnis auf Bewährung verurteilt worden; die Bewährungsfrist läuft noch. Das Strafregister des Schreiners und NSDAP-Mitglieds Fritz Lehmann enthält dagegen mit Ausnahme geringfügiger Geldstrafen 1929 keine Einträge.[83]

Technikumstudent Grötz bezieht sich auf diese drei als „SA-Leute". Der Anwalt von Peter Rheinberger wird beim Prozess (7./8.6.1933) hingegen erklären: „Von den mitwirkenden Deutschen waren 2 SS-Leute und einer SA-Mann." Über Fritz Lehmann steht da, er sei bei der SS – vielleicht wurde falsch protokolliert. Lehmanns Frau Emilie jedenfalls sagt aus: „Mein Mann war immer bei der S.A. und ging fast jeden Abend fort." Er gebe jeweils an, „er habe noch dienstlich zu tun". „Wo sie immer zu tun hatten, ist mir nicht bekannt." An dem Abend, so die Gattin, ging er um 22 Uhr „auch wieder weg, und zwar in Zivil". „Wohin er ging und was er vorhatte, sagte er mir nicht. Als ich nachts um 2 Uhr aufwachte und sein Bett noch unbenützt fand, erschrak ich sehr und konnte nicht mehr einschlafen. Am anderen Morgen ging ich in die Stadt und traf dabei zufällig eine Frau Hirsch, die auch bei mir in der Frauenschaft der N.S.D.A.P. ist. [...] Dieser sagte ich, dass mein Mann immer noch nicht da sei seit gestern abend. Wo er denn sein könnte. Darauf sagte mir Frau Hirsch, ich sollte einmal in der Zeitung nachsehen, da stehe etwas, vielleicht sei er da dabei."[84] Sie meint sicher den übernächsten Tag, den 6. April.

Keiner der Konstanzer ist in Uniform. Witt trägt helle Kleider und einen Hut, laut Aussagen der anderen. Die Fahrt geht über Rorschach und Buchs. In Vaduz halten sie vor dem Haus von Rudolf Schädler. Es ist halb drei in der Nacht. Peter Rheinberger klopft ans Fenster, um den Schlüssel für das *Kurhaus Gaflei* zu erhalten. Eine halbe Stunde später sind sie oben angekommen, essen noch etwas und legen sich im leeren Hotel schlafen.

DAS DRAMA VOM 5. APRIL 1933

Der Mittwoch erweist sich, vielleicht für die Beteiligten voraussehbar, als ausnehmend schöner Tag. Sicherlich kennt *Gaflei*-Besitzer Rudolf Schädler die Gewohnheiten der Rotters, die jeden Morgen kurz vor Mittag die Post in Vaduz aufsuchen, um nach Briefen zu fragen. Es sieht dennoch wie ein Zufall aus, als er das Ehepaar Rotter und Fritz Rotter auf dem Platz vor der Post trifft. Sie einigen sich, das Kurhotel auf Alp Gaflei am Nachmittag zu besichtigen. Mit seinem Wagen würde Rudolf Schädler sie um 14 Uhr vor dem *Waldhotel Liechtensteiner Hof* erwarten.

Später, in der Gerichtsverhandlung[85], erklärt Schädler: „Bezeichnend für die Volksstimmung gegen die Rotter war, dass ein Arbeiter“, der ihn „mit den Schaie vor dem Postgebäude sah, ihm zurief, ob er sich denn nicht schäme, mit solchen Leuten auf der Straße sich zu unterhalten“. Es wird *über* die Rotters geredet, nicht mit ihnen.

Schon ist Mittag, die Geschäfte schließen, als Schädler auf der Straße Eugen Frommelt sieht, zumindest schildert Letzterer dies später so. Er fragt Frommelt, ob er nicht mit ihm und den Rotters nach Gaflei fahren wolle.

Ehe sie aber eine halbe Stunde später aufbrechen, muss der junge Hotelier Schädler noch mal schnell nach Hause. Der Sammlung der ärztlichen Instrumente seines drei Jahre zuvor verstorbenen Vaters entnimmt er eine Injektionsspritze. Möglicherweise hat ihm Peter Rheinberger in der Nacht noch mitgeteilt, dass er kein Chloroform habe beschaffen können – nur Gaspistolen. Im Verhör erklärt Rheinberger: „Ich sollte von Konstanz Chloroform oder dergleichen mitbringen. Ich [habe] dann das aber nicht bekommen.“[86] Der junge Schädler, der „schon zweimal eine Nierensteinkolik" mit „stärksten Schmerzen" erlitten hat, besitzt noch eine Schachtel mit acht übrig gebliebenen Morphiumampullen, die unter die Haut zu spritzen sind.[87] Hoch dosiert raubt diese Substanz das Bewusstsein. Rheinberger gibt später zu, dass man vorhat, „im Notfall die Leute im Auto einzuschläfern".[88]

Schädler holt den als Ersatzfahrer vorgesehenen Frommelt beim Treffpunkt ab, dem „Roten Haus" in Vaduz. Auch Frommelt ist in seiner Wohnung gewesen, vermutlich um sich umzuziehen. Unter dem Mantel trägt Frommelt einen roten Sportpullover und kurze Hosen. Schädler drängt. Unterwegs zum *Alphotel Gaflei* erzählt er, „die Rotter hätten ihn selbst gebeten, ob er sie mit nach Gaflei fahre".[89] Oben im Hotel angekommen, legt Schädler Spritze und Ampullen-Schachtel auf einen Tisch der Gaststube. Bei der Verhaftung findet sich später beides im deutschen Fluchtwagen.

Das Geräusch des herannahenden Wagens muss die schlafenden Konstanzer in Unruhe versetzt haben. Frommelt: „Zuerst kam einer heraus, mit der Zeit kamen auch andere noch. Ich weiß nicht, vier oder fünf."

Zuerst schippen sie mit Rheinberger Schnee, um den Zufahrtsweg passierbar zu machen – und probieren die Gaspistolen aus: mit je einem Schuss. Die Pistolen tragen das Firmenzeichen „SAS", haben eine Länge von elf Zentimetern und Kaliber sechs Millimeter. Dazu gehört ein Karton. Der trägt die Aufschrift: „Lacrimae-Spezial" – das lateinische Wort für „Tränen" – und enthält zehn Platzpatronen. Am Ende des Tages würden sich noch vier in der Schachtel und je eine unabgefeuert in den Pistolen befinden. Beim Entführungsversuch fallen nur zwei Schüsse. Auch Handschellen, Stricke und Tücher sind bereitgelegt.[90] Schädler will mit den Rotters gegen halb vier ankommen.[91]

Das genaue Vorgehen ist nicht klar. Sie halten eine Beratung ab, Frommelt ist dabei, aber nicht der Taxifahrer Trommetter, der noch immer glaubt, es handle sich um eine Jagdpartie. Er wird vor der Besprechung hinausgeschickt.[92] *Gaflei*-Besitzer Schädler beginnt mit einer Erklärung. Der Konstanzer Verbindungsstudent Grötz erinnert sich: „Da erst erfuhr ich, dass sich dadurch eine günstige Gelegenheit, die Verbrecher festzunehmen, ergebe, dass eben die Brüder Rotter Herrn Schädler selbst ersucht hatten[,] ihnen einmal das Hotel zu zeigen. [...] Es war dadurch nicht einmal notwendig, die Rotter nach Gaflei zu locken, sondern es war ja selbst ihr Wunsch, dorthin zu kommen.“[93]

Die Konstanzer Nationalsozialisten machen einen Vorschlag: „Wir wollten die Gebrüder Rotter in ein Zimmer des Hotels bringen, sie dort fesseln, in unser Auto bringen und mit ihnen nach Deutschland fahren.“ Schädler verwirft das, weil er denkt, dass sie nicht mit in das Zimmer gehen würden.[94] Darauf wollen die Konstanzer unter Anführung von Witt, dem Vielredner, das Gastlokal zum Tatort machen. Witt schlägt vor, die Rotters zu überwältigen, wenn sie in der Gaststube sind: „[Wir] fesseln sie, geben ihnen ev. noch eine Morphiumspritze, laden dieselben in die beiden Wagen und fahren entweder durch die Schweiz nach Konstanz oder über Österreich, um sie dann in Lindau der Justiz zu übergeben.“[95] Doch Schädler weigert sich erneut. Die Rotters seien sehr misstrauisch, wendet er ein. Er ordnet an, dass man die Brüder gar nicht erst aus dem Auto aussteigen lässt, sie also bereits im Auto „überwältigt, und wenn es nötig ist, [man] noch einem jeden eine Morphiumspritze gibt, so dass wir dieselben dann ungehindert nach Konstanz bringen und der Gerichtsbarkeit überliefern können.“ Witt heißt den Plan nicht gut, weil er gesehen hat, dass „oben am Berg Leute [Handwerker] beschäftigt und auch unten mehrere an einem Holzbau anwesend waren, man musste damit rechnen, dass die Rotters, speziell wenn die Weiber noch dabei sind, sich nicht so widerstandslos ergeben werden, sondern dass sich dieselben zur Wehr setzen und ev[entuell] schießen oder gar schreien.“[96] Aber letztlich stimmt er dem Plan zu. Schädler verteilt die Rollen: Witt soll oben am Hang bei der Straße bei einer Hütte stehen und die Ankunft Schädlers mit den Rotters melden, ferner auch nach den verschiedenen Arbeitern Ausschau halten. Wieser, Lehmann, Rheinberger und Grötz erhalten – Witt zufolge – „den Auftrag, das Auto zu überfallen und die Rotters unschädlich zu machen“.[97]

Nach der Sitzung ziehen sie den Konstanzer Taxifahrer Gotthilf Trommetter hinzu: „Ich hatte auch von dem Plane der von mir geführten Herren keine Ahnung und erst gestern, mittags um etwa 2 Uhr, weihten sie mich darin ein! Witt setzte mir auseinander, dass sie nicht aus jagdlichen Interessen hieher [sic] gefahren seien, sondern um die Brüder Rotter nach Deutschland zu bringen. Ich lehnte sogleich ab, sie [Rotter] mit meinem Wagen zu befördern; jedoch habe ich mich nicht geweigert, die Beschuldigten[,] die mit mir nach Vaduz gefahren waren, wieder heimzubefördern. Auftragsgemäß hielt ich mich dann bei meinem Wagen in der Garage [des Hotels] auf, um jederzeit fahrbereit zu sein."

Beim Prozess in Konstanz[98] „erklärten" die Täter gemäß Urteilsschrift „ausdrücklich", sie hätten Trommetter „im Falle einer Weigerung ‚einfach gezwungen', zu warten und zu fahren". Max Witt zynisch: „Trommetter [...] hatte ja tatsächlich von der ganzen Sachlage keine Ahnung, er hat bis zuletzt geglaubt, es handle sich um einen Jagdausflug. Richtig genommen war es ja auch ein Jagdausflug, allerdings auf ein anderes Wild, auf Verbrecher, welche für uns unbegreiflicherweise Zuflucht in Liechtenstein nahmen, ohne dass sie die liechtensteinische Regierung des Landes verwiesen hätte."[99]

Schädler bricht nach Vaduz auf, um die Rotters zu holen. Unterwegs hält er wie am Vortag in Masescha an, um Franz Röckle Bericht zu erstatten. Dieser wird sich später so rechtfertigen: „Als am Tage der Tat Rudolf Schädler mir mitteilte, dass trotzdem alle Vorbereitungen getroffen waren, konnte ich die Lawine nicht mehr aufhalten. Ein Eingreifen meinerseits hätte noch zu schlimmerer Kopflosigkeit geführt, besonders nachdem mir zugesichert war, dass die Hauptpersonen zuverlässige Männer seien."

Max Witt bekommt inzwischen den Feldstecher, der offenbar zum Inventar des Hotels gehört, „[...] und ich nahm dann um circa 2 Uhr meinen Posten ein, um die nähere Umgebung zu beobachten. Auch meine Kameraden nahmen ihre Posten ein, und so warteten wir auf die Ankunft des Schädlers mit den Rotters."[100] Im Verhör ergänzt er: „Rheinberger gab mir dann die Anweisung, mich auf eine Anhöhe zu stellen und zu pfeifen, wenn das Auto ankommt [...]."[101]

Mit leichter Verspätung fährt Schädler oberhalb von Vaduz vor dem *Waldhotel Liechtensteiner Hof* vor. Fritz und Alfred haben ihre Spazierstöcke dabei, Gertrud gewiss einen Sonnenhut und ihre Cousine Julie Wolff das Hündchen. Fritz Rotter gibt später zu Protokoll[102]: „Er [Schädler] kam dann erst gegen ½ 3 mit seinem

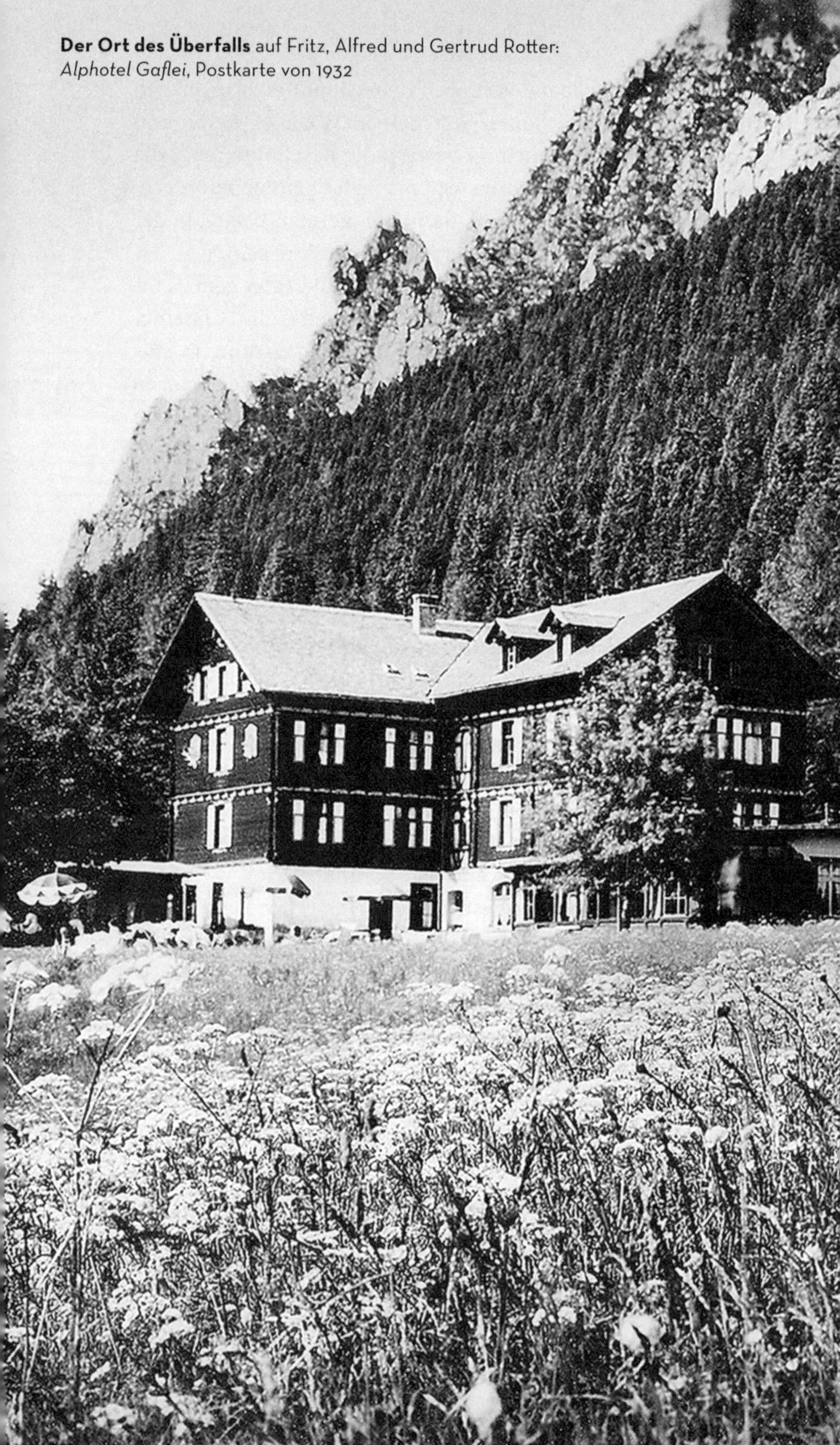

Der Ort des Überfalls auf Fritz, Alfred und Gertrud Rotter: *Alphotel Gaflei*, Postkarte von 1932

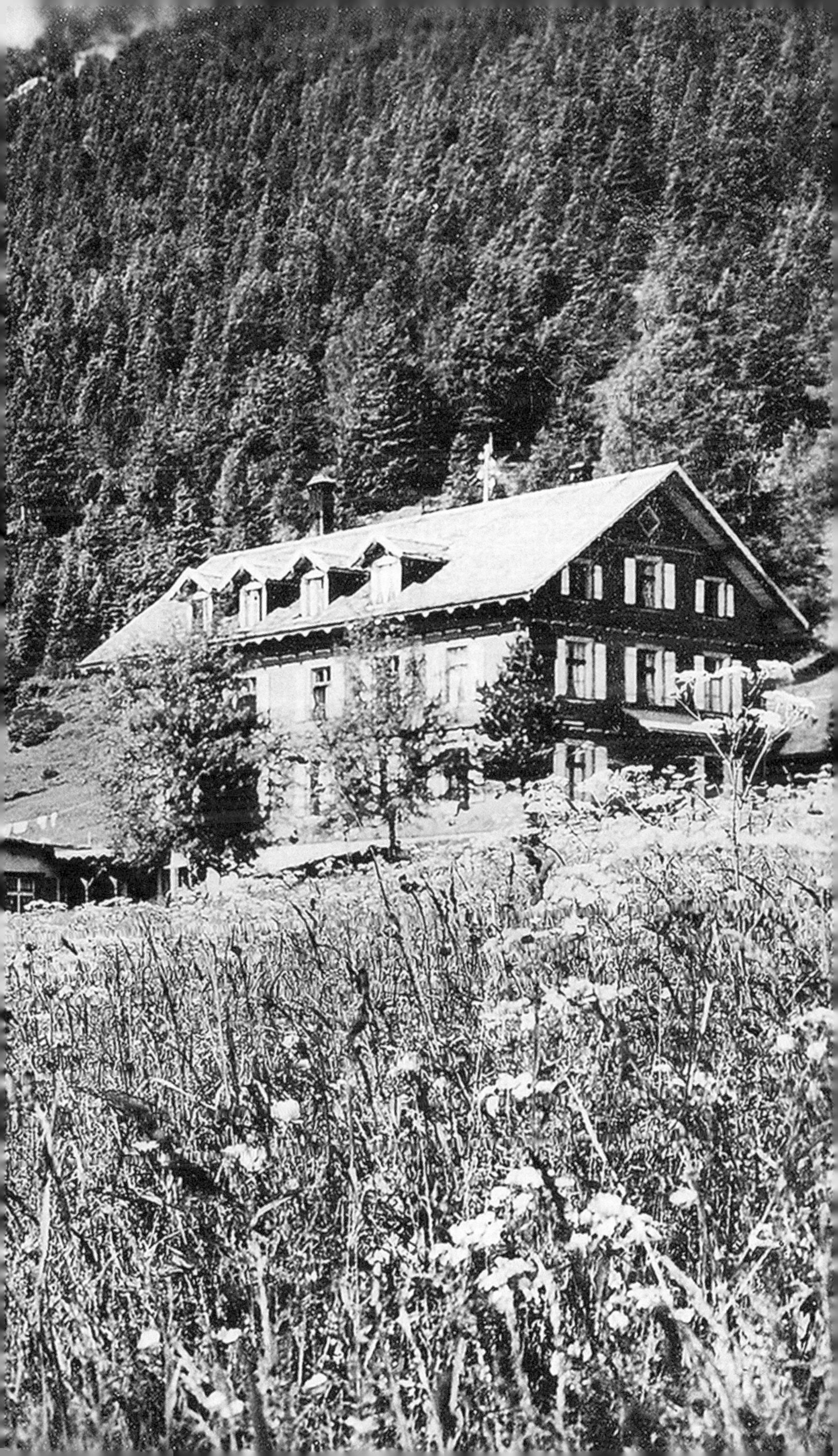

Wagen zum Waldhotel, wo wir wohnen. Neben ihn setzte sich die Schwägerin Gertrud. Ich saß rückwärts rechts, mein Bruder links und in der Mitte die Frau Wolff." Kaum sind sie auf der Straße, bekommt ein Hinterrad einen „Defekt". Ob es einen Knall gegeben hat, ist nicht überliefert. Alle müssen aussteigen. Offenbar sagt niemand: Unter diesen Umständen wäre es vielleicht besser, auf die Besichtigung zu verzichten – und auf bessere Vorzeichen zu warten, es sei ja noch eine lange Zeit hin bis zum Sommer ...

Fritz Rotter: „Wir gingen dann zu Fuß bis zum Schloss und er [Schädler] ging zurück nach Vaduz", um das abgeschraubte Rad bei der Garage Gerster „auszuwechseln". Wenig später holt Schädler mit dem instandgesetzten Wagen die Gruppe Spazierender ein. Fritz Rotter: „Er fuhr dann, was uns etwas auffiel, nicht über Triesenberg, sondern über Frommenhaus [Fromahus], obwohl das der steilere schlechtere Weg ist und obwohl die Damen vor der Fahrt gebeten hatten, die besten Wege zu fahren. Fast während der ganzen Fahrt hat sich die Schwägerin [Gertrud] freundlich mit ihm unterhalten. Es war ein wunderschöner sonniger Tag und die Schwägerin hat wiederholt auf das herrliche Wetter und auf die herrliche Gegend hingewiesen."

Diese Abgeschiedenheit ist eigentlich genau das, was die zermürbten Nerven Alfreds brauchen. Er muss diese Gegend geliebt haben. Bereits beim *Berggasthaus Masescha* fällt der Blick wie von einer Terrasse herab auf das dunkelgrüne Tal, den vom Frühlingsschmelzwasser graubraunen Rhein mit den vielen Kiesbänken, auf das St. Galler Toggenburg im Westen und die auch sommers weißen Bündner Alpen im Süden.

Die Straße hinauf nach Gaflei windet sich in vielen Kehren und ist so eng, dass Wagen sich nur an Ausweichstellen kreuzen können. Sie passieren einen Mann, der mit einem Handkarren unterwegs ist. Der blickt dem Auto nach, erkennt mehrere Leute drin – und sagt später als Zeuge aus. Danach kommen sie zu einer Stelle, an der Straßenarbeiter eine Kurve „verbreitert" haben – es ist „von dort aus bis zum Hotel noch eine Viertelstunde", wird der fünfzigjährige „Erdarbeiter" Alois Beck bezeugen.[103]

Die Arbeiter haben, als sie „am Morgen hinaufkamen", auf der schneebedeckten Straße schon die „Spuren" eines Wagens gesehen – des deutschen – und über Mittag habe Schädler noch bei ihnen „angehalten und gesagt, wir sollten räumen, er hole noch eine Herrschaft“: „Etwa um 3 Uhr ist er dann wieder mit seinem Auto herauffahren gekommen, es war voller Leute. Wir sahen, dass die Rotter drin waren. Die Rotter waren nämlich schon die Woche vorher einmal hinaufgefahren, bei uns vorbei. Sie mussten damals bei uns im Rank [Kurve] aussteigen und weiter oben war auch noch Schnee. Diesmal also fuhren sie mit Schädler vorbei.“

Weiter oben ist die Alp nur noch wenig bewaldet. Graues Felsengebirge ragt steil empor. Lediglich Nadelbäume wachsen in dieser Höhe. Wo zwischen den Waldstücken die Sonne hingelangt, verlieren die Weiden innerhalb weniger Tage die bleiche, gelbliche Färbung der langen Schneelast. Fritz Rotter: „Je näher wir dem Gaflei kamen, umso schneller fuhr er [Schädler], die Damen baten ihn, nicht so rasch zu fahren, weil oben noch etwas Schnee war und der Wagen rutschte. In demselben Tempo fuhr er wieder bis zum Hause [Hotel] vor.“

Sie kommen auch am zweiundzwanzigjährigen Hilfsarbeiter Rochus Lampert vorbei, der die Straße hochläuft und zum Gaflei-Stall will: „[...] Schädler [...] hatte die Rotters bei sich, die haben noch herausgelacht. Die kannten uns nämlich, weil sie die Woche vorher schon einmal hinaufgefahren waren und bei uns halten mussten.“

Von seinem Ausguck aus nimmt Max Witt das näher kommende Wagengeräusch als Erster wahr, zögert aber plötzlich mit dem verabredeten Zeichen, einem Pfiff; denn „gerade als ich den Wagen des Schädler hörte, sah ich, wie verschiedene [Personen] von der Höhe kamen“ – der sogenannte Fürstensteig hoch zu den *Drei Schwestern* war und ist ein bekannter Wanderweg –, „aber sie verschwanden in den Felsen und sind mir aus dem Gesicht gekommen. Ich gab mein Signal [...].“[104] Vielleicht sieht Witt auch den Straßenarbeiter Rochus Lampert. Der wird, ohne die Zeichen schon deuten zu können, unerwartet Zeuge des Überfalls: „Es war ein heißer Nachmittag“, und er sei eigens „zum Gaflei-Stall hinaufgegangen, um Wasser zu holen“. Von dort aus war das Hotel nicht zu sehen, aber er hörte „einen dumpfen Schuss“: „Als ich zu [zum anderen Arbeiter, seinem Bruder Alois] Beck zurückkam, sagte ich noch, der Frommelt sei am Scheibenschießen.“[105]

Der Liechtensteiner Fahrer Eugen Frommelt, der „Sportsmensch“, soll hinter dem Kurhaus Wache halten – und nicht direkt an der Entführung teilnehmen. „Ich legte mich dann in die Sonne, ein Stück weit hinters Hotel, vielleicht ¾ Stunden später kam dann der Wagen, d. h., ich habe ihn nicht gesehen, nur gehört“.[106] Beim Prozess fügt er hinzu: „Er sei zum Wachposten bestellt worden, weil er ohne Waffe war und Ortskenntnisse besaß.“

„Wir mussten dann etwa bis ½ 4 Uhr warten, da hörten wir das Auto kommen“, erklärt der junge Peter Rheinberger.[107] „Das Auto kam, die zwei mit den Gaspistolen sind auf das Auto zugesprungen und haben geschossen. Es gingen aber nur zwei Schüsse ab, die Pistolen funktionierten nicht richtig. So gab es dann eine plötzliche Verwirrung.“

Die Pistole von Grötz klemmt – möglicherweise ist es die, die Rheinberger gekauft hat. Wieser aus Konstanz schießt mit der anderen Pistole zweimal, bevor auch diese versagt: „Als dann das Auto mit den Gebrüdern Rotter ankam, stellten wir uns rechts und links desselben und schossen mit Gaspistolen; es gingen aber nur 2 Schuss los.“[108] Vermutlich steht Wieser rechts und feuert direkt durch die offene Fahrertür in das Innere des Wagens, aus dem sich Rudolf Schädler, der neben Gertrud Rotter vorn am Steuer gesessen hat, eilig davonmacht. Hinter ihm sitzend öffnet Alfred Rotter seine Tür, um aus dem Tränengasnebel herauszukommen; links, auf der anderen Seite des Wagens, wo der junge Grötz steht und an seiner unbrauchbaren Waffe herumhantiert, rettet sich Fritz Rotter ins Freie. Er hat einen Teil von Wiesers Ladung ins Gesicht bekommen: „Schon [be]vor der Wagen stillstand, sprangen hinter dem ersten Hause Männer hervor, hielten Revolver hoch und riefen: ‚Hände hoch, wir schießen!‘ Sie haben auch gleich geschossen. Ich weiß jedoch nicht, mit was. Ich glaube mit irgendeinem Pulver, denn es schmerzten mich die Augen noch den ganzen Tag.“[109]

Theo Grötz: „Wir warteten in einem Versteck und kaum stand der Wagen still, stürzten wir von 2 Seiten auf ihn zu und versuchten nun, uns der Brüder Rotter zu bemächtigen, was uns leider nicht gelungen ist. Dies war darauf zurückzuführen, dass die von mir betätigte Gaspistole versagte und auch die 2. Pistole, die Wieser hatte, nach dem 2. Schuss nicht mehr funktionierte. Das Gas der 2 Pistolen reichte nicht aus, um die Gesellschaft zu betäuben, und so gelang es ihnen, aus dem Wagen zu springen. Es entstand dann ein Handgemenge, wobei sich die Brüder Rotter ihrer Stöcke bedienten. Gleichzeitig fingen sie ein schreckliches Geschrei an [...].“[110]

Peter Rheinberger bestätigt das: „[...] die Überfallenen konnten aus dem Auto herauskommen, sie haben auch fürchterlich geschrien, der eine [Alfred Rotter] hat sich mit dem Spazierstock gewehrt, und dieser sowie die zwei Frauen konnten dann flüchten. Dem anderen Rotter [Fritz] konnte ich die Handschelle an der einen Hand anlegen, sie ist dann aber zugeschnappt, so dass ich den andern Arm nicht mehr hineinbrachte.“ Beim Prozess erwähnt der Anwalt Eugen Frommelts speziell das „Echo der Schüsse“ in der gebirgigen Landschaft – und erklärt damit den Eindruck „einer furchtbaren Schießerei“, den Fritz Rotters späterer Anwalt Wladimir Rosenbaum aus den Schilderungen des Angeklagten erhalten hat.

Die neunundvierzigjährige Julie Wolff erlebt von der Rückbank, wie die „Männer auf den Wagen“ zukommen: „[...] sie hatten kleine Pistolen und schossen daraus. Weil ich [hinten] in der Mitte im Wagen saß, war ich die Letzte beim Aussteigen. Ich bin dann gleich geflohen. Das Haus war rechts und ich bin links ausgestiegen und weggelaufen. Ein Mann lief mir nach und hielt mir eine kleine Pistole vor das Gesicht. Ob er geschossen hat, weiß ich nicht. Ich habe ein Geräusch allerdings gehört, ich habe am linken Auge auch eine Verletzung, doch weiß ich nicht, ob der Mann mir sie zugefügt hat. Es ist auch möglich, dass er mir den Revolver ins Gesicht gestoßen hat, ob er aber wirklich gestoßen hat, weiß ich nicht. Ich fiel zur Erde, da lief der Mann fort, wieder dem Hause zu. Ich sah nun, dass Alfred Rotter und seine Frau vor der Türe des Hotels sich wehrten und dann frei kamen.“[111]

Fritz: „Es entstand dann ein Handgemenge, da wir uns wehrten und wie wild mit den Fäusten um uns schlugen. [...] Sie kamen mit Handfesseln und wollten mich fesseln, die Hände auf den Rücken bringen, das gelang ihnen jedoch nicht vollständig. Sie konnten mir zwar die Handschelle um die rechte Hand bringen, die zweite Handschelle hing daran.“[112] Peter Rheinberger im Verhör: „Während des Handgemenges mit Fritz Schaie habe dieser ihm so viel Geld angeboten, als er wolle, wenn er von ihm ablasse. Schaie habe gesagt, er habe sein Scheckbuch bei sich und gebe ihm Geld, so viel er begehre. Rheinberger habe abgelehnt mit den Worten[,] er wolle sein gestohlenes Geld nicht."

Dieser Dialog findet vor dem Hoteleingang statt. Sowohl der herbeigelaufene Max Witt als auch Frommelt, der hinter dem Hotel hervorkommt, hören diesen Wortwechsel. Das ermöglicht auch die Erstellung einer Chronologie. Fritz und Alfred kämpfen lange gegen die Attentäter: genauso lange, wie Witt benötigt, um von seinem Ausschauposten oben, der keinen Sichtkontakt zum Kurhotel ermöglicht hat, herabzukommen, anfänglich ohne sich zu übereilen; denn schon während er die Gegend im Blick behält, gibt er sich zur Tarnung das Bild eines Wanderers. Witt vernimmt nur „das Schießen und auch das Schreien der Weiber", wie er sich ausdrückt. Auch lässt er die zwei jungen Handwerker nicht aus dem Auge, die oberhalb der Straße, noch vor dem Zufahrtsweg zum Hotel, bei einer Holzhütte zu tun haben. Wieser und Witt bezeichnen sie fälschlicherweise als „Waldarbeiter". Von denen kommt der eine hinter ihm [Witt] her, bleibt dann aber bei dem Geländevorsprung stehen, wo die Gebirgsstraße eine 180-Grad-Drehung macht und der Zufahrtsweg zum Hotel abzweigt. Dann kehrt der junge Mann wieder um. Witt stuft jedoch offenbar genau dies als besonders bedrohlich ein. Holt der Arbeiter Verstärkung?

Da, wo in der Gabelung der leicht abfallende Weg zu der kleinen Ebene mit dem *Gaflei*-Hotel führt, laufen inzwischen Alfred, Gertrud und Julie Wolff so schnell sie können zur Straße hinauf. Letztere hat sich – nachdem sie in einiger Entfernung vom Kampfplatz entweder durch Wieser oder Grötz niedergestoßen worden ist – wieder erhoben, spätestens als sie bemerkt, dass Alfred und Gertrud Rotter sich haben losmachen können und in ihre Richtung rennen. Es scheint, dass Alfred Rotter mit dem Stock heftige Schläge ausgeteilt hat; der wird später zerbrochen sichergestellt. Möglicherweise benutzt Alfred auch noch den Stumpf für Hiebe und Stiche. Umgekehrt scheint entweder Wieser oder Grötz die Pistole als Schlaginstrument gegen Alfred eingesetzt zu haben – abgesprungene Teile der Waffe finden sich auf dem Boden. Zu dritt setzen Alfred und die zwei Frauen die Flucht fort.

Witt, von seinem Aussichtsposten herbeikommend, erblickt sie: „Ich sprang hinunter und sah gerade noch, wie der eine Rotter und sein Weib die Straße entlanggelaufen kamen." Etwas weiter weg vom Hotel liegt offenbar an den sonnigen Stellen kein Schnee mehr. Witt kürzt den Weg ab und hält von oben kommend direkt auf sie zu. Mit dem Fernstecher um den Hals sieht er wie ein Bergwanderer aus – und erweckt keinen Verdacht.

Während sich vor dem Hotel Fritz allein weiter wehrt, baut sich Witt vor den drei Flüchtenden auf, die in ihm irrtümlich einen Retter erblicken. Julie Wolff: „Ich sah inzwischen einen andern Mann kommen und wie dann Alfred Rotter und seine Frau bei mir waren, schrien wir um Hilfe und gingen auf den Mann zu. Der trug ein Zeißglas umgehängt. Ich hatte eine schwarze Jacke in der Hand. Wir schrien um Hilfe [...].“

Der Besagte aber reagiert völlig anders, als sie es erwarten – und lässt seine Maske fallen. Julie Wolff: Er „war etwas älter als der erste [jener mit der Pistole]. Er trug einen Hut und ging langsam wie ein Spaziergänger. Er kam nicht am Wege selbst, sondern oberhalb des Weges.“ „[Er] zog mich an der Jacke und sagte: Kommen Sie doch eben mit, oder so ähnlich. Er musste sehen, um was es sich handelte, er sah, dass wir flohen und dass [Alfred] Rotter am Halse blutig war.“ Jetzt erst werden sich die drei ihrer Fehleinschätzung bewusst. Julie Wolff: „Ich ließ dann die Jacke fallen und wir flüchteten weiter abwärts. Die zwei Rotters [Alfred und Gertrud] liefen dann vor mir her bergab. Wir getrauten uns nicht, der Straße nach zu gehen, weil wir dachten, es kämen noch andere Männer oder die andern können uns wieder nachgehen.“

Julie Wolff folgt den beiden. Der offene Hang geht jäh hinab. Selbst wo kein Schnee mehr liegt, ist das Gras glitschig. In ihrer Panik verlieren sie mehrmals den Halt, rutschen. Links ist Wald, rechts auch. Die Lichtung wird unten flacher. Alfred Rotter verliert einen Schuh und Geldscheine, fast am selben Ort bleibt Julie Wolffs Handtäschchen liegen. Hören sie oben bereits die Wagen vorbeirasen? Glauben sie, die Täter setzen die Jagd auf sie im Auto fort? Was sie nicht merken: Nach dem Vorbeifahren der Autos herrscht völlige Stille, außer den Vogelstimmen ist nichts zu hören. Oder gibt es etwas, das sie erneut in Schrecken versetzt? Es bleibt unklar, warum sie nicht zurücksteigen. Heuhütten stehen da. Die Stelle heißt Obmatu und bildet einen kleinen Geländeabsatz, bevor nur noch Steilwald kommt, der wie eine Barriere wirkt. Da wäre auch ein offener Weg, der seitwärts das gefährliche Gebiet umgeht.

Doch den nehmen sie nicht, kreuzen ihn, an der abschüssigsten Stelle. Kurze Zeit später ereignet sich das Unfassbare.

Julie Wolff: „Es war dort sehr steil und ich ging immer auf die Bäume zu, um mich halten zu können. Ich kam so mehr nach rechts und die beiden Rotters mehr nach links, ich habe dann noch gesehen, wie Alfred Rotter den steilen Hang hinuntergerollt ist und mir war auch, als hätte ich die Frau Rotter schreien hören, dann sah ich sie nicht mehr und ich selbst bin dann gestürzt. Ich weiß nicht, ob ich ohnmächtig war oder nicht, aber ich sah dann einen kleinen Weg, der aufwärtsging. Es kamen dann zwei junge Leute, ein Herr und eine Dame. Ich hatte auch einen Schuh verloren. Sie stützten mich und halfen mir. Der Herr hat mich dann auch teilweise getragen. Sie haben mich dann auch auf die Samina gebracht. Mehr kann ich nicht sagen, es ging alles so schnell und dazu kam die Angst, dass wir verfolgt wurden. Alfred Rotter war am Halse, wie ich schon gesagt habe, verletzt, es war alles voll Blut, die Frau war totenblass, ob sie verletzt wurde, weiß ich nicht, gesehen habe ich nichts davon. Ich bin am ganzen Körper verletzt und es ist wohl fast ein Wunder, dass ich am Leben geblieben bin."

Das sagt Julie zwei Tage später aus, am 7. April 1933. Zu diesem Zeitpunkt weiß sie bereits, dass Alfred und Gertrud nicht überlebt haben.

Unterdessen ist der womöglich immer noch bayerisch redende Konstanzer Taxifahrer Max Witt, der soeben noch versucht hat, Julie Wolff und das Ehepaar Rotter zu ergreifen, zum *Kurhotel Gaflei* zurückgelaufen und hört den verzweifelten Appell Fritz Rotters an seine Peiniger Rheinberger, Wieser, Lehmann und Grötz – die ihn nicht ganz zu packen bekommen. Witt: „Als ich dann am Überfallplatz angekommen [bin], bemerkte ich, dass der eine Rotter [Fritz] noch an einer Hand die Fessel gehabt hat, und hörte auch noch, wie er alles sein Geld und sogar noch einen Scheck angeboten hat, wenn man ihn freilässt."

Dasselbe hört auch Frommelt. Wegen der Schießerei verlässt er seinen Posten auf der Rückseite des Gebäudes, um kurzerhand seinen Mantel im Hotel zu holen und zu verschwinden: „Damals waren die Konstanzer mit dem kleinen Rotter [Fritz] vor dem Hotel. Ein Stück auf der Straße draußen sah ich ein paar andere Leute

[Ehepaar Rotter, Julie Wolff] auswärts gehen. Ich bin dann hinter das Hotel und dort in einem Waldweg hinunter“, erklärt er im Verhör.[113] Frommelt macht sich als Erster aus dem Staub.

Nachdem der zwanzigjährige Liechtensteiner Rheinberger es nur geschafft hat, ihm die Handschelle am rechten Handgelenk zu befestigen, nutzt Fritz Rotter das andere Ende als Schlagwaffe. Das zwingt die Angreifer, immer wieder von ihm abzulassen.

Ungefähr zu dem Zeitpunkt zeigt sich der junge Mann, der bei der Hütte oberhalb der Straße gearbeitet hatte, noch einmal bei der Weggabelung. Es ist Rudolf Beck, nunmehr in Begleitung einer zweiten Person, seines älteren Bruders Max. Die beiden versuchen, sich von dort einen Reim auf die Ereignisse zu machen. Dann ziehen sie sich wieder von der Kuppe zurück.

Aber Max Witt muss annehmen, dass sie noch andere Personen herbeiholen, womöglich die Polizei alarmieren – oder er meint, den drei Geflüchteten sei es inzwischen gelungen, Hilfe zu holen. Er ahnt nicht, dass die nächste Möglichkeit zu telefonieren erst sehr viel weiter unten in Waldig oder Masescha besteht. Witt gibt die Sache ab diesem Zeitpunkt verloren.

In Wirklichkeit sehen sich die beiden Arbeiter angesichts der fliehenden Alfred und Gertrud Rotter und Julie Wolff vor einem Rätsel – denn die drei suchen keine Hilfe bei ihnen, rennen schnellstens weg: ein tragisches Missverständnis, nur erklärlich durch den vorangegangenen Zusammenprall mit dem Konstanzer Witt. Sie dürfen niemandem trauen, nehmen sie offensichtlich an.

Max Beck, mit einundzwanzig Jahren der ältere der Brüder: „Ich habe oberhalb des zu Gaflei gehörigen Stalles an einer Hütte gearbeitet. [...] Bei mir war auch noch mein Bruder Rudolf.“ Sie sehen Schädlers Auto kommen. „Wir hörten bald darauf Schreie von Frauen, Lärm. Schüsse hörte ich keine. Ich dachte nun, das Auto sei, weil weiter drinnen noch etwas Schnee ist, abgerutscht, und schickte meinen Bruder auf der Straße bis zur Höhe hin, wo man zum Hotel hineinsieht.“[114] Sein drei Jahre jüngerer Bruder Rudolf berichtet: „Er [Schädlers Wagen] fuhr vorbei, hinein in die Gaflei. Schnell darauf ist drinnen dann ein großes Lärmen losgegangen, ein grausamer Lärm war das. Ich bin dann hinaufgelaufen bis gegen die Ecke, wo man zum Hotel hineinsieht. Da sah ich, dass drei Personen auf der Straße herausliefen, sonst habe ich nichts gesehen. Ich bin dann auch wieder zurückgegangen und wie ich heraußen war, sind die drei gelaufen gekommen und haben um Hilfe gerufen."[115]

Rudolf Beck weiter: „Wir wussten natürlich nicht, was los war, wir sind dann auf die Hilferufe noch einmal aufs Eck hinein gegangen, da waren die drei aber schon ein Stück weit unten, da waren sie schon in einem kleinen Wald. Bald darauf sind dann zwei Auto[s] von Gaflei herausgefahren. Zuerst ein Wagen mit deutscher Nummer und dann der Wagen von Schädler, sie sind schnell gefahren. Wir [...] haben schließlich gedacht, es sei jemand im Weiher ertrunken."

Max Beck, der ältere Bruder, erfasst das tragische Missverständnis besser: „Es kamen dann auch wirklich zwei Frauen und ein großer Herr die Straße heraus gegen uns zu und riefen dabei um Hilfe. Dabei sind sie jedoch schon, obwohl sie uns sehen mussten, von der Straße weggesprungen und neben dem zu Gaflei gehörenden Stalle in die Wiesen hinunter. Inzwischen kamen dann zwei Autos bald nacheinander, zuerst ein deutscher schwarzer Wagen und dann der Wagen von Schädler, sie sind beide in schneidigem Tempo vorbeigefahren. Das ist alles in ganz kurzer Zeit passiert. Dann wurde alles wieder ruhig, und ich wusste nicht, was ich von der Sache denken sollte. [...] Das eine habe ich allerdings nicht begriffen, dass die drei, die flüchteten, nicht auf der Straße blieben. Sie haben doch gesehen, dass ich am Arbeiten war, sie hätten sich ruhig zu mir flüchten können, da wäre ihnen sicher nichts mehr passiert. Aber für mich unbegreiflicherweise sind sie dann unter dem Stall hinunter. Weiter unten, im Obmadu [auch Obmatu geschrieben] sind übrigens dann auch Heuhütten und von dort geht ein fast ebener Weg, ein Wasenweg hinaus gegen die Straße. Wenn sie nicht so erschrocken gewesen wären, hätten sie dort hinausgehen können. [...] Ich bin dann am andern Tag auch noch hinuntergegangen und habe dann sehen können, dass in dem ganz steilen Hang oberhalb der Rüfe Rutschspuren vorhanden waren."

Das scheint die einzige Erklärung: Nachdem Witt versucht hat, sie zu ergreifen, halten die drei Flüchtenden auch das einheimische Bruderpaar Beck für Entführer – und wählen in ihrem Schrecken unwegsames Gebiet.

Was genau geschieht bei der Obmatu genannten Lichtung? Frommelt steht zuerst „hinter dem Auto auf Wache", „zusammen mit dem Deutschen Trommetter, der sich in der Nähe des Autos aufhält, um sofort fahrbereit zu sein".[116] „Als er [Frommelt] aus dem Lärm vor dem Hotel erkannte, dass der Überfall offenbar nicht planmäßig verlaufe, sei er nach vorne gelaufen, um seinen Mantel aus der Veranda zu holen. Unter der Türe war Rheinberger mit Fritz Schaie beschäftigt und er habe gehört, wie Schaie dem Rheinberger Geld anbot und Rheinberger es unter Hinweis auf die diebische Herkunft ausschlug."[117]

Frommelt: „Ich bin dann hinter das Hotel und dort in einem [sic] Waldweg hinunter. Es war dann aber noch Schnee und es kam dann ein Weg, der in der Richtung Masescha zu geht. Auf dem ging ich ein Stück weit und als dann eine schöne steile Wiese kam, bin ich dort hinunter abgefahren [gerutscht, auf dem Mantel sitzend]. Ich habe von Gaflei weg bis nach Vaduz hinunter keinen einzigen Menschen gesehen."[118]

Doch er selbst wird dabei gesehen – Bauern erwähnen den roten Pullover. Der bereits zitierte Max Beck: „Ein Edmund Sele Rotenboden hat erzählt, er habe im Vorderprufatscheng gearbeitet, da habe er einen Mann in unsinnigem Tempo" gesehen.[119] Dabei muss es sich um Frommelt handeln. Alfred, Gertrud und Julie Wolff sind nahezu zur gleichen Zeit unterwegs wie der Mittäter Frommelt. Frommelt sieht noch, wie sie losrennen, ehe er sich mit dem Mantel aufmacht und hinter dem Hotel an einer anderen Stelle als sie, in wenigen hundert Metern seitlicher Entfernung, talwärts steigt. Weiter unten schlägt er dann unterhalb der steilen Viehweide den Weg ein, der quer verläuft, genau in die Richtung der flüchtenden Eheleute Rotter und ihrer Cousine Julie Wolff. Der schmale Weg führt wenige Schritte unterhalb der niedrigen Heuhütten von Obmatu auf einer schmalen Terrasse Richtung Masescha. Frommelt kreuzt ihren Fluchtweg – in hoher Geschwindigkeit.

Haben die Flüchtenden ihn bei den Heuhütten von Obmatu, auf dem flachen Seitenweg von rechts kommen sehen? Julie Wolff erwähnt ihn in ihrer Aussage nicht. Bemerken nur Alfred und Gertrud

Rotter den sich rasch auf sie zubewegenden auffallenden Farbfleck? Links von ihnen, weiter vorn, beim Ausgang des Waldstücks befindet sich die freie Wiese, auf der Frommelt dann sitzend zu Tal gleitet. Diese offene Fluchtroute wählen Alfred und Gertrud mit ihrer Cousine bekanntlich nicht. Weil der Mann im roten Pullover ihnen entgegenrennt? Oder fürchten sie, am anderen Ende dieses Weges warte auf der Straße ein Wagen der Entführer?

Denn genau dort wird Frommelt von besagtem Edmund Sele, Bauer aus Triesenberg, zweiundvierzig Jahre alt, gesehen – „sehr rasch" sei Frommelt „zwischen uns und der Rüfe gerutscht und nachher wieder gegangen". „Er ist dann unten verschwunden. [...] Einige Zeit vorher, ich kann nicht genau sagen, war es vielleicht eine Viertelstunde, habe ich schon etwas wie eine Stimme gehört. [...] heute denke ich, dass es vielleicht ein Hilferuf gewesen sei. Unser Standort war eine Luftlinie von dem Ort, wo die beiden dann tot gefunden wurden, nur etwas zu [sic] 200 Meter entfernt."[120] Bäuerin Klothilde Sele, Edmund Seles Frau, korrigiert ihren Mann: Es sei „kein Hilfsruf und auch kein Schrecksruf" gewesen – „es war, als ob eine Frauenstimme ‚Eugen' gerufen hätte": „Es kam aus der Gegend oberhalb der Erblerüfe." Eugen Frommelt hat als einziger der Täter diesen Vornamen. Hat eine Frau ihn erkannt? Gibt es eine weitere Zeugin, die sich nirgends meldet? Auch der siebzehnjährige Sohn Karl Sele hat „auf dem Weg Obmatu eine helle Stimme ‚Eugen' rufen" hören, und „vielleicht eine Viertelstunde später sahen wir dann einen Mann etwa 100 Meter von uns entfernt, oder auch etwas weniger, die Halde heruntergehen. Er ging schnell hinunter."

Die Frage ist nur: Von Obmatu – wo die Rotters und Julie Wolff fatalerweise den Weg verlassen haben – bis zu den Ställen der Bauernfamilie Sele braucht jemand, der in großer Eile ist, keine fünfzehn Minuten ... Was ist da oben vorgefallen? Mit wem hat Frommelt gesprochen? Den Rotters – so viel ist sicher – ist Frommelts Name völlig unbekannt.

Am nächsten Tag notieren die Behörden in einem „Amtsvermerk": „In Triesenberg geht das Gerücht, dass Eugen Frommelt die Flüchtenden verfolgte." Für diese Annahme gibt es in den Akten keinen Hinweis – doch es ist nicht auszuschließen, dass für Alfred und Gertrud, wenn auch nicht für Julie, genau dieser

Eindruck entstanden ist: Er, Frommelt, hat jenen Weg benutzt, den sie daraufhin verlassen haben. Eine Verkettung unglücklicher Umstände – denn an einer Ergreifung der Geflohenen zu diesem Zeitpunkt konnte Frommelt nicht mehr gelegen sein. Er ist allein gewesen. Eine Mordabsicht liegt auch nicht vor, sonst hätte er sich oben nicht hinter dem Hotel aufgehalten – um nachher einfach abzuhauen. Eher sitzt ihm die Furcht im Nacken, er könne es als Mittäter mit der Justiz zu tun bekommen. Wem aber gehört die unbekannte helle Stimme, die „Eugen" ruft?

Als Frommelt unten in Vaduz ankommt, sieht er – wie Marie von Ramin, die ihm nahesteht und in deren Haus er das Büro seines kleinen Fahrunternehmens hat, schildert – „wahnsinnig aufgeregt, fürchterlich" aus. „Er sagte, es sei furchtbar, Rotters seien da droben überfallen worden [...]. Frommelt konnte am Essen nicht teilnehmen, weil ihm schlecht war."

Bauernsohn Karl Sele und seine Eltern beteiligen sich an der Suche nach den Vermissten – nachdem „man von der Sache" erzählt hat. Sie klettern „die Rüfe hinauf, wir haben aber die Verunglückten nicht gefunden. Wir suchten die Felsen ab, es wurde dann dunkler. Ich bin dann schließlich auch noch die Wiese hinauf gegen Gaflei bis dort zum Wege gegen Obmadu [Obmatu]. Dort habe ich dann Geld gefunden, zerstreut da und dort, etwa auf ein Quadratmeter zerstreut bzw. nur etwa ein Meter untereinander. Ich bin dann noch weiter hinauf, und da kamen dann den Obmaduweg herein zwei Herren. Ich sagte ihnen, ich hätte Geld gefunden, ich hätte aber kein Licht. Wir gingen dann nochmals zurück, sie leuchteten und wir fanden dann ein Handtäschchen der Frau, dann einen Mannschuh und noch etwas Geld. Ich habe dort dann auch Spuren gesehen, wo die zwei heruntergerutscht sind über die steile Grashalde. Ich glaube, die Stelle, wo ich das Geld gefunden habe, liegt etwa vom Beginn der eigentliche Rüfe, wo der Felsen abfällt, vielleicht 100 Meter entfernt. Offenbar haben die Leute dort schon, wo ich das Geld gefunden haben, den Halt verloren und sind gekollert."

Julie Wolff spricht von ihrer Angst, aber erwähnt keinen der direkten Verfolger. Weshalb sie sowie Gertrud und Alfred Rotter, obwohl längst außer Sicht- und Hörweite der Straße, nicht diesen sicheren Seitenweg nehmen, sondern die kolossal abschüssige Stelle hinabklettern, lässt sich nicht mehr zweifelsfrei klären. In diesem fast unpassierbaren, weil extrem abfallenden Waldstück, das über der Felswand endet, müssen sie den Halt verloren haben.[121] Sie wissen offenbar nicht, dass der Bergwald einen Abgrund verdeckt, einen natürlichen Felsabbruch, „Rüfe" genannt: steile, überhängende Felsblöcke. An der Kante geht es zehn bis fünfzehn Meter in die Tiefe. Unter der Wand liegt ein steiles Geröllfeld mit scharfkantigen, abgesprengten Felsstücken, von Faustgröße bis zu einem Meter Umfang, auf einer Breite von vielleicht hundert Schritt.

Die Fotos von der Absturzstelle, die wenige Tage danach gemacht werden, zeigen die ganze Gegend kahl – Jahrzehnte später wird alles wild überwachsen sein, mit knorrigen Stämmen, Ästen, Büschen. Eine Zeit lang sei die Absturzstelle „Rotter-Tobel [Schlucht]" genannt worden, heißt es.

Oben vor dem Hotel hat Witt längst auf einen Abbruch des Entführungsversuchs gedrängt. „Nachdem ich nun gesehen, dass der ganze Überfall missglückt ist, habe ich sofort den Trommetter aufgefordert, er soll vorfahren, damit wir so schnell wie nur irgend möglich vom Platz weg und an die österreichische Grenze kommen. Wir sind auch sofort eingestiegen und haben Schädler mit dem einen Rotter allein gelassen [...]."[122] Witt lässt aber etwas Entscheidendes aus: Der Kampf mit Fritz Rotter verlagert sich zunächst noch eine ganze Weile lang vom Vorplatz in den Eingangsbereich des kleinen Hotels – fast so, wie es der ursprüngliche Plan der Konstanzer vorgesehen hat. Möchten die Entführer bloß kein weiteres Aufsehen mehr erregen? Offensichtlich wollen sie aber keinesfalls ohne wenigstens einen der Brüder Rotter losfahren.

Der Kampf zieht sich hin. Fritz Rotter verliert das Zeitgefühl – als hätte alles „eine Dreiviertelstunde" gedauert: „Es war zu furchtbar. [...] Ich habe ihnen immer in die Augen gesehen – während der ganzen Zeit! Später ist einer auf mich zugestürzt, ein junger Kerl, ich glaube, es war der Rheinberger, und hat mir Pfeffer in die Augen gestreut. Gleich zu Anfang wollten sie mir Handfesseln anlegen, aber nur an einer Hand ist das Schloss zugeschnappt. Ich hatte die Kette und den zweiten Ring in der Faust – das war meine Waffe. Später habe ich einen Stock ergriffen und auf die Burschen losgeschlagen. Diese feigen Hunde! Ich war ganz allein und sie waren sechs. Vor mir allein haben sie die Flucht ergriffen!"[123] Fritz Rotters Kopf ist „über und über mit Striemen bedeckt", „auf der Stirn" hat er „eine faustgroße Blutbeule". Auch oben auf Gaflei sieht man noch Spuren: „An der weiß gekalkten Wand des Hotelgebäudes sieht man bis in 2 Meter Höhe fingerbreite Blutspritzer. Fritz Rotter hat sich hier in seiner Herzensangst zur Wehr gesetzt", berichtet ein Korrespondent der Zeitung *Der Morgen*.[124] Zum Teil gehen die Blutspritzer auch auf Alfreds Verletzung zurück.

Fritz Rotter erklärt in seiner Zeugenaussage[125]: „Im Verlauf dieses Gemenges wurde ich abgedrängt, man schleppte mich in einen Vorraum vor dem Saal und hier ging die Keilerei von Neuem los. [...] Sie konnten mich nicht fesseln, weil ich mich immer noch wehrte. Als ich noch einige feste Hiebe gegen die Stirne bekommen hatte, so dass ich blutete, fuhr ein Auto vor mit deutschen Nummern, und der Chauffeur sagt: ‚Einsteigen!' Es war gut, dass sie gingen, denn ich war am Ende meiner Kräfte." Er ist sich sicher: „Ich werde die einzelnen Leute, die uns überfallen haben, wiedererkennen, besonders diejenigen, mit denen ich gekämpft habe und gegen deren Waffen ich mich gewahrt [gewehrt] hatte. Jeder hatte irgend etwas in der Hand, einen Schlauch, eine Handschelle, eine Pistole oder auch Stricke. Einer wollte mir auch ein Tuch in den Mund stecken."

In einer späteren Gegenüberstellung mit Frommelt, die im *Waldhotel Liechtensteiner Hof* in Vaduz stattfindet, gibt Fritz an, Eugen Frommelt direkt angesprochen zu haben: „Ich kann nicht sagen, dass E. Frommelt an mich tätlich Hand anlegte, ich sah jedoch den Frommelt und habe zu ihm gesagt: ‚Was wollen Sie denn von mir.'"[126]

Noch bevor Witts Befehl kommt, den Wagen zu besteigen, hat der Konstanzer Taxifahrer Gotthilf Trommetter für sich bereits den Aufbruch beschlossen, gleich nach Schädlers Eintreffen. Doch er bleibt mit seiner schwarzen Limousine hinter dem Hotel im Schnee stecken: „Ich hörte in der Garage, wie ein Kraftwagen [her]anfuhr und wie kurz darauf mehrere männliche und weibliche Stimmen um Hilfe riefen. Ich beabsichtigte nun allein mit meinem Kraftwagen nach Konstanz zurückzufahren, was mir jedoch wegen des Schnees nicht mehr gelang. Jetzt kamen Witt und die andern nach der Garage gesprungen, halfen mir, den Wagen herauszubringen und sprangen dann in denselben.“

Spätestens dann haben vermutlich Peter Rheinberger und Fritz Lehmann das Ringen mit Fritz Rotter aufgegeben. Chauffeur Trommetter: „Ich fuhr dann auf Geheiß des Rheinberger an dem vor dem Hotel stehenden anderen Auto vorbei [...].“ *Gaflei*-Besitzer Schädler versucht, sich im Verhör herauszureden: „Wie ich schon sagte, habe ich den Überfall selbst nicht mitgemacht, bin hinters Haus gelaufen, um es nicht sehen zu müssen. Später schaute ich, was los sei, da sah [ich], dass der eine Rotter und zwei Frauen ihnen davongekommen waren. Peter und die Deutschen stiegen dann ins Auto ein und fuhren davon.“[127]

Als Peter Rheinberger seinen Onkel Rudolf Schädler aus dem Versteck hervortreten sieht, setzt er ihn möglicherweise durch das offene Wagenfenster in Kenntnis der Dinge. Schädler: „Sie riefen noch, der eine Rotter sei noch da.“ Witt: „Wir [...] haben Schädler und einen Rotter allein gelassen und sind im Eiltempo den Berg hinuntergerast, unser Wagen stand einige mal auf der Kippe, wenn es um die Kurven ging, aber zum Glück hat sich der Wagen immer wieder gefangen.“

Es tritt unversehens Ruhe ein, und der Liechtensteiner Schädler weiß genau, dass sich nur noch Fritz Rotter im Hotel befindet und er mit ihm allein ist. Nun wechselt er die Rolle.

Er betritt die Veranda seines Hotels, kann, während er einen Fuß vor den anderen setzt, die Spuren des Überfalls nicht übersehen, die dann der Polizeibericht verzeichnet: Am „Tatort“ werden „Teile einer Gas- oder Schreckpistole herrührend“ gefunden. „Die Eingangstüre zum Speisesaal im Kurhaus Gaflei stand offen, leicht zugeschoben, vor dem Eingang wurden ein zerbrochener Spazierstock, eine geladene Browningpatrone und eine Frauenmütze gefunden, weiters wurden Blutspuren außerhalb der Hauswand und im Speisesaal festgestellt, im Speisesaal und auf einem Tisch waren nasse, zusammengelegte, zerrissene Handtücher, weiters wurden ein Herrenüberzieher und eine Autodecke dort gefunden.“[128]

Schädler horcht. Ruft mit falscher, womöglich unangebracht

melodiöser Stimme nach ihm. „Ich hörte dann im Haus drinnen Schritte und fand den [Fritz] Rotter drinnen.“[129]

Die Handschelle hängt am rechten Gelenk. Mit der anderen Hand wird er sich jenes „blutbefleckte Taschentuch“ gegen die Wunde drücken, das danach in Schädlers Wagen gefunden wird. Fritz Rotter: „Nach einiger Zeit kam dann Schädler und gab sich den Anschein, als wollte er sich um mich bemühen. Ich fragte zunächst, wo der Bruder, die Schwägerin und Frau Wolff seien. Er erklärte, die seien in Sicherheit, er habe schon der Polizei telefoniert.“

Das ist gelogen. Fritz Rotter vertraut der Aussage und geht mit Schädler zu dessen Wagen. Er nimmt aber auffälligerweise hinten, auf der Rückbank des Wagens, Platz, direkt hinter dem Fahrer. Ein Misstrauen bleibt: „In dem Auto von Schädler lag noch der Mantel meiner Schwägerin, ich glaubte ihm deshalb auch eher. Da half er einsteigen und sagte, er wollte mich nach Vaduz bringen, ich sagte, es genüge bis nach Masescha, dort könne man schon Hilfe bekommen, damit war er einverstanden.“

Schädler verfolgt einen anderen Plan: Seit der Abfahrt des deutschen Fluchtwagens mit dem badischen Kennzeichen IV B 23.512 ist, anders als die Schilderung suggerieren mag, nicht viel Zeit vergangen – und der ortskundige Schädler fährt mit hoher Geschwindigkeit hinter diesem Wagen der anderen her. Er tut alles, um sie einzuholen.

Fritz macht sich vielleicht schon wieder Hoffnungen. Im späten Nachmittagslicht blinkt der Rhein weit unten in der Ebene wie ein schmaler, gleißender Spiegel zwischen den Bäumen hervor – doch daran verschwendet er in diesem Moment vermutlich keinen Gedanken. Die ganze Szene schildert Fritz im Rückblick so: „Ich bin dann durch ein Fenster in das Haus [Gaflei] gestiegen und habe nach einem Telefon gesucht. Plötzlich stand der Schädler vor mir. Während des Kampfes hat er sich verkrochen und jetzt war er plötzlich da. ‚Herr Rotter!‘, rief er, ‚Herr Rotter! Die anderen drei sind in Sicherheit – ich habe sie in Sicherheit gebracht. Steigen Sie ein und fahren wir nach Vaduz zur Polizei!‘ Ich bin eingestiegen und Schädler fuhr los. Erst langsam, vorsichtig, dann immer schneller. – ‚Wohin fahren Sie?‘, rief ich – und er murmelte: ‚Hin[un]ter nach Masescha in die Pension, dort ist ein Telefon!‘ Wir kamen nach Masescha und er raste weiter bergabwärts.“[130]

Unterdessen verliert Trommetter im Konstanzer Wagen Zeit – kurz vor der Baustelle in der großen Kurve, noch vor Masescha, bremst er vermutlich auf Geheiß Rheinbergers stark ab. Der Wagen kommt zum Halten. Peter Rheinberger: „Als wir gegen Masescha fuhren, mussten wir in der großen Kurve langsam fahren, da kam Architekt Röckle mit seiner Frau herauf; ich [Rheinberger] bin ausgestiegen und sagte ihm, es sei alles missglückt."[131] Franz Röckle bestätigt später den kurzen Wortwechsel: „Peter Rheinberger entstieg dem Auto und sagte ungefähr: ‚Der Überfall ist missglückt, was soll ich machen.' Das Auto ging langsam davon[,] und ich winkte Peter, nachzulaufen." Ein Fuhrwerk mit Kies versperrt jedoch den Weg. Auch deshalb muss der Wagen warten. Die Straßenarbeiter versuchen, Platz zu machen.

„Hilfsarbeiter" Rochus Lampert sagte aus: „Bei uns war gerade ein Fuhrmann am Kiesführen, da kam ein großes schwarzes Auto herabgefahren und musste bei uns in der Kurve wegen des Fuhrwerks anhalten. Ein Mann ist dann aus dem Auto herausgesprungen und auf den andern Herrn (es wird Röckle gewesen sein, ich kenne ihn aber nicht) zugegangen und hat mit ihm geredet. Das Auto hat dann gedrängt, wir sollen Platz machen, und dann sind sie weitergefahren. Der, der herausgesprungen war, musste noch nachlaufen." Auch Alois Beck schildert es genauso.[132]

Schädler, der anders als der Konstanzer Trommetter seinen Wagen nicht schont, kommt immer näher heran. Von Ferne wird er auch Franz Röckle sehen, der immer noch an der Kurve steht. Schädler aber braust vorbei – schon liegt Masescha vor ihnen. Fritz Rotter: „Er fuhr dann schnell abwärts, in Masescha fuhr er mit rasendem Tempo vorüber, ich sagte: ‚Um Gottes willen, halten Sie doch!' Er meinte, er könne nicht, sonst würden wir verunglücken. Er hatte offenbar Angst, weil ich hinter ihm saß. Richtiger sagte er: ‚Wenn Sie mir etwas tun, dann verunglücken wir.' Dann kam der andere Wagen wieder in Sicht, da habe ich dann die Nummer des Wagens feststellen können."

Offenbar macht Schädler deutlich, nicht halten zu wollen. Fritz Rotter stellt Schädler heftig zur Rede, weil er nicht stoppt. Doch Schädler lässt es auf die Kraftprobe ankommen und drückt weiter aufs Gaspedal. Die Geschwindigkeit ist sein Schutz.

Im Wagen beginnt nun ein Kampf. Schädler sagt aus, dass ihm „Schaie [...] dauernd in das Steuerrad griff und ihm auch wiederholt mit Erwürgen drohte".[133] Die Täter im ersten Wagen sehen, dass Schädlers Auto hinter ihnen herankommt, dann plötzlich schlingert und langsamer wird. Sie verlieren es aus dem Blick. Theo Grötz: „Erst am Wege nach Vaduz kam uns der Wagen Schädlers nach, ich konnte nicht sehen, wer darin war, doch stellte ich fest, dass im Wagen ein Handgemenge stattfand, was auch zur Folge hatte, dass der Wagen infolge unsicherer Führung ins Schleudern geriet. Infolge der Unübersichtlichkeit der Straße verloren wir ihn bald wieder aus den Augen und ich kann nicht angeben, was damit weiter geschehen ist. Es war für uns natürlich auch eine Fahrt auf Leben und Tod [...]. Unterwegs hatte ich deshalb dem Chauffeur aufgetragen, so rasch als möglich zu fahren und erst auf österreichischem Boden stehen zu bleiben [...]."[134] Max Witt sagt im Verhör vom 29. April 1933: „Wir sahen noch, dass Schädler hinter uns dreinfuhr, dass der Fritz Rotter darin ist, wussten wir aber nicht, sonst hätten wir gehalten, um den Rotter in unsern Wagen zu bringen."

Schädlers Kalkül geht beinahe auf. Um Haaresbreite entkommt Fritz Rotter diesem zweiten Versuch, ihn zu kidnappen. Denn sie gelangen zur zweiten kleinen Ansammlung von Häusern, Waldig oder Waldi genannt. Fritz Rotter gegenüber *Der Morgen* (10.4.1933): „Da griff ich nach meinem Spazierstock, der im Wagen lag, und schrie: ‚Du Hund! Wenn du nicht hältst, schlag ich dir den Schädel ein!' Denn jetzt erst ahnte ich, dass Schädler mit im Spiel war. Wir rasten nach Waldi, dort hat die Straße eine Kurve und ich sprang ab." Er fiel, so berichtet *Der Morgen*, „rücklings gegen den Randstein". Gegenüber den Liechtensteiner Justizbehörden sagt Fritz Rotter aus: „Dann kamen wir in das Waldi, er fuhr dort mit dem gleichen schnellen Tempo vorüber, dort arbeiteten 3 Männer auf der Straße, das gab mir den Mut, die Türe des Wagens aufzureißen und aus dem fahrenden Wagen hinauszuspringen. Dabei stürzte ich und schlug mir die linke Achsel entzwei."[135]

Einer der Straßenarbeiter, der sechsunddreißigjährige Johann Sele, sieht Schädlers Wagen: „Gerade vor dem Waldihaus hat ein Mann, der rückwärts im Auto saß, angefangen, Lärm zu machen, hat um Hilfe gerufen und ist im Auto drinnen aufgestanden. Ich wusste nicht, was da los sei, und dachte, vielleicht sei die Bremse nicht in Ordnung. Schädler fuhr um die Kurve herum und dann ist der andere Mann (Fritz Rotter) aus dem Auto herausgesprungen und ist dabei gestürzt. Schädler ist noch 20 bis 30 Meter [nach Aussage von Fritz Rotter: 50–100 Meter] weitergefahren und hat dann gehalten und kam zurück. Schädler sagte dann noch zu Rotter, er solle doch nicht so dumm sein, er brauche keine Angst zu haben, er habe nur wollen das andere Auto verfolgen."

Schafft es der Klang in Schädlers Stimme, Fritz Rotter für einen Augenblick noch einmal zu täuschen? Schädler spielt jedenfalls erneut den unschuldigen Unbeteiligten – und entfernt sich unter einem Vorwand. Fritz Rotter selbst erzählt den Umstehenden, sie seien in Gaflei oben „überfallen" worden und ihm sei „die Brieftasche weggenommen worden".

Fritz Rotter: „Ein Fräulein Schauer hat das vom Waldi aus gesehen und war mir behilflich. Dann hatte sie mich im Haus gewaschen, und wie ich mich dann etwas erholt hatte, habe ich dann telefoniert. Es galt dies auch meinem Bruder, der Schwägerin und der Frau Wolf[f], es wurde mir klar, dass diese nicht in Sicherheit seien, da es jetzt offenbar war, dass Schädler mit den andern im Bunde war. Seltsamerweise konnte er jetzt 50–100 Meter vom Waldi weg anhalten. Er kam auch ins Haus hinein und sagte, er brächte jetzt Hilfe. Er fuhr dann wieder Gaflei zu" – angeblich – „und nach kurzer Zeit wieder mit einem Herrn rasenden Tempos abwärts, ohne bei Waldi zu halten."[136]

Die dritte Lüge Schädlers: Er holt nur den Mittäter Franz Röckle, der allein auf der Straße nach Masescha zurückging – um mit ihm zu fliehen.

Johann Sele: „Rotter kam dann heraus und fragte, was das für ein Auto gewesen sei. – Ich sagte, Schädler, und es sei noch einer drinnen gewesen. – Rotter meinte, es könnte sein Bruder gewesen sein. – Ich sagte: ‚Nein, den kenne ich.' – Rotter war erstaunt, dass Schädler nicht gehalten habe, und jetzt erst fasste er Verdacht gegen Schädler und sagte, das [dann] müsse Schädler mit im Bunde gewesen sein. Rotter hat dann telefoniert. Rotter war natürlich sehr stark aufgeregt. Es kam dann ein Auto von Vaduz her, um ihn abzuholen, er ist jedoch nicht eingestiegen. Ich bin dann mit einem Arbeiter über [auf] Ersuchen Rotters nach Gaflei gefahren, um den Bruder und die Frauen zu suchen. Ich dachte, die Leute hätten sich etwa in Obmadu [Obmatu] in einer Hütte versteckt und [seien] von dort den Weg zur Gafleierstraße hinausgegangen."[137]

Ein Suchtrupp bildet sich, auch mit Leuten der Feuerwehr. Der Telefonanruf Fritz Rotters bei der Polizei wird protokolliert: „[...] dass er sowie sein Bruder Alfred sowie dessen Frau und eine Frau Wolff beim Kurhaus in Gaflei überfallen worden seien. Man habe auf sie mit Gas oder dergleichen geschossen, habe sie fesseln wollen und sie mit Gewalt wegführen. [...] Der Überfall sei aber nicht recht gelungen, Fritz Rotter habe sich frei machen [können] und sei dann nachher mit Schädler wieder abwärts gefahren. Er habe bei Masescha und auch beim Waldi aussteigen wollen. Schädler habe aber nicht anhalten wollen, da sei er schließlich aus dem Wagen gesprungen und dabei gestürzt und habe sich an der Achsel verletzt." Fritz nennt die Zulassungsnummer des deutschen Wagens. Darauf leitet die Polizei „die Aufhaltung des Autos in die Wege".[138] Die Uhrzeit ist nicht vermerkt, aber es muss etwa 16 Uhr gewesen sein.

Der Wagen Fl 233 mit Schädler und Röckle wird von der Polizei, noch bevor er Vaduz erreicht, gestoppt – beide werden verhaftet. Das Konstanzer Fluchtauto, in dem sich auch Peter Rheinberger befindet, hat man nicht mehr anhalten können. Rheinberger: „Wir sind dann so schnell als möglich nach Vaduz gefahren und gegen die österreichische Grenze zu. Wir sind dort beim Zollamt Schaanwald vorbeigefahren und haben erst auf österreichischem Boden gehalten."[139] Witt: „So kamen wir dann an [die] Grenze und als wir knapp am Zollhaus waren, hat es soeben telefoniert, dass man uns aufhalten soll, wir sind aber durchgesaust und haben erst auf der österreichischen Seite gehalten. Da unsere Papiere alle in Ordnung waren, konnten wir nach verhältnismäßig kurzer Zeit unsere Fahrt fortsetzen, trotzdem der liechtensteinische Grenzbeamte herüberkam und uns aufforderte, wieder zurückzufahren, was wir natürlich wohlweislich unterließen. Wir fuhren dann durch Feldkirch, ohne dass wir aufgehalten wurden, und erst in Götzis wurden wir durch einen einzelnen Landjäger aufgehalten und nach Feldkirch zurückgeleitet, wo wir dann auch in Haft gesetzt wurden."[140]

Gotthilf Trommetter, der Konstanzer Taxifahrer, bremst, um keine weitere Gesetzesübertretung zu riskieren – sehr zum Unwillen von Witt: „Wäre ich persönlich am Steuer gewesen, hätte ich auch nicht gehalten, ich hätte ganz sicher die bayrische Grenze erreicht."[141]

Der Morgen vom 10. April berichtet: „[...] in den folgenden drei Stunden ließ der schwerverletzte, vom Nervenfieber geschüttelte Mann [Fritz Rotter] die Telefonmuschel keinen Augenblick fallen. Vier-, fünfmal sprach er mit seinem Anwalt Dr. Marxer in Vaduz, alarmierte die Staatsanwaltschaft, das Regierungspräsidium, das Landtagspräsidium – gab Weisungen, Anordnungen, schilderte den Hergang der Tag, gab das Signalement der Flüchtenden. Dann rief er die Hüttenbewohner von Waldi zusammen und setzte eine Belohnung von 1000 Franken aus für die Auffindung seines Bruders, seiner Schwägerin und der Frau Wolf[f]." Anwalt Dr. Marxer erklärt dem *Morgen*-Reporter: „Sie wissen nicht, dass dieser Staat von immerhin 10 000 Einwohnern [...] über sage und schreibe drei Polizisten verfügt. Wir mussten alle eine Art Hilfspolizei organisieren. Ein paar Feuerwehrleute, der Gefängniswärter, ein Briefträger – mit diesem Personal mussten wir operieren. Wir fuhren mit zwei Autos den Berg hinauf. Plötzlich, an einer unübersichtlichen Kurve, kommt uns Schädler mit seinem Auto entgegen. Neben ihm sitzt der Architekt Röckle."

Die beiden werden sogleich „ins Gefängnis" von Liechtenstein gebracht. Dr. Marxer weiter: „Inzwischen rief Rotter fortwährend an und bat verzweifelt, man möge nach seinen Verwandten suchen. Ich schickte einen gewissen Jäger Eberle, einen ausgezeichneten Alpinisten und Kenner der Gegend, voraus und organisierte dann die Suchkolonnen."

Als die telefonischen Meldungen über das Schicksal seines Bruders und seiner Schwägerin eintreffen, werden sie Fritz Rotter offenbar vorenthalten – aus Rücksicht auf seinen eigenen Zustand: „Fritz Rotter, der seelisch zusammengebrochen ist, wurde der Tod seines Bruders zunächst verheimlicht."[142]

Anwalt Dr. Marxer berichtet über den Zustand Fritz Rotters noch vor dem Eintreffen der Todesnachricht: „Ich beruhigte [Fritz]

Rotter – er sank schließlich auf einen Stuhl und flüsterte: ‚Man kann ihnen [den Tätern] eigentlich nicht böse sein – es sind arme, verhetzte Menschen!' Ich muss sagen, dass mich das Verhalten Fritz Rotters mit größter Hochachtung erfüllt hat. Schon die Energie dieses Mannes ist unglaublich. [...] Während ich noch mit Rotter beschäftigt war, wurde ich vor die Tür gerufen – Jäger Eberle hatte die Leichen Alfred Rotters und seiner Frau gefunden. Wir ließen Fritz Rotter zu Tal führen und eilten zur Fundstelle. Der Anblick war grauenhaft. Alfred Rotters Gesicht war überhaupt nicht mehr erkenntlich [...]. Furchtbar auch der Anblick, den die Leiche der unglücklichen Frau bot. [...] Nur allmählich konnten wir Fritz Rotter das furchtbare Unglück wissen lassen. Der Mann hat es mit Fassung ertragen und eine geradezu übermenschliche Selbstbeherrschung gezeigt." Nur durch großes Glück hat Julie Wolff überlebt, die nach ihrem Sturz von Passanten nach Vaduz begleitet worden ist.

Die *Deutsche Allgemeine Zeitung* berichtet: „Über das Schicksal der Flüchtenden erhielt man erst später Nachricht, als die auf Bitten von Fritz Rotter ausgesandte Rettungsexpedition nach Vaduz zurückkehrte. [...] Die Leichen von Alfred Rotter und Frau [...] sind in einem Hause unweit des Gasthofes Waldig aufgebahrt worden [in Wirklichkeit im Landhaus Masescha], wo sie [...] von Vertretern der Landesbehörden [...] besichtigt wurden. Beide Körper wiesen schwere Verletzungen auf. Die Toten lagen mit dem Gesicht nach unten. Am Donnerstagvormittag fand man in den felsigen Hängen Kleidungsstücke und Geld[scheine], die die Flüchtenden anscheinend verloren haben. Über die Beerdigung der Toten sind noch keine Bestimmungen getroffen, da Fritz Rotter, der vollkommen zusammengebrochen ist, sich erst mit seinen Verwandten in Deutschland in Verbindung setzen will."[140]

Der Jäger von Triesenberg, Gottlieb Eberle, der die Vermissten „etwa um ¼ 8 Uhr" abends entdeckt hat, lief anderntags mit einer Amtsperson und einem Begleiter den quer laufenden Weg nach Obmatu nochmals ab: „Vom Weg aufwärts konnte man gegen den Stall von Gaflei zu die Spur verfolgen. Hundert Meter oberhalb dieses Weges fanden wir einen Frauengürtel. Unterhalb des Weges wurde die Halde ganz steil und sie haben gerade die schlechteste Stelle erwischt, um hinunterzugehen. Der Hund fand die Spur noch und er ist dann auch über den Felsen hinunter, dort wo sie abgestürzt sind. Oberhalb des Felsens fanden wir die Hose des Abgestürzten, er hatte sie offenbar einfach verloren, denn sie war unbeschädigt.“

Jäger Eberle weiter: „Der Felsen, wo sie hinuntergestürzt sind, dürfte etwa 30 Meter hoch sein, dann sind sie noch weiter über das Steingeröll gerollt. Wir sind dann noch weiter rechts suchen gegangen und haben dort noch ein Damenhandtäschchen gefunden, das der Frau [Julie] Wolff gehörte. Etwa 20 Meter darunter war [lebend] ein kleines Schoßhündchen der Frau Wolff, das war bei einer Halskralle [Halskette], die sie dort verloren hatte. Die [Julie] Wolff ist dort durch ein gefährliches Ries herunter, dürfte aber nicht dort abgestürzt sein, sondern erst weiter unten.“[144] Der Hund hat also stundenlang an Ort und Stelle verharrt.

Fritz Rotter wird vom fürstlichen Landesphysikus Dr. med. Felix Batliner am selben Abend im *Waldhotel* von Vaduz untersucht. Er stellt eine komplizierte Fraktur des Oberarms im Achselgelenk fest: „Der Verunfallte trägt an der rechten Hand eine Fessel. Er klagt über Schmerzen in der linken Schulter. Das Schultergelenk ist geschwollen und stark druckschmerzhaft. [...] Beim Bewegen wurde ein Knacksen im Gelenk bemerkt. Der Oberarm erscheint etwas verkürzt.“ Am nächsten Tag bestätigt ein Röntgenbild „die Diagnose auf Fraktur“: „Die Frakturlinie verläuft durch den anatomischen Hals des Oberarms; der abgebrochene Kopf ist nach abwärts verschoben; der Schaft ist in die Gelenkpfanne hineingestoßen [...]. Die Verletzung ist dem Grade nach an sich schwer. Sie erfordert einige Wochen zur Heilung; mit der angewandten Extensionsmethode wird in 5 Wochen ein gutes Resultat erhofft. Eine völlige ideale Wiederherstellung ist nicht zu erwarten, hingegen wird mit einer guten Funktion und Gebrauchsfähigkeit gerechnet bei Verkürzung des Oberarmes.“ Aussagen bei der Polizei macht Fritz erst zwei Tage danach, am 7. April 1933 im Hotel Vaduz. Er fühlt sich nicht in Sicherheit. Krankenschwestern halten Tag und Nacht Wache.[145]

Am 10. April wird er einem „nach Vaduz entsandten Spezialkorrespondenten“ der Zeitung *Der Morgen* sagen: „‚Man hat uns gehetzt wie tolle Hunde. Seit Monaten wurden wir mit Drohbriefen überschüttet, die uns in den unflätigsten Worten beschimpften und mit einem qualvollen Ende bedrohten. Vor ein paar Tagen erst ist dieser Brief angekommen.‘ Er reicht mir das Schriftstück rüber und ich lese: ‚An die Brüder Rotter! Mit Euch wird es bald zu Ende sein. Ein Plan ist gegen Euch gemacht worden – aber ich kann Euch helfen. Legt 3000 Franken unter den großen Stein an der Straßenkurve bei Waldi und dann seid Ihr gerettet!‘“[146]

Dieselbe Garage Gerster in Vaduz, bei der Schädler noch am Nachmittag des Überfalls ein Ersatzrad geholt hat, bekommt am Abend den Auftrag, „ein Auto nach Masescha" zu schicken. Wie es auf der Rechnung heißt, gehört dazu auch: „Bergung der Leichen, Aufbahrung im Landhaus Masescha, Beschaffung der Särge, Einsargung derselben, Abholen in Masescha, Aussargen der Leichen zwecks gerichtsärztlicher Untersuchung & Mithilfe gründliches Abwaschen und Einkleiden der Leichen, Einsargen & und Überführen ins Spital inkl. Bereitstellung alles verwendeten Materials, wie Tücher & Leinen etc. (Alles unter polizeilicher Aufsicht) [...].“ Danach sollen die Särge „vom Spital nach Chur“ überführt und am Tag der Trauerfeier ein Wagen gestellt werden: „Auto mit 4 Personen nach Chur“.

Aus Berlin sind bereits zwei Tage nach der Katastrophe die beiden Schwestern von Fritz Rotter angereist: die jüngere, verheiratete Ella Ullmann und Lucie Schaie, die ledig geblieben ist. Sie nehmen zwei angrenzende Zimmer im ersten Stock des *Waldhotels*. Fritz wohnt im zweiten Stock. Mittlerweile bewachen zwei junge Polizeianwärter das Gebäude.

Die „Totenschau“ am 6. April im Beisein zweier Gerichtszeugen und des Liechtensteiner Anwalts Fritz Rotters, Dr. Ludwig Marxer, ergibt, dass der Absturz bei Alfred Rotter infolge „Thoraxverletzung und Schädigung der Lunge und des Herzens [...] sofort zum Tod geführt“ hat. „Linke Thoraxhälfte ist eingesenkt. Mehrere Rippen auf der linken Seite sind frakturiert.“ Gertrud Rotter hat eine große „Quetschwunde“, die vom Hinterkopf bis zur Stirn verläuft, und „ausgedehnte Quetschungen an beiden Armen und Beinen, besonders an den Hüften beiderseits“, aber keine Frakturen: „Todesursache dürfte vermutlich eine schwere Gehirnschädigung sein, sei es eine schwere Gehirnerschütterung oder eine Blutung.“ Es wird festgestellt: „Schussverletzungen sind nicht vorhanden. [...] Nach der ganzen Lage ist es sicher, dass die beiden über den Felsen heruntergestürzt sind und an der steilen

Halde noch weiter gestürzt sind [...]. Die Frau hätte vielleicht, wenn sie frühzeitig gefunden worden wäre, gerettet werden können."

Die Schwestern Ella und Lucie bleiben nur eine Nacht in Vaduz. Vermutlich sitzen sie am Morgen des 8. April 1933 ohne Fritz Rotter, aber mit Julie Wolff im Wagen nach Chur.

TRAUERFEIER UND FLUCHT FRITZ ROTTERS NACH PARIS

Die Nachricht von der Tragödie verbreitet sich schon am folgenden Tag in viele Länder. Joseph Roth bemerkt in einem Brief an seinen Freund Stefan Zweig am 6. April 1933:

> „[...] unsere Bücher sind im Dritten Reich unmöglich. [...] Die Buchhändler werden uns ablehnen. Die SA-Sturmtruppen werden die Schaufenster einschlagen. [...] Es gibt keinen Kompromiss mit diesen Leuten. Passen Sie auf! Ich rate Ihnen! Man ist (kennen Sie das Schicksal der Rotters in Liechtenstein?) seines Lebens auch in Salzburg nicht sicher, wenn man sich vorwagt. Verkehren Sie mit niemandem. [...] Unsere ganze Lebensarbeit ist – im irdischen Sinne – vergeblich gewesen. [...] Jede Hoffnung ist sinnlos. Diese ‚nationale Erneuerung' geht bis zum äußersten Wahnsinn."

Wie um das zu bestätigen, erklärt Goebbels am Abend desselben 6. April 1933: „Die nationale Revolution wird nicht eher zum Stillstand kommen, als bis sie das ganze deutsche Gemeinschaftsleben überflutet und bis in die letzte Faser durchtränkt hat. Sie hat unabänderliche Tatsachen geschaffen, damit muss sich jeder abfinden."[147]

Die sterblichen Überreste von Alfred und Gertrud Rotter werden am 9. April 1933 im schweizerischen Chur kremiert – obwohl dies nicht der jüdischen Tradition entspricht. Die Urnen werden aber nicht auf dem Friedhof des Krematoriums beigesetzt, im Kremationsbuch steht in der entsprechenden Spalte „Mitg.", das heißt: „mitgenommen" – von wem ist nicht angegeben. Bei der Trauerfeier gibt es „Orgelspiel durch Frl. Deutsch". Die Rechnung des „Feuerbestattungsvereins" wird von Fritz Rotter bereits wenige Tage später durch Postüberweisung beglichen. Es ist möglich, dass Ella Ullmann und ihre um zwei Jahre ältere Schwester Lucie Schaie für eine Bestattung gesorgt haben. Doch weder in Berlin noch in St. Gallen, Zürich oder Basel findet sich die geringste Spur für ein Grab von Alfred und Gertrud Rotter, auch unter ihrem bürgerlichen Namen Schaie nicht.

Im *Bündner Monatsblatt* steht in der „Chronik für den Monat April 1933“ zum 9. April: „In Chur wurde das Ehepaar Alfred und Gertrud Schaie, genannt Rotter, kremiert, das im Fürstentum Liechtenstein überfallen wurde, sich flüchten wollte, auf der Flucht über eine Felspartie abstürzte und tot liegen blieb. Das Vorkommnis erregte weit herum großes Aufsehen.“ Das Amtsblatt der Stadt Chur listet die Kremation ebenfalls auf, unter dem 9. April. In der Rubrik „Alter“ steht, dass Alfred Rotter „46 Jahre, 4 Monate und 21 Tage alt“ geworden ist und Gertrud Rotter „38 Jahre, 3 Monate und 10 Tage“.

Nach entsprechenden Vorverhören liefert Österreich die Konstanzer Entführer am 27. April 1933 nach Deutschland aus – und den Liechtensteiner Peter Rheinberger nach Vaduz, wo Röckle und Schädler bereits in Untersuchungshaft sitzen. Das Fürstentum Liechtenstein hat das ursprünglich am 6. April gestellte „Auslieferungsbegehren“ für die deutschen Täter am 13. April 1933 formell zurückgezogen.

Schon aus außenpolitischen Gründen ist der Liechtensteiner Regierung nur an einer Aburteilung der eigenen Täter Rheinberger, Schädler, Frommelt und Röckle gelegen. Der Prozess soll bereits am 7. und 8. Juni 1933 stattfinden, zwei Monate nach dem Verbrechen.

Deswegen nehmen sich Fritz Rotter und seine Schwester Lucie am 5. Mai 1933 den für seine leidenschaftlichen Plädoyers berühmten und auf schwierige Fälle spezialisierten Zürcher Rechtsanwalt Wladimir Rosenbaum. Er darf aber nur die Zivilansprüche der Opferfamilie vertreten.

Rosenbaum selbst ist in Minsk geboren. Als 1903 unter Zar Nikolaus II. Pogrome stattfinden, kommt er im Alter von zehn Jahren nach Zürich. Sein Vater, 1905 Mitglied der ersten Duma nach der bürgerlichen Revolution in jenem Jahr, war ebenfalls Anwalt. Verheiratet ist Rosenbaum mit der Pianistin, Lyrikerin und Romanautorin Aline Valangin. Als Beobachterin wird sie am

Prozess teilnehmen. Sie ist die Enkelin des Genfer Pazifisten und Friedensnobelpreisträgers des Jahres 1902, Élie Ducommun. Für ihre offene Ehe zuweilen im Gerede, unterhalten Aline Valangin und Rosenbaum in Zürich einen Salon mit einem wöchentlichen Jour fixe sowie Lesungen und Musikabenden. Die Anwaltspraxis Rosenbaums wird Anlaufsort für viele bekannte Namen des deutschen und italienischen Exils, und ihr altes, palazzoähnliches Sommerhaus im Tessin, die „Barca" in Comologno, im Onsernonetal gelegen, ist ein legendärer Treffpunkt.

Gerade in jener Zeit, 1933, beschäftigt Wladimir Rosenbaum in seiner Kanzlei auch einen Rechtsanwalt aus Kassel, Dr. Erich Lewinski, der Ende März 1933 hat fliehen müssen: Nur Minuten später ist damals dessen „Büro durch einen SA-Trupp gestürmt worden".[148] Es ist nicht ausgeschlossen, dass Rosenbaum von Anfang an Lewinski als Mittelsmann zu Fritz Rotter in Vaduz bestimmt. Denn Lewinski hilft Fritz Rotter zwölf Tage später, das kleine Fürstentum, das ihm, dem Bruder und der Schwägerin so wenig Glück gebracht hat, unerkannt zu verlassen. Nach allem, was passiert ist, würde Fritz Rotter bei Lewinski sicherlich nicht in den Wagen steigen, wenn er ihn nicht vorher schon in Rosenbaums Gegenwart kennengelernt hätte.

Trotz der Tragödie hält Berlin am Haftbefehl gegen Fritz Rotter fest, und sowohl die Schweiz wie Österreich wären nicht darum herumgekommen, ihn auf ihrem Staatsgebiet zu ergreifen und dem Druck des Deutschen Reichs nachzugeben.

Fritz Rotter, der noch unter Schock steht und wegen der heftigen Schmerzen in der Schulter leidet, braucht bessere Pflege. Gerade wegen der bevorstehenden Gerichtsverhandlung bangt er um seine Sicherheit. Nach dem 5. April 1933 war er „längere Zeit bettlägerig", betont die fürstliche Regierung.[149] Deshalb verwendet sich der liechtensteinische Regierungschef Dr. Josef Hoop am 20. April 1933 auch für ihn:

> „Der in Vaduz wohnhafte liechtensteinische Staatsbürger Fritz Rotter möchte zur Erholung in irgendein südeuropäisches Land oder auch nach England übersiedeln. Eine Heilung seines durch den Entführungsversuch sich zugezogenen Leidens ist hier kaum zu erwarten, da Rotter in beständiger

Angst lebt, es könnte ein neuer Überfall auf ihn unternommen werden."

Die liechtensteinische Regierung, die ihre außenpolitischen Interessen durch die Schweiz vertreten lässt, findet in Bern jedoch wenig Hilfsbereitschaft. Am 22. April 1933 schreibt das zuständige Eidgenössische Politische Departement etwas pikiert, es würde zwar „gewünschtenfalls eine bezügliche Note an einen bestimmten Staat" weiterleiten, „jedoch ohne Unterstützung". Auch könne es nicht „Aufgabe" des Departements sein, „für Herrn Rotter den günstigsten Staat auszusuchen".

Daraufhin erkundigt sich Liechtenstein über die Möglichkeit einer Erholungskur für Fritz Rotter in Frankreich. Spürbar ungern gibt sich die Schweiz für diese Demarche her – „Einwendungen" macht speziell die Gesandtschaft in Paris. Die Anfrage erfolgt schließlich nur, weil der Schweizer Außenminister dies durch Gutzureden erzwingt. Der Vorstoß bleibt ergebnislos: Im diplomatischen Verkehr ein Gesuch kommentarlos zu überreichen, ohne zu Inhalt oder Wortlaut „irgendwie Stellung zu beziehen", wie in der Anweisung stand, heißt sozusagen, es kopfschüttelnd zu übergeben.

Zuvor schon hat der liechtensteinische Geschäftsträger in der Bundesstadt Bern „in ganz offizieller Weise" angefragt, „ob Fritz Rotter, falls er sich irgendwo am Genfersee niederlasse, seine Auslieferung an Deutschland zu gewärtigen habe". Diplomatisch verklausuliert, aber deutlich antwortet die Schweiz, dass wegen des schweizerisch-deutschen Auslieferungsvertrags von 1874 „jedenfalls Rotter nicht auf eine Ablehnung" eines solchen deutschen Begehrens „rechnen könne, bloß gestützt auf den Umstand, dass er Liechtensteiner ist".

Die Planung von Fritz Rotters Ausreise erfolgt unter größter Geheimhaltung. Auch die Frau des Anwalts Wladimir Rosenbaum, die Schriftstellerin Aline Valangin, ist an dem Unternehmen beteiligt. In einem unveröffentlichten Manuskript aus dem Nachlass[150] hält sie fest: Es sei bestimmt worden, dass „Dr. L." [Lewinski] den „R." [Fritz Rotter] in Liechtenstein „holen und durch die ganze Schweiz nach Genf fahren würde".[151] Er, Rotter,

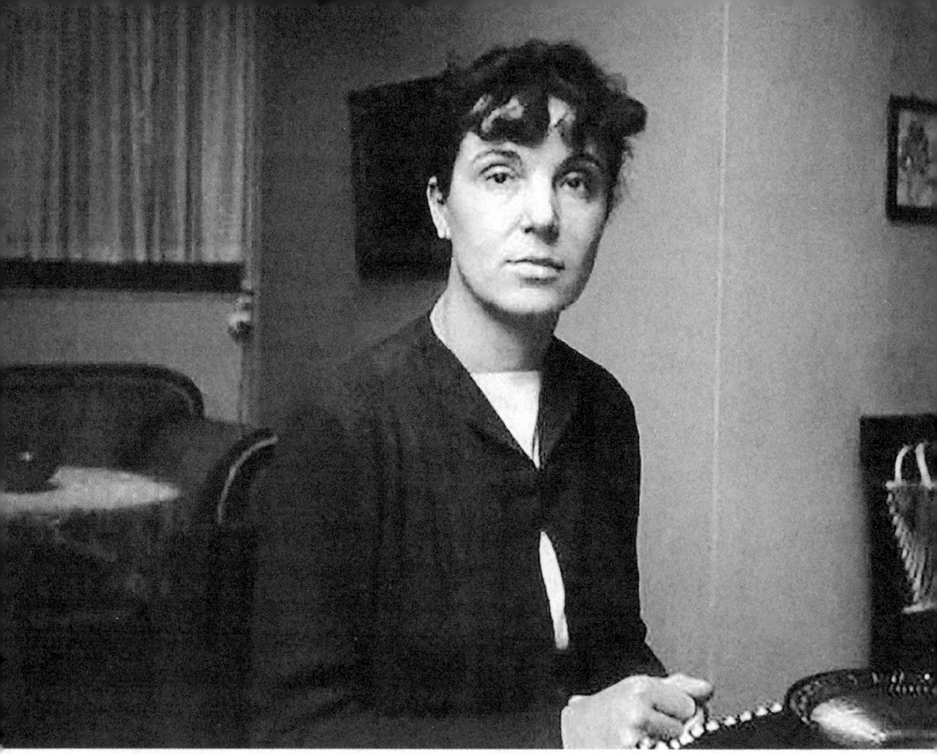

Aline Valangin, um 1930

sei aus Berlin, „bekannt in der Theaterwelt". Rechtsanwalt Dr. Erich Lewinski scheint für diese Aufgabe besonders geeignet, auch weil er Mitglied des Internationalen Sozialistischen Kampfbundes ISK ist.

Aline Valangin: „Rechtsanwalt Dr. L. aus Kassel war mit seiner Frau [Herta Lewinski-Voremberg, geb. 1897] und einem noch jungen Sohn [...], damals in letzter Minute, in Zürich eingetroffen, in der Absicht, sich später nach Paris abzusetzen. Bis dahin saß er in einer kleinen Stube in unserem Haus und bereitete für Ro [Wladimir Rosenbaum] Prozesse vor." Seine Frau sei „schweigsam, mit sprechenden Augen". „Beide waren ernste, sozial bewusste Menschen. Nun galt es also, einen der Brüder R. [...] in die Schweiz zu schaffen, um ihn von da aus weiter nach Paris zu verschicken. Keine ganz leichte Aufgabe."[152]

Erich Lewinski soll Fritz Rotter in Vaduz abholen, durch die Schweiz an den Genfersee fahren, während Aline Valangin – „das Los fiel auf mich" – mit dem zweiten Wagen am anderen, französischen Ufer des Sees „an einem kleinen Ort zu warten" hat. Sie schreibt:

„Am selben Morgen bestiegen die beiden Herren in Genf ein sonntägliches Ausflugsschiff, das an der kleinen Ortschaft, die mir angegeben worden war, anhalten sollte. Ich war bereit. Herr R. verließ das Schiff, kam ruhig über die Straße und stieg in meinen Wagen ein. Alles ging ohne jede Störung. Wir fuhren los. Die Gegend war idyllisch, doch kannte ich sie nicht und musste mehrmals nach dem Weg fragen. Unser Ziel war die Stadt Mâcon, wo wir zu übernachten gedachten. Wir kamen gut vorwärts und dort an, aßen etwas und suchten das Hotel auf, das von unserer Ankunft benachrichtigt worden war. Alles klappte. Niemand stieß sich am falschen Pass, dem von Dr. L., den R. vorwies. [...] Unterwegs hatten wir wenig gesprochen. Der Mann gefiel mir nicht recht. Ich brachte keine Sympathie für ihn auf und musste mir immer wiederholen, er sei ein armer Teufel in Lebensgefahr. Besonders wunderte ich mich, als er mich plötzlich fragte, ob ich ihm meinen Hut – es war nach der damaligen Mode ein hübscher, flacher Canotier – verkaufen wolle. – ‚Was wollen Sie mit dem Hut?', fragte ich lachend zurück. – Er schwieg. Vermutlich war er sehr durcheinander."

Dem Gästebuch des *Waldhotels Liechtensteiner Hof* zufolge findet die Flucht am 17. Mai 1933 statt. Eine briefliche Einladung Fritz Rotters vom 18. Mai zur Zeugeneinvernahme ging bereits zurück an das fürstliche Landgericht, „mit dem Vermerke [sic], dass Fritz Schaie abgereist sei". Über ein Jahr später denunziert der ehemalige Portier des Waldhotels, Ludwig Fischbacher, Fritz Rotter in einem Brief vom 8. Dezember 1934 nach Berlin:

„Ich war dann noch Fritz Rotters Beschützer bis zu seiner Flucht aus Vaduz, welche durch Hilfe von Rechtsanwalt Rosenbaum, Zürich, nach Frankreich zustande kam. [...] denn ich war als Portier des Hauses fast intimer Vertrauter, auch schon als noch Frau u. Alfred Rotter lebten. Und nach dem Überfall in Gaflei durfte zu Fritz Rotter niemand mehr als ich, vom ganzen Hause. Er hat seinen Schwestern nicht getraut, [...] auch nicht seinem Arzte [...]. Seine einzige richtige Vertraute, mit der er auch mich ins Vertrauen zog, war die Belgierin Vreni Juliette

> Wolf[f] aus Brüssel, die [die] ganze Lumperei mit ihrem Namen deckte [...].“ Um „das ganze Gepäck von den Rotters“, das „heute noch [1934] auf dem Dachboden“ liege, „hat sich kein Mensch mehr gekümmert“.

Bevor Aline Valangin mit Fritz Rotter die französische Hauptstadt erreicht, kommt es zu einem kleinen Zwischenfall. Über Nacht bleiben sie im französischen Mâcon. Sie hat ihren „Mitfahrer“ auf „acht Uhr zur Weiterfahrt nach Paris“ bestellt.

> „Am nächsten Morgen, ich hatte schon gefrühstückt und das Hotel bezahlt, war der Mann nicht zu finden. Ich ängstigte mich. Es hatte doch geheißen: keinesfalls auffallen! Was konnte geschehen sein? Da kam er aus einer Gasse angetänzelt, sichtbar vergnügt, ohne Auskunft zu geben oder geben zu wollen. Wir fuhren rasch ab und kamen auch beizeiten nach Paris, wo ich den Mann abzuliefern hatte, und zwar bei der Gattin des bekannten Teppichkünstlers Lurçat. Die Dame erwartete uns, und ich verabschiedete mich. Ich hatte am selben Abend die Brüder [Carlo und Sabatino] Rosselli [1937 ermordet] zu besuchen, bekannte, sehr tätige Antifaschisten, die in ihrem Haus in Paris ein Zentrum des Widerstandes gegen Mussolini aufgebaut hatten. Vermögliche [vermögende], kultivierte Leute aus Florenz. Viele Fäden liefen durch ihre Hände. Sie waren eng befreundet mit dem großen Antifaschistenführer Professor [Gaetano] Salvemini, der die ganze Gruppe leitete. [...] Als ich in ihrem Salon saß, sah ich mich umgeben von einem Kranz halb neugieriger, halb besorgter Männergesichter, alle mir zugewandt. Sie fragten mich aus, wer der Mensch sei, den ich hergebracht hatte und den sie mitbetreuen sollten. Ich konnte nicht viel mehr sagen, als dass in Berlin Jagd auf ihn gemacht worden war und dass er, ohne Flucht durch die Schweiz, mit Sicherheit umgekommen wäre. Sie schienen etwas erstaunt, dankten mir aber, und ich konnte mein Hotel aufsuchen. Auch ich war in Sorge. Der Mensch schien mir seltsam gestört. Nun, ein Berliner, aus gewissen Kreisen, man soll nicht urteilen. Am nächsten Morgen fuhr ich zu Frau Lurçat, die mich mit entsetzt erhobenen Armen empfing: der Mann sei verschwunden, aber in seinem Zimmer habe sie eine Menge Damen-Abendkleider

und elegante weibliche Dessous gefunden, kunterbunt durcheinander. Wir starrten uns an. Ich ging mir die Bescherung ansehen und ich begriff, der Mann war wohl ein Transvestit. Schon am ersten freien Abend [...] hatte [er] offenbar eine andere Unterkunft gefunden."

Fritz Rotter ist durchaus nicht zum ersten Mal in der französischen Hauptstadt – und kennt deren Theater- und Operettenszene. Kevin Clarke stellt in seinem Buch *Glitter and Be Gay. Die authentische Operette und ihre schwulen Verehrer* die These auf, dass „die Kunstform Operette bis 1933 ein aktuelles, intellektuelles, durchgedrehtes, fast dadaistisches Entertainment" war, „in dem es zuerst und zuletzt um Sex ging", und zwar „in allen Formen und Spielarten".[153]

Rechtsanwalt Lewinski emigriert einige Zeit später ebenfalls nach Frankreich. Seine Frau Herta hat, wie Aline Valangin vermerkt, in Zürich „im Institut Bircher-Benner, berühmt durch seine Diät-Küche (das Müesli), einen Diätkurs" absolviert, „den sie später in Paris, in einem großen Restaurant mit vielen Angestellten, verwerten konnte".[154] Aline Valangin: „[...] und dann sind sie nach Paris gekommen, man hat sie aufgenommen, und sie haben dort ein großes Restaurant aufgetan, und da waren Hunderte von Emigranten, die dort gegessen haben, zum Teil gratis."[155] Dieses Lokal von Herta und Erich Lewinski befindet sich ab 1934 „auf dem Boulevard Poissonnière" und war „eine vegetarische Gaststätte", „die sich bald eines regen Zuspruchs erfreute", wie es in einer Studie über die Geschichte des Internationalen Sozialistischen Kampf Bundes (ISK) heißt. „Der Reinertrag diente der Finanzierung der ISK-Arbeit."[156]

Rosenbaum hatte mit einem umstandslos gewährten Darlehen den Start ermöglicht.[157] Später, ab 1940, organisiert Erich Lewinski in Marseille die Ausreise gefährdeter Emigranten in die USA, in engem Kontakt mit dem bekannten US-amerikanischen Flüchtlingsretter Varian Fry. Theoretisch verfügt also der in Frankreich gestrandete Fritz Rotter über beste Anknüpfungspunkte. Vielleicht trifft er Erich Lewinski auf dem Pariser Boulevard Poissonnière wieder – in Notzeiten hätte er da sicher auch essen können.

DER PROZESS GEGEN DIE LIECHTENSTEINISCHEN TÄTER

Der Gerichtssaal in Vaduz ist zu klein. Die halbe Welt hat über die versuchte Entführung der Berliner Theaterdirektoren Rotter berichtet – und will nun den zweitägigen Prozess am 7. und 8. Juni 1933 mitverfolgen. Der liechtensteinische Regierungschef erklärt, „dass der Eintritt nur gegen Karten gestattet sein wird, eine Vorsichtsmaßnahme" – was auch Rechtsanwalt Dr. Wladimir Rosenbaum „für sehr zweckmäßig hielt". Der Anwalt geht allerdings davon aus, die Verhandlungen würden „im großen Saale stattfinden", und bittet um Reservierung einer „Schreibbank" für seine Sekretärin, „die hinter meinem Pulte stehen" soll.

Der liechtensteinische Landtag beschließt aber, seinen Saal nicht zur Verfügung zu stellen: „Für die Angeklagten, deren Vertreter und für eventuelle Pressevertreter, die sich einfinden dürften, ist nach Ansicht des Landtages genug Raum im Gerichtszimmer vorhanden. Auch dürfte noch etwas Platz für Zuhörer übrigbleiben. Im übrigen ist der Landtag der Auffassung, dass die ganze Sache nicht darunter Schaden leidet, wenn nicht jeder die Verhandlungen mitanhören kann."

Für Presse und Publikum gibt es nur „dreieinhalb" kurze Reihen von Sitzbänken, berichtet die *Neue Zürcher Zeitung*.[158] Vor der Schranke des Gerichts „stehen die Stühle für die vier Angeklagten, flankiert von den beiden ineinandergeschobenen Tischen der vier Verteidiger" auf der einen Seite und dem Tisch, den sich Staatsanwalt Josef Lenzlinger mit den Anwälten der Opfer und einer Stenografin teilt, auf der anderen Seite.

Nicht nur Fritz Rotter fehlt. Julie Wolff ist bereits am 20. April 1933 in Begleitung ihres Sohnes zurück nach Brüssel zurückgekehrt – und anschließend wegen ihrer Verletzungen zur Kur nach Bad Mondorf, Luxemburg, gereist. Sie selbst übergibt ihr Mandat dem Vaduzer Anwalt Dr. Ludwig Marxer. Zusammen mit Rosenbaum vertritt er im Prozess die Zivilklage. Anwalt Marxer hat seinerzeit 1931 den Rotters die Einbürgerung ermöglicht, als sie noch Generaldirektoren des größten Theaterkonzerns Europas waren – und gern gesehene Gäste in allen Grandhotels. Deswegen hat Marxer aber inzwischen von seinem politischen Amt zurücktreten müssen, das er im Fürstentum innehatte – er war zuvor stellvertretender fürstlich-liechtensteinischer Regierungschef. Sich nun Frau Julie Wolff zur Verfügung zu stellen, ist ein Zeichen von Mut.

Auf einem der wenigen Plätze sitzt am Morgen des 7. Juni 1933 auch Wladimir Rosenbaums Frau Aline Valangin. Nach dem ersten Abend schickt sie dem Zürcher Schriftsteller Rudolf Jakob Humm, mit dem sie zu dieser Zeit eine Liebesbeziehung unterhält, ein paar Zeilen auf Französisch. Sie könne ihm keinen „richtigen Brief" schreiben, „ich bin zu ergriffen von allem, was sich hier tut": „Das Niveau ist entsetzlich niedrig, die Angeklagten sind halbgestörte Typen, erscheinen ganz nachtwandlerisch und von einer Feigheit und Falschheit, die ihresgleichen sucht. Schade. Schade für jedes Wort, das mein Gatte zu sagen verpflichtet sein wird. Wie die Schweiz *noch* sauber ist."[159]

Für die *Neue Zürcher Zeitung (NZZ)* ist mit Dr. Werner Petrzilka ein profilierter Prozess-Berichterstatter angereist, der selbst Advokat war, keine zwei Jahre danach in Zürich zum Staatsanwalt ernannt werden wird und später wichtige Werke schreibt. Petrzilka warnt schon einen Tag vor Verhandlungsbeginn, das Gerichtsverfahren könne zu einem „Prozess gegen Alfred und Fritz Rotter" werden – und „noch mehr" als das.[160]

Anzeichen dafür sind nicht zu übersehen. Im Publikum sind einige Konstanzer in den Farben der Studentenverbindung Peter Rheinbergers, die mit ihren Gefühlsäußerungen die Stellungnahmen der Angeklagten offenbar wie einen Auftritt belohnen.

Und als nach Verlesung der Anklageschrift zuerst Rudolf Schädler vernommen wird, antwortete dieser auf die Frage des Gerichtsvorsitzenden, „ob er sich schuldig bekenne", dass er sich „vor der Tat keiner Schuld bewusst gewesen" ist: „Die Brüder Schaie seien von ihm und den übrigen Angeklagten als Leute betrachtet worden, die sich durch ihre Untaten außerhalb der menschlichen Gesellschaft gestellt hätten", er habe „die Anwesenheit der Rotters in seinem Vaterlande als eine Schande empfunden".[161]

Gemäß dem knappen Prozessprotokoll fragt ihn Rosenbaum, warum er denn seinen Neffen Peter Rheinberger habe „von der Beteiligung abhalten wollen" – wenn er denn die Tat für nicht strafbar halte. Daraufhin erklärt Schädler ausweichend, dass sein Neffe in Konstanz vor „Prüfungen stand und nicht in seinem Studium gehindert sein sollte".

Wahrscheinlich spricht ihn Rosenbaum auch auf die Kampfszene im Wagen an – bevor Fritz Rotter rausgesprungen ist. Schädler schiebt die Schuld gänzlich Fritz Rotter zu. Dadurch, dass „Schaie" ihm ins Steuerrad gegriffen habe und ihn von hinten „wiederholt mit Erwürgen drohte", „sei er [Schädler] in Aufregung geraten und erkläre es sich wohl [so], dass er in Masescha und im Waldi nicht gehalten habe". Schädler räumt lediglich ein, „die Abfahrt von Gaflei mit Fritz Schaie nach dem missglückten Überfall" habe sich „sehr schwierig gestaltet". „Die Tat", den Überfall selbst, „bedauere er wegen des tragischen Ausgangs und weil er [Schädler] sich gegen das Gesetz vergangen habe".

Bezüglich Frau Julie Wolff „hätten keine bösen Absichten bestanden". „Sie hätten von vornherein gar nicht gewusst, dass sie auch nach Gaflei mitfahre, und gar nicht darüber nachgedacht, was mit der Wolff geschehen solle." Dr. Ludwig Marxer, der liechtensteinische Anwalt von Julie Wolff, greift ein: Weshalb er, Schädler, da „noch ausdrücklich Frau Wolff zum Mitfahren nach Gaflei aufgemuntert habe". Schädler behauptet, er erinnere sich nicht.

Möglicherweise spürt Schädler den Unmut von Marxer und im Publikum. Jedenfalls macht er daraufhin die Aussage: „Er sei grundsätzlich zur Schadensgutmachung bereit." Auf Nachfrage von Dr. Marxer, weshalb er sich denn bei der Polizei habe stellen wollen, wenn er sich für nicht schuldig halte, sagt Schädler: „Nach der Tat hätten sie nur den Vorfall als solchen bei Gericht melden wollen, nicht aber das Empfinden gehabt, es handle sich um eine strafbare Tat."

Vermutlich verweist Anwalt Dr. Marxer auf Zeugnisse über die blutige Wunde am Hals von Alfred Rotter. Schädler: „Nachdem die Sache schiefgegangen war und Gewaltanwendung erfolgt war, sei ihm die Sache allerdings nicht mehr geheuer erschienen."

Verteidigt wird Rudolf Schädler vom Schweizer Rechtsanwalt Dr. J. Schwendener aus Buchs. Auch der Verteidiger des Mitangeklagten Franz Röckle, Rechtsanwalt Walter Koch aus Frankfurt am Main, verlangt daraufhin das Wort und befragte Schädler zu seiner Beziehung zu Röckle – ob das mit Röckle geführte Gespräch eine

Wirkung auf seine eigenen Entscheidungen gehabt hat. Koch weiß, dass das Gericht zu klären hat, ob es einen Anstifter gibt, und will seinen Mandanten Franz Röckle von diesem Verdacht befreien.

Schädler, der Röckle in den ersten Verhören stark belastet hat, bleibt nun diesbezüglich lieber im Unbestimmten: „Zur Auslösung der Tat habe es letzten Endes nicht mehr viel gebraucht. Ehe noch Röckle seinen Einfluss geltend machte, habe er selbst schon mit dem Gedanken einer derartigen Tat gespielt. Die eigentliche Veranlasserin zur Tat war die eigene innere Stimme."

Der auf einem Schloss geborene Peter Rheinberger, der Jüngste der vier Angeklagten, wirkt hochfahrend und betitelt die Rotters als „Gauner"; er selbst sei „nationaler Liechtensteiner, der in Konstanz einer nationalen Verbindung angehöre".[162] Rheinberger wird von Dr. J. G. Oktabeetz aus Feldkirch verteidigt; der versucht, die Schuld auf die abwesenden deutschen Täter abzuwälzen. Mit „suggestiv" gestellten Fragen bringt er seinen jungen Mandanten zur Aussage, dass, wie die *NZZ* rapportiert, „die deutschen Teilnehmer, welche der S.A. und der S.S. angehörten, den Plan zur Entführung der Rotter, schon bevor er an sie herantrat, hatten."

Eugen Frommelt, zur Tatzeit im auffallenden roten Pullover, hat mit Dr. A. Ritter aus Vaduz einen einheimischen Anwalt zur Seite und tritt nach Urteil der *NZZ* „vor Gericht sehr forsch" auf; er erklärt „in fließender Rede", „dass er sich der Strafbarkeit seiner Handlungen nicht bewusst war". Der Gerichtsvorsitzende ebenso wie Rechtsanwalt Rosenbaum fragen ihn „wiederholt", warum er dann „den Tatort fluchtartig, in großer Aufregung verließ". Darauf erwidert Frommelt, „dass seine Aufregung wohl nicht so groß gewesen sei".

Danach ist Architekt Franz Röckle an der Reihe. Er legt gemäß *NZZ* „in gewundener Weise dar, dass er sich als deutscher Reichsangehöriger fühle, aber natürlich dabei im Herzen" auch mit seiner „Heimat verwachsen sei". „Röckle spricht gewählt und bestreitet, was ihm zur Last gelegt wird, indem er sich dabei hin und her wiegt in einer Art und Weise, die geradzu genießerisch genannt werden muss."

Rosenbaum nimmt ihn ins Kreuzverhör. Röckle stellt sich, so das amtliche Prozessprotokoll, auf den Standpunkt, „dass seine Einwirkung auf die anderen nicht als Anstiftung zu werten sei", und argumentiert, er habe stets betont, dass „Fachleute" hinzuziehen seien. Rosenbaum fragt, was er „unter Fachleuten" verstehe, „welche die Tat verüben sollen". Röckle: Darunter „habe er deutsche Kriminalbeamte verstanden, die auf eigene Verantwortung handeln". Da interveniert Röckles Verteidiger Koch und gibt selbst eine Deutung: „Deutsche Kriminalbeamte hätten seines Erachtens Mittel und Wege gefunden, ohne mit dem Gesetze in Konflikt zu kommen."

Die Taktik der Verteidiger der Angeklagten zielt darauf, den Prozess gegen ihre Mandanten zu einem Gerichtsverfahren über den abwesenden Fritz Rotter zu machen – sie setzen die „Verlesung des gegen die Rotter ergangenen Haftbefehles" durch, ebenso eines „Memorandums der Berliner Staatsanwaltschaft", worauf sich, nach der *NZZ*, bei Rosenbaum und Marxer, den Vertretern der Zivilpartei, „zum ersten Mal ein gereizter Ton wahrnehmbar" macht. „Die Behauptung Rechtsanwalt Rosenbaums, dass er durch die Verlesung dieser Schriftstücke gezwungen werde, nachzuweisen, dass die darin aufgestellten Behauptungen Punkt für Punkt unrichtig seien, erweckt bei der Verteidigung und einem Teil des Publikums, besonders beim couleurtragenden [Burschenschafts-Farben der Alemannia] Heiterkeit."

Rosenbaum indessen legt dem Gericht „eine Anzahl Briefe prominenter Persönlichkeiten aus dem Theaterleben und der Politik" vor, „deren Verlesung er als Erwiderung auf die gegen die Rotter erhobenen Beschuldigungen beantragt", darunter auch eines von Paul Abraham. Das wird ihm offenbar gewährt. Darauf aber stellen die vier Verteidiger weitere „Beweisanträge" und fordern „die Verlesung eines Stoßes deutscher Tageszeitungen zur Illustrierung der öffentlichen Meinung über die Rotter, die auf die Angeklagten gewirkt habe".

Der aus St. Gallen stammende außerordentliche Staatsanwalt Lenzlinger, den Liechtenstein eigens für das Verfahren eingesetzt hat, spricht sich aber gegen diesen Antrag der Verteidigung aus und gibt „zu bedenken, dass nicht die Causa Rotter verhandelt werde": „Eine einzige Zeitung möchte als pars pro toto gelten."[163] Der aus Österreich stammende Gerichtsvorsitzende Dr. Schmid entscheidet in diesem Sinne. So endet um 19 Uhr der erste Verhandlungstag.

Um 9 Uhr am nächsten Tag, dem 8. Juni 1933, lehnt das Gericht alle zusätzlichen Beweisanträge ab und bittet die Vertreter der Opfer, Rosenbaum und Marxer, die Höhe des beantragten Schmerzensgeldes bekanntzugeben: 3000 Franken für Fritz Rotter und 6000 Franken für Julie Wolff. Bekommen wird Julie Wolff am Ende eines langen nachgerichtlichen Hin und Her nur einen sehr geringen Teil, Fritz Rotter, soweit bekannt ist, gar nichts.

Danach begründet Staatsanwalt Lenzlinger seine Strafanträge: „Nach Schweizer Art werde er den heutigen Fall auch streng neutral behandeln, losgelöst von allen politischen Geschichten. Er hoffe, dass auch die Verteidiger ihm hierin nachfolgen werden und nicht das Forum des liechtensteinischen Gerichts benützen, um Dinge ausländischer Politik zu erörtern." Sodann würdigt er die Theatererfolge der Brüder Rotter. „Als die Einbürgerung im Oktober 1931 erfolgte, seien die Rotter noch im Glanze des Berliner Großunternehmens dagestanden. Die Verteidigung würde staunen, wenn er die Namen der rechtsstehenden Persönlichkeiten nennen würde, die damals Wert darauf legten, bei den Rotter zu verkehren."[164] „Der Überfall sei eine schwere Erschütterung der Rechtsordnung, eine Attacke gegen die Justiz gewesen", so Lenzlinger weiter.[165] „Einer derartigen Lynchjustiz könne nicht scharf genug gegenübergetreten werden." Er beantrage, „sämtliche Angeklagten im Sinne der Anklage schuldig zu sprechen". Zum Strafmaß äußert er sich nicht, gemäß „den Gepflogenheiten der liechtensteinischen Strafjustiz". Mehr als zweieinhalb Stunden hat er vorgetragen.

Darauf erhält Rosenbaum das Wort für sein Plädoyer. Der vorsitzende Richter, Dr. Schmid, ersucht ihn aber vorweg, „sich mit Rücksicht auf die ausführliche Begründung der Anklage durch die Staatsanwaltschaft kurz zu fassen, sich darauf zu beschränken, die von ihm gemachten [Schadenersatz]Ansprüche zu begründen". Das ist seltsam, denn der Staatsanwalt selbst hat noch am Vortag die Bemerkung gemacht, es werde „die Spezialaufgabe der Vertreter der Zivilpartei sein, den etwas eingerosteten Leumund der Rotter neu zu galvanisieren" – Lenzlinger hat also Rosenbaum geradezu aufgefordert, etwas zu tun, was der Gerichtsvorsitzende ihm nun abschlägt.

Werner Petrzilka von der *NZZ* schildert das Weitere so: „Er [Rosenbaum] führt eingangs aus, warum er sich nicht allzu kurz werde fassen können. Es sei seine Aufgabe, sich mit den gegen

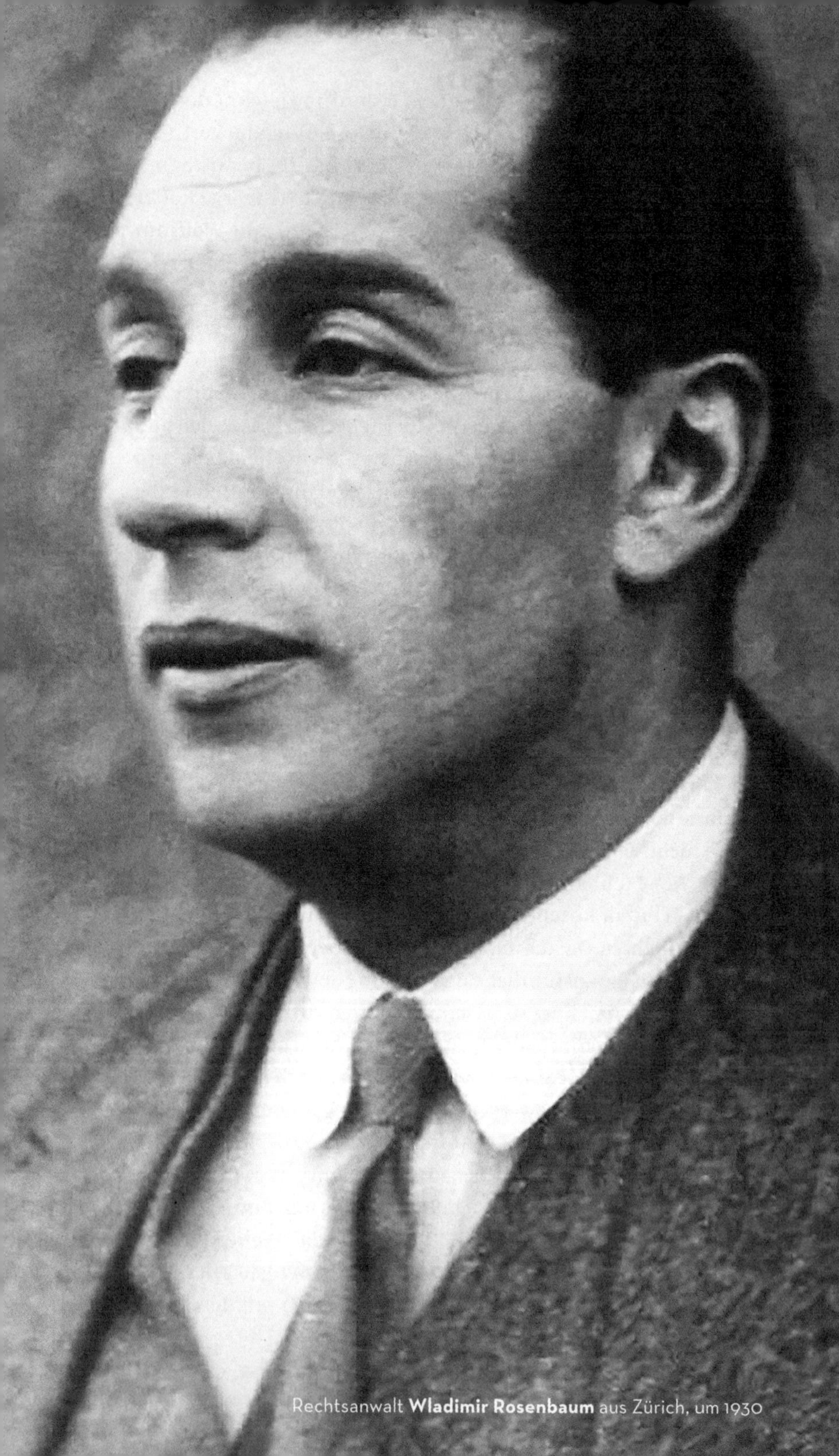

Rechtsanwalt **Wladimir Rosenbaum** aus Zürich, um 1930

die Rotters erhobenen Beschuldigungen auseinanderzusetzen. Er legt dar, dass wie jedermann auch die Rotters als unschuldig zu gelten hätten, solange sie ihrer Schuld nicht überführt seien. (Rechtsanwalt Rosenbaum bittet einen der Verteidiger, nicht zu lachen, und erhält deswegen vom Vorsitzenden einen Verweis.) Er begründet, warum er auch zur Geltendmachung des Schadenersatz-, insbesondere des Genugtuungsanspruchs genötigt sei, weiter auszuholen. Zwischen dem Vorsitzenden, der dem Anwalt bedeutet, dass er für die von ihm beabsichtigten Ausführungen das Wort nicht gewahren konne, und den beiden Vertretern der Zivilpartei entsteht eine Diskussion. Der Vorsitzende bleibt fest [...]."[166]

Zufall oder nicht: Das „Kampfblatt für das Deutsche Bodensee-Gebiet", die *Bodensee-Rundschau*, hat unter dem Doppeltitel „Politischer Prozess in Liechtenstein. Um die Gebrüder Rotter" den Zürcher Anwalt schon am Tag zuvor als „Rabulist Rosenbaum" und „Jud Rosenbaum" vorweg zur Hauptzielscheibe gemacht: „Wie wird dieser in dem Prozesse seine Schauspieler-Talente glänzen lassen! Wie fein wird er den Gerichtshof titulieren und schmunzelnd im Innern denken: ‚Euch werde ich jetzt einmal ordentlich mit talmudischer Gewandtheit einseifen.'"[167]

In der Nummer vom 10. Juni 1933 schließlich steht in triumphierendem Ton: „Dieser Rabulist schien zu glauben, er könne sich in [Vaduz] alle seine bekannten Frechheiten erlauben. Er versuchte sogar, neben dem Staatsanwalt als Ankläger aufzutreten, und hatte ein dickes, in Schreibmaschinenschrift geschriebenes Buch mitgebracht, aus welchem er bei Beginn seiner Ausführungen [...] vorzulesen versuchte. Der Präsident unterbrach ihn und machte ihn darauf aufmerksam, dass er zu der Anklage selbst zu sprechen kein Recht habe. [...] Rosenbaum fuhr, trotz dieser Ermahnungen des Präsidenten, fort, aus seinem Buche vorzulesen. Der Präsident unterbrach ihn ein zweites und ein drittes Mal. [...] Als während der Ausführungen Rosenbaums einer der anwesenden Anwälte lachte, [...] rief Rosenbaum [...]: ‚Ich verbitte mir Ihr Lachen', worauf der Präsident dem Rosenbaum eine Rüge erteilte. Rosenbaum wird die in Liechtenstein zugebrachten Tage [...] nicht zu den schönsten Erinnerungen seines Lebens zählen. Mit abgesägten Hosen musste er nach Zürich, der Stätte seiner bekannten Wirksamkeit, zurückkehren."

In einem zweiten undatierten Brief schreibt Aline Valangin ihrem Geliebten Rudolf Jakob Humm die Zeilen: „Lieber Humm, es ist bedauerlich, dass du nicht da bist. Weshalb? Um zu verstehen, wie sehr wir alle in Zürich in Träumen leben. Da ist die Wirklichkeit. Sie ist beinahe unerträglich. Was *wir* für die Wirklichkeit halten, das, wovon wir glauben, dass es wichtig sei, ist nur eine Puppenstube. Wir Armen! Große Kinder sind wir. Was sich hier abspielt, ist schrecklich."[168]

Wladimir Rosenbaums nicht gehaltenes Plädoyer ist erhalten geblieben.[169] Der Satz vor der ersten Unterbrechung lautet vermutlich: „Wir werden also den Nachweis der ‚bösen Absicht' führen müssen und werden schon hier auf den ersten erbitterten Widerstand der Angeklagten stoßen, deren Verteidigungsmotto ja sein wird, aus angeblich edlen und schätzenswerten Motiven gehandelt zu haben." Fünf Sätze später greift der Gerichtsvorsitzende wieder ein, als Rosenbaum zum „besonderen Wert des angegriffenen Gutes" gemäß Art. 40 des Liechtensteinischen Zivilgesetzbuches bemerkt: „Die Angeklagten werden sich ja mit aller Vehemenz darauf berufen, dass von einem solchen besonderen Werte angeblich nicht die Rede sein könne. War doch in ihren Augen das Menschengut, das sie rauben wollten, nichts anderes als nichtsnutzige und verabscheuenswerte Verbrecher, welche sie dem Arme der rächenden Justiz zuführen wollten. Wir an unserer Stelle werden [...] den Nachweis führen müssen, dass das verletzte Gut, dass die Verstorbenen und die Überlebenden nicht nichtsnutzige und verabscheuenswürdige, sondern wertvolle Menschen waren."

Zum Abbruch des Plädoyers kommt es, als Rosenbaum das Stichwort „Milderungsgründe" rhetorisch neu definiert: „Wir betrachten diese Milderungsgründe in einem ganz anderen Lichte und aus einer ganz anderen Perspektive als die Angeklagten. Wir werden den Angeklagten ihr teils unentwickeltes, teils irregeführtes Rechtsempfinden zugutehalten. Wir werden ihnen zugutehalten, dass sie an den vermeintlichen Tatbestand, aufgrund dessen sie handelten, aus – wenn auch frevelhaftem – Irrtum glaubten. Wir werden ihnen zugutehalten ihren Leichtsinn und ihre Verblendung."

Diese Eingriffe in das Recht auf ein Plädoyer gehen aus der Gerichtsreportage von Fritz Heberlein für die liberale *National-*

Zeitung hervor.[170] Die Brüskierung Rosenbaums durch das Gericht wird da unter dem Zwischentitel „Das Wort wird abgeschnitten!" so geschildert: Um den Genugtuungsanspruch abzuleiten, müsse er, Rosenbaum, den „besonderen Wert des angegriffenen Gutes" darlegen, andererseits fordere das Gesetz auch „den Nachweis, dass der Schaden aus böser Absicht verursacht worden sei". Die *National-Zeitung* weiter: „Durch diese Ankündigung von Rechtsanwalt Rosenbaum, über die Verblendung der in ihrem Rechtsempfinden Irregeleiteten zu reden, ruft den Gerichtspräsidenten auf den Plan: Der Anwalt dürfe nur die Höhe der geforderten Summe begründen, nicht aber beispielsweise nachweisen, dass die Rotter keine Verbrecher, sondern wertvolle Menschen waren. Nach einer Kontroverse zwischen den Vertretern der Geschädigten und dem Gerichtspräsidenten in einer zur Abklärung eingeschalteten Pause, fügte sich der Vertreter Rotters dem Machtanspruch des Gerichtspräsidenten."

Statt ihm plädiert nun Rechtsanwalt Dr. Marxer, und erst nach der Mittagspause hält Rosenbaum „sein ganz kurzes Plädoyer mit der Feststellung, dass durch die von der Verteidigung eingelegten Dokumente das Gericht ein falsches Bild von den Opfern erhalten musste und ihm durch den Machtspruch des Präsidenten die Möglichkeit genommen wurde, das verzerrte Bild zu korrigieren. Wenn er mit keinem Worte die Brüder Rotter erwähne, hoffe er, der Präsident werde ebenso rigoros dafür sorgen, dass die Verteidiger die gleiche Haltung einnehmen."[171]

Gerade das geschieht aber nicht. Bereits Rudolf Schädlers Anwalt Dr. Schwendener plädiert auf Freispruch – wegen der „maßlosen Angriffe, die wegen der Einbürgerungspolitik der Regierung in der deutschen Presse gegen Liechtenstein erhoben wurden".[172] Sein Klient sei „ein vom tiefsten Heimatgefühl beseelter Patriot": „Ihn habe an den Rotters besonders empört, dass sie, nach dem, was er von ihnen wusste, das Theater in Berlin zugrunde gerichtet hätten."

Rheinbergers Anwalt schlägt in dieselbe Kerbe und schildert ihn „als einen jungen Menschen, der in Konstanz die Erneuerung des Deutschtums und der Volksgemeinschaft erlebte und dadurch in einen Gegensatz zu dem in Liechtenstein noch herrschenden uneinigen alten Geist kam". Er als Verteidiger „habe persönlich von Anfang an den Eindruck erhalten, dass Rheinberger vollkommen überzeugt war, eine vaterländische, eine deutsche Tat und nichts Strafbares begangen zu haben". Außerdem bestreitet der Anwalt, „dass Rheinberger die deutsche Gruppe ‚geworben' und sich der Anstiftung schuldig gemacht habe", es sei „viel glaubhafter, dass diese, Mitglieder der S.A. und S.S., also der wehrhaften Formationen der Nationalsozialistischen Partei, an Rheinberger, der Ortskenntnisse besaß, herangetreten" seien. Er müsse „freigesprochen werden". „Sollte Rheinberger aber verurteilt werden, so sei er mild zu bestrafen und bedingt zu verurteilen."

Röckles deutscher Verteidiger Walter Koch äußert sogar, wie die *NZZ* berichtet, „die Ansicht", die Liechtensteiner hätten sich „in einem Notstand befunden und die Angeklagten in Notwehr gehandelt": „Ihr Plan sei misslungen; der tragische Ausgang werde auch von ihnen bedauert."[173] Gemäß der linksliberalen Basler *National-Zeitung* kann Koch auch ungehindert, „unter stillschweigender Zustimmung des Gerichtspräsidenten", behaupten, „dass die Rotter übelbeleumdete Männer und Ausbeuter des Volkes gewesen seien" und – so die Schlussfolgerung – „ein Notwehrrecht durch jeden einzelnen Bürger bei Angriffen auf die Ehre eines Staates anwendbar" sei.[174]

Nach nur zwei Tagen Prozessdauer zieht sich der Gerichtshof am 8. Juni um neunzehn Uhr dreißig zur Beratung zurück. „Während der darauffolgenden Stunden harrt Kopf an Kopf gedrängt mit Spannung die Menge im nüchternen, mit Fürstenbildern geschmückten Raum."[175] Nach knapp drei Stunden erscheinen die Richter wieder und sprechen das Urteil:

„Im Namen Seiner Durchlaucht des Landesfürsten" werden die vier Angeklagten für „schuldig" erklärt: Peter Rheinberger habe „sich der Brüder Alfred und Fritz Schaie, genannt Rotter, der Ehefrau des ersteren, Gertrud Schaie, geborene Leers, und der Witwe Julie Wolff durch List und Gewalt zu bemächtigen versucht, um die drei erstgenannten Personen wider ihren Willen der deutschen Strafbehörde, sohin [sic] einer auswärtigen Gewalt, zu überliefern, wobei die Vollbringung der Übeltat nur wegen Unvermögenheit, Dazwischenkunft eines fremden Hindernisses und durch Zufall unterblieben ist". „Es haben" Peter Rheinberger und die „Mittäter" Rudolf Schädler und Eugen Frommelt „das Verbrechen der öffentlichen Gewalttätigkeit durch versuchten Menschenraub" begangen. Frank Röckle sei „Mitschuldiger" – er habe „durch Rat,

Lob und Unterricht Vorschub gegeben, Hilfe geleistet und zur sicheren Vollstreckung beigetragen". „Sie werden hiefür nach" – es folgt eine Aufzählung von Paragraphen – „verurteilt zum Kerker": Rudolf Schädler für die Dauer von 12 Monaten, Peter Rheinberger von 9 Monaten, Eugen Frommelt von 5 und Franz Röckle von 4 Monaten. Um dreiundzwanzig Uhr ist der Prozess zu Ende.

„Als mildernd" wird zwar gemäß schriftlichem Urteil[176] berücksichtigt, „dass die Tat der Angeklagten unter der Einwirkung der großen gegenwärtigen Zeitströmungen und Ideengänge besonders in Deutschland begangen wurde, dies vor allem bei Rheinberger, der als Student in Konstanz in nationalsozialistischer Umwelt lebte"; aber es vermöge die Angeklagten „nicht zu entschuldigen, dass sie die Objekte ihrer Angriffe, die Brüder und Frau Schaie als verbrecherische Menschen, nach den Zeitungsberichten sogar als verachtungswürdige deutsche Volksschädlinge ansahen".

Gleichwohl vermeidet das Gericht sorgsam den Eindruck, der versuchte Menschenraub sei eine nationalsozialistische Tat. Der Liechtensteiner Regierungschef Dr. Hoop hat schon nach dem Überfall auf die Rotters erklärt, „dass keineswegs ein nationalsozialistisches Komplott vorliege".[177] Offensichtlich befürchtet Liechtenstein wegen der vorausgegangenen Kampagne weiteres Ungemach seitens des Deutschen Reiches.

Tatsächlich befasst sich Reichskanzler Hitler bereits einen Tag nach dem Entführungsversuch mit der Angelegenheit.[178] In einer Pressemitteilung vom 13. April 1933 verkündet die liechtensteinische Regierung daraufhin auch den Stopp der Einbürgerungen durch Einkauf ins Bürgerrecht. Weitere Zugeständnisse an das Deutsche Reich macht Liechtenstein auf einer Konferenz in Berlin am 6. Oktober 1933. Am 22. November 1933 wird gemeldet, der Landtag habe beschlossen, ein neues Gesetz zu schaffen, das „die Verleihung des Landesbürgerrechts nur noch an solche Ausländer" zulässt, „die seit mindestens drei Jahren im Gebiet des Fürstentums ordentlichen Wohnsitz haben".[179]

Am Rande dieser Berliner Konferenz im Oktober 1933 deutet die deutsche Seite dem liechtensteinischen Regierungschef Dr. Hoop vertraulich und inoffiziell an, eine Begnadigung der liechtensteinischen Verantwortlichen des Überfalls auf die Rotters würde „zweifellos im Interesse der Bereinigung der beiderseitigen Beziehungen liegen".[180] Der Regierungschef des Fürstentums verspricht, „sein Möglichstes für eine baldige Begnadigung zu tun".[181] Die beiden Letzten in Haft, Peter Rheinberger und sein Onkel Rudolf Schädler, werden am 20., respektive am 22. November 1933 „bedingt" entlassen.

DER PROZESS GEGEN DIE DEUTSCHEN TÄTER

Gerade weil der Versuch einer Entführung der Brüder Rotter als wilde Aktion aus der NSDAP-Boykott-Kampagne gegen jüdische Geschäfte, Rechtsanwälte und Ärzte am 1. April 1933 hervorgegangen ist, zeigt die Partei nicht das geringste Interesse, auch nur ansatzweise Verantwortung dafür zu übernehmen. Denn sie hat sich zu Propagandazwecken gewaltfreie Tage verordnet. Der Boykott habe sich – laut „Punkt 11" im „Aufruf" – „in vollster Ruhe und größter Disziplin" zu vollziehen, um sozusagen den Tatbeweis dafür zu erbringen, dass es – angeblich – in Deutschland zu keinen Gewalttaten gegen Verhaftete komme. „Krümmt auch weiterhin keinem Juden auch nur ein Haar! Wir werden mit dieser Hetze fertig, einfach durch die einschneidende Wucht dieser angeführten Maßnahmen."[182]

Die jüdischen Deutschen, denen in einer Neuauflage mittelalterlichen Verfolgungswahns unvermittelt die Schuld an allem nur Erdenklichen zugeschoben wird, sollen auf kaltem Weg, unter vorläufig strikter Vermeidung eines Pogroms, aus Gesellschaft und Staatsverband ausgeschlossen werden. Nach eigenem Bekunden solle „die Wahrheit" verbreitet werden, dass das „deutsche Volk" den „Kampf gegen die jüdische Greuelhetze nur führt als reinen Abwehrkampf".[183]

Hinter dieser scheinbaren Friedfertigkeit steht die weiter gefasste Strategie, einige Jahre Zeit für eine ungestörte Aufrüstung zu erhalten. So lange soll gelten, was der „Aufruf" verkündet: „In den Wochen nach dem 30. Januar hat sich eine einzigartige nationale Revolution in Deutschland vollzogen. [...] Die regierenden Männer haben dabei feierlich der Welt verkündet, dass sie mit dieser in Frieden leben wollen. [...] Deutschland will keine Weltwirren und keine internationalen Verwicklungen."[184]

Genau eine solche *Verwicklung* aber haben nun die Konstanzer

SA- bzw. SS-Leute nach Anstiftung der Liechtensteiner verursacht – entgegen der Anordnung des badischen Gaupropagandaleiters Kramer: „Jede andere Aktion örtlicher Stellen, die nicht auf Anweisung des Aktionskomitees erfolgt, ist untersagt. Parteigenossen, die trotzdem örtliche Aktionen durchführen, werden wegen Disziplinlosigkeit aus der Partei entfernt! [...] Alle Parteigenossen haben sich dafür einzusetzen, dass jegliche Terrorakte unterbleiben."[185]

Noch in der Abendausgabe des 6. April 1933 veröffentlicht damals die *NZZ* einen „S.A.-Kommentar", der diese Selbstdarstellung unterstreicht: „Die Durchführung der antijüdischen Boykotts vom vergangenen Samstag hat der Disziplin der ‚braunen' Armee kein schlechtes Zeugnis ausgestellt. Von einigen geringfügigen Zwischenfällen und dem Drama in Kiel" – Lynchmord – „abgesehen, ist im gesamten Reich kein einziger Terrorakt vorgekommen. [...] Dies verdient umso mehr hervorgehoben zu werden, als vielfach gerade unter den nationalsozialistischen Kampftruppen Wünsche und Hoffnungen vorhanden sind, die am letzten Samstag nicht in Erfüllung gehen konnten."

Der Boykott ist am Sonntag, 2. April, bis zum Mittwoch, 5. April, zehn Uhr, zunächst nur „ausgesetzt" worden. Als aber Mittwoch in den Zeitungen die Auflösung des „Aktionskomitees" gemeldet wird, befindet sich die Konstanzer Gruppe bereits auf Gaflei und schlägt fünfeinhalb Stunden später zu. Selbst im NS-Jargon handelt es sich beim Überfall um einen disziplinlosen „Terrorakt".

Im Echo der internationalen Presse erscheint der Anschlag auf die Rotters und der Tod von Alfred und Gertrud Rotter an den felsigen Hängen Liechtensteins denn auch als ein Verbrechen, das in einem engen zeitlichen Zusammenhang zur Boykott-Aktion steht. In der *Times* (London) heißt es: „Die Brüder Fritz und Alfred Rotter [...] waren Juden. Ihr Fall wurde in der antisemitischen Agitation stark ausgebeutet."[186] Die *Arbeiter Illustrierte Zeitung* (nunmehr in Prag erscheinend) reiht den Entführungsversuch in eine Reihe anderer Fälle „brauner Feme".[187]

Um zu verhindern, dass das Fürstentum weiterhin auf einer Auslieferung der deutschen Täter besteht, hat sich das Deutsche Generalkonsulat in Zürich bei der Regierung des Fürstentums Liechtenstein sogar förmlich entschuldigen müssen, wie aus einem

Brief des Landgerichts[188] hervorgeht: „Schließlich hat die deutsche Regierung durch den Herrn Generalkonsul in Zürich der hiesigen Regierung das Bedauern darüber ausgesprochen, dass reichsdeutsche Staatsangehörige sich an der Tat beteiligt hätten, und sie hat die Mitwirkung ihrer Behörden an der Verfolgung angeboten."

Genau dies wird den deutschen Angeklagten beim Prozess vor der Großen Strafkammer des Landgerichts Konstanz am 26. Juli 1933 denn auch vorgehalten: „Straferschwerend musste in die Waagschale fallen, dass, wenn auch ungewollt von den Angeklagten, 2 Menschenleben zu beklagen waren, und dass es sich um einen überaus gewalttätigen und überlegten Handstreich in fremdem Land handelte, wegen dessen das Deutsche Reich nach Erklärung des Vertreters der Staatsanwaltschaft zu einer völkerrechtlichen Entschuldigung durch seinen diplomatischen Vertreter sich veranlasst sah."

Die Konstanzer Täter wundern sich über die harsche Behandlung, die sie in Deutschland erfahren, als sie nach zweiundzwanzig Tagen Untersuchungshaft im österreichischen Feldkirch gegen Ende April 1933 den eigenen Behörden übergeben wurden. Max Witt zufolge hatte sich „noch die französische Regierung hineingemischt", „welche unbedingt [von Österreich] verlangte, dass wir an Liechtenstein ausgeliefert werden". „Wir hatten auch schon mit dem Gedanken gespielt, auszubrechen [...]. Am 27. April wurden wir dann in Begleitung von 2 Gefangenenaufsehern nach Lindau mit unserem eigenen Auto transportiert und war das gerade kein schöner Empfang. Wir wurden alle zusammen in eine kleine Zelle gesperrt und nach 2 Stunden wurden wir wiederum in Begleitung von 3 Kriminalbeamten abtransportiert."[189] Im damaligen Amtsdeutsch: „weiter verschubt", wie aus der amtlichen „Schubliste" hervorgeht.[190]

Witt und Wieser kommen „ins Gefängnis Überlingen, Grötz und Lehmann nach Radolfszell und Trommetter mit dem Wagen nach Konstanz" und werden „streng getrennt in besonderen Zellen" untergebracht. „Beim Transport" sei größtmögliche „Vorsicht gegen Befreiungsversuche anzuwenden", ist seitens des Bezirksamts Lindau angeordnet worden. Einzelverhöre folgen. Dann erst ordnet der Erste Staatsanwalt in Konstanz am 30. April 1933 die Freilassung der Angeklagten an. Von wie weit oben dieser Schritt verfügt worden ist, ist nicht bekannt.

„In Überlingen wurde ich durch die Einzelhaft krank, indem ich es wieder mit meinem Herzen zu tun bekam“, schreibt Witt. Doch „schon in der dritten Nacht wurden wir nachts um ½11 Uhr geweckt mit dem Bescheid, dass wir von Überlingen fortkommen.“ Um Mitternacht werden sie in einem Wagen nach Freiburg i.Br. gebracht, „wo wir um 4 Uhr früh ankamen“. „Um 7 Uhr wurden wir schon wieder geweckt, indem es geheißen hat, Witt und Wieser sind durch Polizeifunk sofort auf freien Fuß zu setzen. Wir wussten selbst nicht, was wir davon halten sollten, zuerst glaubten wir, es ist eine Irrung, als wir dann wirklich auf freiem Fuß waren, haben wir an die Wirklichkeit geglaubt. Wir hatten ja keine Ahnung, was sich alles abgespielt hat. So fuhren wir dann wieder zurück nach Konstanz und hatten die Freude, den 1. Mai schon mitmachen zu können.“

Der ursprüngliche internationale Solidaritätstag wird von den Nationalsozialisten schon 1933 in einen NS-Propagandatag verwandelt. Witt, von keinerlei Zweifeln ergriffen, fühlt sich in allem bestärkt: „Es war wenigstens eine Entschädigung für das, dass wir an Hitlers Geburtstag eingesperrt waren.“

Vielleicht hat der Schriftsteller Klaus Mann auf irgendeinem Wege von der Teilnahme der Täter am Ersten Mai in Konstanz erfahren, denn im unveröffentlicht gebliebenen Manuskript *Die Toten* heißt es, „[...] man empfing sie mit hohen Ehren“. Aber für ein, wie Klaus Mann schreibt, „offizielles Bankett“, „bei dem die Schulkinder der Gegend anwesend sein mussten“, fehlt in den Konstanzer Zeitungen jeder Hinweis. Auch spricht Klaus Mann von den Tätern als „Mörder“. Seine Darstellung ist nur eine der vielen Legenden um den Tod Alfred und Gertrud Rotters.

Die Mord-These verbreitet sich schnell. Die *Times* meldet schon am 6. April 1933 aufgrund eines ersten Berichts ihres Berlin-Korrespondenten vom 5. April: „Alfred Rotter und seine Frau wurden ermordet.“ Die Aussage wird zwar schon am folgenden Tag nicht mehr wiederholt, doch auch die *Times*-Ausgabe vom 7. April kann das Geflecht der Spekulationen nicht entwirren: „Alfred Rotter, seine Frau und Frau Wolf[f] ‚fielen (nach der Berliner Lesart) den Abhang hinunter'. Je nachdem wird behauptet, sie seien ‚in das Tal abgestürzt' oder ‚über einen Abhang gefallen, gesprungen oder abgerutscht'."[191]

Bei jedem Gerücht werden fehlende Teile einer Information oder Unklarheiten willkürlich ergänzt. Auch in Vaduz beginnt die Ergänzung des lückenhaften Bildes sogleich nach dem Anschlag. Auf einer anonymen Karte an die Liechtensteiner Regierung wird angezweifelt, dass „die Todesursache der beiden Personen, die im Tobel als Leichen gefunden wurden, auch festgestellt" wurde: „Hier liegt doch offensichtlich Mord oder Todschlag [sic] vor und die Leichen wurden nachher beseitigt und ein Sturz vorgetäuscht. So ist's."[192]

Um einen ordentlichen Prozess kommt das Deutsche Reich zu diesem frühen Zeitpunkt noch nicht herum. Der Haftbefehl des Amtsgerichts Konstanz trägt das Datum 6. April, die Anklageschrift ist vom 20. Juni 1933. Ein „Eröffnungsbeschluss", dass die Täter „hinreichend verdächtig" seien, „gemeinschaftlich, vorsätzlich und widerrechtlich Menschen des Gebrauchs der persönlichen Freiheit beraubt" zu haben, erfolgt am 14. Juli. Die Hauptverhandlung in Konstanz wird auf den 26. Juli 1933 festgesetzt.

Heikel ist schon die strafrechtliche Bezeichnung des Tatbestands. Eine „in ihrer Wirkung *vollständige Aufhebung der persönlichen Freiheit* der beiden Schaie herbeizuführen" sei den Angeklagten „nicht gelungen", heißt es im Urteil: „Der Widerstand der beiden Schaie war bis zum Schluss nicht gebrochen; sie wehrten sich mit Erfolg und machten sich frei [...]. Es fehlt also an der Vollendung der Tat. *Versuchte* Freiheitsberaubung aber kennt das Deutsche Reichsstrafgesetzbuch nicht." Hingegen erfülle „die Tat, so wie sie begangen ist, den Tatbestand der versuchten Nötigung im Sinne des § 240 [...]. Dass ‚Gewalt' angewendet wurde, bedarf keiner weiteren Ausführung, desgleichen nicht, dass die beiden Schaie ‚genötigt' werden sollten, zu einer ‚Duldung', nämlich ihre [gestrichen: Verschleppung] unfreiwillige Überführung nach Deutschland, geschehen zu lassen. Aber auch hier fehlt es am Erfolg der Handlungen, an der *Vollendung* der Nötigung, da die Schaie sich frei machen konnten von der ‚Gewalt'. Es liegt aber ein strafbarer Versuch der Nötigung vor. [...] Danach erschien eine Gefängnisstrafe von 3 Monaten – und zwar für alle 4 Angeklagten gleich – als angemessene Sühne der Tat [...]."

Der Konstanzer Taxifahrer Gotthilf Trommetter wird zudem freigesprochen.

Genau einen Tag vor dem Prozess werden auch die Münchner Vorstrafen von Max Witt „durch Justizministerialentschließung [...] getilgt". Als „strafmindernd" wertet das Gericht, „dass die Angeklagten lediglich im Überschwang reiner, vaterländischer Gefühle die Tat beschlossen und ausgeführt hatten, in dem für junge Menschen besonders stark zur Selbsthülfe [sic] drängenden Gefühl, dass hier übelste Volksschädlinge sich der Bestrafung entzögen und dass man der Ehre des eigenen Landes es schuldig sei, diese Burschen aus ihrem erschlichenen Asyl herauszuholen und dem Strafrichter auszuliefern, gehe es, wie es wolle."

Bereits zwei Wochen später läuft ein Begnadigungsverfahren an, der badische Justizminister in Karlsruhe verfügt Haftverschonung.[193]

Aufgrund des Amnestiegesetzes für „Straftaten", die „zur Durchsetzung des nationalsozialistischen Staates aus politischer Überzeugung begangen sind", erlässt schließlich die Große Strafkammer des Landgerichts Konstanz am 24. November 1933 den vier Tätern Witt, Wieser, Lehmann und Grötz die „ausgesprochenen Gefängnisstrafen".

Selbstgerecht hat sich Witt schon in seinem „Tatsachen-Bericht" (1. Juli 1933) eingeredet, schuldlos zu sein: „Was nun den Absturz der beiden betrifft, so kann man uns keinen Vorwurf machen, dass wir dieselben hinuntergestürzt haben, denn nur ihr böses Gewissen und die Angst vor der gerechten Strafe hat dieselben kopflos gemacht und hat sie in den Tod getrieben." Was Unrecht ist, erscheint in dieser Selbstentlastung als Recht – Propaganda und Selbsttäuschung gehen Hand in Hand.

„MICH MASSAKRIEREN LASSEN" – DER TOD VON FRITZ ROTTER

Der preußische Justizminister – von April 1933 bis 1934 Hanns Kerrl – lässt unterdessen nicht von der Fahndung nach Fritz Rotter ab. Als im Mai 1933 vermutet wird, „er habe in einem schweizerischen Sanatorium Aufenthalt genommen", setzt das Deutsche Reich durch, dass Fritz Schaie „nun mit Bild im schweizerischen Polizeianzeiger zur Festnahme" ausgeschrieben wird.

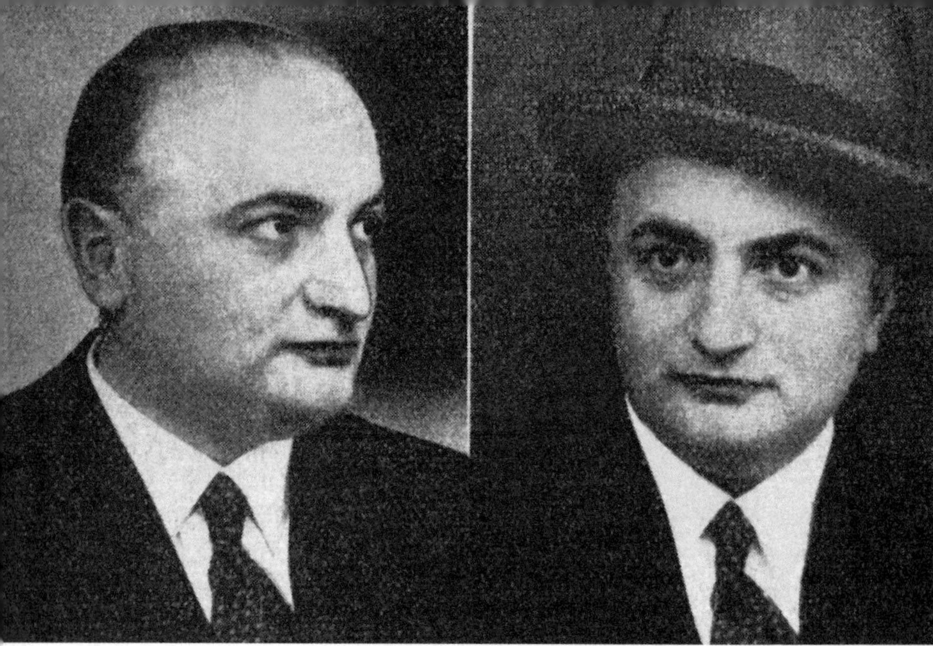

Fahndungsfotos von **Fritz Rotter** (aus einer Zeitung vom 31. Mai 1933)

Dann liegen vermeintlich „sichere Nachrichten“ vor, er halte sich in Belgien auf. Die vormalige Besitzerin des *Lessing-Theaters* hat die Vermutung geäußert, er sei bei Frau Julie Wolff in Brüssel. Sogleich stellt das preußische Justizministerium einen Auslieferungsantrag, selbst „wenn nach belgischem Recht ein betrügerischer Bankrott nur von einem Kaufmann begangen werden“ kann. Die Nachforschungen aber bleiben „ergebnislos“: „Gerüchteweise verlautet, dass Schaie sich in Holland aufhalten soll“, meldet die Deutsche Gesandtschaft in Brüssel.[194]

Dann verschickt Fritz Rotter im September 1933 eine Ansichtskarte – ausgerechnet an Heinz Hentschke. Die Karte kommt aus Sesenheim im Elsass. Die französischen Behörden werden eingeschaltet.

Etwa zur gleichen Zeit wendet sich der Anwalt der Besitzerin der Villa, Frau Mette, an den Generalstaatsanwalt: Es befänden sich in der „Villa in Berlin-Grunewald, Kunz-Buntschuh-Straße 16–18, die von den Eheleuten Rotter gemietet worden war“, „noch eine Reihe von Aktenstücken und Geschäftsbüchern“ und es werde gebeten, „für die Fortschaffung dieser Akten und Bücher Sorge zu tragen“, sonst würden sie „zur Vernichtung“ beziehungsweise „zum Einstampfen fortgegeben“.[195]

Mit einem „Lastauto und 2 Mann“ eines Spediteurs wird „das Material“ am 18. September 1933 abtransportiert, „unter Aufsicht des Kriminal-Sekretärs Saeftel“ und eines Kriminalassistenten: „2 Pakete enthalten 17 und 36 Geschäftsbücher, sowie eine Unmenge Ordnermappen und Schnellhefter, ferner eine Unmenge durcheinandergeworfene Korrespondenz (sämtliches Material wurde gebündelt“. Alles kam „zur Aufbewahrungsstelle der Staatsanwaltschaft Berlin“ und wurde „dort in großen Regalen untergebracht“: „Ein Verzeichnis aufzustellen war des großen Umfanges wegen nicht möglich.“

Das Material liegt heute im Landesarchiv Berlin. Die Privatkorrespondenz der Rotters, ihre Fotosammlung und die Tagebücher von Gertrud Rotter befinden sich nicht darunter, sie werden nirgends mehr erwähnt und gelten als verschollen.

Während die Akten aus der Grunewald-Villa geholt werden, befindet sich Fritz in Paris, dem Fluchtziel auch so vieler anderer. Den politischen Emigrationskreisen, die aktiv die Verhältnisse zu verändern suchen, schließt er sich nicht an – niemand erwähnt ihn je. Vermutlich hat er durch die Bearbeitung von Bühnenwerken unter Pseudonym versucht, Einnahmen zu erzielen, um nicht ganz den Boden unter den Füßen zu verlieren. Noch ist er im Besitz gewisser Rechte an Operettenproduktionen, die in anderen Ländern auf Tournee sind. Eine „Nordland“-Gastspielreise der *Dubarry* mit Gitta Alpár und Leonard Steckel führt im Mai 1933 nach Stockholm, Helsinki und Kopenhagen – aber ohne ihn.

Sicherster Bezugspunkt in diesen Jahren ist seine wie er unverheiratet gebliebene Schwester Lucie Schaie. Sie übersiedelt ebenfalls nach Paris und wohnt anfänglich im *Hotel Belfast* an der Avenue Carnot, wovon die Berliner Behörden erst später Kenntnis erhalten. Am 2. März 1934 zieht sie weg – nach Nizza, was aber zunächst niemand ahnt.

Die Gerüchte reißen nicht ab. „Nach einer Mitteilung von privater Seite soll der hier strafrechtlich verfolgte Fritz Schaie jetzt Direktor eines Theaters in Paris sein und einen Spitzbart tragen“, berichtet das Auswärtige Amt in Berlin am 2. Oktober 1933 an die deutsche Botschaft in Paris. „Er führte früher zeitweise den Namen Rintaler. Vielleicht bedient er sich jetzt wieder dieses

Namens. Er soll schon früher im Besitz mehrerer auf verschiedene Namen lautender Pässe gewesen sein." In Paris bleiben die Suchmaßnahmen nach Fritz Rotter „erfolglos" – *„infructueuses"* –, wie das französische Außenministerium dem Auswärtigen Amt in Berlin mitteilt.[196]

Erst im April 1934 wird bekannt, dass er in einer *Pension Iris* an der Rue St. Augustin 22 über eine Postadresse verfügt. Fritz Rotter selbst gab dies dem Landgericht Vaduz im Zusammenhang mit seiner Schadenersatzklage bekannt, und ein Berliner Anwalt, der dahinterkommt, leitet das weiter.

Lediglich 3000 Franken sind Fritz Rotter beim Prozess zugesprochen worden. In Paris verfügt er über keine oder nur noch sehr geringe Mittel, sonst würde er dieser Summe wegen seine Tarnung nicht aufs Spiel setzen – ganz nutzlos überdies: Er wäre verpflichtet, in Vaduz persönlich zu erscheinen oder sich vertreten zu lassen. Weder das eine noch das andere ist ihm möglich. Er wird das Geld nie erhalten.

Im April 1934 wird aus Paris gemeldet, er habe zweimal im *Hotel Terminus-Saint-Lazare* in der Nähe des gleichnamigen Bahnhofs gewohnt, drei Wochen im Oktober 1933 sowie vier Tage im Januar 1934. Bei der Gelegenheit soll er erklärt haben, sich „nach Nizza (ohne nähere Angabe) begeben" zu wollen. Dahin ist inzwischen auch Schwester Lucie gezogen. In Nizza gibt es eine „der ältesten jüdischen Gemeinden auf französischem Boden".[197] Sie gründet in dieser Zeit ein Hilfskomitee. Im Sommer 1934 ist auch der Romanautor Joseph Roth in Nizza, der von sich sagt: „Ich habe nur noch den Mut, den die Verzweiflung gibt."

Inzwischen ist das Ermittlungsverfahren der Staatsanwaltschaft gegen Fritz Rotter auch auf den Dresdner Theaterdirektor Kurt Lerch, den Rotter-Geschäftsführer Hans Lüpschütz und Verwaltungsdirektor Ludwig Apel ausgedehnt worden. Trotz Abwesenheit der Hauptperson wird die Hauptverhandlung auf den 15. September 1934 angesetzt. Zwei Tage zuvor aber, am 13. September, hebt das Gericht den Termin überstürzt wieder auf – aufgrund einer Amnestie gilt das Verfahren gegen Lerch, Lüpschütz und Apel als eingestellt.

Nicht aber das Verfahren gegen Fritz Rotter. Die französischen Behörden sehen sich bereits am 9. Juli 1934 gezwungen, ihn mit Bild im französischen Kriminalpolizei-Bulletin[198] auszuschreiben.

Am 6. November 1934 wird Fritz in einem ungenannten Hotel in Nizza verhaftet. In Berlin meldet die Presse, er sei „nach Aix-en-Provence gebracht" worden, „wo die dortige Staatsanwaltschaft darüber beschließen wird, ob der Verhaftete nach Deutschland auszuliefern ist".[199] Über die Auslieferung nach Deutschland verhandelt die Anklagekammer von Aix-en-Provence am 4. Dezember 1934. Den Entscheid will sie am 22. Dezember 1934 bekannt geben.

Das NS-Blatt *Der Angriff* zieht den Fall ins Lächerliche: „Natürlich protestierte der feine Vogel heftig gegen seine Gefangennahme, der er sich nun schon beinahe 2 Jahre lang zu entziehen gewusst hat. Er behauptete – und versuchte damit auf die französischen Sicherheitsbeamten Eindruck zu machen: ‚Meine Verhaftung bezweckt nichts anderes, als mich nach Deutschland zurückzubringen und dort ebenso massakrieren zu lassen wie meinen armen Bruder und meine arme Schwägerin im [April] 1933, während ich knapp mit dem Leben davonkam.'"[200]

Auch das *Berliner Tageblatt* erwähnt, dass Fritz Rotter gegen die mögliche Auslieferung kämpft: „Sein Verteidiger erklärte, dass die Vergehen, wegen derer Rotter nach Deutschland ausgeliefert werden solle, einem Gesetz zugrunde lägen, das im Jahre 1914 aufgehoben worden sei."[201] Die deutsche Botschaft in Paris berichtet am 6. Dezember 1934 nach Berlin: „Verteidiger des Fritz Schaie genannt Rotter alias Rinthaler ist der bekannte Strafverteidiger Henry Torrès, der die Absicht haben soll, die Ablehnung des Auslieferungsbegehrens aus politischen Gründen zu beantragen." Henry Torrès steht ein weiterer Rechtsanwalt aus Aix zur Seite. Wahrscheinlich haben Fritz Rotters Schwester Lucie und das Nizzaer Hilfskomitee den rechtlichen Beistand ermöglicht.

Die Pariser Zeitung *Le Journal* schreibt am 5. Dezember, die Brüder Rotter hätten „Zuflucht im Ausland" gesucht, als Hitler „siegte". Das trifft so aber nicht zu – Hitlers Machtantritt hat sie lediglich gehindert, nach Berlin zurückzukehren. *Le Journal* fragt rhetorisch: „Hatten sie einen anderen Grund zur Flucht als die Furcht, und war dieser Grund der ‚betrügerische Bankrott', den die Reichsregierung ihnen heute vorwirft, um ihr Auslieferungsbegehren zu begründen? Man weiß übrigens, dass die Brüder Rotter in ihrem Zufluchtsort von einer Bande bewaffneter junger Hitlerleute überfallen wurden, die beabsichtigten, sich ihrer zu bemächtigen und sie mit Gewalt nach Deutschland zurückzubringen. Im Verlauf dieses Kampfes wurden Alfred Rotter und seine Frau getötet. Schwer verletzt ging Friedrich Rotter daraufhin nach Frankreich. Wird das französische Gesetz Hitler gewähren, was die Gewalt nicht fertiggebracht hat?"

Einmal mehr meldet sich da Richard Bars von der Zentralstelle der Bühnenautoren und -komponisten zu Wort und entfesselt aufgrund dieses *Journal*-Artikels eine letzte heftige Kampagne gegen Fritz Rotter. Gezielt hat er im Januar 1933 die geplante Auffanggesellschaft für die Rotter-Bühnen verhindert. „Abrechnung mit Fritz Rotter. Widerlegung der Lüge vom ‚verfolgten Emigranten'" – mit diesem Titel leitet *Das Kleine Journal* die verbissene Anklagerede von Richard Bars ein:[202]

> „Fritz Rotter selbst hat der französischen Behörde gegenüber ein gewaltiges Lügenmärchen vorgebracht, indem er sich als ein verfolgtes politisches Opfer bezeichnet und die Rolle eines bedauernswerten Emigranten zu spielen versucht. [...] Diesen lügenhaften Behauptungen Fritz Rotters tritt nun Richard Bars, der Leiter der Zentralstelle der Bühnenautoren und -verleger, überzeugend entgegen, indem er anhand genauer Daten und Tatsachen den bündigen Nachweis erbringt, dass alles, was Fritz Rotter dem französischen Staatsanwalt erzählt hat, eitel Geflunker ist. Es ist auch dafür gesorgt worden, dass man in Frankreich die wahren Zusammenhänge im Fall Rotter gründlich kennenlernt. Sowohl die französische Autorengesellschaft in Paris als auch die Behörden und die mit dem Fall befasste französische Staatsanwaltschaft sind eingehend dahin unterrichtet worden, dass die Angelegenheit des Fritz Rotter mit Politik nichts, aber auch rein gar nichts zu tun hat, sondern lediglich von der kriminellen Seite aus betrachtet werden muss."

So wirft Bars Fritz Rotter vor, in Frankreich einen falschen Doktortitel zu führen – in der Tat hat dieser seine Dissertation im Ersten Weltkrieg nie abgeschlossen. Er holt auch nochmals die Geschichte der Brüder Rotter mit den „Militärbehörden“ hervor, welche „die beiden, die durchaus militärtauglich waren, vergebens“ gesucht hätten: „Der Pazifismus hat die Brüder nicht gehindert, einen schwunghaften Handel mit den Noten von Kriegsliedern zu betreiben.“ Bars gräbt alles nochmals aus.

In besondere Rage bringt Bars die Bemerkung des *Journal*, Fritz Rotter habe „20 Jahre hindurch mit seinem Bruder Alfred mehrere bahnbrechende Aufführungen *(scènes d'avant-garde)*“ veranstaltet. Fritz Rotters Strindberg-Inszenierungen 1912/13 im *Deutschen Schauspielhaus* sind ihm entweder völlig unbekannt oder er will davon nichts mehr wissen. Er hämmert: Fritz Rotter habe selbst „niemals in Deutschland eine Konzession als Bühnenleiter“ erhalten; „immer nur hinter dem Rücken seines Bruders oder gedeckt durch Strohmänner, getarnt durch ‚Theatergesellschaften‘, konnte er seine schadenbringende Geschäftigkeit entfalten“. Bars ignoriert oder verschweigt absichtlich, dass vor und nach dem Ersten Weltkrieg von den beiden Brüdern zunächst ausschließlich Fritz als Regisseur im Vordergrund gestanden und sein Konzessionsgesuch für das *Trianon-Theater* 1918 erst dann zurückgezogen hat, als er persönlich als „durch und durch gewissenloser, haltloser Mensch mit ausschließlich homosexuellen Neigungen“ diffamiert worden ist.[203]

Was ferner den Konkurs der Brüder betrifft, behandelt Bars die Anklagepunkte gegen die Rotters bereits wie eine Verurteilung, obwohl das Verfahren noch anhängig ist und sie sich selbst gar nicht mehr verteidigen können. Dass Fritz Rotter seinem Anwalt am 19. Januar 1933 – zu spät, sicherlich – eine Vollmacht erteilt hat, damit dieser weiter über eine Auffanggesellschaft verhandle, lässt Bars gänzlich unberücksichtigt: „Betrug und betrügerischer Bankrott, Verstöße gegen das Urheberrecht – das sind Delikte, für die er vielleicht keine Gnade vor den französischen Richtern zu finden glaubte. So musste er zum Märtyrer der Hitler-Terroristen werden, die sogar ein ‚Hitlerisches Attentat‘ auf die beiden Brüder verübten.“

Interessanterweise nimmt Bars geradezu triumphierend die Urheberschaft für den Untergang der Rotterbühnen für sich in

Anspruch: „Als letzte Aktion gegen die Gebrüder Rotter unterbreitete der Verband deutscher Bühnenschriftsteller und Bühnenkomponisten am 17. Januar 1933 die Rotter-Angelegenheit der Öffentlichkeit. In einer Versammlung, an der die Vertreter fast sämtlicher Berliner Zeitungen teilnahmen, habe ich an jenem Abend aufgrund von Daten und Tatsachen die Berliner Presse aufgeklärt. Am nächsten Morgen war der Rotter-Konzern endgültig hinüber. Wohlgemerkt: Am 18. Januar 1933! Die Blätter aller Schattierungen waren sich darüber einig, dass das Rotter-Geschwür ausgebrannt werden müsse – selbst der gewiss nicht nationalsozialistische *Vorwärts* und die doch so gar nicht hitlerische *Rote Fahne* ... Es ist also auch nichts mit der Flucht, ‚als Hitler siegte' [...]."

Bars betont das Wort „Tatsachen" – bei der erwähnten Pressekonferenz aber hat er mit der gravierenden Falschmeldung operiert, auch der ältere Bruder Alfred Rotter besitze keine einzige Konzession – dabei hatte Alfred sogar deren drei. Dies hat den größten Eindruck überhaupt erzielt. An der erklärten Absicht von Bars, damals die Rotters zu erledigen, lässt er keinen Zweifel mehr.

Zum Ende wendet sich Bars direkt an die Redaktion des *Journal*: „Als einen der ‚Nervenpunkte der deutsch-französischen Beziehungen' bezeichnen Sie den Fall Fritz Rotter. Wenn dieses Wort Gültigkeit hätte, dann müsste es sehr trübe um die Zukunft unserer beiden Länder stehen. Doch, Gott sei Dank, geben in den französisch-deutschen Beziehungen die anständigen Menschen den Ausschlag, aber nicht der kleine Schwindler und große Betrüger, dem es vor einem französischen Gericht leider heute noch möglich ist, zu schwindeln, schwindeln, schwindeln, ohne dass sich die Balken biegen."

Am 22. Dezember 1934 gibt das Gericht von Aix-en-Provence dem deutschen Antrag auf Auslieferung statt. „Frankreich liefert Fritz Rotter an Deutschland aus", titelt der *Berliner Lokal-Anzeiger.*[204] Die *Deutsche Allgemeine Zeitung* erläutert: „Der Rechtsbeistand Rotters machte vor Gericht den Einwand, dass dem Auslieferungsantrag nicht nur Anschuldigungen auf unlauteres Geschäftsgebaren und betrügerischen Bankrott, sondern auch politische Momente zugrunde lägen. Dieser Einwand wurde vom Gericht nicht anerkannt."[205]

Die Agentur *Zeitungsdienst (Berliner Dienst)* meint: „Das letzte Wort ist damit zwar in der Auslieferungsangelegenheit Rotter noch nicht gesprochen, da als letzte Instanz der französische Justizminister selbst zu entscheiden hat." Es sei jedoch von einer Zustimmung auszugehen. „Mit der Entscheidung der französischen Rechtsstellen werden die deutschen Behörden in die Lage versetzt werden, die Angelegenheit Rotter auf dem Prozesswege neu aufzurollen und den berüchtigten ‚Theaterschieber' der gerechten Bestrafung entgegenzuführen. Es steht zu erwarten, dass auch im Laufe dieses Prozesses haarsträubende Einzelheiten über die Theaterführung, wie die Brüder Rotter sie auffassten, ans Tageslicht kommen werden. Rotter war bekanntlich in der Systemzeit der tonangebende und vor allem der – scheinbar – finanzkräftigste Theatermann. Er hatte es verstanden, das ganze Berliner Theaterleben auf dem Wege der Trustbildung in seine Hände zu bringen und diesen Trust weniger zum Wohle des Theaterwesens und der Künstlerschaft, dafür aber umso intensiver für seine eigene Privatkasse arbeiten zu lassen. [...] Der Name Rotter lieferte der folgenden Zeit der Boulevardpresse nochmals für wenige Tage die Schlagzeilen: anlässlich der Entführung Alfred Schaies (Rotters), der auf der Flucht in Liechtenstein bekanntlich tödlich abstürzte."[206]

Auch der *Völkische Beobachter* macht sich im Januar 1935 bereits Hoffnungen auf einen Rotter-Prozess in Berlin: „Im Festtrubel blieb eine kleine Notiz fast unbeachtet. [...] Fritz Schaie, der Rotter, wird also demnächst von einer Berliner Strafkammer seine Sünden büßen müssen. Sünden, soweit sie auf kriminellem Gebiet liegen, leider nicht die Verbrechen, der er mit seinem Bruder am deutschen Volk auf kulturellem Gebiet begehen konnte. [...] Als die Berliner Luft zu dick wurde, als die Rotters bei dem politischen Umschwung stündlich mit ihrer Verhaftung rechnen mussten, flüchteten sie [...] über die Grenze, ohne aber, wie sich jetzt zeigt, ihrem Geschick entgehen zu können."[207]

Doch die französische Regierung folgt dem Auslieferungsentscheid des Gerichts in Aix nicht und ordnet am 2. Februar 1935 die Entlassung aus der Auslieferungshaft an – dank der Fürsprache des legendären Pariser Anwalts Henry Torrès.

Henry Torrès pflegte – einem seiner bekanntesten Schüler zufolge, dem späteren Justizminister Robert Badinter – zu sagen, als Anwalt sei es nicht „dein Problem, zu wissen, was richtig ist oder nicht, dein einziges Problem, dein Daseinsgrund für dich, Advokat, ist zu verteidigen“:

> „Die Verteidigung besteht darin, keinen Fingerbreit Gelände dem Gegner zu überlassen, nichts von der Anklage als gegeben hinzunehmen, ja sogar zu verweigern, das Augenscheinliche zuzulassen. Denn das Offensichtliche für einen Anwalt kann nur sein, dass niemand jemals Schuld trägt, an nichts, nicht einmal an dem Verbrechen, das soeben begangen worden ist, mit dem noch warmen Körper und dem Revolver in der Hand des Mörders. Auch wenn er gesteht, dein guter Mann, selbst wenn er will, dass man ihn verurteilt, für dich als Anwalt ist er nicht schuldig.“[208]

Fritz Rotter sieht sich auf freien Fuß gesetzt: „Im Laufe des Vormittags erhielt die Generalstaatsanwaltschaft in Aix vom Jusizministerium die Anweisung, dass der deutsche Impresario [Fritz] Rotter, mit eigentlichem Namen Fritz Schaie, unverzüglich freizulassen sei.“[209] Wohl auf Weisung höchster Berliner Propagandastellen wird die Nachricht von der Ablehnung der Auslieferung von Fritz Rotter durch die französische Regierung in der deutschen Presse nur als unkommentierte Kurzmeldung von wenigen Zeilen gebracht: *„Schaie-Rotter haftentlassen.* Paris, 2. Februar. Die französischen Behörden haben den in Aix-en-Provence bisher in Haft gehaltenen früheren Berliner Theaterdirektor Friedrich Schaie alias Rotter auf freien Fuß gesetzt, obwohl die Anklagekammer kürzlich einen Beschluss auf Bewilligung des deutschen Auslieferungsantrages gegen Rotter gefasst hatte.“[210]

Das französische Außenministerium beeilt sich nicht mit einer Stellungnahme und lässt die Deutsche Botschaft in Paris erst am 18. März 1935 in einem Muster höchster Diplomatie wissen, dass das Auslieferungsgesuch abgelehnt worden sei: „Das Außenministerium bedauert, der deutschen Gesandtschaft in Paris zur Kenntnis zu bringen, dass die Regierung der Republik Frankreich nicht glaubte, dem fraglichen Gesuch in günstigem Sinn Folge leisten zu können.“[211]

Erst von da an kann sich Fritz Rotter in Frankreich frei bewegen. Allerdings besitzt er inzwischen keine gültigen liechtensteinischen Papiere mehr. Die Steuerverwaltung hat bei der fürstlichen Regierung beantragt, „Fritz Schaie bei Begehren keine Verlängerung des Passes zu gewähren", ohne „dass er zuerst seine Steuersache in Ordnung" brächte.[212] Dass Fritz Rotter die Steuergeschichte unerledigt lässt und die bestimmt vergleichsweise geringe Summe nicht aufbringen kann, ist ein weiteres Indiz dafür, dass er über fast keine Mittel mehr verfügt – und so gesehen auch eine Ausreise etwa nach Übersee gar nicht in Betracht ziehen kann (für welche diese Staatsbürgerschaft unentbehrlich gewesen wäre).

Fritz Rotters Schwester Ella hingegen und ihr Ehemann Albert Ullmann, öfters auch Arzt an den Rotterbühnen, suchen 1936 mit ihrem Sohn Peter, damals elf Jahre, die Aufnahme in den USA. Voraussetzung für eine ärztliche Zulassung ist ein Sprachexamen; dieses hat Ullmann anlässlich eines ersten Amerika-Aufenthaltes schon bestanden. Dank eines Affidavits von einem Onkel, der schon in New York lebt, gelingt es Albert Ullmann, auch die übrigen Papiere zu bekommen.

Fritz und Alfred Rotters Neffe Peter Ullman – seinen Namen schreibt er später nur noch mit einem „n" – erzählt, dass sein Vater Albert noch einmal in die USA vorausgereist sei. Peter selbst fährt als Junge im Herbst 1936 mit seiner Mutter nach Nizza, um seinen Onkel Fritz Rotter und seine Tante Lucie vor der Überfahrt ein letztes Mal zu besuchen.

Es gibt ein Bild der zwei Schwestern in Nizza: Ella, die um zwei Jahre jüngere, und Lucie am Strand. Fritz schenkt seinem Neffen ein praktisches Werkzeug für die Reise in die Neue Welt – und zwar einen ganz besonderen Hammer: „Wenn man den Kopf abschraubt, hat man einen Schraubenzieher. Wenn man den unteren Teil abschraubt, hat man einen Glasschneider. Wenn man den Glasschneider abschraubt hat man einen Bohrer." Peter Ullman hat dieses Andenken bis heute behalten. Er und seine Mutter treffen Fritz Rotter ein letztes Mal in Paris, ein paar Tage, bevor sie sich nach New York einschiffen, wo sie am 28. Dezember 1936 ankommen.

Es ist das Jahr der Sommerolympiade in Berlin. Ob Fritz Rotter oder seine Schwester Lucie wirklich keine Anstrengungen

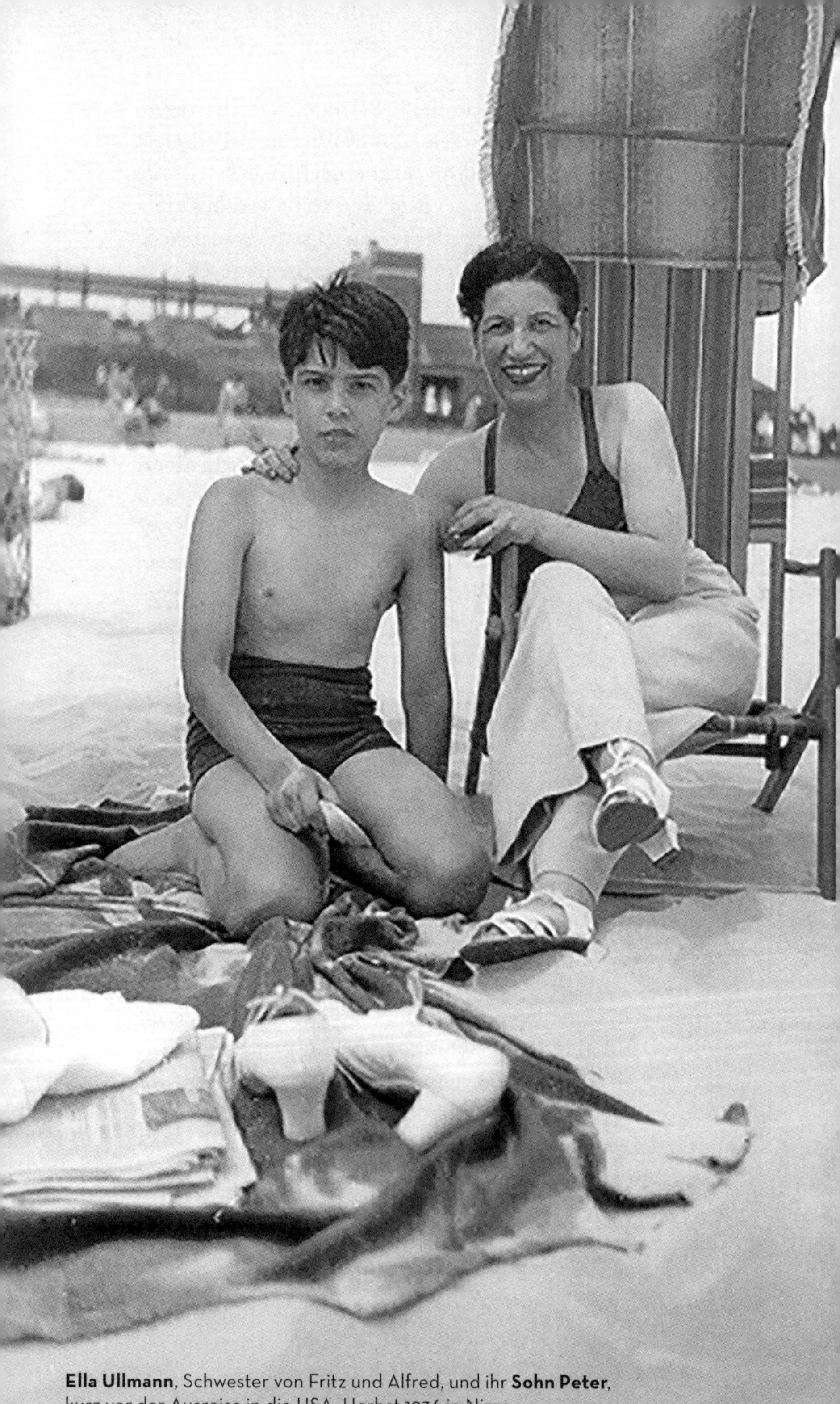

Ella Ullmann, Schwester von Fritz und Alfred, und ihr **Sohn Peter**, kurz vor der Ausreise in die USA, Herbst 1936 in Nizza

unternehmen, Frankreich zu verlassen, oder ob sie dabei erfolglos bleiben, ist nicht bekannt. Die Lage in Europa schätzen sie vielleicht als noch nicht so dramatisch ein. Die Beteiligung der deutschen Luftwaffe im Spanischen Bürgerkrieg fällt ins nachfolgende Jahr – Guernica wird am 26. April 1937 bombardiert –, und der Einmarsch deutscher Truppen in die Tschechoslowakei nach dem Münchner Abkommen ereignet sich 1938.

Vom 8. November 1937 bis 31. Januar 1938 wandert die Ausstellung „Der ewige Jude" durch das Reich. Sie zeigt, nach welchem Muster womöglich ein Prozess gegen Fritz Rotter im Deutschen Reich abgelaufen wäre. In der gleich betitelten 128-seitigen Schrift mit 265 Abbildungen erscheint damals auch ein Bild von Alfred Rotter. Den Kopf auf eine Hand gestützt, sitzt er mit geschlossenen Augen müde im Parkett, in weißem Hemd. Die weite Hose wird von breiten Hosenträgern gehalten. Neben ihm Gitta Alpár, die etwas isst, und der Textdichter Ludwig Herzer – möglicherweise bei den Proben zu Lehárs *Schön ist die Welt* (Uraufführung am 3. Dezember 1930 im *Metropol-Theater*). Die Bildlegende dazu lautet:

> „Juden schufen die Amüsierbühne. Autor Jude, Sängerin Jüdin, Theater-Direktor Jude – alles in bester Ordnung. Alfred Rotter (eigentlich Schaie), der allein 1932 600 000 Mark veruntreute und schließlich mit einer Schuldenlast von 3,5 Millionen Mark flüchtete, bei der Theaterprobe mit Gitta Alpár und Dr. Herzer. Den Brüdern Rotter gehörten sieben große Berliner Theater."

Außerdem gibt es eine Nahaufnahme: „Die ungarische Jüdin Gitta Alpár, die für ihre rein formale Stimmbegabung und ihre sehr zweifelhafte Schönheit eine Riesengage bezog." Es folgt das Bild: „Der Sklavenmarkt des Revuedirektors. Die Rotters lassen Tanzgirls zur ‚Prüfung' antreten [...]." Im Bild sitzt Alfred Rotter in formellem Anzug, neben ihm Gertrud Rotter mit schwarzem Hut – vor ihnen heben drei Tänzerinnen in Straßenkleidung ihren Rock bis zum Knie.

Bereits 1937 kämpft Fritz Rotter allem Anschein nach mit größten Geldproblemen. In der deutschen Exilpresse wird berichtet, „Fritz Schaie-Rotter, der frühere Berliner Theaterleiter, soll in Paris Not leiden [...]".[213] 1938 benötigt er in Strasbourg aus einem

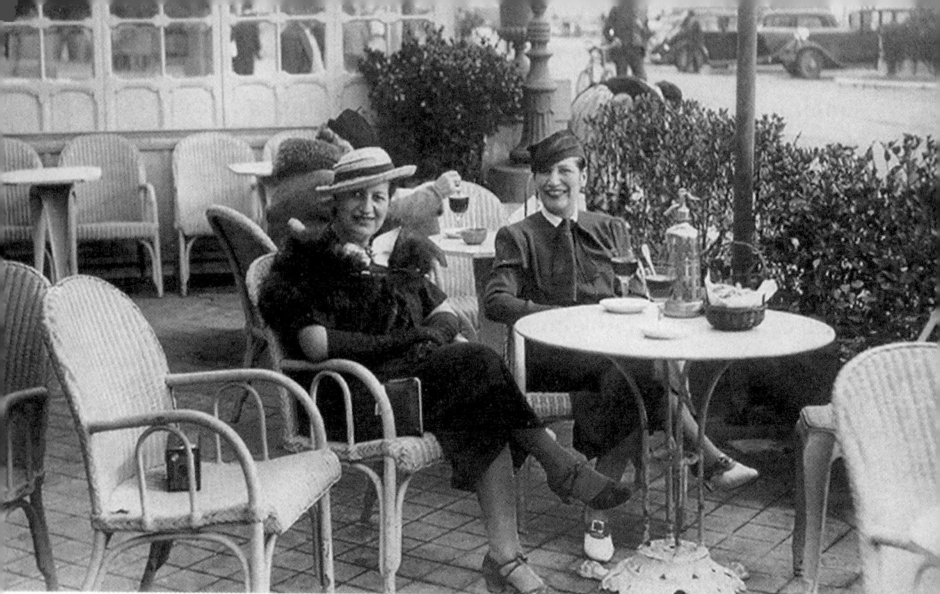

Die beiden Schwestern **Lucie und Ella**, Herbst 1936 in Nizza

nicht bekannten Grund einen Anwalt. Wegen der Ausgabe eines ungedeckten Schecks an diesen, seinen eigenen Anwalt – über einen Betrag von 2000 französischen Francs –, erlassen die französischen Behörden am 19. Oktober 1938 einen Haftbefehl gegen Fritz Rotter, der sich jetzt Frédéric Schaie nennt.

Am 7. November 1938 wird er, wie schon 1934, zur Fahndung ausgeschrieben[214] und, da er nicht zum Prozess erscheint, am 3. Februar 1939 vom Tribunal correctionnelle Strasbourg im Abwesenheitsverfahren zu einer Strafe von sechs Monaten Gefängnis verurteilt. Am 25. Juli 1939 berichtet der Exil-Chronist Paul Erich Marcus in London in seinem *Bulletin*: „Fritz Schaie-Rotter, der überlebende Bruder, wurde im Casino von Boulogne verhaftet. Es schweben diverse Verfahren wegen ungedeckter Schecks in Frankreich gegen ihn."[215] Die Exilzeitung *Aufbau* (New York) übernimmt die Meldung.[216]

Welches Boulogne ist gemeint? Hat er in Boulogne-sur-Mer auf eine Überfahrt gehofft? Oder handelt es sich nicht wohl eher um Boulogne-Billancourt bei Paris? Da gibt es tatsächlich einen „Salle de spectacle" namens *Casino* mit Kino, Theater und Music-Hall.

Am 7. August 1939 setzt ihn die französische Kriminalpolizei ohne weitere Bemerkung auf die Liste der nicht mehr Gesuchten.

Als die Dresdner Bank 1940 ausstehenden Krediten nachforscht, stößt sie in ihrem „Merkbuch“ auf das „Engagement Gebr. Rotter“; es ist, wiewohl durch Hypotheken weitestgehend gedeckt, mit einem Betrag von 1,3 Millionen Reichsmark verzeichnet. Die Bank lässt daraufhin im besetzten Frankreich nach Fritz Rotter suchen, aber dort ist er weder in „Jahrbüchern“ noch „Adressbüchern“ erwähnt: „Die zahlreichen Nachforschungen, welche wir in Theater- und Artistenkreisen unternommen haben, sind ohne Ergebnis geblieben.“ Er ist sowohl „bei der Theaterkammer“ als auch „bei der Direktion der Theater-Tournées, Paris[,] unbekannt“: „Der Angefragte scheint sich demnach in Paris nicht betätigt zu haben, da er sonst in diesen Kreisen bekannt sein müsste.“

Danach lädt die Bank im Dezember 1941 den ehemaligen Verwaltungsdirektor der Rotters vor, Ludwig Apel – Gertrud Rotters Schwager. Weil Ludwig Apel bei der Bank auch für einen Betrag von rund 8000 Reichsmark als Rotter-Bürge in den Büchern steht, aber ziemlich mittellos ist, neigt er nicht dazu, Freundliches über Fritz Rotter auszusagen. Was er über das Verbleiben Fritz Rotters weiß, muss er von seiner Ex-Frau Marianne erfahren haben: dass Fritz Rotter nicht mehr am Leben sei.

In einer Aktennotiz der Bank vom 20. Dezember 1941 heißt es: „Der Bürge Fritz Rotter, ehemaliger Theaterdirektor, [...] soll nach Angaben des Herrn Apel, der uns heute aufsuchte, im Gefängnis in Kolmar [Colmar] im Jahre 1938 beziehungsweise 1939 gestorben sein, nachdem er dort eine Strafe wegen in Paris begangener Scheckbetrügereien zu verbüßen hatte.“[217]

Ein Jahr später, am 9. Januar 1942, wird die „Filiale Straßburg“ angeschrieben: „Wir würden es begrüßen, wenn Sie es ermöglichen könnten, bei den Behörden in Kolmar festzustellen, ob die uns gemachten Angaben zutreffen, damit wir gegebenenfalls einen Schlussstrich unter die Sache machen können.“ Von Straßburg geht die Anfrage an die Niederlassung Mülhausen, die am 17. Januar 1942 bestätigend meldet: „In Beantwortung Ihres an die Filiale Straßburg gerichteten Schreibens vom 9. Januar betr. Herrn Fritz Schaie genannt Rotter teilen wir Ihnen mit, dass wir uns mit dem Oberbürgermeister in Kolmar in Verbindung gesetzt haben. Wie uns heute mitgeteilt wird, ist Rotter am 7. Oktober 1939 in Kolmar verstorben.“

Die Dresdner Bank in Berlin fragt am 22. Januar 1942 nach, ob in Colmar „Erben“ des Verstorbenen bekannt seien, und erhält am 28. Januar 1942 von der Filiale in Mülhausen die Antwort, „dass wir uns nochmals mit dem Oberbürgermeister in Kolmar in Sachen Fritz Schaie, gen. Rotter in Verbindung gesetzt haben. Wie uns mitgeteilt wird, sind Erben von Fritz Schaie gen. Rotter nicht bekannt. Genannter war in Kolmar nicht polizeilich gemeldet, sondern lediglich im Gefängnis untergebracht.“

Den Gefängnisakten im Departementsarchiv Colmar ist zu entnehmen, dass Fritz Rotter am 7. Oktober 1939 um zwanzig Uhr zwanzig im Schlafsaal Nr. 1 stirbt.[218] Etwa die Hälfte der Haftzeit hat er verbüßt. Spätestens im Januar 1940, noch vor Beginn des deutschen Überfalls auf Frankreich im Mai, wäre er auf freien Fuß gekommen.

Eine Todesursache ist nicht angegeben. Es könnte Herzversagen gewesen sein. Nach Auskunft des Consistoire Israélite du Haut-Rhin in Colmar ist Fritz Rotter auf dem jüdischen Friedhof von Colmar beigesetzt – im Grab 1442.

Lucie Schaie stirbt 1943 unter ungeklärten Umständen in Nizza. Schwester Ella Ullmann in New York nimmt sich im Januar 1939 das Leben, ihr Gatte Albert tragischerweise ebenfalls, im Jahr 1942. Ihr Sohn Peter kommt zu Pflegeeltern und lebt heute in Palo Alto/Kalifornien. Er wird später durchsetzen, dass in seiner Geburtsstadt Berlin „Stolpersteine“ an Fritz, Alfred und Gertrud Rotter erinnern – und auch eine Tafel im Durchgang zum *Admiralspalast* ihre Bühnentätigkeit im Gedächtnis behält.

Seit 2002 hängt am Fels in Gaflei bei Vaduz eine Gedenktafel des Künstlers Hansjörg Quaderer und einer Liechtensteiner Initiativgruppe, die mit blauer Schrift auf einem Spiegel an den gewaltsamen Tod von Gertrud und Alfred erinnert: „[...] von Liechtensteiner und deutschen Nationalsozialisten in den Tod getrieben.“

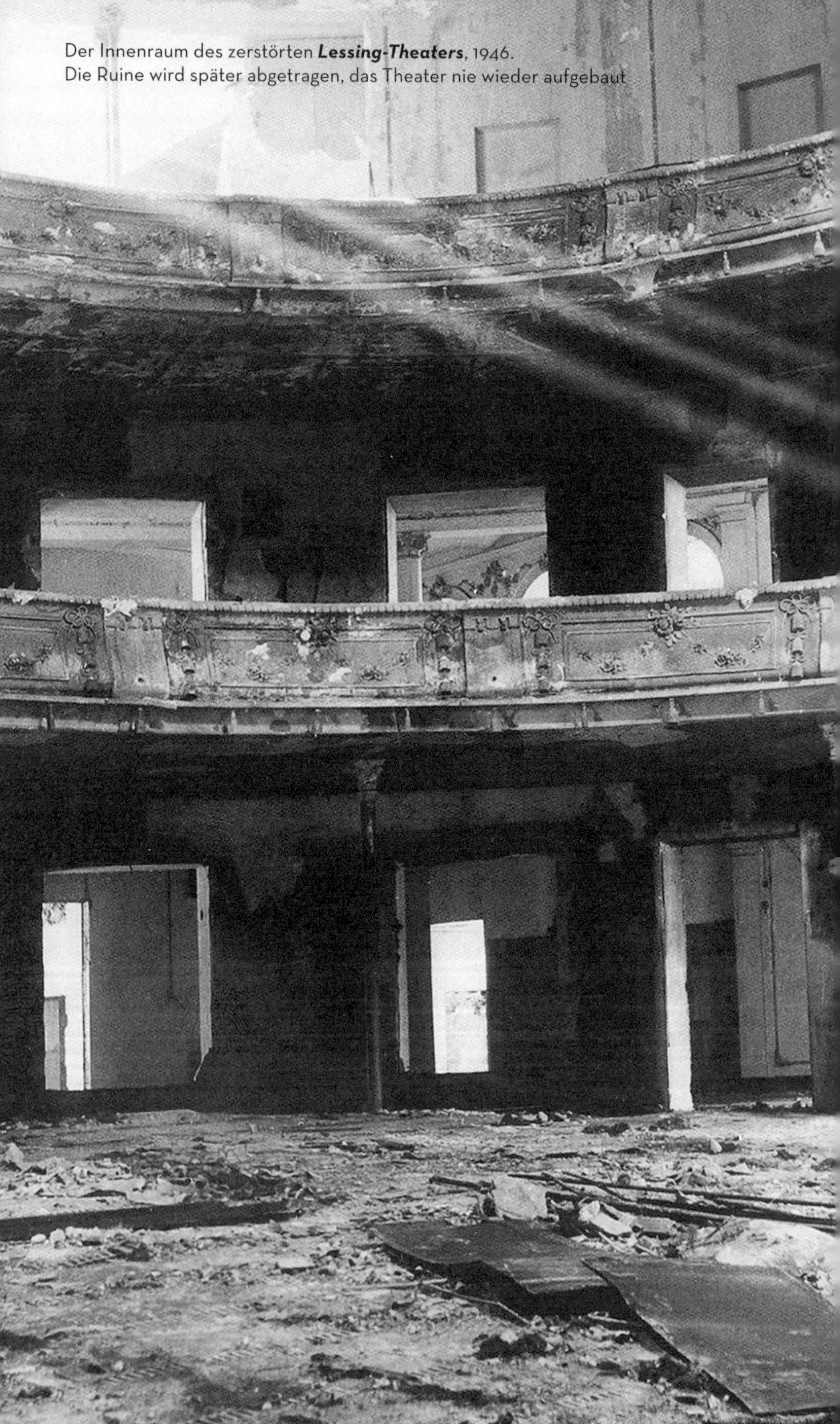

Der Innenraum des zerstörten ***Lessing-Theaters***, 1946.
Die Ruine wird später abgetragen, das Theater nie wieder aufgebaut

NACHSPIEL

Der Tod Fritz Rotters wird in der NS-Presse nie gemeldet. Nach Kriegsende herrscht in Theaterkreisen und unter nächsten Bekannten Unkenntnis über sein Verbleiben. Selbst sein Neffe in den USA bleibt ohne jede Nachricht. Nach dem legendären Berliner Theatermann mögen zwar einige gesucht haben, aber da gibt es schon immer die Verwechslung mit dem *anderen* Fritz Rotter, dem Liedertexter aus Wien (1900–1984), der lange Zeit ebenfalls in Berlin gelebt hat und 1933 emigriert ist, die Kriegsjahre in den USA verbracht hat und später nach Ascona in die Schweiz gezogen ist: der Autor des Lieds *Ich küsse Ihre Hand, Madame*, das Hans Albers 1928 im *Deutschen Theater* in Ferdinand Bruckners *Verbrecher* zu Musik von Ralph Erwin gesungen und berühmt gemacht hat.

Auch der Ulk-Schlager *Was macht der Maier* (1926) war von diesem „Wiener Fritz Rotter“: *„Was macht der Maier am Himalaya? / Wie kommt der Maier, der kleine Maier / auf den großen Himalaya? / Rauf, ja da kommt er: / Ich frag mich aber: / Wie kommt er runter? / Ich hab so Angst um den Maier / Er macht 'nen Rutsch und ist futsch [...].“*

In Berlin in den Zwanzigerjahren habe sich dieser andere Fritz Rotter, der mittags immer den Stammtisch im *Café Wien* besucht hat (einen von zahlreichen Stammtischen „rings um die Gedächtniskirche"), mit dem üblichen Wiener Schmäh beklagt: „Dabei heißen die doch gar nicht Rotter."[1]

Noch bekannter sind seine Schlager *Veronika, der Lenz ist da* und *Wenn der weiße Flieder wieder blüht*. Über Österreich und England (1936) erreicht der Liedertexter Fritz Rotter 1937 die USA. Mit *Letters to Lucerne*, einem ernsten Theaterstück, feiert er am Broadway großen Erfolg – das Drama schildert die deutsche Bombardierung Warschaus 1939 aus der Sicht eines deutsch-polnischen Mädchenpaars in einem Luzerner Internat. Die Aufführung findet am *Cort Theatre* in New York statt, am 23. Dezember 1941. Erstmals kehrt er 1951 wieder nach Berlin zurück, als eines seiner Drehbücher verfilmt wird. Zahlreiche Artikel erscheinen da über ihn.

Anekdoten über die *Gebrüder Rotter* und ihre Bühnen finden in der Nachkriegszeit zwar Einzug in viele Bühnenmemoiren. Aber eine gezielte Suche nach Fritz unterbleibt.

Doch 1948 ereignet sich etwas, das zu Fritz Rotters Berliner Leben mit den zahllosen Umschwüngen auf sonderbare Weise zu passen scheint – als führe er selbst endlich in einem Film Regie: Ein Mann, ebenfalls jüdisch, der die Zeit der Nazi-Diktatur in Palästina überlebt hat, versucht sich 1948 in Hannover als der verschollene Fritz Rotter der Rotter-Bühnen auszugeben – die Sache kommt sogar mit Bild im Hamburger Nachrichtenmagazin *Der Spiegel*: „Fritz Rotter, einer der zwei berühmten Rotter-Brüder, die sich nach dem Ersten Weltkrieg in Berlin als Theaterunternehmer und Förderer von Richard Tauber einen Namen machten, kehrt aus Palästina nach Deutschland zurück. Rotter hat sich in Hannover niedergelassen und will sich als Filmproduzent betätigen."[2]

Dem Bild nach ein offenbar nicht besonders großer Mann, dafür mit riesiger Gürtelweite – in bis über den Bauchnabel hochgezogener dunkler Hose und offenem weißen Hemd steht er da, mit recht freundlichem, fülligem Gesicht, Hängebacken, Lachfalten, fleischigem Kinn und welligem, hell abstehendem Haar – ohne jede Ähnlichkeit mit dem echten Fritz Rotter.

Der Hochstapler hält die Presse in Atem. Die *Abendpost* in Hannover meldet: „Fritz Rotter, der bekannte Operetten- und

Revueunternehmer, der kürzlich aus Palästina nach Deutschland zurückgekehrt ist, wird am 5. Oktober [1948] auf dem Gelände der Exportmesse in Hannover-Laatzen ein Filmstudio eröffnen. Das Studio hat sich vor allem die Ausbildung künstlerischen Nachwuchses für Bühne und Film zur Aufgabe gemacht."[3] Inzwischen „machte er in [Hannover-]Badenstedt in einer Gaststätte ein Filmstudio auf und versprach vielen unerfahrenen Mädchen, sie zu Stars zu machen", schreibt die *Hannoversche Presse* – sie deckt die Täuschung auf.[4] „Bei der Generalprobe zu einer Vorstellung, die im Rahmen der Presseausstellung stattfinden sollte, stellten Fachleute [...] plötzlich fest, dass das Gebotene dilettantisch war. So etwas konnte nicht das Werk eines Mannes sein, der im deutschen [Theater]leben einmal eine große Rolle gespielt hatte."

Verschiedene „Persönlichkeiten", so die *Hannoversche Presse* weiter, „die einmal mit den Revue-Königen zusammengearbeitet haben, behaupteten schon, als Bilder von dem [...] Mann durch die Presse gingen, dass es nicht Rotter sein könne". Einer von ihnen, „der alte Reklamefachmann" Paul Strack, sucht am 29. September 1948 „die direkte Gegenüberstellung". Die *Hannoversche Presse* verwechselt zwar als nicht-berlinerische Zeitung die Operetten der Rotters ständig mit Revuen und weiß auch nicht, dass Tauber schon vor der Zusammenarbeit mit ihnen ein großer Star war, aber das wird alles dadurch wettgemacht, dass sie direkt Zeugin wird, als die Tarnung des nicht ganz echten Fritz Rotter auffliegt: „,Hallo, Rotter! Wie geht es Ihnen? Wir haben uns so lange nicht gesehen!' Freudig rüttelt ein älterer Mann den kleinen, schwergewichtigen Filmproduzenten Fritz Rotter an der Schulter. Der berühmte Revue-König, der in den Zwanzigerjahren Gitta Alpár und Richard Tauber herausbrachte und sie zum Weltruhm führte. – Mit weltmännischer Geste meint er dann: ,Ich wüsste im Augenblick nicht ... tja, wissen Sie, ich war 12 Jahre nicht hier im Lande. Wie ist doch Ihr Name noch?' – ,Paul Strack', stellt sich der Befragte vor. – ,Ach, Strack! Natürlich, jetzt weiß ich wieder, es war eben zu lange her.' – ,Na, eigentlich müssten Sie sich ja noch erinnern, Sie waren doch in Berlin und auch hier in Hannover immer mein Gast und teilweise täglich mit mir zusammen.' – Fritz Rotter windet sich. Er murmelt etwas vor sich hin und fragt dann unvermittelt, wie der Ausschnitt aus seiner Arbeit, den er soeben gezeigt habe, gewesen sei. – Sein alter Bekannter aber lässt nicht locker. Beide wechseln noch ein paar Worte, dann mit betonter Schärfe: ‚Sie sind ja gar nicht Fritz Rotter, denn Fritz Rotter war einer meiner besten Freunde und hätte mich sofort wiedererkannt.' – Wieder windet sich der kleine ‚Filmgewaltige' und versucht, abzulenken. Als ihm schließlich noch einmal gesagt wird, er arbeite unter falschem Namen, äußert er empört: ‚Sie können mich doch nicht umtaufen, hier ist mein Pass.' Das englische Visum ist ordnungsgemäß ausgefüllt, trägt den Namen Fritz Rotter und die Bezeichnung Filmproduzent. [...] Nachdem sich der entlarvte Rotter auf das heftigste empört hatte und mit einer Beschwerde beim Gouverneur drohte, da er englischer Bürger sei, setzte er sich in seinen Wagen und fuhr davon. Die Journalisten, denen gestern Interviews versprochen waren, haben vergeblich auf dem Messegelände gewartet. Der ‚berühmte Rotter' ward nicht mehr gesehen."

Auch andere Zeitungen zeigen sich konsterniert: *„Fritz Rotter,* von dem gemeldet wurde, dass er in Hannover ein Filmstudio eingerichtet habe, ist nicht mit dem ehemaligen Berliner Theaterunternehmer identisch. Die beiden Brüder Rotter kamen nach 1933 ums Leben."[5] 1948 gibt es noch kaum gesichertes Wissen darüber, wer wann gestorben oder verschwunden ist.

Das Nachrichtenmagazin *Der Spiegel* bringt dann die Story landesweit, diesmal ohne Bild: „Fritz Rotter, der aus Palästina zurückgekehrte Filmproduzent, musste seine in Hannover angekündigte Veranstaltung *‚2 Stunden mit Fritz Rotter'* absagen. Nachdem Rotter einen guten Bekannten der Berliner Rotter-Brüder nicht erkannt hatte, stellte sich heraus, dass sein Pass zwar auf den Namen Rotter ausgestellt, er aber nicht mit dem Berliner Theater-Unternehmer identisch ist. Nach Androhung einer Beschwerde beim britischen Gouverneur setzte sich Rotter, der nicht Rotter ist, in seinen Wagen und fuhr davon. Seine beiden Berliner Namensvettern sind seit 1933 verschollen."[6]

Die *Hannoversche Zeitung* macht sich ihre Gedanken: „Mit dem Mann, der kürzlich aus Palästina kam, laut englischem Pass den Namen Rotter trägt, sich in Hannover niederließ und erklärte, er wolle erst einmal zeigen, was es hieße, einen Film zu machen, tauchte die Erinnerung an die Gebrüder Rotter auf. Es ist nicht mehr festzustellen, ob der jetzt hier weilende Rotter sich von vornherein als der Revue-König ausgegeben hat oder ob er durch die begeisterte Aufnahme in einer gewissen Presse, die der Name Rotter mit sich brachte, auf den Gedanken gekommen ist, sich weiter in diesen Bahnen zu bewegen."[7]

Das trifft den Punkt. Es scheint sich wie ein Wunder anzuhören, Fritz Rotter sei zurück – die Entlastung, die es bedeutet, er habe in Palästina überlebt. Die Leichtgläubigkeit, mit der diesem Märchen Vertrauen geschenkt wird, zeigt, wie stark der Wunsch ist, *er* beträte nochmals die öffentliche Bühne – als könne dies die schlimmen Töne gegen die Rotters nach Januar 1933 vergessen machen. Wer hätte ihm jetzt – endlich – den Erfolg nicht gegönnt und die chronisch-unordentliche Buchhaltung nicht nachgesehen.

So bereitet ihm die Presse, in deren Spalten er und sein Bruder Alfred sowie die Schwägerin Gertrud am Ende der Weimarer Republik Figuren eines realen Dramas waren, noch einen letzten Auftritt.

Unter dem Titel *Cinema Studio* hat die *Palestine Post* am 11. August 1939 schon ähnliche Pläne jenes „dritten Fritz Rotter" veröffentlicht: „It is announced that a film studio which will both train players and later produce films has been established in Tel Aviv by Mr. Fritz Rotter, formerly a well-known theatrical manager in Berlin. The studio will be operated in conjunction with the Shulamith Conservatoire, and Mr. Hopenko, director of the conservatoire, has offered his cooperation." Als die *Hannoversche Presse* einen aufgebrachten Brief des entlarvten Mannes erhält, in dem er ankündigt, dass eine Abschrift an das englische Außenministerium gehe „mit der Bitte um Schutz vor den verkappten Nazis in der britischen Zone", und nunmehr erklärt, selbst nie behauptet zu haben, einer der Brüder Rotter zu sein, herrscht Kopfschütteln. Dass er genau das getan hat, beeidet der Reporter.

Ein Redaktionsmitglied, das mit Geka zeichnet, sucht den fraglichen Rotter darauf an seiner Hannover-Adresse auf, wo dieser – in einer überraschenden Volte – behauptet, in Wirklichkeit der andere, der „Wiener" Fritz Rotter zu sein: „Jeder Kenner des damaligen Film- und Theaterwesens wird Ihnen bestätigen, dass es außer den Gebrüdern Rotter in Berlin noch einen bekannten Rotter, den Schlagertextdichter, Komponisten und Filmfachmann gegeben hat. Das bin ich. Sie können sich erkundigen."

Dies tut das Redaktionsmitglied und fragt beim „englischen Captain Jess, der von 1926 bis 1933 als künstlerischer Leiter bei den Gebrüdern Rotter in Berlin tätig war", nach. Der erklärt mit Nachdruck: „Der Textdichter ist ein kleiner, schlanker Mann, gar nicht mit dem hier aufgetretenen angeblichen Filmproduzenten zu verwechseln. 1933 emigrierte er nach London [...], später nach den USA. Dieser Fritz Rotter lebt heute noch in Hollywood."[8]

Kriege und Gewalt hinterlassen vielfältige und tiefgehende Verletzungen. In gewisser Weise ein tragischer Fall, beansprucht dieser „dritte Fritz Rotter" als ebenfalls Verfolgter ein bei genauerem Hinsehen vielleicht sogar vertretbares Recht, in die Haut Verschollener und Abwesender zu schlüpfen. Ein fünfseitiger Drehbuchentwurf von ihm befindet sich heute noch in Tel Aviv: *Rückkehr in die Heimat oder Oskar Blatt von 1933–1940*. Mit Heimat war Palästina gemeint.[9]

Drei Jahre nach Kriegsende entwirft der falsche Fritz Rotter, zurück in Deutschland und angetrieben von einer unerfüllbar gebliebenen eigenen künstlerischen Ambition, als reales Spiel eine fiktive Handlung, in der er das Wiederauftauchen des aus der Distanz bewunderten anderen, echten Fritz Rotter *spielt*. Abklärungen der *Hannoverschen Presse* (9.10.1948) in Israel folgten: „Nach den neuesten Ermittlungen im ‚Fall Rotter' wird von Personen, die Rotter von Palästina her kennen, angezweifelt, ob er jemals ein Filmunternehmen besessen hat. Die Aussagen ergeben, dass er in Jerusalem mit einem umgebauten Kinderwagen einen fahrbaren Würstchenstand betrieb und das Ausbessern von Hemdkragen und sonstige Schneiderarbeiten ausführte. In Haifa besaß Rotter ein schlecht beleumdetes Lokal. Dort gab er auch Mädchen Gesangsunterricht. Über seine angebliche filmische Tätigkeit ist nur bekannt, dass er damals bereits ein Drehbuch zu einem Christus-Film besaß."

So endet das Nachspiel zum Theaterleben des Berliner Fritz Rotter, der mit seinen eigenen verschiedenen Künstlernamen und seiner

Verkleidungsvorliebe zumindest verblüfft über diesen Einfall gewesen wäre, dass sich jemand für eine „Existenzgründung“ – das Wort benutzte der betreffende Mann in seinem ungestümen Brief selbst[10] – seine Identität ausborgt.

Für wenige Tage ruft dieser Wiedergänger den legendären Namen der Brüder Fritz und Alfred Rotter sowie von Gertrud Rotter nochmals in Erinnerung und erweckt nach dem tragischen Tod aller drei ihr ganz der Leidenschaft fürs Theater gewidmetes Leben zu einem allerletzten surrealen Akt.

ANHANG

DANKSAGUNG

Dieses Buch hätte ohne die Unterstützung vieler Menschen nicht entstehen können. Ich danke allen voran Peter Ullman, dem Neffen von Fritz und Alfred Rotter, und meiner Lektorin Sabine Melchert vom Henschel Verlag sowie neben zahlreichen hier Ungenannten Al Lareau, Ulrich Hermanns, Bjoern Weigel, Stefan Frey, Gerhard Puster, Klaus Biedermann, Paul Vogt, Klaus Dettmer, Michael Jurk, Monika Kunzendorf, Vincent Frank-Steiner, Peter Marxer, Celia Zwillenberg, Ursula Korczok und Claudia Sutter.

Besonderer Dank gilt der Paul-Abraham-Biografin Karin Meesmann, Berlin, die mir Einblick in ihr noch unveröffentlichtes Buch gab („Paul Abraham: seine Filmmusik und Jazz-Operette"), sowie Hansjörg Quaderer, Schaan/Liechtenstein, und Norbert und Vreni Haas, Berlin – nur aufgrund ihres wachen Interesses und dank ihrer Initiativgruppe um das Literaturhaus in Liechtenstein begann ich 2001 mit den vertieften Recherchen über die Brüder Rotter, nachdem ich deren Lebensgeschichte in meinem Buch über Wladimir Rosenbaum und Aline Valangin 1990 ein erstes Mal berührte. Der Kulturstiftung Liechtenstein und SOkultur des Kantons Solothurn gilt mein herzlicher Dank für die Förderung des Buches sowie des Schreibprozesses.

EDITORISCHE NOTIZ

In zeitgenössischen Zitaten wird der Name von Gitta Alpár oft ohne Akzent geschrieben; wir setzen bei ihr den Akzent einheitlich, also auch in den Zitaten. Desgleichen wurde in den Zitaten die Rechtschreibung teilweise angepasst (z. B. beim „ß"). Gelegentlich wird in den Anmerkungen zu den Theaterkritiken kein Datum angegeben, sondern nur der Zeitungstitel, wenn im Text schon der Tag der Premiere- oder Uraufführung genannt ist; in Berlin kamen die Kritiken fast ohne Ausnahmen gleich am folgenden Tag.

QUELLEN

- Landesarchiv Berlin (Akten der Theaterabteilung im Polizeipräsidium zu Fritz und Alfred Schaie bzw. Rotter; Konkursakten) – in den Anmerkungen mit „LA Bln." abgekürzt
- Akademie der Künste, Berlin (u.a. Theatersammlung Wilhelm Richter; Bestand Ralph Benatzky; Marcellus-Schiffer-Archiv; Nachlass Mischa Spoliansky; Nachlass Leonard Steckel; Bestand Ihering [Jhering] „Theatersammlung"; Dok.fonds vor 1945: Metropol-Theater, Admiralspalast, Lessing-Theater, Kleines Theater)
- Institut für Theaterwissenschaften an der FU Berlin (Sammlung W. Unruh; Mikrofiches „Deutscher Bühnenspielplan")
- Bundesarchiv Berlin
- Zentral- und Landesbibliothek Berlin (Mikrofilme der Zeitungen in Berlin)
- Staatsbibliothek zu Berlin (Zeitungsabteilung)
- Jacob-und-Wilhelm-Grimm-Zentrum (Zeitungssammlung)
- Staatsarchiv Freiburg (Akten des Landgerichts Konstanz im Prozess gegen die deutschen Verantwortlichen des Überfalls auf die Rotters 1933)
- Stadtarchiv Hannover
- Stadtarchiv Konstanz (Mikrofilme der „Bodensee-Rundschau" und „Bodensee-Zeitung")
- Stadtarchiv Leipzig (Herkunft der Eltern von Fritz und Alfred Rotter)
- Historisches Archiv der Commerzbank, Frankfurt a.M. (Berichte über Konten und Schulden der Rotters bei der Dresdner Bank; Recherchen der Dresdner Bank über den Verbleib von Fritz Rotter in Frankreich; Zeitungsinterviews mit Fritz Rotter 1933);
- Liechtensteinisches Landesarchiv, Vaduz (Untersuchungsakten zum Überfall auf die Rotters am 5. April 1933)
- Archiv für Zeitgeschichte, Zürich
- Schweizerisches Bundesarchiv, Bern
- Schweizerisches Sozialarchiv, Zürich (Nachlass Wladimir Rosenbaum und Aline Valangin)
- Zentralbibliothek Zürich (Handschriftenabteilung, Plädoyer von Rosenbaum und Briefe von Aline Valangin im Nachlass R.J. Humm).

ANMERKUNGEN

VORSPIEL

1 *Neue Freie Presse*, Wien, 28.1.1933. **2** Ebd. **3** Otto Brahm (1856–1912), zitiert nach Stefan Großmann, *Neue Freie Presse*, 28.1.1933. **4** *Neue Freie Presse*, Wien, 28.1.1933. **5** Ebd. **6** Ebd. **7** Der Text zu dieser Lehár-Operette stammt von Ludwig Herzer und Fritz Löhner. **8** „Welt u. Kl." 1928, Kolumne „Der Beobachter"; Akademie der Künste, Berlin, Dokfonds vor 1945. **9** *New York Times*, 8.12.1929, Artikel mit der Überschrift „Germans and Operetta. Signs That Berlin Is Now Leading Vienna In This Little Matter": „Whether the influence of the elder Rotter [Alfred] is for the good of the German Operetta is an open question. His belief is that the German public comes to the theatre for a good cry [...]." (Mit Dank an Al Lareau). **10** *8 Uhr-Blatt*, Nürnberg, 11., 13., 16., 17. u. 20.2.1933 (Historisches Archiv der Commerzbank, Frankfurt am Main). **11** Brief vom 10.9.1932 an den Direktor der Verwaltungsgesellschaft Dr. Oberreich. Die Gesellschaft betrieb für die Rotterbühnen das Garderobe-Geschäft. **12** *Pfändung durch Gerichtsvollzieher Schablin:* Landesarchiv Berlin (im Folgenden: LA Bln.), A Pr. Br. Rep. 030, Nr. 2966, Bl. 80-81, ohne Datum (ca. 1932). **13** Totenschein, LA Bln., A Rep. 342, Nr. 18716. **14** Paul Erich Marcus (PEM), *Und der Himmel hängt voller Geigen* (Berlin 1955), S. 147. **15** *8 Uhr-Abendblatt*, 25.1.1933. **16** *Montag Morgen*, 11.4.1932. **17** Wolfgang Jansen, *Das Varieté* (Berlin 1990), S.228. **18** Ernst Josef Aufricht. Zitiert nach der Neuausgabe unter dem Titel *Und der Haifisch, der hat Zähne* (Berlin 1998), S. 103. **19** *Der Angriff*, 13.5.1932. **20** *Vossische Zeitung*, 5.10.1932. **21** Musikalische Komödie von Oscar Straus, nach dem Buch von Alfred Grünwald. **22** *Montag Morgen*, 11.4.1932. **23** „Wie die Rotters wirtschafteten", Denunziation eines Mitarbeiters der Rotterbühnen (wegen der familiären Interna mit an Sicherheit grenzender Wahrscheinlichkeit Ludwig Apel), LA Bln., A Rep. 358-02, Nr. 108614, 25.7.1933, Bl. 32–43; Zitat Bl. 41. **24** Sonntags-Beilage zum *Berliner Lokal-Anzeiger*: „Die weite Welt", Nr. 37, 11.9.1932 (Anzeige auf der letzten Seite). **25** Emil Faktor, *Börsen-Courier*, 21.8.1932. **26** *12 Uhr-Blatt*, 22.8.1932. **27** *Vossische Zeitung*, 21.8.1932. **28** *Berliner Tageblatt*, 23.8.1932. **29** *Berliner Lokal Anzeiger*, 23.8.1932. **30** *12 Uhr-Blatt*, 23.8.1932. **31** Ebd. **32** Otto Braun, *Von Weimar zu Hitler* (Leipzig 1949), S. 269, 271 u. 278. **33** *Börsen-Courier*, 23.8.1932. **34** *Berliner Lokal-Anzeiger*, 2.9.1932. **35** Ebd. **36** Herbert Jhering, in: *Wir und das Theater, Ein Schauspielbilderbuch*, Berlin 1932, S. 7. **37** *Berliner Morgenpost*, 2.9.1932. **38** Ebd. **39** Anton Kuh, in: *Der Querschnitt*, IX. Jahrgang, Heft 9 (Berlin, Ende September 1929), S. 658.

AKT I

1 Aron Heppner und Isaac Herzberg, *Aus Vergangenheit und Gegenwart der Juden in Hohensalza* (Frankfurt am Main 1907), S. 12, 29 u. 41. **2** Ebd., S. 61f. **3** Rechtsanwalt Wladimir Rosenbaum, Zürich, *Entwurf zum Plädoyer für die Geschwister Fritz Rotter*, 7.6.1933, in: Jahrbuch des Historischen Vereins für das Fürstentum Liechtenstein, Bd. 103, 2004, S. 88. **4** Konkursverwalter Paul Adler nennt in seinem Bericht vom 21.2.1933 (S. 1) fälschlich das Leibniz-Gymnasium. **5** Berliner Abendzeitung

Tempo, 18.1.1933. **6** Ebd.; Konkursverwalter Paul Adler schreibt in seinem Bericht vom 21.2.1933 (S. 1): „Schon während ihrer Schulzeit besaßen die Brüder Rotter eine besondere Vorliebe für das Theater. Sie versuchten, an den Proben im Deutschen Theater Zutritt zu erlangen. Als Primaner veranstalteten sie Schulaufführungen [...]." **7** „Mit seinem Bruder Alfred", so berichtet der Zürcher Anwalt Rosenbaum später, ist Fritz Rotter „seit den Tagen der Kindheit" aufs engste verbunden. „Ihre eigentliche Liebe gehörte schon seit der Schülerzeit der Kunst und vor allem dem Theater." Wladimir Rosenbaum, *Entwurf zum Plädoyer*, S. 83 u. 88. **8** *8 Uhr-Blatt* Nürnberg, 13.2.1933. **9** *Montag Morgen*, 11.4.1932. **10** *Neues Wiener Journal*: „Gebrüder Rotter. Die Berliner Theaterbeherrscher", 3.10.1920. **11** Wladimir Rosenbaum, *Entwurf zum Plädoyer*, S. 83 u. 88. **12** Das *Neue Wiener Journal* (21.1.1933) berichtet zwar, der Vater habe „ihre Theaterleidenschaft milde belächelt – und mit Geld" unterstützt; aber das mag für eine spätere Zeit gelten, nicht für die frühen Jahre. Bjoern Weigel (*Vom deutschen zum „arischen" Theater*, 2017, S. 217) zitiert aus dem Bericht des Konkursverwalters Paul Adler des Jahres 1933, dass der Vater zur Zeit der „Akademischen Bühne" noch ein Darlehen an die Söhne ablehnte. Der Konkursverwalter Paul Adler vermerkt dazu in seinem Bericht vom 21.2.1933 (S. 1f.): „[...] und als Studenten gründeten sie die ‚Akademische Bühne', in der unter ihrer Leitung nachmittags Aufführungen von Studenten bei Kroll und im Lessing-Theater gegeben wurden. Nach dem Referendarsexamen [unzutreffend: das Examen legten sie erst viel später zu Beginn des Ersten Weltkriegs ab] pachteten sie zusammen mit ihrem Vetter Erich Blumenthal die Kroll-Oper. Mittel wurden ihnen von ihrem Vater nicht zur Verfügung gestellt, da er mit der Theaterunternehmung seiner Söhne nicht einverstanden war, sondern aus ihnen lieber tüchtige Juristen machen wollte. Um die Pacht für die Krolloper aufzubringen, verpachteten sie den Kroll-Garten, die Garderobe und die Kroll-Festsäle weiter. Die Einnahmen aus dem Verpachten waren höher, als die Pacht, die sie bezahlen mussten." (mit Dank an Bjoern Weigel) **13** *B.Z. am Mittag*, 9.1.1909, zitiert nach: *Neues Wiener Journal*, 3.10.1920. **14** *Neues Wiener Journal*, 3.10.1920. **15** Rudolf Frank, *Spielzeit meines Lebens*, Heidelberg 1960, S. 101. **16** *Neues Wiener Journal*, 3.10.1920. **17** *Weltbühne*, 24.1.1933. **18** Konkursverwalter Paul Adler, Bericht vom 21.2.1933 (S. 2). Als Datum der Eheschließung von Alfred Rotter und Gertrud Leers nennt Paul Adler das Jahr 1919; die Ehe gingen sie aber bereits am 10. Juli 1917 ein. **19** Adolf Lantz im Rückblick, 23.3.1918 (LA Bln., A Pr. Br. Rep. 030-05, Nr. 2953, Bl. 90). **20** Ebd. **21** Ebd., Bl. 92 (Groteck war der Bühnenname von Oskar Roessler, vgl. LA Bln., A Pr. Br. Rep. 030-05, Nr. 2954, Bl. 108). **22** Urteil der 19. Zivilkammer des Königlichen Landgerichts III, 15.5.1914. **23** LA Bln., A Pr. Br. Rep. 030-05, Nr. 2955, Bl. 45: „Aktenauszug", mit Hinweis auf S. 133, 136 und 146 des [in den Rotter-Akten nicht vorhandenen] Gutachtens von Bücherrevisor Bachmann. **24** LA Bln., A Pr. Br. Rep. 030-05, Nr. 2965, Bl. 95 (Aussage von Fritz Rotter 25.11.1915 vor Kriegsgerichtsrat Wagner in Dresden); sowie Nr. 2955, Bl. 100 (Aussage von Fritz Rotter am 10.12.1915). **25** In der anekdotischen Rückblende „Gebrüder Rotter. Die Berliner Theaterbeherrscher", in: *Neues Wiener Journal*, 3.10.1920. **26** LA Bln., A Pr. Br. Rep. 030-05, Nr. 2955, Bl. 112 (22.12.1915). **27** Ebd., Bl. 113. **28** Ebd. **29** Ebd., Bl. 108 (Fritz Rotter im Verhör vom 13.12.1915 in Dresden). **30** Ebd., Bl. 45; Aktenaufstellung, die in Dresden angefertigt wird, nachdem Fritz dort am Morgen des 19.10.1915 verhaftet wird. **31** Ebd., Bl. 100ff. **32** Julius Blumenthal ist nicht identisch mit ihrem Vetter Erich Blumenthal, mit dem sie vor dem Krieg die Kroll-Oper betrieben haben. **33** Aussage des „Dienstmädchens", ebd., Bl. 111 verso (17.12.1915). **34** Spätere Aussage von Blumenthal, ca. Februar 1918, ebd., Bl. 40. **35** Ebd., Bl. 40. **36** Ebd., Bl. 111 und 114 (anonyme Anzeige vom 12.8.1915). **37** So die Auskunft von H.G. Carl Engel, der dem Haus vorstand: „Dass der richtige Name Schaie ist", sei ihm „nicht bekannt gewesen". Ebd., Bl. 111. **38** Ebd., Bl. 114. **39** *8 Uhr-Blatt* Nürnberg, 13.2.1933. **40** LA Bln., A Pr. Br. Rep. 030-05, Nr. 2955, Bl. 110. **41** Spätere Aussage von Blumenthal, ca. Februar 1918, ebd., Bl. 41. **42** Ebd., Bl. 104 (Aussage vor Kriegsgericht von Johannes Winkler, Verwalter im Gebäude des Zirkus Sarrasani in Dresden, 11.12.1915). **43** Ebd., Bl. 105 („verschleiern"; erhoffte Freistellung). **44** Ebd., Bl. 104. **45** Ebd., Bl. 96 (telefonische Aussage von Winkler gegenüber Kriegsgerichtsrat Wagner am 25.11.1915). **46** Ebd., Bl. 96 (geplantes Kinoprogramm), sowie Bl. 105: „[...] ich möchte doch die Güte haben, ihn [Julius Blumenthal] bis den anderen Morgen früh 8 Uhr beim Bezirkskommando zu reklamieren" (Militärsprache damals: seine Freistellung zu fordern). **47** Ebd., Bl. 105. **48** Ebd., Bl. 105. **49** Ebd., Bl. 104 (Aussage von Winkler am 11.12.1915). **50** Ebd., Bl. 104. **51** Ebd., Bl. 95 (Barschaft Alfred Rotters); Bl. 105 (Fritz Rotter über den Künstlernamen). **52** George Bernard Shaw, *New Statesman*, Sonderheft, November 1914; 1919 erschien der Text in Zürich unter dem Titel *Der gesunde Menschenverstand im Krieg* auch auf Deutsch. **53** LA Bln., A Pr. Br. Rep. 030-05, Nr. 2954, Bl. 13 verso (Aktenzusammenstellung der Theaterabteilung im Berliner Polizeipräsidium, ca. November 1918); vgl. auch Nr. 2955, Bl. 107. **54** Aussage am 11.12.1915 vor dem Kriegsgericht; LA Bln., A Pr. Br. Rep. 030-05, Nr. 2955, Bl. 103. **55** Ebd., Nr. 2954, Bl. 13 (Aktenzusammenstellung der Theaterabteilung im Berliner Polizeipräsidium, ca. November 1918). **56** Ebd., Nr. 2955, Bl. 170 („Intelligenz"); Bl. 157 („Simulation"; Aktenbericht der Theaterabteilung beim Königlichen Polizeipräsidium Berlin vom 20.6.1918). **57** Tobias Becker, *Inszenierte Moderne* (München 2014), S. 255. **58** LA Bln., A Pr. Br. Rep. 030-05, Nr. 2955, Bl. 33, 14.2.1918. Die Theaterkonzession für die Sommerpause verdankten sie dem vermutlich abwesenden Theaterdirektor Emil Messtaler (ebd., Bl. 23). **59** Ebd., Bl. 19-22, 4.2.1918, anonymer Brief („Mehrere Schauspieler") an den Präsidenten, „zu Händen des Herrn Oberregierungsrates v. Glasenapp". **60** Stellen zitiert aus: *Die Hochzeitsreise* (1859), in: Roderich Benedix, *Haustheater. Sammlung kleiner Lustspiele für gesellige Kreise*, Leipzig 1862, S. 179-224. **61** LA Bln., A Pr. Br. Rep. 030-05, Nr. 2955, Bl. 33 (Stadtmagistrat Nürnberg, 14.2.1918). **62** Dies trotz der anonymen Herkunftsbezeichnung „Mehrere Schauspieler". **63** LA Bln., A Pr. Br. Rep. 030-05, Nr. 2955, Bl. 19-22, 4.2.1918, anonymer Brief („Mehrere Schauspieler"). **64** Richard Wilde, *8 Uhr-Blatt*, Berlin, 22.4.1932. Es existierte damals ein Ensemble, das sich den Namen *Schmiere* gab. **65** Dieses und die folgenden Zitate: LA Bln., A Pr. Br. Rep. 030-05, Nr. 2955, Bl. 19-22, 4.2.1918, anonymer Brief („Mehrere Schauspieler"). **66** Zeugnis von Dr. Friedrich Moerchen, Dietenmühle, Wiesbaden, 21.4.1917; LA Bln., A Pr. Br. Rep. 030-05, Nr. 2994, Bl. 70; sowie *Montag Morgen*, 11.4.1932. **67** LA Bln., A Pr. Br. Rep. 030-05, Nr. 2955. Das früheste ärztliches Zeugnis für Fritz Rotter ist von Dr. Mansfeld in Berlin (März 1916), vorgelegt am

13.3.1916; Bundesarchiv Berlin, R 56 III, Archiv-Nr. 757 (Dresden, 14.3.1916); mit Dank an die Paul-Abraham-Biografin Karin Meesmann. Zum „Fetischismus" vgl. auch das Zeugnis von Dr. med. Iwan Bloch, 16.4.1919; LA Bln., A Pr. Br. Rep. 030-05, Nr. 2994, Bl. 80. **68** Geheimer Med.-Rat Prof. Dr. Albert Eulenburg in einem Brief vom 29.3.1917; LA Bln., A Pr. Br. Rep. 030-05, Nr. 2994. **69** Ebd., Nr. 2955, Bl. 170 (richtig: Nierenleiden) und Bl. 156 (falsch: Nervenleiden; Aktenbericht der Theaterabteilung beim Königlichen Polizeipräsidium Berlin vom 20.6.1918). **70** Fritz Rotter im zweiten Lebenslauf (18.12.1917): Deutsches Literaturarchiv Marbach (Cotta-Archiv), mit Dank an Birgit Slenzka. Zum Trianon-Theater vgl. Ruth Freydank, *Theater in Berlin. Von den Anfängen bis 1945* (Berlin 1988), S. 305. **71** *Neuer Theater-Almanach*, 1913, S. 274. **72** *Neue Zürcher Zeitung*, 4.10.1917. **73** Im ersten Lebenslauf (14.12.1917), LA Bln., A Pr. Br. Rep. 030-05, Nr. 2955, Bl. 1-10. **74** *Montag Morgen*, 11.4.1932. **75** *Berliner Tageblatt*, 21.9.1917. **76** Ebd. **77** Ludwig Fulda, *Der Lebensschüler*, Schauspiel in vier Aufzügen (Stuttgart und Berlin 1916). Es wurde bereits 1917 neu aufgelegt. Zu einigen Motiven dieses Stücks vgl. Holger Dauer, *Ludwig Fulda. Erfolgsschriftsteller. Eine mentalitätsgeschichtlich orientierte Interpretation populärdramatischer Texte* (Tübingen 1998), S. 191-197. Uraufführung am 18.1.1916 im *Deutschen Schauspielhaus Hamburg*: Bernhard Gajek/Wolfgang von Ungern (Hg.), *Ludwig Fulda. Briefwechsel* (1988), S. 1002. **78** *Berliner Tageblatt*, 21.9.1917. **79** *Neue Zürcher Zeitung*, 4.10.1917. **80** Honoré de Balzac, *Modeste Mignon* in: *Die menschliche Komödie* (München1971), übersetzt von Ernst Sander, Bd. 1, S. 701. **81** Das Tagebuch von Gertrud Rotter ist verschollen, nur diese zwei Einträge sind erhalten, und zwar im Plädoyer-Entwurf des Zürcher Rechtsanwalts Wladimir Rosenbaum vom 7.6.1933 (Jahrbuch des Historischen Vereins für das Fürstentum Liechtenstein, Band 103, 2004, S. 86).

AKT II

1 Lebenslauf vom 18.12.1917 (Deutsches Literaturarchiv Marbach, Cotta-Archiv). Er unterstreicht im Konzessionsgesuch: „Meine Vermögensverhältnisse gestatten mir die Führung des Theaters ohne jedes fremde Kapital. [...] Ich habe das Theater, an dem ich überdies zu ⅓ Miteigentümer bin, auf *10* Jahre gepachtet." Seine „Mitarbeit" am Trianon sei „auf die Anregung des Herrn Direktor Beese, des Geschäftsführers der Verpächterin", erfolgt. **2** Abgeändertes Gesuch, LA Bln., A Pr. Br. Rep. 030-05, Nr. 2953, Bl. 1 bis 5; Empfehlungsschreiben von Alfred Kerr: Nr. 2953, Bl. 14 (ohne Datum). **3** Ulrich von Wilamowitz-Moellendorff, 13.11.1916. Ebd., Bl. 16. **4** *Montag Morgen*, 11.4.1932. **5** LA Bln., A Pr. Br. Rep. 030-05, Nr. 2955, Bl. 159; allgemein: Bl. 148-160 (20.6.1918); vgl. auch die Stellungnahme der Theaterabteilung vom 18.6.1918 sowie Bericht vom 9.10.1918, der Gebrauch von ärztlichen Attesten des Jahres 1911 und 1913 macht (Bl. 170). **6** LA Bln., A Pr. Br. Rep. 030-05, Nr. 2954, Bl. 26 (1. Februar 1919). **7** Ebd., Bl. 148 (20.6.1918). Seit Februar 1918 ermittelt die Staatsanwaltschaft wegen des Zusammenbruchs des ehemaligen *Deutschen Schauspielhauses* (Nr. 2954, Bl. 12; Bericht der Theaterabteilung von Ende Nov./Anf. Dez. 1918), obwohl ein Gericht Fritz und Alfred bereits 1915 von jeder Verantwortung freigesprochen hat; auch das Militärgericht setzt im Februar 1918 mit der Vernehmung von Julius Blumenthal neue Ermittlungen gegen sie in Gang (ebd.). **8** *BZ am Mittag*, 18.6.1918. **9** *Vossische Zeitung*, 30.12.1918. **10** *Berliner Börsen-Courier*, 5.2.1919. **11** *BZ am Mittag*, 5.2.1919. **12** Plädoyer vor dem „Vollzugsrat des Arbeiter- und Soldatenrates", November 1918. **13** Eugen Ernst (1864–1954). Er geht zwar aus dem Arbeiter- und Soldatenrat hervor, aber einmal im neuen hohen Amt, setzt er auf die Kräfte der Beharrung. **14** LA Bln., A Pr. Br. Rep. 030-05, Nr. 2954, Bl. 36 (14.2.1919). **15** Franz Pfemfert, „Vom Patriotismus", in: *Die Aktion*, 4.7.1914. **16** Attest von Magnus Hirschfeld: LA Bln., Pr. Br. Rep. 030, Nr. 2954, Bl. 81 (16.4.1919) und Begleitbrief von Magnus Hirschfeld an den Polizeipräsidenten (24.4.1919): „Verehrter Herr Präsident und Genosse! Ich gestatte mir, Ihnen beifolgenden Attest zu übersenden, und möchte noch besonders bemerken, dass ich den Herrn F. Rotter für eine in *jeder* Hinsicht, sowohl in künstlerischer als in sittlicher Beziehung vertrauenswürdige und empfehlenswerte Persönlichkeit halte. Mit Parteigruß Dr. Hirschfeld." **17** Berlin, 19.4.1919 (sie unterzeichneten mit „Alfred Schaie-Rotter/Fritz Schaie-Rotter/Kurfürstendamm 30"); LA Bln., Pr. Br. Rep. 030, Nr. 2958, Bl. 41; zur angedrohten Schließung: Nr. 2954, Bl. 38 (11.4.1919). **18** Ebd., Nr. 2954, Bl. 57 (25.4.1919). **19** *Vossische Zeitung*, 23.12.1920. **20** *Neues Wiener Journal*, 3.10.1920. **21** *Berliner Lokal-Anzeiger*, 2.10.1919. **22** *BZ am Mittag*, 2.10.1919. **23** *BZ am Mittag*, 2.10.1919. **24** Curt Bois, *Zu wahr, um schön zu sein* (Berlin 1982), S. 24. **25** Zur Uraufführung von *Evchen Humbrecht:* Die *Vossische Zeitung* vom 24.11.1919 hat „die Erstaufführung" bereits für den 26.11.1919 angekündigt; aber am 29.11.1919 bringt das Blatt auf der Anzeigenseite: „Residenz-Theater. Heute 7 Uhr: Zum ersten Male: Evchen Humbrecht. Regie: Fritz Rotter. Käthe Dorsch, Paul Biensfeld, Olga Limburg [etc.]." Wurde die Uraufführung verschoben? Die *Vossische Zeitung* druckt am 30.11.1919 einen ersten kurzen, wuchtigen Verriss und lässt am 1.12.1919 noch eine ausführliche Kritik von Monty Jacobs folgen. In den Hauptrollen spielen: Humbrecht: Hermann Vallentin; Frau Humbrecht: Rosa Voletti; Evchen: Käthe Dorsch; Magister Humbrecht: Paul Biensfeldt; Mariannerl: Olga Limburgh. **26** *Berliner Tageblatt*, 30.11.1919. **27** *Der Spiegel*, Nr. 52/1949. **28** *Vossische Zeitung*, 1.12.1919. **29** *Weltbühne*, 11.12.1919; zit. nach: Siegfried Jacobsohn, *Theater – und Revolution? Schriften 1915–1926* (Hg. von Gunther Nickel/Alexander Weigel, Göttingen 2005), S. 346. **30** Am 4.5.1921; zit. nach: Johann Frerking, *Augenblicke des Theaters. Aus vier Jahrzehnten hannoverscher Bühnengeschichte* (Hannover 1963), S. 112–114 (mit Dank an Holger Horstmann vom Stadtarchiv Hannover). **31** Ebd. **32** *Berliner Tageblatt*, 29.1.1920. **33** *Berliner Lokal-Anzeiger*, 29.1.1920. **34** *Berliner Börsen-Courier*, 29.1.1920. **35** *Berliner Börsen-Courier*, 5.3.1920. **36** *Berliner Börsen-Courier*, 24.12.1920. **37** Premiere von *Myrrha* ist am 8.4.1920. **38** *Neues Wiener Journal*, 3.10.1920. **39** *Berliner Börsen-Courier*, 9.4.1920. **40** Fritz Engel im *Berliner Tageblatt*, 9.4.1920. **41** *Berliner Lokal-Anzeiger*, am Tag nach der Premiere. **42** *BZ am Mittag*, am Tag nach der Premiere. **43** *Weltbühne*, 20.5.1920; zit. nach: Kurt Tucholsky, *Gesamtausgabe*, Bd. 4 (1920), 1996, S. 195f. **44** *Weltbühne*, 12.12.1920. **45** *Berliner Börsen-Courier*, 3.5.1920. **46** Das Stück ist bereits 1916 in der Sudermann-Trilogie *Die entgötterte Welt. Szenische Bilder aus kranker Zeit* (Stuttgart/Berlin) erschienen. **47** *Berliner Börsen-Courier*, 3.9.1920. **48** *BZ am Mittag*, am Tag nach der Premiere. **49** *Berliner Lokal-Anzeiger*, 5.9.1920. **50** Premiere am 20.9.1920.

51 *Berliner Börsen-Courier*, 24.9.1920. **52** Premiere am 26.11.1920. **53** *BZ am Mittag*, 27.11.1920. **54** Premiere am 1.12.1920. **55** *Berliner Tageblatt*, 2.12.1920. **56** Die offizielle Spielerlaubnis für das *Residenz-Theater* – vorher gilt Eugen Robert als Verantwortlicher – erhält Fritz Rotter am 30.12.1920; LA Bln., A Pr. Br. Rep. 030-05, Nr. 2958, Bl. 132 (Bericht der Theaterabteilung 29.7.1924).] **57** *Berliner Tageblatt*, 30.12.1920. **58** *Vossische Zeitung*, 23.12.1920. **59** Georg Altmann in einer Rede als Delegierter des Deutschen Bühnenvereins auf einer Tagung in Paris, in: Georg Altmann, *Vor fremden und eigenen Kulissen* (Emsdetten 1964), S. 290. **60** Ebd., S. 180. **61** Herbert Jhering, *Der Kampf ums Theater* (Dresden 1922), S. 136. **62** Anlässlich von Ludwig Fuldas Komödie *Das Wundermittel* (Premiere am 21.1.1921 im *Trianon-Theater); Berliner Börsen-Courier*, 22.1.1921. **63** *Berliner Börsen-Courier*, 22.1.1921. **64** *Weltbühne*, 20.2.1921; zit. nach. Kurt Tucholsky, *Gesamtausgabe*, Bd. 5 (1921–1922), 1999, S. 38. **65** Kurt Tucholsky, *Rotters erste Reihe*, 24.2.1921, zit. nach: ebd., S. 41. **66** Kurt Tucholsky, *Die beiden Bindelbands*, in: ebd., Bd. 3 (1919), 1999, S. 407f; vgl. auch PEM [Paul Erich Marcus], *Heimweh nach dem Kurfürstendamm* (Berlin 1952), S. 143, wo es heißt, „die Brüder Rotter" seien „in der ‚Weltbühne' Siegfried Jacobsohns nie anders als ‚die beiden Bindelbands' genannt" worden. **67** Herbert Jhering, *Schauspielbilderbuch, Wir und das Theater, Ein Schauspielbilderbuch* (Berlin 1932), S. 3. **68** Herrnfeld-Aufführungen als „Burlesken": Peter Sprengel, *Populäres jüdisches Theater in Berlin 1877-1933* (Berlin 1997), S. 57. „Die beiden Bindelband's" (Zensurexemplar): LA Bln., A Pr. Br. Rep. 030-05-02, Nr. 4219 (eingereicht am 6.7.1908; „Gutachten": LA Bln., A Pr. Br. Rep. 030-05, Tit. 74, Nr. th 779. Die Premiere wurde auf den 29.7.1908 angesetzt, findet dann aber am 25.7.1908 statt. Ein Inserat für das Stück findet sich in der Zeitschrift von Maximilian Harden *Die Zukunft*, 9.4.1910, S. 68. **69** Zitiert nach: Peter Sprengel, *Populäres jüdisches Theater in Berlin*, S. 67f. **70** Kurt Tucholsky: „Mitbürger / Der Löw' ist los! Wer ist daran schuld? Die Juden! Wählt die Deutsche Volkspartei!", in: *Berliner Tageblatt*, 7.7.1920. **71** Else Eckersberg, *Diese volle Zeit* (Frankfurt am Main 1958), S. 251-253. **72** *BZ am Mittag*, 22.1.1921. **73** *Berliner Börsen-Courier*, 22.1.1921. **74** *Berliner Tageblatt*, 22.1.1921. **75** Premiere am 10.2.1921. **76** Fritz Engel im *Berliner Tageblatt*, 11.2.1921. **77** Akademie der Künste, Theatersammlung Wilhelm Richter. **78** *Berliner Börsen-Courier*, 11.2.1921. **79** Trude Hesterberg, *Was ich noch sagen wollte ...* (Berlin 1971), S. 89. **80** *Berliner Börsen-Courier*, 23.4.1921. **81** *Berliner Tageblatt*, 23.4.1921. **82** Zettelkastenchronik im Stadtarchiv Hannover. **83** Herbert Jhering, *Regisseure und Bühnenmaler* (Berlin 1921, Vorwort vom November 1920), in: Herbert Jhering, *Der Kampf ums Theater und andere Streitschriften 1918 bis 1933* (Berlin 1974), S. 93. **84** *Berliner Börsen-Courier*, 24.12.1920. **85** Herbert Jhering, *Für die Kunst des Theaters! Dramaturgische Thesen aus einem Rundfunkvortrag*, ursprünglich erschienen im *Berliner Börsen-Courier*, 15.12.1931; zit. nach: Herbert Jhering, *Der Kampf ums Theater*, S. 385-390. **86** Herbert Jhering, *Die getarnte Reaktion* (Berlin 1930), in: Herbert Jhering, *Der Kampf ums Theater*, S. 355. **87** Stephanie Bung/ Marguerite Zimmermann (Hg.), *Garçonnes à la mode im Berlin und Paris der zwanziger Jahre* (Querelles – Jahrbuch für Frauen- und Geschlechterforschung 2006, Bd. 11), S. 15 (zu Ellen Key, *Über Liebe und Ehe*), S. 16 (zu Edouard Toulouse, *La question sexuelle de la femme* (1918), S. 7ff. **88** Kurt

Tucholsky alias Peter Panter, in: *Vossische Zeitung*, 22.11.1924. **89** Franz Hessel, *Ein Flaneur in Berlin* (Berlin 1984), S. 9; zit. nach Hermann Kähler, *Berlin – Asphalt und Licht. Die Große Stadt in der Literatur der Weimarer Republik* (Berlin 1986), S. 174. **90** *Berliner Börsen-Courier*, am Tag nach der Premiere. **91** *Berliner Börsen-Courier*, am Tag nach der Premiere. **92** *Berliner Tageblatt*, 10.9.1921. **93** *Berliner Börsen-Courier*, 23.9.1921. **94** *Berliner Lokal-Anzeiger*, 26.9.1921. **95** *Berliner Börsen-Courier*, am Tag nach der Premiere. **96** Premiere am 17.11.1921. **97** *Berliner Tageblatt*, 18.11.1921. **98** Premiere im Januar 1922 im *Trianon-Theater*. **99** *Berliner Börsen-Courier*, 6.1.1922. **100** Ludwig Fulda, *Der Lebensschüler*. **101** In der Inszenierung von Otto Kanehl am *Residenz-Theater*, Premiere am 1.2.1922. **102** *Berliner Börsen-Courier*, 2.2.1922. **103** Premiere am 17.2.1922. **104** Emil Faktor im *Berliner Börsen-Courier*, 18.2.1922. **105** Premiere am 23.3.1922. **106** *Vossische Zeitung*, 24.3.1922. **107** *Berliner Börsen-Courier*, 24.3.1922. **108** Das lässt sich aus einer Passage der Rede schließen, die vermutlich Franz Pfemfert am Sarg von Oskar Kanehl hielt: „Er ist wie der Fabriksklave in den Betrieb gegangen [...]. Aber sein revolutionäres Denken und seinen revolutionären Geist hat er nicht mitverkauft. Zit. nach: „Am Sarge Oskar Kanehls", ungezeichnete Grabrede für Oskar Kanehl, in: *Die Aktion*, Heft 5-8, 19. Jg., Ende September 1929. **109** Regie von Oskar Kanehl, Premiere im *Trianon-Theater* am 7.9.1922. **110** *Berliner Lokal-Anzeiger*, 8.9.1922. **111** *Berliner Tageblatt*, am Tag nach der Premiere. **112** Premiere am 2.1.1923 im *Residenz-Theater*. **113** Jean-Paul Mathieu Mannens, *Die Aufnahme der dramatischen Werke Hermann Sudermanns* (1976), S. 165. **114** Ebd., S. 166. **115** *Berliner Morgenpost*, 4.1.1923. **116** *Berliner Lokal-Anzeiger*, am Tag nach der Premiere. **117** *BZ am Mittag*, 3.1.1923. **118** *Berliner Börsen-Courier*, 3.1.1923. **119** *BZ am Mittag*, 28.2.1923. **120** *Berliner Tageblatt*, 28.2.1923. **121** Premiere im *Residenz-Theater* am 20.3.1923. **122** *Berliner Börsen-Courier* (21.3.1923). **123** Heinrich August Winkler, *Der lange Weg nach Westen* (München 2000), S. 437. **124** Ausgabe der *Vossischen Zeitung* vom 16.11.1923. **125** Felix Joachimson, *Berliner Börsen-Courier*, 18.10.1923. **126** Alfred Kerr, *Berliner Tageblatt*, 18.10.1923 **127** Monty Jacobs, *Vossische Zeitung*, 18.10.1923. **128** *BZ am Mittag*, 18.10.1923. **129** *Berliner Morgenpost*, 18.10.1923. **130** *Der Deutsche*, 18.10.1923; Artikel der rechtsnationalen Presse über *Joujou*: LA Bln, A Pr. Br. Rep. 030-05, Nr. 2957, Bl. 39ff. **131** *Germania*, 18.10.1923. **132** Im *Kleinen Theater*, inszeniert von Oskar Kanehl. **133** *Berliner Börsen-Courier*, 7.11.1923. **134** *Berliner Tageblatt*, 8.11.1923. **135** Aussage von Ludwig Apel, LA Bln., A Rep. 358-02, Nr. 108614, 25.7.1933, Bl. 34 und 37f. **136** Premiere am 15.3.1923. **137** Premiere am 29.9.1922. **138** Premiere am 17.11.1922. **139** Premiere im Januar 1923. **140** Erwin Piscator, *Theater – Film – Politik* (Berlin 1980), S. 322. **141** Ebd., S. 240 u. 239. **142** *Vossische Zeitung*, 3.5.1923. **143** Renate Richter, *Das deutsche Künstlertheater unter Victor Barnowsky* (Berlin 1970), S. 5 (siehe auch S. 19). **144** LA Bln., A Rep. 358-02, Nr. 108614, 2557, Bl. 115. **145** Paul Hörbiger in einem Jubiläumsband über Barnowsky: *25 Jahre Berliner Theater und Victor Barnowsky* (Berlin 1930), S. 38. **146** Fritz Kortner, ebd., S. 41. **147** Theodor Wolff vom *Berliner Tageblatt*, ebd., S. 78. **148** Carl Zuckmayer, ebd., S. 82. **149** „Das Theater vor und nach dem Krieg", Aufsatz in: *Der neue Weg*, Zeitung der Deutschen Bühnen-

Genossenschaft, 21.6.1924. **150** *Die Gefahr der Berliner Theaterkonzerne*, in: *Berliner Tageblatt*, 10.7.1924. **151** *Vorwärts*, 26.7.1924. **152** *Vorwärts*, 29.7.1924. **153** *Berliner Tageblatt*, 30.7.1924. **154** *Berliner Tageblatt*, 12.12.1932. **155** Siegfried Jacobsohn, Herausgeber der *Weltbühne*, in einem Brief ans Präsidium der Bühnengenossenschaft, 28.7.1924. **156** Herbert Jhering in einem Brief vom 28.7.1924. **157** *Montag Morgen*, 28.7.1924. **158** Ebd., 31.7.1924. **159** *Montag Morgen*, 2.8.1924. **160** *Weltbühne*, 30.12.1920. **161** John Dos Passos, *Manhattan Transfer* (Hamburg 2003), S. 202. **162** Dr. Hans Bachwitz, Sedanstr. 1, Leipzig (Schreiben vom 26.7.1924; Landesarchiv Berlin, A Pr. Br. Rep. 030-05, Nr. 2958, Bl. 152). Vorwürfe der Bühnengenossenschaft u.a. wegen *Galante Nacht* im Ablehnungsantrag vom 17.7.1924: ebd., Nr. 2958, Bl. 157f; zur Lebensgeschichte des Autors Bachwitz: Herbert Lang, Hans Bachwitz (Vortrag vom 26. März 2012; http://hubertlang.de/anwaltsgeschichte/hans-bachwitz, 16.1.2020). **163** Akademie der Künste [Bestand Ihering]. **164** LA Bln., A Pr. Br. Rep. 030-05, Nr. 2958, Bl. 312-314. **165** *Montag Morgen*, 17.11.1924. **166** Franz Köppen, *Berliner Börsen-Zeitung*, 1.12.1924. **167** Fritz Engel, *Berliner Tageblatt*, 6.2.1925. **168** Herbert Jhering, *Neues Theaterjahr. 1928*, in: Herbert Jhering, *Der Kampf ums Theater*, S. 242. **169** *Berliner Börsen-Courier*, 24.4.1925 **170** Giselher Schubert, *Die beste Tradition der Operette*, in: Heiko Cullmann/Michale Heinemann (Hg.), *„... was verloren ging". Operettenkultur nach 1933* (Dresden 2019), S. 79f. (mit Dank an G. Schubert). Siehe auch: Kurt Weill, *Musik und musikalisches Theater. Gesammelte Schriften* (Mainz 2000), S. 286.

AKT III

1 Carl Zuckmayer, *Als wär's ein Stück von mir* (Frankfurt am Main 1966), S. 439. **2** *Der Tag*, 12.1.1925. **3** *Berliner Tageblatt*, 24.1.1925. **4** *Vossische Zeitung*, 24.1.1925. **5** *Berliner Lokal-Anzeiger*, 25.1.1925. **6** *BZ am Mittag*, 23.2.1925. **7** *Montagspost*, 23.2.1925. **8** *12 Uhr-Blatt*, 23.2.1925. **9** *Berliner Börsen-Courier*, 29.4.1925. **10** *Berliner Tageblatt*, 5.5.1925. **11** *Berliner Morgenpost*, 30.4.1926. **12** *Berliner Börsen-Courier*, 26.11.1925. **13** *Montagspost*, 14.12.1925. **14** *Reichsfilmblatt*, November 1925. **15** *Der Montag*, 21.12.1925; alle Filmkritiken und Artikel zur Eröffnung des *Capitol*: Akademie der Künste, Berlin, Theatersammlung Wilhelm Richter. **16** *12 Uhr-Blatt*, 21.12.1925. **17** *Reichsfilmblatt*, 21.12.1925. **18** *BZ am Mittag*, 18.6.1918. **19** Marcellus Schiffer, *Kinder der Zeit: Chansons* (hrsg. von Al Lareau, Singen 1991). **20** Eugen Szatmari, *Buch von Berlin* (1927), S.141 u. 143ff. **21** Hubert von Meyerinck, *Meine berühmten Freundinnen* (München 1971), S. 73. **22** Otto Schneidereit, *Richard Tauber. Ein Leben – eine Stimme* (Berlin 1988), S. 97. **23** Otto Schneidereit, *Berlin, wie es weint und lacht* (1973), S. 259; das Inserat findet sich im „Paganini"-Programmheft des Deutschen Künstlertheaters (1926). **24** Trude Hesterberg, *Was ich noch sagen wollte ...* (Berlin 1971), S. 90. **25** „Unsere Wirtschaft geht neuer Blüte entgegen", konstatiert der kurzzeitige Übergangs-Reichskanzler und Zentrums-Politiker Dr. Wilhelm Marx in einer Rede vom 5. Dezember 1926 am *Empfang der Reichsregierung* des Vereins *Berliner Presse* im Reichstag. *Vossische Zeitung*, 6.12.1926. **26** *Der Deutsche*, 23.2.1933. **27** Walther Kiaulehn, *Berlin – Schicksal einer Weltstadt* (München 1981), S. 540 u. 538. **28** Herbert Pfeiffer, *Berlin zwan-*

ziger Jahre (1961), S. 7. **29** Fred Hildenbrandt, *Großes schönes Berlin* (1928), S. 37. **30** *Arnolt Bronnen gibt zu Protokoll* (1954), S. 94. **31** Arnolt Bronnen, *Tage mit Bertolt Brecht* (1960), S. 141. **32** *Arnolt Bronnen gibt zu Protokoll* (1954), S. 126. **33** *Der Montag*, 8.6.1925. **34** *Berliner Börsen-Courier*, 8.6.1925. **35** *Vossische Zeitung*, 8.6.1925. **36** Dieses und die folgenden Zitate in: *Arnolt Bronnen gibt zu Protokoll*, S. 151-153. **37** Musil, *Tagebücher*, Heft 1920-1926. **38** *Vossische Zeitung*, 29.5.1929. **39** *Berliner Tageblatt*, 30.5.1929. **40** *12 Uhr-Blatt*, 10.1.1926. **41** Von Robert Land und Regisseur Paul Merzbach. **42** *12 Uhr-Blatt*, ebd. **43** Brief vom 31. Dezember 1931. **44** Alexander Granach, *Da geht ein Mensch* (1982), S. 245. **45** Fred Hildenbrandt, *Großes schönes Berlin* (1928), S.27f. **46** Historisches Archiv der Commerzbank, Frankfurt am Main, Akten der Dresdner Bank, HAC-500/24403-2001 („Alfred und Fritz Rotter, Berlin. Hypotheken“; 1932–1937) sowie HAC-300/24413-2001 (Gebrüder Rotter; 1932–1937). **47** Der Konkursverwalter Paul Adler erwähnt in seinem Bericht vom 21.2.1933 (S. 4), wie stark zu vermuten ist, aufgrund von Informationen durch Fritz Rotter selbst: „1927 begannen sie Operetten zu spielen. Die ernste Oper hatte immer mehr Freunde verloren. Die Schwierigkeiten des Wirtschaftslebens nach dem Kriege und nach der Inflation stellten so hohe Anforderungen an die Menschen und verbrauchten so viel Nervenkraft, dass jeder nach Beendigung seiner Berufstätigkeit Entspannung und Erholung suchte. Es blieb nur ein kleiner Kreis übrig, der die Spannkraft aufbrachte, sich schwere Kunstwerke anzuhören. Auf der anderen Seite war für ganz leichte Revuen kein Interesse mehr vorhanden. Die Revuen, die meist keinen besonderen Inhalt hatten und nur eine große Ausstattung brachten, wurden auf die Dauer langweilig, weil sie sich stets wiederholten. Die Rotters erkannten damals, dass die Zeit für Operetten gekommen war, die keine besondere geistige Anstrengung erforderten und doch die Eintönigkeiten der Revue vermieden.“ **48** *Das Kleine Journal*, 18.12.1927. **49** Edwin Neruda in der *Vossischen Zeitung*, 28.12.1927. **50** Schneidereit, *Berlin, wie es weint und lacht*, S. 262f. u. 279. **51** Carl Zuckmayer, *Geheimrapport* (Göttingen 2022), S. 89. **52** *8 Uhr-Abendblatt*, 2.1.1936. **53** *Vossische Zeitung*, 6.10.1928. **54** Conrad Wolff am 21.1.1933 (LA Bln., A Rep. 358-02, Nr. 100607, Bl. 13). **55** LA Bln., A Rep. 358-02, Nr. 112759, Bl. 1 (21.1.1933). **56** Bernard Grun, *Gold und Silber. Franz Lehár und seine Welt* (1970), S. 249. **57** Ebd. **58** Offenbachs Satire unterscheide sich von anderen Versionen des *Blaubart* darin, „dass seine Frauen nicht ins Jenseits wandern.“ *Vossische Zeitung*, 3.6.1929. **59** Nico Dostal, *Ans Ende deiner Träume kommst du nie* (1986), S. 132f.; vgl. auch Stefan Frey, *Franz Lehár und die Unterhaltungsmusik des 20. Jahrhunderts* (Frankfurt a. M. 1999), S. 214. **60** Hansfried Sieber, „Gesammelte Erinnerung von und an Richard Tauber, den weltberühmten Tenor, Dirigenten und Komponisten und prächtigen Menschen, herausgegeben von Hansfried Sieber (Selbstverlag), Düsseldorf 1987, S. 79 (nicht nach den üblichen Editionsgrundsätzen und zum Teil ohne Quellenangabe zusammengestellt). **61** Diana Napier-Tauber, *Richard Tauber* (London 1971), S. 119. **62** Historisches Archiv der Commerzbank, Frankfurt am Main, Akten der Dresdner Bank, „Alfred und Fritz Rotter, Berlin, Hypotheken 1932-1937“; HAC-500/24403-2001. **63** Ebd. **64** *Vossische Zeitung*, 27.12.1929. **65** Ebd. **66** Ebd. **67** Herbert Jhering, *Die getarnte Reaktion* (1930), in: *Der Kampf ums Theater und andere*

Streitschriften (Berlin 1974), S. 357. **68** Uraufführung am 31.12.1929; vgl. Fritz Hennenberg, *Ralph Benatzky. Operette auf dem Weg zum Musical. Lebensbericht und Werkverzeichnis* (Wien 2009), S. 148–151. **69** Premiere am 16.5.1930. **70** So der Zeitzeuge Otto Schneidereit, *Operette A-Z. Ein Streifzug durch die Welt der Operette und des Musicals* (Berlin 1975), S. 17. **71** *Vossische Zeitung*, 17.5.1930. **72** Ebd. **73** Zit. nach: *Mit dir allein auf einer einsamen Insel* (Crescendo Theaterverlag, Berlin 1929; Textbuch: Arthur Rebner. **74** Premiere am 8.11.1930. **75** Schneidereit, *Operette A-Z*, S. 22. **76** Stefan Frey, *Franz Lehár und die Unterhaltungsmusik des 20. Jahrhunderts* (Frankfurt am Main 1999), S. 285. **77** Karin Meesmann, *Paul Abraham: seine Filmmusik und Jazz-Operette* (noch unveröffentlichtes Manuskript); siehe auch: Schneidereit, *Operette A-Z*, S. 9f. **78** Schneidereit, *Berlin, wie es weint und lacht*, S. 280. **79** Premiere am 15.8.1930; Libretto von Alfred Grünwald und Fritz Löhner-Beda, nach der Vorlage des ungarischen Theaterschriftstellers Emmerich Földes. **80** Schneidereit, *Berlin, wie es weint und lacht*, S. 281. **81** Ebd. **82** Programmheft zu *Viktoria und ihr Husar* (*Metropol-Theater*, Berlin, 15.8.1930): Akademie der Künste, Berlin, Dok.fonds vor 1945, Metropol-Theater. **83** *Vossische Zeitung*, 16.8.1930. **84** Dresdner Bank in einer „Aktennotiz" am 19.1.1933. **85** Laut Verwaltungsdirektor Ludwig Apel, dem mutmaßlichen Verfasser von „Wie die Rotters wirtschafteten", LA Bln., A Rep. 358-02, Nr. 108614, 25. Juli 1933, Bl. 34 und 37f. **86** Ebd. **87** Stefan Frey, *Franz Lehár oder das schlechte Gewissen der leichten Musik*, 1995, S. 177. **88** LA Bln., A Rep. 358-02, Nr. 108614, 25. Juli 1933, Bl. 34 und 37f. **89** Ebd. **90** *Neues Wiener Journal*, 28.12.1930. **91** Franz Lehár, *Schön ist die Welt* (Leipzig/Wien/New York, o.D.), Nr. 10, S. 67f. **92** Franz Lehár, *Wie es zum ‚Krach' kam*, in: *Neues Wiener Journal*, 28.12.1930; Frey, *Lehár und die Unterhaltungsmusik im 20. Jahrhundert*, S. 283. **93** „Gesammelte Erinnerung von und an Richard Tauber, den weltberühmten Tenor, Dirigenten und Komponisten und prächtigen Menschen", hrsg. von Hansfried Sieber (Selbstverlag Düsseldorf 1987), S. 79. **94** *Neues Wiener Journal*, 14.1.1931. **95** Richard Tauber, *Lehár und ich*. In: *BZ am Mittag*, 6.1.1932. **96** Ebd.; Historisches Archiv der Commerzbank, Frankfurt am Main, HAC-500/24411-2001 („Alfred und Fritz Rotter, Berlin; 1931-1932"). **97** In dem von Heinz Saltenberg gepachteten Theater, Premiere am 23.9.1932. **98** Franz Lehár, *Bekenntnis*, Zürich 1947, S. 7 (mit Dank an Stefan Frey). **99** Bernard Grun, *Gold und Silber. Franz Lehár und seine Welt* (München/Wien 1970), S. 53f. **100** *Neues Wiener Journal*, 14.1.1931. **101** Ebd. **102** Ebd. **103** *Vossische Zeitung*, 4.3.1931. **104** Ebd. **105** Am 21.3.1930. **106** Edwin Neruda, *Vossische Zeitung*, 5.3.1931. **107** Premiere am 5.4.1931. **108** Die Operette stammt von 1907. **109** *Vossische Zeitung*, am Tag nach der Premiere. **110** *Vossische Zeitung*, 7.4.1931. **111** *Vossische Zeitung*, 7.4.1931. **112** Bericht von Max Langemann vom 31.12.1931, S. 2; Historisches Archiv der Commerzbank, Frankfurt am Main, HAC-500/24403-2001. **113** Aussage Glogowskis nach Vorladung durch den Generalstaatsanwalt bei dem Landgericht I, Berlin: LA Bln., A Rep. 358-02, Nr. 108607, Bl. 14 (21. Januar 1933; Schulden/Entwicklung des Negativsaldos der Rotters bei der Dresdner Bank 1929-32: Historisches Archiv der Commerzbank, Frankfurt am Main, HAC-500/24413-2001; Abgesichert durch Hypotheken und Abtretung der Pachteinnahmen an die Dresdner Bank: LA Bln., A Rep. 358-02, Nr. 108588, Bl. 2/3 (Aussage von Max

Langemann, Abteilungsdirektor der Dresdner Bank); Konzern der Rotters bestand zuletzt aus acht ineinander verschachtelten Gesellschaften: LA Bln., A Rep. 358-02, Nr. 108622, 24. Januar 1933. **114** Vgl. dazu: Bjoern Weigel, *Vom deutschen zum ‚arischen' Theater. Die Verdrängung jüdischer Theaterunternehmer in Berlin in der NS-Zeit* (Berlin 2017), S. 205ff. **115** LA Bln., A Rep. 358-02, Nr. 108607, Bl. 12 (21. Januar 1933; Aussage Wolffs nach Vorladung durch den Generalstaatsanwalt bei dem Landgericht I, Berlin). **116** *Berliner Lokal-Anzeiger*, 4.9.1931. **117** Die folgenden Zitate aus: Curt Goetz, Valérie von Martens, *Memoiren* (Stuttgart 1989), S. 268. **118** Premiere am 17.8.1931. **119** *BZ am Mittag*, 18.8.1931. **120** Ebd. **121** *Berliner Morgenpost*, 25.12.1931. **122** *Städtische Bühnen*, 24.7.1931. **123** *Vossische Zeitung* (31.8.1931). Dass Max Marschalk (1863-1940) auch Komponist und nicht nur Musikkritiker war, ist erwähnt bei Ruth Glatzer (Hg.), *Berlin zur Weimarer Zeit* (Berlin 2000), S. 479. **124** *BZ am Mittag*, 31.8.1931. **125** *Berliner Morgenpost*, am Tag nach der Premiere. **126** Paul Erich Marcus (PEM), *Und der Himmel hangt voller Geigen. Glanz und Zauber der Operette* (1955), S. 156. **127** LA Bln., A Rep. 358-02, Nr. 108614, 25. Juli 1933, Bl. 34 und 37f. **128** Ebd. **129** Premiere am 2.12.1931. **130** *Vossische Zeitung*, am Tag nach der Premiere. **131** Programmheft zu *Das Lied der Liebe*, 2.12.1931. **132** *BZ am Mittag*, 24.12.1931. **133** *Berliner Morgenpost*, 25.12.1931. **134** *BZ am Mittag*, 30.12.1931. **135** Fritz Rotter in der *BZ am Mittag*, 30.12.1931. **136** *Vossische Zeitung*, 20.2.1932. **137** Ebd. **138** Ebd. **139** Goetz, Martens, *Memoiren*, S. 250; Lied-Zitat ebd., S. 251. **140** Fritz Hennenberg, *Ralph Benatzky. Operette auf dem Weg zum Musical* (2009), S. 148-151. **141** Goetz, von Martens, *Memoiren*, S. 250. **142** *Vossische Zeitung*, 29.3.1932. **143** *Auftritt des Bären in „Zirkus Aimée"*: LA Bln., A Pr. Br. 030-05, Nr. 2967, Bl. 37 (Erklärung der Artistin Else Liebermann vor der Theaterabteilung des Polizeipräsidiums, 5. April 1932). **144** Premiere am 10. Mai 1932. **145** *Berliner Morgenpost*, am Tag nach der Premiere. **146** *Vossische Zeitung*, 11.5.1932. **147** *BZ am Mittag*. **148** Adolph Nau, *Ivar Kreuger und seine Zeit* (Berlin 1933), S. 205 u. 216. **149** *BZ am Mittag*, 14.3.1932. **150** Nau, *Ivar Kreuger*, S. 216. **151** Ebd., S. 229. **152** *BZ am Mittag*, 14.3.1932. **153** *Tempo*, 6.7.1932. **154** *Berliner Tageblatt*, 19.7.1932. **155** LA Bln., A Rep. 358-02, Nr. 108601, Bl. 10/11 (Aussage von Hans Schuster vor Staatsanwaltschaftsrat Dr. Eichholz, 28.1.1933); Hans Schuster wurde im Oktober 1932 dann doch dem Richter vorgeführt: Gutachten des öffentlich angestellten beeidigten Bücherrevisors Paul Donath zur Deutschen Schauspiel Betriebs AG (28.3.1933); LA Bln., A Rep. 358-02, Nr. 12758, Bl. 10/11. **156** Direktor des *Theaters im Admiralspalast* ist Robert Liedemit. **157** Schneidereit, *Berlin, wie es weint und lacht*, S. 238. **158** Ebd., S. 238f. **159** *Vossische Zeitung*, 23.8.1932. **160** Ebd. **161** „Krawalle nach dem Urteilsspruch", im *Vossische Zeitung*, 23.8.1932. **162** *Berliner Morgenpost*, 26.6.1932. **163** *Berliner Morgenpost*, 19.7.1932. **164** Ebd. **165** *Der Angriff*, 13.5.1932. **166** *8 Uhr-Blatt*, 19.1.1933 (LA Bln., A Rep.358-02, Nr. 108586); zu dieser Einladung der Presse siehe auch LA Bln., A Pr. Br. 030-05, Nr. 2977. **167** *Deutsche Zeitung* 17.1.1933 (ebenfalls LA Bln., A Rep.358-02, Nr. 108586). **168** Carola Stern, *Die Sache, die man Liebe nennt. Das Leben der Fritzi Massary* (Berlin, 1998); Otto Schneidereit, *Fritzi Massary. Versuch eines Porträts* (Berlin 1970). **169** Inge Jens/ Christiane Niklew (Hg.), *Ralph Benatzky. Triumph und Tristesse. Aus den*

Tagebüchern von 1919 bis 1946 (Berlin 2002), S. 137. **170** Premiere am 21.9.1927. **171** *Madame Pompadour, Operette* von Leo Fall, Uraufführung 1922 in Berlin mit Fritzi Massary. **172** Premiere am 6.11.1931. **173** *Vossische Zeitung*, 7.11.1931. **174** Carola Stern, *Fritzi Massary*, S. 262. **175** Vorrede von Shaw, in: Bernard Shaw, *Zu wahr, um schön zu sein. Eine politische Extravaganz in drei Akten* (Frankfurt am Main 2000), S. 14 u. 12. **176** *Vossische Zeitung*, 22.10.1932. **177** *Berliner Morgenpost*, 22.10.1932. **178** *Berliner Lokal-Anzeiger*, 22.10.1932. **179** Otto Ernst Hesse, *BZ am Mittag*, 22.10.1932. **180** „Scharfer Wortwechsel bei einer Vorladung Alfred Rotters in die Theaterabteilung des Polizeipräsidiums am Alexanderplatz": LA Bln., A Pr. Br. Rep. 030-05, Nr. 2966, Bl. 54-55 (24.10.1932). **181** *Berliner Morgenpost*, 10.11.1932. **182** *BZ am Mittag*, 10.11.1932. **183** *Vossische Zeitung*, am Tag nach der Premiere. **184** *12 Uhr-Blatt*, 10.11.1932. **185** George Bernard Shaw, *Zu wahr, um schön zu sein*, S. 90. **186** Otto Schneidereit, *Richard Tauber*, S. 99. **187** *8 Uhr-Blatt* (Nürnberg). **188** *Vossische Zeitung*, 10.12.1932. **189** *Berliner Tageblatt*, 10.12.1932. **190** Befragung Rudolf Jess, 14.3.1933. **191** Max Epstein, *Das Theater als Geschäft*, Berlin 1996 (Neuveröffentlichung der Originalausgabe von 1911); Zitate: S. 119 (ein Theater „nach künstlerischen Grundsätzen" leiten), S. 121 („Schuldenlast"), S. 137 („Wie wird man und bleibt man Theaterdirektor"), S. 10. **192** Robert Musil, *Fragmente*, in: *Vossische Zeitung*, 18.12.1932. **193** Vom 3.12.1932. **194** *Vossische Zeitung*, 23.12.1932. **195** Fritz Rotter, Interview mit dem *8 Uhr-Blatt* Nürnberg, 13.2.1933. **196** Der Konkursverwalters Paul Adler hält in seinem Bericht vom 21.2.1933 fest, dass es sich um „einen Betrag von 4000.– RM." handelte – und dass er als Konkursverwalter „das Geld" vom „Verein Berliner Presse" später „zurückgefordert" habe. Mit welchem Ergebnis ist nicht bekannt. **197** *8 Uhr-Abendblatt*, 19.1.1933. **198** Theatersammlung W. Unruh, Institut für Theaterwissenschaften, FU Berlin (Name der Zeitung ist auf dem Zeitungsausschnitt nicht verzeichnet; auch das Datum fehlt). **199** *Vossische Zeitung*, 22.12.1932. **200** *Berliner Volkszeitung*, 18.1.1933. **201** Paul Erich Marcus (PEM), *Und der Himmel hängt voller Geigen*, S. 157. **202** Hubert von Meyerinck, *Meine berühmten Freundinnen. Erinnerungen* (1971), S. 115. **203** Paul Erich Marcus (PEM), *Und der Himmel hängt voller Geigen*, S. 149. **204** Bella Fromm, *Blood and Banquets. A Berlin Social Diary*, New York 1990, S. 68 (sie verwechselt allerdings die Premierenfeier: es war den Umständen nach richtig die von *Ball in Savoy*, nicht die von *Katharina*, wie sie fälschlicherweise schreibt). **205** Schneidereit, *Berlin wie es weint und lacht*, S. 289. – Dabei stützt er sich aber, ohne Quellenangabe, auf eine Bekanntmachung des preußischen Justizministeriums, die in der, wie dieser Fall zeigt, am 12. April 1933 bereits gleichgeschalteten Presse ohne Kommentierung oder redaktionelle Zusätze abgedruckt wird, textidentisch im *Börsen-Courier*, in der *Börsen-Zeitung* und der *Berliner Volkszeitung* und nur mit Umstellungen der Textblöcke in der *Vossischen Zeitung*. **206** Paul Erich Marcus (PEM), *Heimweh nach dem Kurfürstendamm* (1952), S. 144.

AKT IV

1 Theatersammlung Unruh, FU Berlin. **2** Ebd. **3** *Montag Morgen*, 27.12.1933. **4** *Vossische Zeitung*, 27.12.1932. **5** *Berliner Lokal-Anzeiger*, 2.1.1933. **6** Marcellus-Schiffer-Archiv, Akademie der Künste, Berlin;

ohne Datum. **7** Mischa Spoliansky in einem Interview vom 3./4. Mai 1981 in London mit Jürgen Habakuk Traber und Frieder Reininghaus, in: *Neue Zeitschrift für Musik*, Nr. 5, Mai 1983, S. 5. **8** Carolin Stahrenberg, *Hot Spots von Café bis Kabarett. Musikalische Handlungsräume im Berlin Mischa Spolianskys 1918-1933* (Münster 2012), S. 117. **9** Spolly Mills, Radiointerview 7.1.1999 (mit Florian Messner für SBS-Radio Sydney; Akademie der Künste, Berlin, Nachlass Mischa Spoliansky). **10** *Berliner Tageblatt*, 2.1.1933. **11** *Berliner Börsen-Courier*, 2.1.1933. **12** *Berliner Tageblatt*, 2.1.1933. **13** Das muss in den Zwanzigerjahren Jahren gewesen sein. Gegenüber der Dresdner Bank sprach Ludwig Apel am 20.12.1940 davon, dass er wegen der Heirat mit seiner Frau Marianne – „einer Schwester" von Gertrud Rotter-Leers – „von der Partei ausgeschlossen wurde" (Aktennotiz 20.12.1940; Historisches Archiv der Commerzbank HAC-5000/24416-2001). **14** *Vossische Zeitung*, 23.12.1932. **15** *Berlin am Morgen*, 8.1.1933. **16** *BZ am Mittag*, 9.1.1933. **17** LA Bln., A Rep. 358-02, Nr. 108620, Bl. 45; Aussage von Rita Jörs vor der Staatsanwaltschaft am 10.3.1933. **18** *Börsen-Zeitung*, 12.4.1933. **19** Max Marschalk, *Vossische Zeitung*, 2.1.1933. **20** *Berliner Börsen-Courier*, 2.1.1933. **21** *Berliner Lokal-Anzeiger*, 2.1.1933. **22** *12 Uhr-Blatt*, 17.1.1933. **23** *12 Uhr-Blatt*, 27.1.1933. **24** *Deutsche Allgemeine Zeitung*, 2.1.1933. **25** *Vossische Zeitung*, 2.1.1933. **26** *Berliner Lokal-Anzeiger*, 2.1.1933. **27** *Der Angriff* (ohne Datum; Marcellus-Schiffer-Archiv, Akademie der Künste, Berlin). **28** *Kreuzzeitung*, 4.1.1933. **29** Rolf Nürnberg, *12 Uhr-Blatt*, 2.1.1933. **30** *BZ am Mittag*, 19.5.1932 **31** Schneidereit, *Berlin, wie es weint und lacht*, S. 289. **32** LA Bln., A Rep. 358-02, Nr. 108620, Bl. 101 (Befragung der Direktionssekretärin Ruth Falkenstein vom 17.3.1933). **33** *Montag Morgen*, 9.1.1933. **34** Ebd.; sowie *BZ am Mittag*, 7.2.1933. **35** Schneidereit, *Berlin, wie es weint und lacht*, S. 288. **36** *BZ am Mittag*, 7.2.1933. **37** *Montag Morgen*, 9.1.1933. **38** *BZ am Mittag*, 7.2.1933. **39** *Montag Morgen*, 9.1.1933. **40** Ebd. **41** Otto Schneidereit, *Berlin*, S. 289. **42** Ebd., S. 287f. **43** Ebd., S. 289. **44** LA Bln., A Rep. 358-02, Nr. 108620, Bl. 101 (Befragung der Direktionssekretärin Ruth Falkenstein vom 17.3.1933). **45** Schneidereit, *Berlin, wie es weint und lacht*, S. 289. **46** *Tägliche Rundschau*, 17.1.1933. **47** Ebd. **48** Adlon-Rechnung: LA Bln., A Rep. 358-02, Nr. 108620, Bl. 64. **49** Bundesarchiv Berlin, Berlin Document Center, RK/D 116, Nr. 2146, ohne Datum [1946/1947], über Heinz Hentschke („Personal spoiled child of Goebbels"). **50** Akten der Reichskulturkammer im Bundesarchiv Berlin, Heinz Hentschke (geb. 20.2.1895)/ NSDAP-Mitgliedschaft Nr. 3 019 936 (Bundesarchiv Berlin, PK/E 143); den Antrag auf Aufnahme in die NSDAP stellt er schon im Februar 1933 (Bundesarchiv Berlin, R/9361/I, Nr. 1248; „Parteistatistische Erhebung 1939"). Zur Karriere Hentschkes unter den Nazis/Liste der Operetten: Bundesarchiv Berlin, Berlin Document Center, RK/D 116, Nr. 2370 (zur Liste der Operetten auch: O. Schneidereit, *Berlin wie es weint und lacht*, S. 297ff.; Briefkopf Hentschkes: LA Bln., RK/H 65. **51** Nico Dostal, *Ans Ende deiner Träume kommst du nie* (1986), S. 182. **52** Zu Hentschke und Julius Schaub: R/9361/V, Nr. 1437-10 und Nr. 154970; zu den britischen Akten: RK/H65 sowie RK/D116, Nr. 2164 (alle Bundesarchiv Berlin). **53** *8 Uhr-Blatt* Nürnberg, 13.2.1933 (Bestand der Rotter-Akten im Historischen Archiv der Commerzbank, Frankfurt am Main) **54** Brief Alfred Rotters an Dr. Oberreich von der Firma Verko (28.12.1931). Die Firma verwaltete die Garderobe-

Einnahmen für die Rotterbühnen. **55** LA Bln., A Rep. 358-02, Nr. 108620 (Zeugeneinvernahmen), Bl. 120 (Befragung von Herbert Lieske, Abteilungsvorsteher bei der Allgemeinen Ortskrankenkasse der Stadt Berlin vom 20.3.1933); Kohlenfirma (ebd., Bl. 1); Zinsen für die Hypotheken (ebd., B. 12); Plakate (Bl. 107); Anzeigen (Bl. 111; sowie Nr. 108603, Vorbericht Paul Donath, 20.1.1933, S. 14). **56** LA Bln., A Rep. 358-02, Nr. 108611, Bl. 10/11 (Hildegard Nickel gegenüber der Staatsanwaltschaft; 11.2.1933). **57** *Der Angriff,* 27.7.1931. **58** LA Bln., A Rep. 358-02, Nr. 108611, Bl. 10/11. **59** Ebd. **60** LA Bln., A Pr. Br. 030-05, Nr. 2966, Bl. 105; Bericht der Theaterabteilung vom 8.1.1933 über den Prozess vor dem Arbeitsgericht vom 7.1.1933. **61** *BZ am Mittag*, 9.1.1933. **62** *12 Uhr-Blatt*, 9.1.1933. **63** Ebd. **64** *Berlin am Morgen*, 8.1.1933. **65** *12 Uhr-Blatt*, 9.1.1933. **66** Ebd. **67** Ebd. **68** Ebd. **69** *BZ am Mittag*, 9.1.1933. **70** LA Bln., A Rep. 358-02, Nr. 108620, Bl. 94 (Aussage von Hans Brausewetter vom 17.3.1933 vor der Staatsanwaltschaft). **71** Monty Jacobs, *Vossische Zeitung,* 14.1.1933. **72** Operette des Komponisten Richard Heuberger; Uraufführung 1898 in Wien. **73** Aussage von Fritz Friedmann-Frederich (28.1.1933) gegenüber der Staatsanwaltschaft; LA Bln., A Rep. 358-02, Nr. 108611, Bl. 1-6). **74** Staatsanwaltschaftsrat Dr. jur. Herbert Eichholz vom Landgericht I, Berlin. **75** *Deutsche Zeitung*, 14.1.1933. **76** *Vossische Zeitung*, 16.1.1933. **77** *Berliner Illustrierte Nachtausgabe* (16.1.1933). **78** *Berliner Lokal-Anzeiger* (16.1.1933). **79** *Tempo*, 16.1.1933. **80** Ebd. **81** *BZ am Mittag*, 16.1.1933. **82** Ebd. **83** *Berliner Lokal-Anzeiger*, 17.1.1933. **84** *12 Uhr-Blatt*, 17.1.1933. **85** *Das Kleine Journal*, 24.2.1933. **86** *12 Uhr-Blatt*, 17.1.1933. **87** *Berliner Lokal-Anzeiger*, 17.1.1933. **88** *Berliner Tageblatt*, 17.1.1933. **89** *Tägliche Rundschau*, 17.1.1933. **90** Ebd. **91** Ebd. **92** Heinrich August Winkler, *Der lange Weg nach Westen. Deutsche Geschichte vom Ende des Alten Reiches bis zum Untergang der Weimarer Republik* (München 2000), S. 499. **93** *8 Uhr-Blatt*, 18.1.1933. **94** *Volkszeitung*, 18.1.1933. **95** *Berliner Börsen-Courier*, 18.1.1933. **96** *8 Uhr-Blatt* in Berlin, 18.1.1933. **97** *Volkszeitung*, 18.1.1933. **98** *Neue Zeit*, 19.1.1933. **99** *Der Deutsche*, 19.1.1933. **100** Wladimir Rosenbaum, *Plädoyer-Entwurf*, in: Jahrbuch des Historischen Vereins für das Fürstentum Liechtenstein, Bd. 103 (2004), S.87. **101** *Vossische Zeitung*, 18.1.1933. **102** Schreiben vom 17. Mai 1933 an Wladimir Rosenbaum; zit. nach: Rosenbaum, *Plädoyer-Entwurf*, S. 87. **103** *Der Westen*, 18.1.1933, über die Pressekonferenz der Zentralstelle mit den Ausführungen von Richard Bars; Zeitungsausschnitt in: LA Bln., A Rep. 358-02, Nr. 108586. **104** Verbandszeitschrift *Der Autor*, Ende Dezember 1932 (Nr. 12). **105** *Welt am Abend*, 18.1.1933. **106** *Welt am Abend*, 20.1.1933. **107** *Vorwärts*, 18.1.1933. **108** Herbert Jhering, *Berliner Börsen-Courier*, 18.1.1933. **109** Brief vom 20.3.1933; LA Bln., A Rep. 358-02, Nr. 108614, Bl. 100. **110** *Berliner Börsen-Zeitung*, 18.1.1933. **111** *8 Uhr-Abendblatt*, 18.1.1933; sowie Landesarchiv, Berlin A Rep. 358-02, Nr. 108586. **112** *Vossische Zeitung*, 18.1.1933. **113** *Das Kleine Journal*, 24.2.1933. **114** *Vossische Zeitung*, 18.1.1933. **115** *Vossische Zeitung*, 18.1.1933. **116** *Berliner Börsen-Zeitung*, 18.1.1933. **117** *Berliner Börsen-Zeitung*, 18.1.1933. **118** *Der Westen*, 18.1.1933. **119** *Frankfurter Zeitung*, 19.1.1933. **120** *8 Uhr-Blatt*, 19.1.1933. **121** Richard Bars, „Memorandum" vom 2.7.1946 (Bundesarchiv Berlin, RK/C 26, Bl. 62 und 64); zu seiner Person auch Bundesarchiv Berlin, RK/B4, Bl. 2654. **122** Nr. 2 597 855; Bundesarchiv Berlin, RK/C 26, Bl. 54 (Nachkriegsakte, 9.2.1946). **123** Fotos von Richard Bars: Bundesarchiv Berlin, RK/B4, Bl. 2700 (Passfoto in zivil); Bl. 2489 (in Uniform); Aussage des Hauswarts vom 15.1.1948: Bundesarchiv Berlin, RK/C 26, Bl. 2035. **124** „Memorandum" (Bundesarchiv Berlin, RK/C 26, Bl. 74 und 76). **125** Sophie Fetthauer, *Musikverlage im „Dritten Reich" und im Exil* (2004), 236f. **126** Barbara Denscher, Helmut Peschina, *Kein Land des Lächelns. Fritz Löhner-Beda 1883–1942*, (Salzburg 2002), S. 187-196. **127** Paul Erich Marcus (PEM), *Und der Himmel hängt voller Geigen*, S. 111. **128** *Der Autor*, Publikationsorgan der Bühnenschriftsteller und -komponisten, Ende August 1932. **129** *Der Westen*, 18.1.1933. **130** *Berliner Illustrierte Nachtausgabe*, 19.1.1933. **131** *Der Tag*, 15.1.1933. **132** Ebd. **133** Ebd. **134** *BZ am Mittag*, 18.1.1933. **135** LA Bln., A Rep. 358-02, Nr. 108611; Bl. 5; Aussage von Fritz Friedmann-Frederich vor der Staatsanwaltschaft am 28.1.1933. **136** Aussage von Ludwig Apel vom 28.1.1933 (LA Bln., A Rep. 358-02, Nr. 108613, Bl. 36-39); in seiner Aussage irrt sich Apel in der Chronologie und setzt die Unterzeichnung der Vollmacht auf den 20. Januar statt den 19. Januar; der Irrtum wird durch die Aussage, die Sami Glücksmann am 30.1.1933 gegenüber der Staatsanwaltschaft macht, korrigiert (LA Bln., A Rep. 358-02, Nr. 108613, Bl. 42). **137** *12 Uhr-Blatt*, 19.1.1933. **138** *Montag Morgen*, 9.1.1933. **139** *12 Uhr-Blatt*, 19.1.1933. **140** LA Bln., A Rep. 358-02, Nr. 108613, Bl. 40 (Aussage Sami Glücksmanns vom 30.1.1933 gegenüber der Staatsanwaltschaft). **141** *Märkische Volkszeitung*: siehe Pressemeldungen über die Rotters vom 18. und 19. Januar 1933 (sowie der folgenden Tage): LA Bln., A Rep. 358-02, Nr. 108586. **142** Ebd. **143** *Frankfurter Zeitung*, ebd. **144** *Tägliche Rundschau*, 19.1.1933, ebd. **145** *Völkischer Beobachter*, 19.1.1933. **146** *Völkischer Beobachter*, 20.1.1933. **147** Aussage von Archibald (August Wittmoser) gegenüber der Staatsanwaltschaft: LA Bln., A Rep. 358-02, Nr. 108613, Bl. 54-59 (2.2.1933) und ergänzende Erklärung vom 4.2.1933 gegenüber Referendar Müller; ebenda, Bl. 77. **148** LA Bln., A Rep. 358-02, Nr. 108613, Bl. 90 (Aussage der Direktionssekretärin Cavanna vom 16.3.1933). **149** Laut Direktionssekretärin Cavanna, ebd. **150** *8 Uhr-Blatt*, 19.1.1933. **151** Sami Glücksmann gegenüber der Staatsanwaltschaft am 30.1.1933 (LA Bln., A Rep. 358-02, Nr. 108613, Bl. 40 42); nachfolgend: Kein Einblick Sami Glücksmanns in die Rechnungsbücher: Gutachten des öffentlich angestellten beeidigten Bücherrevisors Paul Donath zur Deutschen Schauspiel Betriebs AG, (28.3.1933; LA Bln., A Rep. 358-02, Nr. 12758, Bl. 11: „Das neue Vorstandsmitglied, der Schriftsteller und Syndikus Sami Glücksmann, hat nach seiner Aussage vom 26.1.1933 die Bücher der Gesellschaft, aus denen er sich über die Vermögenslage orientieren konnte, trotz größter Bemühungen nicht erhalten können. Er habe nicht im geringsten damit gerechnet, dass die Gesellschaft konkursreif sein könnte." **152** Zitiert nach Stefan Frey, *Franz Lehár und die Unterhaltungsmusik des 20. Jahrhunderts*, S. 214. **153** Reise von Alfred und Gertrud Rotter zu Benatzky: Aussage von Ludwig Apel gegenüber der Staatsanwaltschaft am 28.1.1933; LA Bln., A Rep. 358-02, Nr. 108613, Bl. 38/39; sowie ergänzend Tagebuch-Eintrag von Ralph Benatzky vom 19.1.1933, zit. nach: Inge Jens/Christiane Niklew (Hg.), *Ralph Benatzky. Triumph und Tristesse. Aus den Tagebüchern*, S. 141. **154** *La petite chocolatière*, 1909. **155** LA Bln., A Rep. 358-02, Nr. 112759, Bl. 1 (21.1.1933). **156** Gutachten von Revisor Paul Donath zur Deutschen Schauspiel Betriebs

AG vom 28.3.1933 (LA Bln., A Rep. 358-02, Nr. 12758); Paul Donaths „Vorbericht" vom 20.1.1933 (LA Bln., A Rep. 358-02, Nr. 108603). **157** *Zürcher Tages-Anzeiger*, 23.1.1933. **158** Zitiert nach: Hansjörg Quaderer/Hannes Binder. *Jener furchtbare 5. April 1933. Pogrom in Liechtenstein* (Zürich 2013), S. 44. **159** Bericht von Kriminalsekretär Kramer (27.1.1933) und anderer Beamter (3.2.1933); Denunziation vom 26.1.1933: LA Bln., A Rep. 358-02, Nr. 108613. **160** *Berliner Börsen-Courier*, 20.1.1933. **161** Ebd. **162** *Tägliche Rundschau*, *Vorwärts* sowie *Berliner Börsen-Zeitung*, 20.1.1933. **163** *Berliner Börsen-Courier*, 20.1.1933. **164** *Vossische Zeitung*, Abend-Ausgabe, 20.1.1933. **165** *Deutsche Zeitung*, 20.1.1933. **166** *12 Uhr-Blatt*, 20.1.1933. **167** *8 Uhr-Blatt*, 20.1.1933. **168** *BZ am Mittag*, 20.1.1933. **169** Ebd. **170** Karl Kantorowicz gegenüber der Staatsanwaltschaft (2.2.1933) / Chauffeur Kurt Braunholz: LA Bln., A Rep. 358-02, Nr. 108613, Bl. 63/64. **171** LA Bln., A Rep. 358-02, Nr. 108612; Bericht des Generalstaatsanwalts bei dem Landgericht I an den Preußischen Justizminister, 27.1.1933. **172** *Berliner Lokal-Anzeiger*, 7.2.1933. **173** *8 Uhr-Blatt*, Nürnberg, 13.2.1933; Quelle: Rotter-Akten im Historischen Archiv der Commerzbank, Frankfurt am Main. **174** *Börsen-Zeitung*, 21.1.1933. **175** *Deutsche Tageszeitung*, 21.1.1933. **176** *Völkischer Beobachter*, 21.1.1933. **177** *Tägliche Rundschau*, 21.1.1933. **178** *Berliner Lokal-Anzeiger*, 21.1.1933. **179** Ebd. **180** Dazu hält der Konkursverwalter Paul Adler in seinem Bericht vom 21.2.1933 fest (S. 23f): „Es trifft nicht zu, dass Frau Alpár den Vertrag aufgehoben habe. Sie hat mir durch ihren Anwalt Wenzel Goldberg mitteilen lassen, dass sie nur dann weiterspielen könne, wenn die Gage für die restliche Spielzeit von 60 Tagen = 60000 RM. bei einer Großbank hinterlegt sei. Es war Frau Alpár natürlich genau bekannt, dass solche Mittel nicht zur Verfügung stehen. Das Verlangen ist auch unberechtigt [...]. Sie hat an jedem Tage ihre Gage von 1000.– erhalten. Für die Abende, an denen sie nicht auftrat, hatte sie ein ärztliches Attest eingereicht. Ihr Arzt hat ihr jetzt mit Rücksicht auf ihren Gesundheitszustand das Weiterspielen verboten." (Mit Dank an Bjoern Weigel für die Kopie dieses Berichts!) **181** *Märkische Volkszeitung*, 21.1.1933. **182** *Berliner Tribüne*, 24.1.1933. **183** *Deutsche Zeitung*, 21.1.1933. **184** *Deutschen Tageszeitung*, 23.1.1933. **185** *Völkischer Beobachter*, 24.1.1933. **186** *8 Uhr Abendblatt*, 23.1.1933. **187** *12 Uhr-Blatt*, 23.1.1933. **188** *Vossische Zeitung*, 23.1.1933. **189** *Berliner Montagspost*, 23.1.1933. **190** *BZ am Mittag*, 24.1.1933; *National-Zeitung* aus Basel, 24.1.1933. **191** *Engadiner Post*, 26.1.1933. **192** *Neue Bündner Nachrichten*, 27.1.1933. **193** *Nachtausgabe* in Berlin, 23.1.1933. **194** *Berliner Tageblatt*, 25.1.1933. **195** *Berliner Tageblatt*, 26.1.1933. **196** *12 Uhr-Blatt*, 27.1.1933. **197** *8 Uhr-Blatt*, 25.1.1933 **198** *Deutsche Zeitung*, 28.1.1933. **199** *Börsen-Zeitung*, 28.1.1933. **200** *Berliner Tageblatt*, 27.1.1933. **201** Lerch gegenüber Staatsanwaltschaftsrat Dr. Eichholz (6.2.1933): LA Bln., A Rep. 358-02, Nr. 108613, Bl. 82-84. **202** Wladimir Rosenbaum, *Plädoyer-Entwurf*, 7. Juni 1933, S. 87. **203** *Montag Morgen*, 30.1.1933. **204** *8 Uhr Blatt*, 4.2.1933.

AKT V

1 *Die Fackel*, 19.1.1909. **2** Moritz Csáky zitiert Kraus und Zola in seinem Buchessay *Ideologie der Operette und Wiener Moderne* (Wien 1996), S. 15 u. 29. **3** Moritz Csáky, *Ideologie der Operette und Wiener Moderne*, S. 21.

4 Theodor W. Adorno, *Einleitung in die Musiksoziologie. Zwölf theoretische Vorlesungen* (Reinbek 1968), S. 31-48; diskutiert bei Moritz Csáky, *Ideologie der Operette*, S. 17ff. **5** *Neue Zürcher Zeitung*, 29.1.1933, unter dem Titel „Berliner Streifzüge". **6** *Die Wahrheit*, 28.1.1933. **7** *Berliner Herold*, 29.1.1933. **8** *Berliner Tageblatt*, 3.2.1933. **9** *8 Uhr Blatt*, 6.2.1933. **10** *Berliner Lokal-Anzeiger*, 6.2.1933. **11** *8 Uhr-Blatt* (Nürnberg), 11.,13., 16., 17. und 20.2.1933; Historisches Archiv der Commerzbank, Frankfurt am Main, HAC-5000/24413-2001 (Gebrüder Rotter; 1932-1937). **12** *Vorarlberger Landes-Zeitung*, 8.4.1933. **13** Vom 10.4.1933. **14** Paul Erich Marcus (PEM), *Und der Himmel hängt voller Geigen*, S. 157. **15** Verhör vom 18.4.1933. **16** 6.4.1933. **17** 8.2.1933. **18** Rudolf Schädler in der Vernehmung vom 10.4.1933: „Wie ich dann hörte, dass Röckle im Land sei, habe ich ins Café Real telephoniert und wollte ihn sprechen." **19** Landrichter Dr. Julius Thurnheer, 18.4.1933. **20** Verhör vom 10.4.1933. **21** *Vorarlberger Landes-Zeitung*, 8.4.1933. **22** *Berliner Tageblatt*, 7.2.1933. **23** *BZ am Mittag*, 7.2.1933. **24** Abendzeitung *Tempo*, 6.2.1933. **25** *12 Uhr Blatt*, 17.1.1933. **26** Brief Fritz Rotters vom 20.3.1933 an seinen Schwager Albert Ullmann, dem Mann seiner jüngeren Schwester Ella: LA Bln., A Rep. 358-02, Nr. 108614, Bl. 100 (20.3.1933). **27** *Berliner Lokal-Anzeiger*, 7.2.1933. **28** *Lokal-Anzeiger Köln*, 10.2.1933. **29** *Raubstaat Liechtenstein*, *Weltbühne*, 21.2.1933: „In Liechtenstein [...] sammeln sich die Milliarden, die Deutschland, Österreich und allen möglichen andern Ländern Europas entzogen werden." **30** *Tempo*, 6.2.1933. **31** *12 Uhr Blatt*, 25.1.1933. **32** *Berliner Lokal-Anzeiger*, 7.2.1933. **33** *Wochenblatt für Politik, Gesellschaft, Theater, Musik, Film, Sport, Börse*, 17.-23.2.1933. **34** *Frankfurter Zeitung*, 24.1.1933. **35** *BZ am Mittag*, 24.1.1933. **36** Mit dem Staatsanwalt, 21.1.1933. **37** „Nachwehen der Rotter-Krise", 24.2.1933. **38** Der Konkursverwalters Paul Adler hält in seinem Bericht vom 21.2.1933 auf S. 5 fest: „Bis zum Sommer 1931 hatten die Rotters alle Verträge unter eigenem Namen geschlossen. Im Herbst begannen sie mit den Gründungen der verschiedenen Gesellschaften. Für jedes Theater sollte eine besondere Gesellschaft bestehen. [...] Es kam aber anders. Die Gesellschaften sind vielfach überhaupt nicht in Erscheinung getreten. Die Verträge mit den Stars wurden von den Rotters persönlich abgeschlossen, weil die Stars nur mit Rotters zu tun haben wollten." Auf S. 10 des Berichts heißt es dazu weiter: „Seit der Gründung der G.m.b.H.'s haben die Brüder Rotter keine eigenen Bücher mehr geführt. Die besonderen Abrechnungen nahm Frau Rotter vor. Aufzeichnungen hierüber sind nicht vorhanden. Vielleicht wurden diese vernichtet. Es wurden nur Verrechnungskonten mit den einzelnen G.m.b.H.'s geführt. [...] Die Bücher der Gesellschaften sind von der Staatsanwaltschaft beschlagnahmt und werden zurzeit von dem Büchersachverständigen Donath geprüft." **39** LA Bln., A Rep. 358-02, Nr. 108606, Bl. 4-6 (Aussage von Werner Guthmann vor Staatswaltschaftsrat Eichholz, 11. Februar 1933). **40** Laut einer Aufzeichnung der genannten Volksbank über die Bewegung auf diesem Konto, das auf Fritz Rotter lautete, wurden 62 011 Schweizer Franken einbezahlt, und zwar am 22.4.1931; davon gingen gleichen Tages 36 000 auf das Konto von Gertrud Rotter bei der gleichen Bank; von dieser Summe bezahlte sie dann wie gesehen 1932 für das *Metropol-Theater* einen Mietbetrag von 30 000 an Direktor Philipp Rothbart von der Dorotheenstadt Baugesellschaft m.b.H.) **41** *BZ am Mittag*, 26.1.1933. **42** Verhör mit

Staatsanwaltschaftsrat Eichholz vom 18.2.1933. **43** *8 Uhr Blatt*, 26.1.1933. **44** *Frankfurter Zeitung*, 24.1.1933. **45** Adolf Stein, Herausgeber der wöchentlich erscheinenden Zeitung *Der Deutsche*, 16.2.1933. **46** In einem Verhör zwei Tage nach der Tat, 7. April 1933. **47** Mitglieds-Nr. 358212. **48** Max Witt im Verhör vom 29.4.1933. **49** *Liechtenstein* (5.3.1933) von Klaus Mann, in: *Süddeutsche Zeitung*, 25.2.2008 (mit Dank an Hansjörg Quaderer); Text *Die Toten* (1939) von Klaus Mann: mit Dank an Gerhard Puster, der den Text von der Forscherin Helga Keiser-Hayne erhielt; sie fand ihn im Literaturarchiv der Münchner Stadtbiblitothek. **50** *Bodensee-Rundschau*, 26.3.1933. **51** Quotenregelung für jüdische Anwälte in Berlin: Vgl. *Vossische Zeitung*, 7.4.1933 (Abend-Ausgabe); Artikel mit dem Titel „Die Zulassung der jüdischen Anwälte. Ein Erlass des Reichskommissars Kerrl". **52** *Bodensee-Rundschau*, 28.3.1933. **53** *Bodensee-Zeitung*, 25.3.1933. **54** *Bodensee-Rundschau*, 28.3.1933. **55** *Bodensee-Rundschau*, 30.3.1933. **56** Peter Rheinberger im zweiten Verhör (28.4.1933); Liechtensteinisches Landesarchiv, S 66/43, Dok. 79. **57** Peter Rheinberger im ersten Verhör (6.4.1933): Es fand in Feldkirch/Österreich statt: Liechtensteinisches Landesarchiv, S 66/43, Dok. 17; Kopie im Staatsarchiv Freiburg, A 26/2, Landgericht Konstanz, Nr. 414 1-2, Bl. 113-115. **58** Ursina Jud, *Liechtenstein und die Flüchtlinge zur Zeit des Nationalsozialismus* (Zürich 2005), S. 31. **59** Peter Rheinberger im zweiten Verhör am 28.4.1933, Liechtensteinisches Landesarchiv, ebd. **60** Verhör mit Franz Röckle vom 18.4.1933, Liechtensteinisches Landesarchiv, S 66/43, Dok. 61. **61** Rudolf Schädler im Verhör vom 6.4.1933, Liechtensteinisches Landesarchiv, S 66/43, Dok. 17. **62** Ebd. **63** Franz Röckle im Verhör vom 18.4.1933, Liechtensteinisches Landesarchiv, S 66/43, Dok. 61. **64** *Deutsche Bodensee-Zeitung*, 3.4.1933. **65** Vom 6.4.1933. **66** Schädler in der Schlussverhandlung, Fürstl.liecht. Land- und Kriminalgericht, Vaduz, am 7. und 8. Juni 1933; Liechtensteinisches Landesarchiv, S 66/43. **67** Vom 28.4.1933. **68** Unbeschrifteter Zeitungsartikel (Leo Baeck Institut, online), der kurz nach dem Überfall erschien; der Artikel trägt den Titel „Die Rechtslage im Fall Rotter"; ich danke Hansjörg Quaderer ganz herzlich; ein fast gleichlautender erschien in der *Vorarlberger Landes-Zeitung* vom 8.4.1933. **69** Peter Rheinberger im Verhör vom 6.4.1933. **70** Aussage von Eugen Frommelt: Liechtensteinisches Landesarchiv, S 66/43, Dok. 13 (6.4.1933). **71** Röckle am 2.5.1933 in der Gegenüberstellung mit Schädler durch den Untersuchungsrichter, Landrichter Dr. Julius Thurnher: Liechtensteinisches Landesarchiv, S 66/43, Dok. 87 (2.5.1933). **72** Aussage von Eugen Frommelt (6.4.1933; Liechtensteinisches Landesarchiv, S 66/43, Dok. 13. **73** Ebd. **74** Nachträglicher Bericht von Grenzpolizeikommissar Neb, Grenzpolizeistelle Lindau, vom 19.5.1933: Liechtensteinisches Landesarchiv, S 66/43, Dok. 111. Zur Gestaltung der damaligen liechtensteinischen Autonummern siehe das Bild bei: Hansjörg Quaderer/Hannes Binder: *Jener furchtbare 5. April 1933*, S. 43. **75** Verhör mit Peter Rheinberger vom 28.4.1933; Liechtensteinisches Landesarchiv, S 66/43, Dok. 79. **76** Verhör mit Theodor Grötz vom 6.4.1933; Staatsarchiv Freiburg, A 26/2, Landgericht Konstanz, Nr. 414 1-2, B. 144; Lebenslauf von Theo (Theodor) Grötz (geb. 2.6.1910): Bundesarchiv Berlin, RS/Rasse- und Siedlungshauptamt SS, B 5329, Bl. 1554-1636 (inkl. Lebenslauf und Bilder aus dem Jahr 1944). **77** Ebd., 6.4.1933. **78** Max Witt, „Tatsachen-Bericht" (1.7.1933); Staatsarchiv Freiburg, A 26/2, Landgericht Konstanz,

Nr. 414 1-2, (6 Seiten, eingeordnet vor dem Bl. 248), 1.7.1933; zu Adolf Wieser: NSDAP-Mitgliedschaft: Bundesarchiv Berlin, NSDAP-Mitgliederkartei, Ortskarte 3200/Y0095; Unter dem Sammeldatum 1. Mai 1933 wird er aufgenommen, als einer von nunmehr schon 3 Millionen (Nr. 3465065); Verhör mit Adolf Wieser vom 29. April 1933: Staatsarchiv Freiburg, A 26/2, Landgericht Konstanz, Nr. 414 1-2, Bl. 121 und, Bl. 161-163. **79** Partei-Nr. 1140332; Frau Emilie Lehmann erwähnt die SA-Mitgliedschaft ihres Gatten Fritz Lehmann: Staatsarchiv Freiburg, A 26/2, Landgericht Konstanz, Nr. 414 1-2, Bl. 26 (Verhör vom 7. April 1933). **80** Fritz Lehmann im Verhör vom 28.4.1933): Staatsarchiv Freiburg, A 26/2, Landgericht Konstanz, Nr. 414 1-2, Bl. 141-143; ferner: Fritz Lehmann/ Eintritt in die NSDAP am 1.5.1932: Bundesarchiv Berlin, NSDAP- Mitgliederkartei, Ortskartei 3200/N0011. **81** Handschriftliche Erklärung vom 28.4.1933 des Taxifahrers Gotthilf Trommetter Staatsarchiv Freiburg, A 26/2, Landgericht Konstanz, Nr. 414 1-2, Bl. 103-106. **82** Max Witt, „Tatsachen-Bericht“ vom 1.7.1933. **83** Fritz Lehmann im Verhör vom 28.4.1933: Staatsarchiv Freiburg, A 26/2, Landgericht Konstanz, Nr. 414 1-2, Bl. 141-143; Fritz Lehmann/ Eintritt in die NSDAP am 1.5.1932: Bundesarchiv Berlin, NSDAP-Mitgliederkartei, Ortskartei 3200/N0011. **84** Frau Emilie Lehmann im Verhör vom 7.4.1933: Staatsarchiv Freiburg, A 26/2, Landgericht Konstanz, Nr. 414 1-2, Bl. 26. **85** Schlussverhandlung, Fürstl.liecht. Land- und Kriminalgericht, Vaduz, am 7. und 8.6.1933; Liechtensteinisches Landesarchiv, S 66/43. **86** Verhör von Peter Rheinberger vom 28.4.1933; Liechtensteinisches Landesarchiv, S 66/43, Dok. 79. **87** Der eigene Arzt verschrieb ihm das Mittel, damit er es „bei den Anfällen benützen könne“. **88** Verhör von Peter Rheinberger, 28.4.1933. **89** Frommelt im Verhör vom 6.4.1933. **90** Urteil der Großen Strafkammer des Landgerichts Konstanz vom 26.7.1933; Staatsarchiv Freiburg, A 26/2, Landgericht Konstanz, Nr. 414 1-2, Bl. 311. **91** Max Witt im Verhör vom 29.4.1933: „Wir erfuhren dann, dass Schädler mit den Gebrüdern Rotter mittags gegen ¼4 komme.“ **92** Das sah später auch das Landgericht Konstanz als erwiesen an (Urteil vom 26.7.1933, Bl. 311). „Nach dem Mittagessen wurde ich von Rheinberger aufgefordert, meinen Wagen in Ordnung zu bringen“, erklärte Trommetter (28.4.1933). **93** Verhör vom 6.4.1933: Staatsarchiv Freiburg, A 26/2, Landgericht Konstanz, Nr. 414 1-2, Bl. 127. **94** Max Witt, Verhör vom 29.4.1933; ebd. Bl. 164. **95** Witt, „Tatsachen-Bericht“ vom 1.7.1933, S. 2; Staatsarchiv Freiburg, A 26/2, Landgericht Konstanz, Nr. 414 1-2 (6 Seiten, eingeordnet vor dem Bl. 248); Zitate S. 2f. **96** Ebd. **97** Witt, „Tatsachen-Bericht“, ebd.; sowie Theo Grötz (Verhör, 6.4.1933): „[...] und es war die Ausführung des Planes so gedacht, dass bei Ankunft des Autos Schädler sofort ausspringen und die Insaßen mit Zuhilfenahme von Gaspistolen betäubt werden sollten.“ Ferner die Aussage von Frommelt (Verhör vom 10.4.1933; Liechtensteinisches Landesarchiv, S 66/43, Dok. 44): „[...] man hat mit den Deutschen in Gaflei das so besprochen, wenn Schädler die Rotters in seinem Wagen hinaufbringe, sollten die Deutschen den Wagen umringen, ‚Hände hoch‘ schreien und allenfalls mit den Gaspistolen schießen. Der deutsche Wagen mit den gefesselten Rotter sollte dann vorausfahren und dann Schädler und ich und vielleicht noch Leute von der Begleitmannschaft im zweiten Wagen nachfahren.“ Peter Rheinberger sagte gleichlautend aus (28.4.1933): „[...] wir sollten uns beim Hotel verstecken und wenn er herfahre, springe man gegen das Auto, Schädler springe schnell heraus, dann werde mit den Gaspistolen geschossen, Rotters und ihre Frauen werden bewusstlos, man fasst sie zusammen, bindet sie, knebelt sie, packt sie ins Auto und fährt mit ihnen über die Grenze nach Deutschland oder nach Österreich. [...] Wir haben dann gewartet. Bei der Veranda uns versteckt, haben auch nasse Tücher bereitgehalten, um sie den Überfallenen um den Mund zu binden, dass sie im Auto nicht schreien könnten. Wir haben auch die Stricke hergerichtet, die wir in Gaflei selbst fanden." **98** Urteil der Großen Strafkammer des Landgerichts Konstanz vom 26.7.1933, B. 314. **99** Max Witt, „Tatsachen-Bericht", 1.7.1933. **100** Max Witt, „Tatsachen-Bericht", 1.7.1933. **101** Verhör mit Max Witt vom 29.4.1933: Staatsarchiv Freiburg, A 26/2, Nr. 414 1-2, B. 164. **102** Aussage von Fritz Rotter vom 7.4.1933; Liechtensteinisches Landesarchiv, S 66/43, Dok. 25. Die bildliche Darstellung von Hannes Binder (in: Hansjörg Quaderer/Hannes Binder. „Jener furchtbare 5. April 1933. Pogrom in Liechtenstein, Zürich 2013) ist in diesem Punkt also unzutreffend. **103** Aussage vom 11.4.1933; Liechtensteinisches Landesarchiv, S 66/43, Dok. 48. **104** Witt, „Tatsachen-Bericht", 1.7.1933, S. 4. **105** Aussage von Rochus Lampert (11.4.1933); Liechtensteinisches Landesarchiv, S 66/43, Dok. 48. **106** Verhör von Eugen Frommelt vom 6.4.1933; ebd., Dok. 13) sowie Schlussverhandlung, Fürstl.liecht. Land- und Kriminalgericht, Vaduz, am 7. und 8. Juni 1933; Liechtensteinisches Landesarchiv, S 66/43. **107** Verhör von Peter Rheinberger vom 28.4.1933; ebd., Dok. 79. **108** Verhör von Adolf Wieser vom 29.4.1933: Staatsarchiv Freiburg, A 26/2, Landgericht Konstanz, Nr. 414 1-2, Bl. 162. **109** Aussage von Fritz Rotter vom 7.4.1933; Liechtensteinisches Landesarchiv, S 66/43, Dok. 25. **110** Verhör von Theo Grötz vom 6.4.1933: Staatsarchiv Freiburg, A 26/2, Landgericht Konstanz, Nr. 414 1-2, Bl. 127. **111** Aussage von Julie Wolff vom 7.4.1933; Liechtensteinisches Landesarchiv, S 66/43, Dok. 26. **112** Fritz Rotter am 7.4.1933; Liechtensteinisches Landesarchiv, S 66/43, Dok. 25. **113** 13.4.1933. **114** Zeugenaussage vom 8.4.1933. **115** Zeugenaussage vom 11.4.1933. **116** Frommelt beim Prozess in Vaduz, 7./8.6.1933. **117** Gerichtsprotokoll. **118** Vernehmung vom 13.4.1933. **119** Zeugenaussage vom 8.4.1933. **120** Zeugenaussage vom 11.4.1933. **121** Die Vaduzer Urteilsschrift gegen die Täter (8.6.1933) hielt dazu fest: „Die Eheleute Schaie und Julie Wolff aber hatten, gehetzt von Todesangst, ihre Flucht fortgesetzt. Das Hotel Gaflei liegt über 1500 Meter hoch auf einem schmalen Plateau. Talwärts folgt zuerst ein steiler, teilweise mit Bäumen durchsetzter Wiesenhang, der weiter abwärts in ein nahezu senkrechtes, brüchiges und felsiges Rüfegelände übergeht. Diese Steilabrisse bilden allerdings keinen geschlossenen Querriegel im Hang; es ziehen sich vielmehr einzelne, wenn auch steile, aber immerhin noch gangbare bewaldete Längsstreifen hindurch. In dieses Steilgebiet hatten Furcht und Panik die drei getrieben." **122** Witt, „Tatsachen-Bericht", 1.7.1933. **123** *Der Morgen*, 10.4.1933. **124** *Morgen*-Korrespondent, 10.4.1933. **125** Fritz Rotter, Aussage vom 7.4.1933; Liechtensteinisches Landesarchiv, S 66/43, Dok. 25. **126** Gegenüberstellung vom 2.5.1933: Liechtensteinisches Landesarchiv, S 66/43, Dok. 88, 2.5.1933. **127** Verhör von Rudolf Schädler vom 10.4.1933; Liechtensteinisches Landesarchiv, S 66/43, Dok. 45. **128** Polizeibericht vom Tatort: Verfasst von G. Wille, 6.4.1933; Liechtensteinisches Landesarchiv, S 66/43, Dok. 9. **129** Verhör von Rudolf Schädler vom 10.4.1933; Liechtensteinisches Landesarchiv, S 66/43, Dok. 45. **130** Dem Reporter der Zeitung *Der Morgen* (10.4.1933) schildert Fritz Rotter die ganze Szene nach der Wegfahrt der deutschen Täter. **131** Verhör von Peter Rheinberger vom 28.4.1933; Liechtensteinisches Landesarchiv, S 66/43, Dok. 79. **132** Rochus Lampert, Aussage vom 11.4.1933 (Dok. 48); Aussage von Alois Beck vom 11.4.1933 (Dok. 47). **133** Protokoll der „Schlussverhandlung"; Prozess in Vaduz (7./8.1933); Liechtensteinisches Landesarchiv, S 66/43. Beim Prozess erklärt Franz Röckle, „Schädler habe auch ihm erzählt, dass Fritz Schaie auf der Rückfahrt von Gaflei ihn mit Erwürgen bedrohte" (ebd.). **134** Verhör von Theo Grötz vom 6.4.1933; Staatsarchiv Freiburg, A 26/2, Landgericht Konstanz, Nr. 414 1-2, Bl. 128. **135** Fritz Rotter, Aussage vom 7.4.1933; Liechtensteinisches Landesarchiv, S 66/43, Dok. 25. **136** Ebd. **137** Zeugenaussage von Johann Sele, 22.4.1933; Liechtensteinisches Landesarchiv, S 66/43, Dok. 68. **138** Liechtensteinisches Landesarchiv, S 66/43, Dok. 1; „Amtsvermerk", 5.4.1933). **139** Peter Rheinberger im Verhör vom 28.4.1933, Liechtensteinisches Landesarchiv, S 66/43, Dok. 79. **140** Witt, „Tatsachen-Bericht", 1.7.1933, Staatsarchiv Freiburg, A 26/2, Landgericht Konstanz, Nr. 414 1-2; sowie Verhör von Witt vom 29.4.1933, ebd., Bl. 65). **141** Witt, „Tatsachen-Bericht", 1.7.1933. **142** *Tempo*, 6.4.1933. **143** *Deutsche Allgemeine Zeitung*, 6.4.1933. **144** Aussage des Jägers Gottlieb Eberle vom 11.4.1933; Liechtensteinisches Landesarchiv, S 66/43, Dok. 53: „Ich hörte in Rotenboden von dem Überfall und davon, dass Alfred Rotter und die Frau noch nicht gefunden seien, und ich ging dann auf die Suche mit meinem Hund. Ich ging von Masescha den Weg gegen Profatscheng hinein gegen die Rüfe. Der Hund gab dann an, er suchte und führte mich zu den beiden Leichen. Sie lagen etwa [...] 4 Meter auseinander." Die Gerichtskommission verzeichnet in ihrem Bericht drei Meter. **145** Zitiert nach: Hansjörg Quaderer/Hannes Binder. *Jener furchtbare 5. April 1933*, S. 96. **146** *Der Morgen*, 10. April 1933. **147** Goebbels am Abend des 6.4.1933; *Vossische Zeitung*, 7.4.1933, Morgen-Ausgabe, S. 1. **148** Antje Dertinger, *Die drei Exile des Erich Lewinski* (Gerlingen 1995), S. 83f. **149** Liechtensteinisches Landesarchiv, Sign. V2/2171, 20.4.1933. **150** Die folgenden Zitate aus: Aline Valangin, *Interview mit mir selbst*, Manuskript im Sozialarchiv Zürich, Bl. 148-150 („Aktionen"). **151** Aline Valangin über Lewinski und seine Frau: Schweizerisches Sozialarchiv, A. 301.7 (Bernd H. Stappert, Gespräche mit Aline Valangin, Bl. 75); sowie Bernd H. Stappert: „Kunst und Künstler – Aline Valangin" (Süddeutscher Rundfunk, 30 Min., 23.2.1979) und „So durchzugehen ein ganzes Leben" (Süddeutscher Rundfunk, 100 Min., 13.11.1982). **152** Aline Valangin, *Interview mit mir selbst*. **153** Kevin Clarke, *Glitter and Be Gay. Die authentische Operette und ihre schwulen Verehrer* (Hamburg 2007), S. 7. **154** Valangin, *Interview mit mir selbst*. **155** Bernd H. Stappert, *Gespräche mit Aline Valangin*, Bl. 75 (Schweizerisches Sozialarchiv, Zürich). **156** Werner Link, *Die Geschichte des Internationalen Jugend-Bundes und des Internationalen Sozialistischen Kampf-Bundes (ISK). Ein Beitrag zur Geschichte der Arbeiterbewegung in der Weimarer Republik und im Dritten Reich* (Meisenheim am Glan 1964), S. 271f.; Antje Dertinger, *Die drei Exile des Erich Lewinski*, S. 101ff. **157** Antje Dertinger, *Die drei Exile des Erich Lewinski*, S. 102. Das Restaurant florierte und das Darlehen konnte „schon zum Jahreswechsel 1933/34 zurückbezahlt werden". **158** *NZZ*, 7.6.1933. **159** Brief von Aline Valangin (7.6.1933); Zentralbibliothek Zürich, Handschriftenabteilung, Nachlass R.J. Humm, 86. I „Korrespondenz Aline

Rosenbaum-Ducommun, genannt Valangin, mit Rudolf Jakob Humm": „Je ne peux pas t'écrire une vraie lettre, chéri, je suis trop saisie par tout ce qui se passe ici. Le niveau est terriblement bas, les accusés sont des types à moitié détraqués, à l'air tout somnambules et d'une lâcheté et fausseté qui cherche son pareil. Dommage. Dommage pour chaque mot que mon mari sera obligé à dire. Comme la Suisse est encore propre." **160** *NZZ*, 6.6.1933; Zu Werner Petrzilka: Freundliche Auskunft von Barbara Solba, *NZZ* Redaktionsarchiv (14.5.2013); Artikel über Werner Petrzilka „Zum 60. Geburtstag" in *NZZ*, 20.4.1964, Nr. 1499, Bl. 4. **161** *NZZ*, 7.6.1933. **162** *NZZ*, 8.6.1933. **163** *NZZ*, 8.6.1933. **164** *NZZ*, 8.6.1933. **165** *NZZ*, 9.6.1933. **166** Ebd. **167** *Bodensee-Rundschau*, 7.6.1933. **168** Brief von Aline Valangin (undatiert, vermutlich 8.6.1933); Zentralbibliothek Zürich, Handschriftenabteilung, Nachlass R.J. Humm, 86. I: „Cher Humm, c'est dommage que tu ne sois pas là. Pourquoi? Pour comprendre combien nous vivons tous à Zurich dans des rêves. Voilà la réalité. Elle est presque insupportable. Ce que nous prenons pour la réalité, ce que nous croyons important n'est qu'une maison de poupées. Pauvres nous! Grands enfants que nous sommes [...]." **169** Das Plädoyer Rosenbaums wurde 2003 im Literaturhaus Liechtenstein in Gänze vorgelesen und 2004 ediert (Jahrbuch des Historischen Vereins für das Fürstentum Liechtenstein, Bd. 103, Vaduz 2004). Alle Zitate sind der gen. Quelle entnommen. **170** *National-Zeitung* (Basel), 9.6.1933; abgedruckt in: Hansjörg Quaderer/Hannes Binder. *Jener furchtbare 5. April 1933*, S. 60-67 (Zitat S. 64f.). **171** *National-Zeitung* (Basel), 9.6.1933. **172** *NZZ*, 9.6.1933. **173** *NZZ*, 9.6.1933. **174** *National-Zeitung* (9.6.1933, Morgenausgabe). **175** *National-Zeitung*, 9.6.1933, Abendausgabe). **176** Urteilsschrift, 8.6.1933; Milderungsgründe: S. 29; Zitat, dass es sie nicht entschuldige: S. 20; Liechtensteinisches Landesarchiv, S 66/43; Duplikat in den Konstanzer Akten: Staatsarchiv Freiburg, A 26/2, Landgericht Konstanz, Nr. 414 1-2. **177** *Vorarlberger Landes-Zeitung*, 8.4.1933. **178** Peter Geiger, *Krisenzeit. Liechtenstein in den Dreissigerjahren 1928-1939*, Bd. 2 (Zürich 2000), S. 53. **179** Ebd., S. 55ff. **180** Ebd., S. 59; Politisches Archiv des Auswärtigen Amts, R 42704, „Akten betreffend: Angelegenheit der Gebrüder Schaie (Rotter)". **181** Ebd. **182** *Bodensee-Rundschau*, 30.3.1933. **183** Ebd. („Punkt 10"). **184** Ebd. **185** „Vorbereitungen zum Boykott!" (*Bodensee-Rundschau*, 30.3.1933) **186** *Times*, 6.4.1933; mit Dank an Hansjörg Quaderer. **187** *Arbeiter Illustrierte Zeitung (AIZ):* Jahrgang XII, Nr. 16, 15.4.1933 (Bibliothek des Historischen Museums, Berlin). **188** Erwähnt im Schreiben des fürstliche Liechtensteinischen Landgerichts an die Oberstaatsanwaltschaft in Konstanz vom 13.4.1933: Liechtensteinisches Landesarchiv, S 66/43, Dok. 56; Duplikat in den Konstanzer Akten: Staatsarchiv Freiburg, A 26/2, Landgericht Konstanz, Nr. 414 1-2. Vgl. dazu auch: Geiger, *Krisenzeit*, Bd. 1, S. 348. **189** Witt, „Tatsachen-Bericht", 1.7.1933; Staatsarchiv Freiburg, A 26/2, Landgericht Konstanz, Nr. 414 1-2. **190** Staatsarchiv Freiburg, A 26/2, Landgericht Konstanz, Nr. 414 1-2, Bl. 149 (28.4.1933). **191** *Times*, 7.4.1933; noch Bernard Grun konnte in seiner *Kulturgeschichte der Operette* (1961, S. 447) behaupten, um nur ein Beispiel unter vielen zu nennen: „Alfred Rotter, der große Lehár-Enthusiast, wurde in seinem Exil in Liechtenstein von einem nationalsozialistischen Attentäter ermordet." **192** *Anonyme Karte*, Liechtensteinisches Landesarchiv, S 66/43, Bl. 57. **193** Staatsarchiv Freiburg, A 26/2, Landgericht Konstanz, Nr. 414 1-2, Bl. 327 (9.8.1933). Vgl. die badische Amnestieverordnung vom 8.11.1933 (ebenda, Bl. 337). **194** Politisches Archiv des Auswärtigen Amts, R 42704, „Akten betreffend: Angelegenheit der Gebrüder Schaie (Rotter)“; „Verbalnote“ vom 26.10.1933, erwähnt in Schreiben der Deutschen Gesandtschaft in Brüssel ans Auswärtige Amt vom 28.10.1933. **195** LA Bln., A Rep. 358-02, Nr. 108614 (Brief des Anwalts von Richard Mette vom 4.9.1933 und „Vermerk“ des beauftragten Kriminalassistenten vom 19.9.1933 über den Abtransport vom 18.9.1933). **196** Politisches Archiv des Auswärtigen Amts, R 42704, „Akten betreffend: Angelegenheit der Gebrüder Schaie (Rotter)“; 21.11.1933. **197** Alexander Kluy, *Jüdisches Marseille und die Provence* (2013), S. 159 u. 174; das Joseph Roth-Zitat: ebd., S. 208. **198** *Bulletin hebdomadaire de police criminelle* No. 1393 (Archives Nationales, Paris, F/7/14636/BH, No. 1393, p. 15 (9.7.1934). **199** *Deutsche Allgemeine Zeitung*, 6.11.1934. **200** *Der Angriff*, 6.11.1934. **201** *Berliner Tageblatt*, 5.12.1934; nach einer Meldung der Agentur *United Press*. **202** *Das Kleine Journal*, 21.12.1934. **203** Denunziationsbrief an die Theaterabteilung, 4.2.1918. **204** *Berliner Lokal-Anzeiger*, 23.12.1934. **205** *Deutsche Allgemeine Zeitung*, 23.12.1934. **206** *Zeitungsdienst (Berliner Dienst)*, 23.12.1934. **207** *Völkischer Beobachter*, 1.1.1935. **208** Robert Badinter über den legendären Anwalt Henry Torrès: Robert Badinter, *L'exécution* (1998, Neuauflage), S. 47f. **209** Wie die Regionalzeitung *Le Petit Marseillais* (3.2.1935) meldet: „Dans le courant de la matinée, le Parquet général d'Aix a reçu du ministère de la justice des instructions pour que l'imprésario allemand [Fritz] Rotter, de son vrai nom Frédéric Schaie, fût immédiatement mis en liberté.“ **210** *Berliner Morgenpost*, 3.2.1935. **211** Politisches Archiv des Auswärtigen Amts, R 42704, „Akten betreffend: Angelegenheit der Gebrüder Schaie (Rotter)“. „Le Ministère des Affaires Etrangères a le regret de faire connaître à l'Ambassade d'Allemagne à Paris que le Gouvernement de la République française n'a pas cru pouvoir donner une suite favorable à la demande dont il s'agit.“ (18.3.1935) **212** Am 26.6.1934. **213** In *Pem's personal bulletins* (London) vom 22.12.1937 – PEM war das Pseudonym von Paul Erich Marcus, nach dem Krieg veröffentlichte er *Heimweh nach dem Kurfürstendamm* (1952) und *Der Himmel hängt voller Geigen. Glanz und Zauber der Operette* (1955). **214** Im „Bulletin hebdomadaire de police criminelle“. **215** *Pem's personal Bulletins*. **216** *Aufbau* (New York), 15.8.1939. **217** Historisches Archiv der Commerzbank, HAC-500/24416-2001. **218** Mit herzlichem Dank an Dominique Dreyer von *Archives Départementales de Colmar.*

NACHSPIEL

1 Paul Erich Marcus (PEM), *Heimweh nach dem Kurfürstendamm*, (Berlin 1952), S. 180f. **2** *Der Spiegel*, 18.9.1948. **3** *Abendpost* Hannover, 27.9.1948. **4** *Hannoversche Presse*, 30.9.1948. **5** Am 1.10.1948. **6** *Der Spiegel*, 2.10.1948. **7** *Hannoversche Zeitung*, 30.9.1948. **8** *Hannoversche Presse*, 5.10.1948. **9** Mit herzlichem Dank an Claudia Sutter, die das Dokument gefunden und aus dem Neu-Hebräischen übersetzt hat. **10** *Hannoversche Presse*, 9.10.1948.

REGISTER

Personen, Orte, Theater sowie ausgewählte Begriffe

BILDNACHWEIS

Cover: ©akg-images / TT News Agency / SVT **Vorsatz:** ©akg-images **2:** ©akg-images **8:** ©Landesarchiv Berlin, F Rep. 290 (05) Nr. 0270984, Foto: Julius Wilcke **13, 15, 16, 17:** Archiv des Autors **20:** erschienen in *Dame* 14/1928, ©ullstein bild **27:** erschienen in *Tempo* 24/1932, ©ullstein bild – Atelier Balassa **28:** ©Landesarchiv Berlin, F Rep. 290 (02) Nr. II12172, Foto: Erna Neetzow **32:** Archiv des Autors **36 o.:** ©Landesarchiv Berlin, F Rep. 290-01-30 Nr. 97, Foto: Otto Hagemann **36 u.:** ©Landesarchiv Berlin, F Rep. 290-02-01 Nr. 0000776, Foto: Erich O. Krueger **44:** Archiv des Verlags **48:** ©Privatarchiv Peter Ullman **60:** erschienen in *Dame* 3/1917, ©ullstein bild – Becker & Maass **66:** ©ullstein bild **81:** ©Privatarchiv Peter Ullman **104, 109:** ©ullstein bild **114 o.:** ©Landesarchiv Berlin, F Rep. 290 (05) Nr. 64-2894, Foto: k. A. **114 u.:** ©Landesarchiv Berlin, F Rep. 290-02-01 Nr. 0000733, Foto: Erich O. Krueger **126:** ©Privatarchiv Peter Ullman **135:** ©Landesarchiv Berlin, F Rep. 290 (01) Nr. 0023276, Foto: Waldemar Titzenthaler **143:** Archiv des Autors **144:** erschienen in *Tempo* 1/1933, ©ullstein bild **148/149:** ©Landesarchiv Berlin, F Rep. 290 (05) Nr. 61-5101, Foto: k. A. **151:** ©ullstein bild – Süddeutsche Zeitung Photo / Scherl **158, 159, 165:** ©ullstein bild **166:** ©ullstein bild – Süddeutsche Zeitung Photo / Scherl **169, 174:** ©akg-images **178, 179:** Archiv des Autors **182:** ©akg-images / TT News Agency / SVT **184:** Archiv des Autors **187:** erschienen in *Dame* 25/1924, ©ullstein bild – John Graudenz **188 o./u.:** ©ullstein bild – Süddeutsche Zeitung Photo / Scherl **190:** ©akg-images / TT News Agency / SVT **191:** ©SZ Photo / Süddeutsche Zeitung Photo **192:** ©ullstein bild – Roger-Viollet **196:** ©ullstein bild **204:** ©ullstein bild – B. J. Hirsch **210:** ©akg-images / Imagno / Austrian Archives (S) **218:** ©ullstein bild – Süddeutsche Zeitung Photo / Scherl **230/231:** ©ullstein bild **232:** ©ullstein bild – Süddeutsche Zeitung Photo / Scherl **236:** ©ullstein bild **240:** erschienen in *Tempo* 5/1932, ©ullstein bild – Zander & Labisch **246:** ©ullstein bild **250:** veröffentlicht in Berliner Morgenpost 2.1.1933, ©ullstein bild – Wolff von Gudenberg **258:** ©ullstein bild – Süddeutsche Zeitung Photo / Scherl **262:** Archiv des Autors **269, 272, 280:** ©ullstein bild **286:** ©Landesarchiv Berlin, F Rep. 129, Acc. 2253, Nr. 270 / Metropol Theater **302:** Archiv des Autors **313:** ©Landesarchiv Berlin, F Rep. 290 (02) Nr. 0194522, Foto: k. A. **328:** ©ullstein bild – Imagno / Austrian Archives (S) **353:** Archiv des Verlags **364:** ©ullstein bild – Süddeutsche Zeitung Photo / Scherl **370:** ©ullstein bild – Imagno / Archiv Seemann **379:** Archiv des Verlags **388:** erschienen in *Quer* 2/1933, ©ullstein bild – Georg Gidal **394/395:** Archiv des Verlags **424, 434, 446:** Archiv des Autors **456, 458:** ©Privatarchiv Peter Ullman **462:** Landesarchiv Berlin, F Rep. 290-06-06 Nr. 188, Foto: k. A. **Nachsatz:** ©akg-images / TT News Agency / SVT

IMPRESSUM

Bibliografische Information der Deutschen Nationalbibliothek:
Die Deutsche Nationalbibliothek verzeichnet diese Publikation in der Deutschen Nationalbibliografie; detaillierte bibliografische Daten sind im Internet über http://dnb.dnb.de abrufbar.

ISBN 978-3-89487-812-2

in der E.A. Seemann Henschel GmbH & Co. KG, Leipzig
Gefördert durch die Kulturstiftung Liechtenstein
und den Lotteriefonds Kanton Solothurn, Kulturförderung SOkultur

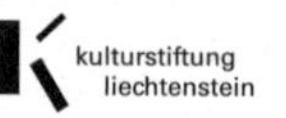

Layout und Satz: flamboyant
Cover Vorderseite: Szene aus einer Revue im Theater des Westens, Berlin, undatiert, 1920er
Cover Rückseite: Probe zu „Die Dubarry“ mit Alfred Rotter (links), Gitta Alpár (liegend) und Gertrud Rotter (in der Mitte auf dem Sofa), August 1931 (s. S. 188)
Vorsatz: Berlin, Lunapark bei Nacht, Berlin-Halensee, um 1925
Nachsatz: Berlin, Potsdamer Platz bei Nacht, im Hintergrund das Haus Vaterland, um 1930
Lektorat: Sabine Melchert
Korrektorat: Susanne Armbruster, Hamburg
Herstellung: feingedruckt – Print und Medien
Printed in the EU

www.henschel-verlag.de

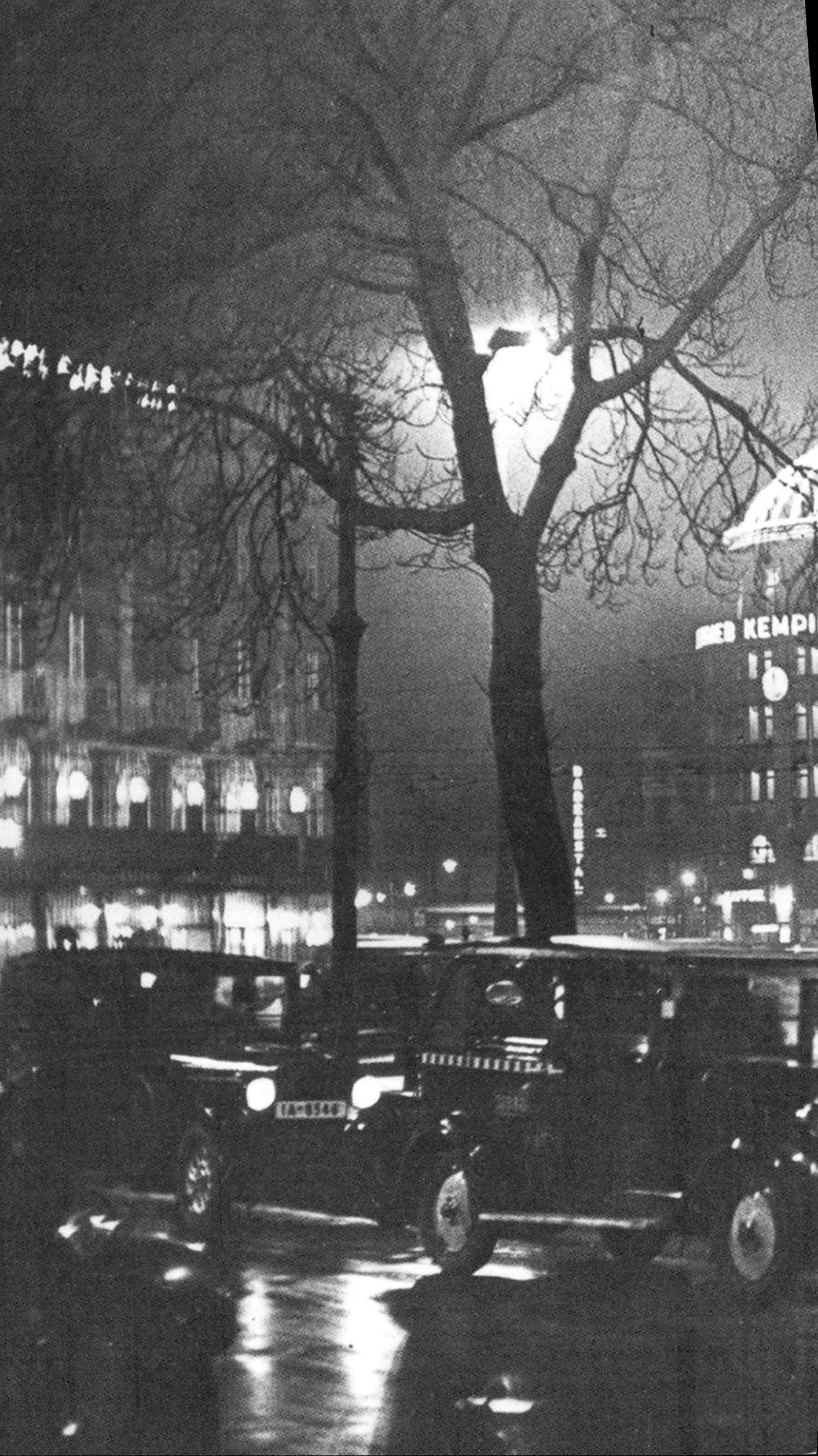